O grande livro da PALMIRINHA

O grande livro da PALMIRINHA

1000 receitas deliciosas

da vovó mais querida do Brasil

EDITORA
ALAÚDE

O texto deste livro foi fixado conforme o acordo ortográfico vigente no Brasil desde 1º de janeiro de 2009.

Coordenação editorial: Bia Nunes de Sousa
Edição das receitas: Walter Sagardoy
Edição dos anexos: Gabriela Erbetta
Revisão: Shirley Gomes, Bóris Fatigati, Bárbara Prince
Elaboração dos índices: Sérgio Cardoso
Capa e projeto gráfico: Rodrigo Frazão
Ilustrações: Solarium / Dreamstime.com (flores); Fedorov Oleksiy / Shutterstock.com (fundos); ksana-gribakina / Shutterstock.com (capa)
Diagramação: Cesar Godoy

1ª edição, 2014 (2 reimpressões) / 2ª edição, 2016
3ª edição, 2018 (1 reimpressão)

Impresso no Brasil

CIP-Brasil. Catalogação na publicação
Sindicato Nacional dos Editores de Livros, RJ

Onofre, Palmirinha
O grande livro da Palmirinha : 1000 receitas deliciosas da vovó mais querida do Brasil / Palmirinha Onofre. -- 3. ed. -- São Paulo : Alaúde Editorial, 2018.

ISBN 978-85-7881-505-9

1. Culinária (Receitas) I. Título.

18-13007 CDD-641.5

Índices para catálogo sistemático:
1. Receitas : Culinária : Economia doméstica 641.5

2021
Alaúde Editorial Ltda.
Avenida Paulista, 1337,
conjunto 11
São Paulo, SP, 01311-200
Tel.: (11) 3146-9700
www.alaude.com.br
blog.alaude.com.br

ALTA BOOKS
GRUPO EDITORIAL

abdr
ASSOCIAÇÃO BRASILEIRA DE DIREITOS REPROGRÁFICOS

Dedico este livro a todas as pessoas
que não desistem de lutar por seus sonhos,
por mais difíceis que eles possam parecer.

SUMÁRIO

APRESENTAÇÃO

Editar um livro desta envergadura é um desafio e tanto. E quando se trata de uma obra que reúne as receitas de alguém tão importante como a Palmirinha, a responsabilidade é ainda maior. Palmirinha é uma unanimidade; não há no Brasil quem não a conheça, quem não se divirta com seu jeito sincero de dizer as coisas, quem não fique cativado por sua simplicidade e simpatia.

Na primeira vez que encontramos Palmirinha para conversar sobre este projeto, ela contou que sempre sonhou escrever um livro como este. "É exatamente isto que eu quero fazer, quero dividir com os meus netinhos do Brasil inteiro todas as minhas receitas. Desse jeito, a Palmirinha vai poder ficar com eles por muitos e muitos anos", disse ela, emocionando a todos na sala de reunião.

Foram meses de trabalho intenso, mas muito prazeroso. Cada fase exigiu que nossa equipe tomasse decisões importantes, sempre tendo em mente elaborar o melhor livro para o leitor. Durante a pesquisa e seleção das receitas, por exemplo, optamos por deixar de fora alguns pratos da culinária internacional porque, afinal, a intenção era reunir apenas os clássicos da Palmirinha, aqueles para os quais a gente olha e logo vê que têm a cara dela.

Para nós, foi uma honra participar deste projeto. Esperamos que este livro passe a fazer parte do seu dia a dia assim como a Palmirinha já se tornou parte da família brasileira.

Os editores

COMO FAZER O BÁSICO PERFEITO

Muita gente pode demonstrar desenvoltura no preparo de receitas complexas, mas ainda sentir uma certa insegurança na hora de bater um bolo ou assar uma fornada de pão. O básico da cozinha pode ter seus segredinhos, mas não deve assustar ninguém. Veja como obter resultados perfeitos em algumas receitas fundamentais.

Arroz

Não é nenhum bicho de sete cabeças, mas algumas pessoas ainda tremem na hora de preparar o arroz. Veja como deixá-lo soltinho, saboroso e irresistível.

- Use duas medidas de água para cada medida de arroz. Ou seja: 2 xícaras de líquido para 1 xícara dos grãos.
- É importante refogar o arroz em algum tipo de gordura – óleo, azeite, manteiga ou margarina – antes de acrescentar a água. Calcule 1 colher (sopa) de gordura para cada xícara de grãos.
- Quando a água ferver, diminua o fogo e deixe a panela semitampada.
- Se achar que é preciso acrescentar mais líquido durante o cozimento, use sempre água quente.
- Não mexa durante o cozimento.
- Quando o arroz estiver cozido, espere alguns minutos antes de servir. Use um garfo para afofar os grãos.
- Esqueceu de temperar e o arroz está pronto? Melhor acrescentar o sal diluído em água: jogue por cima do arroz e volte à panela, até o líquido evaporar.

Feijão

Colocar ou não de molho? Na panela normal ou de pressão? Temperar antes ou depois?

- Deixar os grãos de molho na véspera reduz o tempo de cozimento e ajuda a eliminar a substância que pode provocar gases. Coloque em uma vasilha, cubra com água fria e espere até o dia seguinte para cozinhar – troque o líquido antes de levar os grãos à panela.
- Na hora de cozinhar, calcule o dobro de água para a quantidade dos grãos.
- Se o líquido do cozimento começar a evaporar muito rápido, acrescente água quente.
- Na panela de pressão, são necessários pelo menos 15 minutos para o feijão cozinhar depois de soar o apito – mas o tempo depende muito da qualidade dos grãos e, claro, do que indica a receita. Na panela comum, espere no mínimo 1 hora depois de começar a fervura.
- Se o caldo não engrossou durante o cozimento, retire uma porção dos grãos, amasse com um garfo e leve o purê de volta à panela. Cozinhe mais um pouco, sem tampar, para que o líquido apure e reduza.
- Temperar o feijão antes ou depois de cozido é uma questão de escolha. Há quem, ainda antes da fervura, junte cebola, alho, pimentão e louro. Muita gente, porém, prefere acrescentar um refogado de temperos – ou mesmo bacon, linguiça e outros tipos de embutidos – apenas quando os grãos já estão macios.

Bife

Macio, suculento e... muito fácil de fazer. Apenas um pouco de sal é necessário para preparar bifes irresistíveis de carne bovina.

- Os melhores cortes para bifes são marmorizados, ou seja, têm um pouco de gordura entremeada na carne. Ela derrete durante o cozimento e deixa o prato com um sabor especial.
- Use uma frigideira – ou chapa – de fundo grosso e pesado. Aqueça muito bem antes de fritar, para que o calor se mantenha uniforme durante o cozimento.
- Se quiser untar a frigideira, use pouca manteiga, óleo ou azeite. Em geral, a própria gordura da carne é suficiente.
- Não encha a frigideira. O excesso de alimentos na panela faz a carne soltar água e ficar dura. Melhor trabalhar apenas com um ou dois bifes por vez.
- Não tempere a carne antes de fritar: o sal tira a umidade do bife, que pode ficar ressecado.
- Outra dica para mantê-lo suculento: vire o bife com um pegador, sem jamais furá-lo com um garfo.

Batata frita

Sequinhas e crocantes, combinam com quase toda refeição caseira. Algumas dicas ajudam a prepará-la.

- Por soltar muita água, a batata tipo monalisa não é indicada para a fritura. Prefira a asterix, a barraca ou a bintje.
- Corte os palitos do mesmo tamanho, para que fritem de maneira uniforme.
- Antes de fritar, cozinhe as batatas já sem casca e cortadas por 5 minutos em uma panela com bastante água fervente. Escorra, espere esfriar e seque a batata.
- Gelar a batata antes de levar à frigideira ajuda a deixá-la sequinha. Há quem leve o alimento já cozido ao freezer por 30 minutos e quem mergulhe em água com gelo – nesse caso, é preciso secar antes de fritar.
- O óleo deve estar limpo e bem quente, a cerca de 160 °C. Faça o teste do fósforo: jogue um palito na panela com óleo; quando ele acender, significa que a temperatura está ideal para fritar.
- Para batatas mais crocantes, frite duas vezes. Primeiro, até ficarem esbranquiçadas e macias; escorra sobre papel-toalha e espere esfriar. Na hora de servir, frite novamente, até dourar, e tempere com sal e pimenta-do-reino.

Ovos

Como parte da refeição ou como ingrediente das mais variadas receitas, os ovos têm um papel fundamental na cozinha – por isso, devem ser tratados com cuidado e respeito.

- É óbvio, mas não custa lembrar: na hora da compra, verifique se as cascas não estão rachadas.
- Mantenha na geladeira, sem lavar (mas passe por água corrente antes de quebrar e usar). Evite o compartimento que fica na porta do refrigerador, para que os ovos não sofram muitas alterações de temperatura.
- A gema fica centralizada quando os ovos são guardados com a ponta virada para baixo.
- Para saber se o ovo está fresco, mergulhe em um copo de água, com a ponta para baixo. Se afundar, é porque está bom. Quando boia na vertical, também pode ser consumido. Descarte o ovo que boiar completamente.
- Se uma receita pede mais claras do que gemas, ou vice-versa, aproveite as sobras. As claras resistem por até 3 dias na geladeira, em uma vasilha coberta com filme plástico, e as gemas duram 24 horas quando conservadas da mesma forma (se estiverem inteiras, cubra com água).

- Quando for bater claras em neve, adicione antes uma pitada de sal para ficarem mais firmes. Use ovos em temperatura ambiente e deixe para bater apenas na hora de usar – do contrário, eles soltam água e murcham.
- Claras em neve deixam os bolos leves e fofinhos. É importante adicioná-las à massa com movimentos delicados, de baixo para cima.
- Antes de cozinhar um ovo, tire da geladeira e espere voltar à temperatura ambiente. Assim, a casca não quebra.
- Para que a gema não desmanche na hora de cortar os ovos cozidos, mergulhe a lâmina da faca em água quente.
- Frite os ovos em uma frigideira antiaderente, em fogo baixo ou médio. Experimente temperar a manteiga – e não o ovo – com sal e pimenta-do-reino. Dessa forma, a clara não exibe os pontinhos pretos da pimenta.
- Regar o ovo frito com a gordura da frigideira ou virá-lo para tostar dos dois lados são questões de gosto: faça como preferir.
- Juntar à água algumas gotas de um líquido ácido – suco de limão ou vinagre de vinho branco – ajuda a manter a forma dos ovos pochê.

Molho de tomate

Depois de ver como é fácil fazer em casa, você nunca mais vai querer comprar molho de tomate enlatado.

- Os bons tomates para molho são pequenos e alongados, de uma cor vermelha intensa, firmes e sem machucados na casca.
- Comece com um refogado de cebola e alho. Acrescente os tomates picados sem pele e, para um molho menos denso, também sem sementes. Uma alternativa é usar as sementes e, depois de pronto, bater no liquidificador. Outra, usar tomates pelados, vendidos em lata.
- Tempere com sal apenas no final do cozimento – de outra forma, seu sabor pode se sobressair demais. Algumas ervas e especiarias combinam particularmente bem com o molho de tomate: manjericão, tomilho, orégano, noz-moscada, pimenta-do-reino, pimenta calabresa. Vale também experimentar com salsinha, cebolinha, louro ou até uma pitadinha de canela em pó.
- Alguns truques ajudam a acabar com a acidez do molho: cozinhar os tomates com um pedaço de batata ou de cenoura, cruas, acrescentar uma pitada de açúcar e usar azeite, e não óleo comum, no refogado inicial.

Molho branco

Também chamado de bechamel, é um verdadeiro curinga: pode ser usado em massas, legumes, suflês e várias outras receitas. Mas requer alguns cuidados no preparo.

- Use o leite em temperatura ambiente e, se possível, peneire a farinha de trigo.
- Para um sabor diferente, aqueça o leite com temperos: cebola, folha de louro e até cravo-da-índia. Coe e use na receita. Se preferir, tempere no final com sal e noz-moscada.
- Derreta a manteiga e "frite" a farinha de trigo por 1 ou 2 minutos – isso faz toda a diferença no sabor e evita que o molho fique com gosto pesado.
- Diminua o fogo e acrescente o leite aos poucos, mexendo sem parar, para que a farinha não forme grumos.
- Se, mesmo assim, o molho acabar empelotado, basta passar por uma peneira – ou bater no liquidificador – para que volte a ficar cremoso.
- Ao guardar o molho pronto, encoste filme plástico na superfície, para que não forme uma película.

Pão

Fazer pão em casa pode dar um certo trabalho, mas não é difícil – e algumas regras ajudam você a obter o melhor resultado

- Conserve o fermento biológico fresco na geladeira – mas não na porta, nem no freezer – e verifique o prazo de validade do produto antes de começar a preparar a massa de pão.
- Sovar a massa é um passo importantíssimo: o ato permite que o glúten se desenvolva, para que o pão cresça e fique macio.
- Para sovar, trabalhe sobre uma superfície enfarinhada. Forme uma bola com a massa e, com a base das palmas das mãos, empurre para a frente. Dobre a massa estendida e empurre novamente, virando de lado à medida que trabalha e repetindo os movimentos de estender e dobrar. Aguente firme: o processo deve levar pelo menos 10 a 15 minutos.
- Para saber se você já pode parar de sovar, forme uma bola com a massa e afunde o miolo com dois dedos: as cavidades devem se manter no lugar. Se a massa voltar logo à forma, é preciso sovar um pouco mais.
- Depois de sovada, a massa deve descansar em temperatura ambiente, ou em um lugar morno, para fermentar e crescer. Em dias quentes, envolva a tigela com filme plástico (ou cubra com um pano de prato limpo) e reserve até dobrar de volume. Em dias mais frios, é melhor dar uma ajuda à fermentação. Acenda o forno e desligue quando estiver quente. Cubra a vasilha de massa com um pano de prato e coloque no forno. Outra ideia é embrulhar a tigela com filme plástico e, depois, com um cobertor.
- Muita gente utiliza o truque da bolinha de massa dentro de um copo de água fria para saber se a receita já cresceu o suficiente: quando subir à superfície, é hora de assar. Outra maneira de verificar a fermentação é apertar a

massa com o dedo – nessa etapa, ela deve estar flexível e voltar logo à posição original.
- Não asse em forno muito quente, ou o pão pode queimar por fora e permanecer cru por dentro.
- Para saber quando o pão está pronto, retire do forno, vire e bata no fundo com os nós dos dedos: ele deve emitir um som oco.

Bolo

Alto, fofinho e com aroma tentador: eis os segredos para conseguir um bolo infalível.

- Ingredientes como ovos, leite e manteiga ou margarina devem ser usados em temperatura ambiente. Retire da geladeira com antecedência.
- Antes de começar, acenda o forno, unte e enfarinhe a fôrma.
- Respeite as quantidades indicadas na receita. Com pratos salgados, as alterações e improvisações costumam dar certo, mas na confeitaria as medidas são mais rigorosas.
- Siga, também, a ordem de etapas recomendada – por exemplo: bater primeiro a manteiga ou os ovos, depois acrescentar a farinha etc. Isso interfere no sucesso da receita, pois o bolo resulta de uma combinação de reações químicas.
- Peneirar a farinha, o açúcar, o fermento e o chocolate em pó, bem como outros ingredientes secos, evita pequenas "pedrinhas" na massa.
- Para saber se o fermento químico em pó está bom para o uso, misture 1 colher (chá) em uma xícara de água. Ele deve borbulhar em contato com o líquido.
- A não ser que a receita indique o contrário, o fermento químico em pó e as claras em neve devem ser acrescentados por último à massa do bolo. Junte as claras com delicadeza, para que a massa incorpore o ar e fique fofinha.
- Coloque a fôrma na prateleira do meio e no centro do forno, para que o calor se distribua de maneira uniforme.
- Resista à tentação de abrir o forno para dar uma espiadinha – o ar frio pode fazer o bolo murchar. Ao fim do tempo mínimo indicado na receita, abra a porta do forno e espete um palito de madeira no centro da massa: se sair limpo, o bolo está pronto.
- Caso você perceba que o bolo está dourado, mas ainda não assou por inteiro, cubra com papel-alumínio e diminua a temperatura do forno.
- Quando tirar o bolo do forno, não coloque sobre a superfície da pia, que é fria. Deixe sobre o queimador do fogão (desligado!) ou sobre uma grade, para que o ar circule em volta da fôrma e esfrie o bolo por igual.
- Espere esfriar antes de desenformar: o bolo quente é mais frágil e, por isso, pode se quebrar com mais facilidade.

PARA VARIAR O TEMPERO

O que seria da cozinha sem os temperos? Usadas com moderação, ervas e especiarias dão a qualquer receita o status de prato principal. Antes de conhecer os principais produtos disponíveis no mercado, porém, confira algumas dicas para melhor aproveitá-los.

- Ervas desidratadas têm sabor mais pronunciado do que as frescas. Quando usar alecrim ou tomilho secos, por exemplo, acrescente apenas ¼ da quantidade da erva fresca que seria necessária.
- Noz-moscada e pimenta-do-reino são melhores quando raladas ou moídas na hora.
- Não compre ervas e especiarias em grande quantidade, pois perdem as propriedades aromáticas depois de um tempo. Melhor adquirir pequenas porções, a granel, e guardar em um lugar seco, onde não bata sol.
- Temperos frescos devem ser mantidos na geladeira, dentro de sacos de papel ou vasilhas forradas com papel-toalha.

Açafrão

Uma das especiarias mais caras do mundo, é o estigma seco de uma flor, tradicional no risoto à milanesa italiano e na paella espanhola. Usos: em receitas salgadas.

Alecrim

Erva marcante, para ser acrescentada com parcimônia a carnes brancas ou vermelhas, peixes e massa de pão (como a focaccia). Usos: em receitas salgadas.

Alho

Ao lado da cebola, é o ingrediente básico que confere sabor a uma enorme variedade de receitas brasileiras, compondo refogados e temperos diversos. Fundamental no arroz e no feijão. Usos: em receitas salgadas.

Aneto

Pode ser que você conheça por outros nomes: endro ou dill. É uma erva de folhas finas que dá um toque de frescor principalmente a pratos feitos com peixe defumado. Usos: em receitas salgadas.

Anis-estrelado

Parecida com uma flor de oito pontas, essa aromática especiaria entra em compotas, pães e biscoitos, receitas de peixes, aves e frutos do mar. Usos: em receitas salgadas e na confeitaria.

Baunilha

A baunilha que conhecemos na versão líquida – em forma de extrato ou essência – vem de uma fava seca, com sementinhas que perfumam cremes doces, bolos, pudins e outros. Usos: em sobremesas e na confeitaria.

Canela

Em pó ou em rama, dá um toque especial a bolos, frutas cozidas, compotas e arroz-doce. Usos: em sobremesas e na confeitaria; algumas cozinhas típicas, como a indiana e a marroquina, usam a canela também em pratos salgados.

Cardamomo

Dentro de uma pequena baga ficam minúsculas sementinhas geralmente adicionadas a cremes e caldas doces. Usos: em sobremesas e na confeitaria.

Cebolinha

Costuma fazer parte do chamado "cheiro-verde". Picada, entra em molhos e pratos dos mais variados. Usos: em receitas salgadas.

Coentro

O formato dessa erva pungente lembra o da salsinha. Na cozinha nordestina, combina com carne-seca e ensopados de peixes e frutos do mar. Fundamental para a moqueca baiana. Usos: em receitas salgadas; as sementes são acrescentadas a misturas de temperos usados na culinária indiana.

Colorífico

Feito a partir de fubá de milho e tonalizado com sementes de urucum, esse pó vermelho incrementa a cor de carnes e ensopados, como a moqueca capixaba. Usos: em receitas salgadas.

Cominho

Em pó, tempera cozidos, molhos, feijão e outros grãos. Em sementes, entra na receita de alguns queijos, pães e picles. Usos: em receitas salgadas.

Cravo-da-índia

Os pequenos palitinhos de ponta arredondada valorizam o gosto de caldas, compotas, bolos e alguns pratos salgados, como o tender assado. Usos: em sobremesas, na confeitaria e em algumas receitas salgadas.

Cúrcuma

Também chamado de "açafrão-da-terra", esse pó amarelo levemente amargo dá uma bela tonalidade ao arroz. Usos: em receitas salgadas.

Curry

Mistura de especiarias que varia muito a partir da combinação utilizada. Na Índia e no Sudeste Asiático, há centenas de variações, algumas muito apimentadas. Usos: em receitas salgadas.

Erva-doce

As pequenas sementes aromatizam bolos – não há receita mais tradicional que a de bolo de fubá com erva-doce –, biscoitos e cremes. Usos: em sobremesas e na confeitaria.

Estragão

Aves, peixes e receitas com ovos e batatas combinam muito bem com essa erva de folhas alongadas, que também dá um gostinho especial ao vinagre. Usos: em receitas salgadas.

Gengibre

Ralada ou cortada em pedacinhos, a planta fresca acrescenta um toque picante a peixes e frutos do mar, sopas e cozidos de inspiração oriental e caldas doces. Seco e moído (em pó), adicionado a bolos e biscoitos, tem outro sabor. Usos: em receitas salgadas, em sobremesas e na confeitaria.

Gergelim

Sementes brancas ou pretas, cruas ou torradas, temperam arroz, carnes e molhos. Também podem ser utilizadas na cobertura de pães e biscoitos. Usos: em receitas salgadas e na confeitaria.

Hortelã

As folhinhas refrescantes servem para fazer chá ou refrescos e para incrementar pratos vindos do Oriente Médio, como quibe e tabule. Entre os doces, uma combinação tradicional é a de hortelã – ou menta – com chocolate. Usos: em bebidas, em receitas salgadas e em sobremesas.

Louro

Aves, molhos e marinadas beneficiam-se das folhas de louro, indispensáveis no tempero de feijão, ervilha, lentilha e outros grãos. Usos: em receitas salgadas.

Manjericão

Muito perfumado, tem a capacidade de transformar um simples molho de tomate em iguaria. Outra harmonia vitoriosa é a de manjericão e queijo. Usos: em receitas salgadas.

Manjerona

Tem sabor suave, parecido com o do orégano – por isso, pode substituí-lo em molhos, recheios de pastel e na cobertura de pizzas. Usos: em receitas salgadas.

Mostarda

Os grãos de mostarda não dão origem apenas àquela pasta usada em sanduíches e saladas: realçam a carne suína e fazem bonito em picles e conservas. Usos: em receitas salgadas.

Noz-moscada

De preferência, compre a pequena noz e rale em casa – o produto vendido em pó perde mais rapidamente as propriedades aromáticas. Combina com molho branco e pratos à base de queijo, bem como bolos e biscoitos. Usos: em receitas salgadas e na confeitaria.

Orégano

Típico da culinária italiana, faz um casamento perfeito com o tomate e com diversos queijos, a exemplo da mozarela. Usos: em receitas salgadas.

Páprica

Feita de pimentões vermelhos moídos, pode ser mais picante ou adocicada. Incrementa o sabor e confere uma bela cor a cozidos, carnes e outros pratos. Usos: em receitas salgadas.

Pimenta-do-reino

Preta (com casca), branca (sem) ou verde (mais ardida), pode ser utilizada antes do cozimento ou depois da comida pronta, para finalizar os pratos. Usos: em receitas salgadas.

Pimenta rosa

Os pequenos frutos de uma árvore chamada aroeira tornam os pratos apenas levemente picantes. Usos: em receitas salgadas.

Salsinha

Presente em toda cozinha brasileira, em algumas regiões do país forma, ao lado da cebolinha, o "cheiro-verde". Usos: em receitas salgadas.

Sálvia

Folhas de gosto forte e marcante que combinam com molhos à base de manteiga e podem ser usadas para temperar carnes. Usos: em receitas salgadas.

Tomilho

As delicadas folhinhas deixam carnes e legumes refogados com um sabor sutil e delicioso. Usos: em receitas salgadas.

CORTES DE CARNES E AVES

Presença constante na mesa das famílias brasileiras, as carnes de boi, porco e frango podem ser usadas em inúmeras receitas de diferentes maneiras: assadas, cozidas e grelhadas são as mais comuns. Algumas orientações ajudam a escolher, comprar e preparar melhor cada corte.

- A embalagem deve apresentar a data de validade e um selo que demonstre o controle adequado – geralmente é o do SIF (Serviço de Inspeção Federal), mas existem também órgãos municipais e estaduais que avaliam os produtos vendidos por frigoríficos.
- O lugar da compra é muito importante. Boa higiene, com funcionários de touca e aventais limpos, é uma indicação positiva. Açougues devem, de preferência, ter paredes de azulejos e pisos cerâmicos.
- As carnes precisam ser mantidas em refrigeração, protegidas de insetos e sem estar amontoadas. Em balcões muito lotados, o ar pode não circular devidamente, causando danos aos produtos.
- Os cortes de boi, de frango e de porco não devem estar misturados.
- A maioria dos cortes bovinos tem cor vermelho brilhante (uma exceção é o lagarto, de coloração mais suave) e gordura amarelo-claro, sem manchas escuras ou esverdeadas. Evite casas que expõem as carnes sob lâmpadas avermelhadas, que disfarçam a real condição do alimento.
- Carnes embaladas a vácuo têm, naturalmente, uma tonalidade mais amarronzada, provocada pela ausência de oxigênio.
- A carne de frango é amarelo pálido ou um pouco rosada. Precisa estar firme e elástica.

- Em nenhuma hipótese a embalagem deve pingar sangue. No caso de produtos congelados, o pacote não pode ter água, gelo ou sangue.

Confira, a seguir, os principais tipos de corte encontrados no Brasil e as maneiras mais adequadas de prepará-los.

Carne bovina

Acém

Versátil, barato e sem muita gordura, fica melhor quando preparado lentamente, em água ou caldo, em receitas de ensopados ou carne de panela. Também pode ser moído ou desfiado depois de cozido. Outros nomes: agulha, alcatrinha, tirante e lombinho do acém.

Alcatra

Desse corte macio e saboroso saem a maminha, a picanha e o chamado coração (ou miolo) de alcatra, usado em churrascos e grelhados. Use a alcatra em bifes, assados e picadinhos.

Capa de filé

Parte do contrafilé, sua principal característica é ser marmorizada, ou seja, entremeada de uma gordura que confere maciez e sabor ao corte. Boa para cozidos e para fazer assada ou na churrasqueira. Uma variação de origem argentina, o bife ancho, é retirada dessa porção da carne.

Contrafilé

A camada de gordura que ladeia a carne a torna macia e suculenta quando preparada na churrasqueira, na chapa ou em medalhões, estrogonofe e assados (como o rosbife). Versátil, o contrafilé também dá origem a cortes como a bisteca, o entrecôte e o bife de chorizo.

Costela

Uma das maiores estrelas do churrasco, precisa de muito tempo para ser assada sobre as brasas – pelo menos 6 horas. Entremeada por ossos e gordura, a carne apresenta um sabor marcante.

Coxão duro

Firme, envolto por uma fina camada de gordura, é indicado para receitas de cozimento lento, como ensopados, carne de panela, sopas e bife à rolê feito na panela de pressão. Moído, entra em hambúrgueres, molhos e recheios. Outros nomes: coxão de fora, chã de fora.

Coxão mole

Como o nome indica, é mais macio que o coxão duro. Fica bom em assados, ensopados, picadinhos e bife à rolê. A carne moída é ingrediente de hambúrgueres, almôndegas, quibes e molhos. Outros nomes: coxão de dentro, chã, chã de fora.

Cupim

É aquela "corcunda" que existe no gado da raça zebuína, repleta de gordura e fibras musculares. Precisa ser cozido lentamente no forno, na churrasqueira ou na panela de pressão.

Filé-mignon

A carne bovina mais macia, não tem gordura, nervos ou ossos. Os cortes, com cerca de 2 quilos, dão origem a estrogonofes, rosbifes, picadinhos e medalhões. Durante o preparo, é preciso usar algum tipo de gordura (óleo, azeite, manteiga) para que a carne não fique ressecada.

Fraldinha

Com cerca de 1 quilo, é um corte muito macio, magro e suculento que vai bem na grelha ou na frigideira, em bifes altos. As pontas, mais finas, podem ser moídas e usadas em hambúrgueres, molhos ou almôndegas. Outros nomes: aba de filé, ponta de costela, vazio.

Lagarto

Comprido e arredondado, esse corte é mais seco e, por isso, deve ser cozido por um bom tempo. Costuma ser usado em assados, rosbifes ou para fazer carne de panela, carne louca (desfiada) e, na versão crua, o carpaccio de origem italiana.

Maminha

Com cerca de 1,5 quilo, faz parte da alcatra. Muito macia e suculenta, fica excelente em churrascos, assados e bifes altos, como os medalhões.

Paleta

Pode ser dividida em outros cortes, como a pá e o coração (miolo). Use em ensopados, assados e cozidos com legumes.

Peito

Envolto por uma capa de gordura – que deve ser retirada antes do preparo –, o peito precisa ser cozido em água, em fogo baixo, até ficar macio. Dá origem a caldos e, desfiado, entra em saladas e recheios.

Pescoço

Carne fibrosa que costuma ser incluída em receitas de cozidos, ensopados e alguns assados.

Músculo

Obtido das partes traseira ou dianteira do boi. Em pedaços, cozido devagar, dá origem a receitas típicas como o goulash (da Hungria) e o boeuf bourguignon (francês). No Brasil, aparece em caldos, molhos, sopas e carne de panela. Outro nome: ossobuco (quando é cortado com osso).

Patinho

O uso mais tradicional é o da carne moída, para almôndegas, molhos, hambúrgueres, quibes e bolinhos. Mas também pode ser preparada em assados, carne de panela e bife à milanesa. Outros nomes: bola, bochecha.

Picanha

Essa parte da alcatra deve pesar, no máximo, 1,5 quilo. Para melhor apreciar a maciez e o sabor, prepare inteira ou fatiada, com a camada de gordura, na churrasqueira ou na chapa.

Ponta de agulha

Ideal para a churrasqueira, embora também possa ser cozida ou assada. Tem ossos finos, cartilagem e gordura. Outros nomes: costela do traseiro, costela minga, costelão.

Rabo

Ensopados, molhos, carne de panela e outras receitas de cozimento lento ficam saborosos quando preparados com o rabo bovino. Evite os pedaços com muita gordura e, para obter mais sabor, use a carne com os ossos.

Frango

Asas

Podem ser fritas ou preparadas no forno e na churrasqueira. O corte dá origem também às chamadas coxinhas de asa, geralmente assadas no forno.

Coração

Preparado em espetinhos, tem presença garantida entre os aperitivos servidos em churrascos. No dia a dia, costuma ser feito no forno ou entrar em receitas como refogados e farofas.

Coxas e sobrecoxas

Apreciadas pela versatilidade, são vendidas separadas ou em peças que mantêm as coxas e sobrecoxas unidas, com ou sem a pele e os ossos. Combinam com cozidos e assados.

Inteiro

É normalmente preparado no forno, com ou sem recheio. Uma maneira de deixar a ave mais úmida e saborosa é espalhar manteiga e tempero entre a pele e a carne.

Peito

Essa carne magra é vendida com ou sem osso – desossada, dá origem a filés que podem ser grelhados na chapa ou na frigideira. Desfiado, o peito entra no preparo de tortas e recheios variados.

Outras aves

Chester

Ave de carne magra e farta, principalmente no peito e nas coxas. Tradicionalmente, é assada e servida com acompanhamentos em datas comemorativas e nas festas de fim de ano.

Galeto

É um frango novo e pequeno, de carne mais macia. Pode ser preparado na churrasqueira, cozido na panela ou assado no forno.

Peito de peru

Parte nobre da ave, vendida já desossada e apreciada pela maciez. Boa para assar. Quando defumado, costuma ser aproveitado em sanduíches e saladas.

Peru

Vai ao forno inteiro, recheado ou não. Geralmente reservado para ocasiões festivas, é servido com acompanhamentos como farofas e legumes. As coxas, também vendidas individualmente, entram em receitas para o dia a dia.

Porco

Costelinha

Saborosa e suculenta, para ser feita inteira ou em porções individuais – sempre com osso – no forno ou na churrasqueira.

Linguiça

Embutido preparado com carne suína e temperos variados. Há uma enorme variedade de tipos à venda: calabresa (apimentada), portuguesa (com predominância de alho), toscana (geralmente crua)... Curadas, defumadas ou cozidas, são fundamentais no churrasco e em receitas do dia a dia.

Lombo

Parte nobre do animal, é um corte magro e macio que pode ser cozido na panela ou assado no forno, com ou sem recheio. Requer algum tipo de gordura ou molho, para que não fique seco.

Pernil

Parte da perna traseira do animal, assada com ou sem osso depois de passar um tempo em uma marinada com azeite ou óleo, vinho, ervas e outros temperos.

Tender

Feito com carne de pernil defumada. Não necessita de cozimento: vai ao forno apenas para ser aquecido. Frio, cortado em cubos ou desfiado, entra em receitas de saladas e sanduíches.

VARIEDADES DE PEIXES

Nunca é demais lembrar os cuidados que se deve ter na hora de comprar peixes. Se não forem manipulados corretamente até chegar ao ponto de venda, os peixes podem se degradar rápido e se tornar impróprios para o consumo apenas algumas horas depois de pescados.

- Os olhos devem estar brilhantes e transparentes e as brânquias (guelras), vermelhas ou rosadas. As escamas não podem se soltar facilmente.
- Peixe fresco não tem "cheiro de peixe", e sim de mar. Odores ácidos ou azedos indicam produtos deteriorados.
- É fundamental que a carne seja firme e resistente, com o ventre normal, sem estar murcho ou inchado.
- A higiene do lugar da compra é imprescindível. Os peixes frescos têm de estar expostos sobre camadas de gelo.
- Verifique a embalagem dos produtos congelados: devem ser hermeticamente fechadas e não apresentar gelo por dentro.
- É melhor adquirir bacalhau e outros peixes salgados em peças inteiras, sem manchas escuras ou avermelhadas na superfície.

Para limpar o peixe inteiro, remova as escamas raspando com o lado sem corte de uma faca, do rabo em direção à cabeça. Faça um talho na barriga para retirar as vísceras e a espinha (se o peixe estiver em filés, puxe as espinhas com uma pinça). Com uma tesoura, corte as barbatanas. Lave bem com água fria, por dentro e por fora.

A seguir, relacionamos os principais tipos de peixes de água doce e salgada encontrados no país.

Água doce

Dourado

Conhecido como "rei do rio", é tradicionalmente assado, mas também entra em receitas de peixadas feitas na panela de barro. Outros nomes: piraju, pirajuba.

Lambari

Peixe pequeno de, no máximo, 20 centímetros. Fica delicioso quando levemente empanado em fubá e depois frito, para servir como aperitivo. Outro nome: piaba.

Pintado

Um dos peixes mais saborosos dos rios brasileiros, tem carne branca e firme. Inteiro, é preparado assado ou na brasa, com ou sem recheio. Em postas ou pedaços, pode ser frito ou cozido em moquecas. Outros nomes: bagre-pintado, caçonete, surubim-pintado.

Tilápia

Sem espinhas e com baixo teor de gordura, os filés costumam ser grelhados, assados ou cozidos. O peixe saint peter (às vezes chamado de saint pierre) nada mais é que a tilápia, criada em cativeiro e batizada com outro nome.

Truta

Nutritiva, macia e saborosa, a carne deste peixe criado em regiões montanhosas é vendida crua ou defumada, inteira ou filetada. Em duas receitas famosas, os filés são fritos e servidos com molho de amêndoas ou alcaparras.

Água salgada

Anchova

Inteira, é geralmente assada ou grelhada. As postas e os filés também podem ser grelhados, cozidos ou fritos. Em restaurantes japoneses, é comum encontrar teppan yaki de anchova, peixe preparado em uma chapa bem quente. Outro nome: enchova.

Atum

Latinhas de atum em conserva estão presentes em quase todas as casas brasileiras. O peixe fresco, muito valorizado e saboroso, não deve ser cozido em excesso, para não ficar duro. Por isso, costuma ser grelhado apenas por fora.

Badejo

A carne densa e saborosa rende postas grossas, muito boas quando assadas ou grelhadas. Não confunda com o abadejo, mais fino, geralmente importado da Argentina e vendido congelado.

Cação

A carne firme favorece o uso das postas em receitas de moquecas, peixadas e sopas, mas também é comum na grelha, em assados com molho ou em frituras à milanesa.

Cherne

Peixe de carne branca, úmida e de sabor discreto, vai bem grelhado, ensopado ou preparado no forno.

Garoupa

Outro peixe muito comum em receitas de moquecas e caldeiradas ou de postas assadas no forno. A textura firme permite que seja também grelhado na churrasqueira.

Linguado

Magro e de sabor delicado, costuma ser acompanhado por molhos de alcaparras ou de amêndoas depois de grelhado na frigideira. Também existem receitas do peixe à milanesa ou ao forno.

Namorado

Carne branca e suave com filés e postas para assar, fritar ou cozinhar em moquecas e ensopados. Inteiro, vai ao forno recheado de farofa.

Pescada

Com baixo teor de gordura, os filés de pescada branca costumam ser grelhados e servidos em uma refeição light – mas também ficam bons quando fritos ou assados. Mais nobre, a pescada-amarela rende filés altos, com poucas espinhas, para grelhar ou assar.

Robalo

Peixe de carne branca, muito valorizado, com textura que se desfaz em lascas depois de cozido. Inteiro ou em postas, é bom para grelhar ou assar.

Salmão

A carne rosada e nutritiva é muito versátil: pode ser assada, grelhada, curada, defumada e até servida crua, nos sushis e sashimis da cozinha japonesa. Geralmente adquirido em filés ou em postas.

Sardinha

Carne de sabor pronunciado, com muitas espinhas, para grelhar (à moda portuguesa), fritar ou fazer em escabeche (marinada com temperos). A versão enlatada entra em receitas como molhos e cuscuz.

Vermelho

De sabor delicado, pode ser feito no forno, na churrasqueira, frito ou ensopado. No Nordeste, preparado na brasa, é servido com farofa e molho vinagrete.

DICAS DE CONGELAMENTO

Você consegue imaginar sua vida sem o freezer ou o congelador? Há muito tempo eles deixaram de cumprir apenas a função de produzir gelo para tornarem-se aliados das refeições do dia a dia – seja para manter sempre à mão alimentos que darão origem a receitas saborosas, seja para conservar as sobras do almoço e do jantar. Preste atenção nesses cuidados para que a comida mantenha o sabor e as propriedades nutritivas quando guardada em baixas temperaturas.

Para congelar

- Utilize embalagens próprias para o congelamento, como potes e sacos de plástico ou tigelas refratárias de vidro com tampas de fecho hermético. Antes de fechar, retire a maior quantidade possível de ar.
- O congelamento impede que a comida se deteriore com rapidez porque transforma a água em gelo e inibe o desenvolvimento de micro-organismos responsáveis por causar dano aos alimentos. Isso não quer dizer, porém, que é possível manter tudo no freezer por um tempo indeterminado: observe os prazos de validade indicados para cada tipo de prato ou produto.
- Anote o conteúdo e a data de armazenamento em cada embalagem. É muito comum nos esquecermos de quando guardamos cada vasilha no freezer – e até do que está dentro delas.
- Congele a comida em porções individuais – ou na quantidade certa para cada refeição. Dessa forma, não é necessário descongelar o que não será consumido.

- Como os líquidos se expandem durante o congelamento, é preciso deixar um espaço livre nas vasilhas e sacos plásticos para que não rachem ou estourem no freezer.
- Ao congelar pratos prontos, espere a comida esfriar. Quando o alimento quente é colocado no freezer, a temperatura do equipamento aumenta, o que afeta a conservação dos outros itens.
- Não lote o congelador. Deixe pelo menos ¼ de sua capacidade livre, para que o ar possa circular.
- Para ganhar espaço, forre as vasilhas com sacos plásticos próprios para freezer. Utilize para congelar sopas, caldos e outros líquidos; quando firmar, retire e guarde apenas o saquinho.
- Aproveite as bandejas de gelo que você tem em casa: coloque caldo (de carne, frango e legumes) nos espaços e, depois de congelados, retire os cubinhos e guarde em sacos plásticos. O mesmo pode ser feito com ervas como salsinha, cebolinha e manjericão, entre outras: cubra com água e transfira para os sacos quando estiverem firmes.
- É possível levar ao freezer pratos já temperados? Sim – mas saiba que os sabores se sobressaem com o congelamento. De preferência, maneire na quantidade de sal durante o preparo.
- Não congele duas vezes o mesmo alimento: durante o processo de descongelamento, ele pode ser contaminado por micro-organismos e perder água e nutrientes. As carnes congeladas cruas, por exemplo, só podem ir de novo ao freezer depois de cozidas.

Para descongelar

- Deixe os alimentos na geladeira, de preferência da noite para o dia.
- Não tire do freezer direto para a bancada da pia nem tente degelar sob água corrente: o processo deve ocorrer de forma gradual.
- Utilize o micro-ondas apenas para descongelar alimentos que serão servidos na sequência – como o arroz pronto, que vai do forno para a mesa.

Prazo de validade

Tempo médio de duração dos produtos no freezer, quando conservados em condições adequadas.

- Alho e cebola: 6 meses
- Arroz e feijão: 3 meses
- Bolos: 6 meses (simples); 3 meses (decorados)
- Camarão: 6 meses
- Carne bovina crua: 6 meses
- Carne bovina moída: 4 meses
- Carne suína: 6 meses

- Frango cru: 6 a 8 meses
- Frutas: 6 meses
- Legumes: 6 meses
- Manteiga: 6 meses
- Miúdos: 2 meses
- Molho de tomate: 3 meses
- Pães: 4 a 6 meses
- Peixes: 4 a 6 meses
- Queijo parmesão: 4 meses

Frutas

- O sucesso do congelamento começa na escolha dos ingredientes: compre alimentos firmes, maduros e sem machucados. Lave em água fria e seque antes de embalar e congelar.
- Frutas como acerola, amora, framboesa, jabuticaba e morango podem ser congeladas inteiras, ao natural. Coco e manga (sem caroço) devem ser abertos, descascados e congelados em pedaços. Com laranjas e limões, retire a casca e a membrana branca. Espalhe os alimentos – já lavados e secos - em uma assadeira. Leve ao freezer e, quando estiverem congelados, transfira para sacos plásticos.
- Outro método consiste em envolver as frutas inteiras ou em pedaços com uma camada de açúcar. Espere dissolver, tampe a vasilha e congele. Funciona com abacaxi, amora, framboesa e morango.
- Uma calda feita em proporções iguais de água e açúcar também ajuda a conservar as frutas. Cubra os ingredientes com a calda fervente, deixe esfriar, tampe e congele. Bom método para preservar abacaxi, amora, banana, figo, framboesa, goiaba (sem sementes), morango, maçã e pera (no caso das duas últimas, acrescente um pouco de suco de limão à calda).
- É possível, ainda, congelar apenas a polpa das frutas. Descasque, tire o caroço e as sementes e bata no liquidificador até obter um purê. Coloque em vasilhas ou espalhe em uma bandeja de gelo (nesse caso, transfira os cubinhos para um saco plástico quando estiverem firmes). Experimente com banana, maçã, manga e pera. Para o maracujá, bata, coe e congele o suco.

Legumes e verduras

- Para preservar o sabor, a cor e a textura das hortaliças, é preciso branqueá-las antes de levar ao freezer. O primeiro passo é lavar bem, descascar e cortar em pedaços, se for o caso, desprezando as partes machucadas. Em seguida, mergulhe em uma panela com água fervente – o tempo varia conforme o ingrediente (veja na página seguinte). Encha uma vasilha grande com água e cubos de gelo. Assim que a fervura acabar, transfira os legumes para a tigela com água gelada e deixe pelo mesmo tempo que ficaram na panela. Escorra, coloque numa assadeira e leve ao freezer. Quando estiverem congelados, transfira os produtos para sacos plásticos.

- Abóbora, abobrinha, ervilha em grãos, ervilha-torta, espinafre, nabo, pimentão e vagem devem ser aferventados por 2 minutos.
- Para abóbora, aipo (salsão), brócolis, buquês de couve-flor, cenoura (em rodelas) e quiabo (inteiro), deixe por 3 minutos na água fervente.
- Cenoura, couve-de-bruxelas e mandioquinha inteira: 5 minutos.
- Beterraba inteira, espiga de milho e mandioca em pedaços: 8 minutos.

Outros alimentos

- O arroz congelado pode ser aquecido no vapor, em banho-maria ou no micro-ondas.
- É preferível levar ao freezer o feijão sem tempero e sem estar muito mole. Deixe para acrescentar um refogado de alho e cebola na hora de aquecer, um pouco antes de servir.
- Ovos inteiros não podem ser congelados, pois o conteúdo se expande e a casca se quebra. Conserve as claras e as gemas separadas, em sacos plásticos próprios para o freezer – no caso das gemas, bata com ½ colher (chá) de sal ou açúcar.

Não congele

Por mais confiável que seja, o ato de congelar não funciona com alguns tipos de alimentos que, submetidos a baixas temperaturas, perdem sua textura, sabor e aparência característicos. Alguns, como iogurte e maionese, podem talhar. Outros, a exemplo das verduras, murcham e ficam sem gosto. Confira a lista para saber o que é melhor deixar longe do freezer.

- Agrião
- Alface
- Batata
- Chantili
- Creme de leite
- Cremes doces e pudins
- Fermento fresco
- Gelatina
- Iogurte
- Macarrão (sem molho)
- Maionese
- Ovo com casca
- Pepino
- Queijos cremosos
- Rabanete
- Rúcula
- Tomate

APROVEITANDO O MELHOR DOS ALIMENTOS

Quando estão na época – ou seja, no período da safra –, frutas, legumes e verduras não são apenas mais saborosos e bonitos: também custam muito mais barato. Acostume-se a comprar ingredientes nos meses em que a produção é mais farta para poder escolher à vontade e pagar menos.

Mas de nada adianta ir à feira ou ao mercado e garantir os melhores produtos se, ao chegar em casa, você não guardar tudo corretamente. Sim, o lugar que cada alimento ocupa na geladeira e no armário é fundamental para conservá-los da melhor maneira, evitando que estraguem rapidamente.

Na geladeira

- Na porta, mantenha água, sucos, geleias, conservas e condimentos. Preste atenção: embora muitas geladeiras exibam compartimentos próprios para ovos na porta, o lugar ideal para guardá-los é nas prateleiras, em embalagens de plástico, para evitar que o constante abre e fecha provoque alterações na temperatura e o consequente crescimento de micro-organismos prejudiciais à saúde.
- Na gaveta superior, mantenha manteiga, queijos e carnes embaladas em sacos plásticos.
- Na prateleira de cima, leite, iogurte e outros laticínios, maionese e demais produtos de uso diário.
- Nas prateleiras do meio ficam alimentos prontos (sobras do almoço ou do jantar), bolos e pães.
- Na gaveta inferior, guarde frutas, legumes e verduras.

- Mantenha tudo em potes ou embalagens tampadas, para diminuir o risco de contaminação cruzada (quando micro-organismos de um alimento, ou até mesmo do ar, passam para outros).
- Se você abriu uma lata e houve sobra do alimento, transfira o conteúdo para uma vasilha de plástico ou vidro, com tampa, e guarde no refrigerador coberto com o próprio líquido da embalagem original.
- Antes de guardar as verduras, lave e higienize com um produto adequado ou com água sanitária (na proporção de 1 colher de sopa para cada litro de água). Seque bem as folhas e coloque em recipientes fechados.
- Não abarrote a geladeira: é preciso que o ar refrigerado tenha espaço para circular.

Na despensa

- Armazene os produtos em armários arejados, sem incidência direta da luz solar. Limpe as prateleiras com frequência.
- Organize os itens por "gênero": ingredientes para o café da manhã; enlatados; biscoitos; massas; grãos; temperos (óleo, azeite, vinagre).
- Coloque embalagens mais "novas", com maior prazo de validade, atrás das que foram compradas há mais tempo. Assim você deixa à mão o que vence primeiro.
- Lave as embalagens – latas, caixas do tipo longa vida, vidros de conserva etc. – antes de abrir.
- Se possível, transfira o conteúdo das embalagens abertas para potes de vidro ou de plástico, com tampa de fecho hermético. Identifique com uma etiqueta e anote também a data de validade dos produtos.
- Jamais guarde produtos de limpeza perto dos alimentos.

Melhor época

Frutas

Janeiro: abacate, abacaxi, carambola, cupuaçu, figo, fruta-do-conde, goiaba, graviola, jaca, laranja-pera, limão-taiti, mamão formosa, manga, maracujá doce, marmelo, pinha (fruta-do-conde), pitaia, sapoti

Fevereiro: abacate, carambola, figo, goiaba, laranja-pera, limão-taiti, maçã, mamão formosa, manga, melancia, pera, pinha (fruta-do-conde), pitaia, seriguela, uva rubi

Março: abacate, banana-maçã, banana-nanica, caqui, cidra, figo, goiaba, kiwi, laranja-pera, limão-taiti, maçã, mamão formosa, pera, tamarindo, tangerina-cravo, uva rubi

Abril: abacate, atemoia, banana-maçã, banana-nanica, caqui, figo, graviola, kiwi, lima-da-pérsia, limão-taiti, maçã, mamão formosa, maracujá doce, pitaia, tangerina-cravo, uva rubi

Maio: abacate, atemoia, banana-maçã, banana-nanica, caqui, carambola, graviola, kiwi, laranja-baía, lima-da-pérsia, maçã, mamão formosa, tangerina-cravo, tangerina poncã

Junho: abacate, atemoia, carambola, cupuaçu, kinkan, kiwi, laranja-baía, mexerica, tangerina poncã

Julho: abacate, atemoia, carambola, cupuaçu, kinkan, laranja-baía, laranja-lima, maracujá doce, mexerica, morango, tangerina poncã

Agosto: abacate, atemoia, carambola, kinkan, laranja-baía, laranja-lima, laranja-pera, lima-da-pérsia, maçã, mamão formosa, maracujá azedo, maracujá doce, mexerica, morango, sapoti, tangerina morgote

Setembro: abacate, acerola, banana-maçã, banana-prata, caju, graviola, jabuticaba, laranja-lima, laranja-pera, maçã, mamão formosa, maracujá azedo, mexerica, nêspera, sapoti, tamarindo, tangerina morgote

Outubro: abacate, acerola, banana-prata, caju, laranja-lima, laranja-pera, lima-da-pérsia, maçã, manga, maracujá azedo, nectarina, nêspera, nozes, physalis, tangerina morgote, uva thompson

Novembro: abacate, abacaxi, acerola, amêndoa, amora, avelã, banana-prata, castanha, coco verde, graviola, jaca, laranja-pera, lima-da-pérsia, maçã, manga, melão, nectarina, nozes, sapoti, tangerina morgote, uva thompson

Dezembro: abacaxi, acerola, ameixa, amêndoa, amora, castanha, cereja, coco verde, damasco, figo, framboesa, grapefruit, graviola, laranja-pera, lichia, limão taiti, maçã, manga, maracujá doce, melancia, melão, nectarina, nozes, pêssego, physalis, romã, tâmara, uva itália, uva niágara, uva rubi

Legumes, verduras e ervas

Janeiro: abobrinha brasileira, alface, berinjela japonesa, jiló, pimenta cambuci, pimentão, quiabo, salsinha, tomate

Fevereiro: abóbora-d'água, abóbora seca, abobrinha brasileira, alface, berinjela japonesa, chicória, pimenta cambuci, pimenta vermelha, quiabo, tomate

Março: abóbora-d'água, abóbora japonesa, abóbora seca, abobrinha brasileira, acelga, alface, almeirão, batata-doce, berinjela japonesa, catalonha, chicória, escarola, espinafre, louro, mostarda, nabo, orégano, pepino, pimenta cambuci, pimenta vermelha, repolho, rúcula, salsinha

Abril: abóbora-d'água, abóbora japonesa, abóbora seca, abobrinha brasileira, acelga, batata-doce, berinjela japonesa, cará, chicória, chuchu, jiló, mandioca, nabo, pepino, repolho, rúcula, salsinha, tomate

Maio: abóbora japonesa, abóbora seca, abobrinha brasileira, agrião, batata-doce, cará, chicória, chuchu, ervilha-torta, espinafre, inhame, jiló, louro, mandioca, mandioquinha, mostarda, nabo, rabanete, repolho, salsinha

Junho: abóbora japonesa, abóbora paulista, abóbora seca, abobrinha brasileira, agrião, batata-doce, cará, ervilha-torta, espinafre, gengibre, inhame, louro, mandioca, mandioquinha, milho verde, pinhão, rabanete, salsinha

Julho: abóbora japonesa, agrião, batata-doce, brócolis, cará, couve, couve-flor, ervilha, ervilha-torta, hortelã, inhame, louro, mandioca, mandioquinha, mostarda, nabo, rabanete

Agosto: abóbora japonesa, abobrinha brasileira, abobrinha italiana, agrião, batata-doce, beterraba, brócolis, cará, catalonha, cenoura, coentro, couve, couve-de--bruxelas, couve-flor, erva-doce, ervilha, ervilha-torta, espinafre, hortelã, inhame, louro, mandioca, mandioquinha, mostarda, orégano, rabanete, repolho

Setembro: abóbora paulista, abobrinha italiana, agrião, alcachofra, almeirão, aspargo, beterraba, brócolis, cará, catalonha, cenoura, chuchu, coentro, couve, couve-de-bruxelas, couve-flor, erva-doce, ervilha, ervilha-torta, espinafre, folha de uva, hortelã, inhame, jiló, louro, mandioca, mostarda, palmito, rabanete

Outubro: abóbora japonesa, abobrinha italiana, agrião, alcachofra, almeirão, beterraba, brócolis, cará, catalonha, cenoura, chuchu, couve-de-bruxelas, couve--flor, erva-doce, ervilha-torta, espinafre, fava, folha de uva, inhame, louro, manjericão, maxixe, mostarda, nabo, pepino japonês, rabanete, rúcula, tomate-caqui

Novembro: abobrinha italiana, almeirão, aspargo, berinjela, berinjela japonesa, beterraba, brócolis, cenoura, couve-de-bruxelas, erva-doce, espinafre, folha de uva, hortelã, manjericão, maxixe, mostarda, nabo, palmito, pepino japonês, rabanete, tomate-caqui

Dezembro: alho-poró, aspargo, berinjela japonesa, brócolis, cebolinha, cenoura, coentro, cogumelo, couve-de-bruxelas, endívia, erva-doce, folha de uva, hortelã, manjericão, maxixe, mostarda, nabo, palmito, pepino japonês, pimentão, rabanete, salsinha, salsão, tomate, tomate-caqui, vagem

Pescados

Janeiro: bonito, cambeva, carapau, pescada-amarela

Fevereiro: abrótea, bacalhau, cambeva, carapau, manjuba, olho-de-boi, oveva, peixe-espada, pintado, robalo, siri, truta, xaréu

Março: abrótea, berbigão, cação, cambeva, caranguejo, carapau, cascote, cavalinha, corvina, curimbatá, gordinho, guaivira, lambari, lula, mandi, merluza, mexilhão, namorado, pacu, pargo, peixe-espada, pescada, pintado, piranha, robalo, sardinha, siri, tilápia

Abril: badejo, cação, cambeva, cavalinha, curimbatá, garoupa, gordinho, lambari, lula, merluza, namorado, oveva, pacu, peixe-galo, pescada, piranha, sardinha

Maio: berbigão, cambeva, lambari, mandi, meca, namorado, piranha

Junho: camarão-de-sete-barbas, lambari, mandi, meca, mexilhão, porquinho, sororoca, tainha, xaréu

Julho: anchova, berbigão, camarão-de-sete-barbas, mandi, ostra, pargo, sororoca, trilha

Agosto: bagre, berbigão, camarão-de-sete-barbas, cascote, jundiá, mandi, meca, merluza, porquinho, sardinha, sororoca, trilha, tucunaré

Setembro: berbigão, camarão-de-sete-barbas, cascote, jundiá, lambari, linguado, mandi, merluza, namorado, olhete, pintado, sardinha, traíra, tucunaré

Outubro: bagre, betara, camarão-de-sete-barbas, cambeva, cascote, dourado, lambari, mandi, manjuba, meca, merluza, mexilhão, namorado, olhete, pintado, sardinha

Novembro: bagre, berbigão, betara, bonito, carapau, dourado, gordinho, manjuba, namorado, olhete, pescada, salmão, siri

Dezembro: agulhão, atum, bagre, bonito, cambeva, carapau, dourado, guaivira, manjuba, polvo, salmão

REGRINHAS DE ETIQUETA

Já vai longe o tempo em que as regras de convívio social eram tão rígidas que as pessoas precisavam consultar verdadeiros manuais de etiqueta para segui-las. Mesmo em uma época de hábitos mais flexíveis, porém, algumas atitudes continuam elegantes. E conhecer as normas básicas de comportamento à mesa ajuda a nos deixar mais confortáveis – não importa se é uma reunião entre amigos ou uma refeição mais formal.

Louças, copos e talheres

- Colheres e facas ficam à direita do prato; garfos, à esquerda. Talheres para a sobremesa são dispostos acima do prato.
- Pratinho para pão: na diagonal, acima e à esquerda do prato principal.
- Use os talheres de fora para dentro. Ou seja: a faca e o garfo mais afastados do prato (para a entrada ou para peixes) devem ser usados antes dos utensílios mais próximos (para a receita principal).
- Taças: na diagonal, à direita do prato, na mesma direção das facas e da colher. Organize pelo tamanho: a maior (água) mais para cima, a média (vinho tinto) no centro e a menor (vinho branco) mais para baixo. Se servir espumante, coloque a taça à esquerda da de água.
- Guardanapo: à esquerda do prato principal. Se for de pano, coloque no colo assim que se sentar. Se for de papel, pode mantê-lo sobre a mesa. Caso precise se levantar durante a refeição, deixe o guardanapo sobre a cadeira.
- Segure as taças pela base – a temperatura das mãos pode esquentar a bebida.
- Ao segurar as taças ou os copos, não levante o dedo mínimo.

- Durante a refeição, apoie os talheres dentro do prato. Quando terminar, coloque-os dentro do prato do lado direito, na posição horizontal – como se fosse um relógio marcando 15h15.

À mesa

- Jamais apoie os cotovelos sobre a mesa. Apenas os punhos devem ficar encostados.
- Guarde o celular, a carteira, as chaves e outros objetos de uso pessoal. Nada de deixar tudo sobre a mesa.
- Não custa lembrar: coma devagar e mantenha a boca fechada enquanto mastiga.
- Preste atenção: às vezes, ao comer, não percebemos os barulhos que fazemos. Evite-os ao máximo.
- Procure não fazer barulhos também ao mexer o café com a colher.
- Use o guardanapo antes de levar copos ou taças aos lábios.
- Quando terminar, deixe o guardanapo ao lado do prato – e não sobre ele.
- Não palite os dentes! Se necessário, levante-se e vá ao banheiro para fazer isso.

Serviços

- No serviço à francesa, garçons ou copeiros cuidam de todas as etapas da refeição. As bebidas chegam pelo lado direito de cada pessoa. Entrada, prato principal e acompanhamentos chegam pela esquerda, e cada convidado deve se servir da travessa apresentada pelo garçom.
- À inglesa, os pratos já vêm prontos da cozinha e são oferecidos a cada pessoa.
- O serviço à americana é o mais informal: cada um se serve das receitas dispostas em uma mesa ou bufê. Segure o prato, o guardanapo e o jogo de talheres; use os utensílios dispostos nas travessas para se servir.

Os alimentos

- Pãezinhos, palitos de cenoura, canapés e outros petiscos podem ser comidos com as mãos.
- Algumas receitas, como o frango a passarinho e alcachofras inteiras, também pedem o uso das mãos.
- O que fazer com ossinhos, espinhas de peixe ou caroços de azeitonas e frutas em calda? Discretamente, retire da boca com a mão e coloque em um canto do prato.

- Não assopre a sopa quente. Comece a comer pelas beiradas, onde o líquido esfria mais rápido.
- Não corte as folhas da alface com a faca. Você pode manter o talher como apoio e usar o garfo para rasgar a verdura ou para dobrar as folhas em uma trouxinha que possa ser levada à boca.
- Da mesma maneira, não é elegante cortar o espaguete. Enrole com um garfo e use a faca – ou uma colher – apenas como apoio.
- Corte os alimentos à medida que come, e não tudo de uma vez.
- Se você está recebendo amigos para almoçar ou jantar, sirva a todos primeiro – o dono da casa fica por último.

PEQUENO GLOSSÁRIO DE TERMOS CULINÁRIOS

Abafar

Levar o alimento ao fogo baixo, dentro de uma panela tampada, para que cozinhe em seus próprios líquidos, com pouca gordura.

Açúcar cristal

Formado por cristais grandes e transparentes, tem praticamente os mesmos usos do AÇÚCAR REFINADO.

Açúcar de confeiteiro

Bem fino, dissolve facilmente quando usado em coberturas, caldas e no chantili. Pode ser polvilhado por cima de doces para um acabamento bonito e saboroso.

Açúcar demerara

Os cristais têm uma cor amarelada e o sabor é mais intenso por causa do alto teor de melaço.

Açúcar light

Combina o produto refinado com a sucralose, adoçante feito a partir da cana. Como a capacidade de adoçar é maior que a do açúcar normal, deve ser usado em menor quantidade.

Açúcar mascavo

Marrom e compacto, de sabor intenso, é produzido a partir do cozimento do caldo de cana. Tem mais nutrientes que o AÇÚCAR REFINADO.

Açúcar orgânico

Produzido a partir de cana cultivada sem fertilizantes químicos, apresenta mais minerais que o AÇÚCAR REFINADO.

Açúcar refinado

De uso geral, é o tipo de açúcar mais comum, com grãos pequenos e finos.

Aferventar

Cozinhar rapidamente em água ou caldo fervente.

Al dente

Indica o ponto de grãos e massas: devem estar cozidos, mas ainda firmes, resistindo à mordida (*al dente*, em italiano).

Apurar

Ferver um líquido para que a quantidade se reduza (concentrando o sabor) ou a textura se modifique (engrossando ou tornando gelatinoso). Veja também REDUZIR.

Assar

Cozinhar a seco em um ambiente quente, com calor direto, no forno ou na churrasqueira.

Assar às cegas

Levar a massa de torta sem recheio para um pré-cozimento no forno, para que fique firme e dourada.

Banho-maria

Cozinhar ou esquentar o alimento sem contato direto com o fogo. Para isso, a panela é colocada dentro de um utensílio com água (quente ou fria, de acordo com a receita).

Batedor de mão

Também chamado de batedor de arame, chicote ou fouet, tem varas que facilitam o trabalho de obter claras em neve.

Branquear

Mergulhar legumes e verduras rapidamente em água quente e, em seguida, em água fria. A técnica deixa os alimentos macios ao mesmo tempo em que conserva sua cor.

Brodo

Veja CALDO.

Brunch

A junção das palavras inglesas *breakfast* (café da manhã) e *lunch* (almoço) deu origem a uma refeição caprichada que começa no fim da manhã e adentra o começo da tarde, com itens como queijos, frios, geleias, pães e bolos, além de quiches, omeletes e outros pratos salgados leves.

Buquê garni

Combinação de ervas frescas ou secas embrulhadas em uma trouxinha de gaze e acrescentadas ao cozimento de carnes e outras receitas salgadas. Normalmente inclui salsinha, tomilho, louro e aipo, mas manjericão, estragão e alecrim também podem ser utilizados. Ao final do preparo, é fácil retirar da panela o pacotinho com temperos.

Calda

Mistura de açúcar e água que pode ser mais ou menos concentrada, de acordo com o tempo de cozimento e o uso desejado. Os principais pontos são: **fio**, quando a calda dá origem a fios compridos e finos ao ser puxada para cima com um garfo; **bala mole**, forma uma bola macia quando mergulhada em água fria; **bala dura**, forma uma bola firme e consistente ao ser mergulhada em água fria; **espelho**, recobre o cabo de uma colher mergulhada em água fria com uma camada dura e quebradiça.

Caldo

Base para sopas e molhos, é obtido pelo cozimento de legumes aromáticos – geralmente cebola, cenoura e aipo – acrescidos ou não de carnes bovinas (músculo, ossos), aves (carcaça de frango) ou peixes (espinha).

Clarificar

Como o nome indica, trata-se de deixar mais cristalino um caldo turvo. É possível coar o líquido em um pano fino ou juntar a ele claras batidas em neve – ao ser aquecida com o caldo, a clara aglutina, forma uma espuma e absorve as impurezas, podendo ser eliminada facilmente. Veja também MANTEIGA CLARIFICADA.

Confit

Carnes cozidas e conservadas na própria gordura, que depois pode ser usada para aquecer o alimento.

Cozimento a vapor

Técnica que consiste em cozinhar o alimento sobre uma panela com água ou caldo fervente, dentro de cestinhas de metal ou de bambu próprias para a função. Conserva melhor a cor, a textura e as propriedades nutritivas de legumes e verduras.

Curtir

Impregnar um alimento do sabor de outro, geralmente uma bebida. Algumas receitas de carnes, por exemplo, indicam curtir em vinha-d'alhos antes do cozimento. Veja também MARINAR.

Deglaçar

A técnica permite aproveitar os resíduos que ficam no fundo da panela ou da assadeira durante o cozimento. Consiste em aquecer o utensílio com um pouco de vinho, caldo ou água, raspando para transferir os sabores ao líquido, então usado para fazer molhos.

Demolhar

Sinônimo de "hidratar", equivale a mergulhar o alimento em algum tipo de líquido para que volte à forma original. Exemplo: frutas secas demolhadas em suco de laranja.

Dourar

Dar um tom dourado, geralmente esquentando os alimentos com algum tipo de gordura como óleo, azeite, manteiga ou margarina.

Empanar

Envolver o alimento em algum tipo de cobertura – farinha de trigo, farinha de rosca, ovos batidos – antes de assar ou fritar. Massas leves feitas com farinha e algum líquido, como leite ou água, também servem para empanar.

Emulsionar

Juntar, batendo, dois tipos de líquido que normalmente não se misturam, como o azeite e o vinagre dos molhos para salada.

Enfarinhar

Polvilhar uma assadeira ou superfície de trabalho com farinha de trigo (ou o tipo indicado), para que o alimento não grude.

Escaldar

Mergulhar os alimentos por alguns instantes em água fervente, sem deixar que cozinhem. Com bacalhau e certos tipos de carne, isso é feito para tirar o excesso de sal do alimento. Quando os alimentos cozinham durante esse breve período na água, ficam "escalfados".

Espessar

Cozinhar um caldo, creme ou molho com um pouco de amido ou farinha para que engrosse até a consistência desejada.

Esponja

Mistura de fermento biológico, farinha e um líquido morno que forma a base da fermentação de massas para pães e outras receitas.

Flambar

Aquecer o alimento com um pouco de bebida alcoólica e, em seguida, atear fogo no preparo, para que o álcool evapore e a comida fique impregnada com o sabor do líquido.

Folhar

Para obter a leve massa folhada é preciso abri-la com um rolo, cobrir de manteiga, dobrar e passar o rolo novamente, repetidas vezes.

Fritar

Cozinhar em alta temperatura com algum tipo de gordura. Com pouca quantidade de óleo ou manteiga, é sinônimo de SALTEAR. Quando há bastante gordura, o processo chama-se **fritura por imersão**.

Ganache

Recheio ou cobertura doce, feito com creme de leite aquecido e chocolate derretido, misturados até ficarem homogêneos.

Glacear

Em geral, trata-se de espalhar uma fina camada de molho, geleia, gema de ovo ou chocolate sobre um alimento, para ajudar a deixá-lo brilhante.

Gratinar

Levar uma receita ao forno para dourar e tostar a superfície, normalmente coberta de creme, queijo ou farinha de rosca.

Hidratar

Veja DEMOLHAR.

Hidropônicos

Verduras cultivadas na água, dentro de estufas, com redução do uso de agrotóxicos. Vendidas ainda com as raízes, mantêm as propriedades nutritivas quando produzidas corretamente.

Incorporar

Misturar os alimentos de maneira delicada, sem bater.

Jardineira

Variedade de legumes picados e cozidos, servida como acompanhamento.

Juliana

Legumes, carnes ou outros ingredientes cortados em palitos finos, com cerca de 5 centímetros de comprimento.

Lardear

Perfurar uma peça de carne e enchê-la com pedacinhos de bacon ou linguiça para que a gordura derreta e tempere o alimento durante o cozimento.

Manteiga clarificada

É a manteiga livre de impurezas, obtida pelo aquecimento lento do produto até que derreta e os resíduos sólidos se depositem no fundo da panela. Em seguida, ela é coada e usada para cozinhar.

Marinar

Deixar carnes, aves e peixes de molho em um líquido (água, vinho, caldo) com temperos (cebola, alho, ervas, especiarias) para que amaciem e fiquem saborosos antes de ser cozidos. As marinadas também são conhecidas por VINHA-D'ALHOS.

Papillote

É a palavra francesa para "pacote", equivalente à italiana *cartoccio*. Consiste em assar o alimento embrulhado em papel-alumínio ou papel-manteiga para que mantenha a umidade e o aroma.

Pelar

Tirar a pele de legumes, nozes ou frutas. Passar pelo fogo ou mergulhar os produtos rapidamente em água quente pode facilitar o processo.

Reduzir

Diminuir a quantidade de líquido, geralmente molhos e caldos, fervendo até que o volume se reduza e o sabor fique concentrado.

Refogar

Ferver os alimentos em um pouco de gordura ou líquido para que cozinhem levemente. Diversos pratos da cozinha brasileira começam com um refogado de cebola e alho.

Saltear

Uma das maneiras de FRITAR, consiste em dourar o alimento com pouca gordura, em fogo alto, sem parar de mexer.

Sovar

Amassar e bater a massa – de pão, pizza e roscas, entre outras – de maneira vigorosa, até criar bolhas, para que o glúten se desenvolva e o fermento aja de modo uniforme.

Terrina

Também chamada de terrine, é uma vasilha refratária funda, oval ou retangular, usada para preparar receitas com legumes, verduras e carnes picadas ou moídas – por extensão, o prato ganhou o nome do utensílio em que é cozido.

Trinchar

Cortar em pedaços alguns assados de carne e aves preparadas inteiras. É imprescindível usar facas com lâminas grandes e afiadas.

Untar

Passar algum tipo de gordura – como óleo, azeite, manteiga ou margarina – no fundo e na lateral de fôrmas e panelas, para evitar que o alimento grude.

Vinha-d'alhos

Veja MARINAR.

Wok

Tipo de frigideira grande, de laterais altas e inclinadas, típica das culinárias orientais. Em geral, permite que os alimentos sejam fritos ou cozidos rapidamente em pouca gordura.

TABELA DE EQUIVALÊNCIA DE MEDIDAS

Líquidos

1 xícara (chá) – 240 ml
1 colher (sopa) – 15 ml
1 colher (chá) – 5 ml

Sólidos

Procure usar medidores padrão. Coloque o medidor sobre a pia ou a mesa. Encha até ultrapassar um pouco a borda e nivele o ingrediente com o lado achatado de uma faca.

Açúcar refinado

1 xícara – 180 g
1 colher (sopa) – 12 g
1 colher (chá) – 4 g

Chocolate ou cacau em pó

1 xícara – 90 g
1 colher (sopa) – 6 g
1 colher (chá) – 2 g

Farinha de trigo

1 xícara – 120 g
1 colher (sopa) – 7,5 g
1 colher (chá) – 2,5 g

Manteiga ou margarina

1 xícara (chá) – 200 g
1 colher (sopa) – 15 g
1 colher (chá) – 5 g

PETISCOS

ABOBRINHA EM CONSERVA

TEMPO DE PREPARO: 25 MINUTOS | RENDIMENTO: 8 PORÇÕES

1 litro de água
1 xícara de vinagre
8 abobrinhas fatiadas
½ xícara de azeite
1 colher (sopa) de orégano
½ xícara de azeitonas verdes picadas
1 cebola pequena cortada em rodelas
½ xícara de cebolinha picada
1 pimentão vermelho sem pele e sem sementes
sal e pimenta-do-reino a gosto

1. Em uma panela, coloque para ferver a água e o vinagre. A seguir, acrescente as fatias de abobrinha e deixe cozinhar por cerca de 10 minutos. Escorra a abobrinha e coloque-a em uma vasilha. Junte o azeite, o orégano, as azeitonas, a cebola, a cebolinha e o pimentão cortado em tiras bem finas. Tempere com sal e pimenta e leve à geladeira. Sirva fria.

ANÉIS DE LULA

TEMPO DE PREPARO: 30 MINUTOS | RENDIMENTO: 8 PORÇÕES

½ xícara de azeite
suco de 1 limão
4 dentes de alho amassados
pimenta-do-reino a gosto
4 talos de salsão com as folhas picado
1 xícara de azeitonas verdes sem caroço cortadas em rodelas
sal a gosto
1 kg de lula cortada em anéis

1. Em uma tigela grande, junte o azeite, o limão, o alho, a pimenta, o salsão e as azeitonas. Reserve.

2. Ferva 3 litros de água com sal numa panela grande. Adicione a lula e cozinhe não mais que 2 minutos, até que ela fique opaca e macia. Retire do fogo e escorra.

3. Coloque os anéis de lula na tigela do molho e misture bem. Cubra com filme plástico e leve à geladeira por 4 horas, no mínimo. Prove o tempero antes de servir e acrescente mais sal, se necessário.

ANTEPASTO À JAPONESA

TEMPO DE PREPARO: 30 MINUTOS | RENDIMENTO: 8 PORÇÕES

2 pepinos japoneses pequenos fatiados fino
1 cenoura grande fatiada fino
1 colher (sopa) de sal
2 xícaras de açúcar
4 xícaras de vinagre de arroz
gergelim a gosto

1. Coloque as fatias de pepino e cenoura em uma peneira e polvilhe sal para desidratá-las. Deixe repousar por 30 minutos. Em seguida, lave as fatias em água corrente para retirar o excesso de sal.

2. Em uma panela média, coloque o açúcar e o vinagre e leve ao fogo baixo para ferver. Depois que ferver, desligue o fogo e espere amornar. Transfira o pepino e a cenoura (coados) para vasilhas distintas.

3. Divida e distribua a calda sobre os legumes até cobri-los completamente. Tampe as vasilhas e leve à geladeira. Deixe repousar por no mínimo 12 horas. No momento de servir, retire os legumes da calda, coloque em tigelinhas individuais e polvilhe o gergelim.

ANTEPASTO DE ALHO-PORÓ

TEMPO DE PREPARO: 30 MINUTOS | RENDIMENTO: 8 PORÇÕES

5 alhos-porós
2 cebolas grandes
4 dentes de alho
½ xícara de vinagre de maçã
½ xícara de azeitonas pretas picadas
½ xícara de salsinha picada
½ xícara de orégano
½ xícara de azeite
sal a gosto

1. Corte os alhos-porós em rodelinhas, mantendo um pouco da parte verde. Corte grosseiramente a cebola e pique o alho.

2. Em uma panela, coloque para ferver 2 litros de água com o vinagre. Acrescente o alho-poró, a cebola e o alho. Quando abrir fervura, desligue o fogo. Coe o alho-poró numa peneira.

3. Coloque tudo em uma tigela e acrescente as azeitonas picadas, a salsinha e o orégano. Regue com o azeite e tempere com sal. Misture bem e deixe na geladeira por 2 horas antes de servir.

ANTEPASTO DE SHIITAKE

TEMPO DE PREPARO: 25 MINUTOS | RENDIMENTO: 6 PORÇÕES

1 cebola média
1 tomate
½ pimentão vermelho
4 colheres (sopa) de azeite
100 g de shiitake
1 colher (sopa) de salsinha picada
orégano e sal a gosto

1. Corte a cebola em rodelas finas e pique o tomate, descartando as sementes. Corte o pimentão em tiras finas.

2. Aqueça o azeite numa frigideira e refogue a cebola até dourar. Adicione o pimentão e refogue mais um pouco. Acrescente o shiitake, a salsinha, o orégano e o sal. Deixe cozinhar em fogo brando por aproximadamente 5 minutos. Espere esfriar e sirva.

ANTEPASTO DIFERENTE

TEMPO DE PREPARO: 40 MINUTOS | RENDIMENTO: 8 PORÇÕES

1 berinjela com casca cortada em cubos
1 abobrinha italiana com casca cortada em cubos
1 tomate sem pele e sem sementes cortado em cubos
1 cenoura ralada grosso
1 cebola picada grosso
5 dentes de alho partidos ao meio
2 xícaras de azeite
1 xícara de vinagre de vinho tinto
uma pitada de orégano
sal e pimenta-do-reino a gosto
½ xícara de salsinha picada
½ xícara de uvas-passas
200 g de tomate seco picado

1. Coloque todos os vegetais em uma assadeira e regue com o azeite, o vinagre, o orégano, o sal, a pimenta e a salsinha picada. Leve ao forno alto por 30 minutos, mexendo sempre. Retire do forno e misture as uvas-passas e o tomate seco. Sirva a seguir.

ANTEPASTO DE BERINJELA

TEMPO DE PREPARO: 35 MINUTOS | RENDIMENTO: 8 PORÇÕES

4 berinjelas
1 colher (sopa) de vinagre
1 xícara de azeite
½ xícara de alho picado
1 colher (sopa) de manjericão picado
folhas de alecrim
orégano a gosto
sal e pimenta-do-reino a gosto
queijo parmesão ralado a gosto

1. Fatie as berinjelas com a casca e deixe de molho em água e vinagre por aproximadamente 30 minutos. Retire do molho e seque-as sobre um pano seco.

2. Aqueça um pouco do azeite numa frigideira e frite as fatias de berinjela de ambos os lados. Coloque-as sobre papel--toalha para que fiquem sequinhas.

3. À parte, junte o restante do azeite, o alho, o manjericão, o alecrim, o orégano, o sal e a pimenta e misture bem.

4. Em uma travessa pequena, coloque camadas de berinjela cobertas pelo molho preparado. Polvilhe a superfície com queijo ralado e sirva.

BATATINHA AO VINAGRETE

TEMPO DE PREPARO: 35 MINUTOS | RENDIMENTO: 8 PORÇÕES

1 kg de batatinha miúda bem lavada
sal a gosto
½ xícara de azeite
1½ xícara de vinagre
1 colher (sopa) de molho inglês
½ xícara de salsinha bem picada

1. Fure as batatinhas com um palito e leve ao fogo com água e sal para cozinhar por 20 minutos.

2. Em uma tigela grande, misture o azeite, o vinagre, o molho inglês e a salsinha. Ajuste o sal. Coloque as batatinhas nesse molho, mexa bem e leve à geladeira coberta com filme plástico. Mexa de vez em quando, para adquirir sabor por igual. Sirva depois de 2 dias.

RECEITA PALMIRINHA PREFERIDA

BRUSCHETTAS

TEMPO DE PREPARO: 40 MINUTOS | RENDIMENTO: 10 PORÇÕES

3 dentes de alho picados fino
3 colheres (sopa) de azeite
1 xícara de feijão-branco cozido
sal a gosto
1 folha de louro
10 fatias grossas de pão italiano
3 tomates grandes sem casca nem sementes
1 vidro de azeitonas verdes sem caroço
orégano a gosto
½ xícara de queijo parmesão ralado

1. Refogue o alho em 1 colher (sopa) do azeite, até que ele fique corado. Em seguida, adicione o feijão-branco, o sal e o louro e passe tudo para o liquidificador. Bata bem, até obter uma pasta homogênea. Distribua essa pasta sobre as fatias de pão e reserve.

2. Bata no liquidificador o tomate, as azeitonas e o orégano, até obter uma mistura homogênea. Em seguida, leve ao fogo juntamente com o restante do azeite e deixe apurar. Acrescente sal, se necessário. Coloque essa mistura sobre a pasta de feijão, salpique parmesão e leve ao forno preaquecido a 200 °C por 20 minutos. Sirva em seguida.

CAPONATTA

TEMPO DE PREPARO: 1 HORA | RENDIMENTO: 12 PORÇÕES

2 xícaras de suco de laranja
2 xícaras de vinagre de maçã
2 berinjelas médias cortadas em cubos
2 cebolas médias cortadas em quartos
3 pimentões médios (1 de cada, verde, amarelo e vermelho) picados em pedaços grandes
1 abobrinha média cortada em rodelas
50 g de alcaparras
¾ de xícara de nozes partidas
¾ de xícara de azeitonas pretas fatiadas
½ xícara de uvas-passas sem semente
sal a gosto
1 colher (sopa) de orégano
azeite a gosto

1. Em uma panela bem grande, coloque o suco de laranja e o vinagre para ferver. Quando o líquido levantar fervura, adicione todos os legumes e misture bem. Deixe a panela destampada. Quando o líquido começar a ferver novamente, tampe a panela e deixe cozinhar por 15 minutos em fogo baixo. Em seguida, desligue o fogo e espere amornar.

2. Passe os legumes pelo escorredor e deixe esfriar.

3. Coloque os legumes escorridos em uma tigela grande e acrescente o restante dos ingredientes, misturando tudo com delicadeza. Regue com o azeite e sirva com pão italiano.

CARPACCIO COM ANCHOVA

TEMPO DE PREPARO: 30 MINUTOS | RENDIMENTO: 10 PORÇÕES

500 g de bifes de contrafilé limpos
½ xícara de azeite
sal e pimenta-do-reino a gosto
1 vidro de filé de anchova em conserva escorrido
½ xícara de alcaparras escorridas
1 xícara de queijo parmesão ralado grosso
suco de 1 limão-siciliano

1. Bata delicadamente os bifes com um martelo de carne, até que cada bife fique fino e transparente.

2. Disponha os filés em uma travessa, sem sobrepô-los uns aos outros, e leve-os à geladeira por 2 horas.

3. Enquanto isso, em uma tigela, coloque o azeite, o sal e a pimenta-do-reino e misture bem, para que os ingredientes fiquem bem incorporados.

4. Tire os filés da geladeira, disponha o molho sobre eles de maneira regular, distribua os filés de anchova e as alcaparras sobre o carpaccio e salpique o parmesão. Respingue o suco de limão sobre a carne e sirva a seguir.

CHAMPIGNON COM PIMENTÃO

TEMPO DE PREPARO: 20 MINUTOS | RENDIMENTO: 8 PORÇÕES

400 g de cogumelo em conserva
1 pimentão vermelho cortado em cubinhos
½ xícara de salsinha picada
1 xícara de azeite
1 xícara de vinagre
uma pitada de pimenta calabresa em flocos
1 colher (sopa) de mostarda picante
sal a gosto

1. Escorra o líquido do cogumelo e coloque-o numa saladeira. Adicione o pimentão e a salsinha.

2. À parte, misture bem o restante dos ingredientes, para que fiquem bem incorporados, e despeje a mistura na saladeira.

3. Mexa delicadamente para que os sabores se incorporem e mantenha na geladeira por pelo menos uma semana antes de servir.

ENROLADINHO DE PEITO DE PERU COM LARANJA

TEMPO DE PREPARO: 15 MINUTOS | RENDIMENTO: 4 PORÇÕES

2 laranjas sem casca e sem a parte branca
200 g de peito de peru fatiado

1. Separe os gomos da laranja e elimine a fina membrana que os envolve. Enrole cada gomo de laranja com uma fatia de peito de peru e espete com um palito. Arranje os enroladinhos em uma travessa e sirva.

ISCAS DE PEIXE CROCANTES

TEMPO DE PREPARO: 30 MINUTOS | RENDIMENTO: 8 PORÇÕES

Molho

½ xícara de ervas frescas picadas (salsinha, coentro, manjericão, cebolinha)
1 dente de alho amassado
⅓ de xícara de leite gelado
1 colher (sopa) de vinagre de maçã
sal e pimenta-do-reino a gosto
½ xícara de azeite

Peixe

1 kg de filé de tilápia em tiras
sal e pimenta-do-reino a gosto
5 colheres (sopa) de farinha de trigo
2 ovos
1½ xícara de flocos de milho
óleo para fritar

1. Prepare o molho: bata no liquidificador as ervas, o alho, o leite, o vinagre, o sal e a pimenta, até ficar homogêneo.

2. Sem parar de bater, adicione o azeite em fio até ficar cremoso. Em seguida, transfira para uma tigela e mantenha na geladeira.

3. Em uma tigela, tempere o peixe com sal e pimenta. Passe pela farinha de trigo, pelos ovos previamente batidos e, em seguida, pelos flocos de milho triturados. Frite em óleo quente, em imersão, até dourar. Sirva acompanhado do molho.

Dica: As iscas ficarão mais crocantes se forem deixadas em papel-toalha assim que forem sendo fritas.

MARAVILHA DE CEREJA

TEMPO DE PREPARO: 40 MINUTOS | RENDIMENTO: 8 PORÇÕES

200 g de queijo prato ralado
150 g de queijo mozarela ralado
200 g de queijo meia cura ralado
100 g de queijo parmesão ralado
½ xícara de farinha de trigo
1 colher (chá) de orégano
2 ovos
200 g de cereja em calda escorrida
2 claras levemente batidas
macarrão cabelo de anjo esmigalhado para empanar
óleo para fritar

1. Coloque os quatro tipos de queijo em uma tigela. Adicione a farinha e o orégano e misture. Acrescente os ovos levemente batidos e mexa com as mãos para se agregarem.

2. Abra porções da massa sobre a palma da mão e coloque uma cereja. Enrole, formando uma bolinha. Passe as bolinhas pela clara batida e pelo macarrão esmigalhado. Frite em óleo quente.

Dica: Você pode substituir o cabelo de anjo por farinha de rosca.

TIRAS DE PIMENTÃO ASSADO

TEMPO DE PREPARO: 40 MINUTOS | RENDIMENTO: 6 PORÇÕES

4 pimentões grandes de cores diferentes
8 dentes de alho picados
1 colher (sopa) de tempero pronto
½ xícara de azeite

1. Lave e seque bem os pimentões. Coloque-os numa assadeira e leve ao forno a 250 °C por cerca de 30 minutos, assando-os de todos os lados. Em seguida, coloque cada um dentro de um saco de papel (saco de pão) e feche. Deixe esfriar.

2. Retire a pele e as sementes dos pimentões. Corte-os em tiras e tempere com o alho e o tempero pronto. Regue com azeite e sirva.

PATÊS DIVERSOS

TEMPO DE PREPARO: 25 MINUTOS | RENDIMENTO: 8 PORÇÕES

Base
700 g de ricota fresca
250 g de requeijão cremoso
1 caixinha de creme de leite

Patê de azeitonas
300 g de base preparada
1 xícara de azeitonas verdes trituradas
1 colher (sopa) rasa de orégano
sal e pimenta-do-reino a gosto
2 ou 3 colheres (sopa) de azeite

Patê de manjerição
300 g de base preparada
1 xícara de maionese
½ maço de manjericão picado
sal e pimenta-do-reino a gosto

Patê de pimentão
300 g de base preparada
1 xícara de pimentão vermelho assado e triturado
1 colher (sopa) de manjericão picado
sal e pimenta-do-reino a gosto

1. Coloque a ricota em uma tigela e amasse-a com um garfo. Junte o requeijão e o creme de leite e misture até obter uma massa homogênea. Divida em três partes.

2. Para o patê de azeitonas, coloque um terço da base para patê em uma tigela, as azeitonas, o orégano, o sal, a pimenta e o azeite. Misture bem para se agregarem.

3. Para o patê de manjericão, coloque outro terço da base em uma segunda tigela, a maionese, o manjericão, o sal e a pimenta. Mexa para se agregarem.

4. Para o patê de pimentão, coloque o restante da base em uma terceira tigela. Junte o pimentão previamente assado e triturado sem a pele. Acrescente o manjericão, o sal e a pimenta. Misture bem para os ingredientes se agregarem.

PROVOLONE À MILANESA

TEMPO DE PREPARO: 20 MINUTOS | RENDIMENTO: 4 PORÇÕES

2 xícaras de provolone cortado em cubos
1 xícara de água gelada
6 colheres (sopa) de farinha de trigo
2 ovos batidos
½ xícara de farinha de rosca
óleo para fritar

1. Passe os cubos de provolone pela água gelada, pela farinha de trigo e pelos ovos.

2. Em seguida, passe pela farinha de rosca e frite em óleo quente, aos poucos, até que o queijo esteja dourado. Escorra sobre papel-toalha e sirva.

POLENTA FRITA COM BACON

TEMPO DE PREPARO: 50 MINUTOS | RENDIMENTO: 8 PORÇÕES

1 xícara de fubá
2½ xícaras de água
150 g de bacon cortado em cubos
2 dentes de alho picados
sal e pimenta-do-reino a gosto
½ xícara de queijo meia cura ralado
½ xícara de amido de milho
óleo para fritar
queijo parmesão ralado a gosto

1. Em uma tigela, dissolva o fubá na água e reserve. Leve ao fogo médio uma panela grande e frite o bacon na própria gordura até dourar. Acrescente o alho e deixe-o dourar.

2. Despeje o fubá dissolvido, o sal e a pimenta e cozinhe por cerca de 10 minutos, mexendo sempre, até engrossar. Desligue o fogo e misture o meia cura. Transfira a massa para uma fôrma refratária média, previamente untada com óleo, e deixe esfriar. Em seguida, cubra a fôrma e leve à geladeira por 4 horas.

3. Depois, corte a massa em tiras e passe-as pelo amido de milho. Coloque óleo abundante numa frigideira média e vá fritando os pedaços de massa, totalmente imersos, até ficarem dourados.

4. Escorra sobre papel-toalha e polvilhe o parmesão ralado.

ROLINHOS DE ABOBRINHA

TEMPO DE PREPARO: 30 MINUTOS | RENDIMENTO: 8 PORÇÕES

5 abobrinhas pequenas
¼ de xícara de azeite
4 dentes de alho espremidos
½ xícara de folha de hortelã
¼ de xícara de vinagre de vinho tinto
sal e pimenta-do-reino a gosto

1. Usando um fatiador, corte as abobrinhas no sentido do comprimento em lâminas bem finas. Coloque-as numa assadeira e leve ao forno para dourar regadas com o azeite. Vire as fatias de abobrinha de vez em quando. Quando estiverem douradas, tire do forno e espere amornar.

2. Em uma fôrma refratária, coloque camadas alternadas de abobrinha, alho espremido e hortelã. Despeje o vinagre por cima, cubra e leve à geladeira. Na hora de servir, enrole as fatias de abobrinhas e feche-as com um palito.

SARDELA

TEMPO DE PREPARO: 25 MINUTOS | RENDIMENTO: 8 PORÇÕES

½ xícara de azeite
1 cebola picada
2 dentes de alho picados
4 pimentões vermelhos sem sementes
1 colher (sopa) de extrato de tomate
sal e pimenta-do-reino a gosto
1 colher (sopa) de orégano
folhas de manjericão a gosto
1 lata de sardinha em óleo escorrida

1. Aqueça o azeite numa panela e refogue a cebola e o alho. Junte os pimentões cortados em tiras e o extrato de tomate. Cozinhe por aproximadamente 10 minutos. Tempere com sal e pimenta. Desligue o fogo e espere amornar. Junte o orégano e o manjericão e leve tudo para bater no liquidificador. Adicione a sardinha e bata novamente para se agregarem.

Dica: A sardela pode durar 30 dias na geladeira; pode ser congelada, quando devidamente acondicionada.

TOMATE SECO

TEMPO DE PREPARO: 1H20 | RENDIMENTO: 8 PORÇÕES

2 xícaras de açúcar
½ xícara de sal
1,5 kg de tomate
2 colheres (sopa) de orégano
1 maço de manjericão
8 dentes de alho amassados
2 xícaras (chá) de azeite
pimenta calabresa a gosto

1. Coloque o açúcar e o sal em uma vasilha. Misture e reserve.

2. Lave os tomates, corte-os ao meio (no sentido do comprimento) e retire as sementes. Passe-os pela mistura reservada. Acomode as metades de tomate numa assadeira, com a superfície cortada virada para baixo. Leve ao forno preaquecido a 200 °C por cerca de 30 minutos.

3. A seguir, retire do forno, escorra a água da assadeira e vire-os. Leve novamente ao forno e deixe-os assando até que comecem a secar (ficar enrugados).

4. Prepare o tempero: em uma tigela, junte o orégano, o manjericão, o alho, o azeite e a pimenta. Disponha os tomates secos em um pote com tampa e despeje o azeite temperado. Deixe curtir pelo menos por 3 dias antes de servir.

TORRESMO PURURUCA

TEMPO DE PREPARO: 40 MINUTOS | RENDIMENTO: 12 PORÇÕES

1 xícara de óleo
2 kg de panceta ou bacon cortado em cubos
sal a gosto
suco de 1 limão
2 dentes de alho amassados

1. Aqueça o óleo numa panela de fundo grosso e frite a panceta por 20 minutos com a panela tampada, mexendo de vez em quando para não grudar.

2. Retire a panceta da panela, reservando o óleo na panela, e transfira-a para uma fôrma refratária. Tempere com o sal, o limão e o alho e leve à geladeira por 6 horas.

3. Depois, aqueça a panela com o óleo reservado e doure o torresmo até ficar pururuca. Escorra sobre papel-toalha e sirva.

SALADAS

SALADA AGRIDOCE

TEMPO DE PREPARO: 30 MINUTOS | RENDIMENTO: 6 PORÇÕES

Salada

1 pé de alface-americana lavada
4 folhas de radicchio lavadas
1 maçã verde picada
1 manga picada em cubos
½ xícara de presunto cortado em cubos
½ xícara de queijo fresco cortado em cubos

Molho

½ xícara de óleo de girassol ou canola
1 dente de alho
½ xícara de leite gelado
2 colheres (sopa) de ketchup
2 colheres (sopa) de suco de limão
1 colher (chá) de açúcar
2 colheres (chá) de sal

1. Junte os ingredientes do molho no liquidificador e bata até obter uma mistura cremosa. Reserve.

2. Rasgue as folhas de alface e de radicchio com as mãos e coloque-as numa saladeira.

3. Acrescente a maçã, a manga, o presunto e o queijo fresco.

4. Despeje o molho sobre a salada e leve à geladeira por 1 hora antes de servir.

SALADA DE BERINJELA

TEMPO DE PREPARO: 50 MINUTOS | RENDIMENTO: 8 PORÇÕES

5 berinjelas médias
1 litro de água
½ xícara de vinagre
1 cebola grande picada fino
½ pimentão vermelho cortado em tiras
½ pimentão verde cortado em tiras
2 dentes de alho picados
½ xícara de azeitonas verdes sem caroço
1 colher (sopa) de tempero pronto
sal a gosto
1 pimenta vermelha sem sementes picada
½ xícara de azeite

1. Corte as berinjelas em cubos e deixe de molho na água com o vinagre por 2 horas.

2. A seguir, escorra bem e distribua sobre uma assadeira retangular untada com um fio de azeite. Leve ao forno preaquecido a 180 °C por 30 minutos, virando a berinjela a cada 10 minutos.

3. Enquanto isso, faça o molho. Em um recipiente, coloque a cebola, os pimentões previamente aferventados, o alho, as azeitonas, o tempero pronto, o sal e a pimenta vermelha. Regue com o azeite restante e misture para combinar os sabores.

4. Coloque a berinjela cozida e escorrida numa saladeira e tempere-a com o molho. Misture bem. Deixe a salada na geladeira para conservar, mas retire-a 30 minutos antes de servir.

SALADA DE REPOLHO CRU

TEMPO DE PREPARO: 20 MINUTOS | RENDIMENTO: 6 PORÇÕES

Salada
1 repolho médio
1 cebola pequena fatiada fino
sal a gosto
3 colheres (sopa) de vinagre branco
azeite para regar
½ xícara de azeitonas verdes picadas
2 colheres (sopa) de salsinha picada

Molho
½ xícara de maionese
½ xícara de iogurte natural
1 colher (sopa) de mostarda
1 colher (chá) de pimenta-do-reino branca
uma pitada de sal

1. Para fazer o molho, misture todos os ingredientes numa tigela para se agregarem e coloque-o numa molheira. Reserve.

2. Descarte as folhas superiores do repolho. Pique-o, o mais fino possível, ainda inteiro.

3. Coloque o repolho picado numa saladeira, cubra com a cebola e tempere com o sal, o vinagre e o azeite. Distribua as azeitonas e a salsinha por cima. Sirva a salada com o molho à parte.

SALADA PRIMAVERA

TEMPO DE PREPARO: 20 MINUTOS | RENDIMENTO: 6 PORÇÕES

Salada
1 alface-americana
2 cenouras
1 beterraba
1 tomate sem pele e sem sementes
1 cebola

Molho
sal a gosto
uma pitada de açúcar
1 colher (sopa) de azeite
3 colheres (sopa) de vinagre

1. Lave bem todos os ingredientes antes de começar a prepará-los.

2. Rasgue as folhas da alface para que fiquem menores. Rale as cenouras e a beterraba. Pique o tomate em pedaços regulares. Corte a cebola em rodelas.

3. Junte tudo numa saladeira e misture bem.

4. Faça o molho: misture todos os ingredientes numa xícara e regue a salada com ele. Sirva em seguida.

SALADA MARGARIDA

TEMPO DE PREPARO: 25 MINUTOS I RENDIMENTO: 4 PORÇÕES

500 g de batata cozida e cortada em cubinhos
1 lata de seleta de legumes escorrida
1 cebola picada
200 g de peito de peru defumado cortado em tiras
1 maçã verde picada sem casca
1 pote pequeno de maionese
sal e pimenta-do-reino a gosto
6 ovos
8 folhas de alface-crespa
batata palha a gosto

1. Em uma vasilha, junte a batata, a seleta de legumes, a cebola, o peito de peru, a maçã e metade da maionese. Tempere com sal e pimenta. Misture para os ingredientes se agregarem. Reserve.

2. Cozinhe os ovos. Quando esfriarem, corte--os ao meio (no sentido do comprimento). Retire as gemas e esmigalhe-as com um garfo. Reserve.

3. Forre o fundo de uma travessa redonda com as folhas de alface. Acomode a salada no centro da travessa e espalhe a batata palha ao redor. Cubra a salada com o restante da maionese e polvilhe a gema esmigalhada. Ajeite a clara cozida sobre a salada, com a parte arredonda para cima, formando uma margarida. Mantenha a salada na geladeira até a hora de servir.

SALADA VERDE COM PARMESÃO

TEMPO DE PREPARO: 25 MINUTOS I RENDIMENTO: 4 PORÇÕES

Salada
1 pé de alface-americana limpo
½ maço de rúcula limpo
½ maço de agrião
2 beterrabas sem casca ligeiramente cozidas
100 g de queijo parmesão cortado em lascas finas

Molho
4 colheres (sopa) de vinagre de vinho
5 colheres (sopa) de azeite
sal a gosto
uma pitada de orégano

1. Prepare o molho: misture todos os ingredientes e coloque-os numa molheira. Conserve na geladeira até a hora de ser utilizado.

2. Lave bem todos os ingredientes da salada. Rasgue as folhas da alface e da rúcula para que fiquem menores e coloque numa saladeira juntamente com o agrião.

3. Corte as beterrabas em rodelas finas e disponha-as sobre a verdura.

4. Espalhe as lascas de parmesão por cima e sirva imediatamente com o molho à parte.

SALADA DE CHICÓRIA E SALSÃO

TEMPO DE PREPARO: 30 MINUTOS | RENDIMENTO: 4 PORÇÕES

1 pé de chicória lavada e picada
1 salsão (só a parte branca) limpo e cortado em tirinhas
100 g de azeitonas verdes picadas
1 dente de alho cortado ao meio
1 pimenta vermelha pequena cortada ao meio
½ colher (chá) de orégano
4 colheres (sopa) de azeite
sal e pimenta-do-reino a gosto
1 colher (sopa) de vinagre de maçã
1 limão-siciliano cortado em rodelas
1 laranja cortada em rodelas

1. Misture a chicória com o salsão em um recipiente e reserve.

2. Em uma saladeira, junte as azeitonas, o alho, a pimenta vermelha e o orégano. Regue com metade do azeite, misture e deixe repousar por 10 minutos.

3. Passado esse tempo, tempere com o sal, a pimenta-do-reino, o vinagre e o restante do azeite. Mexa bem e retire o alho e a pimenta vermelha.

4. Regue a chicória e o salsão com esse molho e mexa delicadamente, de baixo para cima, até que as verduras estejam bem impregnadas de tempero.

5. Disponha as rodelas de limão e de laranja nas bordas de uma saladeira, coloque a salada no centro do prato e sirva.

RECEITA PALMIRINHA PREFERIDA

SALADA DE PEPINO E PIMENTÃO

TEMPO DE PREPARO: 15 MINUTOS | RENDIMENTO: 6 PORÇÕES

Salada

1 pé de alface-romana lavado e escorrido
2 pimentões amarelos cortados em rodelas
2 pepinos grandes sem casca cortados em rodelas
3 tomates maduros cortados em gomos
1 colher (chá) de orégano seco

Molho

1 colher (chá) de sal
5 colheres (sopa) de suco de limão-siciliano
5 colheres (sopa) de azeite

1. Em uma saladeira funda, coloque o sal, o suco de limão e o azeite. Misture bem com um garfo.

2. Acomode sobre o molho as folhas de alface, o pimentão, o pepino e o tomate. Polvilhe o orégano.

3. Misture os ingredientes com o molho e sirva imediatamente.

SALADA CÍTRICA COM CASTANHA DE CAJU

TEMPO DE PREPARO: 20 MINUTOS | RENDIMENTO: 4 PORÇÕES

Salada

2 laranjas sem casca e sem a pele branca
1 alface-frisée separada em folhas
4 colheres (sopa) de castanhas de caju torradas

Molho

2 colheres (sopa) de suco de laranja
1 colher (chá) de casca de laranja ralada
1 colher (sopa) de vinagre
uma pitada de cardamomo em pó
uma pitada de gengibre fresco ralado
½ colher (chá) de sementes de mostarda
sal a gosto
½ colher de pimenta-do-reino
3 colheres (sopa) de azeite

1. Prepare o molho em uma tigela, coloque o suco e a casca de laranja ralada, o vinagre, o cardamomo, o gengibre e a mostarda. Tempere com o sal e a pimenta e misture bem. Acrescente o azeite aos poucos, sem parar de mexer, até obter um molho homogêneo. Reserve.

2. Corte as laranjas em rodelas e elimine as sementes. Distribua as rodelas em 4 pratos individuais.

3. Lave a alface, seque-a bem e coloque-a numa tigela grande. Regue com o molho e mexa delicadamente. Distribua a alface sobre a laranja e polvilhe as castanhas de caju. Sirva em seguida.

SALADA CÉSAR

TEMPO DE PREPARO: 25 MINUTOS | RENDIMENTO: 4 PORÇÕES

Salada
1 pé de alface-americana
200 g de filé de frango grelhado cortado em tiras
40 g de queijo parmesão em lascas

Molho
1 xícara de maionese
1 cebola média picada
2 gemas de ovos
suco de ½ limão
½ colher (chá) de molho inglês
½ colher (chá) de mostarda
1 dente de alho amassado
4 colheres (sopa) de azeite
3 colheres (sopa) de queijo parmesão ralado grosso
sal a gosto
pimenta-do-reino a gosto

Croûtons
4 fatias de pão de fôrma
azeite a gosto
uma pitada de sal
pimenta-do-reino a gosto

1. Bata todos os ingredientes do molho num processador ou num liquificador até obter uma consistência cremosa. Reserve.

2. Para fazer os croûtons, corte as fatias de pão em cubinhos pequenos, regue com azeite e tempere com o sal e a pimenta. Leve para tostar em fogo médio por 5 minutos, sacudindo a frigideira regularmente, até que o pão fique sequinho e crocante. Reserve.

3. Rasgue as folhas de alface com as mãos, coloque-as numa saladeira, fazendo um montinho. Distribua as tiras de frango ao redor. Coloque colheradas de molho sobre a alface. Misture bem e salpique os croûtons.

4. Para finalizar, decorre com o queijo parmesão em lascas, espalhando-o por cima da salada. Sirva em seguida.

Dica: Os croûtons podem ser feitos no forno, em vez de na frigideira.

SALADAS

SALADA ITALIANA

TEMPO DE PREPARO: 20 MINUTOS | RENDIMENTO: 4 PORÇÕES

1 pepino grande sem casca e picado em cubinhos
2 abobrinhas pequenas e tenras raladas em ralador grosso
2 dentes de alho picados fino
¼ de xícara de manjericão picado
12 alcaparras em conserva
uma pitada de sal
1 colher (chá) rasa de pimenta-do-reino
1 colher (sopa) de vinagre de vinho
3 colheres (sopa) de azeite
8 azeitonas pretas picadas
1 limão-siciliano cortado em rodelas

1. Misture o pepino e a abobrinha e coloque-os numa peneira ou numa panela de vapor. Leve ao fogo e cozinhe no vapor por 10 minutos.

2. Enquanto isso, numa tigela pequena, misture o alho, o manjericão e as alcaparras escorridas. Reserve.

3. Em uma tigela média, junte o sal, a pimenta-do-reino e o vinagre. Adicione o azeite e misture bem com um garfo.

4. Adicione o pepino e a abobrinha ainda mornos. Revolva os legumes para que o tempero penetre bem. Disponha por cima a mistura de alho e alcaparras. Acrescente as azeitonas e decore com rodelas de limão.

SALADA COM MOLHO DE ERVAS

TEMPO DE PREPARO: 25 MINUTOS | RENDIMENTO: 6 PORÇÕES

Salada
1 pé de alface-americana picada
2 beterrabas raladas no ralador grosso
1 cenoura ralada no ralador grosso
1 talo de erva-doce cortado em tirinhas
1 xícara de croûtons (ver página 78)

Molho
¼ de lata de creme de leite
½ pote de iogurte natural
1 colher (sopa) de mostarda
sal a gosto
3 colheres (sopa) de cheiro-verde picado
1 colher (sopa) de endro picado

1. Coloque a alface picada numa travessa e disponha sobre ela a beterraba e a cenoura raladas. Decore com as tirinhas de erva-doce e reserve.

2. Para fazer o molho, misture todos os ingredientes numa tigela e mexa até obter uma mistura homogênea. Cubra a salada com o molho e espalhe por cima os croûtons. Sirva em seguida.

SALADA DE ALFACE COM MOLHO PESTO

TEMPO DE PREPARO: 15 MINUTOS | RENDIMENTO: 4 PORÇÕES

Salada

1 pé de alface-americana médio
12 rodelas de tomate-caqui
300 g de ricota fresca cortada em 4 fatias

Molho

½ xícara de salsinha
½ xícara de manjericão
½ xícara de caldo de galinha
4 colheres (sopa) de azeite
sal e pimenta-do-reino a gosto
100 g de ricota fresca esfarelada

1. Prepare o molho: bata todos os ingredientes no liquidificador até obter uma consistência cremosa. Se ficar muito espesso, acrescente mais um pouco de caldo de galinha. Reserve.

2. Monte a salada: distribua as folhas de alface em volta dos pratos de servir e disponha 3 rodelas de tomate e 1 fatia de ricota no centro.

3. Regue cada prato com um pouco do molho e sirva.

SALADA VERDE COM KANI KAMA

TEMPO DE PREPARO: 15 MINUTOS | RENDIMENTO: 4 PORÇÕES

Salada

½ pé de alface-americana
½ maço de rúcula
1 xícara de brotos de alfafa
150 g de kani kama descongelado
folhas de hortelã para guarnecer

Molho

1 colher (chá) de mostarda
1 colher (chá) de ketchup
sal a gosto
3 colheres (sopa) de limão-siciliano
¼ de xícara de azeite

1. Prepare o molho: em uma tigela pequena, coloque a mostarda, o ketchup e o sal. Junte o suco de limão e misture bem, até ficar homogêneo. Despeje o azeite aos poucos, batendo com um garfo para formar um molho. Reserve.

2. Monte a salada: em uma tigela média, arrume as folhas de alface rasgadas, a rúcula e o broto de alfafa entremeados com o kani cortado em bastões.

3. Guarneça com a hortelã e regue com o molho reservado. Sirva em seguida.

SALADA DE ESCAROLA E ALFACE

TEMPO DE PREPARO: 20 MINUTOS | RENDIMENTO: 4 PORÇÕES

Salada

½ pé de alface lisa
½ pé de escarola
150 g de peito de peru defumado fatiado
1 maçã verde cortada em gomos

Molho

2 colheres (sopa) de suco de limão
2 colheres (sopa) de creme de leite
3 colheres (sopa) de azeite
1 colher (chá) de molho inglês
3 colheres (sopa) de vinagre de maçã
6 folhas de estragão fresco
sal e pimenta-do-reino a gosto

1. Prepare o molho: coloque no liquidificador todos os ingredientes e bata por alguns minutos até ficar homogêneo.

2. Para montar a salada, rasgue as folhas de alface com as mãos e coloque-as em um dos lados de uma travessa grande e rasa. Na outra metade da travessa, coloque as folhas de escarola.

3. Enrole as fatias de peito de peru, formando leques, e adicione à salada de forma decorativa.

4. Coloque os gomos de maçã ao lado das fatias de peru, acrescente o molho e sirva em seguida.

SALADA DE FOLHAS COM VINAGRETE DE MOSTARDA

TEMPO DE PREPARO: 15 MINUTOS | RENDIMENTO: 4 PORÇÕES

Salada

4 miolos de alface-americana
1 pé de rúcula
1 pé de alface-crespa

Vinagrete

4 colheres (sopa) de vinagre de vinho
6 colheres (sopa) de azeite
uma pitada de sal
1 colher (chá) de pimenta-do-reino
1 colher (chá) de mostarda

1. Lave e enxugue as folhas. Corte o miolo da alface-americana em quatro partes, sem destacar da base. Disponha todas as folhas em uma saladeira e arrume a alface no centro.

2. Em uma tigela pequena, prepare o vinagrete, batendo muito bem todos os ingredientes com um batedor ou garfo, até que o molho fique bem cremoso. Tempere a salada apenas na hora em que for servir.

SALADA DE RÚCULA À NAPOLITANA

TEMPO DE PREPARO: 15 MINUTOS | RENDIMENTO: 4 PORÇÕES

Salada

1 maço de rúcula
1 cebola roxa cortada em rodelas
10 tomates-cereja cortados ao meio
150 g de queijo provolone cortado em cubinhos
60 g de azeitonas verdes recheadas

Molho

4 colheres (sopa) de vinagre de maçã
5 colheres (sopa) de azeite
suco de 1 limão-siciliano
sal e pimenta-do-reino a gosto

1. Prepare o molho: em uma tigela, junte todos os ingredientes e bata com um garfo ou um batedor, até misturar bem.

2. Para montar o prato, faça uma camada de rúcula numa travessa grande e rasa, distribua por cima a cebola em anéis, o tomate-cereja, o provolone e, por cima, as azeitonas recheadas. Despeje o molho sobre a salada uniformemente e sirva em seguida.

SALADA DE ESCAROLA COM BACON

TEMPO DE PREPARO: 10 MINUTOS | RENDIMENTO: 4 PORÇÕES

1 colher (chá) de mostarda
4 colheres (sopa) de azeite
1 colher (sopa) de suco de limão
½ colher (sopa) de mel
sal e pimenta-do-reino a gosto
1 pé de escarola cortado em tiras
½ xícara de bacon picado

1. Misture a mostarda, o azeite, o suco de limão e o mel em um pote de vidro com tampa e chacoalhe bem até que os ingredientes se misturem e formem um molho espesso. Tempere com sal e pimenta e reserve.

2. Disponha a escarola em uma saladeira e reserve.

3. Frite o bacon em sua própria gordura até ficar crocante e despeje ainda quente sobre a escarola picada.

4. Regue com o molho reservado, misture e sirva a seguir.

SALADA WALDORF

TEMPO DE PREPARO: 25 MINUTOS | RENDIMENTO: 4 PORÇÕES

1 colher (sopa) de azeite
¾ de xícara de nozes picadas
½ xícara de creme de leite fresco
suco de ½ limão-siciliano
sal a gosto
1 pé de alface-americana picado
4 talos de salsão (só a parte branca) limpo e picado
100 g de presunto cru cortado em tirinhas
1 maçã verde picada em cubinhos
4 metades de nozes para decorar

1. Aqueça o azeite numa frigideira em fogo baixo. Junte as nozes picadas e deixe tostar, mexendo sem parar. Retire do fogo e coloque para esfriar sobre papel-toalha.

2. Ponha o creme de leite numa tigela média e bata ligeiramente, até que comece a ficar espesso. Junte o suco de limão e misture delicadamente. Tempere com sal. Coloque por cima a alface, o salsão, o presunto e a maçã.

3. Misture para que o molho penetre bem nas folhas. Decore com as nozes e sirva em seguida.

SALADA DE FOLHAS E TOMATE-CEREJA AO MOLHO DE IOGURTE

TEMPO DE PREPARO: 25 MINUTOS | RENDIMENTO: 6 PORÇÕES

Salada
1 pé pequeno de alface-americana
½ maço de agrião
12 folhas de alface mimosa
10 folhas de radicchio
16 tomates-cereja cortados ao meio

Molho
3 colheres (sopa) de salsinha picada
½ colher (chá) de pimenta-do-reino
suco de 1 limão-siciliano
1 colher (sopa) de azeite
sal a gosto
1 pote de iogurte natural

1. Para o molho, misture bem todos os ingredientes numa tigela funda. Se necessário, acrescente um pouco de água para tornar a consistência mais diluída.

2. Disponha sobre o molho as folhas de alface-americana, o agrião e a alface mimosa. No meio delas, distribua as folhas de radicchio. Por último, acrescente o tomate-cereja. Na hora de servir, misture as folhas ao molho com a ajuda de dois garfos próprios para salada.

SALADA DE REPOLHO COM MAÇÃ

TEMPO DE PREPARO: 25 MINUTOS | RENDIMENTO: 6 PORÇÕES

Salada
1 repolho médio ralado grosso
sal a gosto
3 rabanetes picados
1 cenoura crua ralada grosso
2 maçãs verdes cortadas em cubinhos

Molho
suco de 1 limão
¼ de xícara de creme de leite
½ xícara de maionese
½ colher (chá) de pimenta-do-reino
uma pitada de páprica
sal a gosto

1. Tempere o repolho com sal e deixe descansar por 45 minutos.

2. Depois desse período, escorra o repolho, coloque-o numa tigela e misture os demais ingredientes da salada.

3. Em uma molheira, junte todos os ingredientes do molho, misture bem e despeje sobre a salada. Sirva a seguir.

SALADA DE BRÓCOLIS JAPONÊS

TEMPO DE PREPARO: 30 MINUTOS | RENDIMENTO: 6 PORÇÕES

2 brócolis japoneses médios
5 colheres (sopa) de azeite
4 dentes de alho fatiados
3 colheres (sopa) de vinagre de maçã
2 colheres (chá) de ervas finas
½ colher (chá) de pimenta-do-reino
sal a gosto

1. Separe os brócolis em buquês e cozinhe-os em água fervente por 5 minutos.

2. Escorra e coloque-os numa tigela com água gelada com cubos de gelo para interromper o cozimento. Escorra novamente e reserve.

3. Aqueça o azeite numa frigideira, em fogo médio, e doure o alho rapidamente, com cuidado para não queimar.

4. Coloque o brócolis numa saladeira, despeje o alho frito com o azeite, o vinagre, as ervas e a pimenta e misture delicadamente. Acerte o sal e leve à geladeira por 2 horas antes de servir.

ROCAMBOLE XADREZ

TEMPO DE PREPARO: 45 MINUTOS | RENDIMENTO: 8 PORÇÕES

Massa

6 ovos
1 colher (chá) de sal
6 colheres (sopa) de farinha de trigo
1 colher (chá) de fermento químico em pó

Recheio e cobertura

1 lata de ervilhas escorridas
1 vidro de palmito escorrido
1 lata de milho verde escorrido
1 cenoura ralada
200 g de presunto picado
1 xícara de cebola picada
2 colheres (sopa) de cheiro-verde
1 pé de alface-americana
1 pote grande de maionese
10 fatias de salsichão xadrez
decoração a gosto

1. Coloque os ovos na batedeira com o sal e bata por 3 minutos em velocidade média. Desligue a batedeira e agregue delicadamente a farinha e o fermento.

2. Coloque a massa obtida numa assadeira retangular forrada com papel-manteiga untada e enfarinhada. Leve ao forno preaquecido a 180 °C por cerca de 10 minutos. Retire o pão de ló do forno e deixe esfriar.

3. Enquanto isso, prepare o recheio: em uma vasilha média, junte a ervilha, o palmito picado, o milho, a cenoura, o presunto, a cebola, o cheiro-verde e ⅓ da alface picada. Adicione 3 colheres (sopa) de maionese e misture bem. Reserve.

4. Em seguida, corte o pão de ló já frio em duas partes. Acerte as laterais com uma faca e coloque uma das partes sobre uma travessa plana. Distribua o recheio reservado e coloque a outra parte do pão de ló por cima. Cubra tudo com a maionese. Decore com o salsichão xadrez e o restante da alface. Conserve a salada na geladeira e sirva fria.

Dica: Substitua a base de pão de ló por pão de fôrma sem casca.

SALPICÃO

TEMPO DE PREPARO: 45 MINUTOS | RENDIMENTO: 6 PORÇÕES

2 xícaras de salsão picado
1 lata de milho verde escorrido
½ xícara de azeitonas verdes picadas
1 lata de ervilhas escorridas
1 xícara de vagem cozida e picada grande
1 cenoura grande cozida e cortada em rodelas
1 maçã verde ralada grosso sem casca
azeite para regar
sal e pimenta-do-reino a gosto
500 g de batata cozida e picada
1 peito de frango grande cozido
1 caixinha de creme de leite
1 xícara de maionese
batata palha para decorar

1. Em uma vasilha grande, coloque o salsão, o milho, as azeitonas, a ervilha, a vagem, a cenoura e a maçã ralada. Misture a cada ingrediente adicionado. Acrescente um fio de azeite e tempere com o sal e a pimenta.

2. Junte a batata, o frango previamente desfiado, o creme de leite e a maionese. Misture a cada ingrediente adicionado.

3. Transfira a salada para uma travessa e decore com batata palha.

Dica: Ao ralar a maçã, deixe-a de molho em água e limão por alguns minutos para não escurecer.

TABULE

TEMPO DE PREPARO: 15 MINUTOS | RENDIMENTO: 4 PORÇÕES

4 colheres (sopa) de trigo para quibe
3 tomates picados
½ xícara de cebolinha picada
2 xícaras de salsinha picada
1 xícara de hortelã picada
2 colheres (sopa) de suco de limão
¼ de xícara de azeite
sal e pimenta-do-reino a gosto

1. Use uma peneira para lavar o trigo sob água corrente. Aperte para escorrer bem a água e coloque em uma saladeira. Reserve.

2. Junte o tomate e misture. Acrescente as ervas e misture novamente para que cubram bem o tomate e o trigo.

3. Regue com o suco de limão e despeje o azeite. Tempere com sal e pimenta.

4. Leve à geladeira por 30 minutos antes de servir.

ANOTAÇÕES

SOPAS, CALDOS E ENSOPADOS

SOPA DE CEBOLA

TEMPO DE PREPARO: 30 MINUTOS | RENDIMENTO: 4 PORÇÕES

2 colheres (sopa) de manteiga
500 g de cebola cortada em rodelas
2 tabletes de caldo de carne
1 litro de água fervente
4 torradas pequenas
queijo parmesão ralado a gosto

1. Aqueça a manteiga numa panela alta e, em fogo baixo, refogue a cebola até que fique macia, ligeiramente dourada.

2. Junte o caldo de carne previamente dissolvido na água e deixe ferver em fogo baixo por cerca de 20 minutos.

3. Distribua torradas no fundo de uma sopeira ou de tigelinhas individuais e despeje a sopa. Salpique o queijo ralado e sirva.

SOPA DE COUVE-FLOR

TEMPO DE PREPARO: 35 MINUTOS | RENDIMENTO: 4 PORÇÕES

2 litros de água
1 xícara de leite
1 couve-flor separada em buquês
2 colheres (sopa) de azeite
1 alho-poró picado
sal a gosto
1 colher (chá) rasa de pimenta-do-reino branca
1 lata de creme de leite
croûtons a gosto (ver página 78)

1. Coloque a água e o leite em um caldeirão e cozinhe a couve-flor até ficar macia. Escorra e reserve o caldo.

2. Reserve 1 xícara de buquês e bata o restante no liquidificador com um pouco do caldo. Reserve.

3. Em uma panela, junte o azeite e o alho-poró e refogue-os em fogo médio.

4. Acrescente o creme de couve-flor. Tempere com o sal e a pimenta e deixe ferver, mexendo de vez em quando.

5. Adicione os buquês de couve-flor que ficaram reservados e o creme de leite. Deixe aquecer e sirva em seguida com os croûtons.

SOPA DE FEIJÃO

TEMPO DE PREPARO: 30 MINUTOS | RENDIMENTO: 4 PORÇÕES

250 g de feijão cozido com caldo
½ cebola picada
1 dente de alho amassado
2 colheres (sopa) de óleo
sal a gosto
1 xícara de arroz
1 ovo cozido picado

1. Coloque o feijão e o caldo do cozimento no copo do liquidificador e bata por 3 minutos, até ficar homogêneo.

2. Em um caldeirão, refogue a cebola e o alho no óleo quente. Junte o feijão batido, tempere com sal e deixe ferver por 5 minutos em fogo baixo.

3. Em seguida, acrescente o arroz e deixe cozinhar por 8 minutos, ou até o arroz ficar cozido. Se a sopa ficar muito grossa, acrescente um pouco mais de água fervente.

4. Desligue o fogo e deixe o caldeirão tampado por 5 minutos. Antes de servir, polvilhe o ovo picado por cima.

SOPA DE ERVILHA SECA E LOMBO

TEMPO DE PREPARO: 1H15 | RENDIMENTO: 6 PORÇÕES

1,5 litro de água
500 g de ervilhas secas
1 colher (sopa) de óleo
1 folha de louro
sal a gosto
500 g de lombo de porco cortado em cubinhos
1 colher (sopa) de orégano

1. Em fogo alto, coloque a água para ferver em um caldeirão juntamente com a ervilha, o óleo, a folha de louro e o sal.

2. Quando levantar fervura, deixe cozinhar por 5 minutos e acrescente a carne de porco e o orégano.

3. Reduza o fogo para médio, tampe o caldeirão e deixe cozinhar por cerca de 1 hora, ou até que a ervilha fique macia, mexendo de vez em quando com uma colher de pau. Se necessário, junte mais um pouco de água fervente.

4. Tire do fogo, deixe descansar por 5 minutos e sirva.

SOPA DE TOMATE

TEMPO DE PREPARO: 45 MINUTOS | RENDIMENTO: 6 PORÇÕES

2 tabletes de caldo de carne
1,5 litro de água, mais ½ xícara para o tomate
2 batatas grandes picadas
3 cenouras picadas
2 alhos-porós cortados em rodelas
4 couves-de-bruxelas cortadas em pedaços
2 colheres (sopa) de margarina
1 cebola grande picada
1 kg de tomate sem pele e sem sementes picado
sal a gosto
uma pitada de açúcar

1. Dissolva o caldo de carne na água (reserve ½ xícara) e coloque em um caldeirão. Acrescente a batata, a cenoura, o alho-poró e a couve-de-bruxelas.

2. Tampe o caldeirão e cozinhe em fogo médio por cerca de 20 minutos, até que os legumes fiquem macios.

3. Depois, aqueça a margarina numa panela grande e refogue a cebola até ficar transparente. Junte o tomate picado e a água reservada. Cozinhe por 15 minutos em fogo médio, mexendo de vez em quando.

4. Retire do fogo, passe por uma peneira e junte à sopa. Tempere com o sal e o açúcar e misture bem. Transfira para uma sopeira e sirva em seguida.

SOPA ANDALUZA

TEMPO DE PREPARO: 40 MINUTOS | RENDIMENTO: 6 PORÇÕES

1,5 litro de água, mais ½ xícara para os ovos
1 dente de alho inteiro
1 ramo de coentro
1 folha de louro
1 cebola picada
2 tabletes de caldo de carne
1 maço de cheiro-verde picado
1 pimenta vermelha picada
2 colheres (sopa) de azeite
1 colher (sopa) de suco de limão
2 dentes de alho amassados
6 fatias de pão amanhecido
sal a gosto
4 colheres (sopa) de vinagre
6 ovos

1. Em um caldeirão, aqueça a água e junte o alho inteiro, o coentro, o louro e a cebola. Deixe ferver por 5 minutos e dissolva os tabletes de caldo. Mantenha aquecido.

2. À parte, faça um molho com o cheiro-verde, a pimenta vermelha, o azeite e o suco de limão. Reserve.

3. Esfregue o alho amassado nas fatias de pão. Reserve.

4. Aqueça ½ xícara de água com o sal e o vinagre. Quebre cada ovo em uma tigela e passe-o para a água fervente. Deixe o ovo cozinhar e retire-o com uma escumadeira. Repita o procedimento com todos os ovos.

5. Ponha uma fatia de pão no fundo de cada prato e regue com um pouco do molho de cheiro-verde reservado. Coloque um ovo pochê sobre a fatia de pão e regue com mais um pouco de molho. Por último, cubra com o caldo bem quente e sirva em seguida.

SOPA DE FEIJÃO-BRANCO COM CEBOLINHA

TEMPO DE PREPARO: 1H20 | RENDIMENTO: 4 PORÇÕES

250 g de feijão-branco
1,5 litro de água
15 talos de cebolinha cortados em rodelas grossas
2 colheres (sopa) de manteiga
2 colheres (sopa) de farinha de trigo
sal a gosto
1 colher (chá) rasa de pimenta-do-reino branca
2 fatias de toucinho defumado picado
1 cebola picada fino

1. De véspera, numa panela de pressão, coloque o feijão de molho na água.

2. No dia seguinte, acrescente a cebolinha ao feijão e leve ao fogo, na mesma água em que ficou de molho, e cozinhe por 45 minutos na pressão. Escorra o feijão e reserve. Reserve também a água do cozimento.

3. Em uma panela, aqueça a manteiga e junte a farinha. Mexa até dourar e despeje a água do cozimento reservada. Deixe ferver por 5 minutos.

4. Acrescente o feijão e leve ao fogo por mais 10 minutos. Tempere com o sal e a pimenta-do-reino.

5. À parte, frite o toucinho na própria gordura. Acrescente a cebola e frite por mais 3 minutos.

6. Transfira a sopa para uma sopeira e despeje o refogado de cebola e toucinho por cima. Sirva em seguida.

SOPA DE LENTILHA COM CALABRESA

TEMPO DE PREPARO: 1H20 | RENDIMENTO: 4 PORÇÕES

250 g de lentilha
1,5 litro de água
2 folhas de louro
2 dentes de alho picados
2 cebolas pequenas cortadas em rodelas
2 linguiças calabresas cortadas em rodelas
1 litro de água
sal a gosto

1. Lave a lentilha sob água corrente e coloque-a de molho numa vasilha com a água por 10 horas.

2. Depois, transfira a lentilha e a água para uma panela e adicione o louro, o alho, a cebola e as rodelas de calabresa.

3. Tampe a panela e cozinhe por aproximadamente 50 minutos. Se o caldo secar muito, adicione um pouco mais de água quente. Tempere com sal e misture bem. Sirva em seguida.

SOPA DE ABÓBORA

TEMPO DE PREPARO: 50 MINUTOS | RENDIMENTO: 4 PORÇÕES

1 kg de abóbora cortada em pedaços
2 xícaras de água
1 tablete de caldo de legumes
1 folha de louro
3 colheres (sopa) de azeite
1 linguiça portuguesa cortada em rodelas
2 dentes de alho picados
sal a gosto
queijo parmesão ralado a gosto

1. Em uma panela alta, coloque os pedaços de abóbora, a água, o tablete de caldo de legumes e a folha de louro. Cozinhe por cerca de 30 minutos, até a abóbora amolecer.

2. Descarte a folha de louro e bata tudo no liquidificador até obter um creme homogêneo. Reserve.

3. Aqueça o azeite numa panela e frite a linguiça. Adicione o alho e continue fritando. Acrescente o creme do liquidificador e o sal à panela. Cozinhe por aproximadamente 5 minutos. Sirva com o queijo ralado.

Dica: Se quiser enriquecer o prato, misture 1 lata de creme de leite sem soro logo depois de desligar o fogo.

SOPA DE PEIXE ECONÔMICA

TEMPO DE PREPARO: 1H20 I RENDIMENTO: 4 PORÇÕES

6 colheres (sopa) de azeite
1 cebola cortada em rodelas finas
2 dentes de alho picados
1 kg de cabeça de peixe lavada
2 litros de água fervente
1 folha de louro
1 colher (chá) de tomilho
raspas da casca de 1 limão
4 batatas cortadas em rodelas
1 colher (chá) de colorau
uma pitada de sal
1 colher (chá) de pimenta-do-reino branca
2 dentes de alho amassados
4 fatias de pão francês torradas

1. Em um caldeirão, aqueça metade do azeite em fogo baixo e refogue a cebola e metade do alho picado por 4 minutos.

2. Em seguida, acrescente as cabeças de peixe, a água fervente, o louro, o tomilho e a casca de limão. Tampe a panela e deixe cozinhar por 40 minutos.

3. Coe o caldo, passando-o por uma peneira fina. Reserve.

4. Em fogo médio, aqueça o restante do azeite numa panela grande e refogue a batata com o restante do alho picado e o colorau por alguns minutos.

5. Junte o caldo do peixe reservado, o sal e a pimenta e deixe ferver, em fogo baixo, por 20 minutos.

6. Esfregue o alho amassado nas fatias de pão, coloque-as sobre cada prato fundo e despeje a sopa fervente. Sirva em seguida.

SOPA DE MARISCOS

TEMPO DE PREPARO: 45 MINUTOS | RENDIMENTO: 4 PORÇÕES

½ xícara de bacon em cubinhos
2 cebolas raladas
½ pimentão amarelo picado
½ talo de salsão picado
4 tomates sem pele e sem sementes picados
1 tablete de caldo de legumes
1 xícara de água fervente
500 g de vôngoles com casca fechados e lavados
500 g de mexilhões com casca fechados e lavados
½ xícara de vinho branco seco
2 batatas cozidas picadas
2 colheres (sopa) de coentro picado

1. Em um caldeirão, refogue o bacon na própria gordura por 5 minutos ou até ficar crocante.

2. Junte a cebola, o pimentão, o salsão e o tomate e refogue por mais alguns minutos, até os vegetais amolecerem. Junte o caldo de legumes e a água e misture até o tablete se dissolver.

3. Acrescente os mariscos e o vinho branco. Tampe a panela e deixe cozinhar em fogo baixo até as conchas se abrirem.

4. Adicione a batata e misture. Acrescente um pouco mais de água fervente se o caldo ficar muito grosso. Junte o coentro e sirva em seguida.

Dica: Se a concha de algum dos mariscos não abrir, descarte-o, pois pode estar estragado.

SOPA DE CARANGUEJO

TEMPO DE PREPARO: 1 HORA | RENDIMENTO: 8 PORÇÕES

¼ de xícara de azeite
4 dentes de alho picados
2 cebolas grandes picadas
500 g de carne de caranguejo
6 tomates picados
uma pitada de cominho
sal e pimenta-do-reino a gosto
5 batatas cozidas e espremidas
6 ovos cozidos e esmigalhados
2 litros de água
¼ de xícara de azeite de dendê
2 xícaras de leite de coco
½ xícara de azeitonas verdes picadas
1 maço de coentro picado

1. Num caldeirão grande, aqueça o azeite e refogue o alho e a cebola até dourarem.

2. Junte o caranguejo e o tomate. Tempere com o cominho, o sal e a pimenta e cozinhe até o tomate quase desmanchar.

3. Adicione a batata e o ovo. Despeje a água e ferva por 30 minutos.

4. Acrescente o dendê, o leite de coco, as azeitonas e o coentro. Sirva em seguida.

BISQUE DE CAMARÃO

TEMPO DE PREPARO: 1 HORA | RENDIMENTO: 10 PORÇÕES

¼ de xícara de azeite
1,5 kg de camarão médio limpo (reserve as cascas)
½ xícara de vinho branco seco
1,5 litro de água
sal e pimenta-do-reino a gosto
¼ de xícara de suco de limão
1 cebola picada
4 tomates sem pele e sem sementes picados
2 xícaras de creme de leite fresco
3 colheres (sopa) de mostarda

1. Aqueça metade do azeite e frite as cascas de camarão por 3 minutos. Junte o vinho e cozinhe até o álcool evaporar. Despeje a água e, quando ferver, cozinhe por 20 minutos. Retire do fogo e bata no liquidificador. Passe por uma peneira fina e reserve.

2. Tempere o camarão com o sal, a pimenta e o suco de limão. Reserve.

3. Aqueça o azeite restante e refogue a cebola até dourar. Acrescente o tomate e refogue por 5 minutos. Junte o camarão reservado e cozinhe por mais 5 minutos ou até ficar rosado.

4. Separe alguns camarões para decorar e bata o resto no liquidificador com os tomates e o caldo reservado.

5. Transfira de volta na panela, junte o creme de leite fresco e leve para aquecer. Junte a mostarda, misture e sirva em seguida.

CREME DE ASPARGO

TEMPO DE PREPARO: 20 MINUTOS | RENDIMENTO: 4 PORÇÕES

1 vidro de aspargo em conserva
1 tablete de caldo de galinha
2 colheres (sopa) de amido de milho
2 xícaras de leite
1 colher (sopa) de manteiga

1. Reserve a água da conserva e escorra o aspargo. Corte em pedaços pequenos.

2. Em uma panela, dilua o tablete de caldo de galinha na água do aspargo. Acrescente o amido de milho diluído no leite e misture. Leve ao fogo moderado e cozinhe, sem parar de mexer, até engrossar.

3. Acrescente os pedaços de aspargo e a manteiga e misture delicadamente. Deixe cozinhar por mais alguns minutos. Retire do fogo e sirva em seguida.

SOPA CREMOSA DE MILHO

TEMPO DE PREPARO: 30 MINUTOS | RENDIMENTO: 4 PORÇÕES

1 lata de milho verde escorrido
3 xícaras de leite
sal a gosto
2 colheres (sopa) de manteiga
3 fatias de bacon picadas
2 dentes de alho picados
1 lata de creme de leite sem soro
queijo parmesão ralado a gosto

1. Coloque o milho, o leite e o sal no liquidificador e bata por 40 segundos na velocidade alta. Reserve.

2. Em seguida, derreta a manteiga numa panela alta, em fogo alto, e frite o bacon por 1 minuto.

3. Junte o alho e deixe dourar. Adicione a mistura do liquidificador, tampe a panela e deixe cozinhar, em fogo baixo, por cerca de 10 minutos, até o creme começar a engrossar. Mexa de vez em quando para evitar que o creme grude no fundo da panela.

4. Retire do fogo e misture o creme de leite. Sirva com o queijo ralado à parte.

CREME DE PALMITO

TEMPO DE PREPARO: 30 MINUTOS | RENDIMENTO: 4 PORÇÕES

1 lata de palmito
2 colheres (sopa) de farinha de trigo
2 tabletes de caldo de galinha
1 litro de água
1 colher (sopa) de manteiga
½ lata de creme de leite
cebolinha picada a gosto

1. Escorra o palmito e reserve a água. Dissolva a farinha de trigo na água do palmito. Corte o palmito em rodelas. Reserve.

2. Em uma panela grande, dissolva os tabletes de caldo de galinha na água. Junte a farinha dissolvida e misture bem. Leve ao fogo e, quando ferver, acrescente a manteiga e as rodelas de palmito. Cozinhe por 10 minutos.

3. Junte o creme de leite e aqueça bem, sem deixar ferver. Passe o creme para uma sopeira, adicione cebolinha e sirva em seguida.

RECEITA PALMIRINHA PREFERIDA

SOPA CREMOSA DE MANDIOQUINHA

TEMPO DE PREPARO: 40 MINUTOS | RENDIMENTO: 4 PORÇÕES

3 colheres (sopa) de óleo
2 dentes de alho amassados
2 cebolas picadas
1 kg de mandioquinha sem casca cortada em pedaços
sal a gosto
1 colher (chá) de pimenta-do-reino branca
1 tablete de caldo de carne
2 litros de água fervente
½ colher (chá) de amido de milho
1 xícara de leite
3 colheres (sopa) de cebolinha picada

1. Aqueça o óleo na panela de pressão e doure o alho, a cebola e a mandioquinha. Tempere com sal e pimenta-do-reino.

2. Junte o tablete de caldo e a água fervente. Tampe a panela e cozinhe por cerca de 10 minutos, até que a mandioquinha fique macia.

3. Retire a mandioquinha com uma escumadeira e bata no liquidificador, com um pouco do caldo.

4. Despeje novamente na panela junto com o amido de milho dissolvido no leite, acrescente a cebolinha e espere ferver. Sirva quente.

SOPA CREMOSA DE BATATA E AGRIÃO

TEMPO DE PREPARO: 1H20 | RENDIMENTO: 6 PORÇÕES

1,5 litro de água
500 g de batata sem casca e cortada em pedaços
1 maço de agrião limpo
sal a gosto
uma pitada de pimenta-do-reino branca
1 xícara de leite

1. Coloque a água em uma panela alta para ferver. Adicione a batata, o agrião, o sal e a pimenta. Deixe cozinhar até que a batata comece a se desmanchar.

2. Retire do fogo e passe a batata por uma peneira. Volte a batata à panela, adicione o leite e leve ao fogo novamente para aquecer. Sirva em seguida.

CALDO VERDE

TEMPO DE PREPARO: 35 MINUTOS | RENDIMENTO: 4 PORÇÕES

250 g de linguiça portuguesa cortada em rodelas
1 cebola pequena picada
4 dentes de alho partidos ao meio
2 tabletes de caldo de carne
1 litro de água fervente, mais 1 xícara para o cozimento
4 colheres (sopa) de azeite
5 batatas picadas
1 maço de couve-manteiga picada fino

1. Em um caldeirão, doure as rodelas de linguiça em sua própria gordura. Junte a cebola e refogue bem, até a cebola ficar dourada. Com a ajuda de uma escumadeira, retire a linguiça misturada com a cebola do caldeirão e reserve.

2. No mesmo caldeirão, junte o alho e o caldo de carne dissolvido na água. Acrescente metade do azeite e a batata e cozinhe até que a batata fique macia.

3. Retire do fogo e bata tudo no liquidificador. Leve de volta ao fogo, adicione a couve, o restante do azeite e da água e a linguiça reservada. Deixe cozinhar por 5 minutos, em fogo alto, com o caldeirão destampado.

4. Transfira o caldo para uma sopeira e sirva em seguida.

RECEITA PALMIRINHA PREFERIDA

CANJA

TEMPO DE PREPARO: 35 MINUTOS | RENDIMENTO: 4 PORÇÕES

1 colher (sopa) de óleo
1 cebola picada
500 g de peito de frango sem osso
2 litros de água
3 tomates picados sem pele e sem sementes
1 talo de salsão cortado em pedaços pequenos
1 colher (sopa) de molho inglês
sal e pimenta-do-reino a gosto
½ xícara de arroz
2 ovos cozidos picados
salsinha picada a gosto
queijo parmesão ralado para polvilhar

1. Aqueça o óleo numa panela alta e refogue a cebola e o frango. Junte a água e deixe ferver por 40 minutos, até o frango ficar macio.

2. Retire o peito de frango do cozimento, espere esfriar um pouco e desfie-o. Reserve.

3. Adicione o tomate e o salsão ao caldo do cozimento do frango. Tempere com o molho inglês, o sal e a pimenta e deixe cozinhar por alguns minutos. Acrescente o arroz e cozinhe até ficar macio.

4. Coloque o frango desfiado novamente na panela. Adicione o ovo cozido e a salsinha e misture bem.

5. Tire do fogo e passe a mistura para uma sopeira. Polvilhe o queijo ralado e sirva em seguida.

CAPELETE IN BRODO

TEMPO DE PREPARO: 40 MINUTOS | RENDIMENTO: 4 PORÇÕES

3 colheres (sopa) de azeite
1 cebola picada
1 tomate
1 folha de louro
1 tablete de caldo de galinha
1 peito de frango
1 litro de água quente
2 ramos de salsão
sal a gosto
300 g de capelete de carne

1. Na panela de pressão, coloque o azeite e refogue a cebola em fogo alto, até que fique transparente. Adicione o tomate cortado grosseiramente e deixe murchar. Junte a folha de louro, o caldo de galinha esfarelado e o peito de frango e refogue por alguns minutos.

2. Em seguida, acrescente a água quente, o salsão e tempere com sal. Tampe a panela e deixe cozinhar na pressão por 10 minutos.

3. Espere a pressão sair e retire o peito de frango do caldo. Desfie a carne e coloque-a de volta à panela.

4. Adicione o capelete e, sem tampar a panela, deixe cozinhar por cerca de 10 minutos, até que fique al dente. Sirva em seguida.

CONSOMÊ DE CARNE

TEMPO DE PREPARO: 2 HORAS | RENDIMENTO: 4 PORÇÕES

200 g de músculo cortado em pedaços
1 osso bovino limpo
1 cenoura grande cortada em rodelas finas
1 folha de louro
1 maço pequeno de cheiro-verde rasgado
1 cebola cortada em quatro pedaços
1 dente de alho inteiro
4 grãos de pimenta-do-reino
2 litros de água
sal a gosto
8 fatias de pão italiano torradas
4 ovos

1. Em uma panela alta, junte o músculo, o osso, a cenoura, o louro, o cheiro-verde, a cebola, o alho e os grãos de pimenta. Acrescente a água e leve ao fogo alto.

2. Quando levantar fervura, tempere com sal. Tampe a panela, reduza o fogo ao mínimo e cozinhe por mais 1h30. Em seguida, separe a carne e coe o caldo.

3. Coloque 2 torradas em cada prato fundo. Quebre 1 ovo sobre elas e despeje o caldo bem quente sobre as fatias de pão. Sirva em seguida.

Dica: Você pode desfiar a carne e usar para rechear sanduíches.

MINESTRONE COM FEIJÃO

TEMPO DE PREPARO: 1H20 | RENDIMENTO: 4 PORÇÕES

500 g de feijão-jalo
3 colheres (sopa) de óleo
1 cebola média picada
2 dentes de alho picados
1 tablete de caldo de galinha
1 lata de seleta de legumes escorrida
½ linguiça calabresa cortada em cubos
sal a gosto
½ xícara de arroz
4 ovos fritos
queijo parmesão ralado a gosto

1. Coloque o feijão numa vasilha e cubra com o triplo de água. Deixe de molho por 12 horas.

2. Escorra o feijão e descarte a água. Coloque-o na panela de pressão e cubra com nova água. Deixe cozinhar na pressão por 30 minutos, até que o feijão esteja cozido, porém firme.

3. Em seguida, coloque o feijão no liquidificador com o caldo e bata por 3 minutos. Passe pela peneira e reserve.

4. Em fogo médio, aqueça o óleo numa panela e refogue a cebola e o alho até começarem a dourar. Adicione o tablete de caldo de carne e o caldo de feijão reservado e misture.

5. Quando levantar fervura agregue a seleta de legumes, a linguiça calabresa e acerte o sal. Cozinhe por mais alguns minutos. Se o caldo estiver muito reduzido, adicione um pouco mais de água quente.

6. Para finalizar, acrescente o arroz e cozinhe por 15 minutos, até ficar cozido. Sirva o minestrone com 1 ovo frito em cada prato e polvilhado com queijo ralado.

ENSOPADO CAIPIRA

TEMPO DE PREPARO: 1 HORA | RENDIMENTO: 6 PORÇÕES

4 colheres (sopa) de azeite
1 kg de acém cortado em cubos de tamanho iguais
4 dentes de alho picados
1 cebola grande picada fino
sal e pimenta-do-reino a gosto
1 litro de caldo de carne quente
1 maçã verde sem casca e cortada em pedaços grandes
600 g de legumes picados (batata, mandioca, cenoura, pimentão e vagem, por exemplo)
1 xícara de molho de soja

1. Aqueça o azeite numa panela alta, em fogo alto, e frite a carne por 3 minutos.

2. Junte o alho, a cebola, o sal e a pimenta e refogue por mais 5 minutos.

3. Reduza para fogo baixo e adicione metade do caldo de carne. Cozinhe por cerca de 10 minutos.

4. A seguir, coloque os pedaços de maçã, os legumes de consistência dura (batata, mandioca, abóbora, cenoura), o molho de soja e o restante do caldo de carne. Tampe a panela e cozinhe até que os legumes estejam cozidos, porém firmes.

5. Adicione então os legumes de consistência macia (vagem e pimentão) e deixe cozinhar até que fiquem tenros.

6. Tire o ensopado do fogo e sirva em seguida com arroz branco.

Dica: Para obter 1 litro de caldo de carne, dissolva 2 tabletes de caldo de carne em 4 xícaras de água e deixe ferver por 5 minutos.

VICHYSSOISE

TEMPO DE PREPARO: 1 HORA | RENDIMENTO: 6 PORÇÕES

2 tabletes de caldo de galinha
1,5 litro de água
2 colheres (sopa) de manteiga
1 cebola picada
a parte branca de 1 alho-poró cortada em rodelas
4 batatas raladas grosso
½ xícara de creme de leite fresco

1. Dissolva o caldo de galinha na água e reserve.

2. Coloque a manteiga em uma panela e refogue a cebola por alguns minutos. Junte o alho-poró e refogue mais um pouco, mexendo sempre.

3. Adicione a batata e mexa bem. Despeje o caldo reservado e espere ferver. Abaixe o fogo e cozinhe por 40 minutos, até que os legumes estejam macios.

4. Deixe a sopa esfriar um pouco antes de transferir para o liquidificador. Bata até obter um creme liso e homogêneo.

5. Retorne a sopa para a panela e junte o creme de leite. Mexa e espere ferver novamente. Desligue o fogo e sirva em seguida.

Dica: Esta sopa também pode ser servida fria.

GASPACHO

TEMPO DE PREPARO: 30 MINUTOS | RENDIMENTO: 4 PORÇÕES

1 kg de tomates maduros cortados em cubos
2 pimentões vermelhos sem sementes fatiados
2 cebolas grandes cortadas em cubos
2 dentes de alho sem casca picados
½ xícara de cheiro-verde picado
½ xícara de azeite
2 colheres (sopa) de vinagre de vinho tinto
sal e pimenta-do-reino a gosto
½ xícara de água gelada
1 xícara de suco de tomate
1 pepino japonês com casca picado

1. Coloque os tomates, os pimentões, as cebolas, o alho e o cheiro-verde em uma tigela. Tempere com o azeite, o vinagre, o sal e a pimenta. Cubra e leve à geladeira para pegar gosto durante pelo menos 4 horas.

2. Na hora de servir, bata tudo no liquidificador junto com a água gelada e o suco de tomate. Acerte o sal e sirva com o pepino picado por cima.

Dica: Esta sopa é servida fria e pode ser acompanhada por fatias de pão regadas com azeite.

BORSCHT

TEMPO DE PREPARO: 45 MINUTOS | RENDIMENTO: 4 PORÇÕES

2 colheres (sopa) de manteiga
1 cebola ralada grosso
1 cenoura ralada grosso
4 beterrabas sem casca assadas e raladas grosso
1 colher (chá) de açúcar
2 tabletes de caldo de carne
1 litro de água
1 colher (sopa) de suco de limão
sal e pimenta-do-reino a gosto

1. Num caldeirão, derreta a manteiga e refogue a cebola e a cenoura por 10 minutos.

2. Junte a beterraba, o açúcar, o caldo de carne e a água e espere ferver. Depois, abaixe o fogo e cozinhe por 30 minutos ou até os vegetais ficarem macios.

3. Quando amornar, coloque tudo no copo do liquidificador e bata com o suco de limão. Tempere com sal e pimenta.

4. Leve a sopa de volta ao fogo apenas para aquecer e sirva em seguida.

Dica: Esta sopa também pode ser servida fria, com uma colherada de creme de leite fresco ou de iogurte.

RIBOLITA

TEMPO DE PREPARO: 1H30 | RENDIMENTO: 4 PORÇÕES

½ xícara de cebola picada
3 dentes de alho picados
½ xícara de azeite
1 xícara de couve picada fino
1 xícara de repolho picado fino
1 xícara de repolho roxo picado fino
1 xícara de acelga picada fino
½ xícara de cenoura ralada
½ xícara de salsão picado
sal e pimenta-do-reino a gosto
1 xícara de vinho branco seco
1,5 litro de água
3 tabletes de caldo de galinha
300 g de feijão-branco cozido
2 xícaras de pão italiano cortado em cubos
salsinha a gosto

1. Num caldeirão, refogue a cebola e o alho no azeite até dourarem.

2. Acrescente a couve, os dois repolhos, a acelga, a cenoura e o salsão, misturando a cada vez que um ingrediente é colocado na panela. Tempere com sal e pimenta.

3. Junte o vinho e deixe cozinhar por alguns minutos, ate o álcool evaporar.

4. Despeje a água e o caldo de galinha e cozinhe por 30 minutos, ou até os vegetais estarem macios.

5. Adicione o feijão-branco e o pão e acerte o sal. Deixe cozinhar por alguns minutos e sirva em seguida, salpicada com a salsinha.

ANOTAÇÕES

CARNE BOVINA

BIFES AO BAURU

TEMPO DE PREPARO: 30 MINUTOS | RENDIMENTO: 6 PORÇÕES

1 kg de filés de lagarto
sal e pimenta-do-reino a gosto
1 colher (sopa) de óleo
200 g de presunto fatiado
200 g de queijo provolone fatiado
2 tomates cortados em rodelas
1 colher (chá) de orégano

1. Em uma vasilha, tempere os bifes com o sal e a pimenta. Aqueça o óleo numa frigideira, em fogo médio, e frite os bifes até que dourem dos dois lados. Cubra cada bife com presunto, provolone e tomate e coloque numa fôrma refratária.

2. Polvilhe orégano e cubra com papel--alumínio. Leve ao forno preaquecido a 180 °C até que derreta o queijo. Retire o papel-alumínio e sirva.

ACÉM NA PANELA COM MANDIOCA

TEMPO DE PREPARO: 1H20 | RENDIMENTO: 6-8 PORÇÕES

1 colher (sopa) de óleo
1,5 kg de acém cortado em cubos
2 dentes de alho picados
1 cebola picada
2 colheres (sopa) de extrato de tomate
sal e pimenta-do-reino a gosto
1 kg de mandioca cortada em pedaços
1 colher (sopa) de salsinha picada

1. Aqueça o óleo numa panela de pressão, em fogo médio, e frite os cubos de carne até que fiquem dourados. Adicione o alho e a cebola e refogue por 3 minutos. Acrescente o extrato de tomate e cozinhe por 2 minutos. Tempere com sal e pimenta e cubra com água fervente. Tampe a panela e feche bem.

2. Deixe cozinhar por cerca de 30 minutos, depois de iniciada a pressão. Desligue, espere a pressão sair naturalmente e abra a panela.

3. Coloque os pedaços de mandioca, tampe a panela e cozinhe por mais 15 minutos, depois de iniciada a pressão. Desligue o fogo, espere a pressão sair para abrir a panela. Misture a salsinha e sirva em seguida.

ALCATRA COM BACON

TEMPO DE PREPARO: 1H10 | RENDIMENTO: 6 PORÇÕES

- 1 pedaço de alcatra de 1,5 kg
- 4 cravos-da-índia
- 2 folhas de louro
- 3 dentes de alho amassados
- 1 colher (chá) de orégano
- sal e pimenta-do-reino a gosto
- 1 colher (sopa) de vinagre
- ¾ de xícara de vinho branco seco
- 150 g de bacon fatiado
- 2 cebolas cortadas em tiras finas
- 2 colheres (sopa) de óleo
- ¾ de xícara de molho de tomate
- 12 batatas pequenas sem casca cozidas

1. Coloque a alcatra numa vasilha funda e tempere-a com os cravos, o louro, o alho, o orégano, o sal, a pimenta, o vinagre e o vinho. Deixe a carne pegar gosto por aproximadamente 30 minutos.

2. Passado esse tempo, ponha a alcatra sobre uma tábua de carne e distribua as fatias de bacon sobre ela. Amarre a carne com um barbante de uma extremidade à outra no comprimento e enrolando em volta da peça na largura. Retorne-a para a vasilha do tempero juntamente com a cebola. Deixe nessa marinada por mais 30 minutos.

3. Retire a carne da tigela e reserve a marinada. Aqueça o óleo numa panela grande e frite a carne até ela perder a cor avermelhada. Em seguida, despeje o molho de tomate e o tempero reservado. Cozinhe em fogo baixo por 20 a 30 minutos.

4. Coloque a carne em uma travessa, retire o barbante e fatie a carne. Ponha as batatas cozidas na panela do caldo do cozimento e misture-as para pegar gosto. Depois, disponha as batatas ao lado das fatias de carne e sirva.

BIFE À MILANESA DE FORNO

TEMPO DE PREPARO: 55 MINUTOS | RENDIMENTO: 6 PORÇÕES

1 ovo
2 colheres (sopa) de leite
6 colheres (sopa) de farinha de trigo
½ xícara de farinha de rosca
1 colher (chá) de orégano
6 bifes de alcatra
sal e pimenta-do-reino a gosto

1. Em um prato fundo, bata o ovo e o leite com um garfo. Em outro prato coloque a farinha de trigo e, em um terceiro, misture a farinha de rosca e o orégano.

2. Tempere os bifes com sal e pimenta, passe pela farinha de trigo, pela mistura de ovo e pela farinha de rosca.

3. Coloque os bifes numa assadeira antiaderente e leve ao forno preaquecido a 180 °C por 30 minutos, virando-os na metade do tempo ou até dourar. Sirva quente.

BIFE À MILANESA RECHEADO

TEMPO DE PREPARO: 55 MINUTOS | RENDIMENTO: 6 PORÇÕES

4 bifes grossos de coxão mole
1 colher (sopa) de tempero pronto
8 palitos de queijo provolone
1 xícara de presunto ralado
1 xícara de farinha de trigo
2 ovos batidos
2 xícaras de farinha de rosca
óleo para fritar

1. Corte os bifes ao meio, no sentido do comprimento, sem separá-los totalmente. Tempere a carne com o tempero pronto.

2. Recheie cada bife com porções de provolone e presunto. Feche os bifes, prenda-os com palitos.

3. Passe pela farinha de trigo, pelo ovo e pela farinha de rosca, pressionando bem para aderir.

4. Aqueça o óleo numa panela e frite os bifes até dourar. Escorra em papel-toalha e sirva com salada de folhas e cenoura.

BIFE À MARRARE

TEMPO DE PREPARO: 25 MINUTOS | RENDIMENTO: 4 PORÇÕES

4 colheres (sopa) de manteiga
4 bifes grossos de contrafilé
8 pimentas em grão amassadas grosseiramente
sal a gosto
¾ de xícara de creme de leite

1. Aqueça metade da manteiga numa frigideira e frite os bifes, dourando-os dos dois lados. Salpique a pimenta e o sal sobre cada um deles, virando-os para absorver o tempero.

2. Retire a gordura que se formou na frigideira e acrescente o restante da manteiga. Em fogo baixo, deixe os bifes cozinharem por alguns minutos.

3. Adicione o creme de leite e deixe o molho engrossar, agitando a frigideira de vez em quando.

4. Transfira a carne para uma travessa aquecida e regue com o molho que ficou na frigideira. Sirva acompanhado de batata frita.

BIFE À ROLÊ

TEMPO DE PREPARO: 1H10 | RENDIMENTO: 8 PORÇÕES

8 bifes de coxão mole (cerca de 1 kg)
8 fatias de bacon
1 cebola picada
½ pimentão verde cortado em tiras
½ pimentão amarelo cortado em tiras
1 cenoura cortada em palitos
8 azeitonas verdes picadas
½ xícara de vinagre
2 colheres (sopa) de tempero pronto
sal e pimenta-do-reino a gosto
½ xícara de óleo para fritar
1¼ xícara de molho de tomate

1. Coloque sobre cada bife uma fatia de bacon e um pouco de cebola, pimentão verde e amarelo, cenoura e azeitonas. Enrole como se fosse um rocambole, prendendo com palitos de dente. Amarre cada um deles com um barbante grosso.

2. Acomode os bifes recheados dentro de uma vasilha. Tempere com o vinagre, o tempero pronto, sal e pimenta previamente misturados. Deixe nesse tempero por cerca de 30 minutos.

3. Passado esse tempo, aqueça o óleo numa panela e frite os bifes à rolê, até que comecem a dourar.

4. Adicione à panela o molho de tomate e o tempero que sobrou na vasilha. Adicione água para que o molho atinja até a metade da altura dos bifes. Deixe cozinhar em fogo baixo de 40 a 50 minutos tampado. Se for na panela de pressão, apenas 15 minutos.

Dica: Este prato vai bem quando acompanhado de purê de batata.

BIFE DE PANELA

TEMPO DE PREPARO: 45 MINUTOS | RENDIMENTO: 8 PORÇÕES

8 bifes de alcatra (cerca de 1 kg)
sal e pimenta-do-reino a gosto
1 colher (sopa) de tempero pronto
½ xícara de óleo
2 tomates cortados em rodelas
2 cebolas grandes cortadas em rodelas
salsinha picada para polvilhar

1. Coloque os bifes numa tigela média e tempere-os com o sal, a pimenta e o tempero pronto.

2. Aqueça ligeiramente o óleo numa panela e intercale em camadas os bifes, as rodelas de tomate e de cebola, polvilhando pitadas de sal e pimenta. Tampe a panela e cozinhe por cerca de 30 minutos.

3. Depois, transfira os bifes para uma travessa de servir, regue com o molho do cozimento e salpique a salsinha. Sirva em seguida.

Dica: Substitua a alcatra por coxão duro ou contrafilé. Varie o sabor temperando os bifes com alho amassado, orégano e suco de laranja.

CARNE DE PANELA AO MOLHO FERRUGEM

TEMPO DE PREPARO: 1H20 | RENDIMENTO: 6 PORÇÕES

1,5 kg de alcatra limpa
100 g de bacon cortado em cubos
3 dentes de alho amassados
1 colher (chá) de pimenta-do-reino
sal a gosto
½ xícara de azeite
1½ xícara de vinho branco seco
1 xícara de vinagre
suco de 1 limão
1 cebola cortada em rodelas
1 pimentão vermelho cortado em tiras
2 tomates sem sementes picados miúdo
1 folha de louro
½ xícara de cheiro-verde picado
2 colheres (sopa) de banha
2 colheres (sopa) de óleo
2 colheres (sopa) de manteiga
1 colher (chá) de açúcar
2 xícaras de água fervente

1. De véspera, fure a carne com a ponta de uma faca afiada e coloque cubinhos de bacon em cada um dos furos. Coloque-a numa vasilha grande e funda, e tempere com o alho, a pimenta e o sal.

2. Faça uma vinha-d'alhos com o azeite, o vinho, o vinagre e o suco de limão. Junte a cebola, o pimentão, o tomate, o louro e metade do cheiro-verde. Despeje sobre a carne, mexa bem e deixe descansar por 12 horas na geladeira. Passado esse tempo, escorra a alcatra e reserve a vinha-d'alhos.

3. Aqueça numa panela grande a banha, o óleo e a manteiga. Adicione a carne e doure-a por inteiro.

4. Junte o açúcar e raspe o fundo da panela com uma colher de pau, para soltar a crosta que se formou. Em seguida, junte a vinha--d'alhos e a água quente. Cozinhe em fogo baixo até a carne ficar macia e o molho apurar, por cerca de 50 minutos. Se necessário, adicione um pouco mais de água quente durante o cozimento.

BOLO DE CARNE RECHEADO AOS QUATRO QUEIJOS

TEMPO DE PREPARO: 1H | RENDIMENTO: 4 PORÇÕES

Bolo de carne

3 fatias de pão de fôrma
½ xícara de leite
500 g de carne moída
1 cebola ralada
1 ovo
1 colher (sopa) de tempero pronto
sal a gosto
1 colher (chá) de pimenta-do-reino
orégano a gosto

Recheio

100 g de queijo mozarela ralado
100 g de queijo provolone ralado
100 g de requeijão cremoso
1 colher (chá) de orégano
¾ de xícara de queijo parmesão ralado
¾ de xícara de molho de tomate
sal e pimenta-do-reino a gosto

1. Esmigalhe o pão de fôrma numa vasilha e adicione o leite. Misture bem e reserve.

2. Em uma tigela média, junte a carne moída, a cebola, o ovo levemente batido, o tempero pronto, o sal, a pimenta, o orégano e o pão esmigalhado. Misture bem com as mãos para ficar uniforme.

3. Coloque parte da carne já temperada numa fôrma refratária untada e enfarinhada com farinha de rosca. Aperte-a ligeiramente contra o fundo da fôrma com o auxílio de uma colher.

4. Espalhe um pouco de molho de tomate sobre a carne e, em seguida, distribua a mozarela e o provolone ralados por cima. Espalhe o requeijão e polvilhe o orégano e a metade do queijo parmesão. Cubra com a outra metade da carne moída. Regue com o molho de tomate restante e polvilhe mais queijo ralado.

5. Leve para assar em forno preaquecido a 180 °C por 40 minutos. Sirva em seguida.

BOLO DE CARNE AO ESTILO AMERICANO

TEMPO DE PREPARO: 45 MINUTOS | RENDIMENTO: 4 PORÇÕES

Bolo de carne
500 g de carne moída (patinho)
300 g de linguiça de porco picada
100 g de presunto picado
1 cebola ralada
1 pão francês sem casca
1 tomate sem sementes picado
1 colher (sopa) de manjericão seco
2 colheres (sopa) de cheiro-verde picado
sal e pimenta-do-reino a gosto
1 ovo ligeiramente batido
manteiga e queijo parmesão ralado para untar a fôrma

Cobertura
1 xícara de requeijão
1 caixinha de creme de leite
queijo parmesão ralado para polvilhar

1. Em uma vasilha média, coloque todos os ingredientes do bolo de carne com o pãozinho amolecido em água. Misture e amasse com as mãos para ficar incorporado.

2. Coloque a mistura obtida numa fôrma (alta) untada e polvilhada com queijo ralado. Leve para assar em forno preaquecido a 180 °C por 20 a 30 minutos.

3. Enquanto isso, faça a cobertura: misture o requeijão e o creme de leite numa panela pequena e leve ao fogo baixo apenas para aquecer.

4. Retire o bolo de carne do forno e espalhe a cobertura por cima. Polvilhe o queijo ralado e sirva. Sirva com arroz branco e salada de folhas.

BOLO DE CARNE AO SUGO

TEMPO DE PREPARO: 45 MINUTOS | RENDIMENTO: 4 PORÇÕES

Bolo de carne

1 pote de iogurte natural
4 fatias de pão de fôrma sem casca
500 g de patinho moído
2 dentes de alho amassados
1 cebola picada
100 g de bacon frito
½ xícara de salsinha picada
sal e pimenta-do-reino a gosto

Molho

3 colheres (sopa) de azeite
3 dentes de alho amassados
com ½ colher (chá) de sal
2 tomates bem maduros picados
¼ de xícara de tempero pronto
1 colher (chá) de orégano
1 xícara de molho de tomate
queijo parmesão ralado para polvilhar

1. Em uma vasilha pequena, misture bem o pão esfarelado com o iogurte e reserve.

2. Em uma vasilha grande, junte os demais ingredientes do bolo e misture bem. Acrescente o pão amolecido e amasse para agregar tudo.

3. Coloque a massa de carne numa assadeira para pão de fôrma untada com um fio de azeite e polvilhada com queijo ralado. Leve para assar no forno preaquecido a 180 °C por 20 minutos.

4. Enquanto isso, prepare o molho: aqueça o azeite numa panela média e refogue o alho até começar a dourar. Em seguida, despeje o tomate picado e refogue por cerca de 3 minutos. Adicione o tempero pronto, o orégano e o molho de tomate e deixe cozinhar por 8 minutos em fogo médio.

5. Desenforme o bolo ainda quente numa travessa e cubra-o com o molho preparado. Polvilhe o queijo ralado e sirva.

CARNE DOURADA COM AÇÚCAR MASCAVO

TEMPO DE PREPARO: 50 MINUTOS | RENDIMENTO: 6 PORÇÕES

1 colher (chá) de sal
1 colher (chá) de pimenta-do-reino
5 dentes de alho picados fino
100 g de margarina
1,5 kg de coxão duro
1 cebola picada
½ xícara de açúcar mascavo
2 folhas de louro
2 xícaras de caldo de carne
15 batatas bolinhas cozidas
1 caixinha de creme de leite

1. Faça uma pasta com o sal, a pimenta e o alho picado e tempere a carne. Deixe marinar no tempo por cerca de uma hora.

2. Derreta a margarina na panela de pressão e frite a carne de ambos os lados até dourar. Adicione à panela a cebola, o açúcar mascavo, o louro e o caldo de carne e cozinhe na pressão por aproximadamente 30 minutos em fogo alto. Retire a carne da panela e coloque-a numa fôrma refratária. Reserve aquecida.

3. Ponha as batatas na panela e cozinhe por 5 minutos para que peguem gosto. Disponha as batatas ao lado da carne na travessa e mantenha aquecido.

4. No liquidificador, junte o creme de leite e o caldo do cozimento e bata por 1 minuto. Regue a carne com este creme e sirva em seguida.

Dica: Para fazer o caldo de carne, ferva 3 xícaras de água, 1 folha de louro e 2 tabletes de caldo de carne por 5 minutos.

CARNE ASSADA COM ALECRIM E BATATA BOLINHA

TEMPO DE PREPARO: 1H40 | RENDIMENTO: 5 PORÇÕES

1 kg de batata bolinha com casca
1 kg de alcatra
sal e pimenta-do-reino a gosto
4 colheres (sopa) de maionese
1 xícara de farinha de milho
1 colher (sopa) de farinha de mandioca
1 colher (sopa) de gergelim
1 colher (sopa) de suco de limão
½ xícara de queijo parmesão ralado
1 colher (sopa) de alecrim picado

1. Em uma panela, em fogo médio, cozinhe a batata em água salgada por cerca de 10 minutos. Escorra e reserve.

2. Coloque a alcatra numa vasilha grande e tempere-a com o sal e a pimenta.

3. À parte, misture a maionese, as duas farinhas, o gergelim e o suco de limão. Esfregue essa mistura por toda a carne e polvilhe o queijo ralado.

4. Ponha a carne temperada numa fôrma refratária e ajeite as batatinhas ao seu redor. Polvilhe sal, pimenta e alecrim picado. Cubra com papel-alumínio e leve ao forno preaquecido a 220 °C por 1 hora.

5. Retire o papel-alumínio e deixe assar por mais 20 minutos. Sirva.

BIFE ACEBOLADO COM CASTANHA DE CAJU

TEMPO DE PREPARO: 45 MINUTOS | RENDIMENTO: 4 PORÇÕES

¼ de xícara de farinha de trigo
sal e pimenta-do-reino a gosto
1 kg de filés de lagarto
4 colheres (sopa) de azeite
2 cebolas pequenas picadas fino
8 tomates sem pele e sem sementes picados
1 tablete de caldo de carne dissolvido em 2 xícaras de água fervente
½ xícara de castanha de caju salgada

1. Junte em um prato a farinha de trigo, o sal e a pimenta e misture bem. Passe os filés nessa mistura e, numa panela funda com azeite quente, frite-os até ficarem dourados. Reserve a carne numa travessa.

2. Refogue a cebola na mesma panela em que fritou a carne, até que esteja macia. Adicione os filés fritos, o tomate e o caldo de carne. Cozinhe em fogo brando por 15 minutos.

3. Junte a castanha de caju e deixe no fogo por mais 5 minutos. Sirva com arroz branco.

CARNE COZIDA NO LEITE

TEMPO DE PREPARO: 1H10 | RENDIMENTO: 5 PORÇÕES

1 peça de lagarto de 1,5 kg sem gordura
sal e pimenta-do-reino a gosto
½ colher (chá) de louro em pó
½ xícara de cheiro-verde picado
óleo
1 cebola picada fino
1 litro de leite fervente

1. Faça furos no lagarto com a ponta de uma faca afiada. Misture o sal, a pimenta, o louro e o cheiro-verde e esfregue bem essa pasta na carne. Cubra e deixe tomar gosto por 4 horas.

2. Leve ao fogo uma panela com um pouco de óleo e doure a cebola. Coloque a carne temperada e doure-a por igual. Junte o leite, tampe a panela e deixe cozinhar em fogo brando por cerca de 50 minutos. Agite a panela para que a carne não grude no fundo. Se necessário, acrescente mais leite.

3. Quando a carne estiver macia, destampe a panela e deixe cozinhar até secar o líquido. Transfira a carne para uma travessa e corte-a em fatias. Sirva a seguir.

CARNE DE PANELA COM LEGUMES E BANANA-DA-TERRA

TEMPO DE PREPARO: 40 MINUTOS | RENDIMENTO: 5 PORÇÕES

1 kg de músculo cortado em cubos
½ xícara de vinagre
sal a gosto
1 colher (sopa) de tempero pronto
2 colheres (sopa) óleo
1 xícara de cerveja preta
1 tablete de caldo de carne
¾ de xícara de água
2 mandioquinhas cortadas em rodelas
1 cenoura cortada em quartos
1 cebola picada
½ pimentão vermelho cortado em tiras
½ pimentão verde cortado em tiras
2 tomates picados sem sementes
uma pitada de pimenta-do-reino
4 bananas-da-terra cortadas em rodelas

1. Coloque os cubos de carne numa vasilha e tempere-os com o vinagre, o sal e o tempero pronto. Deixe a carne nesse tempero por 1 hora.

2. Aqueça o óleo na panela de pressão e frite os cubos de carne. Adicione a cerveja e o tablete de caldo de carne dissolvido na água. Cozinhe por cerca de 10 a 15 minutos após pegar pressão.

3. Depois de tirar a pressão da panela, junte a mandioquinha, a cenoura (aferventada previamente), a cebola, as tiras de pimentão e o tomate. Acrescente sal e a pimenta. Cozinhe por aproximadamente 5 minutos.

4. Adicione as rodelas de banana e deixe cozinhar por mais alguns minutos. Sirva com arroz branco.

CARNE-SECA
COM CREME DE MANDIOCA

TEMPO DE PREPARO: 40 MINUTOS | RENDIMENTO: 5 PORÇÕES

Carne

4 colheres (sopa) de óleo
2 cebolas grandes picadas
1 pimentão vermelho picado
sal e pimenta-do-reino a gosto
450 g de carne-seca dessalgada e cozida
1 xícara de azeitonas verdes picadas

Creme

3 colheres (sopa) de margarina cremosa
1 kg de mandioca cozida e amassada
1 vidro de leite de coco
1 caixinha de creme de leite
1 xícara de queijo parmesão ralado

1. Em uma frigideira grande, aqueça o óleo e refogue a cebola. Junte o pimentão e, quando ele estiver murcho, adicione o tempero, a carne-seca desfiada e as azeitonas. Cozinhe por alguns minutos e reserve.

2. Faça o creme: derreta a margarina numa panela, retire-a do fogo e junte a mandioca, o leite de coco e o creme de leite. Cozinhe até obter um creme. Desligue o fogo e adicione o queijo ralado.

3. Em uma fôrma refratária, coloque metade do creme e, por cima, a carne-seca. Cubra com o restante do creme. Polvilhe o queijo ralado e leve ao forno preaquecido a 180 °C por cerca de 10 minutos ou até gratinar.

Dica: Para dessalgar a carne-seca, corte-a em pedaços menores e deixe de molho na água fria e na geladeira por 12 horas no mínimo, trocando a água de 4 em 4 horas. Depois, cozinhe na pressão por 30 minutos. Descarte a gordura e desfie com as mãos ou com o auxílio de um garfo.

CARNE-SECA COM PURÊ DE ABÓBORA

TEMPO DE PREPARO: 25 MINUTOS | RENDIMENTO: 4 PORÇÕES

Carne
½ xícara de azeite
4 dentes de alho picados
3 cebolas cortadas em rodelas
500 g de carne-seca dessalgada e cozida
1 colher (sopa) de orégano
pimenta-do-reino a gosto
½ xícara de cebolinha picada para decorar

Purê
4 colheres (sopa) de margarina
800 g de abóbora cozida
1 colher (sopa) de ervas finas
1 colher (chá) de sal

1. Aqueça o azeite numa panela em fogo médio e refogue o alho e a cebola. Acrescente a carne-seca desfiada e misture bem. Adicione o orégano e a pimenta. Cozinhe por 5 a 6 minutos, mexendo de vez em quando para evitar que pegue no fundo. Reserve aquecido.

2. Faça o purê: derreta a margarina numa panela em fogo baixo. Adicione a abóbora amassada com um garfo, as ervas finas e o sal. Misture e cozinhe por cerca de 3 minutos, mexendo sem parar.

3. Ajeite a carne-seca numa travessa de servir com o purê de abóbora ao lado. Decore com a cebolinha.

BIFES COM MOLHO DE IOGURTE

TEMPO DE PREPARO: 30 MINUTOS | RENDIMENTO: 4 PORÇÕES

5 colheres (sopa) de azeite
1 colher (chá) de pimenta-do-reino
2 colheres (sopa) de suco de limão
4 dentes de alho amassados
sal a gosto
4 bifes de contrafilé
2 colheres (sopa) de iogurte
1 colher (sopa) de salsinha picada

1. Em uma tigela, misture o azeite, a pimenta, o suco de limão, o alho e o sal. Acrescente os bifes e envolva-os nesse tempero. Leve a carne à geladeira por 3 horas.

2. Depois, aqueça uma frigideira e frite os bifes no próprio tempero por 5 minutos de cada lado. Retire os bifes da frigideira e arrume-os numa travessa.

3. Coloque o iogurte e a salsinha na mesma frigideira dos bifes. Misture bem e despeje o molho sobre a carne. Sirva com arroz e salada de pepino.

CHARUTINHO DE REPOLHO

TEMPO DE PREPARO: 1H10 | RENDIMENTO: 20 PORÇÕES

10 folhas grandes de repolho
500 g de patinho moído
1 cebola grande picada
2 dentes de alho picados
1 colher (chá) de orégano
2 tomates sem sementes picados
½ xícara de arroz cru lavado e escorrido
sal e pimenta-do-reino a gosto
1¼ xícara de molho de tomate temperado
½ xícara de água
½ xícara de óleo

1. Em uma panela grande com água fervente, coloque as folhas de repolho e deixe aferventando por 5 minutos. Escorra as folhas e, com uma faca, retire o talo central. Reserve.

2. Em uma vasilha, junte a carne, a cebola, o alho, o orégano, o tomate e o arroz cru. Misture bem. Adicione o sal e a pimenta e misture novamente.

3. Em uma superfície, coloque 1 folha de repolho e no centro coloque 2 colheres (sopa) de recheio de carne moída e arroz, dobre as pontas opostas sobre o recheio e depois enrole formando um rolinho. Faça outros rolinhos com o restante das folhas e do recheio.

4. Disponha cuidadosamente os charutinhos numa panela grande com o óleo, um ao lado do outro, nunca em cima. Adicione o molho de tomate misturado com a água e o restante do recheio, caso tenha sobrado. Cozinhe por cerca de 30 minutos.

Dica: Ferva as folhas de repolho com um pouco de água com sal.

CONTRAFILÉ AO MOLHO DE LARANJA

TEMPO DE PREPARO: 30 MINUTOS | RENDIMENTO: 4 PORÇÕES

4 bifes de contrafilé
sal e pimenta-do-reino a gosto
4 colheres (sopa) de azeite
½ cebola picada fino
suco de 1 laranja
½ lata de creme de leite sem soro

1. Tempere os bifes com o sal e a pimenta e deixe tomar gosto por 1 hora.

2. Aqueça o azeite numa frigideira grande e frite os bifes, conforme sua preferência. Retire a carne da frigideira e reserve.

3. Coloque mais um pouco de azeite na mesma frigideira e doure a cebola. Despeje o suco de laranja e, quando começar a ferver, retire do fogo e coe.

4. Adicione a esse caldo o creme de leite e leve novamente ao fogo. Deixe aquecer bem, sem ferver.

5. Arrume os bifes numa travessa e regue com o molho. Se preferir, sirva o molho à parte, numa molheira.

COSTELA À MODA DO CAMPO

TEMPO DE PREPARO: 1H10 | RENDIMENTO: 4 PORÇÕES

2 colheres (sopa) de colorau
½ colher (chá) de pimenta calabresa
2 xícaras de farinha de trigo
1 kg de costela bovina cortada em pedaços pequenos
3 colheres (sopa) de óleo
1 cebola picada fino
5 dentes de alho picados fino
2 tabletes de caldo de carne dissolvidos em 2 xícaras de água
500 g de abóbora cortada em cubos
3 folhas de sálvia

1. Em um recipiente, junte o colorau, a pimenta calabresa e a farinha e envolva a costela nessa mistura.

2. Aqueça o óleo numa panela de pressão grande e doure a carne. Acrescente a cebola, o alho e o caldo de carne. Tampe a panela e cozinhe na pressão por 40 minutos, em fogo baixo.

3. Passado esse tempo, deixe sair a pressão naturalmente e abra a panela. Junte a abóbora e cozinhe, com a panela destampada, até a abóbora ficar macia, por cerca de 30 minutos.

4. Coloque as folhas de sálvia, misture bem para que os sabores se incorporem, mas tomando cuidado para não desmanchar a abóbora. Sirva com arroz branco.

CONTRAFILÉ COM PIRÃO

TEMPO DE PREPARO: 40 MINUTOS | RENDIMENTO: 5 PORÇÕES

Carne

¼ de xícara de sal grosso
1 kg de contrafilé com gordura
3 colheres (sopa) de óleo
4 cebolas pequenas cortadas em quartos

Pirão

1 xícara de água
1 xícara de farinha de mandioca branca fina e torrada
1 litro de leite
sal a gosto
1 colher (sopa) de manteiga

1. Passe o sal grosso no contrafilé e coloque-o numa vasilha. Cubra com filme de PVC e deixe descansar na geladeira por 2 dias. No dia do preparo, retire o excesso de sal, aqueça o óleo numa panela grande e frite a carne dos dois lados, deixando-a dourada. Retire e coloque-a numa travessa.

2. Na mesma panela da fritura da carne, frite a cebola até ficar transparente. Passe-a para a travessa onde está a carne e reserve aquecido.

3. Faça o pirão: em uma tigela, coloque a água e adicione a farinha de mandioca aos poucos, misturando até dissolvê-la, sem deixar empelotar.

4. Transfira para uma panela e acrescente o leite e o sal. Leve ao fogo baixo, mexendo sempre até engrossar. Misture a manteiga e sirva à parte, acompanhando a carne com cebola.

COSTELA DE PANELA

TEMPO DE PREPARO: 1H10 | RENDIMENTO: 4 PORÇÕES

1 kg de costela em pedaços
sal e pimenta-do-reino a gosto
3 colheres (sopa) de óleo
1 cebola picada grosso
4 dentes de alho picados grosso
2 tabletes de caldo de carne
1 folha de louro

1. Tempere os pedaços de costela com o sal e a pimenta. Em fogo médio, aqueça o óleo numa panela de pressão e doure a carne. Coloque a costela numa travessa e reserve.

2. Na mesma panela, com a gordura da carne, refogue a cebola e o alho por 4 minutos.

3. Retorne a costela à panela, cubra-a com água e adicione o caldo de carne e o louro. Tampe e cozinhe por 1 hora na pressão.

4. Desligue o fogo, deixe sair a pressão naturalmente, abra a panela e sirva em seguida.

COSTELA COM MANDIOCA AO FORNO

TEMPO DE PREPARO: 1H30 | RENDIMENTO: 6 PORÇÕES

2 kg de costela bovina
1 colher (sopa) de tempero pronto
1 xícara de suco de laranja
6 dentes de alho amassados
sal e pimenta-do-reino a gosto
2 cebolas médias
1 kg de mandioca sem casca

1. Afervente a costela numa panela grande por 5 minutos e escorra.

2. Em uma vasilha pequena, junte o tempero pronto, o suco de laranja, o alho, o sal e a pimenta. Coloque a costela num recipiente grande e regue-a com o tempero preparado. Deixe marinar por 4 horas.

3. Corte as cebolas em rodelas e afervente-as por 2 minutos. Reserve.

4. Corte a mandioca em pedaços de 8 cm de comprimento. Em seguida, corte cada pedaço ao meio, e cada metade ao meio novamente.

5. Numa panela grande, em fogo alto, cozinhe a mandioca em água salgada por 10 minutos, ou até que fique macia. Para verificar o ponto, espete alguns pedaços com um garfo. Se estiver macia, está cozida. Escorra e reserve.

6. Passado o tempo da marinada, acomode a costela numa assadeira retangular, juntamente com o tempero. Leve para assar em forno preaquecido a 180 °C de 40 a 60 minutos.

7. Depois de assada, transfira a costela para uma travessa e reserve o caldo. Passe as rodelas de cebola e os palitos de mandioca pelo caldo reservado e coloque-os na travessa em que estão as costelas, de modo harmonioso. Sirva em seguida.

COXÃO DURO AO MOLHO CÍTRICO

TEMPO DE PREPARO: 1H20 | RENDIMENTO: 5 PORÇÕES

1 kg de coxão duro limpo cortado em cubos
3 cebolas cortadas em anéis
suco de 1 laranja
suco de 1 tangerina
1 colher (sopa) de suco de limão
5 tomates grandes sem pele e sem sementes picados
2 tabletes de caldo de legumes diluídos em 2 xícaras de água fervente
1 buquê garni
sal e pimenta-do-reino a gosto
1 dente de alho amassado
1 xícara de salsinha picada
casca de 1 laranja cortada em tiras finas
1 colher (sopa) de azeite

1. Leve ao fogo uma panela com a carne, a cebola, o suco das frutas, o tomate, o caldo de legumes e o buquê garni. Tempere com o sal e a pimenta. Tampe e deixe cozinhar por 1 hora em fogo médio.

2. Enquanto isso, numa tigela pequena, misture o alho, a salsinha, as tirinhas de casca de laranja e o azeite. Reserve.

3. Passado o tempo do cozimento, escorra a carne e coloque-a numa travessa funda. Elimine o buquê garni da panela e deixe reduzir o suco do cozimento, para que fique mais espesso. Depois, despeje esse molho sobre a carne, polvilhando a mistura de casca de laranja e salsinha.

Dica: Para fazer o buquê garni são necessários 1 folha de alho-poró, 1 folha de louro, 4 ramos de salsinha, 1 ramo de tomilho e 1 ramo de alecrim. Com um barbante, amarre todos os temperos usando como invólucro a folha (parte verde) de alho-poró. Use imediatamente.

CUPIM ASSADO

TEMPO DE PREPARO: 2H10 | RENDIMENTO: 8 PORÇÕES

1 peça de cupim com cerca de 1,5 kg
3 folhas de louro
¼ de xícara de azeite
suco de 2 limões
sal e pimenta-do-reino a gosto
1 pimenta vermelha sem sementes picada
2 colheres (sopa) de molho inglês
1½ xícara de vinho tinto seco
3 ramos de alecrim picado
1 kg de batata média cozida e partida ao meio

1. De véspera, coloque o cupim numa panela de pressão com o louro e 3 colheres (sopa) de azeite e cubra-o com água. Deixe cozinhar por cerca de 1h30 na pressão. Escorra a carne e coloque-a numa tigela para esfriar.

2. Em seguida, tempere o cupim com o limão, o sal, a pimenta-do-reino, a pimenta vermelha, o molho inglês e o vinho. Polvilhe o alecrim, cubra com filme plástico e deixe marinar por cerca de 12 horas, revirando-o no líquido de vez em quando.

3. Transfira então o cupim para uma assadeira e reserve a marinada. Ajeite a batata cozida em volta da carne e regue com o azeite restante.

4. Leve para assar em forno preaquecido a 180 °C por 30 minutos, até que o cupim esteja macio e a batata, corada. Durante o cozimento, regue o cupim com a marinada.

5. Na hora de servir, corte o cupim em fatias e coloque-as numa travessa com a batata e o molho do cozimento por cima.

ESTROGONOFE DIFERENTE

TEMPO DE PREPARO: 25 MINUTOS | RENDIMENTO: 5 PORÇÕES

1 colher (sopa) de manteiga
1 kg de filé-mignon cortado em tiras
1 cebola picada fino
1 colher (sopa) de molho inglês
sal e pimenta-do-reino a gosto
1 xícara de requeijão cremoso
1 xícara de creme de leite
1 xícara de cogumelo em conserva
1 xícara de provolone ralado
1 colher (sopa) de mostarda picante
1 colher (sopa) de ketchup

1. Em uma panela grande, em fogo médio, aqueça a manteiga e refogue as tiras de carne até que fiquem douradas e seque toda a água.

2. Acrescente a cebola, o molho inglês, o sal e a pimenta-do-reino e refogue por 3 minutos ou até que a cebola fique macia.

3. Adicione o requeijão, o creme de leite, o cogumelo cortado ao meio, o provolone, a mostarda e o ketchup. Cozinhe em fogo baixo, mexendo sempre, até que o queijo derreta. Sirva acompanhado de arroz branco e batata palha.

DOBRADINHA

TEMPO DE PREPARO: 1H30 | RENDIMENTO: 4 PORÇÕES

1 kg de bucho de boi
2 limões partidos ao meio
suco de 3 limões
½ xícara de banha de porco
2 cebolas picadas
3 dentes de alho amassados
4 tomates grandes sem pele e sem sementes picados
½ colher (chá) de cominho em pó
sal a gosto
1 maço de salsinha picada
1 folha de louro
2 xícaras de feijão-branco cozido escorrido

1. Lave o bucho e esfregue-o muito bem com as metades de limão, impregnando toda a carne com o suco. Depois, coloque-o numa tigela com água e o suco dos 3 limões. Deixe marinando por 4 horas.

2. Passe o bucho para um escorredor ou uma peneira grande e deixe descansar por alguns minutos, para eliminar o máximo de líquido. Em seguida, corte em pequenas tiras.

3. Derreta a banha numa panela grande e refogue a cebola e o alho. Acrescente as tiras de bucho, o tomate, o cominho, o sal, a salsinha e o louro.

4. Refogue tudo por 5 minutos, mexendo sem parar, e cubra com água fria. Tampe a panela e deixe cozinhar por 1 hora.

5. Dez minutos antes de retirar a panela do fogo, adicione o feijão-branco cozido e mexa até misturar bem. Sirva quente, acompanhado de arroz branco.

FILÉ APERITIVO AO MOLHO MADEIRA

TEMPO DE PREPARO: 50 MINUTOS | RENDIMENTO: 4 PORÇÕES

Carne

1 kg de filé-mignon
sal e pimenta-do-reino a gosto
farinha de trigo para empanar
100 g de manteiga

Molho

50 g de manteiga
1 cebola picada
2 colheres (sopa) de ketchup
1 xícara de vinho tinto seco
1 xícara de molho de soja
sal e pimenta-do-reino a gosto
200 g de cogumelo em conserva

1. Corte o filé-mignon em tiras e tempere-as com o sal e a pimenta. Em seguida, passe-as pela farinha de trigo.

2. Derreta a manteiga numa frigideira e frite as tiras de carne, deixando-as ao ponto. Retire a carne do fogo e coloque-a numa travessa de servir. Reserve o caldo da fritura.

3. Prepare o molho: aqueça a manteiga numa panela e refogue a cebola por 5 minutos. Junte o caldo da frigideira, o ketchup, o vinho, o molho de soja, o sal, a pimenta e o cogumelo. Cozinhe por 10 minutos em fogo baixo, ou até o molho começar a encorpar. Sirva com arroz branco e salada de folhas verdes.

Dica: Você pode substituir o cogumelo por palmito ou aspargo.

CARNE ESCONDIDA

TEMPO DE PREPARO: 1 HORA | RENDIMENTO: 6 PORÇÕES

- 1 colher (sopa) de óleo
- 1 kg de carne moída
- 2 cebolas raladas grosso
- 4 dentes de alho picados fino
- sal e pimenta-do-reino a gosto
- 4 xícaras de arroz branco cozido
- 500 g de batatas pequenas
- ½ xícara de leite quente
- 2 colheres (sopa) de manteiga, mais um pouco para untar
- manteiga para untar
- 100 g de queijo mozarela ralado
- cebolinha picada para decorar

1. Aqueça uma panela com óleo e refogue a carne por 5 minutos. Adicione a cebola e o alho e deixe dourar. Tire do fogo e tempere com o sal e a pimenta.

2. Unte uma fôrma refratária média com manteiga, distribua sobre ela o arroz, cubra com a carne e reserve.

3. Cozinhe a batata sem casca em água fervente com sal por 10 minutos ou até ficar macia. Escorra a batata e passe-a ainda quente pelo espremedor. Em uma tigela, junte a batata espremida, o leite quente, a manteiga, o sal e a pimenta. Misture bem até obter um purê homogêneo.

4. Espalhe o purê de batata sobre a carne, polvilhe a mozarela ralada e leve ao forno preaquecido a 180 °C por 20 minutos. Sirva em seguida, decorado com a cebolinha.

FILETES DE CARNE COM ESPINAFRE

TEMPO DE PREPARO: 25 MINUTOS | RENDIMENTO: 5 PORÇÕES

- 1 kg de coxão mole cortado em tiras finas
- ½ colher (chá) de pimenta-do-reino moída
- 3 dentes de alho amassados
- 4 colheres (sopa) de óleo
- 2 colheres (chá) de sal
- 3 xícaras de folhas de espinafre picadas
- ½ xícara de requeijão cremoso
- 1 xícara de creme de leite

1. Tempere a carne picada com o alho e a pimenta. Aqueça o óleo numa panela, em fogo médio, e doure a carne. Polvilhe o sal e refogue por mais 3 minutos.

2. Adicione o espinafre, misture e tampe a panela. Cozinhe por 5 minutos, em fogo baixo, mexendo de vez em quando. Acrescente o requeijão cremoso e o creme de leite, misture delicadamente e desligue o fogo. Sirva em seguida.

BIFE À PARMEGIANA

TEMPO DE PREPARO: 50 MINUTOS | RENDIMENTO: 8 PORÇÕES

½ xícara de suco de laranja
1 colher (sopa) de tempero pronto
sal e pimenta-do-reino a gosto
8 bifes de contrafilé
1 xícara de fubá
2 ovos ligeiramente batidos
farinha de rosca
¾ de xícara de queijo parmesão ralado
óleo para fritar

Cobertura
2 xícaras de molho de tomate
300 g de queijo mozarela fatiado
queijo parmesão ralado a gosto

1. Em uma tigela média, junte o suco de laranja, o tempero pronto, o sal e a pimenta e misture bem. Coloque os bifes nessa mistura e deixe marinar por 30 minutos.

2. Depois, escorra os bifes e passe-os pelo fubá, pelo ovo e pela farinha de rosca misturada com o queijo ralado. Aperte cada bife na palma das mãos para que o empanado se fixe na carne. Em seguida, frite-os em óleo bem quente e escorra sobre papel-toalha.

3. Acomode os bifes numa fôrma refratária com um pouco de molho de tomate no fundo. Coloque as fatias de mozarela sobre a carne e regue com o restante do molho de tomate. Polvilhe o parmesão ralado e leve ao forno preaquecido a 180 °C por 10 minutos.

FILÉ-MIGNON COM ERVAS FINAS

TEMPO DE PREPARO: 40 MINUTOS | RENDIMENTO: 4 PORÇÕES

4 medalhões de filé-mignon
sal a gosto
2 dentes de alho amassados
uma pitada de pimenta-branca
6 colheres (sopa) de azeite
8 batatas médias cozidas
1 cebola pequena picada
¾ de xícara de cheiro-verde picado
1 colher (sopa) de ervas finas
folhas de manjericão picadas

1. Coloque os medalhões em um refratário e tempere-os com o sal, o alho e a pimenta-branca.

2. Aqueça o azeite numa frigideira em fogo baixo e doure os medalhões de ambos os lados (cerca de 10 minutos), deixando-os ao ponto ou a gosto. Durante a fritura, deixe a frigideira tampada para que forme suco. Depois, transfira a carne para uma travessa, disponha as batatas cozidas ao lado da carne e reserve aquecido.

3. Na mesma frigideira usada para os medalhões, misture a cebola, o cheiro-verde, as ervas finas, o manjericão e uma pitada de sal. Refogue em fogo baixo por 2 minutos. Desligue o fogo e regue o molho sobre os medalhões. Sirva em seguida.

GOULASH

TEMPO DE PREPARO: 1H30 | RENDIMENTO: 6 PORÇÕES

6 colheres (sopa) de óleo
1 colher (sopa) de manteiga
1 kg de cebola cortada em rodelas
1 kg de músculo cortado em cubos
4 xícaras de água fervente
1 colher (sopa) de extrato de tomate
sal a gosto
1 colher (sopa) de páprica picante
500 g de batata cortada em cubos
3 cenouras cortadas em rodelas

1. Em fogo alto, aqueça o óleo e a manteiga numa panela e refogue a cebola, até ficar ligeiramente dourada. Adicione a carne e refogue até perder a cor avermelhada.

2. Junte água quente e o extrato de tomate e deixe ferver por 10 minutos. Tempere com o sal e a páprica, reduza o fogo e tampe a panela. Cozinhe por cerca de 50-55 minutos, acrescentando água conforme for secando, para formar um molho. Quinze minutos antes do final do cozimento, acrescente a batata e a cenoura e deixe cozinhar. Desligue o fogo quando a carne estiver bem macia. Sirva em seguida.

LAGARTO AO MOLHO DE ALECRIM

TEMPO DE PREPARO: 1H15 I RENDIMENTO: 5 PORÇÕES

1 peça de lagarto de cerca de 1,5 kg
100 g de margarina
1 folha de louro
1 dente de alho amassado
1 cebola picada
3 ramos de alecrim
sal e pimenta-do-reino a gosto
1 tablete de caldo de carne
2 xícaras de água fervente
1 xícara de creme de leite

1. Amarre o lagarto com um pedaço de barbante, de uma extremidade à outra. Em seguida, derreta a margarina na panela de pressão e frite a carne de ambos os lados.

2. Junte a folha de louro, o alho, a cebola, o alecrim, o sal e a pimenta e refogue bem. Adicione o caldo de carne dissolvido na água e deixe por cerca de 50 minutos na pressão.

3. Transfira o lagarto para uma tábua de carne e fatie. Reserve o caldo. Disponha as fatias de carne numa travessa e reserve aquecido.

4. No copo do liquidificador, junte o caldo do cozimento da carne e o creme de leite. Bata por 1 minuto e leve ao fogo médio para cozinhar, até começar a ferver. Regue o lagarto fatiado com esse molho e sirva em seguida.

Dica: Sirva acompanhado de batata, cenoura ou vagem cozidas.

LAGARTO AO MOLHO MADEIRA

TEMPO DE PREPARO: 1H40 | RENDIMENTO: 6 PORÇÕES

Carne

1 peça de lagarto com cerca de 1,5 kg
1 tablete de caldo de carne
2 xícaras de suco de laranja
2 folhas de louro
sal a gosto
100 g de margarina
1 cebola grande picada
1 cenoura cortada em rodelas

Molho

1 colher (sopa) de margarina
1 colher (sopa) de cebola ralada
1 colher (sopa) de mostarda
½ xícara de molho de soja
1 colher (chá) de pimenta-do-reino branca
1 colher (sopa) de farinha de trigo
sal a gosto
1 xícara de vinho tinto seco

1. Faça furos no lagarto com uma faca fina. Reserve.

2. Esfarele o tablete de caldo numa tigela funda e adicione o suco de laranja, o louro e o sal. Misture bem. Deixa o lagarto nesse tempero por 1h30, virando-o seguidas vezes para que pegue gosto. Passado esse tempo, escorra a carne e reserve o tempero.

3. Derreta a margarina na panela de pressão e frite o lagarto de ambos os lados, até ele perder a cor avermelhada. Junte então o caldo do tempero, a cebola e a cenoura. Cozinhe por cerca de 1 hora. Depois, coloque o lagarto cozido sobre uma tábua de carne e corte-o em fatias não muito grossas. Reserve 1 xícara de caldo do cozimento. Disponha as fatias de carne numa travessa de servir e reserve aquecido.

4. Para fazer o molho: derreta a margarina numa frigideira e refogue a cebola. Adicione a mostarda, o molho de soja, o caldo reservado do cozimento da carne, a pimenta e a farinha de trigo. Tempere com o sal e misture. Deixe cozinhar por 5 minutos, adicionando o vinho aos poucos, até obter um caldo meio espesso.

5. Regue as fatias de lagarto com o molho madeira e sirva em seguida, bem quente.

LAGARTO RECHEADO

TEMPO DE PREPARO: 2H20 I RENDIMENTO: 8 PORÇÕES

100 g de bacon cortado em cubos
1 cenoura cortada em tiras
½ pimentão vermelho cortado em tiras
½ pimentão amarelo cortado em tiras
1 cebola picada
1 gomo de linguiça calabresa cortada em cubos
sal e pimenta-do-reino a gosto
1 peça grossa de lagarto com 2 kg
1 colher (sopa) de tempero pronto
1 lata de cerveja clara
3 colheres (sopa) de margarina

1. Em uma tigela, junte o bacon, a cenoura, os pimentões, a cebola e a calabresa e misture bem. Tempere com o sal e a pimenta. Reserve.

2. Com uma faca afiada, faça um buraco no meio da peça em toda sua extensão. Por esse orifício (que deve ser suficiente para caber dois dedos), vá colocando todos os ingredientes que estão na tigela. Vá introduzindo esses ingredientes pelos dois lados do lagarto, sempre apertando bem com os dedos. Feche os orifícios das extremidades com palitos e, a seguir, trance sobre eles um barbante.

3. Coloque a carne recheada numa vasilha e tempere-a com uma mistura de tempero pronto, pimenta, sal e cerveja. Deixe o lagarto nesse tempero por aproximadamente 30 minutos. Faça pequenos furos sobre o lagarto com uma faca afiada para que o tempero penetre bem.

4. Derreta a margarina numa panela e frite o lagarto de ambos os lados por 10 minutos. Junte o líquido do tempero e cozinhe em fogo baixo por cerca de 2 horas (se o líquido secar, adicione um pouco de água quente). Depois de cozido, retire o barbante e os palitos do lagarto e fatie-o, de preferência com uma faca elétrica.

5. Disponha as fatias de carne numa travessa e cubra-as com o molho que ficou na panela.

Dica: Para preparar a carne na panela de pressão, acrescente 2 xícaras de caldo de carne e cozinhe por 30 minutos, depois do início da pressão, em fogo baixo. Retire a pressão e acrescente 1 colher (chá) de amido de milho dissolvido em um pouco do líquido do cozimento. Misture e deixe cozinhar por mais 15 minutos, com a panela destampada, até o molho engrossar.

LAGARTO AO MOLHO AGRIDOCE

TEMPO DE PREPARO: 1H10 | RENDIMENTO: 6 PORÇÕES

1 peça de lagarto com cerca de 1,5 kg
2 colheres (sopa) de óleo
1 colher (sopa) de farinha de trigo
1 colher (chá) de açúcar
1 cebola picada
1 dente de alho amassado
sal e pimenta-do-reino a gosto
2 xícaras de caldo de carne quente
1 colher (sopa) de extrato de tomate
100 g de toucinho defumado picado
5 colheres (sopa) de geleia de amora

1. Faça furos no lagarto com uma faca afiada. Aqueça o óleo na panela de pressão e frite a carne, dourando-a por igual. Polvilhe a farinha de trigo e o açúcar e revolva a carne. Junte a cebola, o alho, o sal e a pimenta e deixe fritar por alguns minutos.

2. Acrescente o caldo de carne, o extrato de tomate e o toucinho. Tampe a panela e cozinhe por 40 minutos na pressão.

3. Em seguida, deixe sair a pressão naturalmente e destampe a panela. Se a carne já estiver macia, adicione a geleia de amora e deixe no fogo por mais 10 minutos. Transfira a carne para uma travessa e corte-a em fatias. Sirva com o molho por cima ou à parte, numa molheira.

Dica: Arroz branco e salada de alface vão bem com esta carne.

PATINHO COM LEGUMES

TEMPO DE PREPARO: 55 MINUTOS | RENDIMENTO: 4 PORÇÕES

2 colheres (sopa) de azeite
500 g de patinho cortado em cubos
½ xícara de vinho branco seco
½ xícara de salsinha picada
4 dentes de alho amassados
sal e pimenta-do-reino a gosto
1 abobrinha italiana cortada em cubos
1 berinjela cortada em cubos
2 batatas cortadas em cubos

1. Aqueça metade do azeite numa panela de pressão, em fogo médio, e doure a carne.

2. Junte no liquidificador o vinho, a salsinha, o alho, o sal e a pimenta e bata por 2 minutos. Despeje a mistura na panela e complete com água até cobrir a carne. Tampe-a e cozinhe por 25 minutos em fogo médio, depois de iniciada a pressão.

3. Passado esse tempo, retire a pressão, abra a panela e adicione a abobrinha, a berinjela e a batata. Deixe cozinhar por cerca de 15 minutos, ou até que os legumes estejam macios. Transfira para uma travessa e sirva.

MAMINHA RECHEADA E CEBOLINHAS CARAMELADAS

TEMPO DE PREPARO: 2H15 | RENDIMENTO: 6 PORÇÕES

4 dentes de alho amassados
1 folha de louro
2 colheres (sopa) de mostarda
sal e pimenta-do-reino a gosto
1 xícara de vinho branco seco
1 peça de maminha de 1,5 kg

Recheio
1 gomo de linguiça calabresa
100 g de queijo provolone em peça
10 azeitonas verdes sem caroço
1 cebola pequena picada
2 colheres (sopa) de margarina

Cebolinhas carameladas
1½ xícara de açúcar
½ xícara de mel
300 g de cebola pérola sem casca

1. Em uma vasilha grande, misture o alho, o louro, a mostarda, o sal, a pimenta e o vinho. Coloque a carne na vasilha e deixe-a nesse tempero por cerca de 3 horas. Depois, escorra a maminha e, com uma faca afiada, faça um furo largo no centro, no sentido do comprimento. Reserve.

2. Corte a calabresa e o provolone em pedaços grandes. Introduza alternadamente pedaços de calabresa, provolone, azeitonas e cebola picada no interior da maminha. Feche o orifício com auxílio de palitos e linha grossa.

3. Acomode a carne numa assadeira forrada com papel-alumínio e besunte-a com a margarina. Cubra-a com o papel-alumínio e leve ao forno preaquecido a 180 °C por 1h30. Passado esse tempo, destampe a assadeira e deixe a carne descoberta no forno até dourar.

4. Prepare a cebolinha caramelada: coloque o açúcar numa frigideira e deixe derreter em fogo médio (cerca de 3 minutos). Adicione o mel, mexa e desligue o fogo. Junte as cebolas inteiras e misture-as delicadamente na calda.

5. Coloque a maminha numa travessa acompanhada pelas cebolas carameladas. Sirva em seguida.

MAMINHA NA MOSTARDA COM BATATA SAUTÉE

TEMPO DE PREPARO: 1H50 | RENDIMENTO: 6 PORÇÕES

1 peça de maminha de 1,5 kg
200 g de mostarda
2 colheres (sopa) de sal grosso
1 cebola grande cortada em 4 partes
100 g de manteiga
sal e pimenta-do-reino a gosto
1 kg de batata bolinha sem casca cozida
½ xícara de cheiro-verde
orégano a gosto
¾ de xícara de queijo parmesão ralado

1. Coloque a maminha numa assadeira forrada com papel-alumínio. Besunte a carne com a mostarda e polvilhe o sal grosso. Espalhe a cebola sobre a carne, cubra-a com o papel-alumínio e leve para assar em forno preaquecido a 180 °C por 1h40. A seguir, destampe a carne e deixe dourar.

2. Prepare as batatas. Enquanto isso, numa frigideira larga, derreta a margarina com o sal e a pimenta. Coloque as batatinhas e doure-as. Em seguida, junte o cheiro-verde, o orégano e o queijo ralado. Misture e desligue.

3. Corte a maminha em fatias e arranje-as numa travessa, juntamente com as batatas sautée. Sirva em seguida.

MÚSCULO AO MOLHO DE TOMATE

TEMPO DE PREPARO: 1H10 | RENDIMENTO: 8 PORÇÕES

½ xícara de óleo
1 cebola grande ficada fino
5 dentes de alho picados fino
2 kg de músculo cortado em cubos
sal e pimenta-do-reino a gosto
4 xícaras de caldo de carne fervente
1 xícara de cenoura ralada fino
1 colher (chá) de manjericão picado
2 colheres (sopa) de salsinha picada
1¼ de xícara de molho de tomate
3 xícaras de água fervente

1. Em uma panela de pressão, aqueça o óleo e refogue a cebola e o alho até dourar. Adicione o músculo, doure-o uniformemente e tempere com o sal e a pimenta-do-reino. Despeje o caldo de carne na panela, tampe-a e deixe cozinhar na pressão por 30 minutos.

2. Depois, deixe a pressão sair naturalmente. Abra a panela, adicione o restante dos ingredientes e cozinhe com a panela destampada até que a cenoura esteja cozida e o molho fique bem reduzido.

MEDALHÃO DE CARNE MOÍDA

TEMPO DE PREPARO: 45 MINUTOS | RENDIMENTO: 6 PORÇÕES

600 g de patinho moído
1 cebola pequena ralada
1 colher (sopa) de tempero pronto
1 ovo ligeiramente batido
½ xícara de farinha de trigo
100 g de queijo mozarela em cubos
óleo para fritar

Molho
3 dentes de alho amassados
1 cebola bem picada
1 xícara de molho de tomate
2 colheres (sopa) de molho inglês
2 colheres (sopa) de ketchup
1 xícara de cogumelo em conserva picado
sal a gosto

1. Coloque a carne moída numa vasilha e tempere-a com a cebola e o tempero pronto. Junte o ovo e a farinha e amasse bem com as mãos até obter uma massa homogênea. Abra pequenas porções de carne na palma da mão e recheie-as com um pedaço de mozarela. Enrole e modele os medalhões (numa espessura de cerca de 1 cm).

2. Aqueça o óleo numa frigideira grande e frite os medalhões de ambos os lados. Deixe a frigideira tampada para que cozinhem. Transfira a carne para uma travessa e reserve.

3. Na mesma frigideira dos medalhões, misture todos os ingredientes do molho e deixa aquecer em fogo baixo por 3 minutos. A seguir, regue os medalhões na travessa com essa mistura e sirva.

Dica: Purê de mandioquinha é um ótimo acompanhamento para esse delicioso prato.

MEDALHÃO COM CROSTA DE ERVAS FINAS

TEMPO DE PREPARO: 30 MINUTOS | RENDIMENTO: 6 PORÇÕES

6 medalhões de filé-mignon com 5 cm de espessura
sal e pimenta-do-reino a gosto
2 colheres (sopa) de azeite
2 fatias de pão de fôrma
2 colheres (sopa) de castanha de caju moída
2 colheres (sopa) de farinha de rosca
3 colheres (sopa) de queijo parmesão ralado
1 colher (sopa) de ervas finas
2 colheres (sopa) de cheiro-verde picado
2 ovos

1. Tempere os medalhões com o sal e a pimenta. Aqueça o azeite numa frigideira e sele os medalhões dos dois lados. Reserve.

2. Para fazer a crosta, esfarele o pão numa tigela e misture a castanha de caju, a farinha, o queijo, as ervas finas, o cheiro-verde e uma pitada de sal. Dê a liga com a manteiga e os ovos e tempere com pimenta-do-reino.

3. Abra a massa com um rolo sobre um plástico, deixando-a com 1 cm de espessura. Corte e fixe uma crosta dessa massa sobre cada medalhão, de ambos os lados, e aperte bem para não soltar. Coloque os medalhões numa assadeira untada e leve ao forno preaquecido a 180 °C por 5 minutos, até dourar a crosta. Sirva os medalhões com arroz branco ou com risoto.

PICADINHO NA CERVEJA

TEMPO DE PREPARO: 45 MINUTOS | RENDIMENTO: 5 PORÇÕES

2 colheres (sopa) de azeite
2 cebolas cortadas em rodelas
4 talos de salsão picados em quadrados
2 cenouras cortadas em rodelas
2 batatas cortadas em cubos
1 tablete de caldo de legumes esfarelado
1 kg de alcatra cortada em cubos
farinha de trigo para empanar
sal e pimenta-do-reino a gosto
2 latas de cerveja clara
1 folha de louro
1 xícara de cheiro-verde picado fino

1. Em uma panela, em fogo médio, aqueça o azeite e coloque a cebola, o salsão, a cenoura, a batata e o caldo de legumes. Refogue por 5 minutos e transfira a mistura para uma vasilha.

2. Passe os cubos de carne na farinha de trigo temperada com sal e pimenta-do-reino, coloque-os aos poucos na panela e vá fritando até dourá-los por completo.

3. Volte os legumes reservados à panela e adicione a cerveja e o louro. Deixe cozinhar, mexendo até levantar fervura. Tampe a panela e cozinhe por 30 minutos em fogo médio ou até que a carne esteja macia. Se necessário, acrescente água fervente. Polvilhe o cheiro-verde e sirva.

PICADINHO COM CREME DE MANDIOCA

TEMPO DE PREPARO: 1H10 I RENDIMENTO: 6-8 PORÇÕES

1 kg de acém cortado em cubos pequenos
2 dentes de alho picados fino
1 cebola picada fino
2 colheres (sopa) de azeite
200 g de linguiça calabresa cortada em cubos
1 folha de louro
2 tabletes de caldo de bacon
2 xícaras de água fervente
1 colher (chá) de mostarda picante

Creme de mandioca
1 kg de mandioca cozida e amassada
2 colheres (sopa) de manteiga
1 tablete de caldo de legumes
½ xícara de leite fervente
1 lata de creme de leite sem soro

1. Tempere a carne com o alho e a cebola. Leve ao fogo médio uma panela de pressão grande, aqueça o azeite e doure a carne. Junte a calabresa, o louro, o caldo de bacon dissolvido na água fervente e a mostarda.

2. Tampe a panela e cozinhe em fogo baixo por 40 minutos depois de iniciada a pressão. Retire a panela do fogo e deixe a pressão sair naturalmente. Verifique o cozimento e, se necessário, termine de cozinhar com a panela destampada para o líquido secar.

3. Enquanto isso, prepare o creme: coloque a mandioca amassada e a manteiga numa panela e aqueça em fogo médio, misturando bem. Junte em seguida o caldo de legumes dissolvido no leite e mexa até obter um purê. Para completar, acrescente o creme de leite, misture delicadamente e ajuste o sal.

4. Para finalizar o prato, espalhe o creme de mandioca numa fôrma refratária e, sobre ele, arrume a carne com um mínimo de suco. Sirva em seguida.

PICADINHO DE CARNE COM MOLHO DE TOMATE

TEMPO DE PREPARO: 40 MINUTOS | RENDIMENTO: 6 PORÇÕES

1 kg de alcatra
1 cebola picada
3 dentes de alho picados
1 colher (chá) de pimenta-do-reino
50 g de margarina
sal a gosto
1¼ xícara de molho de tomate
½ xícara de molho de soja

1. Corte a alcatra em cubos de tamanhos regulares e tempere-os com a cebola, o alho e a pimenta. Aqueça a margarina numa panela, em fogo alto, e refogue a carne por 3 minutos. Tempere com sal e frite-a por mais alguns minutos.

2. Junte o molho de tomate e o molho de soja e misture bem. Tampe a panela e deixe cozinhar por mais 15 minutos, em fogo baixo. Sirva o picadinho com arroz branco e salada verde.

Dica: Substitua a carne por cubos de peito de frango.

OSSOBUCO RÁPIDO

TEMPO DE PREPARO: 55 MINUTOS | RENDIMENTO: 6 PORÇÕES

1,5 kg de ossobuco em peças com 5 cm de altura
sal e pimenta-do-reino a gosto
1 ramo de alecrim picado
3 colheres (sopa) de farinha de trigo
2 colheres (sopa) de azeite
2 colheres (sopa) de margarina
1 cebola média bem picada
1 dente de alho amassado
1 talo de salsão (a parte branca) bem picado
2 xícaras de vinho branco seco
1 tablete de caldo de carne esfarelado
1 xícara de água fervente
1 xícara de molho de tomate

1. Tempere o ossobuco com o sal, a pimenta e o alecrim. Passe-o superficialmente pela farinha de trigo. Reserve.

2. Aqueça o azeite e a margarina numa panela de pressão e frite ligeiramente o ossobuco. Junte a cebola, o alho e o salsão. Cozinhe em fogo alto por cerca de 5 minutos. Adicione o vinho e deixe no fogo por mais 5 minutos.

3. À parte, dissolva o tablete de caldo na água e misture o molho de tomate. Despeje o líquido sobre o ossobuco. Tampe a panela e deixe cozinhar por cerca de 50 minutos em fogo brando.

Dica: Para acompanhamento, este prato pede um delicioso arroz branco e uma bela polenta.

PICANHA AO CREME DE CEBOLA

TEMPO DE PREPARO: 2H30 | RENDIMENTO: 5 PORÇÕES

1 peça de picanha com cerca de 1 kg
2 colheres (sopa) de tempero pronto
1 xícara de suco de abacaxi
2 colheres (sopa) de mostarda
sal e pimenta-do-reino a gosto

Molho
100 g de margarina
½ xícara de açúcar mascavo
½ xícara de vinho tinto seco ou de molho de soja
4 xícaras de caldo de carne
6 cebolas cortadas em tiras
1 caixinha de creme de leite

1. Faça alguns furos na picanha com uma faca afiada e besunte-a com o tempero pronto. Junte o suco de abacaxi, a mostarda, o sal e a pimenta numa tigela grande e coloque a picanha. Deixe a carne nessa marinada por cerca de 40 minutos, virando-a algumas vezes. Passado esse tempo, escorra a picanha e reserve a marinada.

2. Derreta a margarina numa panela grande e misture o açúcar mascavo até dissolvê-lo. Coloque a picanha na panela e frite-a de ambos os lados. Acrescente o vinho ou o molho de soja, 3 xícaras de caldo de carne, a cebola e a marinada reservada. Tampe a panela e deixe cozinhar em fogo baixo por 2 horas. Utilize o restante do caldo de carne durante o cozimento da carne.

3. Sobre uma tábua de carne, corte a picanha em fatias e coloque-as numa travessa. No liquidificador, junte o creme de leite com o molho do cozimento e bata por 2 minutos. Aqueça esse molho na mesma panela utilizada e despeje-o sobre as fatias de picanha. Sirva imediatamente.

PICANHA DO AVESSO

TEMPO DE PREPARO: 2H20 | RENDIMENTO: 6 PORÇÕES

1 peça de picanha de 1,5 kg não muito gorda
1 lata de cerveja
2 colheres (sopa) de tempero pronto
sal e pimenta-do-reino a gosto
300 g de queijo provolone cortado em cubinhos
1 cenoura cortada em cubos
3 colheres (sopa) de maionese
1 cebola cortada em rodelas finas

1. Faça um corte na picanha e vire-a do avesso (ver dica). Em uma tigela grande, junte a cerveja, o tempero pronto, o sal e a pimenta e misture bem. Coloque a picanha na marinada e deixe-a pegar gosto por 30 minutos. Depois, escorra a carne e reserve o tempero.

2. Junte os cubinhos de provolone e a cenoura numa tigela e misture novamente muito bem. Recheie a picanha com essa mistura, feche-a com palitos para churrasco ou costure a abertura com barbante de algodão.

3. Coloque a picanha numa assadeira forrada com um pedaço grande de papel-alumínio. Espalhe a maionese sobre a carne e regue-a com o caldo do tempero reservado. Cubra com o papel-alumínio e leve ao forno preaquecido a 180 °C por cerca de 1h30. Remova o papel-alumínio e deixe a carne dourar por cerca de 20 minutos.

4. Retire a carne do forno, fatie e regue-a com a cebola cozida por alguns minutos no caldo da carne que ficou na assadeira. Decore com batatas carameladas ou a gosto.

Dica: Para virar a picanha do avesso, pegue uma faca bem afiada e faça um corte na base da carne (base do triângulo), como se você fosse fazer uma espécie de bolsa, até quase a ponta da peça da picanha. Enfie a mão nessa bolsa e com a outra faça pressão para ela virar do avesso.

POLPETONE RECHEADO

TEMPO DE PREPARO: 50 MINUTOS | RENDIMENTO: 6 PORÇÕES

1 kg de carne moída
1 cebola grande picada
½ xícara de salsinha picada
½ xícara de manjericão picado
sal e pimenta-do-reino a gosto
1 ovo
3 colheres (sopa) de farinha de trigo
200 g de queijo mozarela
óleo para fritar
2 xícaras de molho de tomate
queijo ralado para polvilhar

1. Coloque a carne moída numa tigela média. Tempere-a com a cebola, a salsinha, o manjericão, o sal e a pimenta. Adicione o ovo levemente batido e a farinha. Misture bem para obter uma massa homogênea.

2. Umedeça as mãos com água e modele 12 bolas com porções de carne (enrole uma bola de carne e amasse levemente com a palma da mão). Coloque 1 fatia de mozarela em 6 bolas amassadas e cubra cada uma delas com as bolas restantes. Amasse também as bolas que cobrem a mozarela, obtendo, assim, 6 polpetones recheados.

3. Aqueça o óleo numa frigideira e frite os polpetones de ambos os lados. Escorra e reserve. Aqueça o molho de tomate numa panela grande e cozinhe os polpetones por cerca de 5 minutos. Transfira a carne para uma travessa e polvilhe queijo ralado. Sirva em seguida.

QUIBE DE BANDEJA RECHEADO

TEMPO DE PREPARO: 1 HORA | RENDIMENTO: 8 PORÇÕES

250 g de trigo para quibe
500 g de carne moída
1 cebola grande ralada
½ maço de hortelã bem picado
1 pimenta vermelha picada
2 dentes de alho amassados
sal a gosto
1 ovo
2 colheres (sopa) de farinha de trigo

Recheio
2 colheres (sopa) de óleo
250 g de carne moída
1 colher (sopa) de cebola picada
2 tomates sem sementes picados
sal e pimenta-do-reino a gosto
½ xícara de cheiro-verde picado

1. Comece pelo recheio: em uma panela, aqueça o óleo e frite a carne até ela perder a cor avermelhada. Junte a cebola, o tomate, o sal e a pimenta. Cozinhe por aproximadamente 10 minutos. Misture cheiro-verde e tire do fogo. Reserve.

2. Faça o quibe: coloque o trigo numa vasilha funda e cubra com água. Deixe descansar por cerca de 4 horas, ou até que dobre de volume. Depois, escorra a água e esprema o trigo para que fique bem seco.

3. Em uma vasilha grande, junte o trigo já hidratado, a carne moída, a cebola, a hortelã, a pimenta, o alho e o sal. Misture com as mãos até ficar homogêneo. Junte o ovo levemente batido e a farinha. Mexa para se agregarem.

4. Pincele com óleo uma fôrma refratária e espalhe uma camada de quibe no fundo. Em seguida, espalhe a carne moída reservada e, por cima, uma segunda camada de quibe. Faça cortes na superfície com auxílio de uma faca e pincele com azeite. Leve para assar em forno preaquecido a 200 °C por cerca de 30 minutos.

RABADA COM POLENTA CREMOSA

TEMPO DE PREPARO: 1H25 | RENDIMENTO: 6 PORÇÕES

Rabada

1 kg de rabo bovino cortado nas juntas sem excesso de gordura
½ xícara de vinagre
1 lata de tomate sem pele
2 xícaras de água
½ xícara de óleo
2 dentes de alho amassados
1 cebola grande bem picada
sal a gosto
1 folha de louro
cheiro-verde a gosto

Polenta

2 colheres (sopa) de margarina
1 colher (sopa) de cebola picada
1 litro de água
2½ xícaras de fubá
1 xícara de creme de leite
¾ de xícara de queijo parmesão ralado
sal a gosto

1. Faça a rabada: lave os pedaços da carne e coloque-os numa panela com água e vinagre. Ferva por cerca de 5 minutos. Reserve.

2. No copo do liquidificador, coloque os tomates sem pele e um pouco de água. Bata por 2 minutos.

3. Aqueça o óleo numa panela e refogue o alho e a cebola. Junte o molho de tomate do liquidificador, o sal e o louro. Deixe ferver por 5 minutos. Em seguida, acrescente os pedaços de carne reservados e cubra com a água. Tampe a panela e cozinhe em fogo baixo até que a carne desgrude do osso (cerca de 1 hora). Decore com o cheiro-verde e sirva com polenta cremosa.

4. Para preparar a polenta cremosa, em fogo alto, derreta a margarina numa panela e refogue a cebola. Junte a água (reserve um pouco) e deixe ferver. Após levantar fervura, acrescente o fubá dissolvido em um pouco de água para não empelotar e mexa. Reduza o fogo, tampe a panela e cozinhe por cerca de 30 minutos. Desligue e adicione o creme de leite. Misture, acerte o sal e polvilhe o queijo ralado.

Dica: Se preferir, prepare a rabada na panela de pressão. O tempo indicado para o cozimento final será de 40 minutos.

CARNE À NAPOLITANA

TEMPO DE PREPARO: 1H30 | RENDIMENTO: 6 PORÇÕES

1 kg de lagarto
½ xícara de bacon picado
sal a gosto
½ xícara de azeite
1 cebola picada miúdo
2 dentes de alho picados miúdo
½ xícara de vinho tinto seco
2 xícaras de molho de tomate
½ xícara de salsinha picada
½ xícara de manjericão picado
1 folha de louro

1. Perfure o lagarto com uma faca afiada e introduza pedaços de bacon nos furos. Tempere a carne com sal e coloque-a numa panela de pressão com azeite quente. Refogue a carne em fogo alto, até que fique dourada dos dois lados e solte bastante suco. Reduza o fogo, junte a cebola e o alho e cozinhe mais 15 minutos.

2. Regue com o vinho e deixe no fogo 5 minutos para evaporar. Adicione o molho de tomate, a salsinha, o manjericão e a folha de louro. Tampe a panela e deixe cozinhar, em fogo baixo, por 40 minutos na pressão.

3. Espere a pressão sair naturalmente e abra a panela. Volte a panela ao fogo e deixe o molho apurar. Se o líquido do cozimento estiver muito reduzido, acrescente um pouco de água, misture e deixe a carne no fogo por mais alguns minutos.

4. Coloque o lagarto numa travessa e corte-o em fatias. Regue com o molho que ficou na panela e sirva.

ROSBIFE AO MOLHO DE HORTELÃ

TEMPO DE PREPARO: 1 HORA | RENDIMENTO: 8 PORÇÕES

1,5 kg de contrafilé
1 colher (sopa) de tempero pronto
1 xícara de suco de maracujá
sal e pimenta-do-reino a gosto
óleo para fritar

Molho
½ xícara de azeite
1 xícara de folhas de hortelã
1 dente de alho amassado
sal e pimenta-do-reino a gosto

1. Esfregue o tempero pronto em todo o contrafilé e coloque-o numa vasilha grande. Adicione o suco de maracujá, o sal e a pimenta. Deixe a carne nesse tempero por no mínimo 30 minutos para pegar gosto. Depois, escorra-a e reserve o tempero.

2. Aqueça o óleo numa frigideira e frite o contrafilé de ambos os lados por cerca de 20 minutos. Retire a carne da frigideira e corte-a em fatias redondas. Sirva com o molho de hortelã.

3. Para fazer o molho, coloque no copo do liquidificador o azeite, a hortelã, o alho, o sal e a pimenta. Bata por 3 minutos e coloque-o numa molheira.

Dica: Antes de fritar o contrafilé, passe uma linha grossa em toda a volta dele, no sentido do comprimento. Retire a linha antes de cortá-lo em fatias.

TIRINHAS DE FILÉ-MIGNON COM LEGUMES

TEMPO DE PREPARO: 25 MINUTOS | RENDIMENTO: 5 PORÇÕES

3 colheres (sopa) de azeite
1 kg de filé-mignon cortado em tiras
sal a gosto
1 colher (sopa) de tempero pronto
1 cebola grande cortada em tiras
pimenta-do-reino a gosto
½ xícara de molho inglês ou vinho tinto seco
3 cenouras cozidas cortadas em tiras
200 g de vagem cozida

1. Aqueça o azeite numa panela larga, em fogo alto, e frite as tiras de carne por 5 minutos. Adicione o sal e mexa. Junte o tempero pronto e a cebola e cozinhe por mais 5 minutos, agora em fogo baixo.

2. Em seguida, acrescente a pimenta, o molho inglês ou o vinho e continue cozinhando por cerca de 10 minutos.

3. Junte a cenoura e a vagem e deixe cozinhar por mais 3 minutos. Transfira para uma travessa e sirva com arroz branco.

SALTIMBOCA À ROMANA

TEMPO DE PREPARO: 55 MINUTOS | RENDIMENTO: 8 PORÇÕES

8 escalopes de vitela
4 fatias de presunto cru
8 folhas de sálvia
2 xícaras de manteiga
⅔ de xícara de vinho branco seco
sal a gosto

1. Bata os bifes com a parte plana do batedor de carne até que os escalopes fiquem com a espessura de 0,5 cm. No centro de cada um deles, coloque meia fatia de presunto e, por cima, 1 folha de sálvia. Com um palito de madeira, prenda a fatia de presunto e a sálvia aos escalopes.

2. Derreta a manteiga numa frigideira grande e coloque os escalopes um ao lado do outro, sem sobrepô-los. Cozinhe em fogo brando por cerca de 5 minutos, sacudindo a frigideira de vez em quando. Acrescente o vinho branco, tempere com o sal e cozinhe por mais 5 minutos.

3. Com uma escumadeira, retire os escalopes da frigideira e coloque-os numa travessa. Reserve.

4. Adicione 1 colher (sopa) de água à frigideira e deixe ferver por 1 minuto, raspando o fundo da frigideira com uma colher para soltar os resíduos da carne. Retire do fogo e despeje o molho sobre a carne. Sirva imediatamente.

CONTRAFILÉ AROMATIZADO

TEMPO DE PREPARO: 25 MINUTOS | RENDIMENTO: 5 PORÇÕES

1 kg de contrafilé cortado em cubos pequenos
sal e pimenta-do-reino a gosto
1 colher (sopa) de azeite
1 colher (chá) de ervas de Provence
1 colher (chá) de pimenta-de-cheiro
1 colher (sopa) de gengibre fresco ralado
2 dentes de alho picados
1 cebola picada
½ xícara de molho de soja
½ xícara de água fervente
cebolinha picada a gosto

1. Tempere a carne com sal e pimenta-do-reino.

2. Aqueça o azeite numa frigideira, em fogo alto, e refogue a carne por 5 minutos. Adicione as ervas de Provence, a pimenta-de-cheiro, o gengibre, o alho e a cebola e refogue por 5 minutos mais, em fogo médio.

3. À parte, misture o molho de soja e a água e despeje sobre a carne. Deixe cozinhar em fogo baixo até secar quase todo o líquido. Sirva a carne com cebolinha picada por cima.

CUSCUZ COM CARNE-SECA

TEMPO DE PREPARO: 45 MINUTOS | RENDIMENTO: 8 PORÇÕES

1 xícara de óleo
1 cebola grande picada
½ pimentão vermelho picado
1 lata de ervilha escorrida
1 vidro pequeno de palmito escorrido
½ xícara de azeitonas verdes sem caroço
400 g de carne-seca cozida e desfiada
1 xícara de molho de tomate
1 xícara de água
sal e pimenta-do-reino a gosto
orégano a gosto
2 xícaras de farinha de milho
1 xícara de cebolinha picada
rodelas de ovo cozido para decorar
rodelas de palmito para decorar
carne-seca para decorar

1. Aqueça o óleo numa frigideira e refogue a cebola. Junte o pimentão e cozinhe mais um pouco. Adicione a ervilha, o palmito e as azeitonas e deixe cozinhar por alguns minutos para tomar gosto. Adicione a carne-seca e misture tudo muito bem. Coloque o molho de tomate, a água, o sal, a pimenta e o orégano. Cozinhe por cerca de 5 minutos (até ferver).

2. Adicione à panela, aos poucos, a farinha de milho e a cebolinha. Cozinhe por mais alguns minutos e desligue o fogo. Pincele com óleo uma fôrma de furo no meio. Fixe rodelas de ovo e de palmito nas laterais e no fundo da fôrma e coloque a massa, apertando bem com o auxílio de uma colher. Desenforme e decore com a carne-seca ligeiramente refogada.

Dica: Deixe a carne-seca de molho de um dia para o outro, trocando a água várias vezes para que perca o sal.

VACA ATOLADA

TEMPO DE PREPARO: 1 HORA | RENDIMENTO: 5 PORÇÕES

1 kg de costela de boi cortada em pedaços
2 cebolas picadas fino
4 dentes de alho amassados
sal a gosto
1 colher (chá) de pimenta-branca
2 colheres (sopa) de óleo
5 tomates sem pele e sem sementes picados
3 colheres (sopa) de vinagre de vinho branco
½ xícara de salsinha picada
½ xícara de cebolinha picada
1 kg de mandioca sem casca cortada em pedaços

1. Tempere os pedaços de costela com a cebola, o alho, o sal e a pimenta.

2. Aqueça o óleo em uma panela de pressão e frite a carne até ela ficar bem dourada, mas não queimada. Adicione o tomate picado, o vinagre, a salsinha, a cebolinha e água quente suficiente para cobrir os pedaços de costela. Deixe cozinhar na pressão por 40 minutos.

3. Cozida a carne, junte a mandioca em pedaços na panela e cozinhe até ela ficar macia. Se precisar, coloque um pouco mais de água quente no cozimento.

4. Arrume os pedaços de costela numa travessa funda, coloque a mandioca por cima e sirva bem quente, acompanhada de arroz branco.

CARNE SUÍNA E OUTRAS CARNES

FEIJOADA

TEMPO DE PREPARO: 1H20 I RENDIMENTO: 10 PORÇÕES

1,5 kg de feijão-preto
1 rabo de porco salgado
1 orelha de porco salgada
500 g de carne-seca
300 g de paio
300 g de costeleta de porco defumada
200 g de toucinho de porco defumado
250 g de toucinho de porco fresco
1 língua de porco defumada pequena
500 g de linguiça de porco grossa fresca
3 colheres (sopa) de óleo
4 dentes de alho amassados
1 cebola grande picada
3 folhas de louro
2 colheres (chá) de pimenta-do-reino

1. Ponha o feijão de molho na véspera. Lave as carnes salgadas e o paio e deixe de molho, também de um dia para o outro, trocando a água algumas vezes.

2. Depois, retire as carnes do molho e lave-as bem. Em seguida, coloque-as numa panela grande, cubra com água e leve ao fogo alto até levantar fervura. Reserve.

3. Passe o feijão para uma panela bem grande, com a água em que ficou de molho, e junte todos os tipos de carne, cortados em pedaços grandes. Cubra com mais água, se necessário, e leve ao fogo alto para cozinhar, até que o feijão e as carnes estejam quase macios.

4. Então, aqueça o óleo numa frigideira funda e refogue o alho e a cebola por 3 minutos. Adicione o louro e a pimenta e refogue mais um pouco. Junte 2 conchas de feijão, sem o caldo, e amasse com um garfo. Em seguida, adicione 1 concha de caldo e mexa até obter uma pasta.

5. Despeje essa mistura na panela do feijão, tampe e deixe em fogo médio até que o feijão e as carnes estejam bem cozidos e o caldo tenha engrossado.

6. Sirva a feijoada com arroz branco, farinha de mandioca, couve refogada, molho de pimenta e laranja cortada em rodelas.

Dica: Para servir, coloque o feijão numa tigela funda e, separadamente, em uma travessa, arrume as carnes cortadas em pedaços regulares.

CASSOULET

TEMPO DE PREPARO: 1H10 | RENDIMENTO: 6 PORÇÕES

250 g de feijão-branco
1,5 litro de água
2 folhas de louro
sal a gosto
3 colheres (sopa) de azeite
½ cebola picada
4 dentes de alho picados
1 paio cortado em rodelas
300 g de costela de porco
250 g de linguiça calabresa fresca cortada em rodelas
1 peito de frango cortado em cubos
1 tomate sem pele e sem sementes picado
2 pimentões (vermelho e amarelo) cortados em tiras
1 talo de salsão cortado em rodelas

1. Deixe o feijão-branco de molho em água por 12 horas.

2. Passado esse tempo, escorra o feijão e descarte a água. Coloque-o numa panela de pressão com a água, 1 folha de louro e sal. Tampe a panela e deixe cozinhar na pressão por cerca de 20 minutos.

3. Espere a pressão sair da panela naturalmente e coe o feijão. Reserve o caldo do cozimento.

4. Em uma panela grande, de fundo espesso, aqueça o azeite e refogue a cebola e o alho. Junte o feijão cozido, o paio, a costela de porco, a linguiça, a carne de frango, o tomate e a água do cozimento reservada. Misture bem a cada ingrediente adicionado. Tempere com sal e ferva por cerca de 20 minutos.

5. Acrescente o pimentão, o salsão e a outra folha de louro. Cozinhe por mais 15 minutos, até o caldo ficar grosso. Sirva em seguida.

Dica: Antes de começar a cozinhar os ingredientes, afervente ligeiramente o peito de frango, a linguiça calabresa, o paio e a costela de porco.

PUCHERO

TEMPO DE PREPARO: 1H20 | RENDIMENTO: 6 PORÇÕES

500 g de grão-de-bico
1,5 litro de água
1 kg de costelinha de porco
4 sobrecoxas de frango
500 g de lombinho de porco
1 paio
1 folha de louro
1 tomate cortado em quartos
4 colheres (sopa) de azeite
1 cebola picada
2 dentes de alho picados
sal a gosto

1. Deixe o grão-de-bico de molho de um dia para o outro.

2. No dia seguinte, escorra o grão-de-bico e descarte a água. Coloque o grão-de-bico na panela de pressão e junte a água. Cozinhe na pressão por cerca de 30 minutos, até que fique cozido, porém firme ao toque. Espere a pressão sair naturalmente e reserve.

3. Em um caldeirão, junte a costelinha, as sobrecoxas, o lombinho, o paio e a folha de louro. Cubra com água e deixe ferver por cerca de 20 minutos em fogo alto. Escorra e descarte a água.

4. Coloque as carnes pré-cozidas de volta no caldeirão e adicione o grão-de-bico com o caldo do cozimento e o tomate. Tampe o caldeirão e cozinhe em fogo baixo, até o caldo ficar espesso (cerca de 20 minutos).

5. Enquanto isso, em fogo alto, aqueça o azeite numa frigideira e refogue a cebola e o alho com o sal, por 3 minutos.

6. Junte esse refogado ao caldeirão, misture e deixe o puchero descansar por 5 minutos antes de servir.

ALMÔNDEGA DE CARNE DE PORCO

TEMPO DE PREPARO: 50 MINUTOS | RENDIMENTO: 20 UNIDADES

500 g de carne de porco moída
100 g de linguiça calabresa fresca, sem pele e triturada
½ xícara de farinha de rosca
¼ de xícara de leite
2 ovos grandes
1 colher (sopa) de vinagre de vinho
2 alhos-porós fatiados fino
1½ colher (sopa) de amido de milho
sal e pimenta-do-reino a gosto
óleo para fritar
½ xícara de vinho branco seco
1 colher (sopa) de farinha de trigo
2 colheres (sopa) de salsinha picada

1. Em uma vasilha, misture a carne de porco moída e a linguiça. Adicione a farinha de rosca, o leite, os ovos, o vinagre, metade do alho-poró picado e o amido de milho diluído em um pouco de água. Misture bem até obter uma massa homogênea. Tempere com o sal e a pimenta.

2. Umedeça as mãos e forme, com a massa, almôndegas do tamanho de uma noz. Reserve.

3. Aqueça o óleo numa panela e refogue o restante do alho-poró. Acrescente as almôndegas e doure-as, virando de vez em quando. Regue com o vinho e deixe cozinhar por cerca de 20 minutos, em fogo baixo, acrescentando, no final do cozimento, a farinha de trigo para engrossar o molho. Transfira as almôndegas para uma travessa e polvilhe a salsinha. Sirva em seguida.

BISTECA COM MANDIOCA FRITA

TEMPO DE PREPARO: 40 MINUTOS | RENDIMENTO: 4 PORÇÕES

1 colher (sopa) de mel
1 colher (chá) de mostarda
2 dentes de alho amassados
sal e pimenta-do-reino a gosto
4 bistecas de porco
2 colheres (sopa) de óleo
1 kg de mandioca cozida em pedaços
óleo para fritar

1. Em uma tigela, misture o mel, a mostarda, o alho, o sal e a pimenta. Besunte as bistecas com esse tempero.

2. Aqueça o óleo numa frigideira em fogo médio e frite as bistecas até que dourem. Reserve.

3. Frite a mandioca, aos poucos, em óleo quente, em imersão, até dourar. Escorra sobre papel-toalha, salpique sal e sirva com a bisteca.

BISTECA COM MOLHO DE MARACUJÁ

TEMPO DE PREPARO: 50 MINUTOS | RENDIMENTO: 6 PORÇÕES

1 xícara de suco de maracujá
5 dentes de alho amassados
sal a gosto
1 colher (chá) de pimenta-do-reino branca
4 colheres (sopa) de mostarda
6 bistecas de porco
3 colheres (sopa) de margarina

Creme de milho
1 xícara de leite
2 latas de milho verde
1 colher (sopa) de manteiga
sal a gosto
1 caixinha de creme de leite

1. Em uma tigela média, misture o suco de maracujá, o alho, o sal, a pimenta-do-reino branca e a mostarda. Passe as bistecas, uma a uma, nessa mistura. Acomode-as numa fôrma refratária e regue com a sobra do tempero. Deixe pegar gosto por 30 minutos.

2. A seguir, unte com a margarina uma assadeira retangular e disponha as bistecas. Despeje sobre elas todo o tempero da tigela. Leve ao forno preaquecido a 180 °C por 40 minutos.

3. Enquanto isso, faça o creme de milho: junte no copo do liquidificador o leite e o milho. Bata por 3 minutos e despeje numa panela. Acrescente a manteiga e o sal e cozinhe por cerca de 5 minutos, sempre mexendo. Adicione então o creme de leite, mexa e desligue o fogo.

4. Disponha as bistecas numa travessa e sirva-as acompanhadas do creme de milho.

Dica: Para dar mais sabor ao creme de milho, acrescente queijo ralado e noz-moscada. Se desejar, substitua as bistecas de porco por fatias de pernil ou lagarto.

BISTECA RÁPIDA

TEMPO DE PREPARO: 30 MINUTOS | RENDIMENTO: 4 PORÇÕES

1 colher (sopa) de óleo
1 colher (sopa) de manteiga
4 bistecas de porco
sal e pimenta-do-reino a gosto
2 cebolas picadas fino
1 xícara de vinho branco seco
2 colheres (sopa) de extrato de tomate
1 colher (sopa) de mostarda
4 pepinos em conserva cortados em rodelas
½ xícara de salsinha picada

1. Em fogo alto, aqueça o óleo e a manteiga numa frigideira de fundo grosso. Acrescente as bistecas e frite-as até que fiquem douradas dos dois lados. Antes de retirá-las do fogo, tempere-as com sal e pimenta. Coloque as bistecas fritas numa travessa e mantenha-as aquecidas.

2. Em fogo médio, doure a cebola na mesma gordura em que fritou as bistecas. Despeje o vinho e deixe evaporar. Junte o extrato de tomate e misture bem. Tempere com sal e pimenta-do-reino. Deixe cozinhar por cerca de 5 minutos, mexendo sempre.

3. Em seguida, acrescente a mostarda, o pepino e a salsinha e aqueça por 1 minuto. Despeje esse molho sobre as bistecas e sirva.

BRACHOLA DE LOMBO

TEMPO DE PREPARO: 1 HORA | RENDIMENTO: 8 PORÇÕES

1 pedaço grosso de lombo com 800 g
sal e pimenta-do-reino a gosto
200 g de presunto cru picado grosso
3 fatias de pão de fôrma esfarelado
¼ de xícara de azeitonas verdes picadas
¼ de xícara de alcaparras escorridas
3 colheres (sopa) de azeite
2 xícaras de molho de tomate
pimenta calabresa a gosto
1 xícara de água

1. Corte o lombo em 8 fatias e bata cada uma com o batedor de carne para afiná-las. Tempere com o sal e a pimenta. Reserve.

2. Junte o presunto, o pão, as azeitonas e as alcaparras numa tigela e divida em 8 porções. Recheie os bifes, enrole e dobre as laterais para dentro. Prenda cada brachola com um ou dois palitos para o recheio ficar bem preso.

3. Aqueça o azeite numa panela grande, em fogo médio, e frite as bracholas até ficarem douradas. Em seguida, despeje o molho de tomate, a pimenta calabresa e a água, tampe e cozinhe em fogo baixo, por cerca de 40 minutos, até ficarem macias.

CARNE DE PORCO À CHINESA

TEMPO DE PREPARO: 50 MINUTOS | RENDIMENTO: 6 PORÇÕES

1 kg de carne de porco
sal a gosto
4 dentes de alho amassados
suco de 2 limões-sicilianos
3 colheres de óleo de soja
2 tomates sem pele e sem sementes picados
150 g de cogumelo em conserva
100 g de amendoim torrado sem pele
2 cebolas grandes cortadas em quartos
3 colheres (sopa) de amido de milho
2 xícaras de caldo de carne
2 colheres (sopa) de molho de soja
1 cálice de vinho branco seco

1. Corte a carne em cubos uniformes e tempere-os com sal, metade do alho e o suco de limão. Reserve.

2. Aqueça o óleo numa panela, em fogo alto, e refogue ligeiramente o restante do alho. Acrescente os cubos de carne e frite por 10 minutos, acrescentando água quente de vez em quando, até ficar macio.

3. Adicione em seguida o tomate, o cogumelo (corte-os pela metade se forem grandes), o amendoim e a cebola. Deixe cozinhar por 5 minutos.

4. À parte, dissolva o amido de milho no caldo de carne frio, adicione o molho de soja e o vinho e misture bem. Despeje este molho sobre a carne e mexa levemente. Deixe cozinhar por mais 5 minutos e transfira para uma travessa funda. Sirva com arroz branco.

CARNE DE PORCO COM ERVILHA-TORTA

TEMPO DE PREPARO: 1 HORA | RENDIMENTO: 5 PORÇÕES

1 peça de carne de porco de 1 kg
sal e pimenta-do-reino a gosto
óleo para fritar
1 cebola picada fino
1 tomate sem pele e sem sementes picado
200 g de ervilha-torta cozida e picada
1 xícara de azeitonas pretas picadas
queijo parmesão ralado

1. Tempere a carne com o sal e a pimenta. Leve ao fogo com um pouco de óleo e frite-a por igual. Acrescente água fervente, aos poucos, e cozinhe, com a panela tampada, por cerca de 40 minutos, até a carne ficar macia.

2. Retire a carne da panela, reservando o molho do cozimento. Corte-a em fatias e arrume-as numa travessa de servir. Mantenha quente.

3. Leve a panela novamente ao fogo com o molho. Acrescente a cebola, o tomate, a ervilha-torta e as azeitonas. Deixe ferver por alguns minutos. Se necessário, junte um pouco de água fervente. Despeje o molho sobre a carne e polvilhe um pouco do parmesão ralado.

Dica: Para a ervilha-torta ficar mais saborosa, antes de cozinhá-la, corte suas extremidades e retire o fio da lateral de cada uma delas.

CARNE DE PORCO COM LEITE DE COCO E GENGIBRE

TEMPO DE PREPARO: 1 HORA | RENDIMENTO: 4 PORÇÕES

1 cebola grande cortada em rodelas
1 pimenta-malagueta sem sementes
600 g de carne de porco magra
3 colheres (sopa) de azeite
sal a gosto
½ colher (chá) de gengibre fresco ralado
1 xícara de água
1 vidro (200 ml) de leite de coco
2 colheres (sopa) de suco de limão
coco ralado para polvilhar

1. Triture a cebola e a pimenta-malagueta com o mixer ou no liquidificador até se tornar uma pasta. Corte a carne em pequenos cubos de tamanho regulares.

2. Aqueça o azeite numa frigideira funda, antiaderente, em fogo médio, e refogue a pasta de cebola e malagueta por 2 minutos. Junte os cubos de carne e frite-os por 5 minutos. Em seguida, tempere com o sal e o gengibre. Despeje a água, tampe a frigideira e cozinhe por cerca de 40 minutos. Junte mais água, se necessário.

3. Para finalizar o preparo, regue a carne com o leite de coco e o suco de limão. Apure rapidamente, mexendo sem parar. Sirva em seguida polvilhado com coco ralado.

CARNE DE PORCO COM FEIJÃO-MANTEIGA

TEMPO DE PREPARO: 40 MINUTOS | RENDIMENTO: 4 PORÇÕES

300 g de costelinha de porco cortada e separada
350 g de carne de porco magra
2 dentes de alho amassados
1 ramo de alecrim picado
1 folha de louro
½ colher (chá) de colorau
pimenta-do-reino a gosto
¾ de xícara de vinho branco seco
3 colheres (sopa) de azeite
3 xícaras de feijão-manteiga cozido e escorrido
1 xícara do caldo do cozimento do feijão
sal a gosto

1. Descarte a gordura visível dos pedaços de costelinha. Corte a carne de porco em cubos pequenos. Junte as duas carnes numa vasilha e tempere com o alho, o alecrim, o louro, o colorau, a pimenta e o vinho branco. Misture bem e leve à geladeira por 4 horas.

2. Passado esse tempo, aqueça o azeite numa panela grande e frite os pedaços de carne, em fogo médio, virando-os várias vezes. Em seguida, despeje o suco da marinada e deixe cozinhar por 10 minutos, com a panela tampada.

3. Depois, adicione o feijão cozido na panela com um pouco da água do seu cozimento. Tempere com sal e deixe aquecer bem, apenas agitando a panela. Sirva em seguida com arroz branco.

COSTELA AO FORNO COM MOLHO DE MOSTARDA

TEMPO DE PREPARO: 1H10 | RENDIMENTO: 5 PORÇÕES

2 kg de costela de porco
4 dentes de alho amassados
2 colheres (sopa) de sal grosso
1 xícara de vinho rosé
1 xícara de mel

Molho
200 g de mostarda
1 caixinha de creme de leite
1 colher (sopa) rasa de açúcar

1. Coloque a costela numa fôrma refratária e tempere-a com o alho, o sal grosso, o vinho e o mel. Deixe a carne pegar gosto por aproximadamente 30 minutos.

2. Enquanto isso, prepare o molho de mostarda: misture a mostarda, o creme de leite e o açúcar numa tigela pequena. Reserve.

3. Cubra a fôrma com a costela de porco com papel-alumínio e leve ao forno preaquecido a 200 °C por 50 minutos. Depois, retire o papel-alumínio e deixe a costela dourar de ambos os lados. Retire do forno e regue com o molho de mostarda. Sirva em seguida.

Dica: Prepare um delicioso purê de batata-doce para acompanhar este prato: junte numa panela 1 kg de batata-doce cozida e amassada, 200 g creme de leite e ½ xícara de mel. Misture e cozinhe até ficar na consistência de um purê.

COSTELA NO CHAMPANHE COM FAROFA

TEMPO DE PREPARO: 1 HORA | RENDIMENTO: 5 PORÇÕES

2 kg de costela de porco
10 dentes de alho amassados
1 folha de louro
sal e pimenta-do-reino a gosto
1 xícara de champanhe
1 xícara de mel

Farofa
½ xícara de margarina
1 cebola grande picada
3 pimentões (vermelho, amarelo e verde) picados
1 cenoura ralada
½ xícara de azeitonas pretas sem caroço
pimenta-do-reino a gosto
1 xícara de uvas-passas claras sem sementes
1 pacote de biscoito de água e sal triturado
¾ de xícara de queijo parmesão ralado
1 xícara de cebolinha picada

1. Em um recipiente médio, misture o alho, a folha de louro, o sal, a pimenta e o champanhe. Coloque a costela numa travessa funda e despeje o tempero preparado. Deixe pegar gosto por 2 horas.

2. A seguir, transfira a costela para uma assadeira retangular forrada com papel-alumínio. Regue com o caldo do tempero e despeje o mel sobre ela. Cubra a assadeira com papel-alumínio e leve para assar ao forno preaquecido a 180 °C por 20 minutos.

3. Após esse tempo, abra o papel-alumínio e deixe a costela no forno até dourar.

4. Enquanto isso, faça a farofa: derreta a margarina numa frigideira grande e refogue a cebola até ficar transparente. Junte o pimentão picado e espere murchar.

5. Adicione a cenoura, as azeitonas, a pimenta e as uvas-passas e cozinhe por alguns minutos.

6. Agregue o biscoito triturado. Retire a frigideira do fogo e adicione o queijo ralado e a cebolinha.

7. Para finalizar, disponha a costela já assada numa travessa, decore com a farofa e sirva em seguida.

COSTELETA À HAVAIANA

TEMPO DE PREPARO: 40 MINUTOS | RENDIMENTO: 8 PORÇÕES

8 costeletas de porco
sal a gosto
2 dentes de alho
1 colher (chá) de pimenta-do-reino
suco de 1 limão
óleo para fritar
folhas de alface para guarnecer
1 lata de abacaxi em calda escorrido para guarnecer
tomate-cereja para guarnecer

Molho
1 cebola ralada
¼ de xícara de salsinha picada
2 cenouras cozidas bem picadas
uma pitada de sal e de pimenta-do-reino
suco de 1 limão

1. Tempere as costeletas com o sal, o alho, a pimenta e o limão. Deixe pegar gosto por 1 hora na geladeira.

2. Depois, aqueça o óleo em fogo médio e frite as costeletas até ficarem douradas. Reserve aquecidas.

3. Para preparar o molho, junte a cebola, a salsinha e a cenoura numa vasilha e tempere com o sal, a pimenta e o suco de limão.

4. Guarneça uma travessa com as folhas de alface, intercale fatias de abacaxi e costeletas. Em seguida, espalhe a metade do molho sobre as costeletas e o abacaxi e sirva o restante do molho na molheira.

Dica: Este prato fica ainda mais bonito se você decorá-lo com alguns tomates-cereja.

COSTELETAS AO FORNO

TEMPO DE PREPARO: 40 MINUTOS | RENDIMENTO: 8 PORÇÕES

8 costeletas de porco
2 limões cortados ao meio
2 dentes de alho amassados
sal a gosto
1 colher (chá) de pimenta-do-reino
3 colheres (sopa) de azeite
1 colher (sopa) de manteiga
2 cebolas pequenas cortadas em rodelas
1 xícara de queijo parmesão ralado

1. Esfregue as costeletas com as metades de limão. Faça uma pasta com o alho e o sal e passe sobre toda a superfície das costeletas. Em seguida, tempere com a pimenta e, por último, besunte-as com o azeite. Deixe tomar gosto por 4 horas.

2. Passado esse tempo, aqueça metade da manteiga numa frigideira grande e frite as costeletas, virando-as de vez em quando para que dourem por igual. Assim que estiverem bem douradas e macias, retire-as da frigideira com uma escumadeira e arrume-as numa travessa refratária. Reserve em local aquecido.

3. Derreta o restante da manteiga na mesma frigideira em que fritou as costeletas e refogue as rodelas de cebola até começarem a dourar.

4. Retire do fogo e despeje a cebola com a manteiga derretida sobre as costeletas. Por cima, polvilhe o queijo ralado e leve ao forno preaquecido a 180 °C apenas para gratinar. Tire do forno e sirva imediatamente, na própria travessa, com arroz branco.

COSTELINHA DE PORCO NA PRESSÃO

TEMPO DE PREPARO: 1 HORA | RENDIMENTO: 8 PORÇÕES

2 kg de costelinha de porco
sal e pimenta-do-reino a gosto
1 colher (sopa) de manteiga
3 colheres (sopa) de azeite
2 xícaras de leite
salsinha picada a gosto
2 colheres (sopa) de vinho branco seco

1. Tempere a costelinha com sal e pimenta. Em uma panela de pressão grande, refogue a carne com a manteiga e o azeite e deixe-a no fogo alto até que fique dourada.

2. Junte o leite, a salsinha e o vinho, tampe a panela e deixe cozinhar por cerca de 30 minutos, depois de iniciada a pressão.

3. Desligue o fogo e espere a pressão da panela acabar. Transfira a costelinha para uma travessa e cubra com o molho que ficou na panela.

COSTELINHA DE PORCO FRITA

TEMPO DE PREPARO: 1 HORA | RENDIMENTO: 4 PORÇÕES

1 kg de costelinha de porco cortada e separada
1 xícara de suco de limão
5 dentes de alho amassados
½ colher (sopa) de colorau
1 colher (sopa) de sal
1 xícara de óleo
½ xícara de cebolinha picada
2 limões fatiados fino

1. Coloque a costelinha numa vasilha grande e tempere-a com o suco de limão. Cubra com filme de PVC e deixe descansar por 30 minutos na geladeira.

2. Passado esse tempo, retire a costelinha do limão, seque-a com papel-toalha e coloque-a numa tigela. Tempere com o alho, o colorau e o sal. Cubra a tigela com filme de PVC e deixe descansar na geladeira por mais 1 hora.

3. Aqueça o óleo numa panela, em fogo alto, e frite os pedaços de costelinha, mexendo de vez em quando, até que fiquem dourados. Retire um a um e coloque sobre papel-toalha para escorrer o excesso de gordura.

4. Disponha a costelinha numa travessa, polvilhe a cebolinha e guarneça com as fatias de limão.

COSTELETA COM CAMARÃO

TEMPO DE PREPARO: 30 MINUTOS | RENDIMENTO: 4 PORÇÕES

4 costeletas de lombo de porco
sal e pimenta-do-reino a gosto
suco de 1 limão
2 dentes de alho picados
3 colheres (sopa) de azeite
1 colher (sopa) de manteiga
1 caixinha de creme de leite
1 colher (chá) de mostarda
1 xícara de camarão limpo e cozido
couve-flor cozida para acompanhar

1. Tempere a carne de porco com o sal, a pimenta, o suco de limão e o alho.

2. Em fogo médio, aqueça o azeite numa frigideira antiaderente e frite as costeletas, virando-as dos dois lados, para que dourem por igual.

3. Transfira as costeletas para uma travessa e adicione a manteiga ao molho da fritura. Quando derreter, regue com o creme de leite misturado com a mostarda. Deixe ferver.

4. Junte o camarão e adicione de novo as costeletas. Aqueça bem e acerte os temperos. Sirva imediatamente com a couve-flor cozida.

COSTELINHA DE PORCO À MODA ORIENTAL

TEMPO DE PREPARO: 1 HORA | RENDIMENTO: 8 PORÇÕES

1,5 kg de costelinha de porco cortada e separada

Marinada

4 dentes de alho amassados
1 colher (sopa) de açúcar
½ xícara de molho de soja
2 colheres (sopa) de ketchup
4 colheres (sopa) de óleo
1 colher (chá) de gengibre em pó
½ colher (chá) de cravo-da-índia em pó

1. De véspera, misture todos os ingredientes da marinada numa tigela e reserve. Coloque os pedaços de costelinha numa vasilha funda e despeje a marinada por cima. Misture com as mãos para envolver bem os pedaços de carne no tempero. Cubra com filme de PVC e deixe marinar por 10 horas na geladeira.

2. Passado esse tempo, escorra os pedaços de costelinha e coloque-os numa assadeira untada com manteiga.

3. Leve para assar em forno preaquecido a 180 °C por cerca de 1 hora, virando-os de vez em quando e pincelando a cada vez com a marinada.

4. Quando estiverem bem brilhantes, transfira as costelinhas para uma travessa. Sirva com arroz branco e salada de folhas.

Dica: Para a costelinha ficar ainda mais brilhante, misture 1 colher (sopa) de mel à marinada na hora de pincelar os pedaços de carne.

ENSOPADO DE CARNE DE PORCO

TEMPO DE PREPARO: 45 MINUTOS | RENDIMENTO: 4 PORÇÕES

2 colheres (sopa) de azeite
2 cebolas médias picadas fino
2 dentes de alho picados fino
200 g de bacon bem picado
1 ramo de alecrim picado
300 g de carne de porco cortada em cubos
sal e pimenta-do-reino a gosto
2 tabletes de caldo de galinha dissolvidos em 3 xícaras de água
12 batatas pequenas sem casca
1 pimentão vermelho cortado em tiras
3 tomates maduros picados
4 fatias finas de pão italiano

1. Aqueça o azeite numa panela, em fogo médio, e refogue a cebola, o alho, o bacon e o alecrim por 3 minutos.

2. Acrescente a carne de porco cortada em cubinhos e tempere com o sal e a pimenta. Frite a carne por 5 minutos e adicione 1 xícara de caldo de galinha. Cozinhe durante 10 minutos, mexendo sempre.

3. Junte as batatas inteiras e o pimentão. Despeje mais 1 xícara de caldo de galinha, tampe a panela e cozinhe durante 15 minutos, em fogo baixo.

4. Adicione o tomate e deixe cozinhar por mais 10 minutos. Se necessário, junte um pouco mais de caldo de galinha, para sobrar molho no final do cozimento.

5. Para servir, coloque uma fatia de pão italiano sobre cada prato e cubra-as com porções de carne ensopada.

JOELHO DE PORCO ASSADO

TEMPO DE PREPARO: 1H50 | RENDIMENTO: 4 PORÇÕES

½ xícara de vinho branco seco
2 dentes de alho picados
1 colher (chá) de mel
1 colher (sopa) de cheiro-verde picado
1 cebola pequena picada
2 folhas de louro
1 colher (chá) de colorau
1 colher (sopa) de vinagre de vinho tinto
1 cenoura cozida
sal e pimenta-do-reino a gosto
1 joelho de porco
manteiga para untar

1. De véspera, no copo do liquidificador, junte o vinho, o alho, o mel, o cheiro-verde, a cebola, o louro, o colorau, o vinagre e a cenoura. Bata bem até virar um líquido homogêneo. Adicione o sal e a pimenta e misture.

2. Coloque esse tempero numa vasilha grande e acrescente o joelho de porco. Cubra com filme de PVC e deixe marinando na geladeira por 12 horas.

3. Unte uma assadeira com manteiga, retire o joelho de porco da marinada e coloque-o na assadeira. Cubra com papel-alumínio e leve ao forno preaquecido a 220 °C por 30 minutos.

4. Passado esse tempo, reduza o forno para 180 °C e deixe assar por mais 1 hora.

5. Retire então o papel-alumínio e deixe no forno até dourar. Sirva em seguida acompanhado de batata assada.

LEITÃO ASSADO

TEMPO DE PREPARO: 2H10 | RENDIMENTO: 8 PORÇÕES

2 kg de leitão em pedaços
3 dentes de alho amassados
1 cebola grande picada
sal e pimenta-do-reino a gosto
suco de 2 limões
1½ xícara de vinho tinto seco
4 colheres (sopa) de manteiga

1. Na véspera, lave e seque os pedaços de leitão. Tempere-os com o alho, a cebola, o sal e a pimenta. Regue com o suco de limão e o vinho. Deixe nesse tempero por 12 horas.

2. Passado esse tempo, unte os pedaços de leitão com a manteiga e coloque-os numa assadeira, juntamente com o tempero.

3. Cubra com papel-alumínio e leve para assar por 1h15, em forno preaquecido a 180 °C.

4. Depois, retire o papel-alumínio e deixe a carne assar por cerca de 30 minutos, regando-a com o suco que se formou na assadeira. Retire do forno quando a carne estiver bem dourada. Sirva em seguida.

FATIAS DE LOMBO COM QUEIJO

TEMPO DE PREPARO: 2H30 | RENDIMENTO: 6 PORÇÕES

1 peça de lombo de 1 kg
3 dentes de alho amassados
1 cebola picada fino
suco de 2 limões
cheiro-verde picado a gosto
sal a gosto
1 colher (chá) de pimenta-do-reino
1 colher (sopa) de manteiga
½ xícara de água
300 g de queijo prato fatiado

1. Numa tigela pequena, junte o alho, a cebola, o suco de limão, o cheiro-verde, o sal e a pimenta e misture bem até virar uma pasta. Esfregue esse tempero no lombo e coloque-o numa vasilha. Cubra com filme de PVC e deixe na geladeira por 10 horas.

2. Depois, transfira o lombo para uma assadeira untada com manteiga. Coe a vinha-d'alhos e acrescente a água. Regue o lombo com essa mistura e cubra com papel-alumínio.

3. Leve ao forno preaquecido a 180 °C e deixe assar até que fique macio. Retire o papel-alumínio e deixe o lombo no forno até corar.

4. Tire a assadeira do forno. Corte o lombo em fatias sem separá-las totalmente. Coloque o queijo entre as fatias de lombo e espalhe pedacinhos de manteiga por cima.

5. Leve de volta ao forno e deixe mais 10 minutos para derreter o queijo. Sirva em seguida.

HAMBÚRGUER DE CARNE DE PORCO COM CAMEMBERT

TEMPO DE PREPARO: 40 MINUTOS | RENDIMENTO: 4 PORÇÕES

500 g de carne de porco moída
8 azeitonas pretas sem caroço
4 colheres (sopa) de cheiro-verde picado
1 colher (sopa) de suco de limão
sal e pimenta-do-reino a gosto
12 tomates-cereja
azeite para refogar
folhas de manjericão a gosto
4 fatias de queijo camembert

1. Em uma tigela, junte a carne moída, as azeitonas pretas picadas e o cheiro-verde. Misture bem até ficar homogêneo. Tempere com o limão, o sal e a pimenta e misture novamente.

2. Molde os hambúrgueres e grelhe-os numa frigideira antiaderente (sem óleo), virando--os para que dourem dos dois lados. Reserve aquecidos.

3. Corte os tomates-cereja em metades e refogue durante 5 minutos numa frigideira preaquecida, com um pouco de azeite, juntamente com as folhas de manjericão.

4. Transfira o tomate para uma fôrma refratária e disponha por cima as fatias de camembert. Leve ao forno quente para gratinar.

5. Sirva os hambúrgueres em pratos individuais e cubra-os com o tomate e o camembert gratinados.

LOMBO DE PANELA À CALIFÓRNIA

TEMPO DE PREPARO: 1H50 | RENDIMENTO: 10 PORÇÕES

1 lombo de cerca de 2 kg
1½ xícara de suco de laranja
10 dentes de alho amassados
folhas de manjericão a gosto
1 colher (chá) de louro em pó
sal e pimenta-do-reino a gosto
pêssego, abacaxi, figo e ameixa-preta em calda como guarnição

1. No copo do liquidificador, coloque o suco de laranja, o alho, o manjericão, o louro, o sal e a pimenta. Bata por 1 minuto e reserve.

2. Coloque o lombo de porco numa tigela e regue-o com o tempero reservado. Deixe a carne nesse tempero por aproximadamente 3 horas, virando-a algumas vezes para pegar gosto. Depois, escorra e reserve o tempero.

3. Aqueça uma panela grande com um fio de óleo e doure o lombo de maneira uniforme. Adicione o caldo do tempero reservado e cozinhe por 1h30 em fogo baixo; se necessário, durante o cozimento, pingue um pouco de água quente.

4. Para servir, corte o lombo em fatias, disponha-as numa travessa e decore com pêssego, abacaxi, figo e ameixa-preta.

Dica: Arroz branco e farofa vão bem com este prato.

LOMBO COM CREME DE DAMASCO

TEMPO DE PREPARO: 1H30 | RENDIMENTO: 8 PORÇÕES

5 dentes de alho picados
1 colher (sopa) de tempero pronto
1 folha de louro
sal e pimenta-do-reino a gosto
1 cebola picada
1 xícara de suco de laranja
1 lombo com cerca de 2 kg
3 colheres (sopa) de margarina
1 maçã cortada em quartos

Creme
200 g de damasco seco
1 xícara de água
½ xícara de mel

1. Para fazer o creme, deixe o damasco de molho de um dia para o outro na água. Depois, bata no liquidificador. Coloque o damasco numa panela e acrescente o mel. Cozinhe por alguns minutos e reserve.

2. Em uma tigela funda, junte o alho, o tempero pronto, o louro, o sal e a pimenta, a cebola e o suco de laranja. Misture bem e coloque o lombo na tigela. Deixe a carne marinar por 1 hora, virando-a algumas vezes. Depois, escorra e reserve o tempero.

3. Derreta a margarina numa panela e frite o lombo de ambos os lados, até ficar dourado.

4. Coloque a maçã e o tempero na panela e deixe cozinhar em fogo baixo por aproximadamente 1 hora ou até a carne ficar macia. Durante o cozimento, coloque um pouco mais de suco de laranja se o caldo secar.

5. Corte o lombo em fatias e sirva coberto com o creme de damasco.

LOMBO RECHEADO COM PROVOLONE

TEMPO DE PREPARO: 1H40 | RENDIMENTO: 8 PORÇÕES

1 lombo de 1,5 kg
1 xícara de vinho branco seco
1 tablete de caldo de legumes esfarelado
2 colheres (sopa) de tempero pronto
sal e pimenta-do-reino a gosto
250 g de queijo provolone em pedaço
100 g de margarina

Molho
1 colher (sopa) de cebola
2 colheres (sopa) de margarina
1 xícara de leite
2 colheres (sopa) de mostarda
1 xícara de queijo parmesão ralado
sal, pimenta-do-reino e noz-moscada a gosto
1 caixinha de creme de leite

1. Em um recipiente, junte o vinho, o tablete de caldo de legumes esfarelado, o tempero pronto, o sal e a pimenta. Coloque o lombo numa tigela grande e despeje o tempero preparado. Deixe a carne marinar por 30 minutos.

2. Depois, escorra o lombo e, com uma faca afiada, faça um furo largo no centro, no sentido do comprimento. Corte o provolone em tiras que possam ser introduzidas no interior do lombo com facilidade.

3. Coloque a carne numa assadeira juntamente com o tempero e espalhe a manteiga sobre ela.

4. Cubra com papel-alumínio e leve ao forno preaquecido a 180 °C por cerca de 1 hora.

5. Retire então o papel-alumínio e deixe o lombo dourar. Corte a carne em fatias e disponha-as numa travessa, cobertas com o molho de queijo.

6. Para fazer o molho, em fogo médio, refogue a cebola na margarina. Junte o leite, a mostarda, o queijo ralado e os temperos. Misture e cozinhe por alguns minutos. Desligue o fogo. Adicione o creme de leite e mexa para agregar.

LOMBO COM MAÇÃ CARAMELADA

TEMPO DE PREPARO: 1H40 | RENDIMENTO: 8 PORÇÕES

1 lombo de cerca de 2 kg
5 dentes de alho amassados
1 colher (sopa) de tempero pronto
sal e pimenta-do-reino a gosto
1 xícara de vinho branco seco
5 tiras de bacon
50 g de margarina

Maçã caramelada
4½ xícaras de água
2 xícaras de açúcar
4 maçãs verdes sem casca, com os cabinhos
4 maçãs vermelhas sem casca, com os cabinhos

1. Coloque o lombo em uma tigela e tempere com o alho, o tempero pronto, o sal, a pimenta e o vinho. Revolva a carne no tempero.

2. Distribua as tiras de bacon sobre o lombo e amarre-o com um barbante. Em seguida, besunte-o com a margarina e deixe na geladeira, coberto, por 12 horas.

3. Depois, coloque o lombo com o tempero numa assadeira e cubra com papel-alumínio. Leve ao forno preaquecido a 180 °C por cerca de 40 minutos. Em seguida, descarte o papel-alumínio e deixe o lombo assar em temperatura baixa, até ficar dourado.

4. Nesse tempo, prepare as maçãs carameladas: coloque 4 xícaras de água para ferver com a metade do açúcar numa panela grande. Adicione as maçãs e deixe nessa fervura até ficarem cozidas, porém firmes. Escorra as maçãs e deixe que esfriem numa travessa.

5. Em outra panela, junte o restante do açúcar e da água e deixe ferver em fogo baixo por cerca de 10 minutos, sem mexer, até obter o ponto de fio.

6. Passe as maçãs frias pelo caramelo e deixe-as secar numa fôrma forrada com papel-alumínio. Sirva o lombo, previamente fatiado e disposto numa travessa de servir, acompanhado das maçãs.

MEDALHÃO DE LOMBO COM PURÊ DE MILHO

TEMPO DE PREPARO: 40 MINUTOS I RENDIMENTO: 4 PORÇÕES

600 g de lombo de porco
sal e pimenta-do-reino a gosto
1 colher (chá) de páprica-doce
4 colheres (sopa) de óleo
2 dentes de alho amassados
4 pimentões (vermelhos e verdes) limpos cortados em tiras
2 cebolas picadas fino
3 pepinos em conserva cortados em rodelas
4 tomates sem pele e sem sementes picados
sal e pimenta-do-reino a gosto
salsinha picada

Purê

grãos de 2 espigas de milho verde
2 xícaras de leite
sal e pimenta-do-reino a gosto

1. Corte o lombo em fatias com cerca de 2 cm de espessura. Tempere-as com o sal, a pimenta e a páprica. Reserve.

2. Aqueça metade do óleo numa panela e refogue o alho com os vegetais em fogo baixo durante 10 minutos, mexendo de vez em quando. Tempere com o sal e a pimenta. Tampe a panela e cozinhe por mais 10 minutos. Se necessário, adicione um pouco de água.

3. Enquanto isso, aqueça o restante do óleo numa frigideira e frite as fatias de lombo por 4 ou 5 minutos de cada lado.

4. Despeje então o refogado de pimentão numa travessa, coloque o lombo frito por cima e salpique a salsinha. Sirva acompanhado de purê de milho.

5. Para fazer o purê, bata todos os ingredientes no liquidificador por 3 minutos e leve para cozinhar numa panela, em fogo médio, até engrossar.

PERNIL COM MOLHO ESPECIAL

TEMPO DE PREPARO: 2H20 | RENDIMENTO: 10 PORÇÕES

1 lata de cerveja clara
4 dentes de alho amassados
1 envelope de caldo de carne em pó
2 colheres (sopa) de tempero pronto
1 pimenta vermelha sem sementes picada
100 g de bacon picado
sal a gosto
1 pernil de cerca de 3 kg
3 colheres (sopa) de margarina

Molho especial
1 xícara de folhas de manjericão fresco
2 colheres (sopa) de margarina
1 cebola ralada
1 caixinha de creme de leite
2 potes de iogurte natural sem açúcar
sal e pimenta-do-reino a gosto

1. Em uma tigela pequena, junte a cerveja, o alho, o caldo de carne em pó, o tempero pronto, a pimenta, o bacon e o sal. Misture e reserve.

2. Coloque o pernil em uma assadeira e faça furos nele com uma faca afiada. A seguir, regue-o com o tempero reservado e deixe na geladeira, coberto com filme de PVC, por 12 horas.

3. Na hora de assar, besunte-o com a margarina e cubra-o com papel-alumínio. Leve ao forno preaquecido a 150 °C por 1h30.

4. A seguir, retire o papel-alumínio e deixe no forno por mais 20 minutos, até ficar dourado. Corte o pernil em fatias e coloque-as numa travessa. Cubra as fatias de carne com o molho especial e sirva em seguida.

5. Para fazer o molho, bata no processador as folhas de manjericão. Derreta a margarina numa panela e refogue a cebola. Adicione o manjericão batido, o creme de leite, o iogurte, o sal e a pimenta. Misture e cozinhe por alguns minutos.

PERNIL CROCANTE

TEMPO DE PREPARO: 2H30 | RENDIMENTO: 8 PORÇÕES

1 xícara de vinho branco seco
4 dentes de alho
1 cebola pequena cortada em quartos
1 folha de louro
1 ramo de alecrim fresco
1 colher (sopa) de mostarda
1 pernil sem osso de cerca de 2 kg
sal e pimenta-do-reino a gosto
50 g de margarina

Crosta de castanha
1 xícara de castanha de caju
½ xícara de mel

1. Bata no liquidificador o vinho, o alho, a cebola, o louro, o alecrim e a mostarda.

2. Coloque o pernil em um recipiente e regue com o tempero preparado. Tempere com o sal e a pimenta. Deixe a carne pegar gosto por 2 horas.

3. Transfira o pernil e o tempero para uma fôrma refratária, espalhe a margarina sobre a carne e cubra-a com papel-alumínio.

4. Leve ao forno preaquecido a 150 °C por 1h40. Depois, retire o papel-alumínio e deixe no forno por mais 40 minutos, até dourar.

5. Então, espalhe o mel e a castanha de caju sobre ele. Guarneça com fatias de laranja e pêssego em calda ou a gosto. Sirva em seguida.

COSTELA DE CARNEIRO NA PANELA

TEMPO DE PREPARO: 1H10 | RENDIMENTO: 6 PORÇÕES

1,5 kg de costela de carneiro
4 colheres (sopa) de azeite
6 dentes de alho cortados ao meio
1 cebola média picada miúdo
2 xícaras de vinho branco seco
3 tomates maduros sem sementes cortados em quartos
100 g de bacon cortado em cubos pequenos
sal a gosto
1 pimenta dedo-de-moça sem sementes cortada em rodelas
1 colher (chá) de colorau
1 maço de cheiro-verde picado
16 batatas bolinhas sem casca
8 cebolinhas sem casca

1. Lave a costela de carneiro, enxugue-a e corte-a em 4 pedaços.

2. Aqueça o óleo numa panela grande, em fogo alto, e frite os pedaços de costela até que fiquem dourados.

3. Retire o excesso de óleo da panela, adicione o alho e a cebola e refogue, remexendo bem o fundo da panela. Em seguida, despeje o vinho, mexa e aguarde o álcool evaporar, cerca de 2 minutos.

4. Coloque o tomate, o bacon, o sal, a pimenta, o colorau e metade do cheiro-verde. Cubra a costela com água quente, tampe a panela e deixe cozinhar por cerca de 40 minutos, ou até a carne ficar macia. Adicione água quente, se houver necessidade.

5. Quando a carne já estiver cozida, adicione as batatas e deixe cozinhar por 8 minutos. Em seguida, coloque as cebolinhas para cozinhar por mais 8 minutos. Corrija o sal, se necessário.

6. Transfira tudo para uma travessa e espalhe o restante do cheiro-verde. Sirva com arroz branco.

CABRITO ASSADO

TEMPO DE PREPARO: 1H20 | RENDIMENTO: 4 PORÇÕES

1 peça de cabrito desossado de 1 kg
sal e pimenta-do-reino a gosto
1 colher (chá) de colorau
2 folhas de louro
5 dentes de alho amassados
¾ de xícara de vinho branco seco
100 g de banha
3 cebolas grandes cortadas em rodelas
1 kg de batata cozida e cortada em quartos
½ xícara de azeite

1. Tempere o cabrito com o sal, a pimenta, o colorau, o louro, o alho, o vinho branco e a banha derretida. Reserve.

2. Espalhe as rodelas de cebola numa assadeira e disponha o pedaço de cabrito por cima. Cubra a assadeira com papel-alumínio e leve ao forno preaquecido a 180 °C por 50 minutos.

3. Na metade do tempo do cozimento, descarte o papel-alumínio e disponha os pedaços de batata ao redor do cabrito. Regue-os com o azeite e deixe terminar de assar, virando a carne de vez em quando para que doure por igual. Sirva o cabrito acompanhado de arroz branco.

COELHO À CAÇADORA

TEMPO DE PREPARO: 40 MINUTOS | RENDIMENTO: 4 PORÇÕES

1 kg de carne de coelho
1 ½ xícara de vinho branco seco
sal e pimenta-do-reino a gosto
1 maço de ervas variadas, como salsinha, manjericão, alecrim e louro
1 colher (sopa) de manteiga
2 colheres (sopa) de azeite
4 dentes de alho amassados
1 cebola ralada
3 tomates picados
1 xícara de água fervente
5 cenouras cortadas em rodelas
1 xícara de ervilhas frescas

1. Escalde o coelho em água fervente e corte-o em 8 pedaços.

2. Coloque os pedaços de carne numa tigela grande com o vinho branco, o sal, a pimenta e as ervas. Deixe marinar nessa vinha-d'alhos por 4 horas.

3. Passado esse tempo, aqueça a manteiga e o azeite numa panela grande e refogue os pedaços de carne escorridos com o alho e a cebola até ficarem dourados. Junte o tomate e deixe cozinhar por 10 minutos.

4. Aos poucos, adicione o líquido da vinha-d'alhos, a água e, em seguida, a cenoura e as ervilhas. Deixe cozinhar por 15 minutos, colocando um pouco mais de água, se necessário. Deixe no fogo até que a carne esteja macia. Sirva em seguida com arroz branco.

COSTELA DE CARNEIRO ASSADA NO FORNO

TEMPO DE PREPARO: 2H20 | RENDIMENTO: 4 PORÇÕES

2 kg de costela de carneiro
1 xícara de vinho tinto seco
5 dentes de alho amassados
sal a gosto
1 ramo médio de alecrim
uma pitada de pimenta-do-reino
1 colher (chá) de colorau
2 colheres (sopa) de suco de limão

1. Lave a costela de carneiro e enxugue-a.

2. Misture todos os ingredientes do tempero numa vasilha grande e coloque a costela dentro. Cubra com filme de PVC e deixe na geladeira por 12 horas.

3. Depois, coloque a costela numa assadeira untada com óleo, cubra com papel-alumínio e leve para assar em forno preaquecido a 250 °C por cerca de 1 hora.

4. Na metade do tempo, vire a costela na assadeira, regue-a com o líquido que sobrou da marinada e cubra-a novamente com o papel-alumínio. Continue assando na mesma temperatura.

5. Passado o tempo do cozimento, descarte o papel-alumínio e deixe a carne no forno por mais 25 minutos, até dourar. Sirva em seguida.

PALETA DE CABRITO COM MOLHO DE ALECRIM

TEMPO DE PREPARO: 2H20 | RENDIMENTO: 4 PORÇÕES

1,5 kg de paleta de cabrito sem gordura visível
5 dentes de alho fatiados fino
½ xícara de manteiga
3 dentes de alho amassados
sal a gosto
1 colher (chá) de farinha de trigo dissolvida em 1 xícara de água
2 ramos de alecrim picado
uma pitada de noz-moscada

1. Coloque a paleta numa assadeira, fure-a com uma faca afiada e introduza as fatias de alho nos cortes.

2. À parte, misture a manteiga com o alho amassado e o sal até obter uma pasta.

3. Besunte toda a paleta com o tempero e leve-a para assar em forno preaquecido a 180 °C por 2 horas. A seguir, transfira a carne para uma travessa e mantenha aquecida.

4. Para preparar o molho, coloque a assadeira em que o pernil foi assado sobre a chama baixa do fogão. Despeje a farinha dissolvida na água e mexa bem, para desfazer os grumos.

5. Coloque o alecrim e cozinhe por 5 minutos, até encorpar um pouco. Adicione a noz--moscada, prove o sal e deixe no fogo por mais 1 minuto. Transfira o molho para uma molheira e sirva sobre a carne

Dica: Esta paleta de cabrito fica maravilhosa acompanhada de batata sautée.

CABRITO COM ARROZ DE FORNO

TEMPO DE PREPARO: 1H20 | RENDIMENTO: 6 PORÇÕES

1 pimenta-malagueta
1 colher (chá) de colorau
2 colheres (sopa) de vinagre
4 dentes de alho amassados
1 ramo de alecrim picado
½ xícara de azeite
sal a gosto
1,5 kg de cabrito em pedaços
1 colher (sopa) de manteiga
1 cebola picada fino
2 colheres (chá) de colorau
2 xícaras de arroz
2 tabletes de caldo de galinha dissolvido em 4 xícaras de água quente

1. Em uma vasilha, junte a pimenta, o colorau, o vinagre, o alho, o alecrim, o azeite e o sal. Tempere os pedaços de cabrito com essa mistura e deixe tomar gosto por 2 horas.

2. Depois, coloque a carne numa fôrma refratária e leve ao forno preaquecido a 220 °C por 1 hora, virando-a para que doure por igual.

3. Enquanto isso, aqueça a manteiga numa panela média e refogue ligeiramente a cebola.

4. Adicione o colorau e o arroz. Mexa por 2 minutos e despeje o caldo de galinha. Prove o sal, tampe a panela e deixe o arroz cozinhar em fogo baixo por 15 minutos, até ficar quase seco. Em seguida, coloque o arroz cozido numa fôrma refratária e reserve.

5. Terminado o tempo de cozimento do cabrito, retire-o do forno e disponha os pedaços de carne sobre o arroz cozido, regando-o com o suco que se formou na assadeira. Leve a fôrma refratária ao forno a 150 °C por 15 minutos. Sirva em seguida.

ANOTAÇÕES

AVES

ALMÔNDEGA DE FRANGO

TEMPO DE PREPARO: 30 MINUTOS | RENDIMENTO: 16-20 ALMÔNDEGAS

2 colheres (sopa) de azeite
1 cebola picada
3 dentes de alho amassados
2 filés de peito de frango cozido e moído
1 colher (sopa) de margarina
1 pãozinho amanhecido embebido em leite
2 ovos
½ xícara de cheiro-verde picado
1 colher (sopa) de vinagre
½ colher (chá) de fermento químico em pó
3 colheres (sopa) de queijo parmesão ralado
3 colheres (sopa) de farinha de trigo
óleo para fritar

1. Aqueça o azeite numa panela grande e refogue a cebola e o alho até ficar dourado. Tire a panela do fogo. Junte a carne de frango e misture bem com uma colher de pau. Transfira a mistura para uma tigela grande.

2. Adicione a margarina, o pãozinho esmigalhado, os ovos, o cheiro-verde, o vinagre, o fermento, o queijo ralado e a farinha. Amasse bem com as mãos e faça as bolinhas.

3. Aqueça o óleo numa panela e frite as almôndegas, aos poucos, até dourar. Retire-as da fritura com uma escumadeira e coloque-as sobre papel-toalha para que fiquem sequinhas.

Dica: Sirva com molho de tomate por cima e acompanhe com purê de batatas.

ASINHAS ASSADAS COM BATATA

TEMPO DE PREPARO: 30 MINUTOS | RENDIMENTO: 4 PORÇÕES

1 kg de asa de frango limpa
2 colheres (sopa) de suco de limão
sal e pimenta-do-reino a gosto
1 colher (sopa) de tempero pronto
½ xícara de cheiro-verde a gosto
4 batatas cortadas em rodelas
3 tomates cortados em rodelas
1 colher (chá) de orégano
3 colheres (sopa) de azeite

1. Coloque as asinhas numa vasilha média e tempere-as com o suco de limão, o sal, a pimenta e o tempero pronto. Deixe pegar gosto por 30 minutos na geladeira.

2. Depois, transfira as asinhas para uma fôrma refratária e junte a batata, o tomate e o orégano. Regue com o suco que sobrou do tempero e com o azeite.

3. Cubra a fôrma com papel-alumínio e leve para assar em forno preaquecido a 180 °C por 30 minutos. Nos 10 minutos finais, retire o papel-alumínio e deixe descoberto para as asas ficarem douradinhas. Sirva com arroz branco.

FRICASSÊ DE FRANGO

TEMPO DE PREPARO: 50 MINUTOS | RENDIMENTO: 4 PORÇÕES

4 colheres (sopa) de manteiga
3 cebolas grandes picadas
1 kg de peito de frango cortado em tirinhas
500 g de cogumelos frescos fatiados
1 colher (sopa) de mostarda
½ xícara de ketchup
3 xícaras de caldo de galinha
¾ de xícara de farinha de trigo
1 xícara de água morna
1 xícara de creme de leite
sal a gosto

1. Derreta a manteiga numa panela grande e frite a cebola até começar a dourar. Acrescente o frango e deixe cozinhar até que fique macio, mexendo de vez em quando. Depois, acrescente o cogumelo, a mostarda, o ketchup e o caldo de galinha, misturando bem.

2. Quando começar a ferver, adicione a farinha de trigo dissolvida na água, mexendo sempre. Reduza o fogo e deixe cozinhar, sem parar de mexer, até engrossar.

3. Momentos antes de tirar do fogo, adicione o creme de leite e tempere com sal. Deixe no fogo apenas para aquecer. Sirva com arroz branco e batata palha.

Dica: Se quiser, substitua o cogumelo pela mesma quantidade de picles picadinho para incrementar o prato.

EMPANADINHOS DE FRANGO

TEMPO DE PREPARO: 35 MINUTOS | RENDIMENTO: 10-12 PORÇÕES

1 kg de peito de frango moído
1 pacote de mistura para sopa cremosa de cebola
3 colheres (sopa) de farinha de aveia
2 ovos
sal a gosto
ovo e farinha de rosca para empanar
óleo para fritar

1. Em uma tigela, coloque o frango moído, o creme de cebola, a farinha de aveia e os ovos levemente batidos. Misture com as mãos, até obter uma massa homogênea.

2. A seguir, unte as mãos com um pouco de óleo e molde os empanados. Passe-os pelo ovo e pela farinha de rosca e frite-os em óleo bem quente. Escorra os empanados em papel-toalha para que fiquem bem sequinhos.

Dica: Sirva os empanadinhos com maionese, ketchup ou mostarda.

BOLO DE FRANGO COM MOLHO BRANCO

TEMPO DE PREPARO: 50 MINUTOS | RENDIMENTO: 4 PORÇÕES

Bolo
1½ xícara de leite
4 ovos
2 colheres (sopa) de margarina
1 xícara de fécula de batata
uma pitada de sal
1 xícara de farinha de trigo
1 colher (chá) de fermento químico em pó
1 cenoura pequena ralada
1 peito de frango cozido
1 xícara de ervilha fresca
1 pimentão vermelho picado
1 cebola média picada
½ xícara de salsinha picada
sal e pimenta-do-reino a gosto
manteiga e farinha de trigo para polvilhar

Molho
1 caixinha de creme de leite
1 xícara de leite
¾ de xícara de queijo parmesão ralado
uma pitada de orégano ou manjericão a gosto

1. No copo do liquidificador, coloque o leite, os ovos e a margarina. Bata por 2 minutos e reserve.

2. Em uma tigela grande, peneire a fécula de batata, o sal, a farinha e o fermento. Mexa bem. Adicione a mistura do liquidificador, a cenoura, o peito de frango cortado em cubos, a ervilha, o pimentão, a cebola, a salsinha, o sal e a pimenta. Misture.

3. Transfira tudo para uma assadeira untada e polvilhada. Leve ao forno preaquecido a 200 °C por cerca de 30 minutos.

4. Enquanto isso, faça o molho branco. Aqueça o creme de leite e o leite numa panela. Misture para se agregarem. Adicione metade do queijo ralado e uma pitada de orégano. Reserve.

5. Desenforme o bolo de frango e sirva com molho branco e queijo ralado.

Dica: A receita também dá certo com camarão, bacalhau ou palmito no lugar do frango. Substitua o creme de leite por requeijão cremoso se quiser um molho mais leve.

COXAS DE FRANGO COM CREME DE MANDIOQUINHA

TEMPO DE PREPARO: 55 MINUTOS | RENDIMENTO: 4 PORÇÕES

8 coxas de frango
suco de limão
2 xícaras de água
1 colher (chá) de sal
1 tablete de caldo de galinha
1 colher (chá) de orégano

Para empanar
2½ xícaras de farinha de milho
1 pacote de aveia em flocos grossos
1¼ xícara de queijo parmesão ralado
½ xícara de cheiro-verde picado
1 pote de maionese
2½ colheres (sopa) de margarina

Creme
2 xícaras de leite
500 g de mandioquinha cozida
1 colher (sopa) de manteiga
sal a gosto
1 caixinha de creme de leite

1. Lave as coxas de frango com suco de limão e reserve. Em uma panela, coloque a água, o sal, o caldo de galinha e o orégano. Cozinhe por cerca de 5 minutos.

2. Empane o frango: misture numa tigela a farinha de milho, a aveia, o queijo ralado e o cheiro-verde. Em seguida, besunte as coxas de frango com a maionese e passe-as pela mistura da tigela. Acomode o frango numa fôrma refratária untada com parte da margarina. O restante utilize para besuntar as coxas de frango.

3. Leve ao forno preaquecido a 200 °C por cerca de 30 minutos, virando-as pelo menos duas vezes. Passado esse tempo, retire do forno e mantenha aquecido.

4. Faça o creme de mandioquinha. Em uma panela coloque o leite, a mandioquinha espremida, a manteiga e o sal. Cozinhe até obter um creme. Então, desligue o fogo e misture o creme de leite.

5. Distribua o creme de mandioquinha ao redor do frango e sirva em seguida.

COXAS DE FRANGO COM MOLHO DE HORTELÃ

TEMPO DE PREPARO: 55 MINUTOS | RENDIMENTO: 2 PORÇÕES

4 dentes de alho amassados
1 xícara de vinho rosé
2 colheres (sopa) de mostarda
1 ramo de manjericão picado
1 ramo de salsinha picado
ervas finas a gosto
sal e pimenta-do-reino a gosto
2½ colheres (sopa) de margarina
4 coxas de frango grandes

Molho

1 maço de hortelã
1 pote de iogurte natural
½ xícara de azeite

1. Bata no liquidificador o alho, o vinho, a mostarda, todas as ervas, o sal e a pimenta. Reserve. Acomode as coxas de frango em uma fôrma refratária e regue com o molho reservado. Deixe no tempero por aproximadamente 1 hora para pegar gosto.

2. Espalhe a margarina sobre as coxas de frango e leve para assar no forno preaquecido a 180 °C por cerca de 40 minutos.

3. Enquanto isso, prepare o molho de hortelã, batendo todos os ingredientes no liquidificador. Sirva esse molho acompanhando as coxas de frango assadas.

ENROLADO DE FRANGO E MANDIOCA

TEMPO DE PREPARO: 55 MINUTOS | RENDIMENTO: 6 PORÇÕES

500 g de mandioca sem casca cozida e amassada
300 g de peito de frango picado fino
1 cebola picada fino
4 dentes de alho picados fino
1 xícara de farinha de trigo
sal a gosto
1 colher (chá) de pimenta-do-reino branca
3 colheres (sopa) de salsinha picada
150 g de queijo mozarela fatiado
100 g de peito de peru fatiado

1. Em uma tigela, misture a mandioca, o frango, a cebola, o alho, a farinha, o sal, a pimenta e a salsinha. Cubra e leve à geladeira por 30 minutos.

2. Depois, abra a massa sobre uma folha de papel-alumínio ligeiramente untada com óleo e molde um retângulo. Espalhe a mozarela e o peito de peru sobre a massa e enrole-a como um rocambole.

3. Embrulhe a massa em papel-manteiga untado com margarina, coloque-a numa assadeira e leve ao forno preaquecido a 180 °C por cerca de 25 minutos. Sirva com salada verde.

ESTROGONOFE DE FRANGO

TEMPO DE PREPARO: 30 MINUTOS | RENDIMENTO: 4-6 PORÇÕES

2 colheres (sopa) de manteiga
2 peitos de frango cortados em cubos
1 cebola média picada
2 tomates sem pele e sem sementes picados
sal e pimenta-do-reino a gosto
3 colheres (sopa) de ketchup
1 colher (sopa) de mostarda
100 g de cogumelos inteiros
1 lata de creme de leite com soro
4 colheres (sopa) de conhaque

1. Derreta a manteiga numa panela e frite os cubos de frango. Adicione a cebola, o tomate, o sal e a pimenta. Refogue por alguns minutos.

2. Junte o ketchup e a mostarda e cozinhe em fogo baixo por cerca de 10 minutos. Acrescente o cogumelo e continue cozinhando por mais 10 minutos. Adicione então o creme de leite, misture delicadamente e desligue o fogo.

3. Regue com o conhaque, deixe flambar e misture a salsinha. Sirva em seguida acompanhado de arroz branco e batata palha.

SUPRÊME DE FRANGO À CUBANA

TEMPO DE PREPARO: 30 MINUTOS | RENDIMENTO: 4 PORÇÕES

4 filés de peito de frango
2 dentes de alho amassados
sal e pimenta-do-reino a gosto
3 colheres (sopa) de farinha de trigo
2 ovos batidos
3 colheres (sopa) de farinha de rosca
4 rodelas de abacaxi
4 bananas
1 xícara de óleo para fritar
batata palha para acompanhar
arroz à grega para acompanhar

1. Bata cuidadosamente os filés para deixá-los finos o suficiente para fritura. Tempere com o alho, o sal e a pimenta. Em seguida, empane-os com farinha de trigo, ovo e farinha de rosca. Empane da mesma maneira o abacaxi e a banana.

2. Frite a carne e as frutas em óleo bem quente e coloque-os para escorrer em papel-toalha.

3. Monte o prato colocando o frango no centro e sobre ele a banana e o abacaxi, a batata palha de um lado e do outro o arroz à grega.

FILÉ DE FRANGO À MILANESA

TEMPO DE PREPARO: 25 MINUTOS | RENDIMENTO: 6 PORÇÕES

6 filés de frango
2 dentes de alho picados
sal e pimenta-do-reino
1 xícara de maionese
1 xícara de farinha de rosca
1 xícara de óleo

1. Tempere os filés com o alho, o sal e a pimenta. Deixe tomar gosto por 1 hora.

2. Besunte os filés com maionese e passe-os pela farinha de rosca.

3. Em seguida, frite-os em óleo não muito quente, virando-os para dourar por igual. Escorra os filés sobre papel-toalha e sirva quente. Ideal para ser acompanhado com creme de milho.

FILÉ DE FRANGO COM PÁPRICA DOCE

TEMPO DE PREPARO: 40 MINUTOS | RENDIMENTO: 5 PORÇÕES

5 filés de frango
suco de 1 limão
sal e pimenta-do-reino a gosto
100 g de margarina

Molho
1 cebola grande picada
½ xícara de mel
1 colher (sopa) de páprica doce
1 caixinha de creme de leite ou 1 pote de iogurte
1 xícara de ervilha fresca

1. Coloque os filés de frango numa tigela e tempere-os com o suco de limão, o sal e a pimenta. Derreta a margarina numa frigideira e frite os filés. Transfira-os para uma travessa e reserve.

2. Na mesma frigideira dos filés, prepare o molho. Refogue a cebola na gordura que ficou no fundo da frigideira. Misture o mel e a páprica e cozinhe por 3 minutos. Adicione o creme de leite ou o iogurte e misture. Acrescente as ervilhas, mexa e cozinhe por aproximadamente 10 minutos. Ajeite os filés na travessa e regue com o molho. Sirva em seguida.

Dica: Use este mesmo molho de páprica doce com carnes vermelhas.

FILÉ DE FRANGO AO MOLHO DE MARACUJÁ

TEMPO DE PREPARO: 40 MINUTOS | RENDIMENTO: 5 PORÇÕES

2 xícaras de suco de maracujá concentrado
1 colher (chá) de sal
pimenta-do-reino a gosto
5 filés de frango
manteiga para fritar

Molho
1 colher (sopa) de manteiga
1 cebola
2 colheres (sopa) de mel
1 colher (sopa) de mostarda
1 xícara de suco de maracujá concentrado
1 lata de creme de leite
100 g de cebolinha em conserva
1 vidro de palmito picado
folhas de manjericão picadas a gosto

1. Em uma vasilha pequena, coloque o suco de maracujá, o sal e a pimenta. Passe os filés por este tempero e deixe-os por aproximadamente 30 minutos para pegar gosto.

2. Aqueça a manteiga numa frigideira e frite os filés com a frigideira tampada. Retire do fogo e coloque os filés numa fôrma refratária. Reserve.

3. Prepare o molho: aqueça a manteiga numa panela em fogo médio e refogue a cebola até ficar transparente. Junte o mel, a mostarda e o suco de maracujá. Misture e cozinhe por 3 minutos. Adicione o creme de leite e cozinhe por mais 2 minutos. Desligue o fogo e junte a cebolinha e o palmito.

4. Regue os filés de frango com o molho preparado e salpique o manjericão.

Dica: Substitua o palmito por cogumelo e o frango, por filé de pescada.

FILÉ DE FRANGO COM RICOTA

TEMPO DE PREPARO: 30 MINUTOS | RENDIMENTO: 4 PORÇÕES

4 filés de frango
suco de 1 laranja
1 colher (chá) de pimenta-do-reino branca
sal a gosto
2 colheres (sopa) de óleo
¼ de xícara de água
6 tomates-cereja cortados ao meio
½ xícara de ricota esfarelada
8 folhas de hortelã rasgadas

1. Tempere o frango com o suco de laranja, a pimenta e o sal.

2. Em fogo médio, aqueça o óleo numa panela e doure o frango dos dois lados. Adicione a água e o tomate, tampe e cozinhe por 8 minutos.

3. Abra a panela, coloque a ricota e misture delicadamente. Ajuste o sal e sirva em seguida acompanhado de arroz branco.

AVES

FILÉ DE FRANGO NA CERVEJA

TEMPO DE PREPARO: 30 MINUTOS | RENDIMENTO: 5 PORÇÕES

3 dentes de alho amassados
1 tablete de caldo de galinha
1 xícara de cerveja clara
sal e pimenta-do-reino a gosto
1 folha de louro
5 filés de frango
100 g de margarina

Molho
2 colheres (sopa) de cebola ralada
150 g de cogumelo em conserva
1 caixinha de creme de leite
sal a gosto

1. Em uma vasilha, misture o alho, o tablete de caldo dissolvido na cerveja, o sal, a pimenta e a folha de louro. Regue os filés de frango com esta mistura. Deixe no tempero por 40 minutos.

2. Derreta a margarina numa frigideira e frite os filés de ambos os lados, deixando-os dourados. Transfira os filés para uma travessa e reserve.

3. Refogue ligeiramente a cebola na mesma frigideira e acrescente os cogumelos, o creme de leite e o sal. Misture e deixe apenas aquecer. Regue os filés com este molho e sirva.

Dica: Decore a travessa com ervilhas passadas na manteiga e salsinha picada.

FILÉ DE FRANGO NO IOGURTE

TEMPO DE PREPARO: 40 MINUTOS | RENDIMENTO: 4 PORÇÕES

4 filés de frango
2 dentes de alho amassados
sal a gosto
2 colheres (sopa) de farinha de trigo
½ xícara de água
4 colheres (sopa) de margarina
250 g de cogumelo fresco cortado em quartos
1 colher (sopa) de cebola picada
1 colher (sopa) de purê de tomate
sal e pimenta-do-reino a gosto
1 pote de iogurte natural

1. Tempere os filés com alho e sal e passe--os pela farinha de trigo. Derreta metade da margarina numa frigideira e doure os filés. Reserve.

2. Em uma panela grande, refogue o cogumelo e a cebola no restante da margarina. Junte o purê de tomate, metade de farinha dissolvida na água, sal e pimenta. Deixe no fogo por mais 3 minutos, mexendo sempre.

3. Ponha os filés reservados na panela e deixe cozinhar em fogo baixo por cerca de 10 minutos. Transfira os filés para uma travessa de servir.

4. Junte o iogurte ao molho que ficou na panela, misture e deixe aquecer. Despeje o molho sobre os filés e sirva.

FRANGO À CAÇADORA

TEMPO DE PREPARO: 1 HORA | RENDIMENTO: 6 PORÇÕES

3 colheres (sopa) de óleo
1 frango de 1,5 kg cortado em pedaços
½ xícara de vinho tinto seco
5 tomates sem pele cortados em quartos
1 dente de alho picado
1 colher (chá) de manjericão seco
sal e pimenta-do-reino a gosto
12 cebolas pérola sem casca
2 pimentões verdes cortados em tiras

1. Aqueça o óleo numa panela grande e refogue os pedaços de frango em fogo médio, até que fiquem dourados de todos os lados.

2. Em fogo moderado, regue o frango com o vinho e cozinhe até o líquido quase secar, virando os pedaços de frango de vez em quando.

3. Adicione o tomate, o alho e o manjericão, tempere com sal e pimenta e espere levantar fervura. Tampe a panela e cozinhe por cerca de 20 minutos, sempre em fogo bem baixo.

4. Adicione as cebolinhas inteiras e o pimentão, tampe novamente a panela e continue cozinhando por mais 20 minutos, ou até que os legumes estejam macios. Sirva com arroz branco.

FRANGO À NORDESTINA

TEMPO DE PREPARO: 1H30 | RENDIMENTO: 6 PORÇÕES

1 frango com cerca de 1,5 kg limpo
3 dentes de alho amassados
suco de 1 limão
1 colher (sopa) de tempero pronto
¼ de xícara de coentro picado
3 cebolas médias cortadas em gomos
1 kg de mandioca cozida em pedaços
1 vidro de leite de coco
manteiga para untar

1. Tempere o frango com o alho, o limão e o tempero pronto. Recheie-o com metade do coentro e com a cebola. Deixe descansar por 2 horas.

2. Fatie a mandioca e coloque numa fôrma pequena untada.

3. Ajeite o frango sobre as fatias de mandioca, regue com o leite de coco e o restante do coentro. Cubra a fôrma com papel-alumínio e leve ao forno preaquecido a 180 °C por 1 hora ou até assar.

4. Descarte o papel-alumínio, aumente a temperatura do forno para 220 °C e deixe assar por mais 15 minutos até começar a dourar.

Dica: Regue o frango várias vezes com o líquido que se forma durante o cozimento. Ele ficará ainda mais gostoso.

FRANGO NA PANELA

TEMPO DE PREPARO: 50 MINUTOS | RENDIMENTO: 5 PORÇÕES

1 frango médio limpo
1 colher (chá) cheia de sal
1 colher (chá) de pimenta-do-reino
3 dentes de alho amassados
suco de 1 limão
cerca de 1 litro de óleo para fritar

1. Tempere o frango com uma mistura de sal, pimenta, alho e suco de limão, por dentro e por fora. Amarre as duas coxas do frango com um barbante, para que fiquem unidas durante a fritura. Deixe o frango pegar gosto por 1 hora no tempero.

2. Passado esse tempo, aqueça o óleo numa panela de pressão de 4,5 litros e coloque o frango com a parte do peito virada para baixo. Retire a válvula da tampa da panela, tampe-a e cozinhe o frango em fogo alto por 25 minutos.

3. Depois, vire o frango com o peito para cima, tampe novamente a panela e deixe no fogo por mais 20 minutos.

4. Retire o frango da panela e deixe-o escorrer numa peneira para que fique sequinho. Sirva em seguida.

FRANGO CAIPIRA

TEMPO DE PREPARO: 45 MINUTOS | RENDIMENTO: 6 PORÇÕES

1 frango caipira cortado em pedaços
5 dentes de alho amassados
sal e pimenta-do-reino a gosto
suco de 2 limões
3 colheres (sopa) de óleo
1 tablete de caldo de galinha
1 cebola grande picada
1 tomate picado
cheiro-verde picado para decorar

1. Coloque os pedaços de frango numa tigela média. Tempere com o alho amassado, o sal, a pimenta e o suco de limão. Deixe no tempero por 1 hora.

2. Em fogo alto, aqueça o óleo numa panela grande e frite os pedaços de frango por cerca de 10 minutos. Coloque um pouco de água quente na panela e adicione o tablete de caldo esfarelado. Cozinhe até secar a água. Ponha mais um pouco de água e deixe cozinhar até obter uma cor escura (sempre derramando um pouco de água quente no cozimento).

3. Acrescente a cebola e o tomate e cozinhe por mais 10 minutos, em fogo baixo. Desligue o fogo.

4. Transfira o frango para uma fôrma refratária e polvilhe o cheiro-verde. Sirva em seguida.

FRANGO PICANTE

TEMPO DE PREPARO: 45 MINUTOS | RENDIMENTO: 4 PORÇÕES

2 colheres (sopa) de óleo
1 kg de frango cortado em pedaços
2 pimentões (verde e vermelho) picados
1 colher (chá) de páprica picante
½ pimenta dedo-de-moça cortada em rodelas finas
1 pacote de mistura para sopa cremosa de cebola
2 xícaras de água
1 colher (sopa) de cheiro-verde picado

1. Aqueça o óleo numa panela, em fogo alto, e frite os pedaços de frango, deixando-os bem corados. Acrescente o pimentão picado, a páprica e a pimenta. Misture bem e refogue por 2 minutos.

2. Dissolva a mistura de sopa na água e adicione à panela. Tampe e deixe cozinhar em fogo baixo por 30 minutos, ou até que a carne esteja macia.

3. Retire do fogo, passe para uma travessa, salpique o cheiro-verde e sirva acompanhando de arroz branco.

FRANGO COM BACON E CREME DE MILHO

TEMPO DE PREPARO: 55 MINUTOS | RENDIMENTO: 6 PORÇÕES

1 kg de coxa e sobrecoxa
suco de 2 limões
sal e pimenta-do-reino a gosto
1 colher (sopa) de tempero pronto
250 g de bacon fatiado
1 xícara de suco de laranja

Creme
2 xícaras de leite
1 lata de milho verde escorrido
1 pacote de mistura para sopa cremosa de queijo
sal e pimenta-do-reino a gosto
1 caixinha de creme de leite

1. Lave os pedaços de frango com limão e coloque-os numa vasilha. Tempere com o sal, a pimenta, o tempero pronto e o suco de laranja. Deixe o frango no tempero 2 horas para pegar gosto.

2. Passado esse tempo, enrole uma fatia de bacon em cada pedaço de frango e acomode-os numa fôrma refratária ou assadeira. Regue com o caldo do tempero e leve para assar em forno preaquecido a 180 °C por 35 a 40 minutos.

3. Enquanto isso, prepare o creme de milho. Em uma panela, junte o leite (reserve um pouco), o milho batido no liquidificador com ½ xícara de leite, a mistura para sopa de queijo dissolvida em um pouco de leite, o sal e a pimenta. Cozinhe em fogo baixo, mexendo sempre, até engrossar. Retire do fogo e junte o creme de leite.

4. Disponha os pedaços de frango numa travessa, reservando um espaço para colocar o creme de milho. Sirva em seguida.

FRANGO COM QUIABO

TEMPO DE PREPARO: 1 HORA | RENDIMENTO: 6 PORÇÕES

1 cebola grande picada
2 dentes de alho amassados
2 folhas de louro
1 pimentão verde picado
sal e pimenta-do-reino a gosto
suco de 1 limão
½ xícara de vinho branco seco
3 colheres (sopa) de óleo
1 frango de cerca de 1,5 kg cortado em pedaços
1 kg de quiabo sem as pontas cortado em pedaços pequenos
1 xícara de molho de tomate
4 colheres (sopa) de salsinha picada
1 xícara de água fervente

1. Coloque no liquidificador a cebola, o alho, o louro, o pimentão, o sal, a pimenta, o limão e o vinho. Bata tudo até obter uma pasta cremosa. Reserve.

2. Aqueça o óleo numa panela e frite os pedaços de frango até que fiquem ligeiramente dourados. Transfira o frango para uma vasilha. Nessa mesma panela, frite o quiabo durante 15 minutos, até que fique seco e não solte mais baba. Retire da panela e reserve.

3. Retorne os pedaços de frango à panela, acrescente o tempero batido e refogue, mexendo sempre. Junte o molho de tomate e a água quente. Misture e cozinhe em fogo baixo por cerca de 15 minutos.

4. Quando o frango estiver cozido e macio, acrescente o quiabo. Termine de cozinhar com a panela destampada, sem mexer, para evitar que o quiabo solte mais baba. Apenas sacuda a panela algumas vezes, para não grudar no fundo. Sirva quente com arroz branco.

FRANGO DESOSSADO COM FAROFA

TEMPO DE PREPARO: 1H10 | RENDIMENTO: 6 PORÇÕES

1 xícara de suco de laranja
5 dentes de alho amassados
uma pitada de louro em pó
1 tablete de caldo de galinha esfarelado
2 colheres (sopa) de mostarda
2 colheres (sopa) de mel
sal a gosto
1 frango grande limpo e desossado

Farofa
100 g de margarina
1 cebola picada
½ pimentão vermelho picado
½ pimentão amarelo picado
1 cenoura ralada
1 maçã verde ralada
1 xícara de azeitonas verdes picadas
sal e pimenta-do-reino branca a gosto
2 xícaras de farinha de milho
1 xícara de cheiro-verde picado

1. Coloque no liquidificador o suco de laranja, o alho, o louro, o caldo de galinha, a mostarda, o mel e o sal. Bata por 2 minutos e reserve.

2. Coloque o frango numa tigela e regue-o com o tempero reservado. Deixe nesse tempero por 2 horas para pegar gosto. Em seguida, transfira o frango para uma assadeira retangular forrada com papel-alumínio. Reserve o caldo do tempero.

3. Prepare a farofa: derreta a margarina numa frigideira e refogue a cebola. Adicione o pimentão picado e a cenoura ralada e refogue. Acrescente a maçã ralada, as azeitonas picadas, a pimenta e os temperos. Cozinhe por alguns minutos. Acrescente então a farinha de milho, aos poucos, até obter uma consistência ligeiramente úmida. Junte o cheiro-verde, mexa e desligue o fogo.

4. Recheie o frango com a farofa e costure a sua abertura com linha grossa. Regue com o caldo do tempero reservado. Leve para assar em forno preaquecido a 180 °C por aproximadamente 40 minutos. Depois desse tempo, aumente o forno para o máximo para o frango dourar e ficar crocante.

Dica: Sirva este frango com batata-doce assada ou caramelada. Decore o frango com pedaços de abacaxi ou pêssego em calda.

FRANGO ESCARLATE

TEMPO DE PREPARO: 1H15 | RENDIMENTO: 6 PORÇÕES

1 frango grande cortado nas juntas
1 colher (sopa) de tempero pronto
2 colheres (sopa) de manteiga
½ xícara de caldo de galinha aquecido
½ xícara de vinho branco seco
2 colheres (sopa) de massa de tomate
2 tomates sem pele e sem sementes picados
2 pimentões vermelhos limpos e cortados em rodelas
1 cebola roxa cortada em rodelas finas
1 colher (sopa) de farinha de trigo
¾ de xícara de creme de leite

1. Besunte o frango com o tempero pronto. Coloque-o numa fôrma refratária untada e espalhe pedacinhos de manteiga por cima.

2. Misture o caldo de galinha com o vinho e a massa de tomate e despeje sobre o frango. Distribua por cima o tomate, o pimentão e a cebola. Deixe tomar gosto por 30 minutos.

3. Leve o frango para assar em forno preaquecido a 220 °C por 50 minutos, virando os pedaços de carne para que dourem por igual. Retire do forno, passe o frango para uma travessa e mantenha aquecido.

4. Despeje numa panela o molho do cozimento que ficou na assadeira. Dissolva a farinha de trigo no creme de leite e junte ao molho da panela. Leve ao fogo até obter um creme, despeje-o sobre o frango e sirva em seguida.

FRANGO PRÁTICO

TEMPO DE PREPARO: 40 MINUTOS | RENDIMENTO: 4 PORÇÕES

4 filés de frango
sal e pimenta-do-reino a gosto
½ xícara de vinagre de maçã
½ xícara de óleo
2 cebolas cortadas em rodelas
1 pimentão vermelho cortado em tirinhas
1 folha de louro
½ xícara de vinho branco seco
1 xícara de purê de tomate
óleo para fritar

1. Bata delicadamente cada filé de frango com um batedor. Tempere com sal, pimenta e metade do vinagre. Deixe tomar gosto por 10 minutos.

2. Aqueça o óleo numa panela e doure a cebola e o pimentão. Junte o louro, o vinho, o purê de tomate e o vinagre restante. Deixe ferver até o molho engrossar. Desligue o fogo e retire a folha de louro.

3. Aqueça bastante óleo numa frigideira e frite os filés, virando-os para que dourem por igual. Transfira os filés com uma escumadeira para uma travessa e regue com o molho. Sirva em seguida.

FRANGO RECHEADO COM FAROFA

TEMPO DE PREPARO: 1H10 | RENDIMENTO: 5 PORÇÕES

1 frango médio limpo
1½ xícara de suco de laranja
5 dentes de alho amassados
sal e pimenta-do-reino a gosto

Farofa
200 g de bacon
100 g de margarina
1 cebola média picada
2 pimentões (verde e vermelho) sem sementes picados
1 xícara de azeitonas portuguesas
1 maçã verde ralada
1 pimenta dedo-de-moça sem sementes
sal a gosto
250 g de farinha de milho branca
250 g de farinha de milho amarela
1 pacote de bolacha de água e sal
3 ovos cozidos picados
1 xícara de cheiro-verde picado
¾ de xícara de queijo parmesão ralado

1. Comece preparando a farofa. Retire o couro do bacon e pique-o em cubinhos. Em uma panela ou frigideira grande, frite o bacon por alguns instantes sem deixar queimar. Em seguida, adicione a margarina e deixe derreter. Acrescente a cebola, o pimentão, as azeitonas, a maçã ralada, a pimenta dedo-de-moça cortada em quadradinhos e o sal. Misture a cada ingrediente adicionado. Cozinhe por 7 minutos.

2. Agregue os dois tipos de farinha, a bolacha triturada, o ovo picado, o cheiro-verde e o queijo ralado. Misture bem. Desligue e reserve.

3. Junte o suco de laranja, o alho, o sal e a pimenta numa tigela e tempere o frango. Deixe de molho por pelo menos 1 hora. Retire o frango do tempero e recheie-o com a farofa reservada. Costure com agulha grossa e barbante o orifício aberto para introduzir o recheio. Coloque o frango em uma fôrma refratária e besunte-o com margarina. Regue com o caldo do tempero e leve ao forno preaquecido a 180 °C por cerca de 40 minutos.

Dica: Prenda as asas do frango com um palito e amarre as coxas juntas com um barbante.

FRANGO RECHEADO COM MAÇÃ

TEMPO DE PREPARO: 1H20 | RENDIMENTO: 6 PORÇÕES

1 frango inteiro grande limpo
sal e pimenta-do-reino a gosto
suco de 1 limão
cheiro-verde picado
óleo para untar
fatias de bacon

Recheio
1 colher (sopa) de manteiga
1 cebola média ralada
2 maçãs cortadas em cubinhos
1 colher (chá) de mostarda
1 xícara de ricota amassada
½ xícara de uvas-passas claras sem sementes
1 lata de creme de leite
2 colheres (sopa) de farinha de trigo dissolvidas em ½ xícara de água fria

1. Tempere o frango com o sal, a pimenta e o suco de limão, esfregando-o com o cheiro-verde. Deixe tomar gosto por 2 horas. Passado esse tempo, prepare o recheio.

2. Aqueça a manteiga numa panela e refogue a cebola até ficar transparente. Adicione o restante dos ingredientes, misture bem e cozinhe em fogo baixo por cerca de 3 minutos, sem deixar ferver. Retire do fogo e espere amornar.

3. Recheie o frango com a mistura e costure com agulha grossa e barbante o orifício aberto. Coloque o frango numa assadeira untada com óleo. Cubra o peito do frango com as fatias de bacon e envolva-o em papel-alumínio.

4. Leve para assar em forno preaquecido a 180 °C por cerca de 50 minutos, regando algumas vezes com o próprio suco que se forma na assadeira. Descarte o papel-alumínio e deixe no forno por mais 10 minutos, até corar.

FRANGO XADREZ

TEMPO DE PREPARO: 35 MINUTOS | RENDIMENTO: 4 PORÇÕES

500 g de peito de frango
¼ de xícara de óleo de soja
1 cebola picada grande
½ xícara de molho de soja
uma pitada de sal
1 colher (sopa) de açúcar
½ xícara de vinho branco seco ou saquê
sal e pimenta-do-reino a gosto
3 pimentões (verde, vermelho e amarelo) cortados em cubos
2 ramos de salsão cortados em rodelas
4 ramos de cebolinha picada
1 xícara de amendoim torrado sem casca

1. Corte o peito de frango em cubos. Aqueça o óleo numa frigideira grande e frite-os. Junte a cebola, o molho de soja, o sal, o açúcar e o vinho ou saquê. Tempere com sal e pimenta. Cozinhe por cerca de 5 minutos em fogo baixo.

2. Corte os pimentões em cubos, acrescente-os à frigideira e deixe cozinhar por mais 5 minutos. Adicione o salsão e a cebolinha e deixe no fogo até que murchem um pouco. Transfira tudo para uma travessa e misture o amendoim.

Dica: Se preferir, utilize óleo de gergelim em vez de óleo de soja.

GALINHA CAIPIRA ASSADA

TEMPO DE PREPARO: 2H20 | RENDIMENTO: 6-8 PORÇÕES

1 galinha caipira limpa com os miúdos
5 dentes de alho amassados
sal e pimenta-do-reino a gosto
uma pitada de louro
suco de 3 limões
300 g de manteiga
100 g de toucinho fresco cortado em cubinhos
2 cebolas picadas
200 g de presunto cortado em cubos
1 xícara de azeitonas verdes picadas
3 tomates sem pele e sem sementes picados
3 ovos cozidos picados
uma pitada de noz-moscada ralada na hora
farinha de milho em flocos
3 xícaras de caldo de carne
1 xícara de vinho branco seco

1. Coloque a galinha numa tigela com os miúdos. Tempere com o alho, o sal, a pimenta, o louro e o limão. Cubra a tigela com um pano e deixe descansar por 8 horas.

2. Então, reserve os miúdos e unte a galinha com a manteiga por dentro e por fora, arrume-a numa assadeira e leve para assar em forno preaquecido a 180 °C até ficar bem dourada (cerca de 1h30). Retire a galinha do forno e deixe esfriar.

3. Enquanto isso, derreta os cubinhos de toucinho numa frigideira grande e frite os miúdos com a cebola. Junte os cubinhos de presunto, as azeitonas, o tomate e o ovo. Tempere com sal e noz-moscada. Adicione farinha de milho e mexa vigorosamente até obter uma farofa meio úmida. Recheie a galinha com ela e costure a sua abertura com linha grossa.

4. Ajeite a galinha numa panela de fundo grosso e adicione o caldo de carne e o vinho (a galinha tem de ficar inteiramente coberta de líquido). Deixe cozinhar em fogo forte, até a carne ficar macia. Tire do fogo e leve à mesa, servida na própria panela.

GALETO AO CONHAQUE

TEMPO DE PREPARO: 1H30 | RENDIMENTO: 4 PORÇÕES

2 galetos limpos
sal e pimenta-do-reino a gosto
120 g de toucinho defumado
2 cebolas médias
500 g de batatinha
2 colheres (sopa) de óleo
100 g de azeitonas verdes sem caroço
100 g de cogumelo fresco
½ dente de alho amassado
3 colheres (sopa) de conhaque
12 tomates-cereja

1. Lave bem os galetos, seque-os e tempere-os com sal e pimenta por dentro e por fora. Reserve.

2. À parte, pique o toucinho e a cebola. Descasque as batatinhas.

3. Aqueça o óleo numa panela, em fogo médio, e frite o toucinho por 5 minutos. Junte a cebola e refogue. Adicione as batatinhas e frite até dourar. Junte as azeitonas e os cogumelos e misture. Tempere tudo com o sal, a pimenta e o alho.

4. Coloque esse refogado numa fôrma refratária, com os galetos por cima, e regue com o conhaque. Leve para assar em forno preaquecido a 160 °C por 1h20. Vire os galetos depois de 45 minutos de cozimento. Dez minutos antes de tirar do forno, junte os tomates-cereja cortados ao meio.

GALETO AO MOLHO DE VINHO

TEMPO DE PREPARO: 1H10 | RENDIMENTO: 4 PORÇÕES

2 galetos limpos
3 cebolas grandes cortadas em rodelas
2 dentes de alho amassados
uma pitada de pimenta calabresa
1 talo de salsão picado
1 colher (chá) de louro em pó
½ xícara de salsinha picada
5 colheres (sopa) de vinagre de maçã
1 xícara de vinho branco seco
1 xícara de azeite
uma pitada de sal
1 colher (chá) de pimenta-do-reino em pó

1. Lave bem os galetos, seque-os e corte-os ao meio. Disponha numa panela grande uma camada de rodelas de cebola. Em seguida, coloque as metades de galeto, cubra com o restante da cebola, o alho, a pimenta calabresa, o salsão, o louro e a salsinha.

2. À parte, faça uma mistura com o vinagre, o vinho branco, o azeite, o sal e a pimenta. Despeje esse molho na panela com os galetos, tampe-a e deixe cozinhar em fogo brando por 50 minutos.

3. Passado esse tempo, retire os galetos do cozimento e coloque-os numa travessa. Leve novamente a panela ao fogo e deixe o molho apurar. Em seguida, despeje-o sobre os galetos. Sirva com arroz branco.

XINXIM DE GALINHA

TEMPO DE PREPARO: 50 MINUTOS | RENDIMENTO: 5 PORÇÕES

2 kg de coxa e sobrecoxa de frango
sal e pimenta-do-reino a gosto
500 g de camarão seco
½ xícara de castanhas de caju
1 xícara de amendoim torrado e sem casca
½ xícara de azeite de dendê
2 cebolas picadas
2 dentes de alho picados
4 tomates sem pele e sem sementes picados
½ xícara de salsinha picada
1 xícara de água

1. Tempere os pedaços de frango com o sal e a pimenta e deixe descansar por 1 hora.

2. Bata no liquidificador o camarão, a castanha de caju e o amendoim. Reserve. Aqueça o azeite de dendê numa panela grande e refogue a cebola e o alho. Junte o frango e frite até dourar bem.

3. Acrescente o tomate, a salsinha e a mistura do liquidificador, mexendo bem. Despeje a água, misture e verifique o tempero. Tampe a panela e deixe cozinhar em fogo baixo até o frango ficar macio. Se necessário, junte mais água durante o cozimento. Retire do fogo e sirva acompanhado de arroz branco.

GALINHADA

TEMPO DE PREPARO: 55 MINUTOS | RENDIMENTO: 6 PORÇÕES

1,5 kg de coxa de frango
1 colher (sopa) de tempero pronto
3 colheres (sopa) de vinagre de limão
sal a gosto
½ xícara de óleo
1 cebola grande picada
1 tablete de caldo de galinha esfarelado
2 xícaras de arroz
sal a gosto
4 xícaras de água fervente
cheiro-verde para decorar

1. Coloque as coxas de frango numa vasilha e tempere-as com o tempero pronto, o vinagre e o sal. Deixe o frango nesse tempero por 20 minutos.

2. Depois, aqueça o óleo numa panela e frite a cebola até ficar bem dourada. Incorpore o tablete de caldo esfarelado e frite os pedaços de frango até dourá-los por igual. De vez em quando, adicione um pouco de água quente, para desgrudar o frango do fundo da panela.

3. Acrescente então o arroz e refogue até escurecer um pouco. Junte o sal e a água quente. Cozinhe até secar a água. Adicione cheiro-verde e sirva.

PICADINHO DE FRANGO

TEMPO DE PREPARO: 30 MINUTOS | RENDIMENTO: 4 PORÇÕES

4 xícaras de carne de frango cozida e picada
4 batatas médias cozidas e cortadas em cubos
2 cenouras médias cozidas e cortadas em rodelas grossas
2 cebolas médias picadas fino
sal e pimenta-do-reino
3 colheres (sopa) de azeite

1. Junte todos os ingredientes numa frigideira grande, exceto o azeite, e misture bem.

2. Aqueça o azeite numa panelinha e regue o picadinho com ele, por igual, sem mexer. Deixe cozinhar em fogo brando, sem mexer, por 20 minutos, até que a parte de baixo do picadinho esteja dourada e crocante. De vez em quando, desgrude a mistura do fundo com uma espátula.

3. Depois, transfira o picadinho para uma travessa e sirva, ainda quente, com arroz branco e salada verde.

MOELA COM COGUMELO

TEMPO DE PREPARO: 1H20 | RENDIMENTO: 2 PORÇÕES

500 g de moela
1 cebola média picada
1 colher (chá) de sal
1 colher (chá) de pimenta-do-reino
6 xícaras de água fervente
1½ xícara de cogumelo fresco cortado ao meio
3 colheres (sopa) de manteiga
3 colheres (sopa) de farinha de trigo
½ xícara de creme de leite
noz-moscada em pó a gosto
raspas da casca de ½ limão
1 lata de ervilha escorrida

1. Em uma panela grande, junte as moelas, a cebola, o sal e a pimenta. Adicione a água quente e deixe cozinhar por 1 hora, em fogo baixo e com a panela tampada. Dez minutos antes de tirar do fogo, adicione o cogumelo. Coe e reserve o caldo. Mantenha aquecidos as moelas e o cogumelo.

2. Faça o molho: leve o caldo reservado ao fogo baixo. À parte, aqueça a manteiga e toste a farinha. Junte aos poucos o caldo quente, mexendo sem parar. Deixe ferver por 10 minutos.

3. Adicione o creme de leite. Tire do fogo e tempere com a noz-moscada e as raspas de limão. Acerte o sal.

4. Corte as moelas em pedaços e junte-os com o cogumelo e a ervilha ao molho. Aqueça sem ferver e sirva.

ROLÊ DE FRANGO

TEMPO DE PREPARO: 30 MINUTOS | RENDIMENTO: 4 PORÇÕES

4 colheres (sopa) de maionese
1 colher (chá) de pimenta-do-reino
uma pitada de páprica doce
4 filés de frango
4 fatias de presunto
2 fatias de bacon

1. Tempere a maionese com a pimenta e a páprica e reserve. Besunte os filés com a maionese temperada. Coloque sobre cada filé 1 fatia de presunto e metade de uma fatia de bacon, enrole e prenda com um palito.

2. Em uma frigideira funda antiaderente, sem óleo, frite os filés até que fiquem douradinhos. Sirva com arroz à grega e salada de folhas.

PAVÊ DE FRANGO

TEMPO DE PREPARO: 45 MINUTOS | RENDIMENTO: 4 PORÇÕES

100 g de margarina
1 cebola picada
4 tomates sem sementes picados
1 peito de frango grande cozido
sal e pimenta-do-reino a gosto
1 copo de requeijão cremoso
1 lata de creme de leite sem soro
½ xícara de cheiro-verde bem picado
2 claras
manteiga para untar
queijo parmesão ralado para polvilhar
3 pães franceses fatiados fino

1. Derreta a margarina numa frigideira e refogue a cebola até ficar transparente. Adicione o tomate picado e deixe cozinhar por cerca de 3 minutos. Agregue o peito de frango desfiado, o sal e a pimenta e cozinhe por mais 3 minutos.

2. Depois, incorpore o requeijão, metade do creme de leite e o cheiro-verde. Misture e desligue o fogo. Reserve.

3. Faça a cobertura: bata as claras em neve na batedeira. Desligue o aparelho, adicione o restante do creme de leite e misture delicadamente.

4. Pincele uma fôrma para suflê com manteiga e polvilhe o queijo ralado. Intercale em camadas rodelas de pão e a mistura de frango com requeijão. Para finalizar, espalhe a cobertura e polvilhe mais queijo ralado. Leve ao forno preaquecido a 180 °C por 15 minutos. Sirva em seguida.

SALPICÃO DE FRANGO

TEMPO DE PREPARO: 25 MINUTOS | RENDIMENTO: 8-10 PORÇÕES

3 batatas médias cozidas e picadas
1 peito de frango grande cozido
4 talos de salsão cortados em rodelas finas
2 cenouras raladas
1 cebola bem picada
½ xícara de azeite
suco de 1 limão
sal e pimenta-do-reino a gosto
1 xícara de maionese
1 lata de creme de leite sem soro
200 g de batata palha

1. Em uma travessa funda coloque a batata picada, o frango desfiado, o salsão, a cenoura, a cebola, o azeite e o suco de limão. Tempere com sal e pimenta.

2. Adicione a maionese e o creme de leite e misture para se agregarem. Junte a batata palha, mas reserve um pouco para decorar, e mexa. Decore a travessa com o restante da batata palha.

SOBRECOXA CROCANTE

TEMPO DE PREPARO: 45 MINUTOS | RENDIMENTO: 4 PORÇÕES

1 kg de sobrecoxa de frango
1 tablete de caldo de galinha
água
1 xícara de farinha de rosca
100 g de queijo parmesão ralado
1 xícara de bolacha de água e sal triturada
1 xícara de farinha de milho
1 pote pequeno de maionese
100 g de manteiga

1. Ferva a água com o tablete de caldo de galinha e, em seguida, coloque as sobrecoxas para cozinhar por 10 minutos. Retire do fogo e deixe esfriar.

2. Em uma vasilha, misture a farinha de rosca, o queijo ralado, a bolacha triturada e a farinha de milho. Reserve.

3. Coloque a maionese em um prato fundo e besunte as sobrecoxas com ela. Em seguida, passe-as pela mistura de farinha reservada. Acomode as sobrecoxas numa fôrma refratária untada com manteiga e leve ao forno preaquecido a 180 °C por 20 minutos, até dourar.

SOBRECOXA AGRIDOCE

TEMPO DE PREPARO: 1H10 | RENDIMENTO: 4 PORÇÕES

4 sobrecoxas de frango sem pele
sal e pimenta-do-reino a gosto
4 maçãs verdes
10 fatias de bacon
4 colheres (sopa) de açúcar mascavo

1. Tempere as sobrecoxas com o sal e a pimenta e reserve.

2. Descasque as maçãs, corte-as em rodelas e elimine as sementes.

3. Em uma fôrma refratária untada, faça uma camada com metade das rodelas de maçã. Arrume o frango sobre a maçã e cubra com as fatias de bacon. Disponha as rodelas de maçã restantes por cima e polvilhe o açúcar mascavo.

4. Cubra a fôrma com papel-alumínio e leve para assar em forno preaquecido a 180 °C por 40 minutos. Retire o papel-alumínio e deixe por mais 10 minutos assando ou até dourar.

SUFLÊ DE FRANGO CREMOSO

TEMPO DE PREPARO: 55 MINUTOS | RENDIMENTO: 5 PORÇÕES

Creme

1 colher (sopa) de manteiga
1 colher (sopa) de cebola picada
2 colheres (sopa) de farinha de trigo
2 xícaras de leite
2 gemas
1 caixinha de creme de leite
sal a gosto

Refogado

2 colheres (sopa) de óleo
1 cebola grande picada
2 tomates picados
1 peito de frango cozido desfiado
uma pitada de sal
1 colher (chá) rasa de pimenta-do-reino
½ xícara de cheiro-verde picado
2 claras
2 colheres (sopa) de queijo parmesão ralado

1. Faça o creme: derreta a manteiga numa panela e refogue a cebola. Junte a farinha e misture para agregar. Adicione o leite aos poucos, sempre mexendo (para não empelotar). Acrescente as gemas ligeiramente batidas e mexa até começar a engrossar. Desligue o fogo e misture o creme de leite e o sal.

2. Faça o refogado: aqueça o óleo numa panela e refogue a cebola. Junte o tomate, o frango desfiado, o sal e a pimenta. Cozinhe por 5 minutos.

3. À parte, bata as claras em neve firmes. Misture o queijo ralado delicadamente e reserve.

4. Misture o frango refogado com o creme e o cheiro-verde e incorpore delicadamente a clara em neve. Despeje a massa numa fôrma para suflê, pincelada com manteiga e polvilhada com queijo ralado. Leve ao forno preaquecido a 220 °C por 25 minutos. Retire do forno e sirva imediatamente.

SUPRÊME DE FRANGO

TEMPO DE PREPARO: 45 MINUTOS | RENDIMENTO: 6 PORÇÕES

3 colheres (sopa) de azeite
1 cebola média picada
2 dentes de alho picados
1 colher (chá) de colorau
1 kg de peito de frango cortado em pedaços
2 tomates sem pele e sem sementes picados
10 azeitonas verdes picadas
2 xícaras de caldo de frango
3 colheres (sopa) de farinha de trigo
2 colheres (sopa) de manteiga derretida
1 lata de creme de leite
300 g de queijo mozarela fatiado
1 copo de requeijão

1. Aqueça o azeite numa panela, em fogo alto, e refogue a cebola e o alho até começarem a dourar. Adicione o colorau e os pedaços de filé e frite por 10 minutos. Junte o tomate, as azeitonas e o caldo de frango e deixe cozinhar por cerca de 5 minutos. Retire a carne do caldo e desfie. Reserve ambos.

2. Quando o caldo estiver frio, junte-o no liquidificador com a farinha de trigo e a manteiga. Bata por 2 minutos. Em seguida, transfira o caldo para uma panela e leve ao fogo médio para engrossar, mexendo sempre. Desligue o fogo e misture o creme de leite.

3. Para montar, coloque uma camada do creme no fundo de uma travessa refratária, espalhe uma camada de mozarela, uma de frango desfiado e outra de requeijão. Repita o procedimento até terminar os ingredientes. A cobertura deve ser de mozarela. Leve a travessa ao forno preaquecido a 180 °C para o queijo derreter. Sirva em seguida.

TORTA DE FRANGO COM REQUEIJÃO CREMOSO

TEMPO DE PREPARO: 1H15 | RENDIMENTO: 8 PORÇÕES

Massa

3 xícaras de farinha de trigo
1 xícara de margarina em temperatura ambiente
1 ovo
sal a gosto

gema para pincelar

Recheio

1 peito de frango grande desossado
1 tablete de caldo de galinha
3 colheres (sopa) de azeite
1 cebola picada
2 tomates picados sem pele e sem sementes
1 lata de milho verde escorrido
½ xícara de cheiro-verde picado
½ xícara de azeitonas verdes picadas
200 g de requeijão cremoso
sal a gosto
1 colher (sopa) de farinha de trigo (opcional)

1. Comece pelo recheio: cozinhe o peito de frango com o tablete de caldo de galinha. Escorra e deixe esfriar.

2. Em uma panela, aqueça o azeite e frite a cebola e o tomate. Junte o peito de frango previamente desfiado, o milho, o cheiro-verde, as azeitonas, o requeijão e o sal. Misture até agregar todos os ingredientes. Se desejar um recheio mais consistente, acrescente a farinha de trigo. Reserve até esfriar.

3. Prepare a massa: em um recipiente, coloque a farinha (reserve um pouco), a margarina, o ovo e o sal. Misture com as mãos até a massa não grudar nos dedos (se necessário, acrescente a farinha reservada). A seguir, sove a massa sobre uma superfície enfarinhada até ficar homogênea. Deixe descansar por 15 minutos.

4. Depois, abra a massa sobre uma superfície enfarinhada e divida-a em duas partes. Abra uma das partes da massa com o rolo e coloque-a numa fôrma redonda de aro removível, untada e enfarinhada. Empregue o recheio, abra o restante da massa e cubra a torta.

5. Pincele a superfície da torta com gema e leve ao forno preaquecido a 180 °C por cerca de 30 minutos.

TORTA CAIPIRA DE FRANGO

TEMPO DE PREPARO: 1H10 | RENDIMENTO: 8 PORÇÕES

Massa

500 g de farinha de trigo
3 colheres (sopa) de manteiga
1 colher (sopa) de banha ou de gordura vegetal
3 ovos
1 colher (sopa) de fermento químico em pó
1 colher (sopa) de sal
6 colheres (sopa) de água gelada

gema para pincelar

Recheio

1 kg de peito de frango desossado cozido
2 colheres (sopa) de salsinha picada
1 folha de louro
sal e pimenta-do-reino a gosto
4 colheres (sopa) óleo
1 cebola grande picada
2 dentes de alho picados
4 tomates maduros sem pele e sem sementes picados
1 lata de milho escorrido
½ xícara de azeitonas verdes picadas
3 colheres (sopa) de farinha de trigo

1. Prepare o recheio: cozinhe o peito de frango com a salsinha, a folha de louro e um pouco de sal e pimenta. Reserve 2 xícaras da água do cozimento e deixe o frango amornar. Depois, desfie a carne.

2. Aqueça o óleo numa panela e refogue a cebola e o alho. Adicione o tomate e o peito de frango desfiado. Adicione o caldo reservado e misture bem. Junte o milho, as azeitonas e a farinha de trigo. Misture novamente e deixe esfriar.

3. Faça a massa: em uma tigela, junte a farinha, a manteiga, a banha, os ovos, o fermento, o sal e um pouco de água gelada. Amasse bem para agregar. Deixe descansar por cerca de 1 hora.

4. Depois, abra metade da massa com o auxílio de um rolo. Forre uma fôrma de aro removível com a massa, cortando-a junto às bordas da fôrma. Espalhe o recheio dentro dela. Abra a outra metade da massa e cubra a torta.

5. Pincele com a gema e leve para assar em forno preaquecido a 180 °C por cerca de 40 minutos, até ficar bem dourada. Deixe esfriar para desenformar.

CHESTER APIMENTADO COM PURÊ DE MAÇÃ

TEMPO DE PREPARO: 2H20 | RENDIMENTO: 8-10 PORÇÕES

1 chester
1 xícara de vinho tinto seco
1 colher (sopa) de molho chili
manteiga derretida para besuntar

Purê de maçã
6 maçãs
2 xícaras de água
2 xícaras de açúcar
1 colher (chá) de manteiga
1 colher (chá) de amido de milho
150 g de ameixa-preta picada

1. Misture o vinho e o molho chili numa tigela. Regue o chester por dentro e por fora com o líquido e unte-o com manteiga. Deixe pegar gosto por 1 hora.

2. Envolva o chester com papel-alumínio e leve para assar em forno preaquecido a 220 °C por 2 horas. Passado esse tempo, espete uma das coxas do chester com um garfo. Se estiver macia, descarte o papel-alumínio e deixe corar por cerca de 20 minutos.

3. Para preparar o purê, descasque as maçãs, elimine as sementes e corte-as em fatias finas. Leve a maçã para cozinhar com o açúcar e a água. Transfira a maçã cozida e a calda para o liquidificador e bata por 1 minuto. Volte à panela, misture a manteiga e o amido de milho e deixe reduzir e ficar no ponto. Quando o purê esfriar, adicione a ameixa-preta e misture bem.

4. Passe o chester assado para uma travessa e sirva com o purê de maçã à parte.

CHESTER DE NATAL

TEMPO DE PREPARO: 2H40 | RENDIMENTO: 8-10 PORÇÕES

1 chester
150 g de presunto fatiado
2 metades de pêssego em calda fatiadas
1 garrafa de vinho branco suave
2 colheres (sopa) de molho inglês
½ xícara de calda de pêssego
1 colher (sopa) de manteiga
1 colher (chá) de amido de milho
nozes para decorar

1. Coloque o chester numa assadeira. Desprenda a pele da carne do peito (sem retirar) e distribua, entre a pele e o peito, o presunto e as metades de pêssego em calda.

2. À parte, misture o vinho, o molho inglês e a calda do pêssego.

3. Besunte o chester com a manteiga, regue com a mistura anterior, cubra com papel-alumínio e leve ao forno preaquecido a 220 °C por cerca de 2 horas. Passado esse tempo, retire o papel-alumínio e deixe dourar por cerca de 20 minutos.

4. Despeje o molho que ficou na assadeira numa panela pequena e leve ao fogo com o amido de milho e um pouco de água e deixe engrossar. Retire o molho do fogo e sirva sobre o chester, decorado com nozes picadas, e acompanhando arroz branco.

PATO NO TUCUPI

TEMPO DE PREPARO: 1H50 | RENDIMENTO: 10 PORÇÕES

1 pato com cerca de 3 kg limpo
1 cebola picada fino
5 dentes de alho amassados
sal e pimenta-do-reino a gosto
5 colheres (sopa) de azeite
2 litros de tucupi
2 maços de folha de jambu (agrião-do-pará)

1. Fure ligeiramente o pato com um garfo e tempere-o com a cebola, o alho, o sal e a pimenta. Coloque numa assadeira e regue com o azeite. Leve o pato para assar em forno preaquecido a 180 °C por cerca de 1 hora ou até começar a ficar dourado. Retire-o do forno e corte-o em pedaços.

2. Depois, ajeite os pedaços de pato numa panela e adicione o tucupi. Leve ao fogo e cozinhe até a carne ficar macia. Se estiver muito seco, adicione um pouco mais de tucupi.

3. Acrescente as folhas de jambu e deixe cozinhar até os talos ficarem bem macios. Tire do fogo, arrume numa travessa e sirva com farinha de mandioca, arroz branco e molho de pimenta.

PATO RECHEADO

TEMPO DE PREPARO: 2 HORAS | RENDIMENTO: 6-8 PORÇÕES

1 pato com cerca de 2 kg limpo
sal e pimenta-do-reino a gosto
suco de 2 limões

banha ou óleo para untar o pato

Recheio
3 pães franceses amanhecidos
½ xícara de água
miúdos do pato limpos e picados
½ xícara de cheiro-verde picado
sal a gosto

1. Fure ligeiramente o pato com um garfo e tempere-o com o sal, a pimenta e o limão. Coloque-o numa tigela, cubra com um pano e deixe descansar por 1 hora.

2. Esfarele os pães e umedeça na água. Coloque os miúdos no processador, acrescente o pão, o cheiro-verde e o sal e triture bem. Recheie o pato com essa mistura e coloque-o numa assadeira.

3. Unte todo o pato com a banha e leve para assar em forno preaquecido a 180 °C por cerca de 1h30, ou até que a carne fique bem macia e dourada. Tire o pato do forno, arrume-o numa travessa e sirva com arroz branco e batata corada.

PEITO DE PERU COM CREME DE DAMASCO

TEMPO DE PREPARO: 45 MINUTOS | RENDIMENTO: 6 PORÇÕES

1 peito de peru com pele
1½ xícara de suco de laranja
10 dentes de alho amassados
1 colher (chá) de louro em pó
sal e pimenta-do-reino a gosto
10 fatias de bacon

Creme
1 colher (sopa) de manteiga
200 g de damasco triturado
½ xícara de mel

1. Coloque o peito de peru numa tigela. Retire a pele delicadamente (reserve-a) e faça furos na carne com uma faca.

2. No copo do liquidificador coloque o suco de laranja, o alho, o louro, o sal e a pimenta. Bata para se agregarem. Regue o peito de peru com essa mistura e deixe pegar gosto. Depois, distribua fatias de bacon sobre ele e envolva-o com a pele retirada. Enrole um barbante em toda sua extensão para prendê-lo.

3. Coloque o peito de peru numa assadeira retangular e regue com o caldo do tempero que sobrou na tigela. Cubra com papel-alumínio e leve para assar em forno preaquecido a 180 °C por 20 minutos. Em seguida, retire o papel-alumínio e deixe dourar. Então, retire do forno, descarte o barbante e fatie o peru. Reserve, aquecido.

4. Prepare o creme: em uma panela coloque a manteiga, o damasco triturado e o mel. Aqueça por alguns minutos e despeje sobre o peito de peru. Sirva imediatamente.

Dica: Deixe os damascos de molho de um dia para o outro em 2 xícaras de água. Depois, bata os damascos no liquidificador sem o líquido, até virar uma pasta.

PERU AO VINHO DO PORTO

TEMPO DE PREPARO: 1 HORA | RENDIMENTO: 6 PORÇÕES

casca e suco de 1 laranja
casca de 1 limão-siciliano
1 xícara de água
1 cálice de vinho do Porto
sal e pimenta-do-reino a gosto
4 colheres (sopa) de manteiga
1 peito de peru grande
¾ de xícara de vinho branco seco

1. Coloque numa panela pequena as cascas da laranja e do limão, retiradas superficialmente, sem a parte branca. Leve ao fogo com a água. Quando ferver, retire as cascas e escorra. Corte-as em fatias finas, coloque-as numa tigela pequena e despeje o vinho do Porto. Deixe macerar por 1 hora.

2. Junte o sal, a pimenta e a manteiga numa vasilha e misture até obter uma pasta. Tempere o peito de peru com essa pasta, besuntando-o bem. Depois, despeje o suco de laranja sobre ele.

3. Leve para assar em forno preaquecido a 180 °C por cerca de 50 minutos, regando-o de vez em quando com o vinho branco. Depois de assado, fatie o peru e regue-o com o vinho do Porto aromatizado pelas cascas das frutas e com o molho que se formou na assadeira.

ANOTAÇÕES

PEIXES E FRUTOS DO MAR

ATUM ASSADO COM PIMENTÕES

TEMPO DE PREPARO: 55 MINUTOS | RENDIMENTO: 6 PORÇÕES

1 atum com cerca de 1,5 kg
suco de 1 limão
sal a gosto
1 colher (chá) de pimenta-do-reino branca
2 cebolas cortadas em rodelas finas
4 dentes de alho picados
2 pimentões vermelhos cortados em tiras finas
1 folha de louro
1 kg de batata bolinha cozida e sem casca
300 g de tomates-cereja
¾ de xícara de azeite

1. Limpe e lave muito bem o atum. Faça dois cortes em cada lado do peixe e coloque-o numa fôrma refratária. Tempere-o com o limão, o sal e a pimenta-do-reino.

2. Acrescente as rodelas de cebola, o alho, o pimentão e o louro. Deixe o atum pegar o gosto do tempero por 1 hora.

3. Depois, disponha as batatinhas cozidas ao redor do peixe, regue tudo com o azeite e salgue os vegetais a gosto.

4. Leve para assar em forno preaquecido a 150 °C por cerca de 40 minutos ou até que esteja assado. Sirva acompanhado de salada.

CUSCUZ DE BANDEJA

TEMPO DE PREPARO: 45 MINUTOS | RENDIMENTO: 10 PORÇÕES

1 xícara de óleo
1 cebola picada
2 dentes de alho picados
2 latas de atum sólido escorrido
1 xícara de molho de tomate
2 xícaras de água
sal e pimenta-do-reino a gosto
1 vidro pequeno de palmito picado
1 lata de seleta de legumes
½ xícara de cheiro-verde picado
4 xícaras de farinha de milho

1. Aqueça o óleo numa panela e refogue a cebola e o alho. Junte o atum, o molho de tomate e a água. Tempere com sal e pimenta. Mexa até levantar fervura.

2. Abaixe o fogo e adicione o palmito, a seleta de legumes e o cheiro-verde. Misture.

3. Acrescente a farinha de milho e misture bem para agregar os ingredientes e obter uma consistência firme. Cozinhe por alguns minutos.

4. Coloque a massa em uma assadeira retangular, untada, apertando-a com uma colher contra o fundo. Alise bem a superfície. Quando esfriar, corte o cuscuz em pedaços. Decore a gosto.

Dica: Você pode substituir o atum por sardinha, se preferir.

ATUM PRÁTICO À MODA PORTUGUESA

TEMPO DE PREPARO: 40 MINUTOS | RENDIMENTO: 6 PORÇÕES

4 batatas cozidas cortadas em rodelas
3 pimentões de cores diferentes cortados em tiras
100 g de vagem francesa sem as pontas
2 tomates cortados em rodelas sem sementes
4 latas de atum sólido escorrido
2 cebolas cortadas em rodelas
sal a gosto
1 xícara de azeitonas pretas
1 colher (chá) de pimenta-do-reino
2 colheres (chá) de orégano
¼ de xícara de cheiro-verde picado
¾ de xícara de azeite

1. Cozinhe previamente todos os legumes em água e sal, exceto o tomate. Escorra-os.

2. Aqueça metade do azeite numa frigideira grande, de borda alta, e intercale em camadas a batata, o pimentão, a vagem, o tomate e o atum. Salgue a gosto e tampe a frigideira. Cozinhe em fogo alto por 5 minutos.

3. Adicione então a cebola, as azeitonas, a pimenta e o orégano. Regue com o azeite restante e polvilhe o cheiro-verde. Deixe cozinhar por mais 5 minutos, agora em fogo baixo. Sirva em seguida.

FILÉ DE ATUM AO MOLHO DE VINHO

TEMPO DE PREPARO: 45 MINUTOS | RENDIMENTO: 4 PORÇÕES

4 filés de atum fresco (150 g cada)
sal a gosto
suco de 2 limões
1 colher (sopa) de manteiga
1 cebola grande cortada em rodelas
2 tomates sem pele e sem sementes picados
uma pitada de colorau
1 xícara de caldo de carne
1 xícara de vinho branco seco

1. Tempere o peixe com o sal e o limão e deixe macerar por 30 minutos.

2. Derreta a manteiga numa frigideira grande, de borda alta, e refogue ligeiramente a cebola. Acrescente o tomate, o colorau e o caldo de carne e deixe ferver por 5 minutos em fogo baixo.

3. Coloque os filés de atum na frigideira e regue com o vinho. Tampe e deixe cozinhar por cerca de 30 minutos. Se necessário, acrescente água para o molho não secar. Sirva acompanhado de batata à dorê.

TORTA DE ATUM

TEMPO DE PREPARO: 55 MINUTOS | RENDIMENTO: 8 PORÇÕES

Massa

2½ xícaras de farinha de trigo
1 xícara de manteiga em temperatura ambiente
½ xícara de água gelada
sal a gosto

Recheio

2 latas de atum sólido escorrido
1 cebola picada
3 pimentas dedo-de-moça sem sementes
2 colheres (sopa) de creme de leite
pimenta-do-reino a gosto
2 ovos, claras e gemas separadas
sal a gosto
½ xícara de azeitonas verdes picadas
cebolinha picada a gosto

1. Comece pela massa. Em um recipiente, coloque a farinha de trigo e a manteiga e misture com um garfo. Aos poucos, adicione a água gelada. Acrescente o sal e misture com as mãos.

2. Abra a massa com a mão sobre uma superfície enfarinhada e forre o fundo e as bordas de uma assadeira redonda de aro removível. Com o auxílio de um garfo, fure o fundo da massa.

3. Depois, coloque a massa para assar em forno preaquecido a 180 °C por cerca de 10 minutos; não deixe dourar muito. Retire do forno e reserve.

4. Faça o recheio: em um recipiente, misture o atum e a cebola picada. Junte a pimenta dedo-de-moça picada, o creme de leite e a pimenta-do-reino e misture bem. Reserve.

5. Bata as claras em neve na batedeira e adicione as gemas e o sal. Deixe bater por 2 minutos. Em seguida, adicione essa mistura ao atum e mexa delicadamente. Despeje esse recheio na fôrma da massa e espalhe as azeitonas picadas por cima. Acrescente a cebolinha.

6. Em seguida, leve de volta ao forno a 180 °C por 20 minutos. Desenforme e decore com folhas de alface. Sirva quente.

BACALHAU À MODA DA VOVÓ

TEMPO DE PREPARO: 1H10 | RENDIMENTO: 6 PORÇÕES

4 batatas cozidas cortadas em rodelas grossas
2 cebolas roxas cortadas em rodelas grossas
1 cebola branca cortada em rodelas grossas
1 xícara de azeite
8 dentes de alho socados
300 g de tomates-cereja cortados ao meio
1 kg de posta de bacalhau dessalgada e cozida
1 vidro de palmito cortado em rodelas
1 xícara de azeitonas pretas sem caroço
1 pimenta dedo-de-moça picada sem sementes
orégano a gosto

1. Cozinhe as batatas em água e sal. Depois, corte-as em rodelas não muito finas e reserve. Afervente ligeiramente as cebolas e corte-as em fatias.

2. Aqueça metade do azeite numa panela grande e doure as rodelas de batata. Reserve.

3. Na mesma panela, refogue ligeiramente as rodelas de cebola, o alho e o tomate-cereja. Coloque as postas de bacalhau, o palmito, as azeitonas e tempere com a pimenta e o orégano. Regue o restante do azeite, tampe a panela e deixe cozinhar, em fogo baixo, por cerca de 30 minutos.

4. Para montar, disponha as rodelas de batata no fundo de uma travessa retangular e funda. Cubra a batata com o refogado e as postas de bacalhau. Sirva em seguida.

Dica: Para a batata ficar mais saborosa, cozinhe-a na mesma água do cozimento do bacalhau. Nesse caso, não coloque sal.

BACALHAU COM ERVAS E MOLHO DE MARACUJÁ

TEMPO DE PREPARO: 1H10 | RENDIMENTO: 6 PORÇÕES

Bacalhau

4 postas de bacalhau dessalgadas e cozidas
1 clara
1 xícara de óleo
½ xícara de azeite
4 dentes de alho picados
2 colheres (sopa) de ervas desidratadas (orégano e tomilho, por exemplo)
½ xícara de ervas frescas picadas (salsinha, cebolinha e manjericão, por exemplo)
1 xícara de azeitonas pretas

Molho de maracujá

1 colher de manteiga
1 colher (sopa) rasa de amido de milho
1½ xícara de suco de maracujá concentrado
1 xícara de mel

1. Passe as postas de bacalhau na clara levemente batida. Aqueça o óleo numa frigideira e frite-as dos dois lados, até ficarem coradas. Retire do fogo e reserve.

2. Em outra frigideira, aqueça o azeite e refogue o alho. Em seguida, adicione as ervas desidratadas, as ervas frescas e as azeitonas. Cozinhe por alguns minutos. Reserve.

3. Prepare o molho: derreta a manteiga numa panela, em fogo baixo, e agregue o amido de milho. Aos poucos, adicione o suco de maracujá e cozinhe por alguns minutos, até ficar homogêneo. Acrescente o mel, misture e deixe ferver.

4. Coloque as postas de bacalhau numa travessa e cubra-as com o molho de maracujá. Espalhe a mistura de alho e ervas por cima e sirva em seguida.

Dica: Arroz à grega vai muito bem com este prato.

BOLO DE BACALHAU

TEMPO DE PREPARO: 1H30 | RENDIMENTO: 8 PORÇÕES

Massa do bolo

2 xícaras de leite morno
1 xícara de óleo
3 ovos
2 tabletes de fermento biológico fresco
1 colher (sopa) rasa de sal
2 colheres (sopa) de açúcar
cerca de 3 xícaras de farinha de trigo

Recheio

3 colheres (sopa) de óleo
1 cebola picada
1 tomate picado sem sementes
500 g de bacalhau dessalgado e cozido
pimenta-do-reino a gosto
½ xícara de azeitonas pretas
orégano a gosto
½ xícara de cheiro-verde picado
1 copo de requeijão cremoso

Cobertura

3 batatas cozidas e espremidas
1 xícara de leite
1 colher (sopa) de manteiga
sal a gosto
1 xícara de maionese

1. Comece pelo recheio: aqueça o óleo numa panela, em fogo médio, e refogue a cebola. Adicione o tomate e deixe murchar. Junte o bacalhau previamente desfiado, a pimenta, as azeitonas, o orégano e o cheiro-verde. Cozinhe por cerca de 10 minutos. Reserve.

2. Faça a cobertura: em uma panela, coloque a batata espremida, o leite, a manteiga e o sal. Cozinhe, mexendo sempre, até obter um purê. Tire a panela do fogo e misture a maionese. Reserve.

3. Para fazer a massa: no liquidificador, coloque o leite, o óleo, os ovos e o fermento esfarelado. Bata. Desligue o liquidificador, adicione o sal e o açúcar. Bata novamente até ficar homogêneo. Reserve.

4. Na vasilha da batedeira, coloque a mistura do liquidificador. Adicione a farinha aos poucos, sempre mexendo com uma espátula. A seguir, bata até obter uma massa meio mole.

5. Despeje metade da massa numa assadeira redonda untada e polvilhada. Espalhe o recheio, previamente misturado com o requeijão, sobre a massa. Despeje o restante da massa sobre o recheio, cubra e espere dobrar de volume.

6. Então, leve a assadeira ao forno preaquecido a 180 °C por 20 minutos. Retire o bolo do forno, deixe esfriar e desenforme-o sobre um prato. Decore a superfície do bolo com o purê e sirva.

ESCONDIDINHO DE BACALHAU

TEMPO DE PREPARO: 1 HORA | RENDIMENTO: 6 PORÇÕES

Recheio

4 colheres (sopa) de azeite
1 cebola picada
2 tomates sem sementes picados
500 g de bacalhau dessalgado e cozido
1 lata de seleta de legumes
pimenta-do-reino a gosto
1 xícara de azeitonas verdes sem caroço
1 xícara de cheiro-verde picado

Purê

1 kg de batata cozida e amassada
1 xícara de leite
2 gemas
sal a gosto
1 caixinha de creme de leite
1¼ xícara de queijo parmesão ralado
sal e pimenta-do-reino a gosto

Cobertura

2 claras batidas em neve
1¼ xícara de queijo parmesão ralado

1. Comece pelo recheio. Aqueça o azeite numa frigideira e refogue a cebola. Junte o tomate e o bacalhau, previamente desfiado, a seleta de legumes, a pimenta e as azeitonas. Cozinhe por cerca de 20 minutos, misture o cheiro-verde e desligue o fogo. Reserve.

2. Faça o purê: coloque a batata espremida, o leite e as gemas numa panela. Leve ao fogo médio e mexa sem parar, até ficar homogêneo. Adicione o sal, o creme de leite e o queijo ralado. Cozinhe por alguns minutos e desligue o fogo. Reserve.

3. Para preparar a cobertura, na vasilha da batedeira, coloque as claras e bata até ficar em ponto de neve firme. Desligue a batedeira e misture ¾ do parmesão ralado.

4. Monte o escondidinho: unte uma fôrma refratária com manteiga e polvilhe o queijo ralado. Coloque uma camada de purê no fundo, uma de recheio e cubra com o restante do purê. Espalhe a cobertura na superfície e polvilhe o restante do queijo ralado.

5. Leve ao forno preaquecido a 180 °C por cerca de 10 minutos, ou até que comece a dourar. Sirva em seguida.

FRICASSÉ DE BACALHAU

TEMPO DE PREPARO: 40 MINUTOS | RENDIMENTO: 6 PORÇÕES

4 colheres (sopa) de azeite
1 cebola picada
½ pimentão vermelho picado
½ pimentão verde picado
300 g de bacalhau dessalgado e cozido
pimenta-do-reino a gosto
6 ovos, claras e gemas separadas
uma pitada de sal
¾ de xícara de queijo parmesão ralado
2 colheres (sopa) de amido de milho
uma pitada de fermento químico em pó

1. Numa panela, aqueça o azeite e frite a cebola, até ficar transparente. Junte o pimentão picado e deixe que murche. Acrescente o bacalhau previamente desfiado e tempere com a pimenta. Desligue o fogo e reserve.

2. Na vasilha da batedeira, coloque as claras e o sal e bata até ficar em ponto de neve. Com a batedeira ligada, junte as gemas, uma a uma, o queijo ralado (reserve um pouco para polvilhar no final) e o amido de milho. Bata por 2 minutos e desligue. Adicione o fermento e misture delicadamente.

3. Coloque parte da mistura numa fôrma refratária untada com manteiga e polvilhada com queijo ralado. Cubra a superfície com o recheio e despeje o restante da mistura da batedeira. Polvilhe o queijo ralado e leve ao forno preaquecido a 180 °C por 12 minutos. Sirva em seguida.

SUPRÊME DE BACALHAU

TEMPO DE PREPARO: 50 MINUTOS | RENDIMENTO: 8 PORÇÕES

3 colheres (sopa) de azeite
1 cebola picada
2 tomates sem sementes picados
½ pimentão vermelho picado
pimenta-do-reino e orégano a gosto
200 g de bacalhau dessalgado e desfiado
½ xícara de cheiro-verde picado
1 xícara de leite
2 ovos
3 xícaras de arroz cozido
2 colheres (sopa) de farinha de trigo
sal a gosto
½ xícara de queijo parmesão ralado, mais um pouco para polvilhar
temperos a gosto

1. Aqueça o azeite numa panela, em fogo médio, e refogue a cebola. Adicione o tomate, o pimentão, a pimenta, o orégano e o bacalhau previamente desfiado. Misture para agregar todos os ingredientes e cozinhe por 10 minutos. Desligue o fogo e misture o cheiro-verde. Reserve.

2. No copo do liquidificador, coloque o leite, os ovos e o arroz cozido. Bata até ficar homogêneo. Desligue o liquidificador e acrescente a farinha. Bata novamente. Desligue e adicione o sal e o queijo ralado. Misture com uma espátula.

3. Unte uma fôrma refratária com margarina e polvilhe o queijo ralado. Cubra o fundo com menos da metade da massa do liquidificador e espalhe o recheio sobre ela. Cubra com o restante da massa e polvilhe o queijo ralado. Leve ao forno preaquecido a 200 °C por cerca de 20 minutos, ou até a superfície começar a dourar.

FILÉ DE BADEJO CROCANTE

TEMPO DE PREPARO: 30 MINUTOS | RENDIMENTO: 6 PORÇÕES

Badejo

1 kg de filé de badejo
sal a gosto
½ colher (chá) de pimenta-do-reino branca
suco de 2 limões
½ xícara de farinha de trigo
½ xícara de fubá
1 xícara de biscoito de água e sal triturado
¾ de xícara de queijo parmesão ralado
2 ovos batidos
óleo para fritar

Molho

1 lata de creme de leite
1 colher (sopa) de mostarda
100 g de picles
1 colher (sopa) de ervas finas
2 colheres (sopa) de suco de limão
pimenta-do-reino a gosto

1. Comece pelo molho tártaro: em um recipiente coloque o creme de leite, a mostarda, o picles, as ervas finas, o suco de limão e a pimenta. Misture bem e conserve na geladeira até que os filés estejam fritos.

2. Coloque os filés em um recipiente, tempere-os com o sal, a pimenta e o suco de limão. Mexa e deixe marinar por cerca de 30 minutos.

3. Enquanto isso, junte em um prato fundo as duas farinhas, o biscoito triturado e o queijo ralado. Misture bem.

4. Acabado o tempo da marinada, passe os filés no ovo batido e na mistura de farinha e biscoito. Repita o procedimento, para que o peixe fique bem empanado. Aperte os filés na palma da mão.

5. Frite os filés em óleo bem quente até ficarem dourados. Em seguida, coloque-os numa travessa e sirva com o molho tártaro.

BADEJO AO MOLHO DE ERVAS

TEMPO DE PREPARO: 30 MINUTOS | RENDIMENTO: 6 PORÇÕES

Badejo

1 kg de badejo
sal e pimenta-do-reino a gosto
suco de 1 limão
farinha de trigo para empanar
óleo para fritar

Molho

1 colher (sopa) de ervas finas
1 colher (sopa) de azeite
½ xícara de alcaparras
1 pote de iogurte natural
½ xícara de leite
2 colheres (sopa) de mostarda
sal e pimenta-do-reino a gosto

1. Em uma vasilha, coloque os filés de badejo e tempere-os com o sal, a pimenta e o suco de limão. Deixe no tempero por cerca de 30 minutos. Depois, passe os filés pela farinha de trigo.

2. Aqueça o óleo numa frigideira e frite-os de ambos os lados. Coloque os filés fritos em papel-toalha para que fiquem sequinhos. Reserve.

3. Faça o molho: junte todos os ingredientes numa tigela e misture bem.

4. Disponha os filés numa travessa e cubra-os com o molho preparado.

CAÇÃO COM MOLHO DE CAMARÃO

TEMPO DE PREPARO: 45 MINUTOS | RENDIMENTO: 4 PORÇÕES

Cação

1 kg de cação em postas
suco de 2 limões
sal a gosto
½ colher (chá) de pimenta-do-reino branca
farinha de trigo para empanar
óleo para fritar

Molho

½ xícara de azeite
1 cebola bem picada
1 tablete de caldo de peixe
2 xícaras de suco de tomate
sal e pimenta-do-reino a gosto
500 g de camarão pequeno limpo

1. Coloque as postas de cação em um recipiente e tempere-as com o suco de limão, o sal e a pimenta. Deixe o peixe nesse tempero por cerca de 30 minutos. A seguir, passe as postas pela farinha de trigo. Reserve.

2. Prepare o molho de camarão: aqueça o azeite numa panela e refogue a cebola. Junte o tablete de caldo de peixe, o suco de tomate, o sal e a pimenta. Deixe cozinhar por aproximadamente 15 minutos. Acrescente o camarão e cozinhe por mais 10 minutos. Reserve aquecido.

3. Em uma frigideira grande, aqueça o óleo e frite as postas de cação de ambos os lados. Retire do fogo e escorra-as sobre papel-toalha

4. Em seguida, acomode-as numa travessa e regue com o molho de camarão quente. Sirva em seguida.

CAÇÃO COM BRÓCOLIS

TEMPO DE PREPARO: 45 MINUTOS | RENDIMENTO: 4 PORÇÕES

4 postas de cação
sal e pimenta-do-reino a gosto
1 maço de brócolis
2 colheres (sopa) de margarina
200 g de cogumelos em conserva fatiados

1. Tempere as postas de cação com o sal e a pimenta-do-reino.

2. Separe os brócolis em buquês e cozinhe-os em água ligeiramente salgada, deixando-os al dente. Escorra e deixe esfriar.

3. Derreta a margarina numa frigideira e doure as postas de peixe dos dois lados. Retire-as da frigideira e coloque-as numa travessa. Mantenha o peixe aquecido.

4. Na mesma frigideira, refogue o cogumelo e reserve-o numa vasilha.

5. Refogue ligeiramente os buquês de brócolis na gordura da frigideira, adicione o cogumelo e deixe aquecer. Arrume esse preparado em volta das postas e sirva a seguir.

CALDEIRADA COM CAÇÃO

TEMPO DE PREPARO: 1 HORA | RENDIMENTO: 6 PORÇÕES

3 postas de cação
sal grosso a gosto
½ xícara de azeite
½ xícara de vinho branco seco
sal refinado a gosto
1 colher (chá) de pimenta-do-reino branca
uma pitada de noz-moscada
3 cebolas grandes cortadas em anéis
1 pimentão vermelho cortado em rodelas
4 tomates cortados em rodelas sem as sementes
4 dentes de alho picados
4 batatas grandes cortadas em rodelas
2 folhas de louro
1 ramo de salsinha picada

1. Corte as postas de cação em pedaços de tamanhos regulares e tempere-os com sal grosso. Reserve.

2. Em um recipiente, junte o azeite, o vinho branco, o sal, a pimenta-do-reino e a noz-moscada. Misture bem e reserve.

3. Em uma panela alta, coloque uma camada de cebola, de pimentão, de tomate e alho picado e por cima uma camada de batata, seguida por outra de pedaços de peixe. Continue a alternar as camadas até terminar os ingredientes.

4. Regue com o tempero de vinho e vinagre a cada adição de camada e adicione a folha de louro e a salsinha. Tampe e leve para cozinhar em fogo baixo por cerca de 30 minutos, agitando a panela de vez em quando. Sirva acompanhado de arroz branco.

CAVALINHA ASSADA AO MOLHO DE LIMÃO

TEMPO DE PREPARO: 40 MINUTOS I RENDIMENTO: 4 PORÇÕES

Cavalinha

8 cavalinhas frescas limpas e abertas
2 colheres (sopa) de suco de limão
sal a gosto
1 colher (chá) de pimenta-do-reino
1 colher (sopa) de azeite

Molho

suco de 2 limões-sicilianos
½ xícara de cheiro-verde picado
1 cebola pequena bem picada
1 dente de alho amassado
1 colher (sopa) de azeite

1. Em uma tigela pequena, misture bem todos os ingredientes do molho. Deixe na geladeira até a hora de empregá-lo.

2. Tempere as cavalinhas com o suco de limão, o sal e a pimenta e, sem sobrepô-las uma à outra, coloque-as numa fôrma refratária forrada com papel-alumínio untado com azeite.

3. Leve o peixe ao forno preaquecido a 200 °C, por cerca de 20 minutos, regando-o com o molho de limão à medida que for assando. Sirva com salada verde.

CALDEIRADA DE CAVALINHA

TEMPO DE PREPARO: 1H20 | RENDIMENTO: 6 PORÇÕES

1 kg de cavalinha limpa
sal a gosto
4 tomates cortados em rodelas
4 cebolas médias cortadas em rodelas
4 dentes de alho picados
1 colher (chá) de páprica doce
pimenta-do-reino a gosto
4 batatas médias cortadas em rodelas grossas
¾ de xícara de azeite
½ xícara de salsinha picada
2 folhas de louro

1. Salgue superficialmente as cavalinhas e reserve-as.

2. Junte o tomate, a cebola e o alho numa tigela e tempere com a páprica, a pimenta e uma pitada de sal.

3. Em uma panela de fundo espesso, coloque ¾ da mistura de tomate e cubra com as rodelas de batata. Salpique um pouquinho de sal. Regue generosamente com o azeite, reservando 3 colheres (sopa) para o final. Acrescente a salsinha e o louro.

4. Disponha as cavalinhas sobre a camada de batata e cubra com o restante da mistura de tomate. Tempere com pimenta e regue com o azeite restante. Tampe a panela e cozinhe por cerca de 1 hora em fogo baixo. Sirva acompanhado de arroz branco.

HADDOCK POCHÊ COM AÇAFRÃO

TEMPO DE PREPARO: 35 MINUTOS | RENDIMENTO: 4 PORÇÕES

Haddock
4 xícaras de leite
2 xícaras de água
4 postas de haddock
2 colheres (chá) de pimenta-rosa

Molho
2 colheres (sopa) de manteiga
3 colheres (sopa) de farinha de trigo
1 xícara de caldo de peixe
1 colher (chá) de açafrão em pó
1 xícara de vinho branco seco
sal a gosto
1 colher (chá) de pimenta-do-reino branca

1. Para preparar o molho, aqueça a manteiga numa panela e doure a farinha, mexendo sem parar por 1 minuto.

2. Junte o caldo de peixe, o açafrão, o vinho, o sal e a pimenta. Retire do fogo e bata a mistura no liquidificador por 2 minutos.

3. Leve novamente ao fogo, mexendo até engrossar. Passe por uma peneira fina e reserve.

4. Em uma panela, junte o leite, a água e as postas de peixe e cozinhe por 10 minutos, até ficar cozido.

5. Arrume o peixe em uma travessa, regue com o molho e, por cima, polvilhe a pimenta-rosa.

FILÉ DE LINGUADO COM MAIONESE DE CAMARÃO

TEMPO DE PREPARO: 30 MINUTOS | RENDIMENTO: 6 PORÇÕES

6 filés de linguado de 150 g cada
suco de ½ limão
sal a gosto
1 colher (chá) de pimenta-do-reino branca
200 g de camarão cozido e picado
5 colheres (sopa) de maionese
½ xícara de farinha de rosca
½ xícara de farinha de trigo
2 ovos batidos
óleo para fritar

1. Tempere o peixe com o suco de limão, o sal e a pimenta e deixe tomar gosto por 30 minutos.

2. Junte o camarão e a maionese em uma tigela e misture bem. Deixe na geladeira até a hora de usar.

3. Enquanto isso, misture os dois tipos de farinha. Passe ligeiramente os filés de peixe por essa mistura, depois no ovo batido e, em seguida, novamente pela mistura de farinha.

4. Frite os filés em óleo quente e coloque sobre papel-toalha para retirar o excesso de gordura.

5. Arrume os filés numa travessa e coloque um pouco de maionese de camarão sobre cada um. Se quiser, sirva a maionese à parte.

ENFORMADO DE PEIXE

TEMPO DE PREPARO: 1H15 | RENDIMENTO: 6 PORÇÕES

1 kg de filé de pescada ou linguado picado
60 g de filé de anchova em conserva picado
2 ovos, claras e gemas separadas
1 xícara de salsinha picada
5 fatias de pão de fôrma sem casca
leite para embeber o pão
6 colheres (sopa) de farinha de rosca
1 dente de alho amassado
suco de ½ limão
4 colheres (sopa) de manteiga
sal e pimenta-do-reino a gosto

1. Em uma vasilha, junte o filé de pescada ou de linguado, a anchova, as gemas, a salsinha e o pão de fôrma embebido em um pouco de leite. Misture bem.

2. Acrescente metade da farinha de rosca, o alho, o limão e metade da manteiga e misture outra vez para incorporar. Tempere com sal e pimenta.

3. Bata as claras em neve com uma pitada de sal e misture delicadamente.

4. Coloque a massa em uma fôrma para bolo inglês untada e polvilhada com farinha de rosca. Distribua alguns pedaços de manteiga por cima e leve para assar em banho-maria, em forno preaquecido a 150 °C por cerca de 1 hora.

MERLUZA COM BRÓCOLIS

TEMPO DE PREPARO: 45 MINUTOS | RENDIMENTO: 6 PORÇÕES

1½ colher (sopa) de tempero em pó para peixes
6 filés de merluza
2½ xícaras de brócolis cozido e picado
1 xícara de queijo parmesão ralado
3 colheres (sopa) de manteiga
1 cebola grande ralada
2 colheres (sopa) cheias de farinha de trigo
4 xícaras de leite
2 colheres (chá) de sal
margarina para untar

1. Distribua o tempero sobre os filés de peixe e reserve.

2. Em uma tigela, misture o brócolis com metade do parmesão e recheie os filés, enrolando-os e prendendo com palitos. Transfira para uma fôrma refratária untada e reserve.

3. Aqueça a manteiga numa panela em fogo médio e refogue a cebola. Coloque a farinha e doure-a por 3 minutos. Adicione o leite, aos poucos, e o sal e mexa até engrossar.

4. Despeje a mistura sobre o peixe, cubra com o restante do parmesão e leve ao forno preaquecido a 150 °C por 30 minutos.

FILÉ DE MERLUZA À PARMEGIANA

TEMPO DE PREPARO: 40 MINUTOS | RENDIMENTO: 8 PORÇÕES

Merluza

suco de 2 limões-siciliano
sal e pimenta-do-reino branca a gosto
3 dentes de alho amassados
8 filés de merluza
1½ xícara de farinha de trigo
200 g de queijo mozarela fatiado
manjericão fresco picado para polvilhar
óleo para fritar

Molho

1 colher (sopa) de manteiga
1 cebola picada
½ pimentão vermelho cortado em tiras finas
1 tomate sem pele e sem sementes picado
1½ xícara de molho de tomate
sal a gosto

1. Em uma tigela pequena, junte o suco de limão, o sal, a pimenta e o alho e misture bem. Tempere os filés de merluza com essa mistura e reserve.

2. Prepare o molho: aqueça a manteiga numa panela em fogo médio e refogue a cebola e o pimentão por 3 minutos. Acrescente o tomate e refogue-o por 2 minutos. Adicione o molho de tomate e o sal, cozinhe por 3 minutos e desligue o fogo. Reserve.

3. Retire os filés da marinada e passe-os pela farinha. Frite o peixe em óleo bem quente até dourar.

4. Disponha os filés fritos numa fôrma refratária e cubra com o molho reservado. Distribua as fatias de mozarela e polvilhe o manjericão. Leve ao forno preaquecido a 180 °C até derreter o queijo. Sirva acompanhado de arroz branco e purê de batata.

FILÉ DE PESCADA AO MOLHO DE MOSTARDA

TEMPO DE PREPARO: 30 MINUTOS | RENDIMENTO: 6 PORÇÕES

Pescada

1 kg de pescada branca
sal e pimenta-do-reino a gosto
suco de 1 limão
farinha de trigo para empanar
óleo para fritar

Molho

1 colher (sopa) de manteiga
1 cebola pequena ralada
½ xícara de mel
1 xícara de suco de maracujá
200 g de mostarda
1 caixinha de creme de leite

1. Coloque os filés de pescada em um recipiente. Tempere-os com o sal, a pimenta e o suco de limão, previamente misturados. Deixe o peixe nesse tempero por aproximadamente 30 minutos.

2. Prepare o molho de mostarda: derreta a manteiga numa panela pequena e refogue a cebola.

3. Adicione o mel, o suco de maracujá e a mostarda. Cozinhe por 5 minutos em fogo baixo. Acrescente o creme de leite, misture delicadamente e desligue o fogo. Reserve.

4. Passe os filés pela farinha de trigo e frite-os em óleo bem quente, até ficarem dourados. Escorra-os sobre papel-toalha e disponha-os numa travessa. Regue o peixe com o molho de mostarda e sirva.

Dica: Se quiser, substitua o suco de maracujá do molho por suco de laranja ou de abacaxi.

FILÉ DE PESCADA COM MOLHO RÉMOULADE

TEMPO DE PREPARO: 40 MINUTOS | RENDIMENTO: 8 PORÇÕES

Pescada

8 filés de pescada
sal e pimenta-do-reino a gosto
suco de 1 limão
2 ovos batidos
1 xícara de leite
½ xícara de farinha de rosca
óleo para fritar

Molho

2 potes de iogurte natural
2 colheres (sopa) de mostarda
1 colher (sopa) de suco de limão
1 colher (sopa) de azeite
½ xícara de picles picado miúdo
½ xícara de alcaparras escorridas
½ xícara de cebolinha picada
sal e pimenta-do-reino a gosto

1. Tempere os filés de peixe com o sal, a pimenta e o suco de limão. Deixe o peixe nesse tempero por 15 minutos.

2. Faça o molho. Coloque o iogurte, a mostarda, o suco de limão e o azeite em uma tigela e misture bem até os ingredientes se incorporarem. Acrescente os picles, as alcaparras e a cebolinha e experimente o molho. Acerte o sal e tempere com um pouco de pimenta.

3. Empane o peixe. Bata os ovos numa tigela, junte o leite, a farinha e uma pitada de sal. Misture até obter uma massa pouco espessa. Passe os filés por essa massa e escorra-os.

4. Em seguida, frite os filés de pescada em óleo bem quente, dourando-os dos dois lados. Sirva com o molho.

PESCADA GRELHADA AO MOLHO DE IOGURTE

TEMPO DE PREPARO: 35 MINUTOS | RENDIMENTO: 6 PORÇÕES

6 filés de pescada
sal a gosto
1 colher (chá) de pimenta-do-reino branca
1 colher (sopa) de manteiga
1 pote de iogurte natural
2 colheres (sopa) de azeite
1 colher (chá) de molho inglês
1 colher (sopa) de vinagre balsâmico
1 dente de alho amassado
1 colher (sopa) de salsinha picada

1. Tempere os filés de pescada com sal e pimenta. Aqueça a manteiga numa frigideira e doure-os dos dois lados. Transfira o peixe para uma travessa e reserve aquecido.

2. Em uma vasilha, junte o iogurte, o azeite, o molho inglês, o vinagre e o alho, batendo com um garfo a cada adição dos ingredientes, para que fiquem bem agregados.

3. Despeje o molho sobre os filés quentes, polvilhe a salsinha e sirva em seguida.

LASANHA DE PESCADA

TEMPO DE PREPARO: 50 MINUTOS | RENDIMENTO: 8 PORÇÕES

8 filés de pescada
sal e pimenta-do-reino a gosto
suco de 1 limão
farinha de trigo para empanar
óleo para fritar

Molho
½ xícara de azeite
5 dentes de alho picados
2 latas de tomate sem pele
sal a gosto
500 g de camarão pequeno limpo
500 g de queijo mozarela ralado
queijo parmesão ralado para polvilhar

1. Tempere os filés de pescada com o sal, a pimenta e o limão. Passe-os pela farinha de trigo e dê leves batidinhas para retirar o excesso.

2. Aqueça o óleo em uma frigideira e frite-os. A seguir, escorra-os sobre papel-toalha.

3. Para preparar o molho, aqueça o azeite numa panela, em fogo médio, e refogue o alho. Junte o tomate e tempere com o sal. Deixe ferver por cerca de 30 minutos, até engrossar.

4. Em seguida, acrescente o camarão, previamente aferventado, e deixe cozinhar por mais 5 minutos. Desligue o fogo e reserve.

5. Unte uma fôrma refratária com um pouco do molho. Intercale camadas de filés de peixe, mozarela e molho. Termine com uma camada de mozarela polvilhada com parmesão ralado. Leve ao forno quente para gratinar por 6 minutos.

QUIBE ASSADO DE PEIXE

TEMPO DE PREPARO: 45 MINUTOS | RENDIMENTO: 8 PORÇÕES

250 g de trigo para quibe
3 colheres (sopa) de azeite
1 cebola média picada fino
1 kg de filé de pescada ou postas de cação
1 colher (chá) de pimenta síria
1 colher (sopa) de zaatar
suco de 1 limão
1 colher (chá) de sal
½ xícara de hortelã picada
1 colher (sopa) de coentro picado

1. Coloque o trigo para quibe numa tigela funda e cubra com água fervente. Deixe hidratar por cerca de 1 hora, escorra e esprema para sair todo o líquido. Reserve.

2. Em fogo alto, aqueça o azeite numa panela e refogue a cebola até ficar transparente. Junte o peixe e cozinhe até que fique esbranquiçado, porém firme. Deixe esfriar.

3. Depois de fria, desfie a carne e coloque-a numa tigela funda. Junte o trigo espremido e todos os temperos. Misture tudo com as mãos, até os ingredientes ficarem bem incorporados.

4. Unte uma assadeira retangular média com azeite, coloque a massa e alise a superfície com as costas de uma colher, pressionando levemente.

5. Faça cortes na superfície com uma faca e pincele com azeite. Cubra a assadeira com papel-alumínio e leve para assar em forno preaquecido a 180 °C por cerca de 40 minutos, descartando o papel-alumínio nos 10 minutos finais de cozimento. Sirva em seguida com coalhada fresca.

Dica: O zaatar é uma mistura de sal, sumagre, tomilho e gergelim torrado muito utilizada na culinária árabe. Já a pimenta síria é uma mistura de especiarias, que reúne pimenta-da-jamaica, pimenta-do-reino, canela, cravo e noz-moscada. Ambos os temperos podem ser encontrados em lojas de produtos árabes ou em mercados municipais.

PINTADO GRATINADO

TEMPO DE PREPARO: 40 MINUTOS | RENDIMENTO: 6 PORÇÕES

6 filés de pintado (150 g cada)
suco de ½ limão
sal a gosto
1 colher (chá) de pimenta-do-reino branca
3 colheres (sopa) de azeite
1 colher (sopa) de manteiga
1 cebola ralada
2 dentes de alho amassados
3 colheres (sopa) de farinha de trigo
2 colheres (chá) de colorau
2 xícaras de leite
100 g de queijo mozarela fatiado
cheiro-verde picado a gosto

1. Tempere os filés de peixe com o limão, o sal e a pimenta. Deixe pegar gosto por 30 minutos.

2. Depois, aqueça o azeite e derreta a manteiga numa panela. Refogue a cebola e o alho até dourar.

3. Junte a farinha e misture vigorosamente. Acrescente o colorau, o leite e uma pitada de sal. Deixe ferver, mexendo sempre para engrossar e obter um molho consistente, porém liso.

4. Coloque os filés escorridos em uma fôrma refratária e cubra com o molho. Coloque as fatias de mozarela por cima, salpique um pouco de colorau e cheiro-verde e leve ao forno preaquecido a 180 °C por 5 minutos, apenas para gratinar.

ROBALO À SICILIANA

TEMPO DE PREPARO: 50 MINUTOS | RENDIMENTO: 6 PORÇÕES

6 filés de robalo (150 g cada)
suco de 1 limão
4 colheres (sopa) de azeite
sal e pimenta-do-reino a gosto
1 cebola cortada em rodelas finas
1 xícara de água
2 talos de salsão picados (apenas a parte branca)
½ xícara de azeitonas pretas picadas
¼ de xícara de alcaparras escorridas
1½ xícara de polpa de tomate
1 pepino pequeno em conserva

1. Tempere os filés de robalo com o suco de limão, metade do azeite, sal e pimenta. Deixe o peixe nesse tempero por cerca de 1 hora.

2. Aqueça o azeite restante numa panela, em fogo baixo, e refogue a cebola por 2 minutos. Em seguida, acrescente metade da água e deixe a cebola cozinhar até que a água evapore.

3. Adicione o salsão picado, as azeitonas e as alcaparras e refogue por 10 minutos.

4. Adicione a polpa de tomate, acrescente sal e pimenta e refogue ligeiramente.

5. Adicione o restante da água e misture. Junte então os filés de robalo e cozinhe por cerca de 20 minutos, ainda em fogo baixo.

6. Coloque os filés de peixe numa travessa, adicione o pepino cortado em fatias e cubra com o molho. Sirva em seguida.

FILÉ DE SALMÃO GRELHADO COM MOLHO DE LIMÃO

TEMPO DE PREPARO: 25 MINUTOS | RENDIMENTO: 4 PORÇÕES

4 filés de salmão (150 g cada filé)
1 xícara de salsinha picada
sal e pimenta-do-reino a gosto
5 colheres (sopa) de azeite
1 caixinha de creme de leite
2 colheres (sopa) de mostarda
1 colher (chá) de mel
sal a gosto
suco de 1 limão-siciliano

1. Tempere os filés de salmão com a salsinha, o sal e a pimenta. Deixe pegar gosto por 30 minutos.

2. Depois, aqueça uma colher (sopa) de azeite numa frigideira antiaderente grande e coloque os filés de salmão para grelhar, virando-os duas vezes a cada 30 segundos, para que fiquem ligeiramente dourados dos dois lados.

3. Em uma tigela média, misture o restante do azeite, o creme de leite, a mostarda, o mel, o sal e o suco de limão. Despeje a mistura sobre os filés de salmão na frigideira e sirva.

SALMÃO AO MOLHO DE MANGA

TEMPO DE PREPARO: 45 MINUTOS | RENDIMENTO: 4 PORÇÕES

1 posta de salmão fresco, limpo e sem pele de cerca de 1 kg
2 tomates cortados em rodelas
1 cebola cortada em rodelas
azeite para regar
½ xícara de alcaparras

Marinada

½ xícara de vinho branco seco
2 dentes de alho amassados
1 colher (chá) de pimenta-do-reino branca
1 cebola média ralada
sal a gosto

Molho

1 colher (sopa) de manteiga
1 colher (sopa) de farinha de trigo
2 xícaras de suco de manga
½ xícara de mel

1. Em uma fôrma refratária, prepare a marinada: junte o vinho, o alho, a pimenta e a cebola e misture muito bem. Coloque a posta de salmão nesse tempero e tempere com sal. Deixe por 30 minutos, virando seguidas vezes para que tome gosto.

2. Retire o salmão da fôrma, mas reserve a marinada. Frite a posta de salmão de ambos os lados em um pouco de manteiga, em fogo médio, por cerca de 5 minutos. Retorne o peixe para a fôrma com a marinada.

3. Intercale rodelas de tomate e de cebola sobre a posta de salmão e regue com azeite. Espalhe as alcaparras por cima. Leve ao forno preaquecido a 250 °C por cerca de 20 minutos. Retire o peixe do forno e regue-o com molho de manga. Sirva em seguida.

4. Para fazer o molho de manga, derreta a manteiga numa panela, em fogo baixo, e misture a farinha. Mexa. Adicione o suco de manga e o mel e deixe ferver por 2 minutos. Sirva quente sobre o salmão.

SALMÃO COM BATATA FRITA E ALECRIM

TEMPO DE PREPARO: 40 MINUTOS | RENDIMENTO: 4 PORÇÕES

½ xícara de manteiga
2 colheres (sopa) de azeite
1 dente de alho picado
300 g de batata palito congelada
sal a gosto
2 colheres (sopa) de suco de limão
4 filés de salmão
1 colher (chá) de pimenta-do-reino branca
1 colher (sopa) de alecrim seco

1. Em uma frigideira, aqueça metade da manteiga e do azeite em fogo médio e doure o alho.

2. Coloque a batata, reduza o fogo e frite por 10 minutos, sacudindo a frigideira para dourar por igual. Adicione o sal e o suco de limão e misture. Reserve em local aquecido.

3. Tempere o peixe com a pimenta-do-reino e uma pitada de sal.

4. Em uma frigideira, aqueça o restante do azeite e frite os filés até dourar dos dois lados. Reserve em local aquecido.

5. À parte, derreta a manteiga restante em fogo baixo por 5 minutos. Com uma colher, vá retirando a espuma que se forma com o aquecimento da manteiga. Acrescente o alecrim e misture por 2 minutos.

6. Disponha os filés em uma travessa e regue-os com a manteiga de alecrim. Guarneça com a batata e sirva a seguir.

SARDINHA À ITALIANA

TEMPO DE PREPARO: 35 MINUTOS | RENDIMENTO: 6 PORÇÕES

1 kg de sardinha limpa
4 colheres (sopa) de azeite
1 cebola picada
1 talo de salsão picado
folhas de manjericão picadas
suco de 2 limões
1 colher (sopa) de vinagre de vinho
1 colher (chá) de pimenta-do-reino branca
⅔ de xícara de alcaparras escorridas e picadas
8 filés de anchova em conserva picados
½ xícara de pepinos em conserva pequenos picados

1. Lave as sardinhas em água corrente e enxugue-as com papel-toalha. Reserve.

2. Aqueça o azeite numa frigideira antiaderente, em fogo médio, e refogue a cebola, o salsão e as folhas de manjericão por 3 minutos.

3. Acrescente a sardinha, regue com o suco de limão e cozinhe em fogo brando por 5 minutos.

4. Em seguida, regue com um pouco de vinagre e tempere com a pimenta. Deixe o vinagre evaporar um pouco. Quando o peixe estiver cozido, retire-o do molho e deixe esfriar.

5. Misture as alcaparras, a anchova e os pepinos no molho e deixe ferver por 5 minutos. Despeje o molho sobre as sardinhas e deixe macerar por 2 horas antes de servir.

SARDINHA ESCABECHE

TEMPO DE PREPARO: 45 MINUTOS | RENDIMENTO: 4 PORÇÕES

1 kg de sardinhas limpas
3 dentes de alho amassados
sal e pimenta-do-reino a gosto
½ xícara de vinagre
farinha de trigo para empanar
óleo para fritar
½ xícara de azeite
2 cebolas cortadas em rodelas
2 tomates cortados em rodelas
1 xícara de cebolinha
1 colher (chá) cheia de orégano
1 pimenta dedo-de-moça sem sementes e picada

1. Tempere as sardinhas com o alho, o sal, a pimenta e o vinagre. Deixe no tempero por 30 minutos.

2. Depois, passe as sardinhas pela farinha de trigo e frite-as ligeiramente. Escorra em papel-toalha para que fiquem sequinhas.

3. Coloque um pouco de azeite no fundo de uma panela de pressão. Intercale em camadas a sardinha, as rodelas de cebola e de tomate, a cebolinha, o orégano e a pimenta dedo-de-moça. Regue com o restante do azeite e o caldo do tempero das sardinhas.

4. Tampe a panela e cozinhe em fogo alto por 15 minutos, após pegar pressão. Sirva quente, acompanhado de arroz branco, ou fria, sobre fatias de pão italiano.

TAINHA RECHEADA

TEMPO DE PREPARO: 1H10 | RENDIMENTO: 4 PORÇÕES

1 tainha com cerca de 1,5 kg limpa
suco de 1 limão
sal e pimenta-do-reino a gosto

Recheio
100 g de margarina
1 cebola grande picada
1 xícara de pimentão verde picado
1 xícara de pimentão amarelo picado
sal e pimenta-do-reino a gosto
4 xícaras de farinha de milho
2 ovos cozidos picados
1 xícara de azeitonas verdes sem caroço
1 xícara de cheiro-verde picado
algumas fatias de pão de fôrma

1. Abra a tainha pelas costas e lave em água corrente. Deixe o peixe marinando no suco de limão, no sal e na pimenta por 1 hora.

2. Enquanto isso, faça o recheio: em fogo médio, derreta a margarina numa frigideira e refogue a cebola.

3. Junte o pimentão picado e tempere com o sal e a pimenta. Cozinhe por 10 minutos.

4. Aos poucos, acrescente a farinha de milho e, em seguida, o ovo picado. Desligue o fogo e agregue as azeitonas e o cheiro-verde.

5. Recheie a tainha com a farofa, ajeitando-a com uma colher. É importante que a tainha não fique estufada, para que a finalização do prato seja bonita.

6. Vire o peixe de barriga para cima e feche-o com palitos de dente, dando intervalos de 2 centímetros entre cada palito.

7. Coloque a tainha numa assadeira pincelada com azeite e forrada com fatias de pão de fôrma (para o peixe não grudar na assadeira).

8. Leve ao forno preaquecido a 180 °C por 25 minutos. Sirva acompanhado de pirão e arroz.

TRUTA AO MOLHO DE BACON E TOMATE

TEMPO DE PREPARO: 35 MINUTOS | RENDIMENTO: 4 PORÇÕES

4 filés de truta fresca
½ xícara de leite
suco de 1 limão-siciliano
1 colher (sopa) de molho inglês
sal e pimenta-do-reino a gosto
farinha de trigo para empanar
1 xícara de manteiga
2 dentes de alho picado
1 cebola bem picada
200 g de bacon cortado em cubinhos
1 tomate sem pele e sem sementes picado
½ xícara de salsinha picada
rodelas de limão para decorar

1. Limpe os filés e tempere-os com o leite, o suco de limão, o molho inglês, o sal e a pimenta. Deixe marinar por 1 hora. Em seguida, escorra-os e seque-os com papel-toalha. Passe os filés na farinha de trigo e reserve.

2. Em fogo baixo, derreta ¾ da manteiga numa frigideira grande. Frite os filés até que fiquem dourados dos dois lados e coloque-os numa travessa. Reserve aquecido.

3. Derreta o restante da manteiga numa panela e junte o alho, a cebola, o bacon e o tomate. Tempere com o sal e a pimenta e cozinhe por cerca de 10 minutos em fogo baixo até formar um molho. Em seguida, despeje esse molho sobre os filés e polvilhe a salsinha picada. Decore com as rodelas de limão e sirva.

Dica: Este prato vai bem com batata cozida ou ao vapor.

VATAPÁ

TEMPO DE PREPARO: 45 MINUTOS | RENDIMENTO: 8 PORÇÕES

1 pão de fôrma sem casca
1 xícara de água
2 xícaras de leite de coco
1 kg de garoupa ou robalo em postas
suco de 1 limão
sal e pimenta-do-reino a gosto
½ xícara de folhas de coentro picadas
500 g de camarão seco defumado limpo
250 g de amendoim torrado sem casca
2 cebolas grandes cortadas em pedaços
4 dentes de alho
2 tomates grandes sem pele e sem sementes picados
1 pimentão vermelho médio sem sementes picado
½ xícara de azeite de dendê
4 pimentas-malaguetas picadas
100 g de castanha de caju torrada e picada

1. Esmigalhe o pão numa tigela grande, adicione a água e metade do leite de coco. Mantenha de molho por 30 minutos.

2. Tempere o peixe com o limão, o sal, a pimenta e o coentro. Em fogo médio, leve para cozinhar com um pouco de água. Quando estiver cozido, elimine as espinhas e separe a carne em lascas. Reserve.

3. Bata o camarão no liquidificador com o amendoim, a cebola, o alho, o tomate e o pimentão. Reserve.

4. Aqueça o azeite de dendê em uma panela grande, acrescente a mistura do liquidificador e refogue por alguns minutos.

5. Amasse o pão que estava de molho até formar uma pasta homogênea. Acrescente-a ao refogado de camarão, junte o leite de coco restante e continue cozinhando, por cerca de 10 minutos, sem parar de mexer.

6. Amasse ligeiramente a pimenta-malagueta, coloque-a na panela e deixe cozinhar até que a mistura comece a se desprender do fundo da panela. Acrescente as lascas de peixe reservadas e a castanha de caju. Verifique o tempero e deixe cozinhar por mais 5 minutos.

7. Tire a panela do fogo, transfira o vatapá para uma travessa e sirva bem quente, acompanhado de arroz.

PEIXE ENSOPADO COM BACON E BATATAS

TEMPO DE PREPARO: 35 MINUTOS | RENDIMENTO: 4 PORÇÕES

500 g de posta de namorado, badejo ou vermelho
suco de 1 limão
sal e pimenta-do-reino a gosto
3 fatias de bacon picadas
1 cebola cortada em rodelas
500 g de batata bolinha cozida cortada ao meio
500 g de tomate sem pele picado
3 colheres (sopa) de ketchup
uma pitada de tomilho seco

1. Corte as postas de peixe em pedaços não muito grandes. Regue com suco de limão e tempere com sal e pimenta. Reserve.

2. Em uma panela média, frite o bacon em sua própria gordura até ficar crocante. Acrescente a cebola e frite-a até dourar.

3. Junte as batatas e os ingredientes restantes e deixe cozinhar por 5 minutos, mexendo de vez em quando.

4. Adicione os pedaços de peixe e cozinhe por 10 minutos, ou até que esteja macio, mexendo sem parar. Acerte o sal e sirva em seguida.

MOQUECA BAIANA

TEMPO DE PREPARO: 50 MINUTOS | RENDIMENTO: 6 PORÇÕES

4 postas de namorado ou garoupa
sal a gosto
1 pimenta-malagueta amassada
suco de 2 limões
2 cebolas grandes cortadas em rodelas
2 pimentões (verde e vermelho) fatiados
4 tomates grandes cortados em rodelas
4 raminhos de coentro
1 xícara de leite de coco
½ xícara de água
1 xícara de azeite de dendê

1. Tempere as postas de peixe com o sal, a pimenta-malagueta e o limão. Coloque metade do peixe numa panela. Por cima, arrume metade das rodelas de cebola, pimentão e tomate e 2 raminhos de coentro.

2. Faça outra camada com o peixe e coloque por cima o restante da cebola, do pimentão, do tomate e do coentro. Reserve.

3. À parte, misture o leite de coco com a água e adicione na panela do peixe.

4. Regue com o azeite de dendê, tampe e leve ao fogo brando, por cerca de 30 minutos, ou até que o peixe fique completamente cozido. Durante o cozimento, apenas sacuda a panela algumas vezes. Sirva a moqueca acompanhada de arroz branco e pirão.

CAMARÃO COM MAIONESE AO FORNO

TEMPO DE PREPARO: 50 MINUTOS | RENDIMENTO: 6 PORÇÕES

1 kg de mandioquinha cozida
1 cenoura
200 g de vagem cozida
1 pimentão vermelho picado
1 pimentão verde picado
500 g de camarão limpo e aferventado
orégano a gosto
sal e pimenta-do-reino a gosto
1 xícara de cebolinha picada
200 g de maionese
manteiga para pincelar
queijo parmesão ralado para polvilhar

Cobertura
3 claras
100 g de maionese

1. Em uma tigela, coloque a mandioquinha cozida e espremida, a cenoura, a vagem, o pimentão picado e os camarões. Misture para se agregarem. Adicione o orégano, o sal e a pimenta, a cebolinha e a maionese. Misture bem. Coloque a mistura obtida numa fôrma refratária pincelada com manteiga e polvilhada com queijo.

2. Prepare a cobertura: na vasilha da batedeira, coloque as claras e bata em neve. Junte a maionese e misture.

3. Espalhe a cobertura preparada sobre a mistura e leve ao forno preaquecido a 200 °C para gratinar.

Dica: Substitua a mandioquinha por batata-inglesa. Substitua o camarão por atum, bacalhau ou frango.

CAMARÃO NA MORANGA

TEMPO DE PREPARO: 1H10 | RENDIMENTO: 6 PORÇÕES

1 moranga
4 colheres (sopa) de azeite
2 dentes de alho picados
1 cebola bem picada
5 tomates sem sementes picados
3 colheres (sopa) de ketchup
sal e pimenta-do-reino a gosto
1 lata de creme de leite sem soro
1 kg de camarão médio limpo cozido
300 g de requeijão cremoso

1. Corte uma tampa na superfície superior da moranga e reserve. Retire as sementes com o auxílio de uma colher.

2. Cubra a moranga com papel-alumínio e coloque-a numa assadeira com a cavidade voltada para baixo. Leve ao forno preaquecido a 180 °C por cerca de 40 minutos, ou até que a moranga esteja macia. Reserve.

3. Em uma panela, aqueça o azeite e refogue o alho e a cebola. Junte o tomate e o ketchup. Tempere com sal e pimenta e cozinhe por alguns minutos.

4. Desligue e fogo e acrescente o creme de leite. Em seguida, misture o camarão e deixe aquecer em fogo baixo por 3 minutos.

5. Enquanto isso, espalhe o requeijão no interior da moranga, cobrindo toda a superfície. Despeje o creme de camarão aquecido. Sirva em seguida.

CAMARÃO AO CURRY

TEMPO DE PREPARO: 1 HORA | RENDIMENTO: 4 PORÇÕES

2 colheres (sopa) de óleo
1 cebola picada fino
1 pimentão vermelho pequeno picado
2 dentes de alho picados
½ colher (chá) de cominho em pó
½ colher (chá) de curry
½ xícara de leite de coco
1 colher (chá) de açúcar
¼ de colher (chá) de pimenta calabresa
500 g de camarão grande limpo
1 colher (sopa) de amido de milho
2 colheres (sopa) de coentro fresco picado

1. Em fogo médio, aqueça o óleo numa panela grande e refogue a cebola, o pimentão e o alho por 3 minutos. Tempere com o cominho e o curry e cozinhe por 2 minutos. Em seguida, reduza o fogo e adicione o leite de coco, o açúcar e a pimenta calabresa. Misture e deixe ferver por 2 minutos

2. Adicione o camarão e envolva-o no molho. Aumente o fogo para médio e, mexendo sempre, mantenha o camarão no fogo até ficar cozido.

3. À parte, dissolva o amido de milho em 1 colher (sopa) de água e adicione ao molho do camarão. Mexa até o molho começar a ficar espesso. Adicione o coentro, misture e tire a panela do fogo. Sirva a seguir.

ENSOPADINHO DE CAMARÃO COM CHUCHU

TEMPO DE PREPARO: 50 MINUTOS | RENDIMENTO: 4 PORÇÕES

500 g de camarão miúdo limpo
2 colheres (sopa) de suco de limão
sal a gosto
2 colheres (sopa) de azeite
1 cebola picada fino
1 dente de alho amassado
2 tomates médios sem pele e sem sementes picados
2 colheres (sopa) de salsinha picada
3 chuchus médios sem casca e cortados em cubos
pimenta-do-reino a gosto

1. Tempere o camarão com o suco do limão e o sal. Reserve.

2. Em fogo médio, aqueça o azeite numa panela e refogue a cebola e o alho por 3 minutos.

3. Junte o tomate, a salsinha e o chuchu. Cubra com água e deixe cozinhar em fogo médio até o chuchu começar a ficar macio.

4. Então, acrescente o camarão, tempere com sal e pimenta e misture tudo delicadamente.

5. Reduza o fogo, tampe a panela e cozinhe por mais 5 minutos. Retire a panela do fogo, transfira o ensopado para uma travessa funda e leve à mesa.

CAMARÃO COM CREME DE MILHO

TEMPO DE PREPARO: 35 MINUTOS | RENDIMENTO: 5 PORÇÕES

1 kg de camarão médio limpo
sal a gosto
suco de 1 limão
1 colher (chá) de molho de pimenta vermelha
3 colheres (sopa) de conhaque
2 colheres (sopa) de manteiga
1 colher (sopa) de óleo
1 cebola ralada
1 lata de milho verde escorrido
3 tomates aferventados e passados pela peneira
1 lata de creme de leite
2 colheres (sopa) de ketchup
1 colher (chá) de mostarda
1 colher (sopa) de farinha de trigo
½ xícara de leite

1. Tempere os camarões com o sal, o suco de limão, o molho de pimenta, o conhaque e deixe tomar gosto por 1 hora.

2. Aqueça a manteiga com o óleo numa panela, junte a cebola e refogue-a até dourar.

3. Acrescente o camarão, o milho verde e o tomate. Tampe a panela e deixe cozinhar em fogo baixo por 10 minutos.

4. Em uma tigela média, junte o creme de leite, o ketchup, a mostarda e a farinha dissolvida no leite e misture bem.

5. Junte essa mistura à panela do camarão e cozinhe por mais 5 minutos. Sirva em seguida.

BOBÓ DE CAMARÃO

TEMPO DE PREPARO: 30 MINUTOS | RENDIMENTO: 6 PORÇÕES

4 colheres (sopa) de óleo
2 cebolas médias picadas
3 dentes de alho picados
500 g de tomate sem pele e sem sementes picado
1 kg de camarão médio sem casca e limpo
2 colheres (sopa) de coentro picado
sal a gosto
1 pimenta-malagueta picada
1 xícara de mandioca cozida e amassada
1 xícara de leite de coco
3 colheres (sopa) de azeite de dendê

1. Em fogo médio, aqueça o óleo numa panela e frite a cebola com o alho por 3 minutos.

2. Acrescente o tomate e refogue por mais 3 minutos.

3. Adicione o camarão e o coentro e tempere com o sal e a pimenta-malagueta. Tampe a panela e deixe ferver em fogo baixo por 5 minutos.

4. Depois, junte a mandioca, o leite de coco e o azeite de dendê. Mantenha cozinhando, sem parar de mexer, até começar a ferver.

5. Tire a panela do fogo, transfira o bobó de camarão para uma travessa aquecida e sirva acompanhado de arroz branco.

FRIGIDEIRA DE CAMARÃO

TEMPO DE PREPARO: 1 HORA | RENDIMENTO: 8 PORÇÕES

1 kg de camarão-de-sete-barbas limpo
sal e pimenta-do-reino a gosto
suco de 2 limões
½ xícara de azeite
3 cebolas picadas
1 dente de alho picado
6 tomates médios sem pele e sem sementes picados
½ xícara de cheiro-verde picado
1 colher (sopa) de coentro picado
250 g de camarão seco
1 xícara de coco fresco ralado
1 xícara de leite de coco
6 ovos bem batidos

1. Tempere o camarão com sal, pimenta e o suco de limão. Em fogo médio, aqueça o azeite numa panela e frite o camarão até ficar rosado e desligue o fogo.

2. Separe 1 xícara de camarão (reserve o restante) e bata no liquidificador, juntamente com a cebola, o alho, o tomate, o cheiro-verde, o coentro e o camarão seco.

3. Junte essa mistura ao restante do camarão frito. Adicione o coco ralado e o leite de coco. Leve ao fogo alto e cozinhe por 15 minutos, sem parar de mexer, até o líquido reduzir um pouco. Acerte o sal.

4. Separe metade do ovo batido e misture-o ao refogado, mexendo vigorosamente. Tire a mistura do fogo e coloque-a numa fôrma refratária.

5. Cubra com o restante do ovo batido e leve ao forno médio, preaquecido, por cerca de 30 minutos, até dourar a superfície. Leve do forno direto à mesa.

ESTROGONOFE DE CAMARÃO

TEMPO DE PREPARO: 30 MINUTOS | RENDIMENTO: 6 PORÇÕES

600 g de camarão médio, limpo e cortado ao meio
sal e pimenta-do-reino a gosto
1 colher (sopa) de azeite
1 colher (sopa) de manteiga
1 cebola ralada
1 xícara de molho de tomate
1 colher (sopa) de ketchup
1 colher (chá) de molho inglês
½ xícara de conhaque
1 vidro pequeno de cogumelos em conserva picados
1 lata de creme de leite

1. Tempere o camarão com sal e pimenta-do-reino.

2. Aqueça o azeite e a manteiga numa panela e refogue a cebola.

3. Acrescente o camarão e frite ligeiramente. Junte o molho de tomate, o ketchup e o molho inglês e deixe ferver até o molho ficar espesso.

4. Adicione o conhaque e deixe no fogo por mais 2 minutos.

5. Em seguida, junte o cogumelo e o creme de leite. Aqueça, mas não deixe ferver. Sirva com arroz e batata palha.

CAMARÕES GRELHADOS COM MANTEIGA PICANTE

TEMPO DE PREPARO: 30 MINUTOS | RENDIMENTO: 3 PORÇÕES

6 camarões grandes
pimenta-do-reino a gosto
azeite para grelhar
sal a gosto
suco de 3 limões-sicilianos
2 pimentas-malaguetas
3 colheres (sopa) de manteiga em temperatura ambiente

1. Limpe os camarões, retirando a casca, mas preservando o rabo. Depois, com uma faca de ponta, retire as tripas. Tempere-os com a pimenta.

2. Aqueça um fio de azeite numa frigideira antiaderente grande e grelhe os camarões rapidamente, até ficarem rosados por inteiro. Tempere ligeiramente com sal. Reserve aquecido.

3. Em uma panela pequena, junte o suco de limão e as pimentas e deixe ferver durante 5 minutos.

4. Depois, retire as pimentas da panela e esmague-as em um pilão com sal, acrescentando, aos poucos, o suco de limão da panela até formar uma pasta.

5. Misture este molho com a manteiga e regue os camarões com ele. Sirva em seguida.

CUSCUZ DE CAMARÃO

TEMPO DE PREPARO: 40 MINUTOS | RENDIMENTO: 10 PORÇÕES

1 xícara de óleo
1 cebola grande picada
2 dentes de alho picados
5 tomates sem pele picados
1 lata de ervilhas escorridas
1 pimentão vermelho picado
1 vidro pequeno de palmito picado
sal e pimenta-do-reino a gosto
2½ xícaras de água quente
1 kg de camarão médio limpo
4 xícaras de farinha de milho
1 xícara de cebolinha picada
rodelas de ovo cozido para decorar
rodelas de tomate para decorar

1. Aqueça o óleo numa panela e refogue a cebola e o alho.

2. Acrescente o tomate picado, a ervilha, o pimentão, o palmito, o sal e a pimenta e cozinhe em fogo baixo, por cerca de 5 minutos.

3. Acrescente a água quente e os camarões. Cozinhe por mais alguns minutos.

4. A seguir, adicione a farinha de milho e a cebolinha. Misture bem para se agregarem. Desligue o fogo.

5. Pincele com um pouco de azeite uma fôrma de furo no meio. Distribua as rodelas de ovo e de tomate no fundo e nas laterais da fôrma. Coloque a massa do cuscuz, apertando-a bem com uma colher. Espere o cuscuz esfriar e desenforne-o sobre um prato de servir.

ACARAJÉ

TEMPO DE PREPARO: 45 MINUTOS | RENDIMENTO: 20 UNIDADES

Massa
1 kg de feijão-fradinho
1 cebola grande
2 dentes de alho
sal a gosto
azeite de dendê para fritar

Recheio
vatapá
camarão seco
vinagrete a gosto

1. Deixe o feijão de molho em água de um dia para o outro.

2. No dia seguinte, escorra e esfregue o feijão para tirar o olhinho preto e um pouco da casca. Bata no liquidificador com a cebola, o alho e o sal.

3. Transfira a massa para uma tigela e bata com uma colher de pau até que fique fofa e leve.

4. Aqueça o azeite de dendê em uma panela funda. Despeje colheradas de massa e frite dos dois lados. Frite poucos bolinhos por vez para não abaixar a temperatura do óleo. Escorra bem sobre papel-toalha.

5. Corte no meio sem separar as partes e recheie com o vatapá. Cubra com o camarão seco e o vinagrete e sirva em seguida.

CARURU

TEMPO DE PREPARO: 35 MINUTOS | RENDIMENTO: 8 PORÇÕES

500 g de camarão seco sem casca e sem cabeça
1,5 litro de água
1 kg de quiabo limpo cortado em rodelas finas
½ xícara de farinha de mandioca
4 colheres (sopa) de azeite de dendê
1 cebola grande picada
3 dentes de alho amassados
500 g de camarão pequeno limpo
sal e pimenta-do-reino a gosto

1. Separe metade do camarão seco e triture o restante no liquidificador. Reserve.

2. Coloque a água numa panela funda e cozinhe o quiabo até ficar macio. Retire-o da panela com uma escumadeira e reserve a água do cozimento. Fora do fogo, coloque, aos poucos, a farinha de mandioca nessa água, mexendo sempre para não empelotar. Reserve.

3. Em fogo alto, aqueça o azeite numa frigideira e refogue a cebola e o alho até dourar. Em seguida, acrescente o camarão fresco e o restante do camarão seco e refogue por alguns minutos, mexendo sempre. Reserve.

4. Leve ao fogo a panela com a farinha de mandioca dissolvida e cozinhe, sem parar de mexer, até obter um pirão homogêneo. Adicione então o refogado de camarão, o quiabo e o camarão triturado. Tempere com o sal e a pimenta e misture bem. Transfira o caruru para uma travessa e sirva em seguida.

LULA RECHEADA

TEMPO DE PREPARO: 1H10 | RENDIMENTO: 4 PORÇÕES

4 lulas grandes limpas inteiras com os tentáculos
sal a gosto
1 colher (sopa) de azeite
2 cebolas inteiras
2 gomos de linguiça de porco sem pele e esfarelados
2 colheres (sopa) de manteiga
4 tomates sem pele e sem sementes picados
cominho a gosto
pimenta-do-reino a gosto
1 xícara de vinho tinto seco

1. Corte os tentáculos da lula em pedaços pequenos, salgue-os e reserve.

2. Aqueça o azeite numa frigideira grande e doure 1 cebola ralada. Junte a linguiça e os pedaços de tentáculos e cozinhe por cerca de 10 minutos. Espere esfriar.

3. Recheie as lulas com a mistura de linguiça e tentáculos e feche a abertura com palitos de dente. Reserve.

4. Aqueça a manteiga numa panela grande e doure a outra cebola cortada em rodelas. Junte o tomate, o cominho, a pimenta e o sal. Misture bem. Adicione o vinho e as lulas recheadas.

5. Tampe a panela e deixe cozinhar por cerca de 30 minutos, acrescentando água se necessário. Sirva com arroz e batatas cozidas.

POLVO À FEIRA

TEMPO DE PREPARO: 1H10 | RENDIMENTO: 8 PORÇÕES

2 litros de água
3 folhas de louro
1 colher (chá) de sal
3 dentes de alho inteiros
1 polvo de 1,5 kg
sal grosso para polvilhar
4 batatas grandes cortadas em quartos
5 colheres (sopa) de azeite
1 colher (sopa) de páprica picante

1. Em uma panela grande, coloque a água, as folhas de louro, o sal e o alho. Quando levantar fervura, mergulhe o polvo descongelado três vezes seguidas na água e depois deixe descansar um pouco fora da panela (isso fará com que a pele não se solte durante o cozimento).

2. A seguir, coloque o polvo na panela e cozinhe por 50 minutos em fogo médio. Depois, retire-o da panela (mantenha a água do cozimento), escorra-o e corte-o em rodelas de 2 cm de espessura. Acomode as rodelas de polvo numa travessa (de preferência de madeira) e reserve.

3. Cozinhe a batata na água em que foi cozido o polvo até que ela esteja macia e disponha-a em outra travessa.

4. Para finalizar o preparo, polvilhe o sal grosso e a páprica sobre o polvo e regue com azeite. Faça o mesmo com a batata. Deixe pegar gosto por 1 hora antes de servir.

FRITADA DE SIRI

TEMPO DE PREPARO: 1 HORA | RENDIMENTO: 6 PORÇÕES

500 g de carne de siri desfiada
suco de 1 limão
1 colher (sopa) de sal
2 colheres (sopa) de azeite
2 dentes de alho amassados
1 cebola cortada em rodelas
2 tomates sem pele e sem sementes picados
1 xícara de leite de coco
1 colher (sopa) de salsinha picada
2 colheres (sopa) de coentro picado
4 ovos, claras e gemas separadas
1 colher (sopa) de farinha de trigo
sal e pimenta-do-reino a gosto
rodelas de tomate para decorar

1. Coloque a carne de siri numa panela e tempere-a com o limão e o sal. Leve para cozinhar, sem água. Deixe o caldo que se formar secar completamente. Quando a carne estiver macia, tire do fogo e reserve.

2. Aqueça o azeite em outra panela e refogue o alho e a cebola. Junte o tomate e refogue mais um pouco.

3. Tire do fogo, adicione o leite de coco e misture bem. Leve ao fogo e deixe ferver sem parar de mexer.

4. Acrescente a salsinha e o coentro e verifique o tempero. Cozinhe por mais alguns minutos, até o molho engrossar.

5. Bata as claras em neve e vá juntando as gemas, uma a uma. Acrescente a farinha e tempere com sal e pimenta.

6. Coloque metade da mistura de ovo batido numa assadeira untada com óleo e leve ao fogo médio. Assim que a omelete começar a encorpar, acrescente o refogado de siri e cubra com o restante do ovo.

7. Disponha as rodelas de tomate por cima e leve ao forno preaquecido a 180 °C até dourar. Tire do forno e leve direto à mesa.

CASQUINHA DE SIRI

TEMPO DE PREPARO: 35 MINUTOS | RENDIMENTO: 8 PORÇÕES

500 g de carne de siri
250 g de camarão pequeno limpo
suco de ½ limão
6 fatias de pão de fôrma sem casca
½ xícara de leite de coco
2 colheres (sopa) de azeite
1 tablete de caldo de peixe dissolvido em ½ xícara de água quente
1 colher (sopa) de extrato de tomate
1 colher (sopa) de salsinha picada
4 colheres (sopa) de queijo parmesão ralado
2 colheres (sopa) de farinha de rosca
2 colheres (sopa) de manteiga

1. Regue a carne de siri e o camarão com o suco de limão e reserve.

2. Umedeça o pão de fôrma com o leite de coco e esprema-o ligeiramente. Esfarele e reserve.

3. Em fogo alto, aqueça o azeite numa panela e refogue a carne de siri e o camarão por 5 minutos, mexendo sempre. Junte o caldo de peixe e o extrato de tomate e misture. Acrescente o pão esfarelado, a salsinha e metade do queijo ralado, mexendo bem para que tudo fique incorporado. Reserve.

4. À parte, misture bem o restante do queijo ralado, a farinha de rosca e a manteiga. Recheie casquinhas (ou forminhas de empada) com a massa reservada e espalhe um pouco da mistura de queijo ralado sobre a superfície de cada uma delas.

5. Leve ao forno preaquecido a 180 °C por cerca de 10 minutos ou até gratinar. Sirva em seguida.

Dica: Você pode substituir a carne de siri por cação bem picado.

AÇORDA DE MEXILHÃO

TEMPO DE PREPARO: 50 MINUTOS | RENDIMENTO: 4 PORÇÕES

300 g de camarão médio sem casca
2 litros de água
sal a gosto
500 g de mexilhão na casca limpo
¼ de xícara de vinho branco seco
1 colher (sopa) de coentro picado
4 colheres (sopa) de azeite
2 dentes de alho inteiros
8 pães amanhecidos
½ colher (chá) de páprica
molho de pimenta a gosto

1. Lave os camarões e cozinhe-os inteiros em 2 litros de água com sal. Escorra-os e reserve a água do cozimento.

2. Coloque os mexilhões em outra panela. Adicione água até metade, junte o vinho branco, o coentro e uma pitada de sal. Tampe e leve ao fogo alto até as conchas abrirem. Escorra e reserve a água.

3. Aqueça o azeite numa panela alta e doure os dentes de alho.

4. Retire-os e junte o pão esmigalhado e a páprica misturados às duas águas de cozimento reservadas. Desligue o fogo e deixe o pão pegar gosto por 5 minutos.

5. Cozinhe essa mistura em fogo médio por cerca de 10 minutos. Mexa até obter uma massa lisa e úmida. Se for preciso, adicione um pouco mais de água.

6. Junte os camarões e os mariscos retirados das conchas. Acerte o sal e tempere com molho de pimenta. Tampe a panela e deixe aquecer. Sirva bem quente.

MARISCOS RECHEADOS

TEMPO DE PREPARO: 40 MINUTOS | RENDIMENTO: 4 PORÇÕES

24 mariscos grandes
1 litro de água
sal e pimenta-do-reino a gosto

Recheio
½ colher (sopa) de manteiga
4 colheres (sopa) de óleo
1 cebola ralada
500 g de tomate sem pele e sem sementes picado
1 xícara de arroz
1 tablete de caldo de carne
1 colher (sopa) de salsinha picada
1 xícara de molho de tomate

1. Raspe as conchas dos mariscos, lave e leve ao fogo com a água. À medida que forem abrindo, retire os moluscos com um garfo e coloque-os em uma tigela. Tempere com o sal e a pimenta. Reserve.

2. Coe o caldo que ficou na panela e reserve-o. Reserve também as conchas vazias.

3. Faça o recheio: refogue na manteiga e em metade do óleo a cebola e o tomate. Cozinhe em fogo forte. Adicione então o arroz, a água do marisco e o tablete de caldo de carne diluído em um pouco de água quente. Deixe cozinhar em fogo brando por cerca de 15 minutos, até o arroz estar cozido. Retire do fogo, junte salsinha e prove o sal.

4. Coloque um marisco no fundo de cada concha e cubra com o arroz. Arrume as conchas em uma fôrma refratária, regue-as com um pouco de molho de tomate e com o azeite restante. Leve ao forno previamente aquecido por 5 minutos. Retire e sirva.

ACOMPANHAMENTOS

ABOBRINHA DO CHEFE

TEMPO DE PREPARO: 35 MINUTOS | RENDIMENTO: 6 PORÇÕES

4 abobrinhas médias
1 cebola
100 g de picles
100 g de azeitonas verdes picadas
2 ovos cozidos picados
1 maço de cheiro-verde picado
½ xícara de azeite
sal e pimenta-do-reino a gosto
folhas de manjericão
1 lata de molho de tomate
200 g de queijo mozarela fatiado
queijo parmesão ralado para polvilhar

1. Corte as abobrinhas em fatias no sentido do comprimento e cozinhe-as al dente. Escorra e reserve.

2. Em uma vasilha, coloque a cebola, o picles, as azeitonas, o ovo cozido e o cheiro-verde. Misture. Adicione o azeite, o sal, a pimenta e as folhas de manjericão. Mexa e reserve.

3. Em uma fôrma refratária, espalhe um pouco de molho de tomate. Distribua em camadas as fatias de abobrinha, a mozarela, o tempero reservado e molho de tomate. Termine com fatias de mozarela e o molho de tomate. Polvilhe o queijo ralado e leve ao forno para gratinar.

Dica: Sirva com arroz branco.

ASPARGO AO CREME

TEMPO DE PREPARO: 40 MINUTOS | RENDIMENTO: 8 PORÇÕES

1 copo de requeijão
3 copos de leite (use o copo de requeijão vazio para medir)
1 pacote de mistura para sopa cremosa de cebola
250 g de maionese
1 vidro de aspargos em conserva picados
1 pão de fôrma cortado na horizontal
½ xícara de queijo parmesão ralado

1. Em uma panela, coloque o requeijão, o leite e a mistura para sopa de cebola e leve ao fogo baixo, mexendo sempre, até engrossar. Reserve.

2. Depois que o creme estiver frio, junte a maionese e o aspargo e misture bem.

3. Unte uma fôrma refratária com manteiga, coloque uma camada de pão e outra de creme. Repita as camadas, até terminarem os ingredientes. Salpique queijo ralado e leve ao forno para gratinar. Sirva em seguida.

ANÉIS DE CEBOLA EMPANADOS

TEMPO DE PREPARO: 30 MINUTOS | RENDIMENTO: 4 PORÇÕES

2 cebolas grandes cortadas em rodelas
1 xícara de leite
sal e pimenta-do-reino a gosto
1½ xícara de farinha de trigo
1 colher (sopa) rasa de fermento químico em pó
2 xícaras de óleo

1. Deixe a cebola de molho no leite misturado com sal e pimenta por 10 minutos. Retire as rodelas de cebola do leite e passe-as na farinha misturada com o fermento. Passe-as novamente pelo leite.

2. Repita a operação por mais duas vezes. Frite os anéis no óleo bem quente até dourar. Escorra em papel-toalha e sirva.

ABOBRINHA RECHEADA

RECEITA PALMIRINHA PREFERIDA

TEMPO DE PREPARO: 50 MINUTOS | RENDIMENTO: 10 PORÇÕES

½ xícara de azeite
300 g de carne moída
1 cebola pequena picada
1 colher (sopa) de tempero pronto
1 tomate grande picado
½ xícara de azeitonas verdes picadas
½ xícara de cheiro-verde picado
sal e pimenta-do-reino a gosto
5 abobrinhas
2 xícaras de molho de tomate
queijo parmesão ralado para polvilhar

1. Aqueça o azeite em uma frigideira funda e frite a carne moída. Junte a cebola, o tempero pronto, o tomate picado, as azeitonas, o cheiro-verde, o sal e a pimenta. Deixe cozinhar por alguns minutos e coloque tudo em uma tigela. Reserve a frigideira com um pouco da carne moída para fazer o molho.

2. Corte as abobrinhas ao meio no sentido do comprimento e retire a polpa. Afervente-as ligeiramente. Reserve.

3. Coloque o molho de tomate na frigideira em que a carne foi frita e deixe cozinhar por 15 minutos. Adicione a abobrinha reservada no molho e cozinhe por cerca de 5 minutos. Então, acomode as metades de abobrinha numa fôrma refratária, regue com mais molho e polvilhe-as com parmesão ralado.

BATATA RECHEADA AOS QUATRO QUEIJOS

TEMPO DE PREPARO: 50 MINUTOS | RENDIMENTO: 6 PORÇÕES

6 batatas grandes

Recheio

100 g de queijo mozarela picado
100 g de queijo mozarela de búfala picado
100 g de queijo parmesão ralado
1 copo de requeijão cremoso
1 caixinha de creme de leite
1 colher (sopa) de cheiro-verde picado
2 colheres (chá) de orégano

Molho

3 xícaras de leite
2 pacotes de mistura para sopa cremosa de queijo
queijo parmesão ralado para polvilhar

1. Cozinhe as batatas com água e sal até ficarem al dente. Reserve.

2. Para fazer o recheio de quatro queijos, misture, em um recipiente, as duas mozarelas, o parmesão, o requeijão e o creme de leite. Junte o cheiro-verde e o orégano. Mexa e reserve.

3. Para fazer o molho, coloque o leite numa panela (reserve um pouco). Dissolva o creme de queijo no leite reservado e junte-o à panela. Misture e deixe no fogo baixo até engrossar.

4. Corte as batatas ao meio e retire um pouco da polpa com auxílio de uma colher pequena. Coloque uma porção de recheio de quatro queijos em cada metade de batata. Acomode-as numa fôrma refratária, regando-as com o molho de queijo. Polvilhe o queijo ralado e leve ao forno preaquecido a 200 °C por cerca de 15 minutos para gratinar.

Dica: Substitua o creme de leite por um pote de iogurte natural.

BATATA RECHEADA COM CARNE MOÍDA

TEMPO DE PREPARO: 50 MINUTOS | RENDIMENTO: 6 PORÇÕES

6 batatas grandes
1 tablete de caldo de carne
4 colheres (sopa) de óleo
500 g de carne moída
1 cebola picada
1 colher (sopa) de tempero pronto
1 tomate picado
½ xícara de azeitonas verdes picadas
sal e pimenta-do-reino a gosto
1 xícara de molho de tomate
½ xícara de cheiro-verde picado
queijo parmesão ralado para polvilhar

1. Lave as batatas e cozinhe-as em água fervente com o tablete de caldo de carne, deixando-as al dente. Quando as batatas amornarem, descasque-as e corte-as ao meio. Reserve.

2. Prepare o recheio. Em uma panela, aqueça o óleo e frite a carne. Adicione a cebola, o tempero pronto, o tomate picado, as azeitonas, o sal, a pimenta e o cheiro-verde (reserve um pouco). Mexa e desligue.

3. Retire parte da polpa de cada batata cozida e empregue o recheio. Unte uma fôrma refratária com manteiga e coloque a batata. Despeje o molho de tomate sobre elas e polvilhe parmesão ralado. Leve para gratinar ao forno preaquecido a 180 °C. Decore com o cheiro-verde reservado.

BATATA SAUTÉE

TEMPO DE PREPARO: 30 MINUTOS | RENDIMENTO: 4 PORÇÕES

500 g de batata cortada em cubos
2 colheres (sopa) de óleo
4 colheres (sopa) de manteiga
½ xícara de presunto moído
1 dente de alho picado fino
1 colher (chá) de salsinha picada
sal e pimenta-do-reino a gosto

1. Em uma panela com água fervente e salgada, escalde a batata por 3 minutos, escorra-a e seque-a.

2. Aqueça o óleo até ficar bem quente, salteie a batata mexendo de vez em quando para que fique dourada de todos os lados. Acrescente o restante dos ingredientes. Continue mexendo delicadamente, salteando a batata até que esteja bem dourada. Sirva.

BATATA ROLÊ COM ESCAROLA

TEMPO DE PREPARO: 1 HORA | RENDIMENTO: 6-8 PORÇÕES

1 kg de batata
2 ovos
sal a gosto
¾ de xícara de farinha de trigo
2 colheres (sopa) de óleo
1 cebola pequena picada fino
2 pés de escarola rasgados
gema para pincelar

1. Cozinhe as batatas com a casca até ficarem macias. Descasque-as e passe-as pelo espremedor.

2. Coloque a batata espremida numa tigela, adicione os ovos, o sal e a farinha e misture até obter uma massa firme (se necessário, acrescente um pouco mais de farinha). Deixe esfriar.

3. Aqueça o óleo numa panela e refogue a cebola por 2 minutos em fogo alto. Adicione a escarola e refogue-a até que fique murcha. Reserve.

4. Assim que a massa de batata estiver fria, coloque-a sobre filme de PVC e abra-a com um rolo. Distribua a escarola refogada por cima e enrole a massa como rocambole, com a ajuda do filme de PVC.

5. Pincele a massa com gema e leve para assar em forno preaquecido a 200 °C por cerca de 20 minutos. Retire do forno e, quando amornar, corte em fatias de 4 cm de espessura.

BERINJELA À PARMEGIANA

TEMPO DE PREPARO: 40 MINUTOS | RENDIMENTO: 6 PORÇÕES

2 berinjelas grandes
3 ovos
farinha de trigo para empanar
óleo para fritar
2 xícaras de molho de tomate
400 g de queijo mozarela fatiado
queijo parmesão ralado para polvilhar

1. Lave as berinjelas e corte-as em fatias. Reserve. Bata ligeiramente os ovos em um prato fundo e passe as fatias de berinjela. Em seguida, passe-as na farinha de trigo e frite-as em óleo quente. Escorra.

2. Cubra o fundo de uma fôrma refratária com molho de tomate e intercale em camadas as fatias de berinjela, de mozarela e mais molho. Termine com mozarela e molho. Polvilhe a superfície com queijo ralado e leve para gratinar no forno preaquecido a 200 °C por cerca de 10 minutos.

BERINJELA À MODA ITALIANA

TEMPO DE PREPARO: 40 MINUTOS | RENDIMENTO: 6 PORÇÕES

4 berinjelas grandes
3 colheres (sopa) de vinagre
½ xícara de azeite
10 dentes de alho picados
8 tomates picados sem sementes
½ xícara de azeitonas verdes picadas
1 pimenta dedo-de-moça picada
orégano e sal a gosto
1 maço de manjericão picado
¾ de xícara de molho de tomate
queijo parmesão ralado para polvilhar

1. Lave e corte as berinjelas em rodelas bem grossas (aproximadamente 3 a 4 dedos de espessura). Cozinhe em água e vinagre, deixando-as al dente.

2. Aqueça o azeite em uma frigideira e frite o alho. Junte o tomate, as azeitonas, a pimenta, o orégano e o sal. Cozinhe por cerca de 3 minutos. Polvilhe o manjericão e reserve.

3. Disponha a berinjela cozida numa fôrma refratária com um pouco de azeite no fundo. Aperte o centro das rodelas da berinjela com uma colher e coloque o recheio. Regue com o molho de tomate e cubra com o restante do recheio. Polvilhe o queijo ralado e leve ao forno quente para gratinar.

BOLINHO DE CHUCHU

TEMPO DE PREPARO: 45 MINUTOS | RENDIMENTO: 20 UNIDADES

2 chuchus
1 ovo
3 colheres (sopa) de cebola picada
½ xícara de queijo parmesão ralado
1 maço pequeno de cheiro-verde picado
3 colheres (sopa) de farinha de trigo
sal a gosto
óleo para fritar

1. Descasque os chuchus e cozinhe-os em água fervente até ficarem macios. Escorra.

2. Corte os chuchus em cubinhos e coloque-os em uma tigela. Junte o ovo, a cebola, o parmesão e o cheiro-verde e misture bem.

3. Acrescente a farinha aos poucos, apenas para dar liga na massa. Se necessário, acrescente um pouco mais. Tempere com sal.

4. Aqueça bem o óleo e despeje colheradas de massa, três ou quatro por vez, para fritar os bolinhos. Escorra em papel-toalha e sirva a seguir.

CHUCHU GRATINADO

TEMPO DE PREPARO: 50 MINUTOS | RENDIMENTO: 6 PORÇÕES

4 chuchus sem casca
sal a gosto
2 xícaras de leite
1 lata de creme de leite
2 ovos
pimenta-do-reino a gosto
¾ de xícara de queijo parmesão ralado, mais um pouco para polvilhar
margarina para untar
200 g de presunto fatiado
300 g de queijo mozarela ralado

1. Cozinhe os chuchus em água e sal e corte-os em rodelas. Reserve. No copo do liquidificador junte o leite, o creme de leite, os ovos, o sal, a pimenta e metade do queijo parmesão ralado. Bata até obter uma mistura homogênea.

2. Em uma fôrma refratária untada com margarina e polvilhada com queijo parmesão ralado, intercale em camadas rodelas de chuchu, fatias de presunto e mozarela ralada. Regue com o creme do liquidificador e polvilhe o queijo ralado restante. Leve ao forno preaquecido a 180 °C por 20 minutos.

COUVE À MINEIRA

TEMPO DE PREPARO: 20 MINUTOS | RENDIMENTO: 6 PORÇÕES

1 maço de couve-manteiga
3 colheres (sopa) de óleo
½ cebola picada fino
2 dentes de alho amassados
sal a gosto

1. Corte a couve bem fino e escalde-a em água fervente. Escorra bem. Em uma frigideira funda, aqueça o óleo, refogue ligeiramente a cebola e o alho e junte a couve. Tampe a frigideira e deixe por 3 minutos em fogo baixo. Tempere com sal, mexa bem e sirva a seguir.

COUVE-FLOR GRATINADA

TEMPO DE PREPARO: 50 MINUTOS | RENDIMENTO: 8 PORÇÕES

1 couve-flor média separada em buquês
2½ xícaras de leite
2 colheres (sopa) rasas de farinha de trigo
3 gemas
sal a gosto
1 colher (sopa) de manteiga
4 colheres (sopa) de queijo parmesão ralado
1 colher (sopa) de farinha de rosca

1. Cozinhe a couve-flor em água e sal, deixando-a ainda tenra. Reserve. À parte, misture o leite, a farinha e as gemas passadas pela peneira. Tempere com sal e leve ao fogo, mexendo sempre, até engrossar.

2. Retire do fogo, adicione a manteiga e 3 colheres (sopa) do queijo. Misture tudo e reserve.

3. Coloque a couve-flor numa fôrma refratária untada com manteiga e regue com o creme. Polvilhe o restante do queijo ralado e um pouco de farinha de rosca. Leve ao forno quente para gratinar.

COZIDO DE LEGUMES

TEMPO DE PREPARO: 40 MINUTOS | RENDIMENTO: 6 PORÇÕES

½ xícara de azeite
1 cebola picada fino
2 dentes de alho picados fino
2 tomates picados fino
1 abobrinha cortada em cubos
1 cenoura ralada
1 couve-flor pequena separada em buquês
1 xícara de folhas variadas picadas (acelga, agrião, repolho)
500 g de mandioca cozida e amassada
sal e pimenta-do-reino a gosto
salsinha picada a gosto
1 vidro pequeno de leite de coco

1. Em uma panela, em fogo baixo, aqueça o azeite e frite a cebola, o alho e o tomate por cerca de 3 minutos. Acrescente a abobrinha, a cenoura, a couve-flor e as folhas e refogue por cerca de 10 minutos.

2. Junte a mandioca, o sal, a pimenta, a salsinha e o leite de coco e cozinhe até levantar fervura. Sirva a seguir.

CREME DE MILHO

TEMPO DE PREPARO: 30 MINUTOS | RENDIMENTO: 6 PORÇÕES

2 colheres (sopa) de manteiga
½ colher (sopa) de óleo
1 cebola ralada fino
1 dente de alho amassado
2 latas de milho verde
uma pitada de noz-moscada ralada
sal e pimenta-do-reino a gosto
1½ colher (sopa) de farinha de trigo
2 latas de leite (use a lata de milho vazia para medir)
1 lata de creme de leite

1. Em uma panela, em fogo médio, aqueça a manteiga com o óleo e refogue a cebola e o alho até que fiquem dourados. Adicione o milho escorrido, reservando a água da conserva, e refogue-o por 3 minutos.

2. Tempere com noz-moscada, sal e pimenta. Junte a farinha dissolvida no leite e a água da conserva do milho reservada. Cozinhe por 15 minutos, sem parar de mexer. Misture o creme de leite e mantenha no fogo até aquecer, sem deixar ferver. Sirva em seguida.

ESCAROLA REFOGADA COM ANCHOVA

TEMPO DE PREPARO: 20 MINUTOS | RENDIMENTO: 6 PORÇÕES

2 colheres (sopa) de azeite
6 dentes de alho picados fino
2 pés de escarola limpos picados fino
1 lata de filés de anchova em conserva escorridos

1. Aqueça o azeite numa panela grande e refogue o alho. Adicione a escarola e refogue-a por 3 minutos. Junte os filés de anchova, misture e desligue o fogo. Sirva.

ESTROGONOFE DE PALMITO

TEMPO DE PREPARO: 25 MINUTOS | RENDIMENTO: 4 PORÇÕES

1 vidro de palmito
4 colheres (sopa) de azeite
1 cebola picada fino
2 dentes de alho picados fino
½ lata de molho de tomate
1 colher (chá) de ketchup
1 colher (chá) de mostarda
sal e pimenta-do-reino a gosto
1 lata de creme de leite sem soro
250 g de queijo estepe cortado em cubos

1. Corte o palmito em rodelas de 0,5 cm. Reserve.

2. Aqueça o azeite numa panela média e refogue a cebola e o alho. Adicione o palmito, o molho de tomate, o ketchup, a mostarda, o sal e a pimenta-do-reino. Deixe aquecer bem, sem ferver, e misture o creme de leite delicadamente. Desligue o fogo em seguida.

3. Adicione então os cubos de queijo, tampe a panela e aguarde apenas o queijo amolecer para servir.

FAROFA

RECEITA PALMIRINHA PREFERIDA

TEMPO DE PREPARO: 30 MINUTOS | RENDIMENTO: 8 PORÇÕES

200 g de toucinho picado
2 gomos de linguiça calabresa esfarelados
3 dentes de alho amassados
1 cebola picada
1 pimentão vermelho picado
4 xícaras de arroz cozido
1 pacote de farofa pronta
sal a gosto
1 maço de couve-manteiga picada e refogada
sal e pimenta-do-reino a gosto
cebolinha para decorar

1. Em uma frigideira grande, frite o toucinho e a linguiça. Adicione o alho, a cebola e o pimentão. Cozinhe por alguns minutos.

2. Transfira a mistura para uma travessa funda e junte o arroz cozido, a farofa e o sal. Misture para se agregarem. Decore com a couve refogada e a cebolinha.

Dica: Refogue a couve na mesma frigideira em que os ingredientes da farofa foram fritos, colocando um pouco mais de azeite e alho amassado.

FAROFA DE SALAME

TEMPO DE PREPARO: 20 MINUTOS | RENDIMENTO: 4 PORÇÕES

100 g de manteiga
1 cebola picada
300 g de biscoito salgado e triturado
150 g de salame picado
1 xícara de azeitonas verdes sem caroço
100 g de queijo parmesão ralado
orégano e pimenta-do-reino a gosto
1 xícara de cheiro-verde picado

1. Derreta a manteiga numa frigideira grande e refogue a cebola. Junte o biscoito triturado, o salame, as azeitonas, o queijo ralado, o orégano, a pimenta e o cheiro-verde. Misture bem para os ingredientes se agregarem e sirva.

FRITADA DE LINGUIÇA

TEMPO DE PREPARO: 25 MINUTOS | RENDIMENTO: 4 PORÇÕES

2 gomos de linguiça calabresa fresca cortada em rodelas finas
1 colher (sopa) de óleo
3 ovos
1 colher (sopa) de farinha de trigo
½ xícara de salsinha picada
sal e pimenta-do-reino a gosto

1. Aqueça o óleo numa frigideira e doure a linguiça. Retire a linguiça da frigideira e reserve.

2. Bata bem os ovos, junte a farinha, a salsinha, o sal e a pimenta e misture bem, até formar uma massa homogênea.

3. Na mesma frigideira em que a linguiça foi frita, coloque metade da mistura de ovos, tampe e deixe cozinhar em fogo baixo por 2 minutos.

4. Distribua a linguiça sobre o preparado, despeje o restante do ovo e cozinhe até as bordas começarem a dourar. Vire a fritada e deixe dourar. Sirva em seguida.

JILÓ AO FORNO

TEMPO DE PREPARO: 35 MINUTOS | RENDIMENTO: 6 PORÇÕES

2 colheres (sopa) de manteiga
1 cebola grande picada fino
4 dentes de alho picados fino
20 jilós cortados em rodelas
3 tomates sem pele e sem sementes picados miúdo
sal a gosto
3 ovos
queijo parmesão ralado a gosto

1. Aqueça a manteiga numa panela e refogue a cebola, o alho, o jiló e o tomate. Tempere com sal e cozinhe por alguns minutos.

2. Depois de refogado, acrescente o ovo e misture bem, para que ele se incorpore de forma homogênea aos outros ingredientes.

3. Unte uma fôrma refratária com manteiga, distribua metade da mistura e polvilhe metade do queijo. Repita o mesmo processo com o restante da mistura e do queijo. Leve ao forno quente para gratinar.

LEGUMES GRATINADOS

TEMPO DE PREPARO: 40 MINUTOS | RENDIMENTO: 6 PORÇÕES

4 batatas sem casca cortadas em cubos
2 cenouras cortadas em rodelas
2 xícaras de couve-flor
2 xícaras de brócolis
manteiga para untar
2 pacotes de mistura para sopa cremosa de queijo
2 xícaras de leite
2 xícaras de requeijão cremoso
sal e pimenta-do-reino a gosto
queijo parmesão ralado a gosto

1. Em uma panela, cozinhe a batata e a cenoura até ficarem macias, porém tenras. Retire-as com uma escumadeira, coloque na mesma água a couve-flor e o brócolis e deixe cozinhar até que estejam macios, mas tenros.

2. Distribua os legumes numa fôrma refratária levemente untada.

3. Dissolva a mistura para sopa no leite e leve ao fogo baixo, mexendo sem parar, até engrossar. Retire do fogo, misture com o requeijão, o sal e a pimenta e distribua sobre os legumes. Polvilhe o parmesão ralado e leve ao forno alto, preaquecido, até gratinar. Sirva em seguida.

CHARUTINHO DE FOLHA DE UVA

TEMPO DE PREPARO: 1 HORA | RENDIMENTO: 6 PORÇÕES

350 g de folhas de uva
500 g de carne moída
½ xícara de arroz
1 cebola picada
1 tomate picado
1 colher (sopa) de manteiga
sal e pimenta-do-reino a gosto
1½ xícara de água fervente
1 xícara de molho de tomate
3 colheres (sopa) de azeite

1. Retire o cabinho da parte de cima das folhas de uva e passe-as na água quente só para escaldar. Reserve.

2. Em uma tigela grande, coloque a carne moída, o arroz lavado e escorrido, a cebola, o tomate, a manteiga, o sal e a pimenta. Misture para se agregarem. Coloque parte do recheio de carne sobre as folhas de repolho e enrole-as como charuto.

3. Abra as folhas de uva numa travessa, uma por uma, e coloque um pouco de recheio no meio de cada uma (não recheie demais, pois ao cozinhar o arroz vai crescer). A seguir, dobre os lados da folha e enrole de baixo para cima apertando bem. Tome cuidado para não rasgar a folha.

4. Acomode os charutinhos recheados numa panela, um ao lado do outro, nunca em cima. Misture o molho de tomate com a água e despeje sobre os charutos até que fiquem cobertos de líquido. Regue com o azeite, tampe a panela e deixe-a em fogo alto até começar a ferver. Em seguida, abaixe o fogo e deixe cozinhar por cerca de 20 minutos, até perceber que o arroz está cozido. Sirva em seguida.

Dica: Folhas de uva em conserva podem ser encontradas em bons supermercados ou em casas especializadas em produtos árabes.

MUSSE DE PEPINO

TEMPO DE PREPARO: 25 MINUTOS | RENDIMENTO: 8 PORÇÕES

1 pepino grande
1 colher (chá) de sal
3 colheres (sopa) de vinagre branco
500 g de ricota
2 colheres (sopa) de cheiro-verde
sal e pimenta-do-reino a gosto
2 potes de iogurte natural
1 envelope de gelatina sem sabor
4 colheres (sopa) de água

1. Corte o pepino em cubos e tempere com sal e vinagre. Deixe marinar por cerca de 5 minutos. A seguir, escorra sobre uma peneira e reserve.

2. Amasse a ricota com um garfo e coloque-a numa vasilha. Acrescente o pepino reservado e o cheiro-verde. Tempere com sal e pimenta e misture. Adicione o iogurte e acerte o sal. Junte a gelatina hidratada com a água e dissolvida em banho-maria e misture bem.

3. Coloque a musse numa fôrma redonda pincelada com óleo e passada pela água. Deixe na geladeira por 3 horas, até firmar. Desenforme e decore a gosto.

OVO POCHÊ

TEMPO DE PREPARO: 25 MINUTOS | RENDIMENTO: 8 PORÇÕES

1 colher (sopa) de óleo
1 cebola média picada fino
4 dentes de alho picados fino
6 colheres (sopa) de massa de tomate
uma pitada de açúcar
sal e pimenta-do-reino a gosto
½ xícara de água
8 ovos
½ xícara de salsinha picada fino

1. Aqueça o óleo numa panela funda e doure a cebola e o alho. Junte a massa de tomate, o açúcar, o sal e a pimenta. Junte a água e espere levantar fervura. Deixe cozinhar por 5 minutos, para encorpar, e então vá colocando os ovos, um a um, evitando que eles se rompam, Deixe-os cozinhar até ficarem firmes, porém sem endurecer.

2. Transfira os ovos para uma travessa e regue com o molho que ficou na panela. Polvilhe salsinha e sirva.

OMELETE RECHEADA

TEMPO DE PREPARO: 50 MINUTOS | RENDIMENTO: 8 PORÇÕES

Massa

4 ovos
100 g de queijo parmesão ralado
2 colheres (sopa) de farinha de trigo
sal a gosto
1 colher (sopa) de manjericão picado
óleo para fritar

Creme

1 lata de creme de leite
½ xícara de leite
2 colheres (sopa) rasas de mostarda
orégano a gosto
folhas de manjericão picado
sal e pimenta-do-reino a gosto

Recheio

150 g de queijo mozarela fatiado
1 tomate cortado em rodelas
1 cebola cortada em rodelas
sal e pimenta-do-reino a gosto
folhas de manjericão picadas
1 colher (sopa) rasa de orégano
azeite para temperar
150 g de peito de peru defumado picado
2 bolotas de queijo mozarela de búfala fatiadas
queijo parmesão ralado para polvilhar

1. Prepare a massa: bata os ovos e o parmesão ralado com a batedeira. Adicione a farinha de trigo e o sal e bata novamente. Desligue. Acrescente o manjericão e misture. Em seguida, aqueça o óleo numa frigideira grande e frite a omelete de ambos os lados. Transfira a omelete para uma assadeira redonda forrada com papel-alumínio e reserve.

2. Faça o creme: em uma panela, coloque o creme de leite, o leite e a mostarda. Misture. Adicione o orégano, o manjericão, o sal e a pimenta. Aqueça por cerca de 5 minutos. Em seguida, espalhe um pouco deste creme sobre a omelete. Reserve o restante.

3. Sobre a omelete, intercale em camadas as fatias de mozarela, de tomate e de cebola temperadas com sal, pimenta, folhas de manjericão, orégano e azeite. Cubra a superfície com o peito de peru.

4. Enrole a omelete com o auxílio do papel-alumínio e transfira-a para uma fôrma refratária. Decore com a mozarela de búfala fatiada e regue com o restante do creme reservado. Polvilhe parmesão ralado e leve ao forno para gratinar.

PIMENTÃO TRICOLOR

TEMPO DE PREPARO: 25 MINUTOS | RENDIMENTO: 6 PORÇÕES

3 dentes de alho picados
½ de xícara de óleo
3 pimentões (verde, vermelho e amarelo) cortados em quadradinhos
4 tomates sem pele e sem sementes cortados em cubinhos
sal e pimenta-do-reino a gosto
1 maço de salsinha picada

1. Em uma panela, refogue o alho no óleo, junte o pimentão e o tomate e tempere com sal e pimenta. Cozinhe por 15 minutos e adicione a salsinha. Sirva.

PURÊ DE ABÓBORA

TEMPO DE PREPARO: 30 MINUTOS | RENDIMENTO: 4 PORÇÕES

500 g de abóbora sem casca e cortada em cubos pequenos
1 xícara de leite quente
1 colher (sopa) de mistura para sopa cremosa de cebola
2 colheres (sopa) de manteiga
sal a gosto
½ xícara de creme de leite

1. Em uma panela de pressão, coloque a abóbora e o leite quente, tampe a panela e deixe no fogo médio por 5 minutos, contados a partir do momento em que começar a chiar. Desligue o fogo, deixe sair a pressão naturalmente e destampe a panela.

2. Coloque os pedaços de abóbora em uma peneira para escorrer bem. Transfira a abóbora para o liquidificador, junte a mistura para sopa, a manteiga e o sal e bata até obter uma mistura homogênea. Acrescente o creme de leite, aos poucos, batendo até obter uma massa rala e lisa. Transfira para uma panela e leve ao fogo médio até aquecer. Retire do fogo, passe para uma travessa e sirva.

POLENTA CREMOSA

TEMPO DE PREPARO: 25 MINUTOS | RENDIMENTO: 8 PORÇÕES

2 colheres (sopa) de margarina
1 colher (sopa) de cebola picada
1 litro de água
2½ xícaras de fubá
sal a gosto
1 xícara de creme de leite
¾ de xícara de queijo parmesão ralado

1. Derreta a margarina numa panela e refogue a cebola. Junte a água (reserve um pouco) e deixe ferver.

2. À parte, misture o fubá na água reservada e salgue. Despeje a mistura na panela e mexa até engrossar. Desligue o fogo e adicione o creme de leite. Misture delicadamente. Polvilhe o queijo ralado e sirva.

POLENTA CREMOSA COM MOLHO DE CARNE MOÍDA

TEMPO DE PREPARO: 1 HORA | RENDIMENTO: 10 PORÇÕES

Polenta
1 litro de água
1 folha de louro
1 tablete de caldo de carne
1 colher (sopa) de cebola picada
2½ colheres (sopa) de margarina
sal a gosto
2 xícaras de fubá
1 caixinha de creme de leite

Molho
2 colheres (sopa) de azeite
300 g de carne moída
2 dentes de alho amassados
1 cebola picada
pimenta-do-reino a gosto
1¼ de xícara de molho de tomate
sal a gosto
queijo parmesão ralado para polvilhar

1. Em uma panela, coloque a água, a folha de louro, o caldo de carne, a cebola, a margarina e o sal. Quando começar a levantar, fervura acrescente o fubá dissolvido em um pouco de água. Misture bem e reduza o fogo. Tampe a panela e deixe cozinhar por cerca de 20 minutos. Desligue o fogo e incorpore o creme de leite. Reserve.

2. Prepare o molho: aqueça o azeite numa panela e frite a carne moída até que ela perca a cor avermelhada. Junte o alho, a cebola e a pimenta e refogue por cerca de 5 minutos. Adicione o molho de tomate e o sal. Cozinhe por mais aproximadamente 10 minutos. Coloque a polenta numa fôrma refratária e cubra-a com o molho preparado. Polvilhe o parmesão ralado e leve ao forno apenas para aquecer.

PURÊ DE BATATA RECHEADO

TEMPO DE PREPARO: 1 HORA | RENDIMENTO: 8 PORÇÕES

Recheio

3 colheres (sopa) de azeite
500 g de carne moída
3 dentes de alho amassados
1 cebola picada
sal e pimenta-do-reino a gosto
2 tomates picados sem sementes
½ xícara de azeitonas verdes picadas
½ xícara de cheiro-verde picado

Purê

1 kg de batata cozida
1 xícara de leite
2 colheres (sopa) de manteiga
sal a gosto
½ copo de requeijão cremoso
¾ de xícara de queijo parmesão ralado

Cobertura

3 claras em neve
½ copo de requeijão cremoso

queijo parmesão ralado para polvilhar

1. Faça o recheio: aqueça o azeite numa panela e frite a carne. Junte o alho, a cebola, o sal e a pimenta. Cozinhe por alguns minutos. Adicione o tomate e as azeitonas e cozinhe mais um pouco. Desligue o fogo e acrescente o cheiro-verde. Reserve.

2. Faça o purê: em uma panela, coloque as batatas cozidas e espremidas, o leite e a manteiga. Leve ao fogo e cozinhe por alguns minutos. Em seguida, adicione o sal, o requeijão e o queijo ralado. Cozinhe até abrir fervura. Desligue o fogo e reserve.

3. Faça a cobertura: bata as claras em neve, desligue a batedeira e incorpore o requeijão.

4. Para a montagem: unte e polvilhe o parmesão ralado uma fôrma refratária. Distribua em camadas metade do purê, o recheio, o restante do purê e a cobertura. Polvilhe o parmesão ralado e leve ao forno preaquecido a 200 °C por 15 minutos. Sirva em seguida.

QUIABO REFOGADO COM MILHO

TEMPO DE PREPARO: 30 MINUTOS | RENDIMENTO: 4 PORÇÕES

2 xícaras de quiabo cortado em rodelas de 0,5 cm
2 colheres (sopa) de suco de limão
2 colheres (sopa) de manteiga
1 colher (sopa) de óleo
2 cebolas cortadas em rodelas fino
300 g de milho verde
½ xícara de molho de tomate
sal e pimenta-do-reino a gosto

1. Em uma tigela, coloque o quiabo com o suco de limão e deixe descansar por 10 minutos.

2. Aqueça a manteiga e o óleo numa panela, em fogo médio, e refogue a cebola até dourar. Adicione o milho e refogue por mais 5 minutos. Acrescente o quiabo escorrido e cozinhe por mais 5 minutos. Junte o molho de tomate e tempere com sal e pimenta. Sirva em seguida.

TOMATE EMPANADO

TEMPO DE PREPARO: 15 MINUTOS | RENDIMENTO: 4 PORÇÕES

6 tomates médios firmes
2 colheres (sopa) de orégano
sal a gosto
1¼ xícara de queijo parmesão ralado
farinha de trigo para empanar
2 ovos batidos para empanar
farinha de mandioca para empanar
óleo para fritar

1. Despreze as tampas dos tomates e corte-os em três rodelas grossas. Tempere com sal e bastante orégano. Deixe pegar gosto por alguns minutos.

2. Em seguida, empane os tomates na seguinte ordem: queijo ralado, farinha de trigo, ovo batido e farinha de mandioca.

3. Frite as rodelas em óleo bem quente e sirva em seguida.

Dica: Depois de fritar as rodelas de tomate, coloque-as sobre papel-toalha para que sequem.

TOMATE RECHEADO

TEMPO DE PREPARO: 15 MINUTOS | RENDIMENTO: 4 PORÇÕES

4 tomates grandes
2 latas de sardinha em óleo escorrida
3 ovos cozidos e picados
½ xícara de azeitonas verdes picadas
8 biscoitos de água e sal triturados
1 xícara de maionese
folhas de salsinha para decorar

1. Retire uma tampa dos tomates e, em seguida, com uma colher, retire o miolo.

2. Em uma tigela, misture os filés de sardinha picados com o ovo, as azeitonas, o biscoito e a maionese. Recheie os tomates e leve à geladeira. Decore a superfície com folhas de salsinha e sirva.

TORTILHA DE LEGUMES

TEMPO DE PREPARO: 25 MINUTOS | RENDIMENTO: 6 PORÇÕES

6 ovos
1 colher (sopa) de farinha de trigo
1 cebola fatiada
1 xícara de ervilha em conserva escorrida
1 xícara de cenoura cozida e picada
1 xícara de palmito picado
1 xícara de vagem cozida e picada
1 xícara de cheiro-verde picado
sal e pimenta-do-reino a gosto
3 colheres (sopa) de óleo
1 xícara de queijo parmesão ralado

1. Bata os ovos na batedeira, adicione a farinha de trigo e bata por mais alguns segundos. Desligue e reserve.

2. Em uma tigela, junte a cebola, a ervilha, a cenoura cozida, o palmito, a vagem, o cheiro-verde, o sal e a pimenta. Acrescente a mistura de ovo reservada.

3. Aqueça o óleo numa frigideira e despeje a massa. Polvilhe-a com o queijo ralado e cozinhe em fogo baixo por cerca de 10 minutos. Em seguida, vire a tortilha com auxílio de uma tampa e deixe cozinhar por mais 5 minutos. Sirva em seguida.

Dica: Substitua os legumes por camarão ou carne de frango cozida e desfiada.

SUFLÊ DE CENOURA

TEMPO DE PREPARO: 1 HORA | RENDIMENTO: 4 PORÇÕES

2 cenouras médias cozidas e amassadas
½ xícara de leite
2 colheres (sopa) de farinha de trigo
sal a gosto
uma pitada de noz-moscada em pó
2 ovos, claras e gemas separadas
queijo parmesão ralado para polvilhar

1. Em uma tigela, misture bem a cenoura, o leite e a farinha de trigo. Tempere com sal e noz-moscada.

2. Acrescente as gemas, uma por vez, mexendo bem depois de cada adição. Junte as claras previamente batidas em neve, misturando delicadamente.

3. Despeje a mistura em um refratário untado e enfarinhado com farinha de rosca. Polvilhe o queijo ralado e leve ao forno preaquecido a 180 °C por 30 minutos, até dourar. Sirva em seguida para o suflê não murchar.

Dica: A cenoura pode ser substituída por diversos vegetais, como chuchu cozido, cogumelos refogados, abobrinha cozida ou espinafre refogado.

SUFLÊ DE QUEIJO

TEMPO DE PREPARO: 1 HORA | RENDIMENTO: 8 PORÇÕES

4 ovos, claras e gemas separadas
1 lata de creme de leite
1 xícara de queijo parmesão ralado
1 xícara de queijo prato ralado
sal e noz-moscada em pó a gosto
3 colheres (sopa) de manteiga
3 colheres (sopa) de farinha de trigo
¾ de xícara de leite

1. Coloque em uma tigela as gemas, o creme de leite, os dois tipos de queijo e misture bem. Tempere com sal e noz-moscada a gosto e reserve.

2. Em uma panela, derreta a manteiga em fogo baixo e refogue a farinha até dourar. Em seguida, despeje o leite, sem parar de mexer para não empelotar.

3. Quando estiver quente, retire do fogo e junte a mistura de queijos reservada. Mexa bem e acrescente as claras previamente batidas em neve, misturando delicadamente.

4. Transfira para um refratário untado e leve para assar em forno preaquecido a 180 °C por 30 minutos, ou até dourar.

TORTA CREMOSA DE ALHO-PORÓ

TEMPO DE PREPARO: 1 HORA | RENDIMENTO: 8 PORÇÕES

Massa

3 xícaras de farinha de trigo
½ xícara de margarina
½ xícara de queijo parmesão ralado
½ colher (sopa) de sal
3 ovos ligeiramente batidos
1 colher (sopa) de fermento químico em pó
1 xícara de água

Recheio

3 colheres (sopa) de azeite
200 g de bacon
1 cebola
2 alhos-porós cortados em rodelas finas
1 lata de ervilha escorrida
1 caixinha de creme de leite
1 pacote de mistura para sopa cremosa de queijo
1 xícara de leite
sal e pimenta-do-reino a gosto

gema para pincelar

1. Comece pelo recheio. Aqueça o azeite numa frigideira e frite o bacon. Junte a cebola e o alho-poró. Acrescente a ervilha, o creme de leite e a mistura para sopa de queijo dissolvida no leite. Tempere com sal e pimenta. Mexa a cada ingrediente adicionado. Desligue o fogo e reserve.

2. Para preparar a massa, em um recipiente, coloque a farinha (reserve um pouco), a margarina, o queijo, o sal, o ovo batido e o fermento. Misture para agregar todos os ingredientes. Junte a água aos poucos e mexa com as mãos até obter uma massa que não grude nos dedos; se necessário, utilize a farinha reservada.

3. Sove a massa sobre uma superfície enfarinhada e divida-a em duas partes. Abra uma das partes da massa com o rolo e coloque-a numa assadeira retangular, untada e enfarinhada. Empregue o recheio. Abra o restante da massa e cubra a torta.

4. Pincele com a gema e leve ao forno preaquecido a 200 °C por 30 minutos.

TORTA DE QUEIJO

TEMPO DE PREPARO: 1 HORA | RENDIMENTO: 8 PORÇÕES

Massa

2 xícaras de farinha de trigo
1 colher (chá) de fermento químico em pó
½ colher (chá) de sal
4 colheres (sopa) de manteiga
½ lata de creme de leite sem soro

Recheio

200 g de queijo fresco ralado
160 g de queijo parmesão ralado
200 g de queijo prato ralado
½ lata de creme de leite sem soro
sal e pimenta-do-reino a gosto
4 ovos ligeiramente batidos

1. Faça a massa: em um recipiente, coloque a farinha de trigo (reserve um pouco), o fermento, o sal e a manteiga. Misture bem. Acrescente o creme de leite e mexa a massa com as mãos, até que não grude nos dedos (se necessário, adicione um pouco da farinha reservada).

2. Sove bem a massa numa superfície enfarinhada e separe-a em duas partes. Abra uma das partes com um rolo de macarrão e coloque-a numa fôrma redonda de aro removível; não é necessário untar. Com a outra metade da massa, faça rolinhos e posicione-os nas bordas da assadeira.

3. Com um garfo, faça alguns furos para a massa não levantar durante o cozimento. Depois, leve para assar em forno preaquecido a 180 °C por cerca de 10 minutos; não deixe dourar muito. Retire do forno e reserve.

4. Prepare o recheio: em um recipiente, coloque os queijos (reserve um pouco do parmesão ralado) e misture. Adicione o creme de leite e o sal. Em seguida, acrescente o ovo batido e misture bem.

5. Despeje o recheio na fôrma da massa e polvilhe o parmesão reservado.

6. Leve para assar a 180 °C por 20 minutos. Retire do forno e sirva em seguida.

TORTA CREMOSA DE PALMITO

TEMPO DE PREPARO: 1H10 | RENDIMENTO: 8 PORÇÕES

Massa

2 xícaras de farinha de trigo
¾ de xícara de manteiga
1 colher (chá) de sal
1 gema
1 pote de iogurte natural

Recheio

3 colheres (sopa) de azeite
1 cebola picada
1 tomate sem pele e sem sementes picado
500 g de palmito picado
1 lata de ervilha escorrida
½ xícara de azeitonas verdes picadas
sal e pimenta-do-reino a gosto
180 g de requeijão cremoso
cheiro-verde picado a gosto
1 colher (sopa) de farinha de trigo

gema para pincelar

1. Faça a massa: em um recipiente, coloque a farinha de trigo (reserve uma pequena quantidade), a manteiga, o sal, a gema e o iogurte. Misture com as mãos e, se necessário, utilize a farinha reservada para dar o ponto. Cubra a massa com um pano limpo e deixe descansar por 15 minutos.

2. Prepare o recheio: aqueça o azeite numa panela e refogue a cebola até ficar transparente. Depois, junte o tomate e frite por 2 minutos, mexendo sempre. Adicione então o palmito, a ervilha e as azeitonas. Tempere com sal e pimenta e refogue mais um pouco.

3. Acrescente o requeijão cremoso, o cheiro-verde e a farinha e cozinhe por alguns minutos. Em seguida, transfira a mistura para uma vasilha e reserve.

4. Divida a massa reservada em duas partes. Abra uma delas com auxílio de um rolo e coloque-a numa assadeira redonda de aro removível. Sobre ela, coloque o recheio já frio. Abra o restante da massa com o rolo e cubra a torta.

5. Pincele a superfície com gema e leve para assar em forno preaquecido a 180 °C por 35 minutos.

ARROZ E RISOTOS

ARROZ BOLIVIANO

TEMPO DE PREPARO: 35 MINUTOS | RENDIMENTO: 4 PORÇÕES

4 colheres (sopa) de óleo
500 g de filé-mignon
3 dentes de alho picados
1 cebola picada
2 tomates picados sem pele e sem sementes
3 pimentões de cores diferentes picados
1 lata de ervilha escorrida
sal a gosto
4 bananas-da-terra cortadas em rodelas
½ xícara de cebolinha picada
2 xícaras de arroz cozido
1 colher (chá) de orégano
1¼ xícara de queijo parmesão ralado

1. Em uma panela, aqueça o óleo e frite a carne cortada em cubos até perder a cor avermelhada. A seguir, junte o alho, a cebola, o tomate e o pimentão. Cozinhe por alguns minutos. Junte a ervilha, o sal e as bananas. Cozinhe por aproximadamente 15 minutos. Desligue o fogo.

2. Adicione a cebolinha, o arroz cozido e o orégano. Misture bem, até os ingredientes se agregarem. Transfira para uma travessa funda e polvilhe o queijo ralado. Sirva em seguida.

Dica: Substitua o filé-mignon por contrafilé, lombo de porco ou peito de frango.

ARROZ COM GERGELIM

TEMPO DE PREPARO: 35 MINUTOS | RENDIMENTO: 4 PORÇÕES

3 colheres (sopa) de manteiga
1 cebola grande picada fino
2 xícaras de arroz
sal a gosto
5 xícaras de água fervente
1 colher (chá) rasa de gergelim

1. Aqueça a manteiga numa panela grande e doure a cebola. Acrescente o arroz e refogue-o até começar a prender no fundo da panela. Acrescente o sal e a água. Diminua o fogo e deixe cozinhar em fogo brando, por 20 minutos, com a panela tampada.

2. Destampe a panela, salpique o gergelim e deixe cozinhar por mais 5 minutos. Sirva quente.

ARROZ CHINÊS

TEMPO DE PREPARO: 50 MINUTOS | RENDIMENTO: 4 PORÇÕES

2 tomates picados
1 lata de milho verde escorrida
1 lata de ervilha escorrida
2 pimentões (verde e vermelho) picados
100 g de azeitonas verdes picadas
300 g de presunto cortado em cubos
2 xícaras de arroz
sal a gosto
½ maço de cheiro-verde
2 xícaras de água
1 xícara de óleo
2 ovos cozidos picados

1. Em uma tigela, coloque o tomate, o milho, a ervilha, o pimentão, as azeitonas, o presunto, o arroz, o sal e o cheiro-verde. Misture para se agregarem. Acrescente a água e misture novamente.

2. Coloque a mistura numa fôrma refratária e adicione o óleo. Cubra com papel-alumínio e leve ao forno quente para cozinhar por 45 a 50 minutos. Retire do forno e acrescente o ovo picado.

Dica: Você pode substituir o presunto por peito de frango.

ARROZ COM FEIJÃO DIFERENTE

TEMPO DE PREPARO: 35 MINUTOS | RENDIMENTO: 4 PORÇÕES

1 xícara de feijão demolhado
5 colheres (sopa) de azeite
5 dentes de alho bem picados
1 xícara de cebolinha picada fino
sal e pimenta-do-reino a gosto
2 xícaras de arroz
coentro picado para decorar

1. Leve ao fogo uma panela grande com o feijão e 1 litro de água. Deixe cozinhar, mas não o suficiente para amolecer muito. Retire do fogo e reserve separadamente o feijão e a água de cozimento.

2. Aqueça o azeite em outra panela e refogue o alho e cebolinha. Em seguida, junte os grãos de feijão, refogue-os ligeiramente e despeje na panela em que foi cozido. Tempere com o sal e a pimenta.

3. Acrescente arroz à panela e cozinhe em fogo brando, destampada. Quando toda a água tiver secado, tampe a panela e reduza o fogo ao mínimo, deixando cozinhar até que o arroz fique seco e soltinho. Transfira para uma travessa, decore com o coentro e sirva.

ARROZ COM PASSAS

TEMPO DE PREPARO: 35 MINUTOS | RENDIMENTO: 5 PORÇÕES

5 colheres (sopa) de óleo
3 xícaras de arroz
sal e pimenta-do-reino a gosto
suco de 1 limão-siciliano
200 g de uvas-passas escuras sem sementes
6 xícaras de água morna
¼ de xícara de manteiga cortada em cubinhos
castanhas de caju para guarnecer

1. Aqueça o óleo em uma panela e refogue o arroz sem deixar corar. Tempere com o sal e a pimenta. Regue com o suco de limão e acrescente as uvas-passas.

2. Despeje a água sobre o arroz e tampe a panela. Deixe cozinhar em fogo brando por cerca de 20 minutos ou até o líquido começar a secar.

3. Junte os cubinhos de manteiga e mexa delicadamente com um garfo. Guarneça com castanhas de caju. Sirva quente ou frio, conforme desejar.

ARROZ DE BRAGA

TEMPO DE PREPARO: 35 MINUTOS | RENDIMENTO: 6 PORÇÕES

5 colheres (sopa) de óleo
250 g de lombo de porco
150 g de toucinho picado
250 g de paio cortado em rodelas
2 dentes de alho picados
1 cebola picada
500 g de vagem picada
½ pimentão vermelho picado
2 tomates sem sementes picados
1 folha de louro
2 tabletes de caldo de galinha
200 g de presunto em tiras
1 repolho pequeno cortado em 8 pedaços
250 g de cenoura cortada em rodelas
3 xícaras de arroz
1 litro de água
sal a gosto
rodelas de paio frito para decorar
1 maço de cebolinha picada para decorar

1. Aqueça o óleo numa panela em fogo médio e frite o lombo cortado em tiras por 5 minutos, mexendo sempre. Junte o toucinho e o paio e frite por mais 3 minutos. Adicione o alho, a cebola, a vagem, o pimentão, o tomate, a folha de louro e os tabletes de caldo de galinha dissolvidos em um pouco de água quente. Deixe cozinhar por alguns minutos.

2. Acrescente o presunto cortado em tiras, o repolho, a cenoura e o arroz lavado e escorrido. Mexa para se agregarem. Coloque a água e o sal. Cozinhe em fogo baixo até o arroz ficar macio e úmido (cerca de 15 minutos). Se necessário, coloque mais água. Depois de pronto, decore com rodelas de paio frito e cebolinha.

ARROZ CARRETEIRO

TEMPO DE PREPARO: 35 MINUTOS | RENDIMENTO: 8 PORÇÕES

3 colheres (sopa) de azeite
5 fatias de bacon
1 gomo de linguiça calabresa
1 cebola grande picada
2 dentes de alho
1 tomate picado
1 kg de carne-seca dessalgada
3 xícaras de arroz
1 litro de água morna
½ xícara de cebolinha picada

1. Aqueça o azeite em uma panela grande e frite ligeiramente o bacon. Coloque a linguiça cortada em rodelas e frite-a por 1 minuto. Junte a cebola e o alho e refogue bem. Acrescente o tomate picado e a carne-seca cozida e desfiada. Deixe cozinhar por 5 minutos em fogo médio.

2. Junte o arroz lavado e escorrido e, em seguida, a água. Deixe no fogo até a água secar e o arroz ficar cozido (cerca de 15 minutos). Coloque o arroz numa travessa de servir e polvilhe a cebolinha.

Dica: Deixe a carne-seca de molho de um dia para o outro, trocando a água por no mínimo três vezes. Em seguida, cozinhe na pressão e desfie.

ARROZ COM LENTILHAS

TEMPO DE PREPARO: 30 MINUTOS | RENDIMENTO: 4 PORÇÕES

4 colheres (sopa) de óleo
1 cebola grande picada
2 xícaras de arroz
250 g de lentilha
4 xícaras de água
sal a gosto
2 cebolas cortadas em rodelas

1. Em uma panela média, aqueça o óleo e refogue a cebola. Acrescente o arroz e frite-o por alguns segundos. Junte a lentilha e deixe refogando, até começar a pegar no fundo da panela. Adicione a água quente e o sal e deixe cozinhar até o líquido secar (cerca de 10 minutos).

2. Enquanto isso, frite ligeiramente as rodelas de cebola em um pouco de óleo. Retire o arroz cozido da panela e coloque-o numa travessa com as rodelas de cebola fritas.

ARROZ CREMOSO COM BRÓCOLIS

TEMPO DE PREPARO: 30 MINUTOS | RENDIMENTO: 5 PORÇÕES

½ xícara de azeite
2 dentes de alho amassados
1 cebola picada fino
1 brócolis grande separado em buquês
1 xícara de bacon cortado em cubinhos
2 xícaras de arroz
2 tabletes de caldo de legumes
4 xícaras de água fervente
sal a gosto
1 copo de requeijão cremoso

1. Aqueça o azeite numa panela e refogue o alho e a cebola até dourar levemente. Acrescente os buquês de brócolis, o bacon, o arroz e o caldo de legumes e cozinhe, mexendo de vez em quando, até começar a grudar na panela.

2. Junte a água e o sal e deixe cozinhar em fogo baixo até secar o líquido (cerca de 15 minutos). Adicione então o requeijão, misture para que incorpore e sirva em seguida.

ARROZ COM FRANGO E MOZARELA

TEMPO DE PREPARO: 35 MINUTOS | RENDIMENTO: 4 PORÇÕES

½ xícara de azeite
1 cebola grande picada
1 peito de frango cozido
pimenta-do-reino a gosto
1 lata de seleta de legumes escorrida
1 lata de ervilha escorrida
½ xícara de azeitonas verdes picadas
sal e orégano a gosto
2 xícaras de molho de tomate
½ xícara de cheiro-verde picado
manteiga para untar
queijo parmesão ralado para polvilhar
4 xícaras de arroz cozido
100 g de queijo mozarela fatiado fino

1. Aqueça o azeite numa panela e frite a cebola até ela ficar murcha. Acrescente então o frango ligeiramente desfiado, a pimenta, a seleta de legumes, a ervilha, as azeitonas, o sal, o orégano e o molho de tomate. Desligue o fogo e salpique o cheiro-verde. Reserve.

2. Em uma fôrma refratária untada com manteiga e queijo ralado, monte o prato da seguinte maneira: uma camada de frango refogado, uma camada de arroz, mais uma camada de frango, mais uma camada de arroz. Para finalizar, uma última camada de frango coberta com fatias de mozarela. Leve ao forno a 180 °C por cerca de 20 minutos.

Dica: Cozinhe o peito de frango com água, sal e 1 tablete de caldo de galinha.

ARROZ COM CARNE GRATINADO

TEMPO DE PREPARO: 20 MINUTOS | RENDIMENTO: 4 PORÇÕES

4 xícaras de arroz branco cozido
2 xícaras de creme de leite
1 xícara de carne assada desfiada
1 xícara de cenoura cortada em cubos
1 xícara de ervilha em conserva escorrida
½ xícara de requeijão cremoso
½ xícara de queijo mozarela ralado
½ xícara de queijo provolone ralado
2 colheres (sopa) de salsinha picada
sal e pimenta-do-reino a gosto
4 colheres (sopa) de queijo parmesão ralado
2 colheres (sopa) de farinha de rosca

1. Em uma tigela grande, misture bem o arroz, o creme de leite, a carne assada, a cenoura, a ervilha, o requeijão, a mozarela, o provolone, a salsinha, o sal e a pimenta, até que tudo fique bem incorporado. Reserve.

2. Unte uma fôrma refratária média, polvilhe o parmesão e a farinha de rosca misturados e coloque a mistura reservada.

3. Leve para gratinar ao forno preaquecido a 220 °C por cerca de 8 minutos. Sirva em seguida.

ARROZ ENFORMADO COM LINGUIÇA

TEMPO DE PREPARO: 40 MINUTOS | RENDIMENTO: 4 PORÇÕES

500 g de linguiça fresca sem pele
3 dentes de alho amassados
1 cebola grande picada fino
2 xícaras de molho de tomate
sal e pimenta-do-reino a gosto
¼ de xícara de salsinha picada
5 xícaras de arroz branco cozido
3 colheres (sopa) de requeijão cremoso
margarina para untar a assadeira
½ xícara de queijo parmesão ralado
salsinha para polvilhar

1. Em uma panela, frite a linguiça na própria gordura até que doure. Acrescente a cebola e o alho e refogue-os por 3 minutos. Junte o molho de tomate, o sal, a pimenta e a salsinha e cozinhe por cerca de 10 minutos. Reserve.

2. Em uma tigela, misture o arroz com o requeijão. Reserve.

3. Em uma fôrma de furo no meio, untada com margarina e polvilhada com parmesão, espalhe metade do arroz e o molho de linguiça e cubra com o arroz restante.

4. Leve ao forno preaquecido a 220 °C por cerca de 20 minutos. Desenforme, polvilhe a salsinha picada e sirva em seguida.

ARROZ DE DOMINGO

TEMPO DE PREPARO: 30 MINUTOS | RENDIMENTO: 4 PORÇÕES

3 colheres (sopa) de margarina
3 colheres (sopa) de cebola picada
1 lata de seleta de legumes
1 vidro de palmito picado
½ xícara de azeitonas verdes picadas
100 g de presunto picado
sal a gosto
½ xícara de cheiro-verde picado
3 xícaras de arroz cozido
4 ovos
margarina para untar
1 lata de molho de tomate
200 g de queijo mozarela ralado
orégano a gosto

1. Derreta a margarina numa frigideira e refogue a cebola até ficar transparente. Junte a seleta de legumes, o palmito e as azeitonas. Cozinhe por aproximadamente 3 minutos. Adicione o presunto, o sal e o cheiro-verde. Deixe cozinhar por mais 2 minutos. Acrescente o arroz cozido, misture e reserve.

2. Frite os ovos, um por vez, e reserve. Unte com margarina uma fôrma refratária e despeje o arroz. Regue-o com o molho de tomate e polvilhe a mozarela ralada. Coloque os ovos fritos por cima e polvilhe orégano. Leve ao forno quente por cerca de 5 minutos para derreter a mozarela.

ARROZ COM AZEITONAS FRITAS

TEMPO DE PREPARO: 30 MINUTOS | RENDIMENTO: 4 PORÇÕES

2 xícaras de arroz
sal a gosto
150 g de azeitonas recheadas com pimentão
3 colheres (sopa) de azeite

1. Lave e escorra o arroz. Leve ao fogo 5 xícaras de água com sal. Quando a água ferver, junte o arroz e cozinhe por 20 minutos, em fogo brando, sem mexer.

2. Corte as azeitonas em rodelas. Aqueça o azeite numa frigideira funda, junte as azeitonas e frite-a ligeiramente. Coloque o arroz cozido na frigideira, misture bem e sirva

Dica: Este arroz acompanha muito bem pratos com carne ou com peixe.

ARROZ MARINHEIRO

TEMPO DE PREPARO: 30 MINUTOS | RENDIMENTO: 4 PORÇÕES

3 colheres (sopa) de azeite
200 g de linguiça portuguesa
1 cebola cortada em rodelas
200 g de tomate-cereja
200 g de ervilha fresca
sal a gosto
2 xícaras de arroz
5 xícaras de água quente
5 ovos
1 lata de molho de tomate
300 g de queijo mozarela ralado grosso
rodelas de linguiça portuguesa frita para decorar

1. Aqueça o azeite numa panela larga e frite a linguiça cortada em rodelas por 3 minutos. Junte a cebola e refogue. Adicione o tomate-cereja, a ervilha e o sal. Cozinhe por 5 minutos. Acrescente o arroz e a água quente. Cozinhe em fogo baixo com a panela tampada por cerca de 15 minutos.

2. A seguir, quebre os ovos sobre o arroz, tampe e cozinhe por mais 5 a 10 minutos. Após cozer os ovos, espalhe o molho de tomate (quente). Polvilhe a mozarela e decore com rodelas de linguiça portuguesa frita.

ARROZ NAPOLITANO

TEMPO DE PREPARO: 30 MINUTOS | RENDIMENTO: 4 PORÇÕES

4 xícaras de arroz cozido
200 g de presunto cortado em cubos
150 g de queijo mozarela cortado em cubos
1 xícara de ervilha em conserva escorrida
1 cenoura ralada fino
1 colher (sopa) de manteiga derretida
sal a gosto
margarina para untar
1 xícara de molho de tomate
100 g de queijo mozarela ralado

1. Em uma tigela grande, misture o arroz cozido, os cubos de presunto e de mozarela, a ervilha, a cenoura, a manteiga e o sal. Transfira para uma fôrma refratária média untada com margarina.

2. Cubra o arroz com o molho de tomate, salpique a mozarela ralada e leve ao forno preaquecido a 200 °C por cerca de 20 minutos. Retire do forno e sirva em seguida.

COROA DE ARROZ COM CAMARÃO

TEMPO DE PREPARO: 35 MINUTOS | RENDIMENTO: 4 PORÇÕES

½ xícara de óleo
1 cebola pequena bem picada
2 dentes de alho amassados
1 kg de camarão médio limpo
½ xícara de vinho branco seco
½ tablete de caldo de peixe dissolvido em ½ xícara de água quente
2 xícaras de salsinha picada fino
4 colheres (sopa) de manteiga
1 colher (sopa) de farinha de rosca
4 xícaras de arroz cozido

1. Em uma panela, refogue a cebola e o alho rapidamente. Em seguida, frite os camarões até começarem a ficar rosados. Acrescente então o vinho, o caldo de peixe e metade da salsinha. Deixe cozinhar por 5 minutos.

2. Coe o camarão e leve o caldo do cozimento ao fogo para apurar. Depois, prove o sal e reserve.

3. Unte uma fôrma refratária redonda com manteiga e polvilhe a farinha de rosca. Coloque na fôrma uma camada de arroz e espalhe pedacinhos de manteiga. Cubra com o camarão, despeje o restante do arroz e aperte um pouco, para não deixar espaços vazios.

4. Distribua manteiga por cima dele e leve ao forno preaquecido a 200 °C por 10 minutos. Retire do forno, deixe esfriar e desenforme.

5. À parte, sirva numa molheira o caldo reservado, coado, com o restante da salsinha.

PUDIM DE ARROZ

TEMPO DE PREPARO: 1 HORA | RENDIMENTO: 4 PORÇÕES

1 colher (sopa) de manteiga
2 colheres (sopa) de óleo
2 latas de ervilha escorrida
2 cenouras médias raladas grosso
4 tomates sem pele e sem sementes picados
1 colher (sopa) de salsinha picada
1 cebola ralada fino
sal e pimenta-do-reino a gosto
3 xícaras de arroz cozido
1 xícara de queijo parmesão ralado
farinha de rosca para polvilhar

1. Em uma frigideira grande, derreta metade da manteiga, junte o óleo e refogue a ervilha, a cenoura, o tomate, a salsinha e a cebola. Tempere a gosto com o sal e a pimenta. Retire do fogo e adicione o arroz cozido reservado e o parmesão ralado.

2. Unte uma fôrma de furo no meio com a manteiga restante e polvilhe-a com farinha de rosca. Verta o conteúdo da frigideira na fôrma, comprima bem o arroz e leve ao forno preaquecido a 160 °C por cerca de 40 minutos. Desenforme o arroz em um prato e sirva em seguida.

PAELLA

TEMPO DE PREPARO: 50 MINUTOS | RENDIMENTO: 6 PORÇÕES

1 xícara de azeite
4 dentes de alho amassados
1 cebola grande bem picada
300 g de frango cortado em pedaços pequenos
2 tomates sem sementes picados
2 pimentões (vermelho e amarelo) sem sementes
300 g de lula limpa e cortada em anéis
2 xícaras de ervilha
sal e pimenta-do-reino a gosto
1 colher (chá) de açafrão
2 xícaras de arroz
2 xícaras de água quente
400 g de camarão médio limpo e aferventado
6 camarões grandes para decorar

1. Aqueça o azeite numa paellera (ou numa frigideira bem grande e funda) e refogue o alho e a cebola. Acrescente os pedaços de frango e frite-os de ambos os lados até ficarem dourados. Junte o tomate, os dois pimentões cortados em tiras, a lula, a ervilha, o sal e a pimenta. Cozinhe por cerca de 10 minutos.

2. Adicione o açafrão, o arroz e a água quente e deixe cozinhar por aproximadamente 10 minutos. Junte os camarões limpos e aferventados. Misture e desligue o fogo. Decore a superfície do arroz com os camarões grandes, previamente fritos em alho e óleo. Sirva em seguida.

Dica: Quando aferventar os camarões, reserve a água da fervura para cozinhar o arroz. A paellera pode ser substituída por uma panela grande e larga. Nesse caso, transfira a paella pronta para uma travessa na hora de servir.

RISOTO DE CAMARÃO

TEMPO DE PREPARO: 40 MINUTOS | RENDIMENTO: 4 PORÇÕES

4 colheres (sopa) de azeite
3 dentes de alho picados
1 cebola picada
2 xícaras de molho de tomate
1 lata de ervilha escorrida
1 vidro pequeno de palmito picado
sal e pimenta-do-reino a gosto
1 kg de camarão médio limpo
1 xícara de cheiro-verde picado
3 xícaras de arroz cozido
4 camarões grandes para decorar

1. Aqueça o azeite numa panela e refogue o alho e a cebola. Junte o molho de tomate. Cozinhe por 10 a 15 minutos. Adicione a ervilha, o palmito e tempere com sal e pimenta. Mexa e cozinhe por mais 5 a 6 minutos.

2. Adicione os camarões previamente aferventados e o cheiro-verde. Misture e desligue o fogo. Acrescente o arroz cozido e mexa para agregar. Decore com os camarões cozidos com sal e fritos em azeite.

RISOTO DE FORNO COM ASPARGO

TEMPO DE PREPARO: 50 MINUTOS | RENDIMENTO: 4 PORÇÕES

3 latas de aspargos
2 colheres (sopa) de manteiga
2 xícaras de arroz
3 tabletes de caldo de carne dissolvidos em 1,5 litro de água
1 xícara de queijo parmesão ralado

1. Escorra a água dos aspargos, corte as pontas e reserve-as. Corte o restante em 3 partes. Derreta a manteiga numa panela e refogue o arroz. Adicione uma concha de caldo de carne fervente e mexa sem parar.

2. Vá juntando aos poucos o restante do caldo fervente. Depois de 15 minutos de fervura, acrescente os pedaços e as pontas de aspargo (reserve alguns para enfeitar o prato). Deixe o arroz cozinhar por mais alguns minutos.

3. Retire a panela do fogo, junte o parmesão ralado e mexa bem. Transfira o arroz para uma fôrma refratária e leve ao forno quente por 10 minutos.

4. Enfeite o arroz com as pontas de aspargo reservadas, ligeiramente refogadas em manteiga.

RISOTO DE ALCACHOFRA E PRESUNTO

TEMPO DE PREPARO: 45 MINUTOS | RENDIMENTO: 4 PORÇÕES

5 fundos de alcachofra em conserva
3 colheres (sopa) de azeite
1 cebola picada fino
1 xícara de arroz arbóreo
½ xícara de vinho branco seco
1 tablete de caldo de legumes diluído em 1 litro de água
sal e pimenta-do-reino branca a gosto
200 g de presunto cortado em cubinhos
2 colheres (sopa) de manteiga
1 xícara de queijo parmesão ralado
1 colher (sopa) de salsinha picada

1. Corte os fundos de alcachofra em pedaços pequenos. Reserve.

2. Aqueça o azeite numa frigideira grande e refogue a cebola até que fique macia. Acrescente o arroz e refogue-o ligeiramente, por cerca de 2 minutos. Despeje o vinho e cozinhe até o álcool evaporar.

3. Aos poucos, comece a acrescentar o caldo de legumes e deixe cozinhar, mexendo sempre, até que o líquido seja absorvido e o arroz fique macio (cerca de 15 minutos). Tempere com sal e pimenta. Acrescente os cubinhos de presunto e os pedaços de fundo de alcachofra. Desligue o fogo e misture a manteiga e o parmesão ralado. Tampe a frigideira e deixe descansar por 5 minutos. Salpique a salsinha sobre o risoto e sirva.

RISOTO DE BACALHAU

TEMPO DE PREPARO: 50 MINUTOS | RENDIMENTO: 4 PORÇÕES

700 g de bacalhau dessalgado
½ xícara de azeite
1 cebola picada
2 dentes de alho amassados
2 tomates sem sementes picados
1 lata de milho verde escorrido
1 lata de ervilha escorrida
1 vidro de palmito picado
orégano a gosto
pimenta-do-reino a gosto
1 xícara de arroz
3 xícaras de água fervente
½ xícara de azeitonas portuguesas
1 xícara de cheiro-verde picado
queijo parmesão ralado para polvilhar

1. Cozinhe o bacalhau em água fervente e desfie-o. Reserve.

2. Aqueça o azeite numa panela e refogue o alho e a cebola. Junte o tomate e cozinhe por 3 minutos. Agregue o milho verde, a ervilha, o bacalhau desfiado, o palmito, o orégano e a pimenta. Cozinhe por cerca de 10 minutos.

3. Adicione o arroz e a água. Misture e deixe cozinhar aproximadamente 10 minutos, ou até secar o líquido. Transfira o arroz para uma travessa funda e espalhe as azeitonas por cima. Polvilhe o cheiro-verde e o queijo ralado. Sirva imediatamente.

RISOTO DE CALABRESA

TEMPO DE PREPARO: 40 MINUTOS | RENDIMENTO: 4 PORÇÕES

3 colheres (sopa) de azeite
3 fatias de bacon
300 g de linguiça calabresa cortada em rodelas
1 colher (sopa) de cebola ralada
1 vidro pequeno de palmito picado
1 lata de ervilha escorrida
1 tomate sem sementes picado
sal a gosto
1 colher (chá) de páprica doce
1 xícara de arroz
2½ xícaras de água fervente
1 xícara de cebolinha picada
queijo parmesão ralado para polvilhar

1. Coloque o azeite numa panela e aqueça. Adicione o bacon e a linguiça e frite até dourar. Junte a cebola e frite até ela ficar transparente. Em seguida, acrescente o palmito, a ervilha, o tomate e o sal. Cozinhe por 5 minutos em fogo médio.

2. Acrescente então a páprica doce dissolvida em um pouco de água, o arroz e a água quente. Misture bem, tampe a panela e cozinhe até o líquido secar e o arroz ficar cozido, porém úmido (cerca de 15 minutos). Transfira o risoto para uma travessa, decore com a cebolinha e polvilhe o queijo ralado.

RISOTO DE FRANGO

TEMPO DE PREPARO: 20 MINUTOS | RENDIMENTO: 4 PORÇÕES

4 colheres (sopa) de azeite
1 cebola picada
1 tomate sem sementes picado
1 peito de frango grande cozido
sal a gosto
1 lata de molho de tomate
1 lata de ervilha escorrida
1 lata de milho verde escorrido
½ xícara de azeitonas verdes picadas
4 xícaras de arroz cozido
½ xícara de cebolinha
queijo parmesão ralado para polvilhar

1. Aqueça o azeite numa panela e refogue a cebola até ficar transparente. Junte o tomate, o peito de frango desfiado, o sal, o molho de tomate, a ervilha, o milho verde e as azeitonas. Misture a cada ingrediente adicionado. Cozinhe por aproximadamente 5 minutos.

2. Acrescente então o arroz cozido e mexa para agregar. Desligue o fogo. Polvilhe a cebolinha e o queijo ralado. Sirva em seguida.

Dica: Cozinhe o peito de frango com caldo de galinha e legumes.

RISOTO DE CARNE-SECA

TEMPO DE PREPARO: 35 MINUTOS | RENDIMENTO: 4 PORÇÕES

½ xícara de azeite
1 cebola grande bem picada
4 dentes de alho amassados
500 g de carne-seca cozida e desfiada
1 pimentão amarelo picado grosseiramente
1 lata de molho de tomate
1 lata de ervilha escorrida
1 xícara de azeitonas verdes picadas
pimenta-do-reino a gosto
4 xícaras de arroz cozido
queijo parmesão ralado para polvilhar

1. Aqueça o azeite numa panela e refogue a cebola e o alho por cerca de 3 minutos. Junte a carne-seca, o pimentão, o molho de tomate, a ervilha, as azeitonas e a pimenta. Deixe ferver em fogo baixo por cerca de 20 minutos.

2. Acrescente o arroz cozido e misture bem, para os ingredientes se agregarem. Desligue o fogo e deixe a panela tampada por 5 minutos Depois, transfira o risoto para uma travessa e decore a gosto. Polvilhe parmesão ralado antes de servir.

RISOTO MEXICANO

TEMPO DE PREPARO: 35 MINUTOS | RENDIMENTO: 4 PORÇÕES

4 xícaras de água
1 colher (chá) de sal
2 xícaras de arroz
uma pitada de açafrão ou 1 colher (chá) de cúrcuma
3 colheres (sopa) de azeite
1 cebola pequena bem picada
1 vidro de palmito picado
200 g de presunto picado
1 manga madura picada
1 xícara de azeitonas verdes picadas
½ xícara de cebolinha picada
½ xícara de queijo parmesão ralado
orégano e pimenta-do-reino a gosto
6 fatias de presunto para decorar
6 fatias de manga madura para decorar

1. Coloque a água com o sal numa panela, em fogo médio, e cozinhe o arroz com o açafrão ou a cúrcuma, até o líquido secar. Reserve.

2. Aqueça o azeite em outra panela e frite a cebola até ficar transparente. Adicione o palmito e mexa. Desligue o fogo e misture o presunto e a manga.

3. Coloque o arroz já cozido numa travessa junto com o refogado preparado, as azeitonas, a cebolinha, o queijo ralado, o orégano e a pimenta. Misture delicadamente e decore com fatias de presunto e manga. Sirva em seguida.

RISOTO GRATINADO

TEMPO DE PREPARO: 55 MINUTOS | RENDIMENTO: 4 PORÇÕES

2 xícaras de arroz
2 colheres (sopa) de manteiga
2 colheres (sopa) de farinha de trigo
½ litro de leite
1 xícara de queijo parmesão ralado
1 xícara de creme de leite
sal e pimenta-do-reino a gosto
200 g de camarão cozido
100 g de queijo mozarela fatiado

1. Em uma panela grande, cozinhe o arroz em água e sal, sem deixar que amoleça demais. Escorra-o bem e coloque-o em um pano de prato, sobre uma assadeira. Dobre as pontas do pano de prato para cobrir o arroz e leve ao forno brando por 15 minutos, para que seque completamente.

2. Derreta a manteiga numa panela média, junte a farinha e misture bem. Adicione, aos poucos, o leite fervente, sem parar de mexer. Cozinhe por 5 minutos. Tire a panela do fogo e adicione o queijo ralado, o creme de leite, o sal e a pimenta.

3. Em uma travessa grande, misture o camarão com o arroz e metade do molho branco. Transfira para uma fôrma refratária previamente untada e cubra com as fatias de mozarela e o molho branco restante. Leve ao forno preaquecido a 180 °C por 10 minutos. Sirva imediatamente.

RISOTO NA PANELA DE PRESSÃO

TEMPO DE PREPARO: 10 MINUTOS | RENDIMENTO: 4 PORÇÕES

1 colher (sopa) de azeite
1 cebola pequena picada
2 xícaras de arroz arbóreo ou para risoto
½ xícara de vinho branco seco
1 litro de água
1 tablete de caldo de legumes
1 xícara de ervilha fresca
4 salsichas cozidas cortadas em rodelas
2 colheres (sopa) de manteiga
½ xícara de queijo parmesão ralado
sal e pimenta-do-reino a gosto

1. Na panela de pressão, aqueça o azeite e refogue a cebola em fogo médio. Junte o arroz e o vinho branco e mexa até secar. Despeje a água e o tablete de caldo. Mexa até desfazer o tablete e começar a ferver.

2. Tampe a panela e aumente o fogo. Quando a panela começar a chiar, conte 5 minutos e desligue. Use uma colher de cabo comprido para levantar a válvula e deixar sair a pressão da panela.

3. Certifique-se de ter saído toda a pressão da panela e abra a tampa com cuidado. Coloque a ervilha e a salsicha e volte a panela ao fogo. Mexa vigorosamente para o arroz ficar cremoso, mas al dente.

4. Acrescente a manteiga e o queijo parmesão, tempere com sal e pimenta, misture bem e sirva.

ROCAMBOLE DE ARROZ

TEMPO DE PREPARO: 1 HORA | RENDIMENTO: 6 PORÇÕES

Recheio

1 maço de espinafre cozido
2 dentes de alho amassados
1 cebola picada
1 tomate picado
pimenta-do-reino a gosto
1 colher (sopa) de azeite
½ colher (chá) de sal
250 g de ricota temperada
1 colher (chá) de orégano

Massa

2 xícaras de leite
3 ovos
½ xícara de óleo
3 colheres (sopa) de queijo parmesão ralado
2½ xícaras de arroz cozido
1 xícara de farinha de trigo
1 colher (chá) de fermento químico em pó
1 colher (sopa) de salsinha picada
1 colher (chá) de sal

requeijão ou maionese para decorar
queijo parmesão ralado para polvilhar

1. Prepare o recheio: em um recipiente, coloque o espinafre cozido, o alho, a cebola, o tomate, a pimenta, o azeite e o sal. Misture. Acrescente a ricota temperada previamente com orégano e pimenta. Acerte o sal e misture bem. Reserve.

2. Prepare a massa: no liquidificador, coloque o leite, os ovos e o óleo e bata por 2 minutos. Desligue e junte o queijo ralado e o arroz cozido. Bata novamente. Sempre batendo, acrescente a farinha, aos poucos, o fermento, a salsinha e o sal.

3. Desligue o liquidificador e despeje a massa obtida numa assadeira retangular grande, untada e polvilhada com farinha de rosca. Leve para assar em forno preaquecido a 180 °C por cerca de 20 minutos, ou até que fique dourada.

4. Retire a massa do forno e desenforme-a sobre um pano úmido. Apare as pontas irregulares.

5. Espalhe o recheio sobre a superfície da massa e enrole-a com auxílio do pano. Retire o pano, coloque o rocambole numa travessa e cubra-o com requeijão ou maionese. Polvilhe queijo ralado sobre ele e sirva.

PIZZA DE ARROZ

TEMPO DE PREPARO: 40 MINUTOS | RENDIMENTO: 6 UNIDADES

Massa

2 colheres (sopa) de queijo parmesão
1 colher (sopa) de fermento químico em pó
2 ovos
2 xícaras de arroz cozido
1 xícara de leite
½ xícara de óleo

Recheio

2 colheres (sopa) de azeite
½ cebola picada
½ tomate sem sementes picado
sal e pimenta-do-reino a gosto
2 xícaras de frango cozido e desfiado
queijo mozarela a gosto
orégano para polvilhar

1. Prepare o recheio: aqueça o azeite numa panela média e refogue a cebola e o tomate por 2 minutos em fogo alto. Tempere com o sal e a pimenta, misture e adicione o frango desfiado. Refogue por mais 3 minutos. Reserve.

2. Junte todos os ingredientes da massa no copo do liquidificador e bata por 2 minutos até ficar homogêneo. Despeje essa mistura numa assadeira média, untada e enfarinhada, e leve para assar em forno preaquecido a 150 °C por cerca de 20 minutos. Evite que doure.

3. Depois, retire a massa do forno e unte ligeiramente a sua superfície com óleo. Espalhe por cima o recheio reservado e as fatias de mozarela e polvilhe orégano.

4. Leve novamente ao forno somente para derreter o queijo. Sirva em seguida.

MINIPIZZA DE ARROZ

TEMPO DE PREPARO: 50 MINUTOS | RENDIMENTO: 6 PORÇÕES

Massa

2 xícaras de leite
4 ovos
¾ de xícara de queijo parmesão ralado
2 xícaras de arroz cozido
100 g de margarina derretida
1 xícara de farinha de trigo
1 colher (sopa) de fermento químico em pó

Cobertura

2 xícaras de molho de tomate
500 g de queijo mozarela ralado
bacon cortado em tiras de 3 cm
azeite a gosto
orégano a gosto

1. No copo do liquidificador, junte o leite, os ovos, o queijo ralado e o arroz e bata por 1 minuto. Junte a margarina derretida, bata por mais 1 minuto e desligue o liquidificador. Acrescente a farinha e o fermento peneirados e bata novamente, até a mistura ficar homogênea.

2. Reparta a massa obtida em forminhas (próprias para minipizza) untadas com óleo. Leve ao forno preaquecido a 200 °C por aproximadamente 20 minutos. Em seguida, retire do forno e deixe esfriar.

3. Coloque molho de tomate sobre a massa e espalhe a mozarela e o bacon, previamente frito. Regue com azeite e polvilhe orégano. Leve ao forno quente por 5 minutos, apenas para derreter a mozarela.

MASSAS, CREPES E PANQUECAS

CANELONE COM RECHEIO DE MILHO E DOIS MOLHOS

TEMPO DE PREPARO: 50 MINUTOS | RENDIMENTO: 6 PORÇÕES

500 g de massa pronta para canelone
queijo parmesão ralado para polvilhar

Recheio
1 colher (sopa) de manteiga
1 colher (sopa) de cebola picada
2 dentes de alho picados
1 lata de milho verde escorrido
1 pacote de mistura para sopa cremosa de queijo
1 xícara de leite
pimenta-do-reino branca a gosto

Molho de ervas
1 pote de iogurte natural
½ xícara de azeite
½ xícara de folhas de manjericão
5 ramos de alecrim picados
½ xícara de folhas de hortelã
sal a gosto
pimenta-do-reino a gosto

Molho vermelho
2 colheres (sopa) de azeite
4 dentes de alho picados
1 lata de molho de tomate
sal e pimenta-do-reino a gosto

1. Faça o recheio: aqueça a manteiga numa panela e refogue a cebola e o alho. Junte o milho verde, a sopa de queijo dissolvida no leite e a pimenta. Misture a cada ingrediente adicionado, deixe ferver em fogo baixo e desligue. Reserve.

2. Para preparar o molho de ervas, coloque no copo do liquidificador o iogurte, o azeite, o manjericão, o alecrim e a hortelã. Bata até ficar homogêneo. Despeje essa mistura numa panela e aqueça por 2 minutos. Junte o sal e a pimenta e misture. Reserve.

3. Faça o molho vermelho: aqueça o azeite numa panela e refogue o alho. Acrescente o molho de tomate e os temperos. Deixe ferver por 3 minutos

4. Espalhe um pouco de molho vermelho no fundo de uma fôrma refratária.

5. Pegue as fatias de massa e por cima coloque porções de recheio, enrole-as como canelone e acomode-os em uma fôrma refratária, um ao lado do outro. Regue os canelones com o molho vermelho e, a seguir, com o molho de ervas. Polvilhe o queijo ralado e leve ao forno quente para gratinar.

CAPELETE À ROMANESCA

TEMPO DE PREPARO: 35 MINUTOS | RENDIMENTO: 5 PORÇÕES

1 cebola picada
4 colheres (sopa) de margarina
300 g de presunto picado
1 lata de ervilha escorrida
300 g de cogumelos em conserva fatiados
2 xícaras de creme de leite
500 g de capelete de carne
100 g de queijo parmesão ralado
sal a gosto

1. Em uma panela grande, em fogo alto, doure a cebola na margarina por 3 minutos. Junte o presunto e frite por alguns minutos, mexendo sem parar.

2. Acrescente a ervilha, o cogumelo e o creme de leite, misture e desligue o fogo. Reserve aquecido.

3. Cozinhe o capelete em água e sal por cerca de 10 minutos. Escorra e coloque-o numa travessa funda.

4. Despeje o molho sobre o capelete e misture delicadamente. Polvilhe o queijo parmesão e sirva em seguida.

CONCHA AOS QUATRO QUEIJOS

TEMPO DE PREPARO: 1 HORA | RENDIMENTO: 6 PORÇÕES

Massa
500 g de macarrão tipo concha grande
200 g de requeijão cremoso
queijo parmesão ralado para polvilhar

Recheio
200 g de ricota fresca ralada
200 g de queijo provolone ralado
300 g de queijo parmesão ralado
orégano a gosto

Molho
½ xícara de azeite
3 dentes de alho picados
1 cebola bem picada
1 kg de tomate sem pele
sal a gosto
½ maço de manjericão picado

1. Em um recipiente, junte a ricota, o provolone, o parmesão e o orégano. Misture e reserve.

2. Cozinhe o macarrão al dente conforme instruções da embalagem, porém em duas etapas, para evitar que as conchas grudem.

3. Enquanto isso, faça o molho: em uma panela aqueça o azeite e refogue o alho e a cebola. Junte os tomates previamente batidos no liquidificador e o sal. Deixe cozinhar, em fogo baixo, até obter um molho meio denso. Adicione o manjericão picado e desligue. Reserve.

4. Recheie cada concha com um pouco de requeijão e a mistura de queijos reservada. Acomode as conchas numa fôrma refratária untada com um pouco de molho, uma ao lado da outra, e regue com o molho. Polvilhe queijo ralado e leve ao forno quente para gratinar (aproximadamente 10 minutos). Sirva em seguida.

Dica: Na hora de escorrer as conchas, faça-o sob água morna, pois a água fria pode rompê-las. Depois, escorra novamente em água fria.

FALSO CANELONE RECHEADO

TEMPO DE PREPARO: 30 MINUTOS | RENDIMENTO: 4 PORÇÕES

Canelone

300 g de presunto fatiado
300 g de queijo mozarela fatiado

Recheio

4 colheres (sopa) de azeite
1 cebola picada
1 tomate picado
1 peito de frango cozido e desfiado
sal e pimenta-do-reino a gosto
1 xícara de cheiro-verde picado

Molho

1 caixinha de creme de leite
1 lata de molho de tomate
queijo parmesão ralado para polvilhar

1. Faça o recheio: em fogo médio, aqueça o azeite numa panela e frite a cebola até ficar transparente. Junte o tomate e refogue por 2 minutos. Adicione o peito de frango previamente desfiado e misture. Tempere com o sal e a pimenta. Desligue o fogo e misture o cheiro-verde. Reserve.

2. Para montar os canelones: sobre uma tábua de carne, coloque uma fatia de presunto e, sobre ela, uma de mozarela untada com creme de leite (para aderir o recheio). Coloque o recheio e enrole-o. Repita a operação com o restante das fatias e do recheio.

3. Em uma fôrma refratária levemente untada com creme de leite, acomode os canelones um ao lado do outro e regue-os com o molho de tomate. Polvilhe o queijo ralado e leve ao forno quente por cerca de 5 minutos.

FETTUCCINE COM FRUTOS DO MAR

TEMPO DE PREPARO: 1H20 | RENDIMENTO: 6 PORÇÕES

12 mariscos com conchas
12 vôngoles com conchas
150 g de camarão médio limpo
¾ de xícara de azeite
2 dentes de alho picados
2 colheres (sopa) de salsinha picada
400 g de lula limpa cortada em anéis
1 xícara de vinho branco seco
4 tomates sem sementes picados
½ pimenta-malagueta sem sementes picada
sal a gosto
500 g de macarrão fettuccine fresco

1. Deixe os mariscos e os vôngoles de molho na água por 5 minutos. Enxágue-os e limpe as conchas. Descarte as conchas que estiverem abertas. Corte os camarões ao meio. Reserve tudo.

2. Em fogo médio, aqueça o azeite numa panela e frite o alho até dourar. Então, adicione a salsinha e a lula e refogue por cerca de 2 minutos. Junte o vinho e deixe cozinhar até o líquido ficar reduzido à metade.

3. Em seguida, acrescente o tomate e deixe ferver. Diminua o fogo, tampe a panela e cozinhe por cerca de 40 minutos, ou até a lula ficar bem macia. Se o líquido evaporar antes disso, acrescente um pouco de água.

4. Quando a lula estiver macia, adicione a pimenta, os mariscos e os vôngoles. Quando eles começarem a abrir, acrescente o camarão. Tempere com sal, junte um pouco mais de azeite e cozinhe por mais 3 minutos. Desligue o fogo e reserve.

5. Cozinhe o fettuccine em água fervente com sal até ficar al dente. Escorra e misture com o molho numa travessa funda, deixando os mariscos e os vôngoles nas conchas. Sirva imediatamente.

FETTUCCINE ALFREDO

TEMPO DE PREPARO: 25 MINUTOS | RENDIMENTO: 5 PORÇÕES

500 g de macarrão fettuccine fresco
3 colheres (sopa) de manteiga
200 g de queijo parmesão ralado na hora
água do cozimento do macarrão

1. Cozinhe o fettuccine em água salgada abundante até a massa ficar al dente. Separe 1 xícara desse caldo para ser utilizado mais adiante, se necessário. Tome muito cuidado para a massa não ficar mole demais, pois ela vai cozinhar mais um pouco na hora de misturá-la ao molho.

2. Em uma travessa, coloque metade da manteiga, ¾ do queijo ralado e um pouco da água do cozimento da massa, o suficiente para obter uma mistura cremosa e fluida.

3. Coloque o macarrão escorrido numa tigela grande e despeje o molho preparado. Polvilhe o restante do queijo ralado e misture imediatamente com um garfo. Se a mistura estiver muito espessa, acrescente um pouco mais do caldo reservado. Sirva em seguida.

FUSILLI AO MOLHO VERDE

TEMPO DE PREPARO: 40 MINUTOS | RENDIMENTO: 5 PORÇÕES

2 xícaras de espinafre cozido
1 lata de creme de leite
sal e pimenta-do-reino a gosto
500 g de macarrão fusilli
200 g de presunto cortado em cubinhos
manteiga para untar
50 g de queijo parmesão ralado

1. Bata o espinafre e o creme de leite no liquidificador até obter uma mistura homogênea. Tempere com o sal e a pimenta. Reserve.

2. Cozinhe o fusilli em bastante água salgada fervente, escorra-o e coloque-o numa tigela. Em seguida, regue o macarrão com o molho verde e misture o presunto.

3. Transfira o macarrão para uma fôrma refratária untada com manteiga, cubra-o com o queijo ralado e leve ao forno quente para gratinar. Sirva em seguida.

LASANHA À BOLONHESA

TEMPO DE PREPARO: 1H10 | RENDIMENTO: 8 PORÇÕES

300 g de massa pronta de lasanha pré-cozida
2 xícaras de queijo mozarela ralado grosso

Molho de carne

3 colheres (sopa) de azeite
1 cebola picada fino
4 dentes de alho picados fino
500 g de carne moída
150 g de linguiça calabresa sem pele moída
1 tablete de caldo de carne dissolvido em 1½ xícara de água fervente
1 colher (chá) de sal
½ colher (chá) de sementes de erva-doce

Molho branco

2 colheres (sopa) de manteiga
⅓ de xícara de farinha de trigo
2 xícaras de leite
¼ de xícara de queijo parmesão ralado

1. Para fazer o molho de carne, aqueça o azeite numa panela em fogo médio. Junte a cebola e o alho e refogue, mexendo de vez em quando, por cerca de 5 minutos. Em seguida, acrescente a carne e a linguiça calabresa e frite por 10 minutos, mexendo de vez em quando.

2. Adicione o caldo de carne, o sal e a erva-doce e misture. Tampe a panela, reduza o fogo e deixe cozinhar, mexendo de vez quando até o caldo evaporar. Tire do fogo e reserve.

3. Para fazer o molho branco, derreta a manteiga numa panela, em fogo baixo. Junte a farinha e aumente o fogo para alto, mexendo sem parar, até que doure. Acrescente o leite e, sem parar de mexer, deixe engrossar um pouco. Adicione o parmesão, misture, retire do fogo e reserve.

4. Monte a lasanha: coloque um pouco do molho de carne no fundo de uma fôrma refratária retangular média. Por cima, disponha ⅓ das folhas de lasanha e ⅓ do molho de carne. Cubra com ⅓ do molho branco e com ⅓ da mozarela ralada. Repita as camadas duas vezes a partir das folhas de lasanha.

5. Cubra o refratário com papel-alumínio e leve ao forno médio, preaquecido, por 40 minutos. Sirva em seguida.

LASANHA AO MOLHO ROSÊ

TEMPO DE PREPARO: 50 MINUTOS | RENDIMENTO: 6 PORÇÕES

500 g de massa crua para lasanha

Molho rosê

2 colheres (sopa) de manteiga ou margarina
½ cebola ralada
½ xícara de farinha de trigo
2 xícaras de leite morno
uma pitada de noz-moscada
sal e pimenta-do-reino a gosto
½ xícara de queijo parmesão ralado
2 colheres (sopa) de ketchup

Recheio

2 latas de atum
1 cebola picada
2 tomates bem picados
1 xícara de cebolinha picada
2 colheres (sopa) de azeite
sal a gosto
200 g de queijo mozarela
queijo parmesão ralado para polvilhar

1. Faça o molho: em uma panela, aqueça a manteiga ou a margarina em fogo médio e refogue a cebola por 3 minutos. Acrescente a farinha e misture. Adicione o leite morno, aos poucos, a noz-moscada, o sal e a pimenta. Mexa até engrossar levemente e agregue o queijo ralado.

2. Reserve um pouco mais da metade desse molho numa vasilha e misture o ketchup ao molho da panela. Temos então os dois tipos de molho: branco e rosê. Reserve.

3. Prepare o recheio: em um recipiente misture o atum, a cebola, o tomate, a cebolinha, o azeite e o sal. Reserve.

4. Cozinhe a massa da lasanha conforme as instruções da embalagem.

5. Em seguida, monte o prato, espalhando um pouco de molho branco no fundo de uma fôrma refratária e faça camadas de fatias de lasanha, molho branco, recheio, fatias de lasanha, molho branco e mozarela. Termine com uma camada de recheio e cubra com o molho rosê.

6. Polvilhe o queijo ralado e leve ao forno preaquecido a 180 °C por cerca de 20 minutos. Sirva em seguida.

LASANHA COM MOLHO BRANCO

TEMPO DE PREPARO: 50 MINUTOS | RENDIMENTO: 6 PORÇÕES

500 g de massa para lasanha

Recheio
400 g de presunto fatiado fino
400 g de queijo mozarela fatiado fino
100 g de queijo parmesão ralado para polvilhar

Molho branco
2 colheres (sopa) de manteiga
1 colher (sopa) de farinha de trigo
1 litro de leite
sal e pimenta-do-reino a gosto
1 pacote de mistura para sopa cremosa de queijo
1 lata de seleta de legumes escorrida

1. Prepare o molho branco: derreta a manteiga numa panela, junte a farinha e mexa bem até virar uma pasta.

2. Aos poucos, coloque o leite (reserve 2 xícaras) e vá misturando para não empelotar. Cozinhe por 3 ou 4 minutos.

3. Acrescente o sal, a pimenta, a sopa de queijo, o restante do leite e a seleta de legumes. Misture a cada ingrediente adicionado. Cozinhe em fogo baixo por alguns minutos e desligue o fogo.

4. Cozinhe a massa de lasanha conforme as instruções da embalagem.

5. Em seguida, numa fôrma refratária, intercale na seguinte ordem: camadas de molho, lasanha, molho, presunto, lasanha, molho e mozarela. Termine com uma camada de lasanha polvilhada com o queijo ralado. Leve ao forno preaquecido a 180 °C para gratinar (cerca de 10 minutos).

Dica: Deixe o molho branco com uma consistência mais para líquida do que para cremosa.

LASANHA FÁCIL

TEMPO DE PREPARO: 1H20 | RENDIMENTO: 6 PORÇÕES

óleo para untar
500 g de massa para lasanha ondulada
500 g de queijo mozarela fatiado
400 g de presunto fatiado
1 litro de leite fervido
uma pitada de sal
pimenta-do-reino a gosto
2 xícaras de molho de tomate

1. De véspera, unte uma fôrma refratária com o óleo. Distribua uma camada de massa crua de lasanha, deixando um espaço entre as folhas de massa. Em seguida, coloque uma camada de mozarela, outra de presunto. Repita o procedimento, até terminar todos os ingredientes, sendo a última camada de massa crua. Reserve 8 fatias de mozarela para o acabamento.

2. Tempere o leite resfriado com sal e pimenta e regue-o sobre a lasanha montada. Cubra com o molho de tomate e conserve na geladeira até o dia seguinte.

3. Depois, leve a lasanha ao forno preaquecido a 180 °C e deixe assar durante 1 hora coberta com papel-alumínio. Nos 10 minutos finais de cozimento, descarte o papel-alumínio, distribua as fatias de mozarela reservada sobre o molho e deixe gratinar. Sirva em seguida.

LASANHA DE PANQUECA

TEMPO DE PREPARO: 1 HORA | RENDIMENTO: 6 PORÇÕES

1 receita básica de panqueca salgada (ver página 384)

Recheio

3 colheres (sopa) de óleo
1 colher (sopa) de cebola ralada
1 dente de alho amassado
2 tomates picados
1 peito de frango cozido desfiado
½ xícara de cheiro-verde picado
uma pitada de sal
pimenta-do-reino a gosto
2½ xícaras de molho de tomate quente
300 g de queijo mozarela ralado grosso
100 g de queijo parmesão ralado

1. Prepare as panquecas seguindo a receita.

2. Faça o recheio: aqueça o óleo numa panela, em fogo médio, e refogue a cebola e o alho por 4 minutos. Junte o tomate, a carne de frango, o cheiro-verde, o sal e a pimenta. Mexa a cada ingrediente adicionado. Desligue o fogo e reserve.

3. Regue o fundo de uma fôrma refratária com molho de tomate. Em seguida, monte a lasanha seguindo esta ordem: discos de panqueca, molho de tomate, recheio, molho de tomate e mozarela, terminando com uma camada de panqueca e molho de tomate.

4. Polvilhe o queijo ralado e leve ao forno quente para gratinar por cerca de 10 minutos. Sirva em seguida

MACARRÃO COM CALABRESA E MANJERICÃO

TEMPO DE PREPARO: 40 MINUTOS | RENDIMENTO: 6 PORÇÕES

500 g de macarrão fusilli ou penne

Molho

½ xícara de azeite
500 g de linguiça calabresa cortada em rodelas
3 colheres (sopa) de alho amassado
1 kg de tomate sem pele picado
sal e pimenta-do-reino a gosto
uma pitada de açúcar
1 xícara de folha de manjericão picada
10 tomates-cereja para decorar
10 bolotas de queijo mozarela de búfala
queijo parmesão ralado para polvilhar

1. Faça o molho: aqueça metade do azeite numa panela, em fogo alto, e frite a linguiça. Após fritá-la, retire-a da panela e reserve.

2. Na mesma panela, coloque o restante do azeite e refogue o alho. Junte o tomate, o sal, a pimenta e o açúcar. Cozinhe por aproximadamente 15 minutos em fogo baixo. Desligue o fogo e adicione a linguiça reservada e o manjericão (separe algumas folhas para decorar). Reserve.

3. Cozinhe o macarrão em água e sal até ficar al dente. Escorra e coloque-o numa travessa funda.

4. Despeje o molho reservado sobre o macarrão sem misturar. Decore com o tomate-cereja, o manjericão e as bolotas de mozarela. Sirva em seguida com o queijo ralado à parte.

ESPAGUETE COM ATUM

TEMPO DE PREPARO: 25 MINUTOS | RENDIMENTO: 6 PORÇÕES

500 g de espaguete
sal a gosto
½ xícara de azeite
5 dentes de alho amassados
300 g de tomates-cereja cortados ao meio
2 latas de atum sólido
10 bolotas de queijo mozarela de búfala cortadas ao meio
queijo parmesão ralado para polvilhar

1. Cozinhe o macarrão em água salgada abundante até ficar al dente.

2. Enquanto isso, aqueça o azeite numa panela, em fogo alto, e refogue o alho por 2 minutos. Junte o tomate-cereja e o atum ligeiramente esfarelado. Cozinhe por mais 3 minutos.

3. Escorra o espaguete e coloque-o numa travessa funda. Misture as bolotas de mozarela. Regue com o molho de atum, sem misturar. Sirva em seguida com o queijo ralado à parte.

CAPELLINI AO PESTO COM ANCHOVA

TEMPO DE PREPARO: 40 MINUTOS | RENDIMENTO: 5 PORÇÕES

2 dentes de alho
1 xícara de folha de manjericão
uma pitada de sal grosso
1 xícara de queijo gorgonzola esmigalhado
6 filés de anchova em conserva
¾ de xícara de azeite
500 g de capellini
sal a gosto
½ xícara de nozes picadas

1. Faça o pesto: coloque o alho, o manjericão e o sal grosso no liquidificador e triture bem. Junte o gorgonzola e os filés de anchova e, aos poucos, adicione o azeite até conseguir obter um creme homogêneo. Coloque esse creme em um recipiente e reserve.

2. Cozinhe o capellini em água fervente salgada até ficar al dente. Escorra o macarrão, mas reserve um pouco da água do cozimento.

3. Coloque o macarrão em uma travessa aquecida. Dilua o pesto em um pouco da água reservada e misture ao capellini. Salpique as nozes picadas e sirva em seguida.

ESPAGUETE À PUTANESCA

TEMPO DE PREPARO: 50 MINUTOS | RENDIMENTO: 5 PORÇÕES

2 colheres (sopa) de azeite
1 cebola picada fino
1 dente de alho amassado
2 filés de anchova em conserva
¼ de xícara de alcaparras
1 xícara de azeitonas pretas picadas
1 lata de atum ralado
1 xícara de molho de tomate
500 g de espaguete
sal e pimenta-do-reino a gosto
¼ de xícara de salsinha picada
¼ de xícara de manjericão picado

1. Aqueça o azeite numa panela, em fogo baixo, e refogue a cebola e o alho por 4 minutos. Retire do fogo, acrescente os filés de anchova e amasse bem.

2. Leve a panela novamente ao fogo e adicione a alcaparra, as azeitonas e o atum. Misture bem e deixe cozinhar por 3 minutos, mexendo sempre. Acrescente o molho de tomate, tampe e cozinhe, em fogo baixo, por 20 minutos.

3. Enquanto isso, cozinhe o espaguete em água salgada abundante até ficar al dente. Em seguida, escorra o macarrão e passe-o para uma travessa aquecida.

4. Minutos antes de completar o cozimento do molho, tempere-o com sal e pimenta. Junte a salsinha e o manjericão sem misturar. Tire o molho do fogo e despeje-o sobre o macarrão. Sirva em seguida.

ESPAGUETE À MARGUERITA

TEMPO DE PREPARO: 30 MINUTOS | RENDIMENTO: 5 PORÇÕES

5 colheres (sopa) de óleo
2 dentes de alho picados
4 tomates picados sem pele e sem sementes
½ xícara de água
sal e pimenta-do-reino a gosto
500 g de espaguete
100 g de queijo mozarela cortado em cubinhos
½ xícara de folha de manjericão picada

1. Prepare o molho: aqueça o óleo numa frigideira e refogue o alho até começar a dourar. Acrescente o tomate e cozinhe em fogo forte por 8 minutos. Em seguida, junte a água e tempere com sal e pimenta. Cozinhe até apurar o molho. Retire do fogo e mantenha aquecido.

2. Coloque o espaguete para cozinhar em água fervente com um pouco de sal até ficar al dente. Escorra o macarrão e coloque-o numa travessa. Despeje o molho por cima, junte a mozarela e o manjericão e misture bem. Sirva imediatamente.

MACARRÃO À BOLONHESA

TEMPO DE PREPARO: 50 MINUTOS | RENDIMENTO: 6 PORÇÕES

¼ de xícara de azeite
500 g de carne bovina magra moída
50 g de bacon picado fino
1 cebola pequena picada fino
1 cenoura pequena picada fino
1 talo de salsão picado fino
2 dentes de alho amassados
2 colheres (sopa) de extrato de tomate
2 xícaras de vinho branco seco
2 xícaras de caldo de carne quente
sal e pimenta-do-reino a gosto
500 g de macarrão
50 g de queijo parmesão ralado na hora

1. Aqueça metade do azeite numa panela grande e, em fogo alto, refogue a carne até perder a cor avermelhada. Transfira a carne para uma tigela e volte a panela ao fogo. Adicione o restante do azeite e, em fogo baixo, junte o bacon, a cebola, a cenoura, o salsão e o alho. Cozinhe por 10 minutos, mexendo sempre, até que os legumes fiquem macios e dourados.

2. Acrescente à panela a carne refogada, o extrato de tomate e o vinho e deixe cozinhar por mais 10 minutos, mexendo de vez em quando. Adicione o caldo de carne, o sal e a pimenta, tampe a panela e cozinhe por cerca de 30 minutos. Reserve.

3. Coloque o macarrão para cozinhar em bastante água fervente e sal até ficar al dente. Escorra a massa e misture-a ao molho quente. Salpique o queijo ralado e sirva.

Dica: Escolha massas longas como o espaguete ou o talharim para servir com este molho.

MACARRÃO AO ALHO E ÓLEO

TEMPO DE PREPARO: 25 MINUTOS | RENDIMENTO: 5 PORÇÕES

500 g de macarrão de sua preferência
sal a gosto
½ xícara de azeite
8 dentes de alho fatiados fino
½ colher (chá) de pimenta calabresa
2 colheres (sopa) de salsinha picada

1. Coloque o macarrão para cozinhar em água salgada abundante, até que fique al dente. Reserve um pouco da água do cozimento.

2. Enquanto isso, prepare o molho: em fogo baixo, aqueça o azeite numa panela e doure ligeiramente o alho, evitando que queime. Em seguida, acrescente a pimenta e misture.

3. Adicione um pouquinho da água do cozimento do macarrão à panela e misture novamente; isso vai fazer com que o azeite não fique no fundo do prato na hora em que o macarrão for servido.

4. Escorra o macarrão e coloque-o na panela do alho e óleo, juntamente com a salsinha picada. Misture bem e transfira tudo para uma travessa aquecida. Sirva em seguida.

MACARRONADA À ITALIANA

TEMPO DE PREPARO: 50 MINUTOS | RENDIMENTO: 6 PORÇÕES

2 colheres (sopa) de azeite
2 cebolas médias picadas
2 xícaras de molho de tomate
3 tomates maduros picados
1 tablete de caldo de galinha dissolvido em ½ xícara de água
sal e orégano a gosto
1 xícara de azeitonas pretas picadas
500 g de talharim fresco
250 g de presunto fatiado e cortado em tiras
250 g de queijo coalho cortado em cubos pequenos

1. Em fogo alto, aqueça o azeite numa panela e refogue a cebola até dourar. Junte o molho de tomate, o tomate picado e o caldo de galinha. Deixe ferver em fogo baixo, com a panela tampada, por 20 minutos. Acrescente o sal e o orégano e, nos minutos finais do cozimento, junte as azeitonas.

2. Cozinhe o talharim em água abundante com sal, até ficar al dente. Escorra bem o macarrão.

3. Em uma fôrma refratária, alterne camadas de molho de tomate, talharim, presunto e queijo coalho. Cubra a fôrma com papel-alumínio e leve ao forno preaquecido a 180 °C por 20 minutos. Retire o papel-alumínio e deixe mais 10 minutos no forno. Sirva imediatamente.

MACARRÃO DE FÉRIAS

TEMPO DE PREPARO: 40 MINUTOS | RENDIMENTO: 6 PORÇÕES

500 g de talharim
1 colher (sopa) de sal
3 colheres (sopa) de manteiga
200 g de presunto cortado em tiras
300 g de queijo mozarela cortado em tiras
½ xícara de azeitonas verdes picadas
4 colheres (sopa) de queijo parmesão ralado
1 colher (chá) de orégano
4 ovos, claras e gemas separadas
1 xícara de leite

1. Cozinhe o talharim em água e sal até ficar al dente, escorra e coloque-o numa tigela grande. Junte a manteiga (reserve um pouco para untar) e misture bem. Adicione o presunto, a mozarela, as azeitonas (reserve um pouco), metade do queijo ralado e o orégano. Misture novamente.

2. À parte, junte as gemas levemente batidas, o leite e as claras batidas em neve. Misture e reserve.

3. Em um refratário untado com manteiga e polvilhado com queijo ralado, coloque o macarrão e junte a mistura de leite e ovo, agregando tudo. Polvilhe o queijo ralado e espalhe as azeitonas reservadas. Leve para gratinar em forno preaquecido a 220 °C por aproximadamente 15 minutos. Sirva em seguida.

FUSILLI À MATRICIANA

TEMPO DE PREPARO: 40 MINUTOS | RENDIMENTO: 6 PORÇÕES

1 colher (sopa) de manteiga
½ xícara de azeite
1 cebola cortada em rodelas finas
70 g de toucinho defumado cortado em cubinhos
70 g de bacon cortado em tiras finas
uma pitada de pimenta-do-reino
1 pimenta vermelha sem sementes picada
4 tomates maduros
sal a gosto
500 g de macarrão fusilli
queijo parmesão ralado a gosto

1. Derreta a manteiga junto com o azeite. Junte a cebola e refogue-a por alguns minutos em fogo baixo. Acrescente o toucinho e o bacon e frite, mexendo de vez em quando. Tempere com a pimenta-do-reino e a pimenta vermelha.

2. Afervente ligeiramente os tomates e retire a pele. Junte-os ao refogado e amasse-os com um garfo até que se desmanchem. Tempere com sal. Deixe cozinhar até que o molho fique ligeiramente espesso.

3. Cozinhe o fusilli em bastante água fervente com sal até que fique al dente. Escorra e coloque-o ainda quente numa travessa aquecida. Despeje o molho sobre o macarrão e sirva imediatamente com bastante queijo ralado.

MACARRÃO DO CHEF

TEMPO DE PREPARO: 45 MINUTOS | RENDIMENTO: 6 PORÇÕES

½ xícara de azeite
5 dentes de alho amassados
1 colher (sopa) de cebola ralada
1 kg de tomate aferventado e sem pele
sal e pimenta-do-reino a gosto
¼ de xícara de manjericão picado
1 colher (sopa) de extrato de tomate
500 g de macarrão farfalle (gravatinha)
200 g de queijo mozarela de búfala
200 g de cogumelos em conserva pequenos
azeite e orégano a gosto
100 g de queijo parmesão ralado

1. Prepare o molho: em uma panela, aqueça o azeite em fogo alto e refogue o alho e a cebola por 3 minutos. Acrescente o tomate previamente picado, o sal, a pimenta, o manjericão e o extrato de tomate. Tampe a panela e cozinhe em fogo baixo por cerca de 30 minutos.

2. Cozinhe o farfalle em bastante água fervente com sal até que fique al dente. Escorra e coloque-o ainda quente numa travessa.

3. Sobre o macarrão, distribua a mozarela e os cogumelos temperados previamente com azeite e orégano. Despeje o molho por cima e sirva imediatamente com bastante queijo ralado.

MACARRÃO DE VERÃO

TEMPO DE PREPARO: 45 MINUTOS | RENDIMENTO: 6 PORÇÕES

½ xícara de azeite
4 dentes de alho amassados
2 sobrecoxas de frango em cubos
1 cebola picada
2 pimentões (amarelo e vermelho) cortados em cubos
1 abobrinha cortada em rodelas
sal a gosto
1 colher (sopa) de extrato de tomate
300 g de tomates-cereja
100 g de azeitonas portuguesas
folhas de manjericão picadas
1 raminho de alecrim picado
200 g de queijo mozarela de búfala cortado em cubos
500 g de macarrão penne ou fusilli
queijo para polvilhar

1. Retire a pele das sobrecoxas e corte-as em cubos. Reserve.

2. Em fogo médio, aqueça o azeite numa panela e refogue o alho. Acrescente os cubinhos de sobrecoxas e frite-os por 3 minutos. Reduza o fogo e adicione a cebola, o pimentão, a abobrinha e o sal. Deixe cozinhar por 5 minutos.

3. Em seguida, acrescente o extrato de tomate, os tomates-cereja e as azeitonas. Misture por alguns segundos e desligue o fogo. Junte o manjericão, o alecrim e os cubos de mozarela. Reserve aquecido.

4. Cozinhe o macarrão em bastante água fervente com sal até que fique al dente. Escorra e coloque-o ainda quente numa travessa funda. Regue-o com molho e polvilhe queijo ralado.

ESPAGUETE PRIMAVERA

TEMPO DE PREPARO: 45 MINUTOS | RENDIMENTO: 6 PORÇÕES

½ xícara de azeite
6 dentes de alho amassados
1 kg de tomates-cereja cortados ao meio
sal a gosto
1 colher (chá) de orégano
uma pitada de pimenta-do-reino
1 xícara de ervilhas frescas
2 pimentões (amarelo e vermelho) cortados em tiras
1 cenoura em rodelas finas
2 xícaras de brócolis cozido
2 xícaras de couve-flor cozida
500 g de espaguete fino (nº 3)
queijo para polvilhar

1. Em uma panela, aqueça o azeite em fogo médio e refogue o alho. Junte o tomate-cereja, o sal, o orégano e a pimenta. Cozinhe por alguns minutos.

2. Adicione a ervilha e o pimentão. Cozinhe por aproximadamente 10 minutos e transfira a mistura para uma tigela. Reserve.

3. Na mesma panela, refogue delicadamente a cenoura, o brócolis e a couve-flor no molho que ficou no fundo. Reserve aquecido.

4. Cozinhe o macarrão em água fervente com sal até que fique al dente. Escorra e coloque-o ainda quente numa travessa funda. Em seguida, misture o molho no macarrão e espalhe por cima a cenoura, o brócolis e a couve-flor que foram refogados. Sirva quente com o queijo ralado à parte.

NINHO À PARISIENSE

TEMPO DE PREPARO: 35 MINUTOS | RENDIMENTO: 5 PORÇÕES

500 g de macarrão ninho
sal a gosto
2 colheres (sopa) de manteiga
1 cebola ralada fino
250 g de presunto picado em cubos
2 xícaras (chá) de ervilhas frescas
1 lata de creme de leite
¼ de xícara de salsinha picada
100 g de queijo parmesão ralado

1. Coloque o macarrão para cozinhar em água e sal até ficar al dente.

2. Enquanto isso, em fogo médio, derreta a manteiga numa panela e refogue a cebola por 2 minutos. Junte o presunto e a ervilha e deixe cozinhar por 5 minutos.

3. Acrescente o creme de leite, a salsinha e uma pitada de sal e retire antes que comece a ferver. Reserve aquecido.

4. Passado o tempo do cozimento do macarrão, escorra e coloque-o na panela do molho. Misture delicadamente e transfira para uma travessa aquecida. Polvilhe o queijo parmesão e sirva em seguida.

NHOQUE RECHEADO AO MOLHO DE AGRIÃO

TEMPO DE PREPARO: 1 HORA | RENDIMENTO: 6 PORÇÕES

Massa

1 kg de batata cozida
1 ovo
2 xícaras de farinha de trigo
sal a gosto

Recheio

1 copo de requeijão cremoso
1 peito de frango cozido, desfiado e refogado

Molho

1 pacote de mistura para sopa cremosa de queijo
2 xícaras de leite
1 lata de creme de leite
½ maço de agrião picado
queijo para polvilhar

1. Faça o molho: em uma panela, em fogo baixo, coloque a mistura para sopa com um pouco de leite. Mexa até começar a engrossar. Junte então o restante do leite, e, sempre mexendo, deixe ficar espesso. Desligue o fogo e acrescente o creme de leite e o agrião. Reserve.

2. Para preparar os nhoques, descasque as batatas e corte-as em pedaços grandes. Coloque-os numa panela com água salgada e leve ao fogo alto para cozinhar por cerca de 10 minutos. Teste a batata com a ponta de uma faca para checar se ela está cozida, porém firme. Escorra e passe-a por um espremedor.

3. Coloque a batata espremida sobre uma superfície plana e enfarinhada e espere amornar. Abra um buraco no centro e coloque o ovo, a farinha e sal. Trabalhe a massa com as mãos o suficiente para que fique homogênea.

4. Faça os nhoques: pegue uma porção de massa e abra-a com a palma da mão. Espalhe sobre ela um pouco de requeijão e um pouco de frango refogado. Enrole a massa como uma bolinha e coloque-a numa assadeira enfarinhada.

5. Após ter feito todas as bolinhas, cozinhe-as em água fervente salgada. Quando começarem a subir, retire os nhoques da fervura com uma escumadeira e coloque-os numa travessa refratária. Cubra-os com o molho de agrião. Sirva bem quente.

Dica: O nhoque tem de ser servido quente. Se necessário, cubra a travessa com uma folha de papel-alumínio e deixe no forno quente por 5 minutos antes de servir.

NHOQUE DA SORTE

TEMPO DE PREPARO: 1 HORA | RENDIMENTO: 6 PORÇÕES

Massa

1 kg de batata cozida e espremida
½ xícara de queijo parmesão ralado
1 colher (sopa) de margarina
1 ovo ligeiramente batido
1 colher (chá) de sal
cerca de 2 xícaras de farinha de trigo

Molho

4 colheres (sopa) de azeite
300 g de carne moída
4 dentes de alho amassados
1 cebola ralada
pimenta-do-reino a gosto
1 colher (chá) de orégano
1 xícara de molho de tomate
½ xícara de água quente
sal a gosto
queijo parmesão ralado

1. Faça o molho: aqueça o azeite numa panela, em fogo alto, e frite a carne até ela perder a cor avermelhada. A seguir, junte o alho, a cebola, a pimenta e o orégano. Tampe a panela e cozinhe por 5 minutos em fogo baixo, mexendo de vez em quando. Adicione o molho de tomate, a água e o sal. Cozinhe por cerca de 10 minutos, até o molho ficar ligeiramente espesso. Reserve aquecido.

2. Para fazer o nhoque, em um recipiente, coloque a batata, o queijo ralado, a margarina, o ovo e o sal. Misture com uma espátula. Em seguida, adicione a farinha aos poucos, até obter uma massa homogênea.

3. Sobre um superfície enfarinhada, faça vários rolinhos com 2 cm de espessura e corte-os em pedaços de 2,5 cm na diagonal. Disponha os nhoques sobre assadeiras enfarinhadas para não grudar.

4. Cozinhe a massa em água fervente salgada. Quando os nhoques começarem a subir, retire-os com uma escumadeira e coloque-os numa travessa. Sirva em seguida, cobertos com o molho de carne. Sirva com o queijo ralado à parte.

Dica: Antes de começar a comer, não se esqueça de colocar uma nota de dinheiro sob o prato com o nhoque da sorte. Não gaste o dinheiro antes de 30 dias.

NHOQUE DE MANDIOCA COM MOLHO DE CALABRESA

TEMPO DE PREPARO: 1 HORA | RENDIMENTO: 6 PORÇÕES

Massa

1 kg de mandioca cozida e espremida
1 colher (sopa) de manteiga
½ xícara de queijo parmesão ralado
1 ovo
1 xícara de farinha de trigo
sal a gosto

Molho de calabresa

4 colheres (sopa) de azeite
500 g de linguiça calabresa cortada em rodelas
3 dentes de alho picados
1 cebola picada
2 xícaras de molho de tomate
temperos a gosto
queijo parmesão ralado para polvilhar

1. Em uma vasilha funda, coloque a mandioca, a manteiga, o queijo ralado e o ovo levemente batido. Adicione a farinha aos poucos, amassando com as mãos até obter uma massa maleável, que dê ponto para enrolar.

2. Polvilhe a farinha em uma superfície lisa e seca e enrole a massa em formato de cordões. Corte pedaços pequenos, na espessura de um dedo. Cozinhe-os em bastante água fervente com sal, retirando-os com uma escumadeira quando subirem à superfície. Acomode os nhoques numa fôrma refratária.

3. Para fazer o molho, aqueça o azeite numa panela e frite as rodelas de calabresa. A seguir, acrescente o alho e a cebola e refogue por 5 minutos. Adicione então o molho de tomate e os temperos. Cozinhe por aproximadamente 20 minutos.

4. A seguir, regue os nhoques com o molho. Polvilhe o queijo ralado e sirva em seguida.

NHOCÃO RECHEADO COM QUATRO QUEIJOS

TEMPO DE PREPARO: 1 HORA | RENDIMENTO: CERCA DE 20 UNIDADES

Massa

1 kg de batata cozida e espremida
1 ovo
3 colheres (sopa) de queijo parmesão ralado
uma pitada de sal
2 xícaras de farinha de trigo

Molho

2 xícaras de molho de tomate
queijo parmesão ralado para polvilhar

Recheio

1 xícara de queijo mozarela ralado
½ xícara de queijo provolone ralado
½ xícara de queijo parmesão ralado
1 copo de requeijão cremoso
1 colher (sopa) de orégano
1 colher (sopa) de salsinha picada

1. Em uma vasilha, misture todos os ingredientes do recheio e faça bolinhas pequenas. Leve-as para congelar.

2. Em um recipiente, coloque a batata espremida, o ovo, o queijo ralado e o sal. Misture com uma espátula. Em seguida, junte a farinha, aos poucos, e amasse com as mãos até obter uma massa maleável, que dê ponto para enrolar.

3. Sobre uma superfície enfarinhada, faça um rolo espesso com a massa e corte-a em pedaços grandes (bem maiores que as bolinhas de recheio) e do mesmo tamanho. Abra cada pedaço de massa, faça uma cova e coloque uma bolinha de recheio congelada dentro. Em seguida, feche a massa, moldando os nhoques.

4. Cozinhe os nhoques em água fervente com sal e um fio de óleo. Espere que subam à superfície, retire-os com uma escumadeira e leve-os ao escorredor. Arrume os nhoques numa travessa preaquecida e regue com o molho quente. Polvilhe o queijo ralado e sirva.

PENNE AO FORNO

TEMPO DE PREPARO: 35 MINUTOS | RENDIMENTO: 5 PORÇÕES

500 g de macarrão penne
1 xícara de manteiga
200 g de queijo mozarela finamente cortado
1 xícara de queijo parmesão ralado
folhas de sálvia fresca
4 filés de anchova em conserva picados
sal e pimenta-do-reino a gosto

1. Cozinhe o penne em bastante água fervente e sal até ficar al dente. Escorra e reserve ½ xícara do líquido do cozimento.

2. Devolva a massa cozida à panela com a manteiga e misture em fogo baixo, até a manteiga derreter. Acrescente a mozarela, metade do parmesão, a sálvia e a anchova, juntamente com o líquido do cozimento reservado. Tempere com sal e pimenta-do-reino.

3. Transfira o macarrão para uma fôrma refratária untada com manteiga. Polvilhe o restante do queijo parmesão e leve ao forno preaquecido a 200 °C por cerca de 10 minutos. Sirva em seguida.

FARFALLE AO FUNGHI

TEMPO DE PREPARO: 30 MINUTOS | RENDIMENTO: 4 PORÇÕES

40 g de funghi
5 colheres (sopa) de azeite
1 cebola picada
2 xícaras de creme de leite fresco
uma pitada de sal
pimenta-do-reino a gosto
400 g de macarrão farfalle (gravatinha)
50 g de queijo parmesão ralado

1. Coloque o funghi de molho em água quente por 1 hora para hidratar. Lave e escorra bem.

2. Em fogo alto, aqueça o azeite numa panela e refogue a cebola até que fique dourada. Junte o cogumelo e refogue por mais 2 minutos.

3. Adicione o creme de leite, o sal e a pimenta, reduza o fogo e deixe ferver. Desligue o fogo e reserve.

4. Cozinhe o farfalle em água fervente salgada até ficar al dente. Escorra o macarrão e coloque-o numa travessa. Cubra com o molho de funghi, polvilhando o queijo ralado. Sirva imediatamente.

MACARRÃO AO VÔNGOLE

TEMPO DE PREPARO: 50 MINUTOS | RENDIMENTO: 5 PORÇÕES

1,5 kg de vôngole
1 colher (chá) de sal
½ xícara de azeite
3 dentes de alho picados
sal e pimenta-do-reino a gosto
2 colheres (sopa) de salsinha picada
500 g de macarrão penne

1. Lave bem os vôngoles em água corrente, coloque-os numa panela e cubra-os com água salgada. Deixe-os de molho por 1 hora.

2. Depois, leve a panela ao fogo, tampe e espere que se abram. Com uma escumadeira, retire os vôngoles, desprezando os que não se abriram. Coe a água do cozimento e reserve-a. Retire os vôngoles das conchas.

3. Leve ao fogo uma panela com o azeite e metade do alho. Deixe dourar ligeiramente, junte os vôngoles sem a casca, a água do cozimento reservada, o sal e a pimenta.

4. Misture a salsinha com o alho restante e adicione à panela do vôngole. Deixe cozinhar por 3 minutos em fogo baixo.

5. Coloque o macarrão para cozinhar em água fervente salgada até que fique al dente. Escorra o macarrão, coloque-o numa travessa e cubra com o molho de vôngole. Sirva a seguir.

RIGATONI RECHEADO COM RICOTA E FRANGO

TEMPO DE PREPARO: 45 MINUTOS | RENDIMENTO: 6 PORÇÕES

500 g de rigatoni

Recheio

500 g de peito de frango
1 cebola picada fino
uma pitada de orégano
4 colheres (sopa) de vermute seco
2 xícaras de caldo de galinha
2 xícaras de ricota passada na peneira
100 g de queijo parmesão ralado
¾ de xícara de escarola cozida, escorrida e picada
pimenta-do-reino branca a gosto

Molho branco

2 colheres (sopa) de manteiga
4 colheres (sopa) de farinha de trigo
caldo do cozimento do frango
2 xícaras de leite

1. Faça o recheio: misture o frango cortado em cubinhos, a cebola, o orégano e o vermute numa tigela e deixe marinar por 30 minutos.

2. Depois, coe o líquido para uma panela e junte o caldo de galinha. Leve ao fogo alto e, ao levantar fervura, acrescente o peito de frango com a cebola. Diminua o fogo e cozinhe por cerca de 5 minutos.

3. Retire o frango do cozimento e reserve o líquido. Passe o frango pelo processador de alimentos. Transfira para uma tigela e misture com a ricota. Acrescente metade do queijo ralado e a escarola. Tempere com a pimenta e reserve.

4. Faça o molho branco: derreta a manteiga numa panela, em fogo baixo, e adicione a farinha de trigo aos poucos, misturando sem parar por 1 minuto. Acrescente 1 xícara do caldo de cozimento reservado e deixe ferver, mexendo sempre. Junte o leite, misture e reduza o fogo. Deixe cozinhar por 15 minutos.

5. Coloque o rigatoni para cozinhar em água fervente salgada, tomando o cuidado de deixar a massa um pouquinho dura; ela vai terminar de cozinhar no forno.

6. Escorra-o e recheie-o com a mistura de frango. Arrume o macarrão numa fôrma refratária. Espalhe o molho por cima e polvilhe o parmesão restante.

7. Cubra a fôrma com papel-alumínio e leve ao forno preaquecido a 180 °C por 20 minutos. Retire o papel-alumínio nos 5 minutos finais. Sirva imediatamente.

RAVIÓLI COM MOLHO BRANCO

TEMPO DE PREPARO: 30 MINUTOS | RENDIMENTO: 6 PORÇÕES

500 g de ravióli de frango

Molho

2 colheres (sopa) de manteiga
1 colher (sopa) de cebola ralada
1 colher (sopa) cheia de farinha de trigo
3 xícaras de leite
sal a gosto
1 caixinha de creme de leite
½ copo de requeijão cremoso
½ colher (chá) de noz-moscada
folhas de manjericão rasgadas

1. Derreta a manteiga numa panela, em fogo médio, e refogue a cebola. Adicione a farinha e mexa bem até virar uma pasta. Aos poucos, coloque o leite e vá misturando para não empelotar. Tempere com sal e cozinhe por 3 ou 4 minutos.

2. Em seguida, junte o creme de leite e o requeijão e cozinhe por mais alguns minutos. Adicione a noz-moscada e o manjericão, misture e desligue o fogo. Reserve aquecido.

3. Cozinhe o ravióli em água abundante salgada, deixando-o al dente. Escorra o macarrão, coloque-o numa travessa preaquecida e regue com o molho. Polvilhe o queijo ralado e sirva em seguida.

RONDELE COM MASSA DE ARROZ

TEMPO DE PREPARO: 30 MINUTOS | RENDIMENTO: 6 PORÇÕES

Massa

3 xícaras de leite
½ xícara de óleo
3 ovos
uma pitada de sal
3 colheres (sopa) de queijo parmesão ralado
2½ xícaras de arroz cozido
1 colher (chá) de fermento químico em pó
2 colheres (sopa) de salsinha picada

Recheio

2 colheres (sopa) de azeite ou óleo
1 colher (sopa) de cebola picada
2 tomates sem sementes picados
pimenta-do-reino a gosto
1 peito de frango cozido
½ xícara de cheiro-verde picado
1 copo de requeijão cremoso

molho de tomate para cobrir
queijo parmesão ralado para polvilhar

1. No copo do liquidificador, junte todos os ingredientes da massa, exceto a salsinha picada, e bata até obter uma mistura homogênea. Desligue o liquidificador e adicione a salsinha. Misture com uma colher.

2. Coloque a massa do liquidificador numa assadeira retangular grande untada e enfarinhada. Leve para assar em forno preaquecido a 250 °C por cerca de 20 minutos.

3. Enquanto isso, prepare o recheio: em fogo médio, aqueça o azeite numa panela e refogue a cebola e o tomate. Junte a pimenta e o peito de frango previamente desfiado. Refogue por 5 minutos. Desligue e misture o cheiro-verde. Reserve.

4. Passado o tempo do cozimento da massa, retire-a do forno e desenforme-a sobre um pano úmido. Acerte as laterais da massa com uma faca. Sobre a sua superfície, espalhe primeiro o requeijão e, em seguida, o recheio. Enrole a massa como rocambole com um pano. Deixe o pano enrolado na massa por alguns minutos.

5. A seguir, coloque o rocambole numa travessa plana e retire o pano. Corte-o em rodelas com 3 cm de espessura e regue-as com o molho de tomate quente. Polvilhe o queijo ralado e sirva.

RONDELE DE BATATA COM TOMATE SECO

TEMPO DE PREPARO: 1 HORA | RENDIMENTO: 6 PORÇÕES

Massa

500 g de batata cozida e espremida
1 colher (sopa) de margarina
100 g de queijo parmesão ralado
sal a gosto
2 xícaras de farinha de trigo

Recheio

100 g de queijo mozarela fatiado
½ maço de rúcula
200 g de tomate seco
100 g de queijo mozarela de búfala fatiado
azeite para regar

1½ xícara de molho de tomate para cobrir
queijo parmesão ralado para polvilhar

1. Em um recipiente fundo, coloque a batata espremida, a margarina, o queijo ralado, o sal e a farinha de trigo. Misture com as mãos até obter uma massa compacta e lisa (se necessário, coloque um pouco mais de farinha ou margarina).

2. Abra a massa sobre um pedaço de papel-alumínio polvilhado com farinha de rosca. Espalhe sobre ela as fatias de mozarela, a rúcula, o tomate seco e as fatias de mozarela de búfala. Regue o recheio com um fio de azeite. Enrole a massa como rocambole, com o auxílio do papel-alumínio.

3. Retire o papel-alumínio e acomode a massa numa travessa refratária. Regue-a com o molho de tomate e polvilhe o queijo ralado. Leve ao forno quente para gratinar por 10 minutos.

4. Depois, corte a massa em rodelas com 3 cm de espessura. Sirva em seguida.

Dica: Na hora de cozinhar as batatas, coloque 1 tablete de caldo de galinha na fervura.

RONDELE CASEIRO DE PRESUNTO E QUEIJO

TEMPO DE PREPARO: 1H10 | RENDIMENTO: 6 PORÇÕES

Massa

3 xícaras de leite
1¼ xícara de farinha de trigo
3 colheres (sopa) de manteiga
4 ovos, claras e gemas separadas
50 g de queijo parmesão ralado

Recheio

1 copo de requeijão cremoso
150 g de presunto fatiado fino
150 g de queijo mozarela ralado

Molho de queijo

2 colheres (sopa) de manteiga
1 colher (sopa) de cebola picada
1 colher (sopa) de farinha de trigo
2 xícaras de leite
1 pacote de mistura para sopa cremosa de queijo
½ colher (chá) de pimenta-do-reino branca
sal a gosto
1 lata de creme de leite com soro
queijo parmesão ralado para polvilhar

1. Para fazer a massa do rondele, misture o leite e a farinha numa tigela pequena usando uma espátula. A seguir, passe a mistura pela peneira e coloque-a numa panela. Em fogo baixo, deixe ferver, mexendo sem parar, até engrossar.

2. Retire do fogo e adicione a manteiga, as gemas, uma a uma, e o queijo ralado. Misture a cada ingrediente adicionado. Agregue as claras batidas em neve.

3. Despeje a massa obtida numa assadeira retangular untada e enfarinhada. Leve ao forno preaquecido a 180 °C por 15 a 20 minutos. Então, desenforme a massa sobre uma folha grande de papel-alumínio, apare as pontas e deixe amornar.

4. Enquanto isso, faça o molho de queijo: derreta a manteiga numa panela e refogue a cebola. Agregue a farinha e vá adicionando o leite aos poucos (reserve um pouco). A seguir, acrescente a mistura para sopa dissolvida no leite reservado. Cozinhe por 5 minutos em fogo baixo. Desligue e adicione a pimenta, o sal e o creme de leite. Reserve aquecido.

5. Para rechear, espalhe o requeijão, o presunto e a mozarela sobre a massa morna. Enrole-a como rocambole, com o auxílio do papel-alumínio. Retire o papel-alumínio e regue a massa com o molho de queijo. Polvilhe o parmesão ralado e leve ao forno quente por 10 minutos, até gratinar. Corte o rondele em rodelas com 3 cm de espessura e sirva.

TALHARIM COM ALMÔNDEGAS

TEMPO DE PREPARO: 50 MINUTOS | RENDIMENTO: 6 PORÇÕES

500 g de talharim fresco
1½ xícara de molho de tomate quente para servir
queijo parmesão ralado para polvilhar

Almôndegas
2 pães franceses amanhecidos sem casca
500 g de carne moída
1 colher (sopa) de tempero pronto
½ xícara de cheiro-verde picado
1 ovo
sal e pimenta-do-reino a gosto
óleo para fritar

Molho
2 pacotes de mistura para sopa cremosa de queijo
3 xícaras de leite
½ pimentão vermelho picado
½ pimentão verde picado
1 xícara de ervilhas frescas
sal a gosto

1. Faça as almôndegas: coloque os pãezinhos na água para que amoleçam e esprema-os e coloque numa vasilha funda. Adicione a carne, o tempero pronto, o cheiro-verde e o ovo, misturando a cada adição. Tempere com sal e pimenta.

2. Umedeça as mãos e, com porções de massa, forme almôndegas do tamanho de uma noz. Em seguida, frite-as em óleo bem quente, colocando-as para escorrer sobre papel-toalha. Reserve.

3. Para fazer o molho, dissolva a mistura para sopa no leite em uma panela. Misture bem e deixe aquecer por 3 minutos. Em seguida, junte os pimentões e as ervilhas. Tempere com sal. Mexa e deixe cozinhar em fogo baixo por cerca de 10 minutos. Reserve aquecido.

4. Cozinhe o talharim em bastante água fervente com sal até que fique al dente. Escorra o macarrão e coloque-o ao redor das almôndegas, previamente colocadas no centro de uma travessa aquecida. Regue as almôndegas com o molho de tomate e o macarrão com o molho branco. Sirva com o queijo ralado à parte.

TALHARIM CAPRESE

TEMPO DE PREPARO: 1H10 | RENDIMENTO: 6 PORÇÕES

500 g de talharim fresco

Molho

½ xícara de azeite
4 dentes de alho picados
500 g de tomates-cereja
½ xícara de manjericão fresco
sal e pimenta-do-reino a gosto
500 g de bolotas de queijo mozarela de búfala
queijo parmesão ralado para polvilhar

1. Aqueça o azeite numa panela e frite o alho até ficar dourado. Junte os tomates-cereja cortados ao meio e metade do manjericão. Cozinhe em fogo baixo por cerca de 10 minutos.

2. Tempere com sal e pimenta e desligue o fogo. Em seguida, acrescente as bolotas de mozarela cortadas ao meio, misture e reserve.

3. Cozinhe o macarrão em bastante água fervente com sal até que fique al dente. Escorra e coloque-o numa travessa aquecida. Regue com o molho e polvilhe o queijo ralado. Decore o talharim com o restante das folhas de manjericão. Sirva em seguida.

RAVIÓLI AO MOLHO DE COGUMELO

TEMPO DE PREPARO: 30 MINUTOS | RENDIMENTO: 5 PORÇÕES

500 g de ravióli de carne
sal a gosto

Molho

4 colheres (sopa) de manteiga
4 colheres (sopa) de amido de milho
2 xícaras de caldo de carne
100 g de cogumelos em conserva fatiados fino
1 lata de creme de leite
2 colheres (sopa) de salsinha picada

1. Coloque o ravióli para cozinhar em bastante água fervente com sal.

2. Enquanto isso, aqueça a manteiga numa panela média, em fogo baixo, e junte o amido de milho aos poucos, mexendo sem parar. Acrescente o caldo de carne e misture bem. Deixe cozinhar até o molho ficar espesso. Prove o tempero. Se necessário, coloque mais sal.

3. Adicione então o cogumelo fatiado e mexa. Por último, junte o creme de leite e a salsinha. Espere aquecer e tire do fogo.

4. Escorra o ravióli e passe-o para uma travessa funda. Regue com o molho e sirva em seguida.

VERMICELLI AO SUGO

TEMPO DE PREPARO: 45 MINUTOS | RENDIMENTO: 5 PORÇÕES

1 colher (sopa) de óleo
1 cebola picada
2 dentes de alho amassados
8 tomates maduros sem pele e sem sementes picados
uma pitada de açúcar
2 tabletes de caldo de galinha dissolvidos em 1 litro de água fervente
1 folha de louro
tomilho a gosto
pimenta-do-reino a gosto
½ xícara de salsinha picada
queijo parmesão ralado para polvilhar
500 g de macarrão vermicelli
sal a gosto

1. Aqueça o óleo numa panela grande, em fogo alto, e refogue a cebola e o alho por 2 minutos.

2. Acrescente o tomate picado e o açúcar, misture bem e refogue por 4 minutos.

3. Adicione o caldo de galinha, o louro, o tomilho e a pimenta. Tampe a panela e cozinhe em fogo baixo até o molho adquirir a consistência desejada. Retire do fogo e junte a salsinha. Reserve aquecido.

4. Cozinhe o vermicelli em água com sal até que fique al dente. Escorra-o e passe para uma travessa aquecida. Despeje o molho reservado quente sobre o macarrão, polvilhe o parmesão ralado e sirva imediatamente.

TALHARIM COM CAMARÃO AO LIMÃO

TEMPO DE PREPARO: 30 MINUTOS | RENDIMENTO: 5 PORÇÕES

500 g de talharim fresco
6 colheres (sopa) de azeite
raspas da casca e suco de 2 limões-sicilianos
300 g de camarão limpo
sal e pimenta-do-reino branca a gosto
½ xícara de queijo manjericão fresco

1. Cozinhe o talharim em água fervente salgada até ficar al dente.

2. Enquanto isso, numa tigela, misture 4 colheres (sopa) de azeite com o suco de limão e tempere com sal. Reserve.

3. Em fogo alto, aqueça o azeite restante numa frigideira e frite o camarão por 2 minutos. Tempere com sal e pimenta e reserve-o aquecido.

4. Estando o talharim al dente, escorra-o (reserve ½ xícara da água do cozimento) e misture-o com o molho de azeite e limão, o camarão, as raspas de limão, o manjericão e a água do cozimento reservada. Coloque o macarrão numa travessa aquecida e salpique mais um pouco de pimenta. Sirva em seguida.

RIGATONI À CARBONARA

TEMPO DE PREPARO: 25 MINUTOS | RENDIMENTO: 5 PORÇÕES

500 g de macarrão rigatoni
2 xícaras de bacon cortado em cubos
1 xícara de creme de leite fresco
2 colheres (sopa) de manteiga
sal e pimenta-do-reino a gosto
3 ovos ligeiramente batidos
1 xícara de queijo parmesão ralado

1. Cozinhe o rigatoni em água fervente com sal até ficar al dente. Escorra e reserve.

2. Em uma panela grande, refogue o bacon na própria gordura até dourar. Adicione o macarrão reservado, o creme de leite e a manteiga, tempere com sal e pimenta e cozinhe por 3 minutos.

3. Tire a panela do fogo, despeje o ovo batido e misture. Transfira para uma travessa e polvilhe o queijo ralado. Sirva imediatamente.

POLPETONE DE PÃO ITALIANO E RICOTA

TEMPO DE PREPARO: 50 MINUTOS | RENDIMENTO: 6 PORÇÕES

1 pão italiano
2 xícaras de leite
500 g de ricota fresca ralada
1¼ xícara de queijo parmesão ralado
1 cebola grande picada
1 colher (sopa) de orégano
2 ovos
½ xícara de cheiro-verde
2 colheres (sopa) de farinha de trigo
sal a gosto
óleo para fritar

Molho
½ xícara de azeite
1 cebola picada
2 dentes de alho amassados
1¼ xícara de molho de tomate
sal e pimenta-do-reino a gosto
1 colher (chá) de orégano
queijo parmesão ralado

1. Prepare o molho: em uma panela, aqueça o azeite e refogue a cebola e o alho por 3 minutos. Adicione o molho de tomate, o sal, a pimenta e o orégano e deixe cozinhar por aproximadamente 30 minutos em fogo baixo.

2. Enquanto isso, faça os polpetones: retire toda a casca do pão italiano e deixe o miolo numa tigela com o leite por 20 minutos. Em seguida, amasse bem com as mãos e adicione a ricota, o queijo parmesão, a cebola, o orégano, os ovos levemente batidos e o cheiro-verde. Misture para se agregarem. Acrescente a farinha e misture novamente. Acerte o sal.

3. Unte a mão com um pouco de óleo. Pegue porções da massa e modele os polpetones. Frite-os em óleo bem quente e acomode-os numa travessa. Regue os polpetones com o molho preparado bem quente. Polvilhe o parmesão ralado e decore com folhas de manjericão.

PIZZA ESPECIAL DE MACARRÃO

TEMPO DE PREPARO: 35 MINUTOS | RENDIMENTO: 6 PORÇÕES

250 g de espaguete cozido
2 gemas ligeiramente batidas
3 colheres (sopa) de queijo parmesão ralado
1½ copo de requeijão
3 colheres (sopa) de farinha de trigo
1 xícara de molho de tomate
200 g de presunto ralado
1 cebola bem picada
2 tomates sem sementes picados
sal e pimenta-do-reino a gosto
200 g de queijo mozarela ralado
1 colher (sopa) de orégano
2 colheres (sopa) de azeite

1. Em um recipiente, coloque o espaguete cozido, a gema batida e o queijo ralado. Misture. Adicione metade do requeijão e a farinha. Mexa com uma colher para agregar os ingredientes.

2. Coloque a massa obtida numa fôrma de pizza com bordas altas untada com azeite. Leve ao forno preaquecido a 250 °C por 10 minutos.

3. Retire a massa do forno e espalhe por cima o molho de tomate, o presunto, a cebola e o tomate previamente temperados com sal e pimenta, o restante do requeijão e a mozarela. Polvilhe o orégano e regue com azeite. Leve ao forno quente apenas para gratinar. Sirva em seguida.

Dica: Substitua o presunto por peito de peru, frango, bacalhau ou lombo defumado.

MASSA BÁSICA PARA CREPE

TEMPO DE PREPARO: 30 MINUTOS | RENDIMENTO: 12-15 UNIDADES

1¼ xícara de farinha de trigo
1 colher (chá) de sal
uma pitada de pimenta-do-reino
2 ovos batidos
2 gemas
1¾ xícara de leite
100 g de manteiga

1. Peneire a farinha em uma tigela juntamente com o sal. Tempere com um pouco de pimenta e abra uma cavidade no meio.

2. Coloque os ovos e as gemas e despeje ½ xícara de leite dentro. Com um garfo, misture a farinha com o ovo e o leite. Em seguida, vá acrescentando o restante do leite e a manteiga previamente derretida, batendo delicadamente até obter uma massa homogênea. Deixe a massa na geladeira por 30 minutos. Passado esse tempo, retire-a e misture de novo.

3. Para fritar, unte ligeiramente uma frigideira antiaderente com margarina e deixe aquecer em fogo não muito alto. Despeje colheradas de massa, rode a frigideira de modo a espalhar a massa sobre o fundo. Deixe dourar e dê a volta no crepe para cozinhar do outro lado.

4. Retire o crepe da frigideira e coloque-o em um prato. Repita a operação de untar e aquecer a frigideira para continuar a preparação do restante dos crepes.

MASSA DE LIQUIDIFICADOR PARA CREPE

TEMPO DE PREPARO: 20 MINUTOS | RENDIMENTO: 12-15 UNIDADES

1½ xícara de leite
3 ovos
1 xícara de farinha de trigo
1 colher (chá) de sal
uma pitada de pimenta-do-reino
1 colher (sopa) de manteiga

1. No liquidificador, bata primeiro o leite com os ovos. Em seguida, acrescente a farinha, o sal e a pimenta peneirados. Bata até formar um creme bem líquido, sem grumos de farinha. Se necessário, use uma colher para desgrudar a massa do copo do liquidificador.

2. Acrescente a manteiga previamente derretida e bata novamente por 1 minuto. Retire a massa do liquidificador e deixe descansar na geladeira por 30 minutos.

3. Para fritar, unte ligeiramente uma frigideira antiaderente com margarina e deixe aquecer em fogo não muito alto. Despeje colheradas de massa, rode a frigideira de modo a espalhar a massa sobre o fundo. Deixe dourar e dê a volta no crepe para cozinhar do outro lado.

4. Retire o crepe da frigideira e coloque-o em um prato. Repita a operação de untar e aquecer a frigideira para continuar a preparação do restante dos crepes.

Dica: Para fazer crepe doce, retire a pimenta da receita e coloque 1 colher (sopa) de açúcar peneirado ao adicionar a farinha de trigo.

CREPE COM ALCACHOFRA

TEMPO DE PREPARO: 55 MINUTOS | RENDIMENTO: 12-15 UNIDADES

1 receita de crepe salgado (ver página 375)

Recheio
3 colheres (sopa) de óleo
2 colheres (sopa) de manteiga
1 cebola pequena picada
400 g de fundo de alcachofra picados
1 colher (chá) de noz-moscada ralada
1 xícara de queijo parmesão ralado

Molho
2 xícaras de leite
½ xícara de salsinha picada
1 copo de requeijão cremoso
1 lata de creme de leite sem soro
uma pitada de noz-moscada
sal a gosto

1. Prepare os crepes conforme a receita. Reserve.

2. Faça o recheio: aqueça o óleo e a manteiga numa frigideira e refogue a cebola. Acrescente o fundo de alcachofra e a noz-moscada. Cozinhe em fogo baixo por 5 minutos, mexendo sem parar. Retire do fogo, deixe esfriar e junte o queijo parmesão ralado. Misture.

3. Coloque uma porção de recheio na metade de cada crepe. Cubra com a outra metade, formando uma meia-lua. Arrume os crepes recheados numa fôrma refratária.

4. Prepare o molho: bata todos os ingredientes no liquidificador e passe por uma peneira. Regue os crepes com o molho coado, leve ao forno preaquecido a 180 °C por cerca de 10 minutos. Sirva em seguida.

CREPE COM ASPARGO

TEMPO DE PREPARO: 1 HORA | RENDIMENTO: 12-15 UNIDADES

1 receita de crepe salgado (ver página 375)

Recheio
10 aspargos cozidos e picados
2 cenouras raladas
2 colheres (sopa) de maionese

1. Prepare os crepes conforme a receita. Reserve.

2. Faça o recheio: numa tigela, misture o aspargo, a cenoura e a maionese. Espalhe uma camada fina de recheio sobre cada crepe. Levante um lado do crepe e dobre para o meio. Enrole firmemente como rocambole e arrume-os numa travessa. Sirva em seguida.

CREPE DE ATUM

TEMPO DE PREPARO: 1H05 | RENDIMENTO: 12-15 UNIDADES

1 receita de crepe salgado (ver página 375)

Recheio e cobertura

2 colheres (sopa) de manteiga sem sal
4 colheres (sopa) de farinha de trigo
½ cebola média picada
2 xícaras (chá) de leite
½ sachê de tempero à base de peixe
½ colher (chá) de sal
1 lata de creme de leite sem o soro
1 lata de atum escorrido
3 colheres (sopa) de queijo parmesão ralado

1. Prepare os crepes conforme a receita. Reserve.

2. Derreta a manteiga numa panela média, em fogo alto. Junte a farinha e mexa até que doure ligeiramente. Acrescente a cebola e refogue por 3 minutos ou até que esteja transparente.

3. Adicione o leite, aos poucos, mexendo até obter um molho encorpado. Junte o tempero de peixe e o sal, misture o creme de leite e retire do fogo.

4. Divida esse molho em duas partes iguais: uma delas reserve para cobrir os crepes; na outra, misture o atum para rechear os crepes.

5. Para rechear: coloque uma tira de recheio no meio do crepe. Levante um lado e dobre sobre o recheio, enfiando a borda debaixo do recheio. Enrole firmemente como rocambole.

6. Disponha os crepes numa fôrma refratária retangular, regue com o molho reservado e polvilhe o queijo ralado. Leve ao forno preaquecido a 180 °C por cerca de 15 minutos ou até que gratine a superfície. Sirva em seguida.

CREPE DE CAMARÃO

TEMPO DE PREPARO: 20 MINUTOS | RENDIMENTO: 12-15 UNIDADES

1 receita de crepe salgado (ver página 375)

Recheio

2 colheres (sopa) de azeite
2 colheres (sopa) de cebola ralada
2 dentes de alho amassados
½ tomate picado sem pele e sem sementes
1 colher (chá) de colorau
200 g de camarão pequeno limpo
sal e pimenta-do-reino branca a gosto
coentro a gosto
2 colheres (sopa) de requeijão cremoso

1. Prepare os crepes conforme a receita. Reserve.

2. Faça o recheio: aqueça o azeite numa panela média e refogue a cebola, o alho e o tomate. Polvilhe o colorau, misture e adicione os camarões, o sal, a pimenta e o coentro. Deixe cozinhar por 5 minutos ou até o camarão estar cozido. Desligue o fogo, acrescente o requeijão e misture delicadamente.

3. Para rechear: coloque uma tira de recheio no meio do crepe. Levante um lado e dobre sobre o recheio, enfiando a borda debaixo do recheio. Enrole firmemente como rocambole.

4. Coloque os crepes numa travessa refratária e leve ao forno preaquecido a 160 °C por cerca de 5 minutos, apenas para aquecer. Sirva em seguida.

CREPE DE FRANGO

TEMPO DE PREPARO: 1 HORA | RENDIMENTO: 12-15 UNIDADES

1 receita de crepe salgado (ver página 375)

Recheio

1½ xícara de frango assado e cortado em cubos
1 lata de milho verde escorrido
1 colher (sopa) de azeite
uma pitada de sal e pimenta-do-reino
queijo parmesão ralado para polvilhar

1. Prepare os crepes conforme a receita. Reserve.

2. Passe o frango e o milho no processador. Coloque a mistura numa tigela e junte o azeite, o sal e a pimenta. Misture bem.

3. Espalhe uma camada fina de recheio sobre todo o crepe. Levante um lado do crepe e dobre para o meio. Enrole firmemente como rocambole.

4. Arrume os crepes numa fôrma refratária untada e polvilhe queijo ralado por cima. Leve ao forno preaquecido a 160 °C por cerca de 10 minutos. Sirva em seguida.

CREPE DE LEGUMES

TEMPO DE PREPARO: 1H10 | RENDIMENTO: 12-15 UNIDADES

1 receita de crepe salgado (ver página 375)

Recheio

1 cenoura cozida ralada
½ maço de brócolis cozido picado
1 xícara de palmito picado
1 caixinha de creme de leite
1 sachê de tempero pronto

Molho

1 colher (sopa) de azeite
1 dente de alho amassado
4 tomates frescos sem pele picados
1 tablete de caldo de galinha
½ xícara de água quente
uma pitada de açúcar
1 colher (sopa) de manjericão fresco picado

1. Prepare os crepes conforme a receita. Reserve.

2. Faça o recheio: junte todos os ingredientes numa tigela e misture bem. Reserve.

3. Prepare o molho: em fogo médio, aqueça o azeite numa panela e doure o alho. Junte o tomate picado, o tablete de caldo de galinha dissolvido na água quente, o açúcar, o manjericão e deixe ferver até apurar. Reserve.

4. Monte os crepes: coloque recheio sobre cada disco de massa, dobre-o ao meio, e novamente ao meio, formando um triângulo.

5. Coloque os crepes numa fôrma refratária, despeje o molho sobre eles e leve ao forno preaquecido a 180 °C por cerca de 10 minutos ou até aquecer. Sirva em seguida.

CREPE DE CALABRESA E PRESUNTO

TEMPO DE PREPARO: 55 MINUTOS | RENDIMENTO: 12-15 UNIDADES

1 receita de crepe salgado (ver página 375)

Recheio

300 g de linguiça calabresa defumada picada
200 g de presunto picado
2 colheres (sopa) de salsinha picada
2 ovos

Molho

2 colheres (sopa) de azeite
2 cebolas picadas
3 tomates cortados em cubos
sal e pimenta-do-reino a gosto
1 xícara de queijo parmesão ralado

1. Prepare os crepes conforme a receita. Reserve.

2. Faça o recheio: em uma tigela, coloque a linguiça, o presunto, a salsinha e os ovos ligeiramente batidos. Mexa bem e reserve.

3. Prepare o molho: aqueça o azeite numa frigideira e refogue a cebola até ficar quase transparente. Acrescente o tomate e deixe cozinhar por 10 minutos, mexendo de vez em quando. Tempere com o sal e a pimenta.

4. Para rechear: espalhe uma camada fina de recheio sobre cada crepe. Levante um lado do crepe e dobre para o meio. Enrole firmemente como rocambole. Arrume os crepes numa fôrma refratária, cubra com o molho e polvilhe o parmesão. Leve ao forno preaquecido a 180 °C por cerca de 10 minutos.

CREPE COM ANCHOVA

TEMPO DE PREPARO: 50 MINUTOS | RENDIMENTO: 12-15 UNIDADES

1 receita de crepe salgado (ver página 375)

Recheio

2 xícaras de queijo mozarela ralado
16 filés de anchova em conserva amassados
½ colher (chá) de alho em pó
½ colher (chá) de orégano

1. Prepare os crepes conforme a receita. Reserve.

2. Coloque uma pequena porção de queijo mozarela sobre cada crepe, cubra com os filés de anchova e salpique o alho em pó e o orégano. Levante um lado do crepe e dobre para o meio. Enrole firmemente como rocambole.

3. Arrume os crepes numa fôrma untada e leve ao forno preaquecido a 160 °C por cerca de 10 minutos.

CREPE DE QUEIJO E NOZES

TEMPO DE PREPARO: 45 MINUTOS | RENDIMENTO: 12-15 UNIDADES

1 receita de crepe salgado (ver página 375)

Recheio

2 xícaras de queijo fundido ralado
1 xícara de nozes picadas
1 xícara de salsinha picada
páprica doce a gosto

1. Prepare os crepes conforme a receita. Reserve.

2. Faça o recheio: em uma tigela, misture o queijo fundido, as nozes picadas e a salsinha. Bata bem, até obter uma mistura uniforme, cubra e conserve na geladeira por 30 minutos.

3. Recheie os crepes: espalhe uma camada fina de recheio sobre cada crepe. Levante um lado do crepe e dobre para o meio. Enrole firmemente como rocambole. Salpique ligeiramente cada crepe com páprica e sirva.

CREPE DE RICOTA E ESPINAFRE

TEMPO DE PREPARO: 1 HORA | RENDIMENTO: 12-15 UNIDADES

1 receita de crepe salgado (ver página 375)

Recheio

3 colheres (sopa) de azeite
2 dentes de alho amassados
1 cebola picada
1 maço de espinafre picado
uma pitada de orégano
2 colheres (sopa) de cheiro-verde
sal e pimenta-do-reino a gosto
400 g de ricota esfarelada

Cobertura

1½ xícara de molho de tomate
2 xícaras de queijo mozarela ralado

1. Prepare os crepes conforme a receita. Reserve.

2. Faça o recheio: aqueça o azeite numa panela média e refogue o alho e a cebola até começar a dourar. Acrescente as folhas de espinafre, o orégano, o cheiro-verde, o sal e a pimenta. Refogue por mais 5 minutos.

3. Retire a água que se formou na panela e acrescente a ricota, misturando bem com o refogado. Deixe amornar.

4. Depois, coloque uma tira de recheio no meio de cada crepe. Levante um lado e dobre sobre o recheio, enfiando a borda debaixo do recheio. Enrole firmemente e coloque-os numa fôrma refratária. Cubra os crepes com o molho de tomate e polvilhe a mozarela ralada. Leve ao forno preaquecido a 180 °C por 10 minutos.

MASSA BÁSICA PARA PANQUECA

TEMPO DE PREPARO: 30 MINUTOS I RENDIMENTO: 12-15 UNIDADES

1¾ xícara de farinha de trigo
1 colher (chá) de fermento químico em pó
½ colher (chá) de sal
uma pitada de pimenta-do-reino
2 ovos
2 colheres (sopa) de manteiga
1½ xícara de leite

1. Em uma tigela, peneire a farinha, o fermento e o sal. Acrescente os ovos levemente batidos e mexa até que estejam incorporados à farinha. Acrescente a manteiga previamente derretida e o leite aos poucos, batendo bem. Deixe a massa na geladeira por 30 minutos. Passado esse tempo, retire-a e misture-a delicadamente.

2. Para fritar, unte ligeiramente uma frigideira antiaderente com margarina e deixe aquecer em fogo não muito alto. Despeje colheradas de massa, rode a frigideira de modo a espalhar a massa sobre o fundo. Deixe dourar e dê a volta na panqueca para cozinhar do outro lado.

3. Retire a panqueca da frigideira e coloque-a em um prato. Repita a operação de untar e aquecer a frigideira para continuar a preparação do restante das panquecas.

MASSA DE LIQUIDIFICADOR PARA PANQUECA

TEMPO DE PREPARO: 20 MINUTOS I RENDIMENTO: 12-15 UNIDADES

1½ xícara de leite
3 ovos
2 xícaras de farinha de trigo
½ colher (chá) de sal
uma pitada de pimenta (opcional)
1 colher (chá) de fermento químico em pó

1. No liquidificador bata primeiro o leite com os ovos. Em seguida, acrescente a farinha, o sal e a pimenta peneirados. Bata até formar um creme bem líquido, sem grumos de farinha. Se necessário, use uma colher para desgrudar a massa do copo do liquidificador.

2. Acrescente o fermento e bata novamente por 1 minuto. Retire a massa do liquidificador e deixe descansar na geladeira por 30 minutos.

3. Para fritar, unte ligeiramente uma frigideira antiaderente com margarina e deixe aquecer em fogo não muito alto. Despeje colheradas de massa, rode a frigideira de modo a espalhar a massa sobre o fundo. Deixe dourar e dê a volta na panqueca para cozinhar do outro lado.

4. Retire a panqueca da frigideira e coloque-a em um prato. Repita a operação de untar e aquecer a frigideira para continuar a preparação do restante das panquecas.

PANQUECA DE BRÓCOLIS

TEMPO DE PREPARO: 1H10 | RENDIMENTO 12-15 UNIDADES

1 receita de panqueca salgada (ver página 384)

Recheio
1 maço de brócolis
1 colher (sopa) de vinagre
sal a gosto
1 colher (sopa) de azeite
1 cebola picada
4 tomates picados sem pele e sem sementes
2 xícaras de molho de tomate
queijo parmesão ralado

1. Prepare as panquecas conforme a receita. Reserve.

2. Separe o brócolis em buquês e coloque de molho em água com o vinagre por alguns minutos. Em seguida, escorra-os e leve para cozinhar em água e sal, por cerca de 10 minutos, sem deixar que amoleçam demais.

3. Aqueça o azeite numa frigideira grande e refogue o brócolis com a cebola e o tomate por 5 minutos.

4. Recheie cada panqueca com o refogado, enrole-as como rocambole e coloque-as numa fôrma refratária untada, formando uma só camada.

5. Cubra com o molho de tomate e polvilhe o parmesão ralado. Leve ao forno preaquecido a 160 °C por cerca de 10 minutos. Sirva em seguida.

PANQUECA ESPECIAL DE CARNE

TEMPO DE PREPARO: 50 MINUTOS | RENDIMENTO: 12-15 UNIDADES

Massa

4 ovos
1 lata de creme de leite com soro
½ colher (sopa) de sal
1½ xícara de farinha de trigo
manteiga para fritar

Recheio e cobertura

700 g de carne moída refogada, de preferência patinho
2 colheres (sopa) de azeite
2 xícaras de molho de tomate quente
queijo para polvilhar

1. Divida a carne refogada em duas partes. Reserve uma delas e coloque a outra numa panela com o azeite aquecido. Acrescente o molho de tomate, misture e cozinhe por alguns minutos, até começar a borbulhar. Reserve.

2. Prepare a massa da panqueca: no copo do liquidificador coloque os ovos, o creme de leite e o sal. Bata para se agregarem. Desligue. Adicione a farinha e bata novamente. Deixe na geladeira por 30 minutos.

3. Passado esse tempo, unte ligeiramente uma frigideira antiaderente com margarina e deixe aquecer em fogo não muito alto. Despeje colheradas de massa, rode a frigideira de modo a espalhar a massa sobre o fundo. Deixe dourar levemente e dê a volta na panqueca para cozinhar do outro lado.

4. Retire a panqueca da frigideira e coloque-a em um prato. Mantenha aquecida. Repita a operação de untar e aquecer a frigideira para continuar a preparação do restante das panquecas.

5. Para rechear, coloque uma tira de recheio no meio da panqueca. Levante um lado e dobre sobre o recheio, enfiando a borda debaixo do recheio. Enrole firmemente como canelone. Acomode-as numa travessa e regue com o molho. Leve as panquecas ao forno preaquecido a 160 °C por cerca de 10 minutos. Sirva em seguida.

PANQUECA DE FRANGO E PRESUNTO

TEMPO DE PREPARO: 1H10 | RENDIMENTO: 12-15 UNIDADES

1 receita de panqueca salgada (ver página 384)

Recheio

1 xícara de carne de frango cozida bem picada
⅔ de xícara de presunto cozido bem picado
1 colher (chá) de ervas finas picadas
sal e pimenta-do-reino a gosto
1½ colher (sopa) de manteiga
3 colheres (sopa) de farinha de trigo
1¼ xícara de caldo de galinha
2 colheres (sopa) de xerez (opcional)

1. Prepare as panquecas conforme a receita. Reserve.

2. Faça o recheio: misture o frango, o presunto e as ervas e tempere com o sal e a pimenta-do-reino. Derreta a manteiga numa panela média e junte a mistura de frango. Refogue por 5 minutos.

3. Enquanto isso, em outra panela, dissolva a farinha de trigo no caldo de galinha e deixe cozinhar até engrossar, mexendo sempre. Se desejar, adicione o xerez.

4. Junte o creme à mistura de frango, mexa bem para incorporar e desligue o fogo.

5. Para rechear: coloque uma tira de recheio no meio de cada panqueca. Levante um lado e dobre sobre o recheio, enfiando a borda debaixo do recheio. Enrole firmemente como um canelone e coloque-as numa fôrma refratária. Cubra a fôrma com papel-alumínio e leve ao forno preaquecido a 180 °C por 10 minutos.

PANQUECA RÁPIDA DE CACHORRO-QUENTE

TEMPO DE PREPARO: 55 MINUTOS | RENDIMENTO: 12 UNIDADES

1 receita de panqueca salgada (ver página 384)

12 salsichas frankfurt
1 copo de requeijão
1 xícara de batata palha
1 xícara de queijo mozarela ralado

1. Prepare as panquecas conforme a receita. Reserve.

2. Afervente as salsichas e escorra a água. Espalhe uma camada fina de requeijão sobre cada panqueca e polvilhe um pouquinho de batata palha por cima. Coloque uma salsicha em um dos extremos da panqueca e enrole firmemente como rocambole.

3. Arrume as panquecas em um refratário levemente untado com margarina, polvilhe a mozarela ralada sobre elas e leve ao forno preaquecido a 180 °C por 5 minutos ou até gratinar. Sirva em seguida com ketchup e mostarda.

PANQUECA DE CENOURA

TEMPO DE PREPARO: 1 HORA | RENDIMENTO: 12-15 UNIDADES

Massa
3 xícaras de leite
1 ovo
1 gema
6 cenouras médias cozidas e picadas
sal e pimenta-do-reino a gosto
2½ xícaras de farinha de trigo

Recheio
2 xícaras de carne moída refogada

1. Prepare a massa: bata o leite, o ovo e a gema no liquidificador. Vá juntando, aos poucos, a cenoura picada. Bata até obter uma pasta homogênea.

2. Passe para uma tigela e tempere com o sal e a pimenta. Junte a farinha peneirada e misture bem. Cubra e deixe descansar por 1 hora na geladeira.

3. Retire a massa da geladeira e misture-a delicadamente. Unte ligeiramente uma frigideira antiaderente com margarina e deixe aquecer em fogo não muito alto. Despeje colheradas de massa, rode a frigideira de modo a espalhar a massa sobre o fundo. Deixe fritar bem e dê a volta na panqueca para cozinhar do outro lado.

4. Retire a panqueca da frigideira e coloque-a em um prato. Repita a operação de untar e aquecer a frigideira para continuar a preparação do restante das panquecas.

5. Para rechear: coloque uma tira de carne refogada no meio de cada panqueca. Levante um lado e dobre sobre o recheio, enfiando a borda debaixo do recheio. Enrole firmemente como um canelone. Arrume as panquecas uma ao lado da outra numa fôrma refratária untada, formando uma só camada. Leve ao forno preaquecido a 160 °C por 5 minutos ou até aquecer bem. Sirva em seguida.

PANQUECA INDIANA

TEMPO DE PREPARO: 1 HORA | RENDIMENTO: 12-15 UNIDADES

1 receita de panqueca salgada (ver página 384)

Recheio

2 xícaras de peito de frango cozido e desfiado
½ colher (chá) de curry
uma pitada de cominho
uma pitada de cardamomo
sal a gosto
½ xícara de salsinha picada
2 xícaras de queijo prato picado em cubos

1. Prepare as panquecas conforme a receita. Reserve.

2. Misture bem todos os ingredientes numa tigela, exceto o queijo, e deixe descansar por 20 minutos, para que os sabores se incorporem.

3. Espalhe uma pequena porção de recheio sobre cada panqueca. Dobre a panqueca ao meio e depois novamente ao meio, formando um triângulo.

4. Arrume as panquecas recheadas numa fôrma refratária untada, uma ao lado da outra. Distribua os cubos de queijo por cima e leve ao forno preaquecido a 160 °C por cerca de 10 minutos. Retire do forno e sirva em seguida.

PANQUECA DE PALMITO

TEMPO DE PREPARO: 1H10 | RENDIMENTO: 12-15 UNIDADES

1 receita de panqueca salgada (ver página 384)

Recheio

2 colheres (sopa) de óleo
1 cebola pequena picada
2 dentes de alho picados
1 xícara de leite
2 colheres (sopa) de farinha de trigo
1 ovo
sal e pimenta-do-reino a gosto
300 g de palmito picado
1 copo de requeijão
manteiga para untar
100 g de queijo parmesão ralado

1. Prepare as panquecas conforme a receita. Reserve.

2. Aqueça o óleo numa panela e doure a cebola. Junte o alho e refogue mais um pouco. Acrescente o leite, a farinha e o ovo e misture bem. Tempere com o sal e a pimenta e cozinhe em fogo baixo até engrossar, mexendo sem parar.

3. Acrescente o palmito e o requeijão e misture bem. Retire do fogo e deixe amornar.

4. Coloque uma tira de recheio no centro de cada panqueca. Levante um lado da massa e dobre sobre o recheio, enfiando a borda debaixo do recheio. Enrole firmemente e arrume-as numa fôrma refratária untada. Cubra com o queijo parmesão ralado e leve ao forno preaquecido a 160 °C por 15 minutos. Sirva em seguida.

PANQUECA DE PRESUNTO E CHAMPIGNON

TEMPO DE PREPARO: 1 HORA | RENDIMENTO: 12-15 UNIDADES

1 receita de panqueca salgada (ver página 384)

Recheio
½ xícara de manteiga
200 g de presunto picado
200 g de cogumelo em conserva picado
2 colheres (sopa) de farinha de trigo
2½ xícaras de creme de leite fresco
1 xícara de queijo parmesão ralado
sal e pimenta-do-reino a gosto

1. Prepare as panquecas conforme a receita. Reserve.

2. Faça o recheio: aqueça a manteiga numa panela em fogo médio e refogue o presunto por cerca de 1 minuto. Misture o cogumelo e deixe no fogo por mais 3 minutos. Acrescente a farinha, metade do creme de leite e metade do queijo ralado. Cozinhe por 3 minutos em fogo baixo, mexendo delicadamente. Tempere com o sal e a pimenta e mexa bem. Reserve.

3. Coloque um pouco do recheio no centro de cada panqueca. Dobre os cantos sobre o recheio, formando um quadrado do tipo trouxinha. Arrume as panquecas numa fôrma refratária untada.

4. Regue com o restante de creme de leite e polvilhe o restante do parmesão. Leve ao forno preaquecido a 180 °C por 10 minutos ou até dourar. Sirva em seguida.

PANQUECA NAPOLITANA

TEMPO DE PREPARO: 55 MINUTOS | RENDIMENTO: 12-15 UNIDADES

1 receita de panqueca salgada (ver página 384)

Recheio
300 g de ricota fresca
1 caixinha de creme de leite
3 tomates grandes sem sementes bem picados
sal e pimenta-do-reino a gosto
orégano a gosto
1½ xícara de molho de tomate

1. Prepare as panquecas conforme a receita. Reserve.

2. Faça o recheio: coloque a ricota numa vasilha pequena e amasse-a bem com um garfo. Se desejar, pode passá-la por um ralador fino. Em seguida, adicione o creme de leite e o tomate picado. Misture bem até obter um creme encorpado. Tempere com o sal, a pimenta e o orégano.

3. Espalhe uma camada fina de recheio sobre cada panqueca. Levante um lado da panqueca e dobre para o meio. Enrole firmemente como rocambole. Ajeite as panquecas recheadas numa travessa, uma ao lado da outra.

4. Numa panela, aqueça bem o molho de tomate e cubra as panquecas. Sirva em seguida.

PANQUECA PIZZAIOLA

TEMPO DE PREPARO: 50 MINUTOS | RENDIMENTO: 12-15 UNIDADES

1 receita de panqueca salgada (ver página 384)

Recheio
500 g de queijo mozarela fatiado
2 tomates sem sementes cortado em rodelas finas
orégano a gosto
1½ xícara de molho de tomate
queijo parmesão ralado a gosto

1. Prepare as panquecas conforme a receita. Reserve.

2. Para rechear: coloque sobre cada disco de panqueca 2 fatias de mozarela, 3 rodelas de tomate e uma pitada de orégano. Levante um lado da panqueca e dobre para o meio firmemente como rocambole.

3. Ajeite as panquecas numa fôrma refratária untada, uma ao lado da outra, e cubra-as com o molho de tomate quente. Polvilhe o queijo parmesão ralado e leve ao forno preaquecido a 160 °C por 10 minutos. Sirva em seguida.

PIZZAS, CALZONES E FOGAZZAS

MASSA BÁSICA PARA PIZZA

TEMPO DE PREPARO: 20 MINUTOS | RENDIMENTO: 2 UNIDADES

1 tablete de fermento biológico fresco
1 xícara de água morna
2½ xícaras de farinha de trigo
1 colher (chá) de açúcar
uma pitada de sal
4 colheres (sopa) de óleo

1. Coloque o fermento numa tigela pequena, junte metade da água e mexa com um garfo para dissolvê-lo. Reserve.

2. À parte, misture a farinha de trigo, o açúcar e o sal. Coloque a farinha sobre uma superfície lisa. Faça uma cova no meio e acrescente o fermento reservado. Misture bem com um garfo e, sem parar de mexer, junte aos poucos o restante da água morna. Sove a massa até que não grude nas mãos. Se necessário, adicione um pouco mais de água ou de farinha. Enrole a massa e coloque-a numa vasilha.

3. Faça um corte em cruz na superfície da massa, cubra com um pano e deixe descansar por 2 horas para que cresça.

4. Passado o tempo indicado, divida a massa em duas partes, coloque uma delas sobre uma superfície enfarinhada e amasse-a ligeiramente com o rolo de macarrão.

5. Unte com um pouco de óleo uma assadeira redonda ou retangular. Coloque a massa e abra-a com a ponta dos dedos até forrar toda a assadeira. Faça furos sobre a massa com auxílio de um garfo para que não estufe durante o cozimento. Repita o procedimento com a outra parte da massa. As massas estão prontas para serem previamente assadas antes de receberem o recheio.

PIZZA DE ALHO E ÓLEO

TEMPO DE PREPARO: 45 MINUTOS | RENDIMENTO: 2 UNIDADES

1 receita de massa básica para 2 pizzas (ver página 396)

Cobertura

2 xícaras de óleo
12 dentes de alho fatiados bem fino
¼ de xícara de molho de tomate
150 g de queijo mozarela ralado
orégano para polvilhar
azeite para regar

1. Prepare a massa da pizza conforme a receita.

2. Abra a massa e coloque-a numa assadeira redonda ou retangular previamente untada. Fure-a com um garfo para que não estufe durante o cozimento. Leve ao forno preaquecido a 180 °C por 10 minutos. Retire do forno e deixe de lado enquanto prepara a cobertura.

3. Aqueça o óleo numa panela e frite o alho até ficar dourado. Escorra bem e reserve.

4. Pincele ligeiramente molho de tomate sobre a massa previamente assada. Cubra-a com uma camada fina de mozarela e polvilhe orégano. Regue com um fio de azeite e leve-a de volta ao forno por 10 minutos. Ao retirar do forno, espalhe uniformemente o alho sobre a pizza. Sirva em seguida.

PIZZA DE ATUM

TEMPO DE PREPARO: 35 MINUTOS | RENDIMENTO: 2 UNIDADES

1 receita de massa básica para 2 pizzas (ver página 396)

Cobertura

½ xícara de azeite
2 cebolas cortadas em rodelas finas
2 latas de atum escorrido
¼ de xícara de molho de tomate
½ xícara de azeitonas portuguesas
azeite para regar

1. Prepare a massa da pizza conforme a receita.

2. Abra a massa e coloque-a numa assadeira redonda ou retangular previamente untada. Fure-a com um garfo para que não estufe durante o cozimento. Leve ao forno preaquecido a 180 °C por 10 minutos. Retire do forno e deixe de lado enquanto prepara a cobertura.

3. Aqueça metade do azeite numa panela e refogue as rodelas de cebola até que estejam macias e douradas. Acrescente o atum e refogue por mais 2 minutos.

4. Cubra a massa: pincele molho de tomate sobre a superfície da pizza e espalhe a mistura de atum e cebola. Disponha algumas azeitonas e regue com um fio de azeite. Leve ao forno preaquecido a 180 °C por cerca de 10 minutos. Sirva em seguida.

PIZZA MARGUERITA

TEMPO DE PREPARO: 55 MINUTOS | RENDIMENTO: 2 UNIDADES

1 receita de massa básica para 2 pizzas (ver página 396)

Cobertura

1 xícara de molho de tomate
400 g de queijo mozarela ralado
4 tomates cortados em rodelas finas
azeite para regar
folhas de manjericão

1. Prepare a massa da pizza conforme a receita.

2. Abra a massa bem fina e coloque-a numa assadeira redonda ou retangular previamente untada. Fure-a com um garfo para que não estufe durante o cozimento. Leve ao forno preaquecido a 180 °C por 10 minutos. Retire e monte a pizza.

3. Espalhe uniformemente o molho de tomate sobre a massa. Espalhe a mozarela ralada por cima do molho.

4. Disponha as rodelas de tomate por cima da mozarela e regue com um fio de azeite.

5. Leve ao forno quente até a mozarela derreter. Retire a pizza do forno e salpique algumas folhas de manjericão por cima. Sirva em seguida.

PIZZA PORTUGUESA

TEMPO DE PREPARO: 55 MINUTOS | RENDIMENTO: 2 UNIDADES

1 receita de massa básica para 2 pizzas (ver página 396)

Cobertura

1 xícara de molho de tomate
300 g de queijo mozarela ralado grosso
150 g de presunto cozido fatiado
2 tomates cortados em rodelas
2 ovos cozidos picados
2 cebolas médias picadas
20 azeitonas portuguesas
orégano a gosto

1. Prepare a massa da pizza conforme a receita.

2. Abra a massa bem fina e coloque-a numa assadeira redonda ou retangular previamente untada. Fure-a com um garfo para que não estufe durante o cozimento. Leve ao forno preaquecido a 180 °C por 10 minutos. Retire e monte a pizza.

3. Espalhe uniformemente um pouco de molho de tomate na superfície da pizza e cubra com mozarela e presunto. Em seguida, coloque rodelas de tomate, ovo picado e cebola.

4. Decore com azeitonas e polvilhe o orégano. Leve ao forno quente por cerca de 10 minutos, até o queijo derreter.

PIZZA DE CAMARÃO

TEMPO DE PREPARO: 55 MINUTOS | RENDIMENTO: 2 UNIDADES

1 receita de massa básica para 2 pizzas (ver página 396)

Cobertura

2 colheres (sopa) de azeite
1 cebola ralada grosso
3 tomates sem pele e sem sementes picados
1 lata de extrato de tomate
sal e pimenta-do-reino a gosto
1 colher (chá) de orégano
500 g de camarão limpo
1 xícara de queijo mozarela ralado

1. Prepare a massa da pizza conforme a receita. Reserve.

2. Estenda a massa da pizza numa assadeira apropriada, previamente untada e enfarinhada. Fure-a com um garfo para que não estufe durante o cozimento. Leve ao forno preaquecido a 180 °C por 10 minutos. Retire do forno e deixe de lado enquanto prepara a cobertura.

3. Aqueça o azeite numa panela, em fogo médio, e refogue a cebola por 2 minutos. Acrescente o restante dos ingredientes, exceto o camarão e a mozarela, e deixe cozinhar por 10 minutos em fogo baixo. Depois, acrescente o camarão e cozinhe por 3 minutos, mexendo de vez em quando.

4. Para montar, coloque o molho com camarão sobre a massa estendida e cubra com mozarela. Leve ao forno quente para o queijo derreter. Sirva em seguida.

PIZZA DE ESCAROLA COM PALMITO

TEMPO DE PREPARO: 50 MINUTOS | RENDIMENTO: 2 UNIDADES

1 receita de massa básica para 2 pizzas (ver página 396)

Cobertura

1 colher (sopa) de azeite
3 dentes de alho picados grosso
3 xícaras de escarola em tiras
1 xícara de queijo cottage picado em cubos
1 vidro pequeno de palmito picado
200 g de presunto picado
1½ xícara de molho de tomate
folhas de manjericão picadas

1. Prepare a massa da pizza conforme a receita. Reserve.

2. Faça a cobertura: em fogo médio, aqueça o azeite numa panela e refogue ligeiramente o alho. Adicione a escarola e refogue-a até que comece a murchar. Em seguida, misture o queijo cottage com o palmito e o presunto. Apague o fogo e reserve.

3. Abra a massa bem fina e coloque-a numa assadeira redonda ou retangular previamente untada. Fure-a com um garfo para que não estufe durante o cozimento. Leve ao forno preaquecido a 180 °C por 10 minutos. Retire e monte a pizza.

4. Espalhe o molho de tomate sobre a massa previamente assada, disponha a escarola por cima e coloque por último a mistura de cottage e palmito. Guarneça com manjericão e volte ao forno quente por mais 10 minutos.

PIZZA DE MOZARELA COM BACON

TEMPO DE PREPARO: 55 MINUTOS | RENDIMENTO: 2 UNIDADES

Massa

1 receita de massa básica para 2 pizzas (ver página 396)

Molho

3 tomates sem pele e sem sementes picados
2 colheres (sopa) de azeite
sal a gosto
1 colher (chá) de orégano

Cobertura

2 xícaras de queijo mozarela ralado
200 g bacon cortado em cubos médios e fritos
1 cebola picada grosso
2 ovos cozidos cortados em rodelas
50 g de azeitonas verdes picadas

1. Prepare a massa da pizza conforme a receita. Reserve.

2. Faça o molho: coloque o tomate numa vasilha média e tempere com azeite, sal e orégano. Reserve.

3. Abra a massa bem fina e coloque-a numa assadeira redonda ou retangular previamente untada Fure-a com um garfo para que não estufe durante o cozimento. Leve ao forno preaquecido a 180 °C por 10 minutos. Retire e monte a pizza.

4. Forre a massa previamente assada com um pouco do molho reservado, coloque uma camada com mozarela e espalhe o bacon, a cebola, o ovo e as azeitonas. Volte a pizza ao forno quente por mais 10 minutos.

PIZZA DE PALMITO COM COGUMELO

TEMPO DE PREPARO: 55 MINUTOS | RENDIMENTO: 2 UNIDADES

1 receita de massa básica para 2 pizzas (ver página 396)

Molho

2 colheres (chá) de azeite
1 cebola picada
2 dentes de alho amassados
3 tomates sem pele e sem sementes picados
sal a gosto
manjericão

Cobertura

1 vidro de palmito picado
100 g de cogumelo em conserva picado
folhas de manjericão picadas a gosto
100 g de queijo parmesão cortado em tiras

1. Prepare a massa da pizza conforme a receita. Reserve.

2. Faça o molho: aqueça o azeite numa panela, em fogo alto, e refogue a cebola e o alho por 2 minutos. Reduza o fogo para médio e adicione o tomate e o sal. Cozinhe por 10 minutos. A seguir, junte o manjericão e reserve.

3. Abra a massa bem fina e coloque-a numa assadeira redonda ou retangular previamente untada. Fure-a com um garfo para que não estufe durante o cozimento. Leve ao forno preaquecido a 180 °C por 10 minutos. Retire do forno e monte a pizza.

4. Espalhe o molho reservado sobre a massa previamente assada e coloque o palmito, o cogumelo, o manjericão e as tiras de parmesão. Leve ao forno quente apenas para gratinar.

PIZZA DE FRIGIDEIRA

TEMPO DE PREPARO: 45 MINUTOS | RENDIMENTO: 4 UNIDADES

Massa

1 ovo
50 g de manteiga em temperatura ambiente
½ colher (chá) de sal
1 colher (chá) de fermento químico em pó
1½ xícara de farinha de trigo

Cobertura

1 xícara de molho de tomate
300 g de queijo mozarela fatiado fino
2 tomates cortados em rodelas finas
orégano a gosto para polvilhar
folhas de manjericão para decorar

1. Em uma vasilha média, junte o ovo, a manteiga, o sal e o fermento e mexa com um garfo, até obter uma mistura homogênea. Aos poucos, acrescente a farinha de trigo e misture com as mãos, até obter uma massa firme e elástica. Deixe descansar por 15 minutos.

2. Depois, divida a massa em quatro partes e abra cada uma delas com o rolo de macarrão. Corte a massa no formato de disco do tamanho de uma frigideira média.

3. Coloque um disco de massa numa frigideira antiaderente e mantenha-a tampada em fogo baixo por 5 minutos, até dourar a parte de baixo da pizza. Tire do fogo, vire a massa, e coloque a cobertura seguindo esta ordem: molho de tomate, fatias de mozarela e rodelas de tomate. Polvilhe orégano e manjericão por cima.

4. Tampe a frigideira e deixe-a no fogo por mais 3 minutos. Repita o processo com o restante da massa e dos ingredientes. Sirva a pizza quente ou fria.

PIZZA DE SARDINHA DIFERENTE

TEMPO DE PREPARO: 30 MINUTOS | RENDIMENTO: 2 UNIDADES

Massa

2 xícaras de farinha de trigo
½ xícara de queijo parmesão ralado
1 colher (chá) de sal
1 ovo
½ xícara de óleo
1 colher (sopa) fermento químico em pó
½ xícara de leite

Cobertura

250 g de molho de tomate
2 latas de sardinha com molho de tomate
1 cebola grande aferventada e picada
2 tomates sem sementes picados
sal, pimenta-do-reino e orégano para temperar

1. Em uma vasilha grande, misture a farinha, o queijo ralado, o sal, o ovo levemente batido, o óleo e o fermento. Aos poucos, vá adicionando o leite e misture com as mãos, até a massa ficar consistente (se necessário, utilize um pouco mais de farinha ou de leite). Em seguida, sove a massa sobre uma superfície enfarinhada, até ficar firme e elástica. Deixe-a descansar por 30 minutos.

2. Depois, abra a massa com um rolo de macarrão e coloque-a numa assadeira redonda própria para pizza. Faça furos sobre a massa com auxílio de um garfo para que não estufe durante o cozimento, principalmente perto da borda.

3. Asse a massa em forno preaquecido a 200 °C por cerca de 10 minutos, evitando que doure demais. Retire a massa do forno e espalhe o molho de tomate na sua superfície.

4. Em seguida, espalhe a sardinha e a cebola previamente misturada com o tomate e temperada com sal, pimenta e orégano. Regue com o azeite e leve a pizza para terminar de assar em forno preaquecido a 180 °C por cerca de 5 minutos.

PIZZA ENROLADA

TEMPO DE PREPARO: 1 HORA | RENDIMENTO: 2 UNIDADES

Massa

2 tabletes de fermento biológico fresco
1 colher (chá) de açúcar
¾ de xícara de leite morno
500 g de farinha de trigo
1 colher (chá) de sal
3 colheres (sopa) de óleo
2 ovos levemente batidos
1 gema para pincelar

Recheio de presunto

300 g de presunto fatiado
3 tomates picados
1 cebola grande cortada em rodelas
300 g de queijo mozarela ralado
1 colher (sopa) de orégano
azeite para regar

Recheio de atum

2 latas de atum ralado
2 tomates picados
1 cebola grande picada
orégano a gosto
azeite para regar

1. Coloque o fermento esfarelado e o açúcar em um recipiente. Mexa até obter um líquido. Adicione o leite morno e misture. Reserve.

2. Coloque em outro recipiente a farinha (reserve um pouco), o sal, o óleo, o ovo batido e o fermento reservado. Misture para obter uma massa compacta e não pegajosa (se necessário, utilize a farinha reservada). Em seguida, sove a massa sobre uma superfície enfarinhada, até ficar compacta e lisa. Cubra a massa com um pano e deixe-a descansar por 1 hora, para que dobre de volume.

3. Depois, divida a massa em duas partes. Com um rolo, abra uma das partes numa superfície enfarinhada. Cubra a massa com o recheio de presunto, seguindo esta ordem: presunto, tomate, cebola e mozarela. Se desejar, espalhe molho de tomate na superfície da massa antes de colocar o recheio. Para finalizar, polvilhe o recheio com orégano e regue com um fio de azeite.

4. Enrole a massa como rocambole e coloque-a numa assadeira retangular forrada com papel-alumínio ou numa assadeira untada e enfarinhada. Pincele a superfície da pizza com gema batida e leve-a para assar em forno preaquecido a 150 °C por cerca de 20 minutos. Em seguida, aumente a temperatura para 180 °C e deixe até dourar (cerca de 10 minutos).

5. Siga o mesmo procedimento com a outra massa, cobrindo-a com o recheio de atum, fazendo uma mistura de atum, tomate, cebola, orégano e azeite.

PIZZA SUFLÊ

TEMPO DE PREPARO: 50 MINUTOS | RENDIMENTO: 6 PORÇÕES

Molho

2 colheres (sopa) de óleo
1 cebola média picada
2 dentes de alho picados
6 tomates picados
uma pitada de açúcar
sal e pimenta-do-reino a gosto
1 tablete de caldo de carne dissolvido em 1 xícara de água
1 folha de louro

Massa

2 ovos
1 xícara de leite
6 a 7 fatias de pão de fôrma

Cobertura

queijo parmesão ralado para polvilhar
orégano para polvilhar
300 g de queijo mozarela fatiado fino

1. Faça o molho: aqueça o óleo numa panela, em fogo médio, e refogue a cebola e o alho por 3 minutos. Adicione o tomate, o açúcar, o sal e a pimenta e misture sem parar por 1 minuto. Acrescente o caldo de carne e a folha de louro e cozinhe por 15 minutos, até obter um molho espesso. Reserve.

2. Faça a massa: bata ligeiramente os ovos numa vasilha funda. Acrescente o leite e misture. Umedeça as fatias de pão de fôrma nessa mistura e acomode-as numa fôrma refratária. Regue o pão com o líquido que restou.

3. Para cobrir a massa, comece nessa ordem: queijo ralado, orégano, molho de tomate reservado e fatias de mozarela. Continue fazendo as camadas até terminarem os ingredientes. Finalize com orégano e queijo ralado, regando com um fio de azeite.

4. Leve ao forno preaquecido a 200 °C por 15 minutos. Sirva em seguida.

PIZZA FÁCIL

TEMPO DE PREPARO: 30 MINUTOS | RENDIMENTO: 2 UNIDADES

Massa

1 colher (chá) de fermento químico em pó
uma pitada de sal
3 ovos inteiros
1¼ xícara de leite
2 xícaras de farinha de trigo

Cobertura

1 lata de molho de tomate
300 g de queijo mozarela ralado grosso
300 g de presunto ralado grosso
12 azeitonas verdes sem caroço

1. Junte todos os ingredientes da massa no liquidificador e bata por 3 minutos, até ficar homogênea.

2. Unte e enfarinhe uma assadeira redonda ou retangular de borda alta. Despeje a massa e leve para assar em forno preaquecido a 200 °C por cerca de 20 minutos. Retire a assadeira do forno, mas mantenha o forno aceso.

3. Em seguida, espalhe molho de tomate sobre a superfície da pizza e cubra-a com uma camada de mozarela e presunto. Disponha as azeitonas por cima e leve a assadeira de volta ao forno. Deixe assar por mais 10 minutos. Sirva em seguida.

Dica: Você pode variar o sabor, usando os recheios das outras pizzas deste capítulo ou inventando o seu.

CALZONE RECHEADO

TEMPO DE PREPARO: 1H10 | RENDIMENTO: 12-15 UNIDADES

Massa

2 tabletes de fermento biológico fresco
1 colher (chá) de sal
6 xícaras de farinha de trigo
2 potes de iogurte natural
½ xícara de óleo

Recheio

3 colheres (sopa) de azeite
1 cebola picada fino
2 pés de escarola picada
uma pitada de sal
1 colher (sopa) de alcaparras
1 tomate picado sem semente
2 filés de anchova em conserva picados
½ xícara de azeitonas portuguesas
pimenta-do-reino e orégano a gosto
1¼ xícara de queijo parmesão ralado
2 gemas batidas

1. Faça a massa: em um recipiente, coloque o fermento esfarelado e o sal. Misture até obter um líquido. Reserve.

2. Em uma vasilha grande, junte a farinha (reserve um pouco), o iogurte, o óleo e o fermento reservado. Mexa com as mãos até obter uma massa que não seja grudenta (se necessário, utilize a farinha reservada para torná-la mais seca). Em seguida, sove a massa até que fique com uma consistência elástica e lisa. Deixe-a descansar por 30 minutos.

3. Enquanto isso, faça o recheio: em fogo médio, aqueça o azeite numa panela e refogue a cebola. Adicione a escarola e o sal e deixe murchar (cerca de 2 minutos). Retire do fogo e acrescente as alcaparras, o tomate, os filés de anchova, as azeitonas, o sal e a pimenta. Misture e desligue. Quando a mistura esfriar, adicione o queijo ralado.

4. Depois, sobre uma superfície polvilhada com farinha, estenda porções da massa com o auxílio de um rolo. Modele círculos de massa com cerca de 10 cm de diâmetro. Coloque o recheio e feche-os unindo as extremidades. Pressione a borda com a ponta de um garfo.

5. Acomode os calzones em assadeiras retangulares, untadas e polvilhadas. Pincele-os com a gema batida e leve ao forno preaquecido a 200 °C por 20 minutos.

CALZONE DE BATATA COM RECHEIO DE BACALHAU

TEMPO DE PREPARO: 1H10 | RENDIMENTO: 8-10 PORÇÕES

Massa

2 tabletes de fermento biológico fresco
½ colher (chá) de sal
1 xícara de água morna
2½ xícaras de farinha de trigo
¼ de xícara de óleo
2 batatas grandes cozidas e espremidas
gema para pincelar

Recheio

2 colheres (sopa) de azeite
1 cebola picada fino
1 tomate sem sementes picado
500 g de bacalhau dessalgado e cozido
¼ de xícara de cheiro-verde picado
sal e pimenta-do-reino a gosto

1.Em uma vasilha, esfarele o fermento e adicione o sal. Misture até obter um líquido. Junte a água morna e mexa. Reserve.

2. Em outro recipiente, coloque a farinha, o óleo, o fermento e a batata espremida. Misture com as mãos até tudo ficar agregado. Sove até obter uma massa com uma textura elástica e lisa. Deixe descansar por 30 minutos coberta com um pano.

3. Faça o recheio: em uma panela em fogo médio, aqueça o azeite e refogue a cebola. Junte o tomate, o bacalhau desfiado, o cheiro--verde e os temperos. Cozinhe por 5 minutos e deixe amornar.

4. Depois, sobre uma superfície polvilhada com farinha, estenda porções da massa com o auxílio de um rolo. Modele os círculos de massa no tamanho desejado e empregue o recheio. Feche os calzones unindo as extremidades. Pressione a borda com a ponta de um garfo.

5. Disponha os calzones em assadeiras untadas e polvilhadas. Pincele a superfície de cada um deles com gema e leve para assar no forno preaquecido a 200 °C por 20 minutos, ou até ficar dourados.

FOGAZZA DE BACALHAU

TEMPO DE PREPARO: 1 HORA | RENDIMENTO: 8 PORÇÕES

Massa

2 xícaras de leite
3 ovos
50 g de margarina
2 xícaras de farinha de trigo
1 xícara de amido de milho
1 colher (chá) de sal
1 colher (sopa) de fermento químico em pó

Recheio

3 tomates sem sementes picados
1 cebola aferventada e picada
1 colher (sopa) de tempero pronto
3 colheres (sopa) de azeite
400 g de bacalhau dessalgado e cozido
300 g de queijo mozarela cortado em cubinhos
1 colher (sopa) de orégano

1. Comece pelo recheio, colocando em um recipiente o tomate, a cebola, o tempero pronto e o azeite. Misture bem e reserve.

2. Para fazer a massa, coloque no copo do liquidificador o leite, os ovos e a margarina. Bata por 1 minuto e desligue. Adicione a farinha, o amido de milho, o sal e o fermento e bata novamente até a mistura ficar homogênea.

3. Despeje um terço da massa do liquidificador numa fôrma retangular untada e enfarinhada. Distribua o bacalhau, previamente desfiado, e o recheio reservado. Cubra com o restante da massa. Espalhe os cubinhos de mozarela e polvilhe o orégano. Leve para assar ao forno preaquecido a 180 °C por cerca de 30 minutos. Sirva em seguida.

FOGAZZA DE PRESUNTO E MOZARELA

TEMPO DE PREPARO: 1H10 | RENDIMENTO: 8 PORÇÕES

Massa

2 tabletes de fermento biológico fresco
1 colher (chá) de sal
1 xícara de leite morno
4 xícaras de farinha de trigo
1 colher (sopa) de açúcar
1 xícara de maionese

Cobertura

2 cebolas cortadas ao meio e separadas em tiras
orégano a gosto
azeite para temperar
uma pitada de sal
2 tomates cortados em tiras
100 g de bacon defumado
300 g de queijo mozarela ralado
300 g de presunto ralado
1 xícara de azeitonas verdes cortadas ao meio
½ xícara de cheiro-verde picado
pimenta-do-reino a gosto

1. Em uma vasilha, esfarele o fermento e adicione o sal. Misture até obter um líquido. Adicione o leite morno, misture e reserve.

2. Em uma tigela grande, junte a farinha (reserve um pouco), o açúcar, a maionese e o fermento reservado. Mexa até obter uma massa que não seja pegajosa (se necessário, utilize a farinha reservada). Sove a massa sobre uma superfície enfarinhada, até ficar lisa. Deixe descansar por aproximadamente 30 minutos.

3. Enquanto isso, prepare o recheio. Tempere a cebola e o tomate com orégano, azeite e sal. Corte o bacon defumado em cubinhos e frite-os numa frigideira na própria gordura. Reserve tudo separadamente.

4. A seguir, abra a massa com o rolo e estenda-a numa assadeira retangular untada e enfarinhada. Distribua em camadas a mozarela, o presunto, o tomate, a cebola, as azeitonas, o cheiro-verde e os cubinhos de bacon. Tempere com pimenta-do-reino.

5. Leve para assar ao forno preaquecido a 150 °C por 15 minutos. Passado esse tempo, aumente a temperatura para 180 °C, e deixe no forno por mais 15 minutos, até dourar. Sirva em seguida.

FOGAZZA FRITA DE CALABRESA

TEMPO DE PREPARO: 1H10 | RENDIMENTO: 10 UNIDADES

Massa

2 tabletes de fermento biológico fresco
1 colher (chá) rasa de sal
2½ xícaras de farinha de trigo
3 colheres (sopa) de óleo
cerca de 1 xícara de leite (o suficiente para dar ponto na massa)

Recheio

3 fatias de bacon picadas
1 colher (sopa) de azeite
500 g de linguiça calabresa cortada em rodelas
3 tomates sem sementes picados
1 cebola picada fino
1 colher (sopa) de orégano
uma pitada de sal

1. Em uma tigela pequena, esfarele o fermento e adicione o sal. Misture até virar um líquido. Em uma tigela grande, junte a farinha, o óleo, o fermento dissolvido e o leite. Misture até tudo ficar agregado (se necessário, adicione um pouco mais de leite ou de farinha). Sove a massa até obter uma consistência lisa. Deixe descansar por 30 minutos.

2. Prepare o recheio: em uma frigideira grande, frite o bacon em sua própria gordura. Retire-o da frigideira e reserve. Aqueça o azeite na mesma frigideira e frite ligeiramente as rodelas de calabresa. Coloque o bacon de volta à frigideira, misture e reserve.

3. Tempere o tomate com orégano e sal; tempere também a cebola com orégano e sal. Reserve separadamente.

4. A seguir, sobre uma superfície enfarinhada, abra a massa com um rolo. Modele círculos de massa no tamanho desejado (o ideal é que tenham aproximadamente 12 cm de diâmetro).

5. Coloque o recheio reservado sobre cada um dos discos. Por cima, espalhe a cebola e o tomate temperados com orégano e uma pitada de sal.

6. Feche cada fogazza unindo as extremidades e pressionando a borda com a ponta de um garfo. Frite em óleo quente e deixe escorrer sobre papel-toalha para que fiquem sequinhas.

FOGAZZA FOLHADA DE FRANGO

TEMPO DE PREPARO: 1 HORA | RENDIMENTO: 8 PORÇÕES

Massa

2 tabletes de fermento biológico fresco
1 colher (chá) de sal
1 xícara de leite morno
2½ xícaras de farinha de trigo
2 ovos
½ xícara de creme de leite
100 g de margarina para folhar
1 gema para pincelar

Recheio

1 peito de frango cozido e desfiado
1 cebola picada
1 tomate picado
½ xícara de azeitonas verdes
½ xícara de cheiro-verde picado
1 colher (chá) de orégano
sal e pimenta do-reino a gosto
2 colheres (sopa) de azeite
1 copo de requeijão cremoso
rodelas de tomate para decorar

1. Em uma tigela pequena, esfarele o fermento e junte o sal. Misture até obter um líquido. Adicione o leite, mexa e reserve.

2. Em uma vasilha grande, junte a farinha (reserve um pouco), os ovos levemente batidos, o creme de leite e o fermento reservado. Misture até tudo ficar agregado (se necessário, adicione a farinha reservada). Sove a massa sobre uma superfície enfarinhada, até ficar numa consistência lisa. Deixe descansar por 15 minutos.

3. Enquanto isso, faça o recheio. Coloque o frango numa vasilha e junte a cebola, o tomate, as azeitonas, o cheiro-verde, o orégano, o sal, a pimenta e regue com azeite. Misture bem. Reserve.

4. Passado o tempo da massa, divida-a em duas partes. Abra uma delas com o auxílio do rolo. Espalhe a margarina na superfície da massa, dobre-a e torne a passar o rolo. Em seguida, coloque a massa numa assadeira retangular untada e enfarinhada. Espalhe o recheio reservado e o requeijão cremoso.

5. Abra a outra metade da massa do mesmo modo que a primeira e cubra o recheio da assadeira com ela. Pincele a superfície com a gema. Disponha rodelas de tomate sobre a massa, polvilhe o orégano e regue com um fio de azeite. Deixe a fogazza no forno preaquecido a 180 °C por 25 minutos.

PÃES SALGADOS

PÃO DE FÔRMA

TEMPO DE PREPARO: 1H20 | RENDIMENTO: 1 PÃO

1 xícara de leite morno
2 ovos
½ xícara de óleo
2 tabletes de fermento biológico fresco
3 colheres (sopa) de açúcar
½ colher (chá) de sal
3 xícaras de farinha de trigo

1. No copo do liquidificador, coloque o leite, os ovos, o óleo e o fermento esfarelado. Bata até homogeneizar. Acrescente o açúcar e o sal e bata mais um pouco.

2. Coloque a farinha em uma tigela e junte a mistura do liquidificador. Mexa até a massa ficar lisa e fazer bolhas grandes.

3. Despeje a massa numa fôrma para pão, untada e enfarinhada. Deixe a massa dobrar de volume, coberta com um pano, em lugar abafado (cerca de 40 minutos).

4. Depois, leve o pão para assar em forno preaquecido a 150 °C por 20 minutos e, logo em seguida, a 180 °C, até que fique dourado.

PÃO INTEGRAL

TEMPO DE PREPARO: 1H20 | RENDIMENTO: 2 PÃES

4 tabletes de fermento biológico fresco
3 colheres (sopa) de açúcar
2¼ xícaras de leite
3 xícaras de farinha de trigo
⅔ de xícara de manteiga em temperatura ambiente
1 colher (sopa) de sal
4 xícaras de farinha de trigo integral

1. Junte na tigela da batedeira o fermento, o açúcar e o leite e bata até dissolver bem. Acrescente 1 xícara de farinha de trigo, misture, cubra e deixe descansar até formar bolhas.

2. Em uma tigela, misture a manteiga, o sal e metade das duas farinhas. Bata até que a massa fique lisa. Amasse com as mãos, acrescentando aos poucos o restante de farinha. Cubra e deixe crescer até dobrar de volume.

3. Com o punho, abaixe a massa, para evitar que se formem bolhas. Divida-a em duas partes, coloque em assadeiras para pão de fôrma e cubra com papel-alumínio. Deixe crescer por cerca de 30 minutos ou até dobrar de volume.

4. Leve para assar em forno preaquecido a 150 °C por aproximadamente 40 minutos.

PÃO DE CENTEIO

TEMPO DE PREPARO: 1H50 | RENDIMENTO: 1 PÃO GRANDE

1 colher (sopa) de açúcar
3 tabletes de fermento biológico fresco
1 xícara de leite morno
3 ovos
2 colheres (chá) de sal
3 colheres (sopa) de manteiga em temperatura ambiente
2 xícaras de farinha de trigo
2 xícaras de farinha de centeio
manteiga para untar

1. Em uma tigela grande, coloque o açúcar, o fermento, o leite, os ovos, o sal e a manteiga e mexa bem.

2. À parte, misture os dois tipos de farinha. Vá acrescentando a mistura de farinha à tigela aos poucos. Amasse bem até que a massa fique lisa e não grude nas mãos.

3. Coloque a massa numa fôrma para pão untada e enfarinhada, cubra e deixe crescer por 1 hora.

4. Leve para assar em forno preaquecido a 180 °C por 30 minutos ou até que esteja corado.

PÃO CASEIRO

TEMPO DE PREPARO: 1H20 I RENDIMENTO: 1 PÃO MÉDIO

2 tabletes de fermento biológico fresco
½ xícara de água morna
½ xícara de manteiga
2 colheres (sopa) de açúcar
1 colher (chá) de sal
¾ de xícara de leite quente
3 ovos ligeiramente batidos
6 xícaras de farinha de trigo
margarina para untar

1. Em uma tigela, esfarele o fermento e dissolva-o na água morna. Reserve.

2. Coloque numa travessa a manteiga, o açúcar e o sal. Junte o leite quente, mexa bem e deixe amornar.

3. Acrescente o fermento dissolvido e o ovo. Adicione a farinha aos poucos, mexendo sempre com uma colher de pau, até que a massa fique grossa.

4. Sove a massa numa superfície enfarinhada, juntando farinha até que se desprenda das mãos.

5. Faça uma bola com a massa e coloque-a numa tigela untada com margarina. Vire a massa para que fique untada de todos os lados. Cubra e deixe crescer por 1 hora dentro do forno desligado.

6. Depois desse tempo, abaixe a massa com o punho fechado para eliminar as bolhas de ar, dobre-a e faça uma bola novamente. Molde a massa no formato que desejar e arrume-a numa assadeira untada e enfarinhada.

7. Deixe crescer por mais 1 hora e leve para assar em forno preaquecido a 180 °C por 25 minutos ou até que fique corado.

PÃOZINHO SOVADO

TEMPO DE PREPARO: 55 MINUTOS | RENDIMENTO: 15-18 UNIDADES

700 g de farinha de trigo
2 colheres (sopa) de açúcar
1 colher (chá) de sal
3 ovos
2 xícaras de iogurte natural
3 colheres (sopa) de manteiga
3 tabletes de fermento biológico fresco
gema para pincelar
farinha de trigo para polvilhar

1. Em uma tigela grande, junte a farinha de trigo (reserve um pouco), o açúcar e o sal e misture bem. Reserve.

2. Coloque os ovos, o iogurte e a manteiga no copo do liquidificador e bata por 2 minutos em velocidade alta. Desligue o liquidificador e acrescente o fermento esfarelado. Bata novamente por 30 segundos.

3. Adicione a mistura do liquidificador à tigela da farinha e mexa com uma colher de pau até obter uma massa lisa e enxuta (se necessário, utilize a farinha reservada).

4. Sove a massa sobre uma superfície enfarinhada e deixe-a descansar por 15 minutos, coberta, em lugar abafado. Depois, corte porções de massa e modele os pães.

5. Em uma assadeira grande, untada e enfarinhada, coloque os pães, mantendo uma distância de 3 cm entre eles. Pincele com a gema e polvilhe a farinha de trigo. Faça cortes sobre cada um deles e deixe que dobrem de volume (cerca de 30 minutos).

6. Então, leve para assar em forno preaquecido a 150 °C por 15 minutos. Depois, aumente a temperatura do forno para 180 °C e deixe assar por mais 15 minutos.

PÃOZINHO DE ÁGUA

TEMPO DE PREPARO: 1H20 | RENDIMENTO: 15-18 UNIDADES

3 tabletes de fermento biológico fresco
2½ xícaras de água morna
2 colheres (sopa) de açúcar
1 kg de farinha de trigo
1 colher (sopa) de sal
4 colheres (sopa) de óleo
óleo para untar
1 ovo batido para pincelar

1. Em uma tigela, dilua o fermento na água morna junto com o açúcar. Deixe descansar dentro do forno desligado até formar bolhas. Acrescente 2 xícaras de farinha e mexa bem, até obter um mingau homogêneo. Cubra com filme de PVC e deixe descansar por 1 hora.

2. Depois, adicione o restante da farinha, o sal e o óleo e sove bem a massa até ficar homogênea e macia. Transfira para uma travessa, cubra e espere dobrar de volume.

3. Modele os pãezinhos no formato que desejar. Coloque-os numa assadeira untada, cubra e deixe dobrar de volume (cerca de 30 minutos).

4. Pincele os pãezinhos com ovo batido e leve para assar em forno preaquecido a 180 °C por 30 minutos.

PÃOZINHO DE MINUTO

TEMPO DE PREPARO: 55 MINUTOS | RENDIMENTO: 10-12 UNIDADES

3 xícaras de farinha de trigo
2 colheres (sopa) de açúcar
1 colher (chá) de sal
1 ovo ligeiramente batido
2 colheres (sopa) de margarina em temperatura ambiente
1 colher (sopa) de fermento químico em pó
1 xícara de leite
gema para pincelar

1. Em uma vasilha grande, coloque a farinha peneirada, o açúcar, o sal, o ovo, a margarina e o fermento. Adicione o leite aos poucos, misturando sempre até obter uma massa que não grude nas mãos.

2. Em seguida, sove a massa sobre uma superfície enfarinhada até ficar homogênea e macia. Deixe a massa crescer por 30 minutos, coberta, em lugar abafado.

3. Passado o tempo de crescimento, faça bolinhas para moldar pequenos pães. Coloque-os numa assadeira untada e enfarinhada, mantendo 2 cm de distância entre eles. Deixe crescer novamente por 10 minutos.

4. Pincele os pães com gema batida e leve para assar em forno preaquecido a 180 °C até dourar.

Dica: Se quiser pão de minuto recheado, abra cada bolinha de massa na palma da mão e recheie a gosto, com mozarela em cubos ou calabresa defumada em rodelas, por exemplo.

PÃOZINHO PARA LANCHE

TEMPO DE PREPARO: 1H30 | RENDIMENTO: 16 UNIDADES

2 xícaras de leite
1 xícara de óleo
4 ovos
4 tabletes de fermento biológico fresco
1 kg de farinha de trigo
4 colheres (sopa) de açúcar
1 colher (sopa) rasa de sal
gema para pincelar

1. No copo do liquidificador, junte o leite, o óleo, os ovos e o fermento esfarelado e bata por 2 minutos. Reserve.

2. Em uma tigela grande, coloque a farinha (reserve um pouco), o açúcar, o sal e a mistura do liquidificador. Mexa com as mãos até obter uma massa que não grude nos dedos (se necessário, utilize a farinha reservada). Em seguida, sove a massa sobre uma superfície enfarinhada até ficar homogênea e macia. Cubra a massa com um pano e deixe descansar por 15 minutos.

3. Sobre uma superfície enfarinhada, abra porções de massa com as mãos, deixando-as com 1 cm de espessura. Modele os pães com um cortador redondo e coloque-os numa assadeira retangular, untada e enfarinhada, mantendo distância entre eles. Pincele a superfície da massa com a gema e deixe dobrar de volume.

4. Depois, leve para assar em forno preaquecido a 150 °C por 20 minutos. Em seguida, aumente a temperatura para 180 °C e deixe assar por mais 15 minutos, até dourar.

PÃO DE HAMBÚRGUER

TEMPO DE PREPARO: 1H20 | RENDIMENTO: 25 UNIDADES

4 tabletes de fermento biológico fresco
1 colher (sopa) de sal
2 xícaras de leite
1 kg de farinha de trigo
¾ de xícara de açúcar
100 g manteiga
gema para pincelar
gergelim para polvilhar

1. Junte o fermento esfarelado e o sal numa tigela pequena e misture até obter um líquido. Adicione o leite e mexa. Reserve.

2. Em uma vasilha grande, coloque a farinha (reserve um pouco), o açúcar e a manteiga. Mexa para agregar os ingredientes. Incorpore o fermento reservado e misture.

3. A seguir, sove a massa sobre uma superfície enfarinhada até que ela fique homogênea e macia. Volte a massa à vasilha e cubra com um pano. Deixe descansar por cerca de 40 minutos, para crescer.

4. Em seguida, pegue porções de massa e enrole-as como bolinhas. Acomode-as numa assadeira retangular untada e enfarinhada, mantendo uma distância de 2 cm entre elas. Pincele com gema e polvilhe o gergelim. Deixe cobrar de volume.

5. Depois, leve os pães para assar em forno preaquecido a 180 °C por cerca de 30 minutos.

CROISSANT

TEMPO DE PREPARO: 1H20 | RENDIMENTO: 35-40 UNIDADES

4 xícaras de farinha de trigo, mais 2 colheres (sopa)
250 g de margarina
2 tabletes de fermento biológico fresco
1 colher (chá) de sal
1 xícara de leite morno
1 colher (chá) rasa de raspas de limão
1 colher (sopa) de manteiga
2 ovos ligeiramente batidos
gema para pincelar

1. Coloque as 2 colheres (sopa) de farinha e a margarina numa vasilha e misture até obter uma pasta. Reserve na geladeira por 20 minutos.

2. Junte o fermento e o sal numa tigela pequena e misture até obter um líquido. Acrescente o leite morno, mexa e reserve.

3. Em uma vasilha grande, coloque o restante da farinha (reserve um pouco), as raspas de limão, a manteiga, o ovo batido e o fermento reservado. Misture com as mãos até a massa não grudar nos dedos; se necessário, utilize a farinha reservada.

4. Sove a massa sobre uma superfície enfarinhada, até ficar homogênea e macia.

5. Divida a massa em duas partes. Abra uma parte com o rolo e espalhe a pasta de margarina reservada sobre ela. Dobre a massa e passe outra vez o rolo delicadamente para não vazar a pasta. Repita esse procedimento mais uma vez e depois faça o mesmo com a outra parte da massa.

6. Modele os croissants com cortador próprio ou corte a massa em triângulos com uma faca. Enrole-os começando pela parte maior. Coloque os croissants numa assadeira retangular untada e enfarinhada e pincele com gema.

7. Quando os croissants dobrarem de volume, leve-os para assar em forno preaquecido a 180 °C por 20 minutos. Depois, aumente a temperatura do forno para 200 °C e deixe assar por mais 10 minutos.

CIABATTA

TEMPO DE PREPARO: 1H10 | RENDIMENTO: 8-10 UNIDADES

2 tabletes de fermento biológico fresco
½ colher (sopa) de sal
3 xícaras de água morna
1 kg de farinha de trigo
2 colheres (sopa) de açúcar
2 colheres (sopa) de leite em pó
2 colheres (sopa) de margarina
farinha de trigo para polvilhar

1. Coloque o fermento esfarelado e o sal numa tigela média. Misture até obter um líquido. Junte a água morna ao fermento dissolvido, mexa e reserve.

2. Em uma tigela grande, coloque a farinha (reserve um pouco), o açúcar, o leite em pó e a margarina. Misture bem. Acrescente o fermento reservado e misture com as mãos até obter uma massa que não grude nos dedos; se necessário, adicione a farinha reservada.

3. Sove a massa sobre uma superfície enfarinhada, até que ela fique homogênea e macia. Deixe descansar por 20 minutos, coberta, em lugar abafado.

4. Passado o tempo, abra porções da massa com um rolo e modele as ciabattas do tamanho que desejar. Acomode as ciabattas numa assadeira retangular untada e enfarinhada, afastadas uma da outra, cubra com um pano e espere que dobrem de volume (cerca de 40 minutos).

5. Depois, polvilhe um pouco de farinha de trigo sobre elas e leve para assar em forno preaquecido a 150 °C por 15 minutos. Em seguida, suba a temperatura do forno para 180 °C e deixe assar até dourar.

Dica: Se quiser ciabatta folhada, ao estender cada pedaço de massa, espalhe um pouco de margarina sobre ele, enrole e siga as instruções acima.

PÃO ITALIANO CASEIRO

TEMPO DE PREPARO: 1H20 | RENDIMENTO: 1 PÃO

Esponja

2 tabletes de fermento biológico fresco
½ colher (chá) de sal
1 xícara de água morna
100 g de farinha de trigo

Massa

1 kg de farinha de trigo
1 colher (sopa) de açúcar
2 colheres (sopa) de margarina
2 ovos ligeiramente batidos
1 xícara de leite

1. Para fazer a esponja, junte, numa tigela grande, o fermento esfarelado e o sal. Misture até obter um líquido. Em seguida, adicione a água morna e a farinha de trigo. Mexa e deixe levedar (crescer) coberta com um pano, em lugar abafado.

2. Passado o tempo da levedação, prepare a massa: em uma tigela grande, coloque a farinha (reserve um pouco), o açúcar, a margarina, o ovo batido, a esponja reservada e o leite. Mexa, agora com as mãos, para que os ingredientes fiquem bem misturados e a massa adquira uma textura homogênea (se necessário, utilize a farinha reservada).

3. Sove a massa sobre uma superfície enfarinhada, até obter uma mistura homogênea e macia. Modele a massa em formato de bola, coloque-a numa assadeira redonda, alta, untada e enfarinhada. Faça alguns cortes na superfície do pão, pincelando com água logo em seguida.

4. Deixe a massa dobrar de volume (cerca de 30 minutos) e leve para assar em forno preaquecido a 150 °C por 20 minutos e, depois, a 180 °C por mais 15 ou 20 minutos.

PÃO FOLAR PORTUGUÊS

TEMPO DE PREPARO: 1H40 | RENDIMENTO: 1 PÃO

Massa

3 tabletes de fermento biológico fresco
½ colher (sopa) de sal
1 xícara de água morna
500 g de farinha de trigo
1 colher (sopa) de açúcar
125 g de manteiga
5 ovos ligeiramente batidos
gema para pincelar

Recheio

300 g de embutidos defumados cortados em cubos (bacon, linguiça portuguesa e paio)

1. Coloque o fermento esfarelado e o sal em um recipiente. Misture até obter um líquido. Adicione a água morna, misture e reserve.

2. Em uma vasilha grande, junte a farinha (reserve um pouco), o açúcar, a manteiga, o ovo batido e o fermento reservado. Misture com as mãos para agregar os ingredientes e obter uma massa que não grude nos dedos (se necessário, utilize a farinha reservada).

3. Sove bem a massa polvilhando farinha e deixe-a descansar por cerca de 10 minutos.

4. Em seguida, abra a massa e coloque todos os embutidos, enrolando para envolvê-los. Coloque a massa numa assadeira redonda, alta, untada e enfarinhada, e deixe terminar de fermentar, coberta com um pano, por 1 hora.

5. Pincele a superfície da massa com gema e leve-a para assar em forno preaquecido a 180 °C por 30 minutos.

PÃO SÍRIO

TEMPO DE PREPARO: 55 MINUTOS | RENDIMENTO: 15-18 UNIDADES

3 tabletes de fermento biológico fresco
½ colher (sopa) de sal
2½ xícaras de água morna
1 kg de farinha de trigo
½ xícara de óleo
1 colher (sopa) rasa de açúcar

1. Junte o fermento e o sal em um recipiente médio e misture até virar líquido. Junte a água morna, mexa e reserve.

2. Em uma tigela grande, coloque a farinha (reserve um pouco), o óleo, o açúcar e o fermento reservado. Misture bem com uma colher de pau até obter uma massa lisa e enxuta (se necessário, utilize a farinha reservada).

3. Sove a massa sobre uma superfície enfarinhada até ficar homogênea e macia. Pegue porções de massa, molde bolinhas na palma das mãos e coloque-as numa assadeira retangular para que dobrem de tamanho (cerca de 30 minutos). Mantenha uma distância entre as bolinhas para evitar que grudem umas nas outras após o crescimento.

4. Preaqueça o forno a 300 °C e coloque uma grelha ou chapa no forno para esquentar.

5. Com a massa já crescida, passe o rolo de macarrão sobre cada bolinha para achatá-las, deixando-as em forma de círculo de 15 cm. Em seguida, acomode-os na grelha ou na chapa quente e deixe assar por 3-4 minutos ou até que comecem a dourar. Retire imediatamente do forno para que não queimem.

PÃO DE CERVEJA

TEMPO DE PREPARO: 1 HORA | RENDIMENTO: 1 PÃO

1 colher (sopa) de fermento químico em pó
½ colher (chá) de sal
4 xícaras de farinha de trigo
1 colher (chá) de mel
1 lata de cerveja em temperatura ambiente
óleo para untar

1. Em uma tigela grande, misture o fermento, o sal e a farinha de trigo. Acrescente a seguir o mel e a cerveja e misture bem com uma colher. A massa deve ficar pesada e bastante úmida.

2. Unte uma fôrma de bolo inglês e coloque a massa às colheradas, alisando a superfície. Leve para assar em forno preaquecido a 200 °C por 40 minutos ou até dourar.

PÃO DE BATATA

TEMPO DE PREPARO: 1H10 | RENDIMENTO: 12-15 UNIDADES

3 tabletes de fermento biológico fresco
1 colher (chá) de sal
1 xícara de leite morno
1 kg de farinha de trigo
500 g de batata cozida
200 g de manteiga em temperatura ambiente
3 ovos ligeiramente batidos
1 copo de requeijão cremoso
gema para pincelar

1. Em um recipiente pequeno, esfarele o fermento e adicione o sal. Misture até obter um líquido. Em seguida, adicione o leite, mexa e reserve.

2. Em uma tigela, coloque a farinha (reserve um pouco), a batata previamente espremida, a manteiga, o ovo batido e o fermento reservado. Misture com as mãos até obter uma massa que não grude nos dedos (se necessário, utilize a farinha reservada).

3. Sove a massa sobre uma superfície enfarinhada até ficar homogênea e macia. Deixe descansar por cerca de 20 minutos, coberta com um pano, em lugar abafado.

4. Depois, com as mãos, abra porções de massa e recheie com o requeijão. Enrole cada porção de massa como uma bolinha e coloque-as numa assadeira untada e enfarinhada, deixando espaço entre elas para que cresçam. Pincele com a gema e espere que dobrem de volume.

5. Leve os pães para assar em forno preaquecido a 150 °C por 15 minutos. Em seguida, suba a temperatura do forno para 180 °C e deixe os pães dourarem (cerca de 10 minutos).

PÃO DE CARÁ

TEMPO DE PREPARO: 1H20 | RENDIMENTO: 2 PÃES

500 g de cará sem casca
2 tabletes de fermento biológico fresco
2 colheres (sopa) de óleo
1 colher (sopa) de açúcar
2 colheres (chá) de sal
4 xícaras de farinha de trigo
gema para pincelar

1. Cozinhe o cará em água fervente até ficar macio, porém firme ao toque. Retire o cará da panela com uma escumadeira, escorra-o e passe-o pelo espremedor, obtendo assim 2 xícaras de purê de cará (reserve ½ xícara da água do cozimento).

2. Em uma tigela grande, dissolva o fermento na água reservada do cozimento. Acrescente o óleo, o açúcar, o sal e o cará espremido. Junte a metade da farinha de trigo e misture com as mãos para incorporar bem os ingredientes. Acrescente, aos poucos, o restante da farinha e amasse até obter uma massa que não grude nos dedos.

3. Sove a massa sobre uma superfície enfarinhada até ficar lisa e homogênea. Deixe crescer até dobrar de volume.

4. A seguir, sove novamente a massa e forme dois pães (se preferir, molde pequenos pães). Coloque-os numa assadeira untada e enfarinhada, um distante do outro, pincele a superfície de cada um deles com gema e cubra-os com um pano.

5. Deixe os pães crescerem por 1 hora. Depois, leve-os para assar em forno preaquecido a 200 °C por 30 minutos, ou até que fiquem douradinhos.

PÃO DE CENOURA

TEMPO DE PREPARO: 1H20 | RENDIMENTO: 2 PÃES MÉDIOS

1 pote de iogurte natural
2 potes (use o pote do iogurte vazio para medir) de leite morno
1 pote (use o pote do iogurte vazio para medir) de óleo
2 ovos
3 tabletes de fermento biológico fresco
1 xícara de cenoura ralada
1 kg de farinha de trigo
2 colheres (sopa) de açúcar
1 colher (sopa) rasa de sal
gema para pincelar

1. No copo do liquidificador, junte o iogurte, o leite, o óleo, os ovos, o fermento esfarelado e a cenoura e bata por 2 minutos, até ficar homogêneo. Reserve.

2. Misture a farinha (reserve um pouco), o açúcar e o sal numa vasilha grande. Adicione o líquido reservado e misture bem com uma colher de pau. Em seguida, bata a massa com a mesma colher até que fique homogênea (se necessário, utilize a farinha reservada).

3. Coloque a massa numa fôrma própria para pão de fôrma, untada e enfarinhada. Cubra com um pano e deixe dobrar de volume (cerca de 30 minutos).

4. Leve a massa para assar em forno preaquecido a 150 °C por 15 minutos. Abra o forno e pincele a gema. Suba a temperatura do forno para 180 °C e deixe assar por mais 20 minutos, até dourar.

PÃO DE AMENDOIM

TEMPO DE PREPARO: 1H30 | RENDIMENTO: 2 PÃES

1 tablete de fermento biológico fresco
6 colheres (sopa) de açúcar
1 xícara de leite morno
4 xícaras de farinha de trigo
5 colheres (sopa) de manteiga em temperatura ambiente
2 ovos
1 xícara de amendoim torrado e triturado
1 colher (chá) de sal
gema para pincelar

1. Em uma vasilha funda, esfarele o fermento, junte o açúcar e misture até obter um líquido. Adicione o leite morno e ½ xícara de farinha. Misture bem, cubra com um pano e deixe crescer por 10 minutos.

2. A seguir, adicione a manteiga, os ovos, o amendoim e o sal. Misture até ficar bem pastoso. Adicione a farinha restante, aos poucos, e amasse com as mãos até obter uma massa que não grude nos dedos.

3. Sove a massa sobre uma superfície enfarinhada até ficar lisa e homogênea. Cubra com um pano e deixe crescer por 1 hora, ou até dobrar de volume.

4. Depois, divida a massa em 2 partes iguais. Abra cada porção de massa em um retângulo com cerca de 24 x 40 cm e enrole-as como rocambole.

5. Coloque os pães em fôrmas para bolo inglês, untadas e enfarinhas, cubra com um pano e deixe crescer por 40 minutos, ou até que dobrem de volume.

6. Pincele a superfície dos pães com a gema e leve-os para assar em forno preaquecido a 180 °C por 20 minutos ou até que fiquem dourados. Desenforme os pães quando estiverem mornos.

PÃO DE ERVAS

TEMPO DE PREPARO: 1H30 | RENDIMENTO: 1 PÃO

4 xícaras de farinha de trigo
2 tabletes de fermento biológico fresco
1 xícara de água morna
2 colheres (chá) de sal
3 colheres (sopa) de queijo parmesão ralado
½ xícara de salsinha picada
1 colher (sopa) de orégano seco
1 colher (sopa) de manjericão seco
gema para pincelar

1. Coloque a farinha em uma tigela e faça uma cova no meio. Coloque nessa cova o fermento esfarelado e, aos poucos, vá pondo metade da água morna. Misture bem e amasse até que toda a farinha esteja umedecida.

2. Faça uma bola com a massa, cubra a tigela com um pano e deixe descansar por 20 minutos dentro do forno.

3. Passado esse tempo, junte o restante da água morna e o sal e misture bem. Adicione o queijo, a salsinha e o orégano. Sove a massa sobre uma superfície enfarinhada até torná-la homogênea e macia.

4. Novamente, faça uma bola com a massa e coloque-a numa assadeira untada e enfarinhada. Pincele com a gema batida, cubra com um pano e deixe descansar por mais 20 minutos.

5. Depois, leve o pão para assar em forno preaquecido a 150 °C por cerca de 40 minutos, até que comece a dourar.

PÃOZINHO DE CEBOLA

TEMPO DE PREPARO: 1H20 | RENDIMENTO: 12-15 UNIDADES

4 xícaras de farinha de trigo
½ xícara de manteiga em temperatura ambiente
1 pacote de mistura cremosa para sopa de cebola
1 tablete de fermento biológico fresco esfarelado
1 xícara de leite levemente morno
gema para pincelar

1. Em uma tigela grande, peneire a farinha de trigo e faça um buraco no centro. Junte os ingredientes restantes e trabalhe a massa com a ponta dos dedos até soltar das mãos. Faça uma bola, cubra e deixe descansar por 30 minutos, até dobrar de volume.

2. Passado esse tempo, abra porções da massa e recorte triângulos. Enrole-os no sentido da base para a ponta e depois curve-os, formando meias-luas.

3. Coloque os pãezinhos numa assadeira previamente untada e enfarinhada e pincele--os com gema. Leve para assar em forno preaquecido a 150 °C por 30 minutos.

PÃOZINHO DE BATATA COM CARNE-SECA

TEMPO DE PREPARO: 1H10 | RENDIMENTO: 30 UNIDADES

Massa
3 tabletes de fermento biológico fresco
½ colher (chá) de sal
1 xícara de leite morno
1 kg de farinha de trigo
200 g de margarina
500 g de batata inglesa cozida e espremida
3 ovos ligeiramente batidos

Recheio
500 g de carne-seca dessalgada e cozida
1 cebola aferventada e picada
½ xícara de cebolinha picada
1 colher (chá) de orégano
pimenta-do-reino a gosto
400 g de requeijão cremoso

gema para pincelar

1. Em uma tigela pequena, coloque o fermento esfarelado e o sal. Misture até obter um líquido. Em seguida, adicione o leite morno e mexa. Reserve.

2. Em uma vasilha grande, coloque a farinha (reserve um pouco), a margarina, a batata espremida, o ovo batido e o fermento reservado. Misture com as mãos até obter uma massa homogênea e macia (se necessário, utilize a farinha reservada). Deixe descansar por aproximadamente 20 minutos, coberta com um pano, em lugar abafado.

3. Enquanto isso, faça o recheio: em um recipiente, coloque a carne-seca previamente desfiada, a cebola aferventada, a cebolinha, o orégano e a pimenta. Misture bem e reserve.

4. Sobre uma superfície enfarinhada, abra porções da massa com as mãos. Espalhe sobre cada uma delas um pouco de requeijão e de recheio de carne-seca. Feche a massa, moldando-a como uma bola pequena. Coloque-as numa assadeira untada e enfarinhada, mantendo distância entre elas. Pincele com gema e espere crescer.

5. Leve os pães para assar em forno preaquecido a 180 °C por cerca de 20 minutos. Em seguida, suba a temperatura para 200 °C e asse até dourar (cerca de 10 minutos).

PÃOZINHO DE MANDIOQUINHA COM REQUEIJÃO

TEMPO DE PREPARO: 1H25 | RENDIMENTO: 30-35 UNIDADES

4 tabletes de fermento biológico fresco
½ colher (sopa) de sal
1 xícara de leite morno
1 kg de farinha de trigo
3 ovos ligeiramente batidos
200 g de margarina em temperatura ambiente
250 g de mandioquinha cozida
500 g de requeijão cremoso
gema para pincelar

1. Em uma tigela pequena, esfarele o fermento e adicione o sal. Misture até obter um líquido. Acrescente o leite morno. Reserve.

2. Em uma vasilha grande, coloque a farinha (reserve um pouco), os ovos batidos, a margarina, a mandioquinha previamente espremida e o fermento reservado. Misture com as mãos até obter uma massa que não grude nas mãos (se necessário, utilize a farinha reservada).

3. A seguir, sove a massa sobre uma superfície lisa enfarinhada, até que ela fique homogênea e macia. Deixe a massa descansar por 10 minutos.

4. Estique porções de massa na palma da mão e coloque um pouco de requeijão no centro. Molde uma bolinha e coloque-a numa assadeira retangular untada e enfarinhada, distante 2 cm da próxima bolinha. Deixe que dobrem de volume e pincele com gema.

5. Leve os pães para assar em forno preaquecido a 150 °C por aproximadamente 20 minutos. Em seguida, aumente a temperatura para 180 °C e deixe assar até ficar dourado.

PÃO DE QUEIJO MINEIRO

TEMPO DE PREPARO: 35 MINUTOS | RENDIMENTO: 30-35 UNIDADES

1 xícara de leite
½ xícara de óleo
½ colher (sopa) rasa de sal
500 g de polvilho doce
2 ovos
1½ xícara de queijo meia cura ralado

1. Coloque o leite, o óleo e o sal numa leiteira. Leve ao fogo alto e, quando levantar fervura, despeje a mistura sobre o polvilho previamente colocado numa vasilha. Mexa bem com uma colher de pau, para que o polvilho fique impregnado de líquido.

2. Em seguida, acrescente os ovos, um a um, sempre mexendo com a colher de pau. Junte o queijo ralado e misture com as mãos até que a massa não grude nas mãos.

3. Sove a massa sobre uma superfície enfarinhada, até que ela fique homogênea e macia. Em seguida, enrole pequenas bolinhas na palma da mão, dispondo-as numa assadeira retangular untada e enfarinhada. Leve para assar em forno preaquecido a 200 °C por 20 minutos.

PÃO DE QUEIJO DE FÔRMA

TEMPO DE PREPARO: 40 MINUTOS | RENDIMENTO: 10 FATIAS

½ xícara de óleo
1 xícara de leite
3 ovos
½ colher (chá) de sal
200 g de queijo mozarela ralado
3 xícaras de polvilho doce
1 colher (sopa) de fermento químico em pó
queijo parmesão ralado para polvilhar

1. No copo do liquidificador, coloque o óleo, o leite, os ovos e o sal e bata até ficar homogêneo. Desligue. Adicione a mozarela e bata ligeiramente para agregar. Reserve.

2. Em uma vasilha grande, coloque o polvilho doce e a mistura do liquidificador. Misture com uma colher de pau.

3. Em seguida, adicione o fermento e misture-o para incorporar.

4. Coloque a massa numa fôrma redonda de furo no meio, untada e polvilhada. Polvilhe o queijo ralado sobre a superfície e leve para assar em forno preaquecido a 200 °C por 25 minutos.

Dica: Para dar mais sabor ao pão de queijo, acrescente orégano ou salsinha à massa.

PÃO DE PRESUNTO

TEMPO DE PREPARO: 1H20 | RENDIMENTO: 2 PÃES

Massa

1 xícara de leite
2 ovos
2 tabletes de fermento biológico fresco
5 xícaras de farinha de trigo
1 colher (chá) de sal
50 g de manteiga

Recheio

300 g de queijo mozarela ralado
300 g de presunto ralado
2 tomates cortados em rodelas
2 cebolas cortadas em rodelas
azeite, orégano e pimenta-do-reino a gosto

gema para pincelar

1. No copo do liquidificador, coloque o leite morno, os ovos e o fermento esfarelado. Bata até ficar homogêneo. Reserve.

2. Em um recipiente grande, junte a farinha (reserve um pouco), o sal, a manteiga e o líquido do liquidificador. Misture com as mãos, até obter uma massa que não grude nos dedos (se necessário, utilize a farinha reservada).

3. Sove a massa até ela ficar com consistência macia e deixe-a descansar por 30 minutos.

4. Enquanto isso, junte todos os ingredientes do recheio numa tigela grande e misture bem.

5. Passado o tempo de descanso da massa, divida-a em duas partes. Sobre uma superfície enfarinhada, abra as massas bem finas com o rolo de macarrão e espalhe o recheio por cima. Em seguida, enrole cada uma delas como rocambole.

6. Coloque as massas numa assadeira retangular forrada com papel-alumínio ou untada e enfarinhada. Faça cortes superficiais no pão com a ponta de uma faca afiada, pincele com a gema e deixe dobrar de volume.

7. Leve os pães para assar em forno preaquecido a 150 °C por 20 minutos e, em seguida, a 180 °C, por cerca de 10 minutos, até dourar.

Dica: Estes pães podem ser congelados, quando devidamente embalados.

PÃO DE ATUM

TEMPO DE PREPARO: 1H40 | RENDIMENTO: 1 PÃO GRANDE

100 g de bacon fatiado
1 tablete de fermento biológico fresco
1 colher (chá) de sal
¾ de xícara de água morna
1 lata de atum ralado escorrido
½ xícara de azeitonas verdes picadas
1 cebola picada
1 colher (sopa) de orégano
3 xícaras de farinha de trigo
1 xícara de queijo parmesão ralado
1 colher (chá) de açúcar
1 colher (sopa) de azeite
2 ovos ligeiramente batidos
gema para pincelar
queijo parmesão ralado para polvilhar

1. Corte cada fatia de bacon em três pedaços. Aqueça uma frigideira em fogo alto e frite o bacon em sua própria gordura. Retire do fogo e escorra-o em papel-toalha. Reserve.

2. Coloque o fermento esfarelado e o sal numa tigela pequena. Mexa até obter um líquido. Misture a água morna e reserve.

3. À parte, junte o atum, o bacon frito, as azeitonas, a cebola e o orégano e misture bem. Reserve.

4. Em uma tigela grande, coloque a farinha, o queijo ralado, o açúcar, o azeite, o ovo batido e o fermento reservado. Misture com uma colher de pau até obter uma massa homogênea. Acrescente a mistura de atum e bacon. Mexa para agregar tudo. Deixe a massa descansar por 15 minutos.

5. Depois, coloque a massa numa assadeira redonda untada e enfarinhada. Pincele a superfície com a gema e polvilhe o queijo ralado. Deixe dobrar de volume.

6. Então, leve para assar em forno preaquecido a 150 °C por 20 minutos. Em seguida, aumente a temperatura para 180 °C e deixe no forno por mais 15 minutos, até dourar.

PÃOZINHO DE CALABRESA RECHEADO

TEMPO DE PREPARO: 1H30 | RENDIMENTO: 15-18 UNIDADES

Massa

2 tabletes de fermento biológico fresco
1 colher (sopa) de sal
1 xícara de água morna
5 xícaras (chá) de farinha de trigo
3 colheres (sopa) de manteiga
2 colheres (sopa) de açúcar
2 ovos ligeiramente batidos

Recheio

2 colheres (sopa) de óleo
500 g de linguiça calabresa sem pele
2 colheres (sopa) de cebola picada
2 colheres (sopa) de tomate picado
1 colher (chá) de pimenta-do-reino
1 colher (chá) de orégano
½ xícara de azeitonas verdes picadas
½ xícara de cheiro-verde picado

gema para pincelar

1. Junte o fermento e o sal numa vasilha média e misture até virar um líquido. Acrescente a água morna e misture novamente. Reserve.

2. Em um recipiente grande, coloque a farinha (reserve um pouco), a manteiga, o açúcar, o ovo batido e o fermento preparado. Misture com as mãos até obter uma massa que não grude nos dedos (se necessário, adicione a farinha reservada).

3. Sove a massa sobre uma superfície enfarinhada até ficar macia e deixe-a descansar por cerca de 20 minutos, coberta com um pano, em lugar abafado.

4. Enquanto isso, faça o recheio: aqueça o óleo numa panela e frite a linguiça por 2 minutos. Junte a cebola e refogue por mais 2 minutos. Adicione o tomate, a pimenta, o orégano e a azeitonas e cozinhe por mais alguns minutos. Misture o cheiro-verde e desligue o fogo.

5. Passado o tempo de crescimento da massa, abra-a em pequenas porções e empregue o recheio já frio. Molde em formato de pãozinhos e coloque-os numa assadeira enfarinhada. Pincele com gema, cubra com um pano e deixe que dobrem de volume (cerca de 30 minutos).

6. Depois, leve para assar em forno preaquecido a 150 °C por 15 a 20 minutos. Em seguida, aumente a temperatura do forno para 180 °C e deixe assar até dourar.

BAGUETE FOLHADA DE QUEIJO E MANJERICÃO

TEMPO DE PREPARO: 1H20 | RENDIMENTO: 2 PÃES

Massa

2 tabletes de fermento biológico fresco
1 colher (chá) de sal
1¼ xícara de água morna
500 g de farinha de trigo
2 colheres (sopa) de açúcar
1 colher (sopa) de leite em pó
3 colheres (sopa) de queijo ralado
1 colher (sopa) de óleo
100 g de manteiga

Recheio

200 g de queijo mozarela ralado
200 g de queijo prato ralado
1 cebola média picada
½ xícara de manjericão picado

gema para pincelar
gergelim para decorar

1. Em uma tigela pequena, coloque o fermento esfarelado e o sal. Mexa até obter um líquido. Adicione a água morna, misture e reserve.

2. Em uma vasilha grande, junte a farinha, o açúcar, o leite em pó, o queijo ralado, o óleo e o fermento reservado. Mexa com uma colher de pau para agregar os ingredientes.

3. A seguir, sove sobre uma superfície enfarinhada, até a massa ficar lisa. Deixe descansar por aproximadamente 10 minutos.

4. Enquanto isso, prepare o recheio: junte os dois tipos de queijo, a cebola e o manjericão. Misture bem e reserve.

5. Abra a massa com auxílio de um rolo sobre a superfície enfarinhada. Espalhe a manteiga sobre ela, corte-a ao meio para dividir em duas partes iguais. Empregue o recheio sobre uma das partes. Enrole e torça a baguete.

6. Acomode-a em uma assadeira retangular, forrada com papel-alumínio. Pincele a gema e polvilhe gergelim. Repita a operação com a outra parte da massa.

7. Deixe a massa dobrar de volume e leve para assar em forno preaquecido a 180 °C por 25 minutos.

Dica: O recheio de queijo pode ser substituído por queijo e presunto, ou frango desfiado e requeijão cremoso ou ainda atum e tomate seco.

BRIOCHE RECHEADO COM PRESUNTO E QUEIJO

TEMPO DE PREPARO: 1 HORA | RENDIMENTO: 20 UNIDADES

Massa

1 tablete de fermento biológico fresco
¾ de xícara de leite morno
3 xícaras de farinha de trigo
1 colher (chá) rasa de sal
2 colheres (sopa) de açúcar
1 ovo
100 g de manteiga em temperatura ambiente

Recheio

200 g de presunto cru fatiado fino
300 g de queijo emmenthal fatiado
2 tomates sem pele e sem sementes
1 colher (sopa) de azeite
orégano a gosto

gema e óleo para pincelar
queijo parmesão ralado para polvilhar

1. Coloque o fermento esfarelado numa tigela pequena e dissolva-o no leite morno. Reserve.

2. Coloque a farinha numa tigela, faça um buraco no meio e acrescente o sal, o açúcar, o ovo, a manteiga e o fermento dissolvido. Mexa com as mãos até a massa não grudar nos dedos.

3. Em seguida, sove a massa sobre uma superfície enfarinhada até ficar macia. Cubra-a com um pano de prato e deixe descansar por 20 minutos em lugar abafado.

4. Depois, divida a massa em dois pedaços. Abra um pedaço de massa de cada vez, recheie com o presunto, o queijo emmenthal e o tomate previamente temperado com azeite e orégano. Enrole como um rocambole e corte-o em fatias com 4 cm de espessura.

5. Unte uma fôrma redonda com óleo e polvilhe-a com farinha de trigo. Coloque os pedaços de massa, distribuindo-os de forma irregular. Deixe crescer novamente por 20 minutos.

6. Para finalizar, pincele a massa com gema misturada com um pouco de óleo e polvilhe o queijo ralado. Leve para assar em forno preaquecido a 200 °C por 30 minutos ou até começar a dourar.

PANETONE SALGADO

TEMPO DE PREPARO: 2 HORAS | RENDIMENTO: 2 PANETONES

Massa

2 xícaras de leite morno
1 xícara de água morna
3 ovos
4 tabletes de fermento biológico fresco
½ xícara de óleo
1 kg de farinha de trigo
1 xícara de queijo parmesão ralado
1 colher (sopa) de sal
½ xícara de açúcar
½ colher (sopa) de essência de panetone

Recheio de salame e presunto

100 g de salame ralado
150 g de presunto ralado
1 xícara de cebolinha
1 colher (sopa) de orégano
½ xícara de azeitonas pretas

Recheio de quatro queijos

150 g de queijo provolone ralado
1 xícara de queijo prato ralado
1 xícara de queijo mozarela ralado
1 xícara de queijo parmesão ralado
1 xícara de cebolinha picada
½ colher (sopa) de orégano

1. No copo do liquidificador, coloque o leite, a água, os ovos, o fermento esfarelado e o óleo. Bata e reserve.

2. Em uma tigela grande, misture a farinha (reserve um pouco), o queijo ralado, o sal e o açúcar. Em seguida, adicione o líquido do liquidificador e a essência de panetone. Mexa para agregar (neste momento, se necessário, utilize a farinha reservada).

3. Sove a massa sobre uma superfície enfarinhada, até que fique lisa.

4. Prepare os dois recheios: em tigelas separadas, misture bem os ingredientes de cada recheio. Reserve.

5. Divida a massa em duas partes iguais. Abra uma das partes com as mãos e agregue o recheio de salame e presunto, mexendo na massa para que tudo fique mesclado. Modele o panetone e deixe dobrar de volume.

6. Repita o procedimento com a outra parte da massa, usando o recheio de quatro queijos.

7. Leve para assar em forno preaquecido a 150 °C por 20 minutos, e a 180 °C por mais 20 minutos.

ROSCA DE LINGUIÇA

TEMPO DE PREPARO: 1H40 | RENDIMENTO: 2 ROSCAS

4 xícaras de farinha de trigo
2 tabletes de fermento biológico fresco
1 colher (sopa) de açúcar
1 xícara de água morna
1 colher (chá) de sal
100 g de margarina
1 colher (sopa) de salsinha picada
1 colher (chá) de orégano seco
250 g de linguiça frita e esmigalhada

margarina para untar

1. Em uma tigela grande, coloque a farinha de trigo, faça um buraco no centro e adicione o fermento esfarelado, o açúcar e ¼ de xícara de água morna. Com um garfo, misture esses ingredientes, formando um mingau. Cubra e deixe descansar por 20 minutos.

2. Acrescente a água restante, o sal, a margarina derretida, a salsinha e o orégano. Amasse bem com as mãos até obter uma massa lisa e elástica.

3. Faça uma bola com a massa, coloque-a numa tigela untada, cubra e deixe crescer por cerca de 20 minutos.

4. Depois, abaixe a massa com os punhos, para que saiam as bolhas de ar, e junte a linguiça esmigalhada, amassando de leve apenas para misturar.

5. Divida a massa em quatro partes e enrole-as formando quatro cordões. Enrole de dois em dois como se fosse uma corda, depois junte as pontas. Coloque as duas roscas em assadeiras untadas e enfarinhadas, cubra e deixe crescer por 30 minutos, até dobrar de volume.

6. Pincele as massas com água e leve para assar em forno preaquecido a 180 °C por 25 a 30 minutos ou até ficarem levemente douradas.

Dica: Se quiser, substitua a linguiça por torresmo, salame, presunto ou frios de sua preferência.

ROSCA DE QUEIJO

TEMPO DE PREPARO: 1H10 | RENDIMENTO: 1 ROSCA

Massa

3 tabletes de fermento biológico fresco
½ xícara de leite morno
5 xícaras de farinha de trigo
1 colher (chá) de açúcar
½ colher (sopa) de sal
3 ovos inteiros
½ xícara de óleo

Recheio

1 lata de creme de leite sem soro
100 g de margarina
250 g de queijo parmesão ralado

gema para pincelar
queijo parmesão ralado para polvilhar

1. Em uma tigela pequena, esfarele o fermento e adicione o leite. Misture para dissolver bem o fermento. Reserve.

2. Faça o recheio: em uma tigela, junte o creme de leite, a margarina e o queijo parmesão ralado e misture bem. Reserve.

3. Junte a farinha, o açúcar e o sal numa tigela grande, misture e faça um buraco no centro. Adicione os ovos, o óleo e o fermento reservado. Misture bem com as mãos, até obter uma massa que não grude nos dedos (se necessário, adicione um pouco mais de farinha).

4. Coloque a massa sobre uma superfície enfarinhada e sove-a bem. Em seguida, divida a massa em duas partes. Abra as massas com um rolo de macarrão e espalhe o recheio previamente preparado. Em seguida, enrole-as como rocambole.

5. Corte os rocamboles em fatias com cerca de 7 cm de espessura e coloque-as em pé numa fôrma de furo no meio, untada e enfarinhada.

6. Deixe a massa crescer até dobrar de tamanho (cerca de 20 minutos), pincele com gema e polvilhe queijo parmesão ralado e orégano. Leve para assar em forno preaquecido a 180 °C por cerca de 30 minutos.

ROSCA DE TORRESMO

TEMPO DE PREPARO: 1 HORA | RENDIMENTO: 1 ROSCA

Massa

2 tabletes de fermento biológico fresco
½ colher (sopa) de sal
1 xícara de água morna
500 g de farinha de trigo
1 colher (sopa) de açúcar
1 colher (sopa) de leite em pó
1 colher (sopa) de margarina
1 ovo

Recheio

300 g de torresmo
100 g de queijo parmesão ralado
1 colher (sopa) de tempero pronto

gema para pincelar

1. Esfarele o fermento numa tigela pequena e junte o sal. Misture até obter um líquido. Adicione a água morna, misture e reserve.

2. Em um recipiente grande, coloque a farinha (reserve um pouco), o açúcar, o leite em pó, a margarina, o ovo e o fermento reservado. Misture com as mãos até obter uma massa que não grude nos dedos (se necessário, utilize a farinha reservada). Sove a massa sobre uma superfície enfarinhada até ficar com uma textura lisa e macia. Deixe a massa descansar por 15 minutos, coberta, em lugar abafado.

3. Enquanto isso, faça o recheio: junte o torresmo, o queijo ralado e o tempero e misture bem. Reserve.

4. Abra a massa com o rolo de macarrão. Empregue o recheio, enrole-a como rocambole e feche as extremidades. A seguir, torça e una as pontas da massa (formará uma rosca). Usando uma tesoura de cozinha, faça picotes na superfície da massa. Pincele a rosca com a gema e deixe dobrar de volume.

5. Leve para assar em forno preaquecido a 150 °C por 20 minutos e, em seguida, a 200 °C por 10 minutos.

Dica: Se quiser, substitua o torresmo por linguiça calabresa esfarelada.

PÃO RÚSTICO DE TOMATE SECO E AZEITONAS

TEMPO DE PREPARO: 1H20 | RENDIMENTO: 8 PÃES

Massa

2 tabletes de fermento biológico fresco
1 colher (chá) sal
1 xícara de leite morno
5 xícaras de farinha de trigo

Recheio

½ xícara de tomate seco picado
1 colher (chá) de ervas finas
1 colher (sopa) de alecrim fresco
1 xícara de polpa de tomate
5 colheres (sopa) de azeite
1 xícara de azeitonas verdes picadas

1. Faça a esponja: coloque o fermento esfarelado e o sal numa vasilha grande. Misture até obter um líquido. Adicione o leite morno e 1 xícara de farinha de trigo. Misture para os ingredientes se agregarem. Deixe levedar por 30 minutos coberta por um pano.

2. Enquanto isso, prepare o recheio: em outra vasilha grande, coloque o tomate seco picado, as ervas finas, o alecrim fresco, a polpa de tomate, o azeite e as azeitonas. Misture e reserve.

3. Passado o tempo de levedação, junte numa tigela grande o restante da farinha de trigo e a esponja reservada. Mexa bem com uma colher de pau e depois com as mãos, até a massa ficar firme. Adicione então o recheio preparado e continue misturando com as mãos. Em seguida, sove a massa sobre uma superfície enfarinhada, até ficar lisa. Deixe descansar por 10 minutos.

4. Depois, divida a massa em 8 porções. Modele os pães em formato de pequenas broas. Acomode-os numa assadeira retangular, untada e enfarinhada. Polvilhe um pouco de farinha sobre os pães e espere dobrar de volume.

5. Leve para assar em forno preaquecido a 200 °C por 30 minutos.

TRANÇA DE QUATRO QUEIJOS COM TOMATE SECO

TEMPO DE PREPARO: 1H30 | RENDIMENTO: 1 TRANÇA

Massa

2 tabletes de fermento biológico fresco
½ colher (sopa) de sal
½ xícara de leite morno
3 xícaras de farinha de trigo
½ colher (sopa) de açúcar
1 ovo ligeiramente batido
3 colheres (sopa) de óleo

Recheio

150 g de queijo mozarela ralado
100 g de queijo provolone ralado
100 g de queijo prato ralado
100 g de queijo parmesão ralado
1 colher (sopa) de orégano
150 g de tomate seco picado

gema para pincelar

1. Esfarele o fermento numa tigela pequena e adicione ⅓ do sal. Mexa até obter um líquido. Adicione o leite morno, misture e reserve.

2. Em uma vasilha grande, junte a farinha (reserve um pouco), o restante do sal, o açúcar, o ovo batido, o óleo e o fermento reservado. Mexa com as mãos até obter uma massa enxuta (se necessário, utilize a farinha reservada).

3. Sove a massa sobre uma superfície enfarinhada até que fique homogênea e macia. Deixe descansar por 20 minutos para crescer.

4. Enquanto isso, prepare o recheio: numa vasilha, misture os quatro queijos e o orégano. Reserve.

5. Depois que a massa crescer, abra-a com um rolo de macarrão. Coloque o recheio reservado no centro da massa (no sentido do comprimento) e distribua os tomates secos sobre o recheio. Com uma faca afiada, faça cortes nas bordas da massa (tiras com 2 dedos de espessura) como se fossem duas franjas e vá cruzando sobre o recheio (uma tira para lá, outra para cá), até ficar todo trançado.

6. Coloque a trança numa assadeira retangular forrada com papel-alumínio, pincele-a com gema e deixe dobrar de volume (cerca de 30 minutos).

7. Para finalizar, leve para assar em forno preaquecido a 150 °C por 15 minutos e, em seguida, a 180 °C, por mais 15 minutos ou até dourar.

FOCACCIA À PIZZAIOLA

TEMPO DE PREPARO: 50 MINUTOS | RENDIMENTO: 8 PORÇÕES

Massa

1½ xícara de farinha de trigo
½ colher (chá) de sal
1 colher (chá) de azeite
1 tablete de fermento biológico fresco
½ xícara de água morna
1 colher (chá) de açúcar

Cobertura

2 tomates sem pele picados
250 g de queijo mozarela ralado
½ xícara de azeitonas verdes picadas
2 colheres (sopa) de alcaparras
1 colher (chá) de orégano
manjericão fresco picado

1. Em uma tigela, misture a farinha, o sal e o azeite. Reserve.

2. À parte, desmanche o fermento na água morna e acrescente o açúcar e 1 colher (chá) de farinha de trigo. Deixe descansar por 10 minutos, até dobrar de tamanho, e misture à farinha da tigela. Amasse até formar uma bola.

3. Coloque a massa numa superfície enfarinhada e abra-a diversas vezes, esticando e enrolando até obter uma massa bem elástica.

4. Coloque a bola de massa numa tigela untada com azeite e cubra-a com um pano úmido. Deixe a massa crescer por 1h30. Depois, aperte a massa contra o fundo da tigela para eliminar o excesso de ar.

5. Com o rolo, abra a massa novamente e estenda-a numa assadeira untada com um pouco de azeite. Deixe crescer por mais 30 minutos.

6. Enquanto isso, misture todos os ingredientes da cobertura numa tigela. Quando passar o tempo do crescimento da massa, espalhe uniformemente a cobertura sobre ela e leve para assar em forno preaquecido a 180 °C por cerca de 20 minutos.

Dica: Você pode colocar o recheio que quiser sobre a focaccia, obedecendo sempre o mesmo tempo de forno.

LANCHES E SANDUÍCHES

BAURU DE FORNO

TEMPO DE PREPARO: 1H10 | RENDIMENTO: 8 PORÇÕES

Massa

2 tabletes de fermento biológico fresco
1 colher (chá) rasa de sal
2 xícaras de leite morno
farinha de trigo (suficiente para dar ponto)
1 colher (sopa) de manteiga em temperatura ambiente
2 ovos ligeiramente batidos
sal a gosto
gema para pincelar

Recheio

2 tomates sem sementes picados
1 cebola grande picada
1 colher (sopa) de orégano
3 colheres (sopa) de azeite
uma pitada de sal
200 g de presunto fatiado
200 g de queijo mozarela fatiado

1. Em uma vasilha pequena, esfarele o fermento e adicione o sal. Misture até obter um líquido. Junte um pouco de leite morno, mexa e reserve.

2. Em outra vasilha, coloque a farinha (reserve um pouco), a manteiga, o ovo batido, o sal, o restante do leite e o fermento reservado. Misture com as mãos até obter uma massa que não grude nos dedos (se necessário, utilize a farinha reservada).

3. Sove a massa sobre uma bancada até ficar homogênea e macia. Deixe descansar por aproximadamente 10 minutos em lugar abafado.

4. Faça o recheio: em um recipiente, junte o tomate, a cebola, o orégano, o azeite e o sal. Misture bem para incorporar e reserve.

5. Passado o tempo da massa, divida-a em duas partes. Abra uma delas com o rolo e coloque-a numa assadeira retangular, untada e enfarinhada. Distribua as fatias de presunto, de mozarela e o recheio reservado por cima. Estenda a outra parte da massa e cubra o bauru com ela. Pincele com gema e deixe dobrar de volume (cerca de 20 minutos).

6. Leve para assar em forno preaquecido a 180 °C por 25 a 30 minutos. Sirva quente ou frio.

CACHORRO-QUENTE PAULISTA

TEMPO DE PREPARO: 1 HORA | RENDIMENTO: 8 PORÇÕES

Massa

2 xícaras de farinha de trigo
2 ovos ligeiramente batidos
1 colher (sopa) de mostarda
1 colher (sopa) de ketchup
½ xícara de óleo
100 g de queijo parmesão ralado
1½ xícara de leite
1 colher (sopa) de fermento químico em pó
orégano ou queijo parmesão ralado para polvilhar

Recheio

3 tomates sem sementes picados
1 cebola picada
sal e pimenta-do-reino a gosto
1 colher (sopa) de salsinha picada
10 salsichas

1. Na vasilha da batedeira, coloque a farinha, o ovo, a mostarda, o ketchup, o óleo, o queijo ralado e o leite. Misture com auxílio de uma colher. A seguir, bata com a batedeira em velocidade alta até obter uma massa meio mole. Desligue e acrescente o fermento químico em pó. Misture devagar, até que o fermento esteja incorporado, e deixe a massa descansar.

2. Prepare o recheio: em uma vasilha, misture o tomate, a cebola, o sal, a pimenta e a salsinha. Adicione as salsichas e envolva-as no tempero. Reserve.

3. Coloque metade da massa descansada numa assadeira retangular, untada e enfarinhada. A seguir, distribua o recheio e, sobre ele, despeje o restante da massa de modo uniforme. Se quiser, polvilhe orégano ou queijo parmesão ralado por cima.

4. Leve para assar em forno preaquecido a 150 °C por 10 minutos. Em seguida, aumente a temperatura para 180 °C por mais 15 minutos ou até começar a dourar.

ENFORMADO DE ATUM

TEMPO DE PREPARO: 50 MINUTOS | RENDIMENTO: 8 PORÇÕES

½ xícara de azeite
1 cebola grande cortada em tiras
600 g de tomate sem sementes picado
1 colher (sopa) de tempero pronto
½ xícara de salsinha picada
uma pitada de sal
4 ovos
½ xícara de leite
8 fatias de pão de fôrma
3 latas de atum ralado e escorrido
1 xícara de manjericão
queijo parmesão ralado para polvilhar
½ xícara de azeitonas sem caroço

1. Aqueça o azeite numa frigideira, em fogo médio, e refogue a cebola por 3 minutos. Junte o tomate picado e cozinhe até murchar. Em seguida, adicione o tempero pronto e continue cozinhando por mais alguns minutos. Misture a salsinha e o sal e desligue o fogo. Reserve.

2. Na vasilha da batedeira, coloque os ovos e o leite e bata por 1 minuto em velocidade média. Reserve.

3. Unte com um pouco de azeite uma assadeira grande, distribua as fatias de pão, uma colada na outra, e regue com a mistura de leite e ovo. Espalhe o refogado reservado e o atum, polvilhando em seguida o manjericão e o queijo ralado. Decore com as azeitonas e leve para assar em forno preaquecido a 180 °C por 15 a 20 minutos.

LANCHE DE FÉRIAS

TEMPO DE PREPARO: 1H20 | RENDIMENTO: 8-10 PORÇÕES

Massa

2 tabletes de fermento biológico fresco
½ colher (sopa) de sal
½ xícara de leite
5 xícaras de farinha de trigo
½ colher (sopa) de açúcar
2 colheres (sopa) de queijo parmesão ralado
2 ovos ligeiramente batidos
6 colheres (sopa) de margarina em temperatura ambiente
2 mandioquinhas médias cozidas

Recheio

3 colheres (sopa) de óleo
1 cebola grande picada
2 tomates picados
1 colher (chá) rasa de pimenta-do-reino
orégano a gosto
1 peito de frango grande cozido
1 lata de ervilha escorrida
sal a gosto
200 g de queijo mozarela ralado grosso

gema para pincelar

1. Em uma vasilha pequena, misture o fermento esfarelado com 1 colher (chá) de sal até virar um líquido. Adicione o leite morno, misture bem e reserve.

2. Em uma vasilha grande, coloque a farinha (reserve um pouco), o restante do sal, o açúcar, o queijo, o ovo batido, a margarina, a mandioquinha previamente amassada e o fermento reservado. Mexa com as mãos até obter uma massa que não grude nos dedos (se necessário, acrescente a farinha reservada).

3. Sove a massa sobre uma bancada enfarinhada até ficar lisa e macia. Deixe descansar por cerca de 20 minutos em lugar aquecido.

4. Faça o recheio: em fogo médio, aqueça o óleo numa panela e frite a cebola por 2 minutos. Junte o tomate picado, a pimenta e o orégano. Cozinhe por alguns minutos até o tomate murchar.

5. Em seguida, adicione o frango previamente desfiado, a ervilha e o sal. Cozinhe por mais alguns minutos. Retire do fogo e deixe esfriar.

6. Depois, abra parte da massa com o rolo de macarrão e coloque-a numa assadeira retangular grande, untada e polvilhada com farinha. Espalhe o recheio reservado e a mozarela ralada. Abra o restante da massa e cubra o recheio. Pincele a gema por cima e deixe a massa dobrar de volume.

7. Leve para assar em forno preaquecido a 150 °C por 20 minutos. Em seguida, aumente a temperatura para 180 °C e deixe assar por mais 10 minutos, até dourar.

LASANHA DE PÃO DE FÔRMA

TEMPO DE PREPARO: 1 HORA | RENDIMENTO: 6-8 PORÇÕES

300 g de peito de frango
sal e pimenta-do-reino a gosto
2 tabletes de caldo de galinha
1 pacote de pão de fôrma sem casca
2 colheres (sopa) de amido de milho
2 xícaras de leite
1½ xícara de molho de tomate
250 g de queijo mozarela fatiado
50 g de queijo parmesão ralado

1. Em uma panela média, cozinhe o peito de frango com o sal, a pimenta e 1 tablete de caldo de galinha. Quando estiver cozido, retire-o da panela e desfie-o. Reserve.

2. Coloque as fatias de pão de fôrma sobre uma tábua de cozinha e passe superficialmente o rolo de macarrão sobre elas, para que fiquem mais finas. Reserve.

3. Numa panela média, dissolva o amido de milho no leite, acrescente o outro tablete de caldo de galinha, misture e cozinhe em fogo médio por 4 minutos, mexendo sempre, até ferver e engrossar. Reserve.

4. Em uma fôrma refratária retangular média, intercale, em camadas, fatias de pão, frango desfiado, molho branco, fatias de mozarela e molho de tomate, até terminar os ingredientes. A última camada deve ser de molho de tomate. Para finalizar, polvilhe o queijo parmesão ralado.

5. Leve ao forno preaquecido a 180 °C por 15 minutos ou até derreter o queijo. Sirva em seguida.

MISTO-QUENTE ESPECIAL

TEMPO DE PREPARO: 1H20 | RENDIMENTO: 8-10 PORÇÕES

1 xícara de leite morno
2 ovos
2 tabletes de fermento biológico fresco
600 g de farinha de trigo
3 colheres (sopa) de margarina
1 colher (chá) de sal

Recheio
300 g de queijo prato fatiado
300 g de presunto fatiado

gema para pincelar

1. No copo do liquidificador, junte o leite, os ovos e o fermento esfarelado. Bata por 2 minutos e reserve.

2. Em uma tigela grande, coloque a farinha (reserve um pouco), a margarina, o sal e a mistura do liquidificador. Misture com as mãos até obter uma massa que não grude (se necessário, acrescente um pouco mais de farinha).

3. Em seguida, sove-a sobre uma superfície enfarinhada até ficar lisa e macia. Deixe a massa descansar por 20 minutos em lugar aquecido.

4. Depois, divida a massa em 8-10 porções e abra cada uma delas com o rolo de macarrão, deixando-as em um formato retangular com cerca de 9 cm x 15 cm. Recheie cada parte com fatias de presunto e queijo. Feche a massa unindo bem as bordas (para não sair o recheio na hora de assar).

5. Acomode os mistos numa assadeira grande, untada e enfarinhada. Pincele com gema e espere aumentar de volume. Depois, leve para assar em forno preaquecido a 150 °C por 15 minutos. Em seguida, aumente a temperatura para 200 °C e deixe assando por mais 10 minutos, até dourar.

PÃO FRITO COM FRUTOS DO MAR

TEMPO DE PREPARO: 35 MINUTOS | RENDIMENTO: 8 PORÇÕES

1 xícara de óleo
1 dente de alho amassado
1 maço de manjericão picado
500 g de mexilhão limpo
800 g de marisco limpo
uma pitada de sal
1 colher (chá) rasa de pimenta-do-reino
8 fatias de pão de fôrma sem casca
suco de 1 limão

1. Aqueça 3 colheres (sopa) de óleo numa panela e doure o alho. Acrescente o manjericão, os mexilhões e os mariscos. Misture bem com uma colher de pau e deixe no fogo durante alguns minutos para tomar gosto.

2. Feito isso, tempere com o sal e a pimenta. Tampe a panela e cozinhe por 5 minutos, em fogo baixo, misturando de vez em quando.

3. Leve ao fogo uma frigideira com o óleo restante. Espere aquecer e frite as fatias de pão. Retire-as da frigideira e coloque-as sobre papel-toalha para escorrer o excesso de gordura. Depois, arrume-as numa travessa previamente aquecida.

4. Retire então os frutos do mar do fogo, regue com o suco de limão e mexa. Distribua essa mistura sobre o pão e sirva a seguir.

TIGELINHAS DE QUEIJO CREMOSO

TEMPO DE PREPARO: 40 MINUTOS | RENDIMENTO: 4 PORÇÕES

LANCHES E SANDUÍCHES

300 g de queijo prato
1½ xícara de leite quente
uma pitada de sal
¾ de xícara de manteiga
1 pão de fôrma inteiro
3 gemas
cogumelos em conserva para decorar

1. Corte o queijo em cubinhos e coloque numa vasilha. Despeje o leite quente e tempere com o sal. Cubra a vasilha e deixe descansar por 1 hora.

2. Corte o pão de fôrma em 16 fatias com 1 cm de largura. Depois, corte cada fatia em rodela, com um cortador redondo ou usando a boca de um copo largo.

3. Aqueça metade da manteiga numa frigideira e frite as rodelas de pão, aos poucos. Em seguida, distribua as rodelas de pão em 4 tigelinhas e leve-as ao forno preaquecido por 1 minuto. Depois, desligue o forno, mas deixe as tigelinhas dentro para que se mantenham quentes.

4. Derreta a manteiga restante numa panela pequena e acrescente a mistura de leite e queijo reservada. Cozinhe em fogo baixo, mexendo sem parar com uma colher de pau, até obter um creme homogêneo.

5. Acrescente as gemas, misture bem e tire do fogo. Despeje o creme preparado sobre as rodelas de pão e decore com o cogumelo cortado em fatias. Sirva imediatamente.

PIZZA DE PÃO DE FÔRMA

TEMPO DE PREPARO: 15 MINUTOS | RENDIMENTO: 8 UNIDADES

100 g de manteiga em temperatura ambiente
8 fatias de pão de fôrma
16 fatias de queijo mozarela ou prato
8 fatias de presunto
1 tomate grande cortado em rodelas finas
orégano a gosto

1. Passe uma camada generosa de manteiga em um dos lados de cada fatia de pão. Cubra cada fatia besuntada com 1 fatia de mozarela, 1 fatia de presunto e mais 1 de mozarela. Disponha as rodelas de tomate por cima da última camada e salpique orégano.

2. Coloque as fatias de pão numa assadeira, ligeiramente untada e enfarinhada, e leve ao forno preaquecido a 180 °C por cerca de 5 minutos, ou até o queijo derreter. Corte cada fatia pela metade, na diagonal, e sirva.

MISTO-QUENTE EM RODELA

TEMPO DE PREPARO: 50 MINUTOS | RENDIMENTO: 10-12 PORÇÕES

Massa
¼ de xícara de margarina
½ xícara de leite quente
1 tablete de fermento biológico fresco
1½ xícara de farinha de trigo
uma pitada de sal

Recheio
1 colher (chá) de manjericão
1 colher (chá) de orégano
¾ de xícara de extrato de tomate
300 g de presunto fatiado e picado
1 xícara de queijo prato ralado
½ xícara de queijo parmesão ralado

1.Misture a margarina com o leite e deixe amornar. Junte o fermento esmigalhado e deixe descansar por 10 minutos. Acrescente a farinha e o sal. Amasse até obter uma massa lisa e macia (se necessário, adicione um pouco mais de farinha). Cubra com um pano e deixe descansar por 40 minutos.

2. Em seguida, abra a massa com um rolo de macarrão, até obter uma espessura de 0,5 cm. Corte a massa em rodelas de 6 cm de diâmetro e distribua-as em assadeiras grandes, untadas e enfarinhadas.

3. À parte, junte o manjericão, o orégano e o extrato de tomate e espalhe a mistura sobre as rodelas de massa. Em seguida, distribua porções de presunto picado e, por cima, espalhe os dois tipos de queijo.

4. Leve ao forno preaquecido a 200 °C e asse por 20 minutos.

SANDUÍCHE DE FORNO CREMOSO

TEMPO DE PREPARO: 50 MINUTOS | RENDIMENTO: 10 PORÇÕES

2 latas de atum ralado escorrido
1 cebola picada fino
2 tomates sem sementes picados
1 colher (chá) de pimenta-do-reino
1 colher (chá) de orégano
½ xícara de cheiro-verde picado
18 fatias de pão de fôrma
500 g de maionese
1 pé de alface-americana
300 g de queijo mozarela fatiado

Cobertura
2 claras
1 caixinha de creme de leite
50 g de queijo parmesão ralado

1. Em um recipiente, junte o atum, a cebola, o tomate, a pimenta, o orégano e o cheiro--verde. Misture bem e reserve.

2. Prepare a cobertura: na batedeira, bata as claras em neve firme. Desligue e junte o creme de leite e o queijo ralado. Misture com uma espátula até obter um creme homogêneo. Reserve.

3. Em uma assadeira retangular forrada com papel-alumínio, intercale em camadas fatias de pão, maionese, a salada de atum reservada e folhas de alface. A última camada deve ser de pão.

4. Em seguida, distribua as fatias de mozarela de maneira uniforme e cubra com o creme de queijo reservado. Espalhe a mozarela fatiada e leve ao forno preaquecido a 250 °C por 10 a 15 minutos.

BROA DE FUBÁ COM TOMATE SECO

TEMPO DE PREPARO: 45 MINUTOS | RENDIMENTO: 8-10 PORÇÕES

4 xícaras de fubá
2 litros de água
1 colher (chá) de sal
1 xícara de queijo parmesão ralado
10 tomates secos cortados em tiras

1. Coloque o fubá numa panela e adicione 2 litros de água e o sal. Misture bem e leve ao fogo, mexendo sem parar até cozinhar e a massa se soltar do fundo da panela.

2. Junte então metade do parmesão, mexa e tire a panela do fogo.

3. Em seguida, espalhe a massa numa assadeira média, untada e polvilhada com o restante do queijo parmesão. Deixe esfriar e corte a massa em rodelas, usando um cortador ou a boca de um copo.

4. Coloque as rodelas novamente numa assadeira grande, untada e enfarinhada, e guarneça-as com tiras de tomate seco. Leve ao forno preaquecido a 180 °C por 5 minutos. Sirva quente.

SANDUICHÃO DE VERÃO

TEMPO DE PREPARO: 1H20 | RENDIMENTO: 10-12 PORÇÕES

1 pão de fôrma

Recheio de frango
2 colheres (sopa) de azeite
1 cebola pequena picada
1 tomate sem sementes picado
1 peito de frango grande cozido
sal e pimenta-do-reino a gosto
1 colher (sopa) de cheiro-verde picado

Recheio de cenoura
2 cenouras sem casca e aferventadas
½ cebola picada
1 tomate sem sementes picado
1 colher (sopa) de cheiro-verde picado
sal e pimenta-do-reino a gosto
1 colher (sopa) de azeite

Recheio de presunto
300 g de presunto picado
1 tomate sem sementes picado
½ cebola picada fino
1 colher (sopa) de cheiro-verde picado
orégano e pimenta-do-reino a gosto

Cobertura
1 vidro grande de maionese
300 g de batata palha

1. Para fazer o recheio de frango, aqueça o azeite numa panela e refogue ligeiramente a cebola. Adicione o tomate, o peito de frango previamente desfiado, o sal e a pimenta. Cozinhe por alguns minutos e acrescente o cheiro-verde (reserve um pouco para decorar). Desligue o fogo e reserve.

2. Para fazer o recheio de cenoura, coloque em uma vasilha a cenoura previamente ralada, a cebola, o tomate, o cheiro-verde, o sal, a pimenta e o azeite. Misture bem e reserve.

3. Para fazer o recheio de presunto, coloque em um recipiente o presunto, o tomate, a cebola, o cheiro-verde, o orégano e a pimenta. Mexa e reserve.

4. Para montar o sanduíche, forre com papel-alumínio uma assadeira retangular média e de borda alta. Besunte o papel com um pouco de maionese e intercale em camadas as fatias de pão de fôrma, o recheio de frango, as fatias de pão, a maionese, o recheio de cenoura, as fatias de pão, o recheio de presunto e termine com fatias de pão.

5. Deixe na geladeira por 30 minutos e desenforme sobre uma travessa rasa. Cubra todo o sanduichão com maionese e enfeite com batata palha.

CACHORRO-QUENTE À VIENA

TEMPO DE PREPARO: 50 MINUTOS | RENDIMENTO: 6 PORÇÕES

4 baguetes
4 salsichas tipo Viena
4 salsichas brancas
50 g de batata palha
azeite a gosto
½ cebola ralada fino
1 xícara de molho de tomate
½ xícara de mostarda
sal e pimenta-do-reino a gosto
1 lata de creme de leite sem soro

1. Corte os pães ao meio, na vertical, sem separá-los. Reserve.

2. Corte as salsichas ao meio, no sentido do comprimento, sem separar as duas partes e grelhe dos dois lados, no fogão ou no grill.

3. Faça o molho: aqueça o azeite e refogue a cebola. Junte o molho de tomate e a mostarda. Tempere com sal e pimenta, se necessário. Deixe cozinhar por 5 minutos, acrescente o creme de leite, misture bem e desligue o fogo.

4. Coloque os pães, abertos, em uma assadeira. Coloque uma salsicha de cada tipo sobre eles.

5. Regue com o molho reservado, cubra com batata palha e leve ao forno preaquecido por 10 minutos. Sirva em pratos.

SANDUÍCHE XADREZ

TEMPO DE PREPARO: 1 HORA | RENDIMENTO: 6-8 PORÇÕES

Massa

6 ovos

uma pitada de sal

6 colheres (sopa) de farinha de trigo

½ colher (sopa) de fermento químico em pó

Recheio

2 latas de atum ralado escorrido

1 colher (sopa) de cebola

½ xícara de cheiro-verde picado

1 colher (chá) de pimenta-do-reino

1 xícara de maionese

Cobertura

1 vidro grande de maionese

50 g de salsichão xadrez fatiado

folhas de alface-americana

1. Na vasilha da batedeira, junte os ovos e o sal e bata em velocidade alta por 2 minutos, até dobrar de volume. Desligue a batedeira e junte a farinha e o fermento peneirados juntos, aos poucos, mexendo sem parar com uma espátula, de baixo para cima.

2. Coloque a massa numa assadeira retangular grande, forrada com papel-manteiga, untado e enfarinhado. Leve ao forno preaquecido a 180 °C por 15 a 20 minutos. Depois, retire do forno e deixe esfriar.

3. Enquanto isso, faça o recheio: numa tigela funda, coloque o atum, a cebola, o cheiro--verde, a pimenta e a maionese. Misture bem para ficar homogêneo. Reserve.

4. Desenforme a massa fria sobre uma bancada enfarinhada e corte-a ao meio. Coloque uma das partes numa travessa grande, espalhe maionese sobre ela e cubra com folhas de alface e o recheio reservado. Coloque a outra metade da massa por cima e comprima-a delicadamente para uni-la ao recheio.

5. Espalhe uniformemente a maionese sobre a superfície e as laterais do sanduichão e decore o topo com as fatias de frios xadrez. Mantenha na geladeira até a hora de servir.

BOLO DE SARDINHA

TEMPO DE PREPARO: 1 HORA | RENDIMENTO: 6-8 PORÇÕES

2 latas de filé de sardinha escorrido
½ cebola pequena ralada
1 dente de alho amassado
300 g de cream cheese
margarina para untar
1 pão de fôrma sem casca fatiado
2 xícaras de molho de tomate
400 g de queijo mozarela ralado

1. Desmanche a sardinha numa tigela média e misture-a com a cebola e o alho. Adicione o cream cheese e misture bem até ficar homogêneo. Reserve.

2. Unte ligeiramente uma assadeira retangular média com margarina e forre o fundo com uma camada de fatias de pão. Espalhe um pouco de molho de tomate, em seguida a mistura de sardinha e mais uma camada de pão. Repita o procedimento, intercalando agora fatias de mozarela entre a camada de molho de tomate e a de sardinha. Repita até terminar os ingredientes, finalizando com uma camada de mozarela.

3. Leve para assar em forno preaquecido a 180 °C por cerca de 20 minutos ou até o queijo derreter.

BOLO DE QUEIJO

TEMPO DE PREPARO: 15 MINUTOS | RENDIMENTO: 6 PORÇÕES

½ xícara de manteiga
1 xícara de água
uma pitada de sal
2 xícaras de farinha de trigo
uma pitada de noz-moscada ralada
4 ovos ligeiramente batidos
200 g de queijo emmenthal ralado

margarina para untar
farinha de rosca para polvilhar

1. Leve ao fogo uma panela grande com a manteiga e deixe-a derreter. Junte a água, tempere com o sal e deixe levantar fervura.

2. Retire do fogo e acrescente a farinha de trigo, mexendo sem parar com uma colher de pau. Leve novamente ao fogo e continue mexendo até obter uma massa lisa, que deverá desgrudar da panela.

3. Retire do fogo e adicione a noz-moscada e o ovo batido, misturando bem. Ponha outra pitada de sal e polvilhe o queijo ralado.

4. Unte uma fôrma redonda com furo no meio com margarina. Polvilhe farinha de rosca e despeje a mistura preparada, nivelando a superfície. Leve para assar em forno preaquecido a 200 °C por 30 minutos, ou até ficar dourado. Desenforme o bolo numa travessa redonda e sirva, quente ou frio.

BEIRUTE DE PANQUECA

TEMPO DE PREPARO: 15 MINUTOS | RENDIMENTO: 6 PORÇÕES

1 receita básica de panqueca salgada (ver página 384)
¾ de xícara de maionese
24 fatias finas de presunto
24 fatias finas de queijo mozarela
2 tomates sem sementes cortado em rodelas finas
1 pé de alface
ketchup e mostarda a gosto

1. Prepare as panquecas conforme a receita. Deixe esfriar.

2. Depois, passe uma camada generosa de maionese na panqueca que será a base do beirute e disponha 4 fatias de presunto e 4 de queijo por cima, intercaladas, e adicione as rodelas de tomate e as folhas de alface.

3. Passe uma camada generosa de maionese na outra massa de panqueca que será a tampa do beirute e feche. Sirva em seguida.

SANDUÍCHE DE PANQUECA

TEMPO DE PREPARO: 50 MINUTOS | RENDIMENTO: 8-10 PORÇÕES

1 receita básica de panqueca salgada (ver página 384)
3 colheres (sopa) de requeijão
2 tomates cortados em rodelas
1 pepino japonês cortado em rodelas
1 cenoura pequena ralada
150 g de presunto fatiado
100 g de queijo prato fatiado

1. Prepare as panquecas conforme a receita.

2. Depois que as panquecas estiverem prontas, comece a montá-las: coloque 1 panqueca sobre a tábua e espalhe uma camada de requeijão. Distribua rodelas de tomate, de pepino, uma porção de cenoura e uma camada de fatias de presunto e de queijo.

3. Em seguida, ponha por cima outro disco de massa e repita o procedimento. Cada sanduíche montado deve ter 4 discos de panqueca.

4. Monte os demais sanduíches até terminar todos os ingredientes. Corte cada sanduíche ao meio e sirva.

SANDUÍCHE DE ATUM

TEMPO DE PREPARO: 10 MINUTOS | RENDIMENTO: 5 PORÇÕES

1 lata de atum ralado em conserva
1 cebola picada fino
2 colheres (sopa) de cheiro-verde picado
pimenta-do-reino a gosto
3 colheres (sopa) de maionese
10 fatias de pão de fôrma
10 fatias de queijo prato
10 folhas de alface
sal a gosto
azeite a gosto
orégano a gosto

1. Em uma tigela média, junte o atum escorrido, a cebola, o cheiro-verde e a pimenta. Misture até obter uma pasta e reserve.

2. Passe maionese em 1 fatia de pão de fôrma. Intercale em camadas o queijo prato, 2 folhas de alface ligeiramente temperadas com o sal, o azeite, o orégano e a pasta de atum reservada. Cubra com outra fatia de pão de fôrma besuntada com maionese e sirva.

Dica: Se quiser, substitua o pão de fôrma por minibaguetes.

SANDUÍCHE DE OVO

TEMPO DE PREPARO: 20 MINUTOS | RENDIMENTO: 5 PORÇÕES

6 ovos cozidos picados
1 cebola em rodelas
2 colheres (sopa) de cheiro-verde picado
pimenta-do-reino a gosto
2 colheres (sopa) de mostarda
2 colheres (sopa) de suco de limão
3 colheres (sopa) de maionese
10 fatias de pão de fôrma
10 fatias de queijo prato
sal a gosto
azeite a gosto
orégano a gosto

1. Em uma tigela média, junte o ovo cozido picado, a cebola, o cheiro-verde, a pimenta, a mostarda e o suco de limão. Misture até obter uma pasta e reserve.

2. Passe maionese em 1 fatia de pão de fôrma. Intercale em camadas o queijo prato, o sal, o azeite, o orégano e a pasta de ovo reservada. Cubra com outra fatia de pão de fôrma passada na maionese e sirva.

SANDUÍCHE DE ESCAROLA

TEMPO DE PREPARO: 15 MINUTOS | RENDIMENTO: 5 PORÇÕES

2 colheres (sopa) de azeite
2 dentes de alho amassados
½ pé de escarola lavado e escorrido
1 tomate sem sementes picado
10 fatias de pão de fôrma
requeijão cremoso a gosto

1. Aqueça o azeite numa panela e refogue ligeiramente o alho. Acrescente a escarola e o tomate e refogue-os até murchar. Deixe a mistura sobre uma peneira para escorrer o excesso de azeite. Reserve.

2. Passe uma camada de requeijão em 1 fatia de pão de fôrma e espalhe a escarola refogada. Cubra com outra fatia de pão de fôrma besuntada também com requeijão.

SANDUÍCHE JARDINEIRA

TEMPO DE PREPARO: 20 MINUTOS | RENDIMENTO: 5 PORÇÕES

2 colheres (sopa) de azeite
1 dente de alho amassado
½ maço de rúcula
3 colheres (sopa) de maionese
10 fatias de pão de fôrma
2 cenouras grandes raladas
1 tomate cortado em rodelas finas
10 fatias de queijo mozarela de búfala

1. Aqueça o azeite numa panela e refogue ligeiramente o alho. Acrescente a rúcula e refogue-a rapidamente. Deixe-a numa peneira para escorrer o excesso de azeite. Reserve.

2. Espalhe uma camada de maionese sobre 1 fatia de pão. Coloque a cenoura ralada, a rúcula refogada, 2 fatias de tomate e 2 fatias de mozarela. Feche o sanduíche com outra fatia de pão besuntada com maionese.

Dica: Se quiser, substitua o pão de fôrma por pão francês míni.

SANDUÍCHE DE BERINJELA

TEMPO DE PREPARO: 40 MINUTOS | RENDIMENTO: 4 PORÇÕES

2 colheres (sopa) de azeite
2 dentes de alho picados
1 cebola média picada
1 berinjela média sem casca e cortada em cubos pequenos
uma pitada de sal
1 xícara de maionese
½ xícara de hortelã fresca picada
8 fatias de pão de fôrma
6 folhas de alface picada

1. Em uma panela, aqueça o azeite e doure o alho e a cebola. Junte os cubos de berinjela, tempere com o sal e refogue até a berinjela amolecer e secar o líquido (cerca de 10 minutos). Transfira a berinjela para uma tigela e deixe esfriar.

2. Acrescente a maionese e a hortelã e misture até obter uma pasta homogênea.

3. Espalhe a pasta de berinjela em 4 fatias de pão. Distribua a alface picada sobre elas e cubra-as com as fatias de pão restantes. Prenda com palitos e sirva em seguida.

SANDUÍCHE LIGHT

TEMPO DE PREPARO: 30 MINUTOS | RENDIMENTO: 4 PORÇÕES

1½ xícara de ricota fresca
½ xícara de maionese
2 colheres (sopa) de salsinha picada
1 colher (sopa) de ketchup
sal a gosto
8 fatias de pão de fôrma
1 xícara de cogumelo em conserva
½ xícara de azeitonas verdes picadas
8 rodelas de cebola
orégano a gosto
azeite a gosto

1. Em uma tigela média, amasse a ricota com a maionese até obter uma pasta homogênea. Misture a salsinha picada, o ketchup e o sal. Passe essa mistura em todas as fatias de pão.

2. Corte os cogumelos em fatias finas e distribua em 4 fatias de pão. Coloque por cima as azeitonas picadas e uma rodela de cebola. Polvilhe o orégano e regue com o azeite. Feche o sanduíche com as fatias restantes e sirva.

SANDUÍCHE PICANTE

TEMPO DE PREPARO: 30 MINUTOS | RENDIMENTO: 8 PORÇÕES

1 maço de manjericão
2½ xícaras de cream cheese
sal e pimenta-do-reino a gosto
1 pimentão vermelho cortado em cubinhos
uma pitada de pimenta calabresa
1 colher (sopa) de relish de tomate
1 colher (sopa) de ketchup
2 colheres (sopa) de molho de raiz-forte
16 fatias de pão preto

1. Passe o manjericão no processador, até que ele esteja bem triturado. Transfira para uma tigela pequena e acrescente 1 xícara de cream cheese. Tempere com sal e pimenta-do-reino. Mantenha reservado na geladeira.

2. Em outra tigela pequena, misture metade do cream cheese restante com o pimentão, a pimenta, o molho relish e o ketchup. Tempere com o sal e a pimenta-do-reino.

3. Separadamente, em outra vasilha, misture o restante do cream cheese com a raiz-forte e tempere com sal e pimenta-do-reino.

4. Monte quatro sanduíches, cada um deles com 4 fatias de pão, formando camadas alternadas dos diferentes recheios. Embrulhe os sanduíches em filme de PVC e leve-os à geladeira por pelo menos 2 horas. Corte os sanduíches na diagonal e sirva.

SANDUÍCHE COM QUEIJO TEMPERADO

TEMPO DE PREPARO: 1H30 | RENDIMENTO: 4 PORÇÕES

6 colheres (sopa) de maionese
1 colher (sopa) de mostarda
½ colher (chá) de molho inglês
½ colher (chá) de molho de soja
2 xícaras de queijo minas curado ralado
sal e pimenta-do-reino a gosto
3 cebolinhas picadas fino
1 xícara de salsinha picada
1 baguete grande
8 fatias de presunto defumado
4 tomates grandes cortados em rodelas

1. Em uma tigela, coloque a maionese, a mostarda, o molho inglês, o molho de soja, o queijo, o sal, a pimenta-do-reino, a cebolinha e a salsinha. Misture até que os ingredientes estejam bem incorporados.

2. Corte o pão ao meio e cada metade, no sentido do comprimento.

3. Coloque a mistura obtida sobre os 4 pedaços de pão, espalhando-a uniformemente. Coloque 2 fatias de presunto sobre cada pedaço de pão e cubra com rodelas de tomate. Embrulhe cada pedaço de pão com papel-alumínio e disponha-os em uma assadeira.

4. Leve para assar por 30 minutos. Sirva quente.

SANDUÍCHE DE REQUEIJÃO COM BACON

TEMPO DE PREPARO: 30 MINUTOS | RENDIMENTO: 4 PORÇÕES

2 xícaras de requeijão
½ xícara de maionese
2 colheres (sopa) de salsinha picada
1 colher (sopa) de ketchup
sal a gosto
8 fatias de pão de fôrma
1 xícara de bacon frito em cubinhos
½ xícara de azeitonas verdes picadas
4 rodelas de cebola
1 colher (sopa) de gergelim torrado
orégano a gosto
azeite a gosto

1. Em uma tigela média, coloque o requeijão, a maionese, a salsinha, o ketchup e o sal. Passe essa mistura nas 8 fatias de pão.

2. Espalhe o bacon frito sobre 4 fatias de pão. Coloque as azeitonas e a cebola por cima. Polvilhe o gergelim e o orégano e regue com o azeite. Feche o sanduíche com as fatias restantes e sirva.

SANDUÍCHE DE TRÊS QUEIJOS

TEMPO DE PREPARO: 40 MINUTOS | RENDIMENTO: 8 PORÇÕES

16 fatias de pão preto
8 fatias de pão integral
manteiga para untar
1 xícara de queijo provolone ralado
½ xícara de queijo prato ralado grosso
1 xícara de ricota amassada
2 colheres (chá) de mostarda
2 colheres (chá) de molho inglês
1 colher (sopa) de mel
2 colheres (sopa) de maionese
1 maçã grande com casca cortada em cubinhos
gergelim a gosto

1. Unte as fatias de pão, de um lado, com a manteiga.

2. Em uma tigela, misture o queijo provolone, o queijo prato, a ricota amassada, a mostarda e o molho inglês com um garfo até obter uma pasta espessa e homogênea.

3. Em outra tigela, misture o mel, a maionese e a maçã. Espalhe sobre 8 fatias de pão preto. Coloque as fatias de pão integral sobre a mistura, com a parte untada para baixo.

4. Unte a parte superior das fatias de pão integral com manteiga e distribua a mistura de queijo por cima. Salpique o gergelim e cubra com as fatias restantes de pão preto. Para servir, corte cada um dos sanduíches na diagonal.

SANDUÍCHE DE OVO COM MOSTARDA

TEMPO DE PREPARO: 40 MINUTOS | RENDIMENTO: 4 PORÇÕES

8 fatias de pão de fôrma
4 ovos cozidos
1 colher (sopa) de mostarda
1 colher (sopa) de requeijão
6 colheres (sopa) de maionese

1. Pique os ovos numa tigela média e amasse com um garfo. Junte o restante dos ingredientes e misture bem.

2. Passe essa mistura nas fatias de pão e junte-as fazendo os sanduíches. Corte os sanduíches na diagonal e deixe na geladeira por 10 minutos. Sirva em seguida.

SANDUÍCHE DE RICOTA E CENOURA

TEMPO DE PREPARO: 20 MINUTOS | RENDIMENTO: 8 PORÇÕES

1 xícara de ricota amassada
1 xícara de cenoura ralada
sal e pimenta-do-reino a gosto
uma pitada de noz-moscada
alface cortada em tiras finas
½ xícara de maionese
16 fatias de pão de fôrma

1. Misture a ricota e a cenoura em uma tigela. Tempere com sal, pimenta-do-reino e noz-moscada.

2. Passe essa mistura nas fatias de pão. Coloque em cada fatia um pouco de alface picada e 1 colher (sopa) de maionese. Feche com a outra fatia de pão. Sirva os sanduíches ligeiramente frios.

LANCHES E SANDUÍCHES

SANDUÍCHE DE PASTA DE AMENDOIM

TEMPO DE PREPARO: 30 MINUTOS | RENDIMENTO: 8 PORÇÕES

1 pote de pasta de amendoim
1 pão de fôrma sem casca fatiado
1 xícara de nozes moídas
folhas de agrião a gosto

1. Passe a pasta de amendoim nas fatias de pão. Espalhe sobre cada uma delas uma pequena quantidade de nozes moídas. Coloque 2 raminhos de agrião, feche o sanduíche e sirva.

PÃO SÍRIO COM OVO E CURRY

TEMPO DE PREPARO: 40 MINUTOS | RENDIMENTO: 6 PORÇÕES

6 ovos cozidos e picados
4 colheres (sopa) de maionese
2 colheres (sopa) de chutney de manga
1 colher (chá) de curry
sal e pimenta-do-reino a gosto
6 pães sírios

1. Em uma travessa, coloque o ovo, a maionese, o chutney de manga e o curry e misture. Coloque o sal e a pimenta e mexa bem. Reserve.

2. Corte os pães com cuidado, afastando a parte de cima e a de baixo o suficiente para formar uma bolsa. Preencha cada sanduíche com 2 colheres (sopa) da pasta de ovo. Sirva a seguir.

SANDUÍCHE ÁRABE

TEMPO DE PREPARO: 40 MINUTOS | RENDIMENTO: 4 PORÇÕES

2 colheres (chá) de óleo
1 colher (sopa) de cebola picada fino
½ colher (chá) de curry
½ maçã verde fatiada
100 g de grão-de-bico cozido e escorrido
sal a gosto
4 pães de leite com gergelim
1 pepino com casca cortado em palitos no sentido do comprimento
1 rabanete cortado em rodelas

1. Em uma panela, coloque o óleo e refogue a cebola com o curry até que ela esteja dourada. Junte a maçã e o grão-de-bico e tempere com sal a gosto. Cozinhe por 5 minutos, mexendo sem parar.

2. Tire do fogo, espere esfriar e bata no liquidificador até obter uma pasta homogênea. Se necessário, acrescente um pouco de água para dar a consistência ideal.

3. Corte o pão na metade e passe a pasta de grão-de-bico. Coloque o pepino e o rabanete temperados com sal e cubra com a outra metade do pão. Sirva a seguir.

SANDUÍCHE DE ABOBRINHA COM REQUEIJÃO

TEMPO DE PREPARO: 30 MINUTOS | RENDIMENTO: 8 PORÇÕES

1 xícara de abobrinha ralada fino
3 colheres (sopa) de requeijão cremoso
2 colheres (sopa) de salsinha picada
½ colher (chá) de coentro picado
sal e pimenta-do-reino a gosto
16 fatias de pão de centeio
16 fatias de queijo mozarela de búfala
folhas de espinafre a gosto
molho de pimenta dedo-de-moça a gosto

1. Misture a abobrinha com o requeijão, a salsinha e o coentro. Tempere com sal e pimenta.

2. Cubra as fatias de pão com a mistura de abobrinha ralada. Por cima, coloque 2 fatias de mozarela, algumas folhas de espinafre e molho de pimenta a gosto.

3. Feche o sanduíche e leve ao forno previamente aquecido apenas o tempo suficiente para derreter a mozarela. Sirva a seguir.

SANDUÍCHE DE LEGUMES GRELHADOS

TEMPO DE PREPARO: 30 MINUTOS | RENDIMENTO: 4 PORÇÕES

1 pimentão amarelo cortado em tiras
1 abobrinha cortada em rodelas
1 berinjela cortada em rodelas
4 colheres (sopa) de azeite
1 dente de alho amassado
sal e pimenta-do-reino a gosto
2 colheres (chá) de tomilho fresco
4 colheres (sopa) de queijo mozarela de búfala picado
2 colheres (sopa) de iogurte
1 colher (sopa) de creme de leite
1 pão ciabatta grande

1. Aqueça uma chapa de ferro com relevo de grelha. Misture todos os legumes numa vasilha e tempere-os com o azeite, o alho, o sal e a pimenta. Coloque-os para grelhar e deixe-os dourar por alguns minutos de cada lado. Depois de prontos, salpique o tomilho e reserve.

2. Em uma tigela, misture a mozarela de búfala, o iogurte e o creme de leite e tempere com o sal e a pimenta.

3. Abra a ciabatta ao meio, pincele azeite e espalhe a pasta de queijo. Distribua sobre o pão os legumes grelhados. Recoloque a tampa do pão e sirva.

CROISSANT DE FORNO

TEMPO DE PREPARO: 30 MINUTOS | RENDIMENTO: 4 PORÇÕES

12 fatias de tender
4 croissants
12 colheres (sopa) de queijo emmenthal picado

1. Em uma frigideira, coloque as fatias de tender para fritar em sua própria gordura. Deixe fritando até que elas fiquem com um tom dourado.

2. Abra os croissants e coloque as fatias de tender no meio. Distribua o queijo emmenthal em cada um dos pães e feche-os.

3. Enrole-os em papel-alumínio e coloque-os numa assadeira. Leve ao forno preaquecido a 180 °C até que o queijo comece a derreter. Sirva o sanduíche assim que tirar do forno.

MISTO QUENTE À MODA FRANCESA

TEMPO DE PREPARO: 50 MINUTOS | RENDIMENTO: 4 PORÇÕES

1 ovo grande
sal e pimenta-do-reino a gosto
orégano a gosto
8 fatias de pão de fôrma
½ xícara de maionese
2 colheres (sopa) de mostarda
16 fatias finas de presunto
8 fatias de queijo gruyère
2 colheres (sopa) de manteiga

1. Em uma tigela, coloque o ovo, o sal, a pimenta e o orégano e bata, até misturar tudo muito bem. Reserve.

2. Passe maionese sobre metade das fatias de pão. Nas outras, passe a mostarda. Sobre as fatias de pão com maionese, coloque as fatias de presunto. Sobre as fatias de pão com mostarda, ponha as fatias de gruyère. Junte as 2 fatias do pão, fechando o sanduíche.

3. Em seguida, mergulhe rapidamente cada lado dos sanduíches no ovo batido, reservado, sem umedecê-los demais.

4. Derreta a manteiga numa frigideira antiaderente grande e coloque os sanduíches para aquecer, um ou dois por vez, dependendo do tamanho da frigideira. Quando um dos lados do pão estiver corado, vire o sanduíche para que o queijo continue a derreter e os dois lados do sanduíche fiquem corados. Sirva em seguida.

CACHORRO-QUENTE COM BACON

TEMPO DE PREPARO: 30 MINUTOS | RENDIMENTO: 4 PORÇÕES

4 salsichas
4 pães para cachorro-quente
8 fatias de queijo prato
8 fatias de bacon fritas e escorridas
3 colheres (sopa) de mostarda
salsinha picada para polvilhar
1 cebola roxa picada fino

1. Em uma panela média, cozinhe as salsichas em água fervente.

2. Corte os pães ao meio sem separar as partes. Coloque 2 fatias de queijo e 2 de bacon em cada um.

3. Em seguida, coloque uma salsicha em cada pão. Tempere com a mostarda, a salsinha e a cebola picada a gosto. Feche o cachorro--quente e sirva em seguida.

SANDUÍCHE REAL

TEMPO DE PREPARO: 30 MINUTOS | RENDIMENTO: 4 PORÇÕES

4 colheres (sopa) de geleia de damasco
2 colheres (sopa) de mostarda
4 colheres (chá) de molho inglês
2 colheres (sopa) de pistache sem casca picado
16 fatias finas de presunto
8 fatias de pão de fôrma

1. Em uma tigela, misture a geleia, a mostarda, o molho inglês e o pistache até que os ingredientes estejam bem incorporados.

2. Distribua as fatias de presunto sobre metade das fatias de pão. Espalhe a mistura reservada sobre o presunto, cubra cada fatia recheada com as fatias de pão restantes e leve ao forno quente para aquecer bem. Sirva a seguir.

SANDUÍCHE ESCONDIDINHO

TEMPO DE PREPARO: 50 MINUTOS | RENDIMENTO: 8 PORÇÕES

6 colheres (sopa) de azeite
400 g de patinho moído
1 cebola bem picada
2 dentes de alho picados
1 colher (sopa) de colorau
1 tomate picado
1 colher (sopa) de salsinha picada
sal e pimenta-do-reino a gosto
½ xícara de caldo de legumes
8 pães franceses frescos

1. Aqueça o azeite numa panela e frite a carne por 5 minutos, mexendo de vez em quando.

2. Junte a cebola e o alho e refogue por mais 2 minutos. Em seguida, acrescente o colorau, a salsinha e o tomate picado. Tempere com o sal e a pimenta e misture bem.

3. Despeje o caldo de legumes, mexa e deixe a mistura em fogo baixo por 5 minutos.

4. Para montar os sanduíches, corte as pontas dos pães e, com a ajuda de uma colher, empurre o miolo para uma das pontas. Coloque o recheio em cada um e sirva em seguida, bem quente.

SANDUÍCHE WALDORF

TEMPO DE PREPARO: 30 MINUTOS | RENDIMENTO: 8 PORÇÕES

50 g de manteiga em temperatura ambiente
8 fatias de pão de fôrma sem casca
1 xícara de repolho branco picado
4 colheres (sopa) de pepino em conserva
1 colher (sopa) de maionese
sal e pimenta-do-reino a gosto
4 fatias grossas de peito de peru
8 fatias de queijo prato
folhas de agrião para servir

1. Passe manteiga nos dois lados das 8 fatias de pão e reserve.

2. Em uma tigela, misture o repolho com o pepino em conserva e a maionese. Tempere a gosto com o sal e a pimenta.

3. Distribua as fatias de peito de peru e queijo sobre 4 fatias de pão. Espalhe a mistura do repolho sobre o queijo e cubra com as fatias de pão restantes.

4. Coloque os sanduíches na grelha do forno, preaquecida, com a ajuda de uma espátula, e grelhe até que o pão fique crocante, mas sem torrar demais. Corte os sanduíches ao meio e sirva com folhas de agrião.

Dica: Se você tiver, é muito mais prático e rápido fazer este sanduíche em um grill ou uma sanduicheira.

BAURU ACEBOLADO

TEMPO DE PREPARO: 30 MINUTOS | RENDIMENTO: 6 PORÇÕES

6 pãezinhos franceses
24 fatias de rosbife
18 fatias de queijo prato
6 rodelas grossas de tomate
6 pepinos em conserva grandes fatiados na diagonal
orégano a gosto

1. Corte os pães ao meio no sentido do comprimento. Distribua as fatias de rosbife, de queijo e de pepino entre eles. Arrume o tomate por cima e salpique o orégano.

2. Feche o pão com um palito e leve-o ao forno. Deixe apenas o tempo suficiente para o queijo derreter. Retire do forno e sirva.

SANDUÍCHE FRIO DE PERNIL

TEMPO DE PREPARO: 30 MINUTOS | RENDIMENTO: 10 PORÇÕES

1 xícara de maionese
1 pacote de pão integral
10 pepinos em conserva picados
1 cenoura pequena ralada
300 g de pernil de porco assado cortado em tirinhas
4 colheres (sopa) de cebola picada
1 colher (sopa) de vinagre
1 xícara de cheiro-verde picado
sal a gosto

1. Besunte a maionese nas fatias de pão de maneira uniforme. Reserve.

2. Em uma tigela, misture muito bem os ingredientes restantes e recheie as fatias de pão. Se necessário, acrescente mais sal.

3. Cubra com um pano de prato úmido e deixe na geladeira até o momento de servir.

SANDUÍCHE DE SALAME E QUEIJO DERRETIDO

TEMPO DE PREPARO: 30 MINUTOS | RENDIMENTO: 2 PORÇÕES

1 pimentão vermelho pequeno cortado em quartos
2 pães franceses cortados ao meio
100 g de salame fatiado
4 tomates médios sem pele e cortados em rodelas
sal e pimenta-do-reino a gosto
2 dentes de alho picados fino
100 g de queijo mozarela fatiado fino

1. Escalde o pimentão em água fervente durante 2 minutos. Retire-o com uma escumadeira e deixe esfriar. Remova a pele e corte o pimentão em tirinhas finas.

2. Em seguida, arrume as fatias de salame sobre as metades de pão e cubra com três rodelas de tomate. Tempere com sal e pimenta e distribua as tiras de pimentão sobre o tomate. Salpique o alho sobre eles e cubra com o queijo.

3. Leve os pães ao forno preaquecido e deixe-os até que o queijo comece a derreter. Retire do forno, junte as metades, fazendo dois sanduíches, e sirva em seguida.

SANDUÍCHE DE BLANQUET DE PERU E ABACAXI

TEMPO DE PREPARO: 20 MINUTOS | RENDIMENTO: 6 PORÇÕES

4 colheres (sopa) de cream cheese
12 fatias de pão de fôrma preto
150 g de blanquet de peru fatiado
1 lata de abacaxi em calda cortado em cubos

1. Espalhe o cream cheese sobre cada fatia de pão preto.

2. Monte cada sanduíche com fatias de blanquet de peru e uma porção de cubinhos de abacaxi. Feche os sanduíches e embrulhe cada um em papel-manteiga, como se fosse uma bala, e leve-os à geladeira por 30 minutos.

SANDUÍCHE SABOROSO DE FRANGO

TEMPO DE PREPARO: 20 MINUTOS | RENDIMENTO: 4 PORÇÕES

1 colher (sopa) de óleo
1 cebola picada fino
2 colheres (chá) de curry
1 xícara de peito de frango cozido e desfiado
2 colheres (sopa) de maionese
suco de 1 limão
2 colheres (sopa) de uvas-passas sem sementes
manteiga para untar
8 fatias de pão de fôrma sem casca

1. Aqueça o óleo em uma panela, junte a cebola e refogue-a em fogo brando por 5 minutos. Polvilhe o curry e deixe cozinhar por 2 minutos.

2. No processador, coloque o frango, o refogado de cebola, a maionese e metade do suco de limão. Bata por 2 minutos. Transfira para uma tigela, adicione as uvas-passas e misture bem.

3. Passe manteiga em um dos lados das fatias de pão. Coloque 4 fatias de pão, com a manteiga para cima, sobre uma tábua. Divida a mistura de frango entre as 4 fatias. Cubra com as outras 4 fatias, com a manteiga virada para baixo. Sirva a seguir.

SANDUÍCHE DE ROSBIFE E CHEDDAR

TEMPO DE PREPARO: 20 MINUTOS | RENDIMENTO: 6 PORÇÕES

12 fatias de pão de fôrma tostadas
12 fatias de rosbife cortadas fino
6 fatias de presunto cru
6 fatias grossas de queijo cheddar
folhas de agrião
mostarda a gosto

1. Separe metade das fatias de pão e distribua sobre elas o rosbife, o presunto e o queijo. Cubra com as outras fatias do pão e leve ao forno preaquecido por 5 minutos, ou até o queijo começar a derreter e o pão ficar bem crocante.

2. Abra o pão, coloque algumas folhas de agrião e passe mostarda a gosto. Sirva em seguida.

SANDUÍCHE DE PRESUNTO COM GERGELIM

TEMPO DE PREPARO: 20 MINUTOS | RENDIMENTO: 6 PORÇÕES

2 colheres (sopa) de manteiga em temperatura ambiente
12 fatias de pão de fôrma sem casca
6 folhas grandes de alface
300 g de presunto fatiado fino
1 xícara de maionese
½ xícara de gergelim torrado

1. Passe manteiga em todas as fatias de pão. Em seguida, sobre 6 fatias de pão, coloque uma folha de alface e algumas fatias de presunto enrolado.

2. Distribua a maionese e o gergelim sobre o presunto, feche o sanduíche e prenda com um palito. Sirva em seguida.

SANDUÍCHE FRITO DE LOMBO

TEMPO DE PREPARO: 1H20 | RENDIMENTO: 4 PORÇÕES

8 fatias de lombo canadense
3 colheres (sopa) de manteiga
8 fatias de pão de fôrma sem casca
2 bananas amassadas

Massa para fritar
5 colheres (sopa) de farinha de trigo
uma pitada de sal
2 ovos grandes, claras e gemas separadas
4 colheres (sopa) de água
óleo para fritar

1. Aqueça uma grelha do fogão ou o grill elétrico e grelhe o lombo até ficar dourado. Em seguida, coloque-o sobre papel-toalha. Enquanto o lombinho estiver grelhando, passe manteiga no pão.

2. Distribua a banana amassada sobre 4 fatias de pão. Corte as fatias de lombinho ao meio e distribua sobre cada fatia de pão com banana. Aperte bem.

3. Prepare a massa: em uma tigela, peneire a farinha e o sal. Faça um buraco no meio. Bata as gemas com a água e despeje no buraco, misturando a farinha até obter uma massa lisa. Bata as claras em ponto de neve e adicione à massa.

4. Mergulhe os sanduíches na massa, um de cada vez, até que todos fiquem bem recobertos. Cubra o fundo de uma frigideira com óleo e espere abrir fervura. Frite os sanduíches até dourar. Escorra-os em papel-toalha e sirva ainda quente.

SANDUÍCHE DE ATUM COM TOMATE

TEMPO DE PREPARO: 40 MINUTOS | RENDIMENTO: 4 PORÇÕES

4 colheres (sopa) de leite
2 ovos cozidos picados grosseiramente
1 colher (sopa) de mostarda
1 cenoura ralada fino
1 lata de atum escorrido
1 colher (sopa) de salsinha picada
½ colher (chá) de coentro picado
sal a gosto
8 fatias de pão de fôrma
2 tomates cortados em rodelas
1 colher (sopa) de azeite

1. Em uma tigela pequena, misture o leite, o ovo e a mostarda e reserve.

2. Em outra tigela, misture a cenoura, o atum, a salsinha e o coentro. Tempere com o sal e reserve.

3. Doure o pão no grill ou na torradeira e monte os sanduíches da seguinte maneira: coloque sobre cada fatia de pão a mistura de ovo reservada. Em seguida, a de cenoura. Coloque sobre elas uma rodela de tomate. Regue cada fatia com um fio de azeite, feche o sanduíche e sirva.

HAMBÚRGUER DIFERENTE

TEMPO DE PREPARO: 40 MINUTOS | RENDIMENTO: 4 PORÇÕES

300 g de presunto magro
2 colheres (sopa) de pepino em conserva cortado em rodelas
1 colher (sopa) de mostarda
6 colheres (sopa) de maionese
sal e pimenta-do-reino a gosto
4 pães de hambúrguer cortados ao meio
200 g de queijo cheddar ralado
8 rodelas de tomate para decorar
grãos de mostarda para polvilhar

1. Passe pelo processador o presunto, o pepino, a mostarda e a maionese, até obter uma mistura homogênea. Prove e tempere com sal e pimenta. Passe a mistura preparada sobre as metades de pão.

2. Leve para assar em forno previamente aquecido por 15 minutos.

3. Polvilhe o queijo e deixe aquecer até que o queijo derreta. Sirva quente, com uma rodela de tomate por cima e polvilhado com grãos de mostarda.

SANDUÍCHE RÁPIDO DE SARDINHA

TEMPO DE PREPARO: 20 MINUTOS | RENDIMENTO: 4 PORÇÕES

2 latas de filé de sardinha em conserva
3 colheres (sopa) de ricota amassada
4 pães franceses
1 pimenta dedo-de-moça picadinha
azeite para regar
4 folhas grandes de alface

1. Coloque a sardinha escorrida em uma tigela média e amasse com um garfo. Junte a ricota e misture bem.

2. Abra os pães e passe essa mistura em um dos lados. Tempere com a pimenta. Distribua a alface e regue tudo com o azeite. Feche o sanduíche com a outra parte do pão. Sirva em seguida.

PÃO SÍRIO COM ATUM

TEMPO DE PREPARO: 30 MINUTOS | RENDIMENTO: 4 PORÇÕES

4 pães sírios
2 latas de atum ralado escorrido
2 colheres (sopa) de maionese
1 colher (sopa) de salsinha picada
1 colher (chá) de molho inglês
2 tomates médios cortados em rodelas
200 g de queijo mozarela ralado

1. Corte os pães sírios ao meio, formando bolsas.

2. Misture o atum com a maionese e a salsinha picada. Tempere com o molho inglês.

3. Recheie os pães com a mistura de atum. Cubra com as rodelas de tomate e a mozarela. Leve ao forno preaquecido, até derreter o queijo. Sirva a seguir.

SANDUÍCHE DE PEITO DE PERU

TEMPO DE PREPARO: 30 MINUTOS | RENDIMENTO: 4 PORÇÕES

8 fatias de pão de fôrma integral
12 fatias de peito de peru defumado
1 maçã verde fatiada fino
4 colheres (sopa) de geleia de damasco
1 colher (sopa) de mostarda a gosto

1. Em uma travessa de servir, coloque 4 fatias de pão. Sobre cada uma delas, distribua as fatias de peito de peru e de maçã. Reserve.

2. Misture a geleia de damasco com a mostarda, até obter uma pasta homogênea. Passe essa mistura nas outras fatias de pão e coloque-as sobre o recheio, fechando o sanduíche. Sirva em seguida.

SANDUÍCHE DE FRANGO E RICOTA

TEMPO DE PREPARO: 30 MINUTOS | RENDIMENTO: 4 PORÇÕES

1 xícara de ricota amassada
½ xícara de maionese
½ xícara de mostarda
150 g de peito de frango cozido e desfiado
2 colheres (sopa) de salsinha picada
½ xícara de uvas-passas sem sementes
sal a gosto
8 fatias de pão de fôrma
4 folhas de alface cortadas em tiras

1. Em uma tigela pequena, misture a ricota com a maionese e a mostarda. Adicione o frango, a salsinha e as uvas-passas e misture novamente. Prove e ajuste o sal, se necessário.

2. Distribua o recheio sobre 4 fatias de pão. Coloque as tiras de alface sobre elas e cubra com as outras 4 fatias. Sirva em seguida.

SANDUÍCHE DE PEITO DE PERU NO PÃO SÍRIO

TEMPO DE PREPARO: 30 MINUTOS | RENDIMENTO: 6 PORÇÕES

250 g de ricota
1 xícara de maionese
1 tomate sem sementes cortado em cubinhos
1 maçã cortada em cubinhos
250 g de peito de peru defumado cortado em tiras
2 colheres (sopa) de salsinha picada
6 pães sírios
folhas de rúcula rasgadas

1. Em uma tigela, amasse a ricota com a maionese, misturando bem. Junte o tomate, a maçã, o peito de peru e a salsinha e misture novamente, até que todos os ingredientes estejam bem incorporados.

2. Corte os pães ao meio, formando uma bolsa. Distribua o recheio em cada pão e coloque a rúcula rasgada sobre eles. Feche o pão e sirva em seguida.

CIABATTA COM FRANGO À MILANESA

TEMPO DE PREPARO: 30 MINUTOS | RENDIMENTO: 2 PORÇÕES

2 colheres (chá) de maionese
1 colher (chá) de casca de limão ralada
sal a gosto
2 colheres (sopa) de iogurte
2 ciabattas
folhas de agrião
2 filés de frango empanados e fritos
50 g de presunto cozido e cortado em tiras

1. Em uma tigela, misture a maionese com a casca de limão, o sal e o iogurte. Reserve.

2. Corte os pães ao meio, pelo comprimento. Em duas metades, faça uma cama de agrião. Coloque os filés de frango por cima, depois as tiras de presunto.

3. Espalhe a maionese nas outras duas metades do pão, feche-os e sirva.

SANDUÍCHE DE CENOURA

TEMPO DE PREPARO: 20 MINUTOS | RENDIMENTO: 5 PORÇÕES

1 cenoura ralada
¼ de xícara de azeitonas pretas picadas
¼ de xícara de uvas-passas sem sementes
¼ de xícara de amêndoas picadas
1 cebola pequena picada fino
1 colher (sopa) de cheiro-verde picado
1 copo de requeijão cremoso
sal e pimenta-do-reino a gosto
10 fatias de pão de fôrma
2 colheres (sopa) de maionese
10 fatias de queijo prato
5 folhas de alface
azeite para regar

1. Em uma tigela média, junte a cenoura, as azeitonas, as uvas-passas, as amêndoas, a cebola e o cheiro-verde. Acrescente o requeijão e misture até obter uma pasta. Tempere com sal e pimenta. Reserve.

2. Besunte ligeiramente o pão com a maionese. Em cinco fatias de pão, distribua o queijo e a alface ligeiramente temperada com sal e regada com um fio de azeite.

3. Distribua a pasta de cenoura reservada por cima das folhas. Feche os sanduíches com as outras fatias de pão. Sirva em seguida.

SANDUÍCHE ESPECIAL DE SALAME

TEMPO DE PREPARO: 30 MINUTOS | RENDIMENTO: 6 PORÇÕES

2 tomates cortados em rodelas finas
sal, orégano e pimenta-do-reino a gosto
1 colher (sopa) de azeite
algumas gotas de molho de pimenta
1 xícara de maionese
12 fatias de pão de fôrma
200 g de salame milanês
100 g de ricota
2 colheres (sopa) de castanhas de caju moídas
200 g de queijo prato

1. Tempere o tomate com o sal, o orégano, a pimenta-do-reino, o azeite e gotas de molho de pimenta. Reserve para tomar gosto.

2. Espalhe a maionese de maneira uniforme nas fatias de pão. Em seguida, sobre metade das fatias, disponha o salame e, sobre ele, o tomate temperado.

3. Em uma tigela, amasse bem a ricota com a castanha de caju até obter uma pasta uniforme. Distribua esta mistura sobre o tomate.

4. Em seguida, cubra com o queijo prato e feche o sanduíche com as demais fatias de pão. Leve ao forno preaquecido até o queijo derreter.

SANDUÍCHE DE CARNE ASSADA

TEMPO DE PREPARO: 20 MINUTOS | RENDIMENTO: 4 PORÇÕES

1 xícara de maionese
1 colher (chá) de molho de pimenta vermelha
¼ de xícara de coentro fresco picado
1 baguete cortada ao meio na horizontal
500 g de carne assada fatiada
200 g de queijo provolone fatiado
8 folhas de alface
sal a gosto

1. Em uma tigela, junte a maionese, o molho de pimenta e o coentro. Misture bem até ficar homogêneo. Passe esse molho nas duas metades da baguete.

2. Em uma das metades do pão, coloque a carne assada, o provolone e as folhas de alface. Tempere com sal, se necessário, e coloque a outra metade da baguete por cima. Corte o sanduíche em quatro partes e sirva em seguida.

SANDUÍCHE DE CARNE-SECA COM ABÓBORA

TEMPO DE PREPARO: 20 MINUTOS | RENDIMENTO: 4 PORÇÕES

2 colheres (sopa) de azeite
300 g de carne-seca cozida e desfiada
300 g de abóbora cozida picada
1 xícara de maionese
2 colheres (sopa) de salsinha picada
8 fatias de pão integral

1. Em uma panela, aqueça o azeite e refogue a carne-seca e a abóbora por 10 minutos. Acrescente a maionese e a salsinha e misture até formar uma pasta cremosa. Retire do fogo.

2. Distribua esse recheio sobre 4 fatias de pão e cubra com as outras 4 fatias. Sirva em seguida.

SANDUÍCHE AMERICANO

TEMPO DE PREPARO: 30 MINUTOS | RENDIMENTO: 4 PORÇÕES

4 pães franceses cortados ao meio
2 colheres (sopa) de manteiga
16 fatias de queijo prato
16 fatias de presunto
4 ovos
2 tomates cortados em rodelas
orégano para polvilhar
sal a gosto
4 folhas grandes de alface

1. Abra o pão ao meio, sem separá-lo totalmente. Espalhe manteiga nas duas partes do pão e coloque 2 fatias de presunto e 2 de queijo sobre uma das partes. Reserve.

2. Frite os ovos e distribua-os em cada um dos pães. Cubra o ovo com o restante do presunto e queijo, as rodelas de tomate e polvilhe o orégano. Coloque as folhas de alface e feche.

3. Ligue o grill do forno (convencional ou elétrico) e coloque os sanduíches por 5 minutos, virando de lado para aquecer o pão.

BEIRUTE TRADICIONAL

TEMPO DE PREPARO: 20 MINUTOS | RENDIMENTO: 2 PORÇÕES

4 colheres (sopa) de manteiga
4 colheres (sopa) de requeijão
2 pães sírios
16 fatias de rosbife
1 pepino em conserva fatiado
1 tomate pequeno cortado em rodelas
1 cebola pequena cortada em rodelas
sal a gosto
8 fatias de queijo prato
orégano a gosto
4 folhas grandes de alface picadas

1. Em uma tigela, misture a manteiga e o requeijão, até ficarem bem incorporados. Abra o pão e espalhe a mistura nas duas partes.

2. Coloque, sobre uma das partes, o rosbife, o pepino em conserva, as rodelas de tomate e a cebola. Tempere com sal. Cubra com o queijo prato e polvilhe o orégano.

3. Leve as duas partes do pão para grelhar, o suficiente para aquecer o pão e derreter o queijo. Finalize com a alface picada e feche o sanduíche.

BEIRUTE DE PRESUNTO E QUEIJO

TEMPO DE PREPARO: 40 MINUTOS | RENDIMENTO: 2 PORÇÕES

2 pães sírios
3 colheres (sopa) de maionese
10 fatias de presunto
2 ovos cozidos cortados em rodelas
1 pimentão vermelho pequeno cortado em rodelas sem sementes
1 tomate pequeno cortado em rodelas
1 cebola pequena cortada em rodelas
sal a gosto
10 fatias de queijo prato
orégano a gosto
2 folhas de alface

1. Corte o pão ao meio, separando as duas partes, e espalhe a maionese.

2. Coloque, sobre uma das partes, o presunto, depois o ovo, o pimentão, o tomate e a cebola. Tempere com sal. Cubra com o queijo prato e polvilhe o orégano.

3. Leve as duas partes do pão para grelhar, o suficiente para aquecer o pão e derreter o queijo. Finalize com a alface picada e feche o sanduíche.

HAMBÚRGUER DE PICANHA

TEMPO DE PREPARO: 40 MINUTOS | RENDIMENTO: 4 PORÇÕES

1 xícara de maionese
2 colheres (chá) de ketchup
2 colheres (chá) de molho de pimenta vermelha
2 dentes de alho amassados
1 colher (sopa) de azeite
4 hambúrgueres de picanha
4 fatias de queijo cheddar
4 pães de hambúrguer
4 folhas de acelga cortadas em tiras
2 cebolas roxas cortadas em anéis

1. Em uma tigela, coloque a maionese, o ketchup, o molho de pimenta e o alho e misture até obter uma pasta. Reserve.

2. Aqueça o azeite em fogo médio e frite os hambúrgueres de picanha por 5 minutos, virando na metade do tempo. Distribua o queijo cheddar sobre a carne, tampe a frigideira e frite até derreter o queijo.

3. Corte os pães de hambúrguer ao meio, separando as partes, e espalhe a mistura reservada sobre uma das partes. Coloque a carne sobre essa mistura.

4. Distribua sobre a carne a acelga e a cebola roxa. Feche com a outra metade do pão. Sirva em seguida.

HAMBÚRGUER ESPECIAL

TEMPO DE PREPARO: 1H10 | RENDIMENTO: 5 PORÇÕES

500 g de carne magra moída
4 colheres (sopa) de azeite
2 colheres (sopa) de farinha de rosca
sal e pimenta-do-reino a gosto
1 tomate grande cortado em rodelas
1 colher (sopa) de vinagre balsâmico
5 fatias de bacon
5 colheres (sopa) de queijo cottage
¼ de xícara de azeitonas pretas picadas
½ colher (sopa) de salsinha picada
folhas de alface
5 pães para hambúrguer

1. Em uma tigela, junte a carne, 3 colheres (sopa) de azeite, a farinha de rosca, o sal e a pimenta e misture com as mãos até ficar homogêneo. Forme 5 hambúrgueres, embrulhe-os em filme de PVC e leve à geladeira por 1 hora.

2. À parte, tempere o tomate com o vinagre balsâmico e reserve.

3. Aqueça o azeite restante numa frigideira e frite as fatias de bacon. Reserve.

4. Em uma tigela, misture o queijo cottage, as azeitonas e a salsinha e reserve.

5. Retire os hambúrgueres da geladeira e asse-os na grelha do forno, de ambos os lados.

6. Para montar o sanduíche, coloque sobre uma fatia de pão folhas de alface, a carne, uma fatia de tomate, uma porção da mistura de cottage e azeitonas e, por último, uma fatia de bacon. Cubra com a outra metade do pão e sirva em seguida, acompanhado de maionese e ketchup.

HAMBÚRGUER À AMERICANA

TEMPO DE PREPARO: 1H10 | RENDIMENTO: 5 PORÇÕES

1 cenoura média picada
1 cebola média picada
4 dentes de alho
1 colher (sopa) de mostarda
1 ovo
500 g de carne moída
sal e pimenta-do-reino a gosto
½ xícara de aveia
4 pães de hambúrguer
3 pepinos em conserva grandes cortados em rodelas
ketchup, mostarda e maionese a gosto

1. Coloque no liquidificador a cenoura, a cebola, o alho, a mostarda e o ovo e bata por 2 minutos em velocidade alta. Reserve.

2. Em uma tigela funda, tempere a carne com o sal e a pimenta. Em seguida, adicione a aveia e mexa bem com as mãos até ficar uniforme.

3. Junte a mistura do liquidificador e misture com uma colher, até obter uma massa homogênea. Molde os hambúrgueres prensando-os na palma da mão e cortando-os com a boca de uma xícara de chá. Em seguida, leve-os para assar em fôrma untada com azeite por cerca de 10 minutos, ou até que fiquem dourados.

4. Monte os hambúrgueres, colocando sobre a carne rodelas de pepino, ketchup, mostarda e maionese. Sirva em seguida.

SALGADINHOS

COXINHA DE FRANGO

TEMPO DE PREPARO: 1H10 | RENDIMENTO: 25-30 UNIDADES

Recheio

1 peito de frango cozido
sal e pimenta-do-reino a gosto
3 colheres (sopa) de azeite
1 cebola grande picada
2 tomates sem sementes picados
½ xícara de salsinha picada
1 colher (chá) de orégano

Massa

2 xícaras do caldo do cozimento do frango
1 tablete de caldo de galinha
2 colheres (sopa) de margarina
sal a gosto
½ xícara de queijo parmesão ralado
400 g de farinha de trigo
2 batatas cozidas e espremidas

ovos e farinha de rosca para empanar
óleo para fritar

1. Cozinhe o peito de frango com sal e pimenta-do-reino a gosto. Retire o frango da panela e reserve o caldo do cozimento.

2. Aqueça o azeite numa panela grande e refogue a cebola. Junte o tomate e deixe murchar. Acrescente o peito de frango previamente desfiado, a salsinha, o orégano, o sal e a pimenta. Misture a cada ingrediente adicionado e deixe cozinhar por alguns minutos. Reserve.

3. Para fazer a massa, em uma panela grande, junte o caldo do cozimento reservado, o tablete de caldo de galinha esfarelado, a margarina e o sal. Deixe ferver em fogo alto por 5 minutos.

4. Em seguida, reduza o fogo para baixo e adicione o queijo parmesão ralado e a farinha de trigo. Misture e cozinhe por 2 a 5 minutos, mexendo sempre, até a massa começar a desgrudar do fundo da panela.

5. Coloque a massa sobre uma superfície untada com um fio de óleo. Adicione a batata espremida e mexa com as mãos até ficar homogênea.

6. Abra porções de massa na palma da mão e empregue o recheio, modelando as coxinhas. Em seguida, passe-as pelo ovo batido e pela farinha de rosca.

7. Frite-as em óleo quente e deixe-as escorrer em papel-toalha.

BOLINHA DE QUEIJO

TEMPO DE PREPARO: 30 MINUTOS | RENDIMENTO: 12-15 UNIDADES

200 g de queijo meia cura ralado
2½ colheres (sopa) de farinha de trigo
2 claras
1 colher (chá) de fermento químico em pó
ovo e farinha de rosca para empanar
óleo para fritar

1. Em um recipiente médio, coloque o queijo ralado, a farinha, as claras batidas em neve e o fermento. Misture com as mãos até obter uma massa homogênea.

2. A seguir, enrole pequenas bolinhas do mesmo tamanho. Passe-as pelo ovo e pela farinha de rosca.

3. Frite em óleo quente e escorra sobre papel-toalha.

BOLINHO DE BACALHAU

RECEITA PALMIRINHA PREFERIDA

TEMPO DE PREPARO: 1 HORA | RENDIMENTO: 25-30 UNIDADES

1 kg de batata cozida
500 g de bacalhau dessalgado e cozido
1 xícara bem cheia de cheiro-verde picado
1 ovo ligeiramente batido
1 xícara de farinha de trigo
óleo para fritar

1. Em uma vasilha grande, coloque a batata passada pelo espremedor, o bacalhau desfiado, o cheiro-verde e o ovo batido. Misture com uma colher e, a seguir, mexa com as mãos, polvilhando a farinha de trigo.

2. Modele os bolinhos com a ajuda de duas colheres, passando a massa de uma para a outra.

3. Frite os bolinhos em óleo não muito quente. Escorra em papel-toalha para que fiquem sequinhos.

Dicas: Lave o bacalhau e deixe-o de molho em leite por 6 horas. Cozinhe as batatas na mesma água em que o bacalhau foi cozido.

BOLINHO DE PEIXE

TEMPO DE PREPARO: 40 MINUTOS | RENDIMENTO: 20-25 UNIDADES

750 g de mandioca cozida
2 colheres (sopa) de coentro picado
6 colheres (sopa) de cheiro-verde picado
500 g de filé de peixe frito e desfiado (pescada ou merluza)
6 azeitonas verdes picadas
2 colheres (chá) de sal
2 xícaras de farinha de trigo

ovo e farinha de rosca para empanar
óleo para fritar

1. Passe a mandioca no processador até obter uma pasta (se usar o espremedor, passe-a ainda quente). Transfira a massa para uma tigela e junte o coentro, o cheiro-verde, o peixe desfiado, as azeitonas e o sal. Acrescente a farinha e misture bem com as mãos até ficar homogêneo.

2. Retire uma colher (sopa) de massa de cada vez e faça bolinhas com as mãos. Passe as bolinhas no ovo batido, depois na farinha de rosca.

3. Frite-as em óleo quente. Deixe escorrer em papel-toalha para que fiquem sequinhas e sirva em seguida.

TORTINHA DE QUEIJO

TEMPO DE PREPARO: 1 HORA | RENDIMENTO: 12-15 UNIDADES

Massa

2 xícaras de farinha de trigo
1 colher (chá) de sal
100 g de ricota fresca
120 g de manteiga

Creme

1 lata de milho verde escorrido
100 g de ricota fresca
50 g de queijo parmesão ralado
50 g de queijo provolone ralado
1 copo de requeijão cremoso
1 ovo ligeiramente batido
2 gemas ligeiramente batidas
sal a gosto
pimenta-do-reino branca a gosto

1. Em um recipiente, coloque a farinha, o sal, a ricota amassada e a manteiga. Misture com as mãos e, em seguida, sove sobre superfície enfarinhada. Deixe descansar por 10 minutos.

2. Enquanto isso, prepare o recheio: em uma vasilha, coloque o milho, a ricota, os dois queijos ralados e o requeijão. Misture bem e junte o ovo e as gemas. Tempere com o sal e a pimenta. Misture novamente até ficar homogêneo. Reserve.

3. Depois, abra porções da massa com o rolo. Forre com a massa forminhas pequenas (tipo para empada) e faça furos no fundo com auxílio de um garfo.

4. Coloque porções de recheio dentro das forminhas e acomode-as numa assadeira grande. Leve ao forno preaquecido a 200 °C e deixe assar de 15 a 20 minutos.

Dica: Para o recheio ficar ainda mais gostoso, escorra o milho verde e afervente-o por 5 minutos. A seguir, bata-o no liquidificador com ½ xícara de leite. Depois de bater, empregue no recheio.

COXINHA DE MANDIOCA COM CARNE-DE-SOL

TEMPO DE PREPARO: 1H10 | RENDIMENTO: 15-20 UNIDADES

SALGADINHOS

Massa

2 xícaras de leite
50 g de manteiga
3 colheres (sopa) de queijo parmesão ralado
1 tablete de caldo de carne ou de galinha
1 colher (chá) de sal
2 xícaras de farinha de trigo
500 g de mandioca cozida

Recheio

4 colheres (sopa) de óleo
1 cebola grande picada
2 dentes de alho picados
1 kg de carne-de-sol cozida
½ colher (sopa) de orégano
pimenta-do-reino a gosto
uma pitada de sal
1 xícara de cebolinha picada

ovo e farinha de rosca para empanar
óleo para fritar

1. Em uma panela grande, junte o leite, a manteiga, o queijo, o tablete de caldo de carne esfarelado e o sal. Misture e deixe aquecer em fogo médio por 5 minutos. Desligue o fogo e espere amornar.

2. Acrescente a farinha e misture-a para dissolvê-la. Leve de novo ao fogo baixo por 2 a 5 minutos, mexendo sempre, até começar a desgrudar do fundo da panela. Reserve.

3. Faça o recheio: em fogo médio, aqueça o óleo numa panela média e refogue o alho e a cebola por 3 minutos. Junte a carne-de-sol previamente passada pelo processador, o orégano, a pimenta e o sal. Mexa e cozinhe por 3 a 5 minutos. Desligue o fogo e misture a cebolinha.

4. Em seguida, espalhe a massa reservada sobre uma superfície lisa. Adicione a mandioca espremida e sove para agregar.

5. Abra porções de massa sobre a palma da mão e empregue o recheio. Modele as coxinhas (feche bem para retirar o ar do interior) e passe-as pelo ovo e pela farinha de rosca.

6. Aqueça bem o óleo numa panela média e frite as coxinhas até ficarem coradas. Coloque-as para escorrer em papel-toalha para que fiquem sequinhas.

Dica: Deixe a carne-de-sol de molho em água de um dia para o outro. A seguir, cozinhe e passe-a posteriormente pelo processador.

COXINHA DE SALAME

TEMPO DE PREPARO: 1H10 | RENDIMENTO: 40-45 UNIDADES

Massa

2 xícaras de leite
3 xícaras de farinha de trigo
1 tablete de caldo de galinha
1 colher (sopa) de margarina
50 g de queijo parmesão ralado
200 g de mandioquinha cozida
sal a gosto

1. Em uma panela grande, junte o leite, o tablete de caldo esfarelado, o sal e a margarina. Misture e leve ao fogo médio até ferver. Quando levantar fervura, adicione a farinha de uma só vez. Misture e cozinhe por aproximadamente 5 minutos. Desligue e deixe amornar.

2. Enquanto isso, prepare o recheio: em um recipiente, coloque o salame, a cebolinha, o requeijão e a salsinha. Misture bem e reserve.

Recheio

2 xícaras de salame triturado
1 xícara de cebolinha picada
4 colheres (sopa) de requeijão cremoso
salsinha a gosto

ovo e farinha de rosca para empanar
óleo para fritar

3. Despeje a massa reservada em uma superfície untada com um fio de óleo. Junte a mandioquinha previamente espremida e o queijo ralado. Trabalhe a massa com as mãos até ficar homogênea.

4. Abra porções de massa na palma da mão e coloque o recheio. Modele a coxinha e passe-a pelo ovo e pela farinha de rosca.

5. Frite as coxinhas em óleo quente até que fiquem douradas. Coloque-as em papel-toalha para que fiquem sequinhas.

CROQUETE DE BERINJELA

TEMPO DE PREPARO: 50 MINUTOS | RENDIMENTO: 35-40 UNIDADES

4 berinjelas médias
2 ovos
50 g de queijo parmesão ralado
2 colheres (sopa) de farinha de rosca
1 colher (sopa) de farinha de trigo
2 colheres (sopa) de cheiro-verde picado
sal e pimenta-do-reino a gosto
uma pitada de noz-moscada ralada

farinha de trigo para empanar
óleo para fritar

1. Descasque as berinjelas e corte-as em cubinhos. Leve ao fogo com um pouco de água e cozinhe até que fique macio. Escorra a berinjela e espere esfriar. Em seguida, esprema-a para retirar o excesso de água.

2. Coloque a berinjela espremida no copo do liquidificador com os ovos e bata por 2 minutos em velocidade alta. Transfira essa mistura para uma tigela grande.

3. Adicione o queijo ralado, a farinha de rosca e a farinha de trigo. Misture bem. Tempere com o cheiro-verde, o sal, a pimenta e a noz-moscada.

4. Molde croquetes com essa mistura e passe-os na farinha de trigo.

5. Frite em óleo bem quente, virando-os para que dourem por igual. Escorra em papel-toalha para que fiquem sequinhos. Sirva quente.

CROQUETE DE BACALHAU

TEMPO DE PREPARO: 1 HORA | RENDIMENTO: 20 UNIDADES

Massa
2 xícaras de água
2 tabletes de caldo de legumes
sal a gosto
3 xícaras de farinha de trigo
3 batatas cozidas

Recheio
3 colheres (sopa) de azeite
1 cebola picada
2 tomates sem sementes picados
500 g de bacalhau dessalgado e aferventado
pimenta-do-reino a gosto
½ xícara de salsinha picada

ovo e farinha de rosca para empanar
óleo para fritar

1. Em uma panela média, em fogo alto, aqueça a água com o tablete de caldo esfarelado e o sal. Quando levantar fervura, adicione a farinha de uma só vez e mexa por 3 minutos, até a massa começar a desgrudar do fundo da panela.

2. Espalhe a massa obtida sobre uma superfície untada com azeite. Deixe esfriar um pouco. A seguir, coloque a batata previamente passada pelo espremedor e trabalhe a massa, até obter uma massa uniforme (se necessário, utilize um fio de azeite). Reserve.

3. Faça o recheio: aqueça o azeite numa panela e refogue a cebola. Junte o tomate e refogue por 4 minutos. Em seguida, misture o bacalhau desfiado e a pimenta ao refogado. Adicione a salsinha e mexa bem.

4. Unte as mãos com óleo e abra porções de massa na palma da mão. Empregue o recheio de bacalhau, molde os croquetes e passe-os pelo ovo e pela farinha de rosca.

5. Frite-os em óleo quente e coloque-os para escorrer em papel-toalha para que fiquem secos. Sirva quente.

CROQUETE DE CAMARÃO

TEMPO DE PREPARO: 1 HORA | RENDIMENTO: 30-35 UNIDADES

Recheio

3 colheres (sopa) de azeite
1 cebola grande
1 tomate picado
500 g de camarão limpo
½ xícara de azeitonas picadas
½ xícara de salsinha
sal e pimenta-do-reino a gosto

Massa

1 kg de batata cozida
sal a gosto
1 xícara de queijo parmesão ralado
1 colher (sopa) de salsinha picada
1 ovo ligeiramente batido
1½ xícara de farinha de trigo

ovo e farinha de rosca para empanar
óleo para fritar

1. Aqueça o azeite numa panela e refogue a cebola. Junte o tomate e espere murchar. Acrescente o camarão e as azeitonas. Cozinhe em fogo médio por aproximadamente 5 minutos. Desligue o fogo e misture a salsinha, o sal e a pimenta. Reserve.

2. Para fazer a massa, em uma vasilha grande, coloque a batata previamente passada pelo espremedor, o sal, o queijo ralado, a salsinha e o ovo batido. Misture com as mãos e acrescente a farinha, aos poucos, mexendo sempre até obter uma massa homogênea e firme.

3. Unte as mãos com óleo e abra porções da massa na palma da mão. Empregue o recheio reservado, certificando-se de que haja pelo menos 1 ou 2 camarões em cada croquete. Enrole e passe pelo ovo e pela farinha de rosca.

4. Frite-os em óleo quente até ficarem dourados.

Dica: Com essa massa, pode-se também fazer nhoque.

CROQUETE DE SARDINHA

TEMPO DE PREPARO: 1 HORA | RENDIMENTO: 12-15 UNIDADES

2 latas de sardinha escorrida
2 xícaras de batata cozida e amassada
1 colher (sopa) de salsinha picada
2 colheres (sopa) de queijo parmesão ralado
½ xícara de farinha de trigo
2 gemas
sal e pimenta-do-reino a gosto

ovos e farinha de rosca para empanar
óleo para fritar

1. Misture a sardinha com a batata numa vasilha. Junte a salsinha, o queijo, a farinha e as gemas. Misture com as mãos até obter uma massa que não grude nos dedos (se necessário, adicione um pouco mais de farinha). Tempere com sal e pimenta a gosto.

2. Faça com a massa pequenos croquetes. Passe-os pela farinha de rosca, pelo ovo batido e novamente pela farinha de rosca.

3. Frite no óleo bem quente até dourar. Coloque os croquetes fritos sobre papel-toalha para que fiquem sequinhos. Sirva em seguida.

EMPADINHA CREMOSA

TEMPO DE PREPARO: 1 HORA | RENDIMENTO: 40-50 UNIDADES

Massa

4 xícaras de farinha de trigo
2 gemas
200 g de banha de porco em temperatura ambiente
50 g de margarina em temperatura ambiente
1 colher (chá) de sal
2 ovos inteiros
gema para pincelar

Recheio

4 colheres (sopa) de azeite
1 cebola grande picada fino
2 dentes de alho amassados
2 tomates picados sem sementes
sal a gosto
500 g de camarão-sete-barbas limpo
pimenta-do-reino a gosto
½ lata de ervilhas
½ xícara de azeitonas picadas
½ lata de creme de leite
2 colheres (sopa) de cheiro-verde picado
2 colheres (sopa) de farinha de trigo

1. Para o recheio, aqueça o azeite numa panela grande, em fogo médio, e refogue a cebola e o alho por 3 minutos. Junte o tomate picado, o sal, o camarão, a pimenta, a ervilha e as azeitonas. Cozinhe por cerca de 5 minutos.

2. Acrescente em seguida o creme de leite, o cheiro-verde e a farinha. Misture e cozinhe por mais alguns minutos. Desligue e deixe esfriar.

3. Para fazer a massa, em uma vasilha grande, coloque a farinha (reserve um pouco), as gemas, a banha, a margarina, o sal e os ovos. Misture com as mãos até que não grude mais nos dedos (se necessário, use a farinha reservada).

4. Sove a massa sobre uma superfície enfarinhada até ficar homogênea e macia. Deixe descansar por cerca de 20 minutos.

5. Abra porções da massa com o rolo e coloque-as em forminhas próprias para empadinhas. Empregue o recheio e cubra com outro pedaço de massa. Pincele a superfície de cada empada com a gema e acomode-as numa assadeira grande.

6. Leve para assar em forno preaquecido a 200 °C por 20 a 25 minutos, até ficarem douradas.

EMPADA DE QUEIJO COM FRANGO

TEMPO DE PREPARO: 1H10 | RENDIMENTO: 18-20 UNIDADES

Recheio

4 colheres (sopa) de azeite
1 cebola pequena
1 tomate sem sementes picado
1 peito de frango cozido e desfiado
sal a gosto
1 copo de requeijão cremoso
½ xícara de salsinha picada
pimenta-do-reino a gosto
1 xícara de azeitonas pretas

Massa

2 xícaras de farinha de trigo
100 g de margarina em temperatura ambiente
6 colheres (sopa) de guaraná
gema para pincelar

1. Aqueça o azeite numa panela grande, em fogo alto, e refogue a cebola por 3 minutos. Junte o tomate, o frango previamente desfiado, o sal e o requeijão cremoso, misturando a cada ingrediente adicionado. Deixe cozinhar por 5 minutos. Desligue o fogo e acrescente a salsinha e a pimenta. Reserve.

2. Para fazer a massa, coloque a farinha, a margarina e o guaraná numa tigela média e misture com as mãos até obter uma massa que não grude nos dedos (se necessário, adicione um pouco mais de farinha).

3. Em seguida, sove a massa sobre uma superfície enfarinhada até ficar homogênea e macia. Deixe descansar por cerca 10 minutos.

4. Depois, abra porções da massa com o rolo e coloque-as em forminhas próprias para empadas. Empregue o recheio e coloque 1 azeitona. Cubra com outro pedaço de massa e pincele com gema.

5. Acomode as empadas numa assadeira grande e leve para assar em forno preaquecido a 200 °C por 20 minutos, até ficarem douradas.

Dica: Cozinhe o peito de frango em água com 1 tablete de caldo de galinha.

EMPADINHA SUFLÊ DE QUEIJO

TEMPO DE PREPARO: 30 MINUTOS | RENDIMENTO: 15-20 UNIDADES

Massa
2½ xícaras de farinha de trigo
1 xícara de margarina
1 colher (chá) de sal
2 ovos ligeiramente batidos

Recheio
100 g de queijo provolone ralado grosso
100 g de queijo mozarela ralado grosso
100 g de queijo parmesão ralado
200 g de queijo cremoso
½ xícara de cheiro-verde picado
1 caixinha de creme de leite
temperos a gosto

gema para pincelar

1. Em um recipiente, misture os queijos provolone, mozarela, parmesão e cremoso e o cheiro-verde. Tempere com a pimenta e o orégano a gosto. Adicione o creme de leite e misture novamente. Reserve.

2. Em uma vasilha funda, coloque a farinha, a margarina, o sal e o ovo batido. Misture com as mãos até obter uma massa homogênea (neste momento, se necessário, adicione mais farinha).

3. Abra a massa e coloque em forminhas de empada e acrescente o recheio frio. Feche e pincele com a gema. Leve para assar em forno preaquecido a 250 °C por cerca de 20 minutos, até dourar.

EMPANADA CHILENA

TEMPO DE PREPARO: 1H20 | RENDIMENTO: 15-20 UNIDADES

Massa

4 xícaras de farinha de trigo
100 g de manteiga ou margarina
1 colher (chá) de sal dissolvida em 1 xícara de água morna

Recheio

3 colheres (sopa) de azeite
2 dentes de alho amassados
1 cebola picada
100 g de frango cortado em cubos
200 g de lombo cortado em cubos
200 g de filé-mignon cortado em cubos
sal e pimenta-do-reino a gosto
100 g de linguiça portuguesa cortada em cubos
2 tomates picados
1 xícara de azeitonas pretas chilenas
1 xícara de cebolinha
1 colher (sopa) de farinha de trigo

gema para pincelar

1. Para fazer o recheio, em fogo alto, aqueça o azeite numa panela grande e refogue o alho e a cebola por 2 minutos. Junte o frango, o lombo e o filé-mignon, tempere com o sal e a pimenta e refogue por 5 minutos, mexendo sem parar.

2. Reduza o fogo para médio, adicione os cubos de linguiça e cozinhe por cerca de 10 minutos, com a panela tampada. A seguir, misture o tomate, as azeitonas e a cebolinha e cozinhe por mais 3 minutos. Se houver muito caldo, adicione um pouco da farinha de trigo e deixe cozinhar até secar. Reserve.

3. Faça a massa: em uma vasilha, coloque a farinha (reserve um pouco), a manteiga e a água com sal, aos poucos. Misture com as mãos até a massa não grudar nos dedos (se necessário, utilize a farinha reservada).

4. Sove a massa sobre a superfície enfarinhada até ficar homogênea e macia. Deixe descansar por aproximadamente 20 minutos.

5. Depois, abra porções de massa com um rolo. Modele círculos de massa com um cortador redondo e empregue o recheio. Feche unindo as pontas e coloque as empanadas numa assadeira retangular, untada e polvilhada.

6. Pincele com a gema e leve ao forno preaquecido a 200 °C por 20 minutos. Sirva quente ou fria.

FOLHADO DE CARNE ASSADA

TEMPO DE PREPARO: 1H20 | RENDIMENTO: 50 UNIDADES

Massa

4 xícaras de farinha de trigo
1 xícara de manteiga em temperatura ambiente
2 gemas ligeiramente batidas
1 colher (chá) de sal
½ xícara de água
100 g de margarina bem gelada

Recheio

3 colheres (sopa) de azeite
1 cebola picada
1 tomate picado
2 xícaras de carne assada moída ou desfiada
temperos a gosto
½ xícara de salsinha picada

gema para pincelar

1. Em um recipiente coloque a farinha (reserve um pouco), a manteiga, a gema batida e o sal. Misture com as mãos, adicionando água aos poucos, até obter uma massa que não grude nos dedos (se necessário, utilize a farinha reservada).

2. Sove a massa sobre superfície enfarinhada até ficar homogênea e macia. Deixe a massa descansar coberta com um pano por 20 minutos.

3. Passado esse tempo, abra a massa com um rolo deixando-a bem fina. Em seguida, espalhe a margarina gelada por toda a superfície e polvilhe um pouco de farinha sobre ela. Dobre a massa e coloque-a dentro de um saco plástico. Leve para a geladeira por 40 minutos.

4. Enquanto isso, faça o recheio: aqueça o azeite numa panela, em fogo alto, e frite a cebola e o tomate por 3 minutos. Reduza o fogo e adicione a carne e os temperos. Cozinhe por alguns minutos. Acrescente então a salsinha, mexa e desligue o fogo. Deixe esfriar para utilizar.

5. Tire a massa da geladeira, polvilhe farinha sobre ela e estenda-a novamente com o rolo. Modele círculos de massa com um cortador redondo e coloque porções de recheio. Una as pontas no centro e acomode os folhados numa assadeira retangular, untada e enfarinhada.

6. Pincele com gema e leve para assar em forno preaquecido a 200 °C por cerca de 30 minutos.

Dica: Para fazer enroladinhos, corte retângulos de massa, recheie e enrole.

EMPANADA DE PALMITO

TEMPO DE PREPARO: 1H20 | RENDIMENTO: 12-15 UNIDADES

Massa

4 xícaras de farinha de trigo

1 colher (chá) de sal dissolvida em 1 xícara de água morna

100 g de manteiga ou margarina

Recheio

3 colheres (sopa) de azeite

1 cebola picada

1 tomate sem sementes picado

1 vidro de palmito picado

sal e pimenta-do-reino a gosto

½ xícara de cheiro-verde picado

½ colher (sopa) de orégano

1 xícara de azeitonas portuguesas sem caroço

gema para pincelar

1. Em uma vasilha média, coloque a farinha (reserve um pouco), a manteiga e a água com sal aos poucos. Misture com as mãos até a massa não grudar nos dedos (se necessário, utilize a farinha reservada). Depois, sove a massa sobre uma superfície enfarinha até ficar homogênea e macia. Deixe descansar por aproximadamente 10 minutos.

2. Enquanto isso, prepare o recheio: aqueça o azeite numa panela em fogo alto e refogue a cebola por 2 minutos. Reduza o fogo para médio e adicione o tomate, o palmito, o sal, a pimenta, o cheiro-verde, o orégano e as azeitonas, mexendo a cada ingrediente adicionado. Deixe cozinhar por mais 5 minutos e desligue o fogo. Espere o recheio esfriar para empregá-lo.

3. Depois, abra porções de massa com o rolo de macarrão na espessura aproximada de 2 mm. Usando um cortador redondo, modele círculos de massa e empregue o recheio. Feche as empanadas unindo as extremidades e apertando com os dedos para as bordas ficarem entrelaçadas.

4. Coloque as empanadas numa assadeira retangular (sem untar), pincele-as com gema e leve ao forno preaquecido a 200 °C por 25 minutos ou até começarem a dourar.

ESFIRRA FECHADA DE CARNE

TEMPO DE PREPARO: 1 HORA | RENDIMENTO: 20-25 UNIDADES

Massa

2 tabletes de fermento biológico fresco
1 colher (sopa) rasa de sal
½ xícara de água morna
1 kg de farinha de trigo
1 colher (sopa) de açúcar
1 xícara de óleo
1 pote de iogurte natural

Recheio

500 g de patinho moído
1 cebola grande picada fino
2 tomates médios picados
sal e pimenta-do-reino a gosto
½ maço de hortelã picado
suco de 1 limão

gema para pincelar

1. Em uma vasilha funda, junte a carne moída, a cebola, o tomate, o sal, a pimenta, a hortelã e o suco de limão. Misture para agregar. Deixe no tempero por 30 minutos para pegar gosto. A seguir, escorra a carne sobre uma peneira. Reserve.

2. Em outra vasilha, coloque o fermento esfarelado e um pouco do sal. Misture até obter um líquido. Adicione em seguida a água morna e reserve.

3. Em uma terceira vasilha, coloque a farinha (reserve um pouco), o açúcar, o óleo, o fermento reservado e o iogurte. Mexa com as mãos até obter uma massa que não grude nos dedos (se necessário, adicione a farinha reservada).

4. Em seguida, sove a massa sobre superfície enfarinhada até ficar homogênea e macia. Deixe descansar por 15 minutos.

5. Passado esse tempo, abra a massa com um rolo sobre uma superfície enfarinhada. Em seguida, molde círculos de massa com um cortador redondo. Coloque uma porção de recheio no centro de cada círculo de massa e, em seguida, puxe as bordas da circunferência sobre o recheio e una as pontas, formando um triângulo.

6. Coloque as esfirras recheadas numa assadeira retangular, untada e enfarinhada, e pincele-as com gema. Leve para assar em forno preaquecido a 200 °C por 15 minutos, até que fiquem douradas.

ESFIRRA ABERTA DE CARNE

TEMPO DE PREPARO: 1H20 | RENDIMENTO: 40-45 UNIDADES

Recheio

500 g de patinho moído duas vezes
2 cebolas picadas
3 tomates sem sementes picados
sal e pimenta-do-reino a gosto
suco de 2 limões

Massa

2 xícaras de água morna
1 xícara de óleo
1 ovo
2 tabletes de fermento biológico fresco
1 kg de farinha de trigo
1 colher (sopa) de sal
2 colheres (sopa) de açúcar

fubá para polvilhar

1. Em um recipiente, coloque a carne moída e tempere-a com a cebola, o tomate, o sal, a pimenta e o suco de limão. Misture e reserve.

2. No copo do liquidificador, coloque a água morna, o óleo, o ovo e o fermento esfarelado. Bata por 1 minuto em velocidade alta e reserve.

3. Em uma tigela grande, coloque a farinha (reserve um pouco), o sal, o açúcar e a mistura do liquidificador. Mexa com as mãos até a massa não mais grudar nos dedos (se necessário, adicione mais um pouco de farinha).

4. Em seguida, sove a massa sobre uma superfície enfarinhada e deixe descansar por 10 minutos.

5. Depois, faça bolinhas com pequenas porções da massa e acomode-as sobre uma bancada enfarinhada. Achate o centro de cada bolinha com os dedos e levante as bordas, utilizando um pouco de fubá.

6. Aplique o recheio em cada uma das massas e coloque-as em assadeiras grandes, untadas e enfarinhadas. Leve para assar em forno preaquecido a 200 °C por 15 a 20 minutos.

Dica: Recheie as esfirras também com tomate seco ou escarola refogada.

ESFIRRA FOLHADA

TEMPO DE PREPARO: 1H20 | RENDIMENTO: 30-35 UNIDADES

SALGADINHOS

Massa folhada

3 tabletes de fermento biológico fresco
½ colher (sopa) de sal
1½ xícara de água morna
6 xícaras de farinha de trigo
1 colher (sopa) de açúcar
1 xícara de óleo
100 g de margarina

Recheio

500 g de carne moída
1 cebola grande picada
2 tomates picados
suco de 1 limão
½ xícara de hortelã picada
sal e pimenta-do-reino a gosto

1. Prepare o recheio: coloque a carne moída numa tigela funda e tempere-a com o restante dos ingredientes, amassando com as mãos. Deixe no tempero por aproximadamente 30 minutos para pegar gosto. Depois, ponha a carne sobre uma peneira para escorrer.

2. Junte o fermento esfarelado e o sal em uma tigela pequena e misture até obter um líquido. Junte a água morna, misture novamente e reserve.

3. Em uma vasilha grande, coloque a farinha (reserve um pouco), o açúcar, o óleo e o fermento reservado. Misture primeiro com uma colher de pau, depois com as mãos, até a massa não mais grudar nos dedos (se necessário, adicione um pouco da farinha reservada).

4. Em seguida, sove a massa sobre uma bancada enfarinhada até ficar homogênea e macia. Deixe-a descansar por 20 minutos.

5. Depois, abra a massa com auxílio de um rolo e besunte-a com a margarina, polvilhando a farinha. Dobre a massa e passe novamente o rolo, delicadamente. Em seguida, molde círculos de massa com um cortador e coloque uma porção de recheio no centro de cada um deles. Puxe as bordas do disco sobre o recheio e una as pontas, formando um triângulo.

6. Coloque as esfirras em assadeiras grandes, untadas e enfarinhadas, e pincele-as com gema. Leve para assar em forno preaquecido a 200 °C por 15 a 20 minutos, até que fiquem douradas.

FOGACINHA DE ERVAS

TEMPO DE PREPARO: 1H10 | RENDIMENTO: 45-50 UNIDADES

Massa

4 tabletes de fermento biológico fresco
1 colher (chá) de sal
½ xícara de leite morno
1 kg de farinha de trigo
⅔ de xícara de açúcar
75 g de manteiga
2 potes de iogurte natural

gema e azeite para pincelar
¾ de xícara de alecrim, manjericão e orégano secos para polvilhar

1. Misture o fermento esfarelado e o sal numa vasilha pequena até obter um líquido. Adicione o leite morno, misture novamente e reserve.

2. Em uma tigela funda, junte a farinha (reserve um pouco), o açúcar, a manteiga, o fermento reservado e o iogurte. Misture com as mãos até obter uma massa que não grude nos dedos (se necessário, polvilhe um pouco da farinha reservada).

3. Em seguida, sove a massa sobre uma bancada até ficar lisa e macia. Deixe-a descansar por 15 minutos.

4. Depois, abra porções da massa com um rolo de macarrão, deixando-as numa espessura fina. Faça pequenos cortes no centro de cada disco com uma faca e coloque-os em assadeiras grandes, untadas e enfarinhadas. Pincele os discos com a gema e o azeite previamente misturados e polvilhe a mistura de ervas.

5. Deixe a massa crescer por 20 minutos em lugar abafado. Em seguida, leve para assar em forno preaquecido a 180 °C por 15 minutos ou até ficar dourada.

FOLHADO DE QUEIJO

TEMPO DE PREPARO: 1H20 | RENDIMENTO: 12-15 UNIDADES

Massa

5 xícaras de farinha de trigo
1 colher (chá) de sal
1 colher (chá) de açúcar
300 g de margarina para folhar
2 ovos ligeiramente batidos
1 xícara de água
3 colheres (sopa) de queijo parmesão ralado

Recheio

1 copo de requeijão cremoso
250 g de queijo mozarela ralado

gema para pincelar

1. Em uma vasilha funda, coloque a farinha (reserve ¾ de xícara para depois), o sal, o açúcar, 1 colher (sopa) de margarina e o ovo. Misture com as mãos, acrescentando água, até obter uma massa que não grude nos dedos (se necessário, utilize parte da farinha reservada).

2. Em seguida, sove a massa sobre uma bancada enfarinhada até ficar lisa e macia. Coloque a massa obtida dentro de um saco plástico e reserve.

3. Em outra vasilha, coloque a farinha reservada, o restante da margarina e o queijo ralado. Misture com as mãos até obter uma pasta. Abra a massa envolta no saco plástico numa bancada com as mãos. Espalhe sobre ela a pasta obtida, dobre-a e leve-a para a geladeira por 40 minutos.

4. Depois, volte a massa gelada à bancada e abra-a com o rolo de macarrão. Dobre-a e passe o rolo novamente. Repita a operação duas vezes.

5. Em seguida, corte retângulos de massa com uma faca, com cerca de 13 cm x 8 cm. Passe sobre eles o requeijão cremoso e distribua a mozarela. Molhe as extremidades da massa e cubra com outro retângulo.

6. Acomode os folhados numa assadeira untada e enfarinhada e pincele com gema. Leve para assar em forno preaquecido a 200 °C por 20 minutos.

Dica: Este folhado pode ser recheado com doce de banana ou com queijo e goiabada.

FOLHADINHO DE CARNE ASSADA

TEMPO DE PREPARO: 1H20 | RENDIMENTO 15-18 UNIDADES

Massa

4 xícaras de farinha de trigo
1 colher (sopa) de manteiga em temperatura ambiente
2 gemas
1 colher (chá) de sal
½ xícara de água
150 g de margarina gelada

Recheio

4 colheres (sopa) de óleo
1 cebola picada
2 tomates sem sementes picados
½ pimentão vermelho cortado em cubinhos
½ pimentão verde cortado em cubinhos
½ pimentão amarelo cortado em cubinhos
½ xícara de azeitonas verdes picadas
orégano e pimenta-do-reino a gosto
500 g de carne assada
cebolinha a gosto

gema para pincelar

1. Em um recipiente, coloque a farinha (reserve um pouco), a manteiga, as gemas e o sal. Mexa com as mãos e adicione a água até obter uma massa que não grude nos dedos (se necessário, utilize a farinha reservada).

2. A seguir, sove a massa sobre uma bancada enfarinhada até ficar homogênea e macia. Deixe descansar por cerca de 30 minutos dentro de um saco plástico na geladeira.

3. Enquanto isso, prepare o recheio: aqueça o óleo numa panela e refogue a cebola até ficar transparente. Em seguida, adicione o tomate, os pimentões, as azeitonas, o orégano e a pimenta. Cozinhe por 5 minutos em fogo médio e acrescente a carne previamente desfiada e a cebolinha. Cozinhe por mais alguns minutos e deixe esfriar.

4. Passado esse tempo, abra a massa com um rolo de macarrão. Espalhe a margarina gelada sobre a superfície e dobre-a. Passe levemente o rolo outra vez. Corte quadrados de massa com cerca de 16 cm e empregue o recheio no centro. Una as pontas no centro, fechando bem com a ponta dos dedos.

5. Coloque os folhadinhos em assadeiras grandes, untadas e polvilhadas. Pincele-os com gema e leve para assar em forno preaquecido a 180 °C por 20 a 25 minutos.

MINITORTA DE PRESUNTO E QUEIJO

TEMPO DE PREPARO: 1H10 | RENDIMENTO: 12-15 UNIDADES

Massa
2½ xícaras de farinha de trigo
3 gemas ligeiramente batidas
1 xícara de margarina
uma pitada de sal

Recheio
2 colheres (sopa) de margarina
1 cebola média picada
1 tomate sem semente picado
1 lata de milho verde escorrido
2 xícaras de presunto ralado
½ copo de requeijão cremoso
1 colher (chá) de orégano
sal e pimenta-do-reino a gosto
1 xícara de cheiro-verde picado
1 colher (sopa) de farinha de trigo

gema para pincelar

1. Para fazer o recheio, em fogo médio, derreta a margarina numa panela e refogue a cebola por 2 minutos. Adicione o tomate, o milho, o presunto, o requeijão, o orégano, o sal e a pimenta e mexa para agregar. Acrescente o cheiro-verde e a farinha de trigo, misture e cozinhe por aproximadamente 5 minutos. Reserve.

2. Faça a massa: em um recipiente, coloque a farinha, a gema batida, a margarina e o sal. Misture com as mãos até obter uma massa que não grude nos dedos (se necessário, acrescente um pouco mais de farinha).

3. A seguir, sove a massa sobre uma bancada enfarinhada até ficar homogênea e macia. Enrole-a com filme de PVC e deixe descansar na geladeira por 30 minutos.

4. Depois, abra porções de massa e forre o fundo e as laterais de miniforminhas com fundo falso, sem untar. Empregue o recheio em cada uma delas. Abra o restante da massa com o rolo, recorte discos do tamanho das tortinhas e cubra-as.

5. Acomode as forminhas numa assadeira grande e leve para assar em forno preaquecido a 180 °C por 15 a 20 minutos, até começar a dourar. Desenforme e sirva.

PASTEL DE FEIRA

TEMPO DE PREPARO: 40 MINUTOS | RENDIMENTO: 12-15 UNIDADES

4 xícaras de farinha de trigo
1 colher (sopa) de óleo
1 colher (sopa) de aguardente
1 colher (chá) de sal
água morna para dar ponto
óleo para fritar
recheio a gosto (bauru, refogado de camarão, palmito ou carne moída)

1. Em uma vasilha funda, coloque a farinha, o óleo, a aguardente e o sal misturado com a água morna. Mexa com as mãos até obter uma massa que não grude nos dedos (se necessário, adicione um pouco mais de farinha). Em seguida, sove a massa sobre uma bancada enfarinhada até ficar lisa e macia.

2. Abra porções de massa com o rolo de macarrão, deixando a massa bem fina. Usando uma fôrma, corte a massa. Coloque o recheio de sua preferência e feche bem com um garfo.

3. Frite os pastéis em óleo quente até dourar e coloque-os para escorrer em papel-toalha. Sirva em seguida.

Dica: Enquanto os pastéis estiverem sendo fritos, use a escumadeira para cobri-los o tempo todo com óleo, de modo que cresçam bastante.

PASTELZINHO DE RICOTA COM CAMARÃO

TEMPO DE PREPARO: 40 MINUTOS | RENDIMENTO: 30-35 UNIDADES

Massa

3 xícaras de farinha de trigo
250 g de ricota fresca
200 g de margarina
2 ovos ligeiramente batidos
1 colher (chá) de sal

Recheio

2 colheres (sopa) de azeite
1 cebola picada
2 tomates sem sementes picados
500 g de camarão limpo e aferventado
sal e pimenta-do-reino a gosto
½ xícara de cheiro-verde picado
1 colher (sopa) de farinha de trigo

gema para pincelar

1. Prepare o recheio: aqueça o azeite numa panela e refogue a cebola por 2 minutos em fogo alto. Junte o tomate e deixe murchar. Acrescente o camarão, a pimenta e o sal. Deixe cozinhar por 2 minutos. Misture o cheiro-verde e a farinha e cozinhe por mais 2 minutos, sempre mexendo. Desligue e reserve.

2. Em um recipiente fundo, junte a farinha (reserve um pouco), a ricota passada na peneira, a margarina, o ovo batido e o sal. Misture com as mãos até obter uma massa que não grude nos dedos (se necessário, utilize a farinha reservada).

3. A seguir, sove a massa sobre uma bancada enfarinhada e abra-a com o rolo de macarrão, deixando-a bem fina.

4. Modele discos de massa com um cortador redondo e empregue o recheio reservado. Una as bordas e pressione com a ponta de um garfo para fechar.

5. Disponha os pastéis numa assadeira grande, untada e enfarinhada. Pincele com a gema e leve para assar em forno preaquecido a 180 °C por 15 a 20 minutos.

PASTELZINHO FOLHADO

TEMPO DE PREPARO: 1H30 | RENDIMENTO 30-35 UNIDADES

Massa

4 xícaras de farinha de trigo
1 colher (chá) de sal
2 gemas ligeiramente batidas
½ xícara de água
200 g de margarina em temperatura ambiente

Recheio

2 colheres (sopa) de óleo
1 cebola picada fino
2 tomates sem sementes picados
1 vidro de palmito picado
1 pacote de mistura pronta para sopa cremosa de queijo
sal e pimenta-do-reino a gosto
1 xícara de cheiro-verde picado

gema para pincelar

1. Em um recipiente fundo, misture a farinha (reserve um pouco), o sal e a gema batida com uma colher. Adicione a água aos poucos e misture com as mãos até obter uma massa que não grude nos dedos (se necessário, utilize a farinha reservada).

2. Em seguida, sove a massa sobre uma bancada enfarinhada e abra-a com o rolo de macarrão, deixando bem fina. Besunte a margarina sobre a superfície da massa e dobre-a em quatro partes. Coloque-a dentro de um saco plástico e leve para gelar por 30 minutos.

3. Enquanto isso, prepare o recheio: em uma panela, aqueça o óleo no fogo alto e refogue a cebola por 2 minutos. Misture o tomate, o palmito, a mistura para sopa, o sal e a pimenta Misture a cada ingrediente adicionado. Desligue o fogo e adicione o cheiro-verde. Deixe esfriar para utilizar.

4. Passado o tempo de a massa resfriar, retire-a da geladeira e abra-a delicadamente com o rolo de macarrão. Modele discos de massa com um cortador redondo e empregue o recheio. Pincele as bordas com clara e feche os pastéis, comprimindo-os com um garfo.

5. Coloque-os em assadeiras grandes, untadas e polvilhadas, e pincele-os com a gema. Leve para assar em forno preaquecido a 250 °C por 35 minutos.

RISSOLE DE CAMARÃO

TEMPO DE PREPARO: 50 MINUTOS | RENDIMENTO: 40-45 UNIDADES

Massa
2 xícaras de leite
2 xícaras de água
50 g de manteiga ou margarina
sal a gosto
1 tablete de caldo de legumes
2 colheres (sopa) de mistura pronta para sopa cremosa de queijo
½ xícara de queijo parmesão ralado
4 xícaras de farinha de trigo

Recheio
3 colheres (sopa) de azeite
1 cebola picada
1 tomate sem sementes picado
500 g de camarão limpo e aferventado
sal e pimenta-do-reino a gosto
cheiro-verde picado a gosto

ovo e farinha de rosca para empanar
óleo para fritar

1. Em uma panela, misture o leite, a água, a manteiga, o sal e o caldo de legumes esfarelado e leve para ferver em fogo médio. Reduza o fogo e adicione o queijo ralado e o creme de queijo. Deixe cozinhar por 3 minutos e acrescente a farinha de uma só vez, mexendo sem parar até desgrudar da panela. Desligue o fogo e deixe amornar.

2. Enquanto isso, prepare o recheio: aqueça o azeite numa panela e refogue a cebola por 2 minutos em fogo médio. Junte o tomate e deixe murchar. Adicione o camarão previamente picado, o sal e a pimenta. Cozinhe por cerca de 5 minutos. Retire do fogo, misture o cheiro-verde e reserve.

3. Despeje a massa morna sobre uma bancada ligeiramente untada com óleo e trabalhe a massa com uma espátula até ficar firme e macia.

4. A seguir, abra porções da massa com o rolo de macarrão e modele pequenos discos com um cortador redondo (ou use um copo de boca larga). Recheie e una as bordas da massa.

5. Passe os rissoles pelo ovo e pela farinha de rosca e frite-os até dourar. Escorra em papel-toalha e sirva imediatamente.

Dica: Se desejar uma consistência mais densa no recheio, junte 1 colher (sopa) de farinha de trigo.

RISSOLE DE PALMITO

TEMPO DE PREPARO: 50 MINUTOS | RENDIMENTO: 40-45 UNIDADES

Massa

2 xícaras de leite
2 xícaras de água
1 tablete de caldo de legumes
100 g de margarina em temperatura ambiente
uma pitada de sal
2 colheres (sopa) de queijo parmesão ralado
4 xícaras de farinha de trigo

Recheio

2 colheres (sopa) de margarina
1 cebola picada fino
1 tomate sem sementes picado
1 vidro de palmito grande bem picado
½ xícara de azeitonas verdes cortadas ao meio
½ copo de requeijão cremoso
sal e pimenta-do-reino a gosto
½ xícara de cheiro-verde picado

ovo e farinha de rosca para empanar
óleo para fritar

1. Em uma panela, junte a água, o leite, o caldo de legumes esfarelado, a margarina e o sal, misture e deixe ferver. Adicione o queijo ralado e a farinha de uma só vez, misturando a cada ingrediente adicionado. Cozinhe em fogo baixo por 5 minutos, mexendo sempre, até começar a desgrudar do fundo da panela. Deixe a massa amornar na própria panela.

2. Enquanto isso, faça o recheio: aqueça a margarina numa panela e refogue a cebola por 3 minutos em fogo médio. Junte o tomate, o palmito, as azeitonas, o requeijão, o sal, a pimenta e o cheiro-verde. Se necessário, engrosse o recheio com 1 colher (sopa) de farinha de trigo. Cozinhe por cerca de 5 minutos e reserve.

3. Coloque a massa da panela numa bancada enfarinhada e sove-a até ficar lisa e macia. Abra a massa com o rolo de macarrão, modele discos pequenos com um cortador redondo (ou com um copo de boca larga) e recheie cada um deles. Una as extremidades da massa, fechando-as, e empane-os no ovo e na farinha de rosca.

4. Frite os rissoles em óleo quente até dourar e escorra-os em papel-toalha. Sirva quente.

Dica: Use essa mesma massa para fazer rissoles recheados de carne moída.

RISSOLE DE QUEIJO

TEMPO DE PREPARO: 50 MINUTOS | RENDIMENTO: 40-45 UNIDADES

Massa

3 xícaras de leite
1 tablete de caldo de galinha
3 colheres (sopa) de manteiga
2 gemas ligeiramente batidas
3 xícaras de farinha de trigo

Recheio

500 g de queijo mozarela cortado em cubos

ovo e farinha de rosca para empanar
óleo para fritar

1. Em uma panela, aqueça o leite em fogo médio e adicione o caldo de galinha esfarelado e a manteiga. Misture os ingredientes até obter uma massa homogênea. Quando ferver, acrescente a farinha de uma só vez, mexendo vigorosamente até que massa desgrude da panela. Retire do fogo e deixe amornar.

2. Coloque a massa obtida sobre uma bancada enfarinhada e sove-a até ficar lisa e macia. A seguir, abra a massa com o rolo de macarrão. Modele discos de massa com um cortador redondo (ou use um copo de boca larga).

3. Coloque um cubo de mozarela em cada disco de massa e feche-o, apertando as extremidades. Passe pelo ovo batido e pela farinha de rosca. Frite os rissoles em óleo quente e escorra-os em papel-toalha.

ROLINHO PRIMAVERA

TEMPO DE PREPARO: 50 MINUTOS | RENDIMENTO: 15-18 UNIDADES

Massa
2 xícaras de farinha de trigo
½ colher (chá) de sal
1 colher (sopa) de óleo
1 xícara de água

Recheio
2 colheres (sopa) de óleo de gergelim
300 g de lombo de porco moído
1 colher (sopa) de saquê
uma pitada de sal
300 g de repolho picado
1 colher (chá) de gengibre ralado
4 talos de cebolinha picados

Molho
3 colheres (sopa) de vinagre
2 colheres (sopa) de açúcar
½ xícara de molho de soja
2 colheres (sopa) de extrato de tomate
1 colher (chá) de amido de milho

1. Faça o recheio: em fogo alto, aqueça o óleo de gergelim numa panela e frite o lombo até perder a cor avermelhada. Adicione o saquê e o sal e cozinhe por alguns minutos. Acrescente o repolho e o gengibre e deixe cozinhar até murchar o repolho. Junte a cebolinha, misture e desligue o fogo. Reserve.

2. Para preparar o molho, em fogo baixo, cozinhe todos os ingredientes numa panela por 2 minutos. Reserve.

3. Faça a massa: em uma vasilha, misture a farinha, o sal, o óleo e a água, aos poucos, até obter uma massa bem pastosa.

4. Aqueça uma frigideira antiaderente e espalhe porções bem finas de massa com auxílio de um pincel. Retire quando a massa desgrudar da frigideira.

5. A seguir, recheie e enrole, colando as extremidades com um pouco de massa crua. Frite os rolinhos em óleo bem quente e escorra-os em papel-toalha. Sirva em seguida com o molho.

SALGADINHOS

PASTELZINHO DE PALMITO E QUEIJO

TEMPO DE PREPARO: 30 MINUTOS | RENDIMENTO: 35-40 UNIDADES

Massa

5 xícaras de farinha de trigo
½ xícara de queijo parmesão ralado
3 colheres (sopa) de margarina em temperatura ambiente
2 ovos ligeiramente batidos
1 copo de requeijão cremoso
1 colher (sopa) de fermento químico em pó
leite para dar ponto na massa

Recheio

3 colheres (sopa) de óleo
1 cebola picada
1 tomate sem sementes picado
1 vidro grande de palmito picado
1 copo de requeijão cremoso
sal e pimenta-do-reino a gosto
1 xícara de salsinha picada
1 colher (sopa) de farinha de trigo

gema para pincelar

1. Faça o recheio: aqueça o óleo numa panela média e refogue a cebola por 3 minutos, até ficar transparente. Adicione o tomate e deixe fritar por 3 minutos. A seguir, junte o palmito, o requeijão, o sal e a pimenta. Misture bem e desligue o fogo. Acrescente a salsinha e a farinha, mexendo para agregar. Reserve.

2. Para fazer a massa, em uma vasilha grande, coloque a farinha, o queijo ralado, a margarina, o ovo batido, o requeijão e o fermento. Mexa com as mãos acrescentando o leite, até obter uma massa que não grude nos dedos.

3. Em seguida, sove-a sobre uma bancada enfarinhada até ficar lisa e macia. Deixe descansar por 15 minutos coberta com um pano.

4. Depois, abra a massa com o rolo de macarrão e modele discos com um cortador redondo (ou use um copo de boca larga). Empregue o recheio sobre cada um deles e una suas bordas, apertando-as bem (para não abrir ao assar).

5. Coloque os pasteizinhos em assadeiras grandes, untadas e polvilhadas, e pincele-os com gema. Leve para assar em forno preaquecido a 180 °C por 30 minutos, até dourar.

SALTENHA BOLIVIANA

TEMPO DE PREPARO: 1 HORA | RENDIMENTO: 8 UNIDADES

Massa

2½ xícaras de farinha de trigo peneirada
1 colher (chá) de sal
1 colher (sopa) de açúcar
3 colheres (sopa) de manteiga
1 colher (chá) de colorau
1 ovo pequeno
¾ de xícara de água morna

Recheio

3 colheres (sopa) de margarina
2 dentes de alho amassados
1 cebola grande picada
200 g de peito de frango moído
300 g de carne de porco moída
1 colher (chá) de orégano
1 pimenta dedo-de-moça sem sementes picada
sal a gosto
1 colher (chá) de cominho
½ xícara de azeitonas verdes cortadas ao meio
½ xícara de uvas-passas sem sementes
¼ de xícara de água
2 ovos cozidos picados
2 colheres (sopa) de farinha de trigo

gema para pincelar

1. Prepare o recheio: em uma frigideira, derreta a margarina em fogo alto e refogue o alho e a cebola durante 2 minutos. A seguir, junte as carnes e frite por 5 minutos. Tempere com o orégano, a pimenta, o sal e o cominho.

2. Em seguida, adicione as azeitonas e a uva-passa. Misture bem e despeje a água. Deixe cozinhar por 3 minutos e acrescente o ovo picado e a farinha. Misture e cozinhe por 3 minutos mais, mexendo delicadamente de vez em quando. Desligue o fogo e espere esfriar.

3. Para fazer a massa, junte numa tigela grande a farinha (reserve um pouco), o sal e o açúcar. À parte, derreta ligeiramente a manteiga e misture o colorau. Adicione essa mistura à tigela e mexa com as mãos até obter uma farofa.

4. Coloque o ovo e a água morna, de pouco em pouco, misturando até obter uma massa que não grude nos dedos (se necessário, acrescente um pouco de farinha). Envolva a massa em filme de PVC e deixe descansar por 30 minutos.

5. Depois, abra a massa com o rolo de macarrão e modele os discos. Aplique o recheio sobre cada um deles e feche-os como se fosse um pastel. Use a ponta dos dedos para selar a massa (a dica é virar as pontas para dar o detalhe que caracteriza a saltenha).

6. Coloque as saltenhas em assadeiras grandes, untadas e enfarinhadas. Pincele com gema e leve para assar em forno preaquecido a 250 °C por 15 a 20 minutos.

TROUXINHA FOLHADA DE CAMARÃO

TEMPO DE PREPARO: 1H10 | RENDIMENTO: 15-20 UNIDADES

Massa

4 xícaras de farinha de trigo
1 colher (chá) de sal
2 gemas ligeiramente batidas
1 xícara de água
200 g de margarina em temperatura ambiente

Recheio

3 colheres (sopa) de azeite
1 cebola
1 dente de alho picado
2 tomates sem sementes picados
sal a gosto
500 g de camarão limpo e aferventado
1 colher (chá) de pimenta-do-reino
1 xícara de cheiro-verde picado

clara e gema para pincelar

1. Para fazer o recheio, aqueça o azeite numa panela em fogo alto e refogue a cebola e o alho por 2 minutos. Junte o tomate, o sal, o camarão e a pimenta. Cozinhe por cerca de 5 minutos. Em seguida, misture o cheiro-verde e desligue o fogo. Reserve.

2. Prepare a massa: em uma vasilha grande, coloque a farinha (reserve um pouco), o sal e as gemas batidas. Mexa com as mãos, adicionando água, aos poucos, até obter uma massa que não grude nos dedos.

3. A seguir, sove-a sobre uma superfície enfarinhada até ficar lisa e macia. Deixe descansar por 15 minutos.

4. Abra a massa com o rolo de macarrão e besunte-a com margarina. Polvilhe um pouco de farinha e dobre-a. Em seguida, passe novamente o rolo. Repita a operação mais uma vez e estenda a massa, deixando-a bem fina.

5. Recorte quadrados de massa e empregue o recheio. Una as pontas no centro e feche, apertando com a ponta dos dedos. Pincele as trouxinhas com clara para não abrirem ao assar e acomode-as em uma assadeira grande (não precisa untar).

6. Pincele com gema e leve ao forno preaquecido a 250 °C por 20 minutos.

CROQUETE DE MANDIOCA COM QUEIJO

TEMPO DE PREPARO: 30 MINUTOS | RENDIMENTO: 20-25 UNIDADES

500 g de mandioca
sal a gosto
1 cebola pequena
1 maço de cheiro-verde
3 colheres (sopa) de queijo de minas ralado
3 ovos batidos
óleo para fritar

1. Descasque a mandioca e cozinhe-a em água e sal. Escorra e passe pelo processador junto com a cebola e o cheiro-verde.

2. Coloque a mistura numa tigela grande e adicione o queijo ralado e o ovo batido. Tempere com um pouco mais de sal. Misture tudo muito bem e enrole, formando croquetes.

3. Leve ao fogo uma frigideira com bastante óleo. Deixe aquecer e frite os croquetes, virando de vez em quando para que dourem por igual. Retire e coloque sobre papel-toalha para que fiquem sequinhos. Sirva quente.

CROQUETE DE ARROZ COM QUEIJO

TEMPO DE PREPARO: 30 MINUTOS | RENDIMENTO: 20-25 UNIDADES

3 colheres (sopa) de margarina
3 colheres (sopa) de farinha de trigo
1 xícara de leite
1 xícara de queijo prato ralado
1 colher (sopa) de cebola ralada
sal a gosto
1 colher (chá) de mostarda
½ colher (chá) de molho de pimenta
2 xícaras de arroz cozido

ovo e farinha de rosca peneirada para empanar
óleo para fritar

1. Derreta a margarina numa panela e misture a farinha de trigo. À parte, aqueça o leite e junte-o à mistura de farinha de trigo, batendo bem.

2. Adicione o queijo, a cebola, o sal, a mostarda e o molho de pimenta e misture para agregar tudo. Junte o arroz e mexa delicadamente. Leve a massa à geladeira por 1 hora.

3. Passado esse tempo, separe porções de massa e faça os croquetes. Passe-os na farinha de rosca e no ovo batido.

4. Frite-os em óleo bem quente até que fiquem dourados. Escorra em papel-toalha para que fiquem sequinhos e sirva em seguida.

CROQUETE DE FRANGO

TEMPO DE PREPARO: 40 MINUTOS | RENDIMENTO: 25-30 UNIDADES

1 colher (sopa) de margarina
1½ xícara de farinha de trigo
2 xícaras de leite
sal a gosto
4 xícaras de frango cozido moído
2 colheres (sopa) de salsinha picada
uma pitada de noz-moscada ralada
2 colheres (sopa) de queijo parmesão ralado
2 ovos

farinha de trigo e farinha de rosca para empanar
óleo para fritar

1. Em fogo médio, derreta a margarina numa panela pequena e junte a farinha e 2 colheres (sopa) de leite fervente. Misture bem.

2. Acrescente o restante do leite e cozinhe por 5 minutos sem parar de mexer, para evitar que se formem grumos. Tempere com sal. Tire o molho do fogo e deixe esfriar.

3. Em uma vasilha funda, coloque a carne de frango, a salsinha, a noz-moscada, o queijo ralado e 1 ovo. Misture bem e adicione o molho branco preparado. Mexa com as mãos até obter uma massa homogênea e firme.

4. Faça os croquetes com essa mistura. Em seguida, passe-os pela farinha, pelo ovo restante batido com sal e depois pela farinha de rosca.

5. Frite-os em óleo bem quente, colocando-os sobre papel-toalha, para tirar o excesso de gordura.

CROQUETES DE BATATA-DOCE

TEMPO DE PREPARO: 40 MINUTOS | RENDIMENTO: 25-30 UNIDADES

500 g de batata-doce
sal a gosto
½ colher (sopa) de manteiga
2 colheres (sopa) de creme de leite

½ colher (sopa) de salsinha picada
sal e pimenta-do-reino a gosto

ovo e farinha de rosca para dar ponto e empanar
óleo para fritar

1. Descasque e cozinhe a batata-doce em bastante água salgada até ficar macia.

2. Escorra-a e passe pelo espremedor ainda quente. Junte a manteiga e o creme de leite e misture bem até obter um purê. Acrescente a salsinha, o sal, a pimenta e a farinha de rosca, pouco a pouco, e mexa com as mãos até obter uma massa firme.

3. Molde os croquetes com porções de massa e passe-os no ovo e na farinha de rosca.

4. Frite no óleo bem quente até dourar. Escorra em papel-toalha para retirar o excesso de gordura.

EMPADINHA DE BATATA

TEMPO DE PREPARO: 40 MINUTOS | RENDIMENTO: 25-30 UNIDADES

Massa
500 g de batata asterix
2 gemas inteiras
2 colheres (sopa) de queijo parmesão ralado
1 colher (sopa) de margarina
1 colher (sopa) de amido de milho
sal e pimenta-do-reino a gosto

Recheio
2 colheres (sopa) de óleo
½ cebola picada
1 dente de alho picado
300 g de carne moída
½ xícara de cheiro-verde picado
2 ovos cozidos picados
½ xícara de azeitonas picadas

gema para pincelar

1. Descasque e cozinhe a batata em bastante água até ficarem macias.

2. Escorra as batatas e passe pelo espremedor. Acrescente as gemas, o queijo parmesão, a margarina e o amido de milho. Tempere com sal e pimenta e misture. Espere amornar um pouco.

3. Amasse com as mãos até formar uma massa homogênea. Abra-a com um rolo de macarrão e forre forminhas untadas com a massa. Reserve.

4. Faça o recheio: em fogo médio, aqueça o óleo numa panela e refogue a cebola e o alho por 2 minutos. Junte a carne e frite por 5 minutos, mexendo de vez em quando. Adicione o sal e a pimenta e misture. Desligue o fogo e acrescente o cheiro-verde, o ovo picado e as azeitonas.

5. Recheie as empadas com a mistura de carne. Cubra-as com uma tampa de massa e pincele-as com a gema batida.

6. Leve ao forno preaquecido a 180 °C e asse até dourar. Tire do forno, desenforme e sirva quente.

PASTELZINHO DE CARNE E PÁPRICA

TEMPO DE PREPARO: 40 MINUTOS | RENDIMENTO: 20-25 UNIDADES

250 g de carne moída
1 cebola pequena picada
2 colheres (sopa) de queijo parmesão ralado
sal a gosto
uma pitada de alho em pó
1 ovo, clara e gema separadas

1 xícara de farinha de trigo
$\frac{1}{3}$ de xícara de água
uma pitada de páprica
sal a gosto

óleo para fritar

1. Em uma tigela funda, junte a carne moída, a cebola, o queijo, o sal, o alho e a clara. Misture bem com as mãos e reserve.

2. À parte, junte a farinha de trigo, a gema, a água, a páprica e o sal. Mexa com as mãos até obter uma massa lisa. Coloque a massa sobre uma bancada enfarinhada e sove-a até que fique elástica.

3. Divida a massa em duas partes e estenda-as com um rolo, deixando-as numa espessura bem fina. Corte quadrados com cerca de 8 cm.

4. Coloque uma porção de recheio de carne no centro de cada quadradinho e dobre formando um triângulo. Antes de dobrar, umedeça as bordas para fechar bem.

5. Coloque óleo até 3 cm de altura numa frigideira e deixe aquecer bem. Frite os pastéis por 45 segundos até ficarem dourados. Retire e coloque sobre papel-toalha para absorver a gordura. Sirva quente.

CROCANTE DE FUBÁ

TEMPO DE PREPARO: 40 MINUTOS | RENDIMENTO: 20-25 UNIDADES

1¾ xícara de farinha de trigo
¾ de xícara de fubá
½ colher (chá) de sal
5 colheres (sopa) de manteiga em temperatura ambiente
⅔ de xícara de água morna

1. Peneire a farinha de trigo e o fubá numa vasilha. Junte o sal e a manteiga e misture bem até obter uma massa granulada. Acrescente a água morna e mexa somente para ligar a massa. Leve à geladeira por cerca de 1 hora.

2. Depois, separe a massa em pequenas porções e forme bolinhas do tamanho de um brigadeiro.

3. Em uma bancada enfarinhada, estenda cada bolinha com a ajuda de um rolo até obter um círculo bem fino com cerca de 5 cm de diâmetro.

4. Coloque os círculos numa assadeira sem untar e leve para assar em forno preaquecido a 150 °C durante uns 7 minutos, ou até que comece a dourar. Retire do forno, deixe esfriar e sirva.

BOLINHAS DE MILHO VERDE E QUEIJO

TEMPO DE PREPARO: 55 MINUTOS | RENDIMENTO: 30 UNIDADES

1 xícara de leite
2 ovos
1 lata de milho verde escorrido
sal a gosto
4 colheres (sopa) de queijo parmesão ralado
8 colheres (sopa) de farinha de trigo
1 colher (sopa) de margarina
200 g de queijo mozarela

clara e macarrão cabelo de anjo para empanar
óleo para fritar

1. Bata no liquidificador o leite, os ovos e o milho até obter uma massa homogênea. Desligue e acrescente o sal, o queijo ralado e a farinha. Bata novamente e reserve.

2. Derreta a margarina numa panela e adicione a mistura do liquidificador. Cozinhe por cerca de 5 minutos, ou até a massa começar a desgrudar do fundo da panela. Transfira a massa para um recipiente e deixe esfriar.

3. Umedeça ligeiramente as mãos e abra pequenas porções de massa na palma da mão. Recheie cada porção de massa com um pedaço de mozarela. Feche e enrole uma bolinha.

4. Passe as bolinhas pela clara ligeiramente batida e pelo macarrão esmigalhado. Frite em óleo quente, colocando as bolinhas fritas para escorrer em papel-toalha.

CROCANTE DE SALAME

TEMPO DE PREPARO: 1 HORA | RENDIMENTO: 35 UNIDADES

4 xícaras de farinha de trigo
4 ovos, claras e gemas separadas
1 colher (chá) de sal
1 colher (chá) de fermento químico em pó
300 g de margarina
200 g de salame fatiado
2 xícaras de queijo parmesão ralado

1. Em uma vasilha, coloque a farinha, as gemas, o sal, o fermento e a margarina. Misture com as mãos. Em seguida, sobre uma superfície lisa polvilhada com farinha, sove a massa até ela ficar homogênea. Deixe descansar por cerca de 20 minutos.

2. Abra porções de massa na palma da mão e introduza uma fatia de salame. Enrole. Passe pelas claras levemente batidas e pelo queijo parmesão ralado.

3. Acomode os crocantes numa assadeira retangular untada e polvilhe a farinha. Leve para assar em forno preaquecido a 200 °C por 15 a 20 minutos.

CROQUETINHO DE CALABRESA

TEMPO DE PREPARO: 45 MINUTOS | RENDIMENTO: 25 UNIDADES

3 colheres (sopa) de óleo
500 g de linguiça calabresa fresca sem pele esmigalhada
3 dentes de alho picados
1 cebola picada
1 tomate picado sem sementes
1 colher (chá) de orégano
sal e pimenta-do-reino a gosto
2 xícaras de água
2 xícaras de farinha de trigo
½ xícara de salsinha picada

clara e farinha de rosca para empanar

1. Aqueça o óleo numa panela e frite a linguiça. Junte o alho e a cebola e refogue. Em seguida, adicione o tomate e deixe cozinhar por cerca de 5 minutos.

2. Acrescente o orégano, o sal, a pimenta e a água. Cozinhe por mais 5 minutos, ou até ferver.

3. Junte a farinha de uma só vez e a salsinha. Mexa sem parar, até desgrudar da panela. Coloque a massa obtida em uma vasilha e deixe esfriar.

4. Unte as mãos ligeiramente com óleo e enrole os croquetes. Passe pela clara e pela farinha de rosca. Frite os croquetes em óleo quente.

Dica: Substitua a linguiça por camarão, bacalhau, frango ou carne moída.

ENROLADINHO DE SALSICHA

TEMPO DE PREPARO: 1H10 | RENDIMENTO: 20 UNIDADES

1 xícara de água morna
2 tabletes de fermento biológico fresco
1 colher (sopa) de leite em pó
½ colher (sopa) de açúcar
1 colher (chá) de sal
2 ovos
5 xícaras de farinha de trigo
1 colher (sopa) de manteiga
20 salsichas pequenas
gema para pincelar

1. Coloque no copo do liquidificador a água morna, o fermento esfarelado, o leite em pó, o açúcar, o sal e os ovos. Bata para se agregarem e reserve.

2. Em uma tigela, coloque a farinha (reserve um pouco), a manteiga e a mistura do liquidificador. Mexa com a espátula para misturar bem.

3. Em seguida, sove a massa sobre uma superfície enfarinhada até ficar homogênea (neste momento, se necessário, utilize a farinha reservada). Deixe a massa descansar por 15 minutos coberta com um pano de prato.

4. Abra porções da massa com o rolo (polvilhe farinha enquanto abrir a massa). Corte tiras com cerca de três dedos de largura e enrole-as em cada salsicha.

5. Disponha os enroladinhos numa assadeira retangular untada e polvilhada com farinha. Pincele a massa com gema e leve ao forno preaquecido a 180 °C por 20 a 25 minutos.

PASTELZINHO ASSADO

TEMPO DE PREPARO: 50 MINUTOS | RENDIMENTO: 30 UNIDADES

Massa

5 xícaras de farinha de trigo
1 colher (sopa) de fermento químico em pó
1 colher (chá) de sal
1½ xícara de manteiga
1 xícara de água gelada

Recheio

2 xícaras de salame picado
½ xícara de azeitonas verdes picadas
1 copo de requeijão

manteiga para untar
gema para pincelar

1. Misture a farinha, o fermento, o sal e a manteiga até obter uma farofa. Adicione a água gelada, aos poucos, e misture até obter uma massa homogênea.

2. Em uma superfície lisa, abra a massa com um rolo, corte em círculos usando a boca de um copo e distribua os ingredientes do recheio previamente misturados. Dobre ao meio, modelando os pastéis e fechando bem as bordas.

3. Disponha os pastéis em uma fôrma untada com manteiga, pincele-os com a gema e leve para assar em forno preaquecido a 180 °C até ficarem douradinhos.

PASTELZINHO CREMOSO

TEMPO DE PREPARO: 50 MINUTOS | RENDIMENTO: 15 UNIDADES

Massa
2 xícaras de farinha de trigo
sal a gosto
1 colher (chá) de fermento químico em pó
1 ovo
1 caixinha de creme de leite

Recheio
3 colheres (sopa) de óleo
1 cebola grande picada
1 tomate picado
1 vidro grande de palmito picado
sal e pimenta-do-reino a gosto
½ copo de requeijão cremoso
salsinha picada a gosto
2 colheres (sopa) de farinha de trigo

gema para pincelar

1. Prepare o recheio: aqueça o óleo numa panela e refogue a cebola e o tomate. Adicione o palmito, o sal, a pimenta, o requeijão, a salsinha e a farinha aos poucos. Mexa e cozinhe por 2 ou 3 minutos. Reserve.

2. Prepare a massa: em uma tigela, coloque a farinha (reserve um pouco), o sal, o fermento, o ovo levemente batido e o creme de leite. Misture com uma colher de pau e a seguir com as mãos (neste momento, se necessário, adicione a farinha reservada).

3. Sove sobre uma superfície enfarinhada até a massa ficar homogênea. Deixe descansar por cerca de 10 minutos.

4. Abra a massa com o rolo. Modele os pastéis com um cortador redondo, empregue o recheio e feche-os unindo as bordas.

5. Pincele com a gema e leve para assar em forno preaquecido a 180 °C por aproximadamente 20 minutos, ou até começarem a dourar.

PÃES DOCES

BREVIDADE

TEMPO DE PREPARO: 30 MINUTOS | RENDIMENTO: 20 UNIDADES

1 xícara de açúcar
3 ovos
1 colher (sopa) de manteiga em temperatura ambiente
2 xícaras de amido de milho peneirado
raspas de 1 limão
1 colher (chá) de fermento químico em pó
açúcar de confeiteiro para polvilhar

1. Na batedeira, coloque o açúcar e os ovos e bata por 2 minutos em velocidade média. Desligue a batedeira, adicione a manteiga e torne a bater por mais 2 minutos, até obter um creme esbranquiçado.

2. Desligue a batedeira em definitivo e acrescente o amido de milho, as raspas de limão e o fermento. Misture a cada ingrediente adicionado, até que a massa esteja uniforme.

3. Distribua a massa em forminhas untadas e enfarinhadas, não mais da metade da sua capacidade. Acomode as forminhas numa assadeira grande e leve para assar em forno preaquecido a 200 °C por 10 a 15 minutos. Depois, retire do forno, desenforme e polvilhe açúcar de confeiteiro.

BRIOCHE

TEMPO DE PREPARO: 1H30 | RENDIMENTO: 10 UNIDADES

2 tabletes de fermento biológico fresco
1 xícara de leite morno
1 xícara de açúcar
1 colher (chá) de sal
2 ovos l geiramente batidos
6 colheres (sopa) de margarina
4 xícaras de farinha de trigo
gema para pincelar

1. Em uma vasilha média, dissolva o fermento no leite, misture o açúcar e deixe descansar por 20 minutos.

2. Acrescente em seguida o sal, o ovo, a margarina e a farinha de trigo, amassando bem até conseguir uma massa bem lisa e macia. Deixe a massa crescer, coberta com um pano, em lugar abafado, até quase dobrar de volume (cerca de 30 minutos).

3. Depois, unte e enfarinhe forminhas grandes de empada. Coloque pequenas bolas de massa dentro das forminhas e, em cima, outra bola menor, para decorar.

4. Pincele com a gema e leve para assar em forno preaquecido a 180 °C por 25 minutos, até dourar.

Dica: Para saber se a massa do brioche está pronta para ser assada, depois de sová-la, retire uma quantia pequena dessa massa, faça uma bolinha e coloque-a em um copo com água. Quando a bolinha subir, dê continuidade à preparação.

BRIOCHE RECHEADO

TEMPO DE PREPARO: 30 MINUTOS | RENDIMENTO: 8 UNIDADES

1 tablete de fermento biológico fresco
uma pitada de sal
½ xícara de leite morno
2 xícaras de farinha de trigo
2 colheres (sopa) de açúcar
½ xícara de manteiga
3 ovos ligeiramente batidos
gema para pincelar
goiabada ou doce de leite para rechear

1. Em uma vasilha pequena, esfarele o fermento e junte o sal. Misture até obter um líquido. Despeje o leite, misture bem e reserve.

2. Em uma vasilha grande, junte a farinha, o açúcar, a manteiga, o ovo batido e a mistura de fermento reservada. Misture com as mãos até obter uma massa úmida e que não grude nos dedos.

3. A seguir, sove a massa sobre uma superfície enfarinhada, até obter uma massa homogênea e macia. Coloque a massa de volta na vasilha e deixe crescer, em um lugar abafado, por cerca de 20 minutos.

4. Passado esse tempo, abra um pedaço de massa na palma da mão e recheie com uma porção de goiabada ou de doce de leite. Modele o brioche e coloque uma pequena bolinha de massa no topo.

5. Coloque os brioches recheados em fôrmas próprias para empadas grandes e acomode-as numa assadeira grande. Pincele os brioches com gema e deixe dobrar de volume. Leve ao forno preaquecido a 200 °C até ficarem dourados.

BROA DE FUBÁ

TEMPO DE PREPARO: 1H50 | RENDIMENTO: 2 BROAS GRANDES

6 tabletes de fermento biológico fresco
1 colher (chá) de sal
2 xícaras de água morna
6 xícaras de farinha de trigo
2½ xícaras de fubá
1 xícara de açúcar
1 colher (chá) de sementes de erva-doce
100 g de manteiga ou margarina
2 ovos ligeiramente batidos

1. Faça a esponja: esfarele o fermento numa tigela pequena e adicione o sal. Misture até obter um líquido. Junte um pouco de água morna e 2 colheres (sopa) de farinha. Misture novamente e deixe descansar por cerca de 5 minutos coberta com um pano. A seguir, misture o restante da água e reserve.

2. Em uma tigela grande, junte a farinha restante, o fubá, o açúcar (tudo peneirado), a erva-doce, a manteiga, o ovo batido e a esponja reservada. Misture com as mãos até obter uma massa úmida e que não grude nos dedos (se necessário, acrescente mais farinha).

3. Sove a massa sobre uma superfície enfarinhada até que ela fique firme e lisa. Deixe descansar por 10 minutos. Em seguida, divida a massa em duas partes e modele as broas.

4. Em uma assadeira sem untar, coloque as broas, bem separadas uma da outra. Pincele com água e polvilhe o fubá. Deixe dobrar de volume (cerca de 40 minutos). Leve para assar em forno preaquecido a 150 °C por 20 minutos e depois a 180 °C, até dourar.

Dica: Se desejar, recheie as broas com goiabada. Depois de dividir a massa em dois pedaços, abra-as grosseiramente com as mãos e coloque pedaços de goiabada. Em seguida, modele as broas.

ROSCA CARACOL COM GLACÊ DE LIMÃO

TEMPO DE PREPARO: 1H45 | RENDIMENTO: 1 UNIDADE GRANDE

Massa

2 tabletes de fermento biológico fresco
1 colher (chá) de sal
½ xícara de leite morno
4 xícaras de farinha de trigo
2 colheres (sopa) de manteiga
2 ovos ligeiramente batidos
½ colher (chá) de raspas de limão
½ lata de leite condensado

Recheio

1 lata de doce de leite
300 g de frutas em calda escorrida

Glacê

3 xícaras de açúcar de confeiteiro peneirado
1 colher (chá) de raspas de limão
suco de 1 limão

1. Esfarele o fermento numa tigela pequena e adicione o sal. Misture até obter um líquido. Adicione o leite morno, mexa bem e reserve.

2. Reserve um pouco de farinha de trigo e coloque o restante em uma tigela grande. Junte a manteiga, o ovo, as raspas de limão e o leite condensado e misture com uma colher de pau. Em seguida, adicione o fermento reservado. Mexa com as mãos até obter uma massa úmida e que não grude nos dedos.

3. Sove a massa sobre uma superfície enfarinhada, até ela ficar homogênea e macia. Deixe descansar por 15 minutos coberta com um pano.

4. Em seguida, abra a massa com um rolo (não deixe a massa muito fina). Espalhe o doce de leite e sobre ele distribua as frutas. Enrole a massa e corte-a em pedaços com cerca de 4 cm de espessura.

5. Em uma assadeira grande redonda, untada e enfarinhada, coloque as fatias de massa, começando pelo centro e o restante ao redor, mantendo distância entre elas. Deixe dobrar de volume (cerca de 40 minutos). Depois, leve para assar em forno preaquecido a 180 °C por 35 minutos.

6. Depois de pronta, cubra as fatias com o glacê e volte ao forno, já desligado, somente para endurecer.

7. Para fazer o glacê, em um recipiente médio, coloque o açúcar de confeiteiro e as raspas de limão. Pingue o suco de limão e misture até obter o ponto de glacê.

ROSCA CARACOL DE RICOTA E FRUTAS CRISTALIZADAS

TEMPO DE PREPARO: 1H45 | RENDIMENTO 2 ROSCAS GRANDES

Massa

2 tabletes de fermento biológico fresco
1 colher (chá) de sal
2 xícaras de leite morno
1 kg de farinha de trigo
4 ovos batidos
4 colheres (sopa) de açúcar
3 colheres (sopa) de manteiga
1 colher (chá) de essência de baunilha
1 colher (chá) de raspas de laranja
gema para pincelar

Recheio

300 g de ricota fresca
raspas de 1 limão
3 colheres (sopa) de açúcar
400 g de frutas cristalizadas

PÃES DOCES

1. Em um recipiente pequeno, coloque o fermento esfarelado e o sal. Misture até obter um líquido. Junte o leite morno, misture novamente e reserve.

2. Em um recipiente grande, junte a farinha (reserve um pouco), o ovo batido, o açúcar, a manteiga, a essência de baunilha, as raspas de laranja e o fermento reservado. Misture com as mãos até obter uma massa úmida e que não grude na mão (se necessário, utilize a farinha reservada). Sobre uma superfície enfarinhada, sove a massa até ficar homogênea e macia. Deixe descansar por 15 minutos.

3. Enquanto isso, faça o recheio: em uma vasilha média, coloque a ricota, as raspas de limão, o açúcar e as frutas cristalizadas. Misture e reserve.

4. Passado o tempo da massa, estenda-a com o auxílio de um rolo de macarrão, besunte-a com um pouco de manteiga e espalhe o recheio reservado.

5. Enrole a massa como rocambole e corte-a em fatias com cerca de 4 cm de espessura. Em uma assadeira redonda grande, untada e enfarinhada, disponha as fatias de massa, começando pelo centro e o restante ao redor, mantendo distância entre elas. Faça cortes sobre o caracol com auxílio de uma tesoura e pincele com gema. Deixe a massa dobrar de volume (cerca de 40 minutos).

6. Depois, leve para assar em forno preaquecido a 150 °C por 15 minutos. Em seguida, aumente a temperatura para 180 °C e deixe no forno até dourar.

COLOMBA DE PÁSCOA

TEMPO DE PREPARO: 1H30 | RENDIMENTO: 2 UNIDADES

Massa

2 tabletes de fermento biológico fresco
½ colher (chá) de sal
1 xícara de leite morno
7 colheres (sopa) de açúcar
1 colher (chá) de raspas de limão
2 colheres (sopa) de óleo
2 colheres (sopa) de manteiga
3 ovos ligeiramente batidos
gotas de essência de panetone
frutas cristalizadas a gosto
5 xícaras de farinha de trigo
chocolate cortado em pedaços pequenos a gosto
doce de leite a gosto

Cobertura

200 g de açúcar de confeiteiro
100 g de nozes moídas
2 claras

1. Em um recipiente pequeno, coloque o fermento esfarelado e o sal. Misture até obter um líquido. Adicione o leite morno, misture e reserve.

2. Em um recipiente grande, junte o açúcar, as raspas de limão, o óleo, a manteiga, o ovo batido, a essência e o fermento reservado. Misture com auxílio de uma colher e adicione as frutas cristalizadas.

3. Acrescente a farinha, aos poucos, sempre mexendo, até obter uma massa meio mole.

4. Coloque a massa em fôrmas de papel, próprias para colomba, não ultrapassando metade da sua capacidade. Distribua pedaços de chocolate ou colheradas de doce de leite sobre a superfície da massa. A seguir, misture todos os ingredientes da cobertura e espalhe-a por cima.

5. Acomode as fôrmas numa assadeira retangular e deixe dobrar de volume. Leve ao forno preaquecido a 180 °C por 20 a 25 minutos.

CROISSANT DOCE

TEMPO DE PREPARO: 1H40 | RENDIMENTO: 12-15 UNIDADES

Massa
2 tabletes de fermento biológico fresco
1 colher (chá) de sal
4 xícaras de farinha de trigo
1 colher (sopa) de manteiga
1 colher (chá) de raspas de limão
2 ovos ligeiramente batidos
1 xícara de leite morno
gema para pincelar

Para folhar a massa
2 colheres (sopa) de farinha de trigo
200 g de margarina bem gelada

1. Em uma vasilha pequena, esfarele o fermento e adicione o sal. Misture até obter um líquido. Deixe descansar por 15 minutos.

2. Em uma vasilha grande, junte a farinha (reserve um pouco), a manteiga, as raspas de limão, o ovo batido, o leite morno e o fermento reservado. Polvilhe a farinha reservada e misture a massa com as mãos, até que não grude nos dedos. A seguir, sove-a sobre uma superfície enfarinhada, até ficar homogênea e macia. Deixe a massa descansar, coberta, em lugar abafado, por aproximadamente 20 minutos.

3. Para folhar a massa, coloque a farinha e pedaços pequenos de margarina em um recipiente. Com auxílio de uma colher, misture até obter uma pasta. Reserve.

4. Abra a massa com o rolo de macarrão. Espalhe sobre ela a pasta reservada e polvilhe um pouco de farinha. Enrole como rocambole. Polvilhe novamente farinha e torne a abri-la com o rolo no formato de um retângulo.

5. Divida a massa em triângulos e feche cada um deles, enrolando a partir da parte mais larga. Em seguida, envergue os croissants para que fiquem com o formato de meia-lua. Pincele com ovo batido e deixe que dobrem de volume numa assadeira untada e enfarinhada, mantendo distância entre eles.

6. Leve os croissants para assar em forno preaquecido a 150 °C por 15 minutos. Em seguida, aumente a temperatura para 200 °C e deixe no forno por mais 20 minutos.

Dica: Se quiser croissants recheados, empregue, por exemplo, porções de doce de leite ou lascas de chocolate ao leite antes de enrolá-los.

ROSCA DE GELEIA

TEMPO DE PREPARO: 1H40 | RENDIMENTO: 1 ROSCA GRANDE

3 xícaras de água morna
2 ovos
3 colheres (sopa) de manteiga em temperatura ambiente
2 tabletes de fermento biológico fresco
1 xícara de açúcar
1 colher (chá) de sal
1 kg de farinha de trigo peneirada
1 pote de geleia de morango
gema para pincelar

1. Junte a água, os ovos e a manteiga no copo do liquidificador e bata por 1 minuto em velocidade média. Em seguida, junte o fermento, o açúcar e o sal e bata por mais 1 minuto em velocidade alta.

2. Despeje essa mistura numa tigela grande e, adicionando a farinha aos poucos, mexa com as mãos, até que a massa não grude nos dedos. Em seguida, sobre uma superfície enfarinhada, sove a massa até ficar homogênea e macia. Deixe a massa crescer por 20 minutos, coberta, em lugar abafado, até quase dobrar de volume.

3. Depois, abra a massa com um rolo de macarrão, espalhe a geleia e enrole como rocambole. Coloque a massa numa fôrma grande de furo no meio, untada e enfarinhada. Faça pequenos cortes na superfície da massa com uma faca afiada. Pincele com a gema e deixe crescer por 20 minutos.

4. Leve a rosca para assar em forno preaquecido a 180 °C por 30 minutos ou até dourar levemente.

ROSCA FLOR DE COCO

TEMPO DE PREPARO: 1H40 | RENDIMENTO: 1 ROSCA GRANDE

Massa

2 tabletes de fermento biológico fresco
uma pitada de sal
1½ xícara de leite morno
6 xícaras de farinha de trigo
3 colheres (sopa) de açúcar
2 colheres (sopa) de manteiga
4 gemas batidas

Recheio

100 g de manteiga
200 g de coco ralado hidratado ou fresco
½ lata de leite condensado

Calda

1 xícara de leite
1½ xícara de açúcar
açúcar cristal ou coco para polvilhar

1. Esfarele o fermento numa tigela pequena e adicione o sal. Misture até obter um líquido. Adicione o leite morno, mexa e reserve.

2. Em uma tigela grande, junte farinha (reserve um pouco), o açúcar, a manteiga, a gema e o fermento reservado. Misture com uma colher de pau. Acrescente aos poucos a farinha reservada e mexa com as mãos até obter uma massa úmida e que não grude nos dedos (se necessário, utilize mais farinha). Deixe descansar por 20 minutos.

3. A seguir, sove a massa sobre uma superfície polvilhada com farinha, até ficar homogênea e macia. Deixe descansar por mais 15 minutos. Depois, polvilhando um pouco de farinha, abra a massa com o rolo de macarrão.

4. Para rechear, espalhe a manteiga, o coco ralado e, por fim, o leite condensado sobre a superfície da massa. Enrole como rocambole e corte rodelas de massa com cerca de 4 cm de espessura. Coloque os pedaços de massa numa fôrma redonda de furo no meio (mantenha certa distância entre cada um deles). Deixe dobrar de volume.

5. Leve para assar em forno preaquecido a 150 °C por 20 minutos. Em seguida, aumente a temperatura para 180 °C e deixe no forno até dourar. Retire a rosca do forno e regue com a calda. Polvilhe açúcar cristal ou coco ralado.

6. Para fazer a calda: em uma panela, coloque o açúcar e o leite e deixe ferver por alguns minutos, até engrossar.

MADELEINE

TEMPO DE PREPARO: 45 MINUTOS | RENDIMENTO: 12 UNIDADES

1 xícara de açúcar
4 ovos
1 colher (chá) de mel
uma pitada de sal
200 g de manteiga derretida
2 colheres (chá) de raspas de limão
1½ xícara de farinha de trigo
½ colher (chá) de fermento químico em pó
açúcar de confeiteiro para polvilhar

1. Em uma tigela grande, coloque o açúcar, os ovos, o mel, o sal e a manteiga. Bata com uma colher de pau até obter uma mistura fofa. Acrescente as raspas de limão e a farinha peneirada. Bata novamente até incorporar. Adicione o fermento e misture sem bater. Deixe descansar por 20 minutos.

2. Enquanto isso, unte e enfarinhe as forminhas (de empadas). Depois do tempo de espera, preencha ⅔ da capacidade das forminhas com massa.

3. Leve para assar em forno preaquecido a 200 °C por 15 minutos. Desenforme e polvilhe o açúcar de confeiteiro.

Dica: Se desejar, antes de assar, coloque um pedaço de goiabada sobre cada madeleine.

PANETONE

TEMPO DE PREPARO: 2 HORAS | RENDIMENTO: 3 UNIDADES MÉDIAS

Esponja

6 tabletes de fermento biológico fresco
1 colher (chá) de açúcar
1 xícara de água morna
1 xícara de farinha de trigo

Massa

1 kg de farinha de trigo
¾ de xícara de açúcar
3 colheres (sopa) de manteiga ou margarina
4 ovos
1 colher (chá) de essência de panetone
2 xícaras de leite
400 g de frutas cristalizadas
250 g de uvas-passas sem sementes
raspas da casca de 1 laranja ou de 1 limão
100 g de nozes picadas

1. Faça a esponja: esfarele o fermento e junte o açúcar. Mexa até obter um líquido. Adicione a água morna e a farinha. Misture a cada ingrediente adicionado. Deixe crescer por cerca de 20 minutos.

2. Prepare a massa: em um recipiente grande, coloque a farinha (reserve um pouco), o açúcar, a manteiga, o ovo batido, a essência de panetone, o leite e a esponja reservada. Misture bem com as mãos para obter uma massa que não grude nos dedos (se necessário, utilize a farinha reservada).

3. A seguir, sove a massa sobre uma superfície enfarinhada, até ficar homogênea e macia. Deixe descansar por 15 minutos, coberta com um pano, em lugar abafado. Depois, abra a massa com o rolo de macarrão. Reserve.

4. Em uma tigela média, misture as frutas cristalizadas, as uvas-passas, as raspas de laranja ou de limão e as nozes e espalhe sobre a massa estendida. Feche a massa e coloque-a em fôrmas de papel próprias para panetone. Faça cortes em forma de cruz na superfície do panetone com uma faca afiada. Deixe dobrar de volume (cerca de 1 hora).

5. Leve para assar em forno preaquecido a 150 °C por 20 minutos. Em seguida, aumente a temperatura para 200 °C até dourar (cerca de 10 minutos).

PANETONE DIFERENTE

TEMPO DE PREPARO: 1H10 | RENDIMENTO: 2 UNIDADES MÉDIAS

Massa

1½ xícara de açúcar
150 g de manteiga
4 gemas
3 ovos inteiros
½ colher (sopa) de açúcar de baunilha
2 colheres (sopa) de mel
½ colher (sopa) de essência de panetone
1 colher (chá) de canela em pó
¼ de xícara de óleo de milho
½ colher (sopa) de raspas de limão
1 xícara de leite
4 xícaras de farinha de trigo
2 colheres (sopa) de fermento químico em pó

Recheio

100 g de frutas cristalizadas
250 g de uvas-passas sem sementes
50 g de cereja em calda escorrida e picada
150 g de chocolate picado

1. Na batedeira, junte o açúcar, a manteiga e as gemas. Bata até obter um creme homogêneo.

2. Desligue a batedeira e acrescente os ovos inteiros, o açúcar de baunilha, o mel, a essência de panetone, a canela em pó e o óleo. Bata novamente por 3 minutos em velocidade alta.

3. Desligue e adicione as raspas de limão, o leite, a farinha e o fermento. Misture bem. Agregue as frutas cristalizadas, as uvas-passas, a cereja e o chocolate, previamente misturados.

4. Coloque a massa obtida em assadeiras ou em fôrmas de papel, próprias para panetone. Leve para assar em forno preaquecido a 150 °C por 20 minutos. Depois, aumente a temperatura para 180 °C e deixe por mais 20 minutos, até dourar. Decore o panetone a gosto.

PANETONE RECHEADO COM BOMBONS

TEMPO DE PREPARO: 1 HORA | RENDIMENTO: 2 UNIDADES MÉDIAS

1 xícara de leite morno
4 ovos
3 tabletes de fermento biológico fresco
3 colheres (sopa) de manteiga
6 xícaras de farinha de trigo
1 colher (chá) de sal
5 colheres (sopa) de açúcar
1 colher (chá) de essência de panetone
12 bombons sortidos a gosto
gema para pincelar
decoração a gosto

1. No copo do liquidificador, coloque o leite morno, os ovos, o fermento esfarelado e a manteiga. Bata por 2 minutos e reserve.

2. Em uma vasilha grande, junte a farinha, o sal e o açúcar e misture com uma colher de pau. Acrescente a essência de panetone e a mistura do liquidificador. Mexa bem para agregar os ingredientes.

3. Despeje a massa em fôrma própria para panetone de 1 kg, até atingir metade da sua capacidade. Enterre levemente alguns bombons sobre a massa, deixando-os metade para fora.

4. Pincele a massa com gema e deixe-a dobrar de volume. Leve para assar em forno preaquecido a 150 °C por 15 minutos. Em seguida, aumente a temperatura para 180 °C e deixe assando por mais 30 minutos. Decore a gosto.

PÃO DE MEL

TEMPO DE PREPARO: 50 MINUTOS | RENDIMENTO: 12 UNIDADES

2 xícaras de farinha de trigo
1 xícara de açúcar mascavo
1 xícara de chocolate em pó
1 colher (chá) de canela em pó
½ colher (chá) de cravo em pó
1½ xícara de leite
½ xícara de mel
1 colher (sopa) de fermento químico em pó
doce de leite ou brigadeiro para rechear a gosto
chocolate ao leite para banhar

1. Em uma vasilha grande, coloque a farinha, o açúcar mascavo, o chocolate, a canela e o cravo em pó. Misture com uma colher. Adicione o leite e o mel e bata com um batedor. Acrescente o fermento e mexa para agregar.

2. Distribua a massa em forminhas (próprias para pão de mel) untadas e enfarinhadas. Leve para assar em forno preaquecido a 200 °C por 15 a 20 minutos. Retire do forno e deixe esfriar.

3. Corte cada pão de mel ao meio e recheie-os com doce de leite ou brigadeiro. Banhe cada um deles no chocolate derretido em banho-maria. Deixe secar sobre uma assadeira virada ao contrário e forrada com papel-alumínio.

Dica: Decore os pães de mel com pedaços de damasco ou nozes.

PÃO DE MILHO

TEMPO DE PREPARO: 1H30 | RENDIMENTO: 1 PÃO GRANDE

1 xícara de leite
2 xícaras de milho verde escorrido
2 ovos
2 tabletes de fermento biológico fresco
50 g de manteiga em temperatura ambiente
4 xícaras de farinha de trigo
6 colheres (sopa) de açúcar
1 colher (chá) de sal

1. Coloque o leite e o milho no copo do liquidificador e bata por 1 minuto. Desligue o aparelho e acrescente os ovos, o fermento esfarelado e a manteiga. Bata novamente até ficar homogêneo. Desligue e reserve.

2. Em um recipiente fundo, coloque a farinha (reserve um pouco), o açúcar, o sal e a mistura reservada. Mexa com a colher de pau até obter uma massa que não grude nas mãos. Deixe a massa descansar por 15 minutos, coberta com um pano.

3. Depois, coloque a massa numa assadeira redonda de furo no meio (ou numa fôrma para pão), untada e enfarinhada, e deixe dobrar de volume (cerca de 40 minutos).

4. Leve para assar em forno preaquecido a 150 °C por 20 minutos. Em seguida, aumente a temperatura para 180 °C e deixe assando por mais 10 minutos, até dourar.

PÃO DE RICOTA COM FRUTAS

TEMPO DE PREPARO: 1H50 | RENDIMENTO: 2 PÃES GRANDES

Massa

2 tabletes de fermento biológico fresco
1 colher (chá) de sal
1 xícara de leite morno
4 xícaras de farinha de trigo
2 colheres (sopa) de açúcar
3 colheres (sopa) de manteiga
2 ovos batidos
raspas de casca de limão a gosto

Recheio

250 g de ricota fresca
3 colheres (sopa) de açúcar
100 g de frutas cristalizadas
1 colher (chá) de raspas de limão
100 g de uvas-passas claras sem sementes
1 colher (chá) de essência de baunilha
2 colheres (sopa) de manteiga
frutas secas para decorar

1. Para fazer o recheio de ricota, coloque em um recipiente a ricota amassada com um garfo, o açúcar, as frutas cristalizadas, as raspas de limão, as uvas-passas e a essência de baunilha. Misture bem e reserve.

2. Esfarele o fermento em uma vasilha média e adicione o sal. Misture até obter um líquido. Junte o leite, misture e reserve.

3. Em uma vasilha grande, coloque farinha (reserve um pouco), o açúcar, a manteiga, o ovo batido e o fermento reservado. Misture com as mãos até obter uma massa úmida e que não grude na mão (se necessário, utilize a farinha reservada). Deixe descansar por 10 minutos, coberta com um pano.

4. Adicione as raspas de limão à massa e sove-a delicadamente, polvilhando um pouco de farinha. Deixe a massa descansar por 20 minutos. A seguir, divida a massa em duas partes. Abra uma das massas com o rolo de macarrão e espalhe manteiga sobre ela. Em seguida, empregue metade do recheio de ricota e dobre-a para prender o recheio.

5. Coloque o pão numa assadeira retangular forrada com papel-alumínio, faça cortes sobre sua superfície com a ponta de uma faca afiada e deixe dobrar de volume (cerca de 40 minutos).

6. Repita a operação com a outra parte da massa, espalhando o restante do recheio e dobrando-a para fechá-la. Deixe crescer e dobrar de volume.

7. Depois, leve os pães para assar em forno preaquecido a 150 °C por 15 minutos. Em seguida, aumente o fogo para 180 °C, por mais 15 minutos, até dourar. Depois de assar, decore os pães com frutas secas ou a gosto.

PÃO DOCE COM GELEIA

TEMPO DE PREPARO: 1H40 | RENDIMENTO: 1 PÃO GRANDE

Massa

2 tabletes de fermento biológico fresco
uma pitada de sal
¾ de xícara de leite morno
4 xícaras de farinha de trigo
3 colheres (sopa) de açúcar
3 colheres (sopa) de manteiga
2 ovos
geleia de damasco ou de morango e fios de ovos para rechear

Glacê

2 xícaras de açúcar de confeiteiro
¼ de xícara leite

1. Em um recipiente médio, esfarele o fermento e adicione o sal. Mexa até obter um líquido. Acrescente o leite morno, misture e reserve.

2. Em um recipiente grande, coloque a farinha (reserve um pouco), o açúcar, a manteiga, os ovos e o fermento reservado. Mexa com uma colher de pau até obter uma massa que não grude nas mãos (se necessário, utilize a farinha reservada).

3. Depois, sove a massa sobre uma superfície enfarinhada até que fique firme e homogênea. Coloque a massa numa tigela, cubra com um pano e deixe descansar por 20 minutos em lugar abafado.

4. A seguir, divida a massa em três partes iguais. Abra uma das partes grosseiramente com as mãos. Coloque a geleia e os fios de ovos. Feche a massa em formato de bola. Repita a operação com as duas partes restantes.

5. Acomode as bolas de massa, uma ao lado da outra, numa assadeira redonda, untada e enfarinhada. Deixe dobrar de volume (cerca de 40 minutos).

6. Leve para assar em forno preaquecido a 150 °C por 20 minutos. Em seguida, aumente a temperatura para 200 °C e deixe assar por mais 15 minutos, até dourar.

7. Enquanto o pão doce esfria, prepare o glacê: coloque o açúcar de confeiteiro numa tigela pequena e pingue o leite aos poucos, misturando sem parar, até obter o glacê. Passe esse glacê sobre o pão doce já frio.

PÃO DOCE DE MAÇÃ E CANELA

TEMPO DE PREPARO: 1H50 | RENDIMENTO: 2 PÃES GRANDES

Massa

1 lata de leite condensado
1 lata de leite (use a lata de leite condensado vazia para medir)
1 lata de óleo (use a lata de leite condensado vazia para medir)
4 ovos
3 tabletes de fermento biológico fresco
1 kg de farinha de trigo
3 colheres (sopa) de manteiga

Recheio

2 xícaras de leite
1 colher (sopa) de farinha de trigo
1 xícara de açúcar
2 gemas
2 colheres (sopa) de essência de baunilha
4 maçãs verdes sem casca e picadas
1 colher (chá) de canela em pó

gema para pincelar
1 colher (sopa) de açúcar para polvilhar
1 colher (chá) cheia de canela em pó para polvilhar

1. Faça o recheio: no copo do liquidificador, junte todos os ingredientes do recheio, exceto a maçã e a canela, e bata por 2 minutos até homogeneizar. Em seguida, leve ao fogo numa panela média, mexendo sempre, até engrossar. Deixe esfriar.

2. Prepare a massa: no copo do liquidificador limpo, coloque o leite condensado, o leite, o óleo, os ovos e o fermento esfarelado. Bata por 2 minutos até homogeneizar.

3. Despeje essa mistura numa tigela grande. Adicione a farinha, aos poucos, e a manteiga e mexa com as mãos, até que a massa não grude nos dedos. Em seguida, sobre uma superfície enfarinhada, sove a massa até ficar homogênea e macia. Divida a massa em duas partes e deixe crescer por 30 minutos, cobertas, em lugar abafado, até quase dobrarem de volume.

4. Depois, abra cada massa com o rolo de macarrão em forma de retângulo. Passe metade do creme reservado em cada uma e espalhe por cima a maçã picada, previamente misturada com a canela em pó. Enrole como rocambole, torça levemente e junte as duas pontas.

5. Coloque as massas em fôrmas redondas, pincele com gema e polvilhe o açúcar e a canela. Deixe crescer por 20 minutos. Depois, leve para assar em forno preaquecido a 200 °C por 30 minutos.

PÃO DOCE DE MANDIOQUINHA

TEMPO DE PREPARO: 1H50 | RENDIMENTO: 1 PÃO GRANDE

1 xícara de óleo
4 ovos inteiros
3 tabletes de fermento biológico fresco
300 g de mandioquinha cozida e amassada
1 kg de farinha de trigo
1 xícara de açúcar
1 colher (chá) de raspas de casca de laranja
goiabada e queijo meia cura ralado para rechear
gema para pincelar

1. No copo do liquidificador, coloque o óleo, os ovos e o fermento esfarelado. Bata. Adicione a mandioquinha amassada e bata para agregar todos os ingredientes. Reserve.

2. Em um recipiente grande, junte a farinha (reserve um pouco), o açúcar, as raspas de laranja e a mistura do liquidificador. Mexa com as mãos até obter uma massa úmida que não grude nos dedos; se necessário, utilize a farinha reservada.

3. Em seguida, sove a massa sobre uma superfície enfarinhada, até ficar homogênea e macia. Deixe-a descansar por aproximadamente 10 minutos.

4. Depois, abra a massa com o rolo de macarrão. Espalhe a goiabada e o queijo meia cura ralado sobre ela. Enrole como rocambole e pincele a superfície com a gema.

5. Coloque a massa recheada numa assadeira retangular untada e enfarinhada. Deixe dobrar de volume (cerca de 30 minutos).

6. Leve o pão doce para assar em forno preaquecido a 180 °C por 25 a 30 minutos, até ficar dourado.

Dica: Se quiser fazer pãezinhos menores, abra porções da massa na palma da mão, aplique o recheio e enrole como bolinha. Coloque os pãezinhos numa assadeira untada e polvilhada e deixe dobrar de volume. Asse na mesma temperatura e no mesmo tempo indicados acima.

PÃO DOCE RECHEADO

TEMPO DE PREPARO: 1H30 | RENDIMENTO: 1 PÃO GRANDE

Massa

2 tabletes de fermento biológico fresco
1 colher (chá) de sal
1 xícara de leite morno
1 kg de farinha de trigo
5 colheres (sopa) de açúcar
3 gemas
2 ovos
1 xícara de óleo

Creme

2½ xícaras de leite
2 gemas
8 colheres (sopa) de açúcar
2 colheres (sopa) de amido de milho
raspas da casca de 1 limão ou gotas de essência de baunilha

1. Esfarele o fermento numa vasilha pequena e adicione o sal. Misture até obter um líquido. Acrescente metade do leite, mexa e reserve.

2. Em uma vasilha grande, junte a farinha (reserve um pouco), o açúcar, as gemas e os ovos levemente batidos, o óleo, o restante do leite e o fermento reservado. Misture tudo com uma espátula.

3. Em seguida, amasse com as mãos e sove sobre uma superfície enfarinhada, até a massa ficar homogênea e macia. Deixe-a descansar por aproximadamente 20 minutos.

4. Enquanto isso, prepare o creme: em uma panela média, coloque o leite (reserve um pouco), as gemas e o açúcar. Misture bem. Em seguida, dissolva o amido de milho no leite reservado e junte à panela. Aqueça em fogo médio, mexendo sem parar, até o creme engrossar. Desligue o fogo e junte as raspas de limão ou a essência de baunilha. Reserve.

5. Abra a massa com o rolo de macarrão e empregue o creme reservado. Enrole e una as pontas. Coloque a massa numa fôrma redonda de furo no meio, untada e enfarinhada. Deixe dobrar de volume.

6. Leve para assar em forno preaquecido a 180 °C por 30 minutos.

PÃOZINHO DE GOIABADA

TEMPO DE PREPARO: 1H20 | RENDIMENTO: 10 UNIDADES

1 tablete de fermento biológico fresco
½ xícara de leite morno
3½ xícaras de farinha de trigo
1 xícara de margarina
1 ovo
2 xícaras de goiabada cortada em cubinhos
2 claras ligeiramente batidas
2 xícaras de coco fresco ralado

1. Em uma vasilha pequena, dissolva o fermento no leite morno.

2. Coloque a farinha numa vasilha grande e abra uma cova no meio. Despeje o fermento dissolvido, a manteiga e o ovo e misture com as mãos, até a massa não grudar nos dedos (se necessário, junte um pouco mais de farinha).

3. Sove a massa numa superfície enfarinhada até ficar homogênea e macia. Em seguida, abra-a com o rolo de macarrão, espalhe a goiabada por cima e enrole-a como rocambole.

4. Corte fatias grossas de massa (com cerca de 3 cm de espessura), passe-as na clara e no coco ralado e coloque-as em pé numa fôrma de furo no meio, untada e enfarinhada. Cubra a fôrma com um pano e deixe crescer até que dobrem de volume (cerca de 30 minutos)

5. Leve para assar em forno preaquecido a 180 °C por 30 minutos, até que as fatias fiquem ligeiramente douradas.

PÃOZINHO RECHEADO COM RICOTA E PASSAS

TEMPO DE PREPARO: 1H30 I RENDIMENTO: 12-15 UNIDADES

Massa
2 tabletes de fermento biológico fresco
1 colher (chá) rasa de sal
¾ de xícara de leite morno
4 xícaras de farinha de trigo
½ xícara de açúcar
2 colheres (sopa) de manteiga
1 ovo
1 gema
1 colher (chá) de raspas de limão

Recheio
400 g de ricota fresca
4 colheres (sopa) de açúcar
1 colher (sopa) de raspas de limão
1 xícara de uvas-passas claras sem sementes

gema para pincelar
glacê (ver dica) para decorar

1. Coloque o fermento esfarelado numa tigela pequena com uma pitada de sal. Misture até obter um líquido. Adicione o leite, misture novamente e reserve.

2. Em outra tigela, misture a farinha (reserve um pouco), o açúcar, a manteiga, o ovo, a gema e as raspas de limão. Acrescente o fermento reservado e misture com as mãos, até a massa não grudar nos dedos (se necessário, acrescente a farinha reservada).

3. Em seguida, sove a massa sobre uma superfície enfarinhada, até ficar homogênea e macia. Deixe descansar por cerca de 20 minutos.

4. Enquanto isso, faça o recheio: em uma tigela média, misture a ricota amassada, o açúcar, as raspas de limão e as uvas-passas. Reserve.

5. Passado o tempo da massa, abra-a com um rolo de macarrão, deixando-a com cerca de 2 cm de espessura. Corte a massa em quadrados do mesmo tamanho e coloque porções de recheio sobre eles. Junte as pontas no centro (aperte bem para o pãozinho não abrir quando assar).

6. Disponha os pãezinhos em assadeiras grandes, untadas e enfarinhadas, mantendo uma distância entre eles. Pincele com a gema e deixe dobrar de volume.

7. Depois, leve os pães para assar em forno preaquecido a 150 °C por 15 minutos. Em seguida, aumente a temperatura para 180 °C e deixe no forno por mais 10 minutos, até dourar. Retire os pães do forno e, quando esfriarem um pouco, derrame um pouco de glacê aquecido sobre cada um deles.

Dica: Para fazer o glacê, em um recipiente médio, coloque açúcar de confeiteiro em uma tigela e pingue leite aquecido até obter uma consistência densa. Empregue o glacê quente sobre os pãezinhos ainda mornos.

PÃOZINHO DE LEITE

TEMPO DE PREPARO: 30 MINUTOS | RENDIMENTO: 35-40 UNIDADES

Massa

1 xícara de leite morno
1 xícara de óleo
5 ovos
2 tabletes de fermento biológico fresco
1 kg de farinha de trigo
5 colheres (sopa) de açúcar
1 colher (chá) de sal

Para banhar

1 lata de leite condensado
½ vidro de leite de coco
100 g de coco ralado seco

1. No copo do liquidificador, junte o leite morno, o óleo, os ovos e o fermento esfarelado e bata por 1 minuto em velocidade alta. Reserve.

2. Em uma vasilha grande, coloque a farinha (reserve um pouco), o açúcar, o sal e a mistura do liquidificador. Mexa com uma colher até obter uma massa que não grude nas mãos (se necessário, utilize farinha até dar o ponto). Em seguida, sove a massa sobre uma superfície enfarinhada até obter uma massa homogênea e macia. Deixe descansar coberta com um pano por 15 minutos.

3. Depois, faça os pães no formato que quiser, coloque-os numa assadeira, untada e polvilhada, cubra com um pano umedecido (para não ressecar os pães) e mantenha em local abafado até dobrar de volume.

4. Leve para assar em forno preaquecido a 150 °C por 15 minutos. Depois, aumente a temperatura para 180 °C e deixe no forno por mais 10 minutos, até dourar.

5. Depois de assados, passe ligeiramente os pãezinhos numa mistura de leite condensado e leite de coco. Em seguida, passe-os pelo coco ralado.

ROSCA DE LARANJA

TEMPO DE PREPARO: 1H20 | RENDIMENTO: 1 ROSCA GRANDE

Massa

1 tablete de fermento biológico fresco
½ xícara de água morna
1 xícara bem cheia de açúcar
3½ xícaras de farinha de trigo
2 colheres (sopa) de suco de laranja
4 colheres (sopa) de margarina
3 gemas
1 colher (chá) de raspas de casca de laranja
1 colher (chá) de raspas de casca de limão
uma pitada de sal

Glacê

1 xícara de açúcar de confeiteiro
suco de 3 laranjas

1. Em uma tigela média, esfarele o fermento e dissolva-o na água morna. Acrescente 1 colher (sopa) de açúcar e 3 colheres (sopa) de farinha e misture. Cubra a tigela com um pano e deixe descansar por 15 minutos em lugar abafado.

2. Em uma tigela grande, misture a farinha restante, 1 colher (sopa) de suco de laranja, o açúcar que sobrou, a margarina, as gemas, as raspas de laranja e de limão e o sal. Acrescente o fermento já crescido e trabalhe a massa com as mãos até que não grude nos dedos. Em seguida, sove-a ligeiramente até que fique lisa e uniforme.

3. Abra a massa com o rolo de macarrão, enrole-a e junte as pontas, formando uma rosca. Coloque numa assadeira untada e enfarinhada, cubra com um pano e deixe descansar por 30 minutos.

4. Leve para assar em forno preaquecido a 220 °C por 20 minutos, ou até que fique dourada.

5. À parte, para fazer o glacê, misture o açúcar de confeiteiro com o suco de laranja e mexa até dissolver. Quanto tirar a rosca do forno, pincele-a com o glacê preparado.

ROSCA DE PADARIA

TEMPO DE PREPARO: 1H40 | RENDIMENTO 1 ROSCA GRANDE

2 tabletes de fermento biológico fresco
1 xícara de leite morno
½ xícara de açúcar
4 xícaras de farinha de trigo
3 ovos ligeiramente batidos
150 g de manteiga
½ colher (chá) de sal

gema para pincelar
1 colher (sopa) de açúcar cristal

1. Em uma tigela, dissolva o fermento no leite com o açúcar e 1 xícara de farinha de trigo, formando um mingau. Cubra e deixe descansar por 30 minutos.

2. Depois, acrescente a farinha, o ovo batido, a manteiga e o sal. Amasse até formar bolhas. Cubra e espere crescer por 20 minutos, em lugar abafado.

3. Abra a massa em retângulo. Dobre a massa em 3 partes no sentido da largura, depois corte em 3 tiras e trance, assim a rosca ficará comprida.

4. Pincele com gema, polvilhe o açúcar cristal e deixe crescer até dobrar de volume (cerca de 30 minutos).

5. Leve para assar em forno médio, previamente aquecido, por 35 minutos.

TRANÇA DE COCO

TEMPO DE PREPARO: 1H40 | RENDIMENTO: 1 TRANÇA GRANDE

Massa

2 tabletes de fermento biológico fresco
1 colher (chá) de sal
1 xícara de leite morno
4 xícaras de farinha de trigo
4 colheres (sopa) de açúcar
50 g de manteiga
2 ovos ligeiramente batidos

Recheio

½ lata de leite condensado
300 g de coco ralado
1 colher (sopa) de raspas de limão
1 colher (sopa) de manteiga em temperatura ambiente

gema para pincelar
açúcar cristal para polvilhar

1. Em uma vasilha pequena, esfarele o fermento e adicione o sal. Misture até obter um líquido. Junte o leite morno, misture bem e reserve.

2. Em uma vasilha grande, coloque a farinha (reserve um pouco), o açúcar, a manteiga, o ovo batido e o fermento reservado e misture com uma espátula. Em seguida, mexa a massa com as mãos, até que não grude mais nos dedos (se necessário, utilize a farinha reservada).

3. Sove a massa sobre uma superfície enfarinhada até ficar homogênea e macia. Deixe descansar por 15 minutos, coberta com um pano de prato, em lugar abafado.

4. Enquanto isso, prepare o recheio: em uma vasilha média, misture o leite condensado, o coco ralado, as raspas de limão e a manteiga. Reserve.

5. Depois de a massa descansar, divida-a em duas partes. Abra-as com o rolo de macarrão e espalhe o recheio sobre elas. Em seguida, enrole-as como rocambole e faça a trança unindo os dois cordões de massa. Pincele com a gema, polvilhe o açúcar cristal e deixe dobrar de volume numa assadeira grande, untada e enfarinhada (por cerca de 30 minutos).

6. Leve para assar em forno preaquecido a 180 °C por 20 minutos. Em seguida, passe para 200 °C e deixe no forno até dourar.

TRANÇA DE MORANGA

TEMPO DE PREPARO: 1H50 | RENDIMENTO: 1 TRANÇA GRANDE

Massa

2 tabletes de fermento biológico fresco
1 colher (chá) de sal
½ xícara de leite morno
4 xícaras de farinha de trigo
3 colheres (sopa) de açúcar
2 colheres (sopa) de manteiga ou margarina
1 xícara de moranga cozida e espremida
2 ovos ligeiramente batidos
1 colher (chá) de raspas de limão

Recheio

500 g de moranga cozida
2 xícaras de açúcar
1 pau de canela
2 xícaras de coco fresco ralado

geleia de damasco para decorar

1. Prepare o recheio: em uma panela média, coloque a moranga cozida, o açúcar e o pau de canela. Cozinhe em fogo baixo por aproximadamente 20 minutos, mexendo de vez em quando. Reserve.

2. Em uma vasilha pequena, esfarele o fermento e junte o sal. Misture até obter um líquido. Adicione o leite, mexa e reserve.

3. Coloque a farinha numa vasilha grande (reserve um pouco) e acrescente o açúcar, a manteiga, a moranga espremida, o fermento reservado, o ovo batido e as raspas de limão. Misture com as mãos até obter uma massa que não grude nos dedos (se necessário, utilize a farinha reservada).

4. Numa superfície enfarinhada, sove a massa e divida-a em duas partes. Abra uma das partes com o rolo de macarrão e aplique metade do recheio. Polvilhe coco ralado sobre o recheio e enrole como rocambole. Repita a operação com a outra parte de massa.

5. Depois, entrelace as duas massas preparadas (para fazer a rosca, una as pontas) e coloque numa assadeira redonda, forrada com papel--alumínio. Faça cortes sobre a massa com uma faca e deixe dobrar de volume.

6. Depois, leve para assar em forno preaquecido a 150 °C por 15 minutos. Aumente a temperatura para 180 °C e deixe no forno até dourar (mais ou menos 25 minutos). Retire do forno e aplique a geleia de damasco.

TRANÇA NATALINA

TEMPO DE PREPARO: 1H30 | RENDIMENTO: 1 TRANÇA GRANDE

Massa

3 tabletes de fermento biológico fresco
½ colher (chá) de sal
1 xícara de leite morno
6 xícaras de farinha de trigo
4 colheres (sopa) de açúcar
2 colheres (sopa) de manteiga
3 ovos ligeiramente batidos
½ colher (sopa) de raspas de casca de laranja
essência de panetone a gosto

Recheio

2 colheres (sopa) de açúcar
½ xícara de vinho do porto
400 g de frutas cristalizadas
3 colheres (sopa) de manteiga

açúcar cristal para decorar
frutas secas picadas para decorar

PÃES DOCES

1. Esfarele o fermento numa vasilha pequena e junte o sal. Misture até obter um líquido. Acrescente o leite morno e reserve.

2. Em um recipiente grande, coloque a farinha (reserve um pouco), o açúcar, a manteiga, o ovo batido, as raspas de laranja, a essência de panetone e o fermento reservado. Misture com auxílio de uma espátula, até obter uma massa que não grude nos dedos (se necessário, utilize a farinha reservada).

3. Sove a massa sobre uma superfície enfarinhada até ficar homogênea e macia. Deixe descansar por 20 minutos.

4. Enquanto isso, prepare o recheio: misture o açúcar e o vinho numa tigela média e acrescente as frutas cristalizadas. Deixe-as nessa mistura doce por alguns minutos para pegar gosto.

5. Passado o tempo do descanso da massa, divida-a em duas partes. Abra uma delas com o rolo de macarrão, espalhe a manteiga e distribua metade do recheio. Enrole como um rocambole. Repita a operação com a outra parte da massa. A seguir, faça uma trança com as massas e una-as nas extremidades.

6. Coloque a trança numa assadeira redonda grande, untada e enfarinhada. Quando a massa dobrar de volume, leve-a para assar em forno preaquecido a 150 °C por 20 minutos. Em seguida, aumente a temperatura para 180 °C e deixe no forno até dourar. Decore com açúcar cristal, frutas secas
ou fondant.

Dica: Substitua o vinho do porto por suco de laranja ou suco de abacaxi.

TRANÇA DE PÁSCOA

TEMPO DE PREPARO: 1H50 | RENDIMENTO: 2 TRANÇAS

Massa

1 lata de leite condensado
1 lata de água morna (use a lata de leite condensado vazia para medir)
½ lata de óleo (use a lata de leite condensado vazia para medir)
4 ovos
7 tabletes de fermento biológico fresco
1 kg de farinha de trigo
½ xícara de açúcar
1 colher (chá) de raspas de limão
gotas de essência de panetone a gosto

Recheio

½ lata de leite condensado
100 g de coco ralado seco e hidratado
3 colheres (sopa) de água

gema para pincelar
açúcar granulado para polvilhar

1. No copo do liquidificador, coloque o leite condensado, a água morna, o óleo, os ovos e o fermento esfarelado. Bata por 1 minuto em velocidade alta. Reserve.

2. Em uma vasilha grande, junte a farinha (reserve um pouco), o açúcar, as raspas de limão e a essência de panetone. Mexa com uma colher de pau e adicione a mistura do liquidificador. Mexa com as mãos até obter uma massa que não grude nos dedos (se necessário utilize a farinha reservada).

3. A seguir, sove a massa sobre uma superfície enfarinhada até ficar homogênea e macia. Deixe descansar por 40 minutos, coberta, em lugar abafado.

4. Divida a massa em três partes iguais. Abra cada parte da massa com um rolo, espalhe o leite condensado e polvilhe o coco ralado e hidratado. Enrole como rocambole e trance as massas. Coloque em uma assadeira forrada com papel-alumínio, pincele com a gema batida e deixe dobrar de volume, coberta, em lugar abafado (cerca de 30 minutos).

5. Leve para assar em forno preaquecido a 150 °C por 15 minutos. Em seguida, aumente a temperatura para 180 °C e deixe no forno até dourar (cerca de 20 minutos). Retire a trança do forno e polvilhe o açúcar granulado.

DOCES E SOBREMESAS

QUINDÃO

TEMPO DE PREPARO: 1 HORA | RENDIMENTO: 8 PORÇÕES

5 ovos inteiros
5 gemas
500 g de açúcar peneirado
2 colheres (sopa) de manteiga em temperatura ambiente
100 g de coco ralado seco
2 colheres (sopa) de água
açúcar e manteiga para polvilhar

1. Coloque os ovos e as gemas na tigela da batedeira e bata por 2 minutos. Reserve.

2. Em uma vasilha, coloque o açúcar, a manteiga e o coco previamente hidratado na água. Mexa com uma colher até virar uma pasta. Em seguida, adicione o ovo batido e misture bem até obter um creme homogêneo.

3. Coloque o creme numa fôrma redonda de furo no meio, untada e polvilhada com açúcar. Cubra bem com papel-alumínio.

4. Leve ao banho-maria em forno preaquecido a 200 °C por 40 minutos (coloque a fôrma no assoalho do forno). Desenforme o quindão ainda morno em um prato redondo e leve para gelar.

PAPO DE ANJO

TEMPO DE PREPARO: 45 MINUTOS | RENDIMENTO: 18 PORÇÕES

Calda
1 kg de açúcar
2 xícaras de água
1 colher (chá) de essência de baunilha

Doce
12 gemas
3 colheres (sopa) de amido de milho
1 colher (chá) de fermento químico em pó

1. Em uma panela, junte o açúcar e a água, mexa e tampe. Deixe ferver até obter uma calda rala e desligue. Depois, acrescente a essência de baunilha.

2. Coloque as gemas na batedeira e bata por 5 minutos. Em seguida, desligue, acrescente o amido de milho e o fermento e bata mais um pouco, até incorporar.

3. Distribua a massa obtida em forminhas de empadas, untadas e enfarinhadas, e leve para assar em forno preaquecido a 200 °C por 20 minutos.

4. Feito isso, retire os papos-de-anjo das forminhas e coloque-os numa compoteira. Regue com a calda fria e deixe os doces mergulhados nela por 12 horas antes de servir.

PUDIM DE CLARA

TEMPO DE PREPARO: 45 MINUTOS | RENDIMENTO: 6-8 PORÇÕES

6 claras
12 colheres (sopa) de açúcar
1 colher (sopa) de amido de milho
essência de baunilha ou raspas de limão

Calda
1½ xícara de açúcar
½ xícara de água

1. Coloque as claras na tigela da batedeira e bata em velocidade alta até ficar em neve. Com a batedeira ainda ligada, em velocidade média, adicione o açúcar, aos poucos, e o amido de milho e bata por cerca de 10 minutos. Depois, desligue a batedeira e misture a essência de baunilha ou as raspas de limão com uma espátula. Reserve.

2. Faça a calda: coloque o açúcar e a água numa panela, mexa e deixe ferver em fogo baixo até obter uma calda cor de caramelo (cerca de 10 minutos). Não mexa mais durante o cozimento. Em seguida, caramelize com a calda uma fôrma redonda de furo no meio.

3. Despeje a mistura da batedeira na fôrma caramelizada e polvilhe um pouco de açúcar na superfície da massa. Cubra com papel-alumínio e leve ao banho-maria em forno preaquecido a 150 °C por 30 minutos (coloque a fôrma no assoalho do forno).

4. Desenforme o pudim ainda morno sobre um prato redondo. Quando esfriar, deixe na geladeira até a hora de servir. Decore a gosto.

OVOS NEVADOS

TEMPO DE PREPARO: 1 HORA | RENDIMENTO: 12-15 PORÇÕES

6 ovos, claras e gemas separadas
12 colheres (sopa) cheias de açúcar
1 litro de leite
½ colher (chá) de essência de baunilha

1. Coloque as claras na tigela da batedeira e bata em velocidade alta por 5 minutos, até ficar em neve firme. A seguir, acrescente metade do açúcar, aos poucos, e continue batendo até obter um suspiro.

2. Coloque o leite para ferver, reduza o fogo e cozinhe as claras em neve, colocadas em colheradas. Deixe 15 segundos de cada lado, virando-as com cuidado para não quebrar.

3. Após o cozimento, retire-as da panela com uma escumadeira e coloque-as numa travessa funda. Reserve o leite do cozimento na própria panela.

4. Na batedeira, junte as gemas com o restante do açúcar e a essência de baunilha e bata por 3 minutos, até formar um creme homogêneo.

5. Despeje o creme de gemas na mesma panela do leite. Leve ao fogo para engrossar, mexendo sempre, sem deixar ferver. Retire do fogo e continue mexendo, para não talhar, até que esfrie.

6. Despeje o creme sobre os suspiros cozidos e leve à geladeira. Sirva frio.

ARROZ-DOCE COM CANELA

TEMPO DE PREPARO: 40 MINUTOS | RENDIMENTO: 6 PORÇÕES

1½ xícara de arroz
1 litro de leite quente
uma pitada de sal
raspas de casca de limão a gosto
1 lata de leite condensado
2 gemas
canela em pó para polvilhar

1. Numa panela, coloque o arroz lavado e escorrido, o leite (reserve um pouco), o sal e as raspas de limão. Deixe ferver e cozinhe em fogo baixo por 15 minutos.

2. Enquanto isso, bata ligeiramente as gemas com o leite reservado.

3. Adicione o leite condensado à panela e em seguida as gemas batidas com o leite. Misture e cozinhe por mais 10 minutos, até ficar cremoso.

4. Transfira o arroz para uma tigela média e polvilhe a canela em pó.

ARROZ-DOCE CAIPIRA

TEMPO DE PREPARO: 40 MINUTOS | RENDIMENTO: 6 PORÇÕES

1½ xícara de arroz lavado
1 litro de leite quente
uma pitada de sal
1 colher (chá) de raspas de casca de laranja
1 xícara de suco de laranja
1 lata de leite condensado
canela em pó e raspas de casca de laranja para decorar

1. Em uma panela, coloque o arroz lavado e escorrido, o leite, o sal e as raspas de laranja. Deixe ferver e cozinhe em fogo baixo por aproximadamente 15 minutos (não deixe o leite secar).

2. Adicione o suco de laranja e deixe no fogo por mais 5 minutos. Desligue o fogo e misture o leite condensado. Transfira o arroz para uma tigela média e polvilhe a canela e as raspas de casca de laranja.

PUDIM PAPO DE ANJO

TEMPO DE PREPARO: 50 MINUTOS | RENDIMENTO: 8 PORÇÕES

12 gemas
2 colheres (sopa) de amido de milho
1 colher (chá) de raspas de casca de limão
1 colher (chá) de fermento químico em pó

Calda
1¼ xícara de açúcar
2½ xícaras de água
1 pau de canela

1. Coloque as gemas na vasilha da batedeira e bata por 3 minutos em velocidade alta. Com a batedeira ligada, adicione o amido de milho aos poucos e deixe bater por mais 1 minuto. Desligue e acrescente as raspas de limão e o fermento químico em pó. Misture bem com uma espátula.

2. Coloque a massa numa fôrma redonda untada e polvilhada com farinha ou açúcar. Leve para assar em forno preaquecido a 180 °C por 20 minutos.

3. Enquanto isso, faça a calda: em uma panela média, junte o açúcar, a água e o pau de canela. Deixe ferver em fogo médio até obter uma calda rala. Não mexa a calda durante o cozimento para não açucarar.

4. Passado o tempo do cozimento do pudim, retire-o do forno e espere esfriar. Então, desenforme-o em um prato redondo e regue com a calda preparada.

Dica: Para saber o ponto da calda rala, retire um pouco da panela com uma colher e, ao derramá-la, ela deve formar um fio bem fininho.

BABA DE MOÇA

TEMPO DE PREPARO: 30 MINUTOS | RENDIMENTO: 8 PORÇÕES

3 xícaras de açúcar
1½ xícara de água
1 vidro de leite de coco
10 gemas
1 colher (chá) de essência de flor de laranjeira

1. Em uma panela, coloque o açúcar e a água, misture bem e leve ao fogo baixo até formar uma calda em ponto de fio fino.

2. Nesse ponto, junte o leite de coco e reserve fora do fogo.

3. À parte, passe as gemas por uma peneira fina e coloque 1 colher (sopa) da calda nas gemas. Misture bem e adicione o restante da calda. Mexa até que esteja tudo bem incorporado e devolva à panela.

4. Leve ao fogo baixo, coloque gotas de essência de flor de laranjeira e deixe no fogo, mexendo sempre, até ficar um creme mole.

5. Desligue o fogo e espere esfriar. Só então coloque em taças, salpique canela e sirva.

MAÇÃ ASSADA

TEMPO DE PREPARO: 40 MINUTOS | RENDIMENTO: 6 PORÇÕES

6 maçãs fuji
200 g de geleia de morango
1 cálice de vinho branco doce
3 colheres (sopa) de açúcar
canela em pó para polvilhar

1. Lave as maçãs e retire o miolo e as sementes com uma faca afiada, sem partir a fruta. Coloque a geleia na cavidade que se formou e regue com o vinho. Em seguida, polvilhe o açúcar e a canela.

2. Disponha as maçãs numa assadeira forrada com papel-alumínio (a parte brilhante para cima) de um tamanho que dê para cobri-las também.

3. Leve para assar em forno preaquecido a 180 °C por 20 minutos ou até estarem levemente douradas. Espere esfriar para servir.

PANQUECA DE FRUTAS

TEMPO DE PREPARO: 1H10 | RENDIMENTO: 12-15 UNIDADES

1 receita de panqueca doce (ver página 585)

Recheio

2 maçãs sem casca cortadas em cubinhos
2 peras sem casca cortadas em cubinhos
½ xícara de damasco seco picado
½ xícara de ameixa-preta picada
1 colher (sopa) de açúcar

Calda

polpa de 4 maracujás
suco de 6 laranjas
2 colheres (sopa) de açúcar
1 colher (sopa) de licor de laranja

1. Prepare as panquecas conforme a receita. Reserve.

2. Faça o recheio: coloque as frutas picadas e o açúcar numa panela e cozinhe em fogo brando por 15 minutos. Deixe amornar.

3. Em seguida, espalhe uma camada fina de recheio em cada panqueca, cobrindo toda a superfície. Levante um lado da panqueca e dobre para o meio. Delicadamente, enrole como rocambole. Arrume as panquecas numa travessa untada e reserve.

4. Prepare a calda: coloque a polpa e o suco das frutas numa panela. Leve ao fogo e deixe levantar fervura. Acrescente então o açúcar e o licor, misture e desligue o fogo. Cubra as panquecas com a calda quente e sirva.

PERAS AO VINHO TINTO

TEMPO DE PREPARO: 1 HORA | RENDIMENTO: 10 PORÇÕES

10 peras maduras e firmes
suco de 1 limão
3½ xícaras de açúcar
3 xícaras de água
2 paus de canela
½ xícara de vinho tinto seco

Calda
2 xícaras de açúcar
½ xícara de água
1 xícara de vinho tinto seco

1. Descasque as peras inteiras sem tirar os cabinhos e coloque-as de molho em água com limão para que não escureçam. Reserve.

2. Junte o açúcar, a água e a canela numa panela, mexa e leve ao fogo alto até ferver. Em seguida, reduza o fogo para o mínimo e misture o vinho. Acrescente então as peras e deixe cozinhar em fogo baixo por cerca de 30 minutos ou até ficarem macias. Deixe esfriar.

3. Enquanto isso, faça a calda: em uma panela, junte o açúcar, a água e o vinho, misture bem e leve para ferver por aproximadamente 15 minutos, sem mexer, até obter uma calda grossa.

4. Estando as peras já frias, coloque-as delicadamente numa vasilha de vidro com uma escumadeira e despeje a calda de vinho preparada. Sirva em temperatura ambiente ou recém-tiradas da geladeira.

CREME DE AMEIXA

TEMPO DE PREPARO: 30 MINUTOS | RENDIMENTO: 6-8 PORÇÕES

Creme

1 lata de leite condensado
1 lata de leite (use a lata de leite condensado vazia para medir)
2 gemas
½ colher (chá) de essência de baunilha

Recheio

1 lata de ameixa em calda sem caroço

Cobertura

3 claras
2 colheres (sopa) de açúcar
1 lata de creme de leite sem soro

1. Faça o creme: no copo do liquidificador, junte o leite condensado, o leite, as gemas e a essência de baunilha e bata por 2 minutos em velocidade alta. Em seguida, coloque a mistura numa fôrma refratária redonda. Reserve.

2. Bata a ameixa com a calda no liquidificador e em seguida leve ao fogo baixo, numa panela média, e deixe o líquido apurar um pouco, conservando-o, porém, com consistência cremosa. Distribua sobre o creme reservado.

3. Faça a cobertura: na batedeira, bata as claras em neve até obter picos firmes. Adicione o açúcar e o creme de leite e bata até que esteja bem incorporado. Coloque sobre a ameixa, cubra a fôrma com filme de PVC e leve à geladeira por 4 horas antes de servir.

PAVÊ DE PÊSSEGO

TEMPO DE PREPARO: 50 MINUTOS I RENDIMENTO: 10 PORÇÕES

Creme

1 lata de leite condensado
1 lata de leite (use a lata de leite condensado vazia para medir)
1 colher (sopa) de manteiga
1 colher (sopa) de amido de milho
3 gemas ligeiramente batidas
1 lata de pêssegos em calda escorridos

Cobertura

3 claras
6 colheres (sopa) de açúcar
1 lata de creme de leite sem soro

Montagem

1 pão de ló pronto
1 lata de pêssegos em calda

1. Faça o creme: em uma panela média, coloque o leite condensado, o leite (reserve um pouco), a manteiga, o amido de milho dissolvido no leite reservado e as gemas batidas. Cozinhe por 5 minutos em fogo médio, sem parar de mexer, até engrossar. Coloque o creme em um refratário e reserve.

2. Para fazer a cobertura, bata na batedeira as claras em velocidade alta até começar a encorpar. Em seguida, adicione o açúcar, aos poucos, e continue batendo até ficar firme. Desligue a batedeira e misture delicadamente o creme de leite. Reserve.

3. Para montar o pavê, corte o pão de ló em pedaços regulares e distribua-os no fundo de uma tigela de vidro funda. Umedeça ligeiramente o bolo com a calda do pêssego. A seguir, coloque uma camada de creme de gema, uma camada de pêssego picado, pedaços de pão de ló umedecidos com calda e o restante do creme de gema. Para finalizar, empregue a cobertura reservada. Decore com fatias de pêssego e leve à geladeira por 2 ou 3 horas.

MASSA DE CREPE DOCE

TEMPO DE PREPARO: 20 MINUTOS | RENDIMENTO: 12-15 UNIDADES

1½ xícara de leite
3 ovos
1 xícara de farinha de trigo
1 colher (sopa) de açúcar
1 colher (sopa) de manteiga derretida

1. No liquidificador, bata primeiro o leite com os ovos. Em seguida, acrescente a farinha e o açúcar peneirados. Bata até formar um creme bem líquido, sem grumos de farinha. Se necessário, use uma colher para desgrudar a massa do copo do liquidificador.

2. Acrescente a manteiga derretida e bata novamente por 1 minuto. Retire a massa do liquidificador e deixe descansar na geladeira por 30 minutos.

3. Para fritar, unte ligeiramente uma frigideira antiaderente com margarina e aqueça em fogo não muito alto. Despeje colheradas de massa e rode a frigideira de modo a espalhar a massa sobre o fundo. Deixe dourar e dê a volta no crepe para cozinhar do outro lado.

4. Retire o crepe da frigideira e coloque-o em um prato. Repita a operação de untar e aquecer a frigideira para continuar a preparação do restante dos crepes.

MASSA DE PANQUECA DOCE

TEMPO DE PREPARO: 20 MINUTOS | RENDIMENTO: 12-15 UNIDADES

1½ xícara de leite
3 ovos
2 xícaras de farinha de trigo
1 colher (sopa) de açúcar
1 colher (chá) de fermento químico em pó

1. No liquidificador, bata primeiro o leite com os ovos. Em seguida, acrescente a farinha e o açúcar peneirados. Bata até formar um creme bem líquido, sem grumos de farinha. Se necessário, use uma colher para desgrudar a massa do copo do liquidificador.

2. Acrescente o fermento e bata novamente por 1 minuto. Retire a massa do liquidificador e deixe descansar na geladeira por 30 minutos.

3. Para fritar, unte ligeiramente uma frigideira antiaderente com margarina e aqueça em fogo médio. Despeje colheradas de massa e rode a frigideira de modo a espalhar a massa sobre o fundo. Deixe dourar e dê a volta na panqueca para cozinhar do outro lado.

4. Retire a panqueca da frigideira e coloque-a em um prato. Repita a operação de untar e aquecer a frigideira para continuar a preparação do restante das panquecas.

CREPE DE CANELA E UVAS-PASSAS

TEMPO DE PREPARO: 45 MINUTOS | RENDIMENTO: 12-15 PORÇÕES

1 receita de crepe doce (ver página 585)

Recheio
1 xícara de uvas-passas escuras sem sementes
½ xícara de rum
¼ de xícara de açúcar peneirado
½ colher (sopa) de canela em pó
2 colheres (sopa) de manteiga em temperatura ambiente

1. Prepare os crepes conforme a receita. Reserve.

2. Faça o recheio: em uma tigela pequena, deixe as uvas-passas de molho no rum por 1 hora. Depois, coloque-as numa peneira para escorrer. Reserve.

3. Misture o açúcar e a canela numa tigela pequena. Em seguida, espalhe uma camada fina de manteiga sobre cada crepe e polvilhe-os com a mistura de açúcar e canela. Faça uma pequena fileira de uvas-passas no meio do crepe. Levante um lado do crepe e dobre para o meio. Enrole delicadamente como rocambole.

4. Arrume os crepes numa fôrma refratária ligeiramente untada com manteiga e leve ao forno preaquecido a 160 °C por 5 minutos. Tire do forno e sirva em seguida.

PANQUECA FLAMBADA DE DAMASCO

TEMPO DE PREPARO: 50 MINUTOS | RENDIMENTO: 12-15 UNIDADES

1 receita de panqueca doce (ver página 585)
1 vidro de geleia de damasco
4 colheres (sopa) de licor de laranja

1. Prepare as panquecas conforme a receita. Reserve.

2. Besunte generosamente um dos lados das panquecas com a geleia de damasco, e dobre-as duas vezes formando um triângulo.

3. Arrume as panquecas recheadas num prato refratário redondo, sobrepondo-as. Com muito cuidado, coloque o licor numa concha e acenda-o com um fósforo. Despeje o licor sobre as panquecas ainda em chamas. Sirva em seguida.

BRIGADEIRÃO

TEMPO DE PREPARO: 1 HORA | RENDIMENTO: 10 PORÇÕES

1 xícara de leite
6 gemas
2 latas de leite condensado
1 colher (sopa) de manteiga
5 colheres (sopa) de chocolate em pó
chocolate granulado para decorar

1. No copo do liquidificador, junte o leite, as gemas, o leite condensado e a manteiga e bata por 2 minutos em velocidade média. Desligue e adicione o chocolate em pó. Bata até ficar homogêneo.

2. A seguir, despeje a mistura numa fôrma redonda de furo no meio, untada e polvilhada com açúcar. Leve ao forno preaquecido, a 200 °C, em banho-maria, por aproximadamente 50 minutos (coloque a assadeira no assoalho do forno).

3. Desenforme o brigadeirão sobre uma travessa redonda e polvilhe o chocolate granulado.

Dica: Ao repor a água do banho-maria, utilize sempre água quente. Coloque gotas de vinagre na água para não escurecer a assadeira.

DOCES E SOBREMESAS

MUSSE DE CHOCOLATE

TEMPO DE PREPARO: 20 MINUTOS | RENDIMENTO: 6 PORÇÕES

4 claras
4 colheres (sopa) de açúcar
1 lata de creme de leite
6 colheres (sopa) de chocolate em pó
½ xícara de licor de frutas

chocolate granulado e cerejas em calda para decorar

1. Na vasilha da batedeira, coloque as claras e bata em velocidade alta até começar a encorpar. Sempre batendo, adicione o açúcar, aos poucos, e bata até ficar bem firme. Reserve.

2. Em uma panela, junte o creme de leite e o chocolate em pó e cozinhe em fogo médio por 3 minutos, mexendo sempre. Desligue o fogo e acrescente o licor.

3. Despeje essa mistura na vasilha da batedeira e incorpore-a delicadamente às claras em neve com uma espátula.

4. Em seguida, transfira a musse obtida para uma taça grande ou para taças individuais. Guarneça com chocolate granulado e cerejas. Deixe na geladeira por 2 horas antes de servir.

ESTROGONOFE DE CHOCOLATE

TEMPO DE PREPARO: 25 MINUTOS | RENDIMENTO: 10 PORÇÕES

2 latas de leite condensado
12 colheres (sopa) de chocolate em pó
1 colher (sopa) de manteiga
2 latas de creme de leite sem soro
300 g de nozes picadas grosseiramente
½ xícara de conhaque
300 g de chocolate ao leite picado

1. Coloque na panela o leite condensado, o chocolate em pó e a manteiga. Leve ao fogo médio e cozinhe sem parar de mexer, até obter um brigadeiro mole (aproximadamente 10 minutos). Retire do fogo e incorpore o creme de leite. Deixe esfriar.

2. Adicione as nozes picadas e o conhaque e misture bem. Junte o chocolate picado (reserve um pouco para decorar) e misture novamente.

3. Coloque o creme numa taça grande transparente e decore com o chocolate reservado. Deixe na geladeira por 2 horas antes de servir.

Dica: Substitua o conhaque por rum, licor de chocolate ou vinho do Porto.

PAVÊ DE CHOCOLATE E AMÊNDOAS

TEMPO DE PREPARO: 40 MINUTOS | RENDIMENTO: 8 PORÇÕES

400 g de chocolate meio amargo picado
3 caixinhas de creme de leite
1 lata de leite condensado
1 bolo pronto sabor chocolate
½ xícara de leite
1 colher (sopa) de açúcar
1 xícara de amêndoas torradas laminadas

1. Coloque o creme de leite e o chocolate picado numa tigela refratária e leve ao banho-maria até o chocolate derreter completamente e formar um creme liso. Desligue o fogo e misture o leite condensado. Reserve.

2. Corte o bolo em fatias finas e use metade delas para forrar o fundo de uma fôrma refratária média. À parte, misture o leite com o açúcar e regue as fatias da fôrma com metade desse leite.

3. Em seguida, espalhe metade do creme de chocolate sobre o bolo umedecido. Repita a operação com o restante dos ingredientes, finalizando com a amêndoa. Sirva gelado.

CHARLOTE DE CAFÉ, CHOCOLATE E NOZES

TEMPO DE PREPARO: 40 MINUTOS | RENDIMENTO: 10 PORÇÕES

2 colheres (sopa) de gelatina incolor sem sabor
1 xícara de leite frio
1 xícara de café quente
2 claras
1 xícara de açúcar
2 caixas de biscoito champanhe
2 xícaras de creme de leite fresco gelado
½ tablete de chocolate meio amargo picado
½ xícara de nozes picadas grosseiramente

café solúvel fino para decorar
grãos de café para decorar

1. Hidrate a gelatina com o leite frio. Em seguida, despeje o café quente e misture até dissolver a gelatina. Leve para a geladeira por 30 minutos (a mistura deve ficar com consistência de gel).

2. Bata as claras em neve e acrescente o açúcar aos poucos, sempre batendo. Reserve.

3. Forre com os biscoitos as laterais e o fundo de uma fôrma de 30 cm de diâmetro com aro removível, untada com manteiga. Reserve.

4. Bata o creme de leite na batedeira até obter o chantili. Reserve.

5. Em uma vasilha grande, coloque o chantili (reserve 1 xícara para decorar), a clara em neve, o chocolate, as nozes e a mistura de gelatina e café. Mexa delicadamente até incorporar.

6. Despeje essa mistura na fôrma previamente preparada e leve à geladeira por 4 horas. Depois desenforme a charlote e decore com o chantili reservado e os grãos de café. Polvilhe o café solúvel por cima.

CREPE COM SORVETE E CALDA DE CHOCOLATE QUENTE

TEMPO DE PREPARO: 1 HORA | RENDIMENTO: 12-15 UNIDADES

1 receita de crepe doce (ver página 585)

Recheio

sorvete de creme quase congelado

Calda

1 xícara de chocolate em pó

½ xícara de açúcar

½ xícara de leite

1 colher (sopa) de mel

1 colher (sopa) de manteiga

1. Prepare os crepes conforme a receita. Reserve.

2. Misture todos os ingredientes da calda numa panela e deixe-a em fogo médio até levantar fervura, mexendo sem parar. Reduza o fogo e cozinhe até engrossar ligeiramente. Reserve aquecida.

3. Para montar os crepes: espalhe uma tira de sorvete no meio de cada crepe frio. Levante um lado e dobre para o meio, enfiando a borda debaixo do recheio. Enrole firmemente e coloque-os numa travessa. Regue os crepes com a calda de chocolate quente e sirva.

CREPE FLAMBADO AO LICOR DE CAFÉ

TEMPO DE PREPARO: 50 MINUTOS | RENDIMENTO: 12-15 UNIDADES

1 receita de crepe doce (ver página 585)

1½ xícara de sorvete de creme

1 xícara de coco queimado em flocos

¾ de xícara de licor de café

1. Prepare os crepes conforme a receita.

2. Dobre cada crepe duas vezes, formando um triângulo. Arrume-os em círculo em um prato redondo. Coloque uma bola de sorvete no meio de cada crepe e por cima salpique o coco ralado.

3. Numa panela pequena, aqueça o licor de café. Tomando cuidado, acenda para flambar e deixe o fogo se extinguir. Despeje o licor sobre os crepes e sirva em seguida.

PANQUECA COM CALDA DE CAFÉ

TEMPO DE PREPARO: 1H10 | RENDIMENTO: 12-15 UNIDADES

1 receita de panqueca doce (ver página 585)

Recheio

2 colheres (sopa) de manteiga
1 xícara de açúcar
4 colheres (sopa) de amido de milho
4 gemas
1 xícara de leite
½ xícara de café forte
½ colher (chá) de essência de baunilha
2 colheres (sopa) de creme de leite

Calda

3 gemas
¾ de xícara de leite condensado
¾ de xícara de leite
2 colheres (sopa) de café solúvel

1. Prepare as panquecas conforme a receita. Reserve.

2. Faça o recheio: na batedeira, bata a manteiga com o açúcar, o amido de milho e as gemas até virar um creme. Reserve.

3. Em uma panela, coloque o leite, o café e a essência de baunilha. Leve ao fogo médio e deixe ferver. Acrescente o creme reservado e cozinhe até obter um creme homogêneo, mexendo sem parar. Tire do fogo, deixe esfriar e adicione o creme de leite. Misture.

4. Para rechear: espalhe um pouco de creme no meio de cada panqueca. Dobre os dois lados opostos também para o meio para que fiquem sobrepostos, formando uma trouxinha e fechando o recheio. Arrume as panquecas numa travessa e reserve.

5. Prepare a calda: leve uma panela ao fogo médio com todos os ingredientes. Deixe cozinhar até levantar fervura, mexendo sem parar. Regue as panquecas com a calda quente e sirva em seguida.

PAVÊ DE BOMBONS

TEMPO DE PREPARO: 50 MINUTOS | RENDIMENTO: 10 PORÇÕES

1 lata de leite condensado
2 latas de leite (use a lata de leite condensado vazia para medir)
2 colheres (sopa) de açúcar
2 colheres (sopa) de manteiga
2 colheres (sopa) de amido de milho
3 gemas
1 colher (chá) de essência de baunilha
1 xícara de creme de leite
3 colheres (sopa) de chocolate em pó
½ xícara de licor de chocolate
½ pacote de biscoito maisena
12 bombons escuros picados grosseiramente
12 bombons brancos picados grosseiramente

Cobertura
3 claras em neve
4 colheres (sopa) de açúcar
1 lata de creme de leite sem soro

1. Faça o creme: em uma panela grande, misture o leite condensado, o leite comum (reserve um pouco), o açúcar, a manteiga, o amido de milho dissolvido no leite reservado e a gema batida. Cozinhe em fogo baixo até engrossar. Desligue o fogo e adicione a essência de baunilha e o creme de leite. Misture bem com uma espátula.

2. Divida o creme da panela em duas partes. Em uma delas, acrescente o chocolate em pó e misture bem para incorporar. Reserve os dois cremes.

3. Para fazer a cobertura, bata as claras em velocidade alta até começar a encorpar. Em seguida, adicione o açúcar, aos poucos, e continue batendo até ficar firme. Desligue a batedeira e misture o creme de leite. Reserve.

4. Para montar o pavê, coloque o licor em um prato fundo e umedeça levemente os biscoitos. A seguir, distribua-os no fundo de um refratário. Intercale em camadas o creme branco, o bombom escuro, o creme de chocolate e o bombom branco. Espalhe a cobertura reservada sobre a superfície e decore a gosto. Deixe o pavê na geladeira por 3 horas antes de servir.

GELADO PAULISTA

TEMPO DE PREPARO: 40 MINUTOS | RENDIMENTO: 8 PORÇÕES

1 lata de creme de leite com soro
200 g de chocolate meio amargo em lascas
1 lata de doce de leite
1 pacote de biscoito champanhe
1 xícara de licor de chocolate
8 bombons picados
4 bombons inteiros para decorar
cerejas ao marasquino a gosto

1. Aqueça o creme de leite numa panela, retire do fogo e acrescente as lascas de chocolate. Misture até derreter. Em seguida, adicione o doce de leite e reserve.

2. Umedeça ligeiramente o biscoito champanhe no licor de chocolate.

3. Em uma tigela funda transparente, distribua em camadas os biscoitos, o creme de chocolate e os bombons picados. Termine com o creme. Decore com bombons inteiros ou cerejas. Conserve na geladeira até a hora de servir.

SORVETE AMERICANO

TEMPO DE PREPARO: 1 HORA | RENDIMENTO: 8-10 PORÇÕES

Musse
3 colheres (sopa) de açúcar
3 gemas
1 colher (chá) de essência de baunilha
250 g de chocolate meio amargo ralado
1 xícara de chantili

Calda
5 colheres (sopa) de açúcar
8 colheres (sopa) de chocolate em pó
1 colher (sopa) de manteiga
½ xícara de leite

1 pote de sorvete de creme
raspas de chocolate para decorar

1. Faça a musse: na vasilha da batedeira, coloque o açúcar e as gemas. Bata até obter um creme homogêneo.

2. Desligue a batedeira e adicione a essência de baunilha, o chocolate ralado, previamente derretido em banho-maria, e o chantili. Misture com uma espátula e leve para gelar por 30 minutos.

3. Para fazer a calda, em uma panela, coloque o açúcar, o chocolate em pó, a manteiga e o leite. Misture e ferva por 5 minutos. Deixe esfriar.

4. Com a musse gelada, em uma tigela funda transparente, faça camadas alternadas de musse e de sorvete. Regue com a calda de chocolate e decore com as raspas de chocolate. Mantenha o sorvete no freezer e retire-o 15 minutos antes de servir.

Dica: Para fazer sorvete de chocolate, substitua o coco por 3 colheres (sopa) de chocolate em pó.

PANQUECA CREMOSA COM SORVETE

TEMPO DE PREPARO: 1H10 | RENDIMENTO: 12-15 UNIDADES

1 receita de panqueca doce (ver página 585)

Recheio
1 lata de leite condensado
1 colher (sopa) de manteiga
2 ovos
1 colher (sopa) de licor de laranja
2 xícaras de leite

sorvete de creme para acompanhar

1. Prepare as panquecas conforme a receita. Reserve.

2. Faça o recheio: bata no liquidificador o leite condensado, a manteiga, os ovos e o licor de laranja. Reserve.

3. Ferva o leite numa panela média. Quando levantar fervura, reduza o fogo e junte a mistura de leite condensado. Cozinhe até que fique um creme liso, mexendo sem parar. Retire do fogo e deixe esfriar.

4. Para rechear, coloque uma boa colherada de creme no meio de cada panqueca. Dobre os dois lados para o meio e, em seguida, dobre os dois lados opostos também para o meio para que fiquem sobrepostos, formando uma trouxinha e fechando o recheio. Ajeite as panquecas numa travessa e sirva acompanhada de sorvete de creme.

RABANADA

TEMPO DE PREPARO: 40 MINUTOS | RENDIMENTO: 20-25 FATIAS

6 pães franceses amanhecidos
4 xícaras de leite
2 xícaras de açúcar
4 ovos
2 colheres (sopa) de canela em pó

1. Apare as extremidades dos pãezinhos e corte-os em fatias com cerca de 3 cm de espessura. Reserve.

2. Misture o leite e metade do açúcar numa panela e leve ao fogo até ferver. Transfira a mistura para uma tigela funda e espere amornar. Em seguida, umedeça as fatias de pão no leite, sem empapá-las demais, e coloque-as numa peneira para escorrer.

3. Bata os ovos com um garfo e passe ligeiramente as fatias no ovo batido, dos dois lados.

4. Aqueça uma frigideira ampla e funda com bastante óleo e, em fogo baixo, frite as rabanadas, duas ou três de cada vez, até ficarem douradas de ambos os lados. Retire-as da fritura com uma escumadeira e escorra em papel-toalha.

5. Misture a canela e o açúcar restante em um prato fundo e passe as rabanadas nessa mistura. Sirva quente ou fria.

Dica: Para fazer rabanadas ao forno, arrume as fatias de pão (já preparadas) numa assadeira untada com bastante manteiga e levemente polvilhada com açúcar e canela. Leve ao forno preaquecido a 180 °C, por 40 minutos, virando-as nos 10 minutos finais de cozimento. Retire as rabanadas do forno e passe-as na mistura de açúcar e canela.

RABANADA COM LEITE CONDENSADO

TEMPO DE PREPARO: 30 MINUTOS | RENDIMENTO: 20 FATIAS

5 pães franceses amanhecidos
1 lata de leite condensado
4 ovos
1 xícara de vinho do Porto
2 xícaras de açúcar
1 colher (chá) de açúcar de baunilha
½ colher (sopa) de canela

1. Apare as extremidades dos pãezinhos e corte-os em fatias com cerca de 2 cm de espessura. Reserve.

2. Na tigela da batedeira, coloque o leite condensado, os ovos e o vinho do Porto. Bata em velocidade alta por 3 minutos até ficar bem homogêneo.

3. Despeje a mistura obtida numa vasilha e coloque, de pouco em pouco, as fatias de pão de molho até amolecerem levemente. Deixe-as escorrer em uma peneira.

4. Em seguida, aqueça o óleo numa frigideira e, em fogo baixo, frite as rabanadas, dourando-as dos dois lados. Retire do fogo e escorra em papel-toalha.

5. Polvilhe as rabanadas com uma mistura de açúcar, açúcar de baunilha e canela misturados previamente.

CHURRO

TEMPO DE PREPARO: 40 MINUTOS | RENDIMENTO: 8 PORÇÕES

1 xícara de água
2 colheres (sopa) de margarina com sal
2 colheres (sopa) de açúcar
2 xícaras de farinha de trigo
3 ovos
açúcar e canela em pó para polvilhar
doce de leite para rechear

1. Em uma panela, aqueça a água em fogo baixo, acrescente a margarina e o açúcar. Mexa bem até dissolver toda a margarina.

2. Aos poucos, adicione a farinha de trigo, mexendo sempre com uma colher, até que a massa se desprenda do fundo da panela. Tire do fogo e acrescente os ovos, um a um, mexendo bem, até misturar toda a massa.

3. Em seguida, coloque a massa em um saco de confeitar com bico pitanga. Aqueça o óleo. Quando estiver bem quente, faça os churros do comprimento que preferir, espremendo a massa bem próximo do óleo quente. Espere fritar até ficar dourado.

4. Coloque os churros fritos para escorrer sobre papel-toalha e, em seguida, passe-os pelo açúcar misturado com canela. Se quiser, recheie os churros com doce de leite usando um bico perlê.

PUDIM DE PÃO CAIPIRA

TEMPO DE PREPARO: 1H10 | RENDIMENTO: 10 PORÇÕES

8 pães franceses
3 xícaras de leite
3 ovos ligeiramente batidos
½ colher (sopa) de raspa de limão
2 colheres (sopa) de farinha de trigo
1 colher (chá) de fermento químico em pó
1 lata de leite condensado
½ colher (chá) de canela em pó

Calda
2 xícaras de açúcar
½ xícara de água

1. Deixe os pães de molho no leite por 1 hora, ou até amolecer. Em seguida, amasse-os com as mãos. Acrescente o ovo batido, a raspa de limão, a farinha, o fermento e o leite condensado. Misture para agregar os ingredientes e obter uma massa úmida e firme. Reserve.

2. Faça a calda para caramelizar: coloque o açúcar e a água numa panela, mexa e deixe ferver em fogo baixo até obter uma calda cor de caramelo (cerca de 10 minutos). Não mexa mais durante o cozimento. Em seguida, caramelize com a calda uma fôrma própria para pudim (com furo no meio). Reserve.

3. Coloque a massa obtida na fôrma caramelizada e leve para assar em forno preaquecido a 180 °C, por 40 minutos. Desenforme o pudim ainda morno em um prato redondo.

MINGAU DE TAPIOCA

TEMPO DE PREPARO: 1H30 | RENDIMENTO: 4 PORÇÕES

¾ de xícara de tapioca
1 litro de leite
1 colher (sopa) de coco seco ralado
½ colher (sopa) de açúcar demerara
1 pau de canela
canela em pó a gosto

1. Em uma panela, junte a tapioca e o leite, misture e deixe de molho por 1 hora.

2. Passado esse tempo, leve ao fogo baixo, acrescente o coco ralado, o açúcar e o pau de canela. Deixe ferver até o ponto de mingau, mexendo sem parar.

3. Quando estiver no ponto, desligue o fogo e sirva em tigelas. Finalize polvilhando a canela em pó.

PAVÊ DOS DEUSES

TEMPO DE PREPARO: 40 MINUTOS | RENDIMENTO: 10 PORÇÕES

4 gemas
8 colheres (sopa) de açúcar
150 g de manteiga em temperatura ambiente
2 latas de creme de leite sem soro
2 pacotes de biscoito maisena
1 xícara de leite
1 lata de doce de leite
castanhas de caju para enfeitar

1. Coloque as gemas e o açúcar na vasilha da batedeira e bata em velocidade alta, até virar um creme esbranquiçado. Adicione em seguida a manteiga e bata até ficar homogêneo. Desligue a batedeira e misture o creme de leite. Torne a bater por 2 minutos em velocidade média. Reserve.

2. Em um refratário retangular médio, intercale em camadas: parte do creme, dos biscoitos ligeiramente umedecidos em leite e, por cima, mais creme. Repita o procedimento até obter quatro camadas. Ao intercalar os biscoitos, faça uma camada no sentido vertical e outra no sentido horizontal. A última camada deve ser de biscoito.

3. Para finalizar, espalhe o doce de leite sobre a superfície e decore com castanha de caju. Leve à geladeira por aproximadamente 4 horas antes de servir.

CANJICA

TEMPO DE PREPARO: 1 HORA | RENDIMENTO: 10 PORÇÕES

2 xícaras de canjica de milho
1 litro de leite
1 vidro de leite de coco
2 xícaras de açúcar
200 g de coco seco ralado
canela em pó para polvilhar

1. Deixe a canjica de molho na água de um dia para o outro. Cozinhe-a na pressão por 50 minutos. Desligue o fogo, espere sair a pressão e escorra.

2. Em seguida, ponha a canjica escorrida numa panela grande e acrescente o restante dos ingredientes, misturando-os a cada adição. Cozinhe por mais 10 minutos, mexendo de vez em quando, até o milho ficar bem macio.

3. Retire então 6 conchas de canjica da panela e bata no liquidificador. A seguir, devolva-a à panela e misture bem. Coloque a canjica numa travessa funda e polvilhe a canela antes de servir.

CANJICA CREMOSA COM AMENDOIM

TEMPO DE PREPARO: 1 HORA | RENDIMENTO: 10 PORÇÕES

2 xícaras de canjica de milho
1 litro de água
1 pau de canela
raspas de casca de limão a gosto
1 litro de leite quente
1 lata de leite condensado
300 g de amendoim torrado e moído

1. Deixe a canjica de molho na água de um dia para o outro. Feito isso, coloque tudo na panela de pressão e acrescente a canela e as raspas de limão. Cozinhe por 50 minutos na pressão ou até que o milho fique bem macio.

2. Deixe a pressão sair e transfira a canjica para uma panela grande. Adicione o leite quente e cozinhe em fogo baixo por 25 a 30 minutos. Junte o leite condensado, mexa e deixe no fogo por mais 5 minutos.

3. Em seguida, desligue o fogo e misture o amendoim. Sirva, de preferência, morna.

RECEITA PALMIRINHA PREFERIDA

CAÇAROLA ITALIANA

TEMPO DE PREPARO: 1 HORA | RENDIMENTO: 10 PORÇÕES

3 xícaras de leite
5 ovos
1 colher (sopa) de manteiga
5 colheres (sopa) de queijo parmesão ralado ou coco ralado
5 colheres (sopa) de farinha de trigo
3 xícaras de açúcar

Calda
1½ xícara de açúcar
½ xícara de água

1. Para fazer a calda, em uma panela, junte o açúcar e a água. Misture e não mexa mais. Deixe ferver até dar ponto de caramelo (aproximadamente 10 minutos).

2. No copo do liquidificador, coloque o leite, os ovos, a manteiga, o queijo ralado ou o coco ralado e a farinha. Bata por 3 minutos em velocidade média. Reserve.

3. Coloque o açúcar numa vasilha grande, acrescente a mistura do liquidificador e mexa bem com uma colher de pau. Despeje a massa numa fôrma redonda de furo no meio caramelizada com a calda.

4. Leve para cozinhar em banho-maria, no forno preaquecido a 200 °C por 45 minutos (coloque a assadeira no assoalho do forno).

PANQUECA RÁPIDA DE RICOTA

TEMPO DE PREPARO: 50 MINUTOS | RENDIMENTO: 12-15 UNIDADES

1 receita de panqueca doce (ver página 585)

Recheio

500 g de ricota amassada com um garfo
1 xícara de creme de leite
2 colheres (sopa) de açúcar
½ xícara de uvas-passa claras sem sementes
½ xícara de nozes picadas
1 colher (chá) de raspas de casca de limão
1 vidro de geleia de morango

1. Prepare as panquecas doces conforme a receita. Reserve.

2. Junte todos os ingredientes do recheio numa tigela e misture bem.

3. Espalhe uma camada fina de recheio sobre cada panqueca. Dobre cada panqueca ao meio e depois novamente ao meio, fazendo um triângulo.

4. Arrume as panquecas em um prato redondo grande e decore cada uma delas com um pouco da geleia de morango ligeiramente aquecida. Sirva em seguida.

PUDIM MINEIRO DE QUEIJO

TEMPO DE PREPARO: 1H10 | RENDIMENTO: 8 PORÇÕES

2 xícaras de leite
5 ovos
3 xícaras de açúcar
1 xícara de farinha de trigo
1½ xícara de queijo mineiro ralado

Calda

2 xícaras de açúcar
½ xícara de água

1. Primeiro, prepare a calda para caramelizar a fôrma: junte o açúcar e a água numa panela, mexa e deixe ferver em fogo baixo por cerca de 10 minutos, até obter uma calda cor de caramelo. Não mexa mais durante o cozimento. Em seguida, caramelize com a calda uma fôrma própria para pudim (com furo no meio). Reserve.

2. No copo do liquidificador, coloque o leite, os ovos e o açúcar e bata em velocidade alta por 2 minutos. Em seguida, adicione a farinha e o queijo ralado e bata por mais 2 minutos.

3. Transfira a mistura para a fôrma reservada e cubra-a com papel-alumínio. Leve ao banho-maria em forno preaquecido a 180 °C por 40 a 45 minutos. Deixe a fôrma no assoalho do forno. Retire o pudim do forno, espere amornar e desenforme-o em um prato redondo. Sirva morno ou frio.

QUINDÃO DE QUEIJO

TEMPO DE PREPARO: 1H10 | RENDIMENTO: 8-10 PORÇÕES

100 g de coco ralado
1 xícara de leite
8 ovos
½ colher (chá) de essência de baunilha
2 colheres (sopa) de manteiga em temperatura ambiente
3 xícaras de açúcar
100 g de queijo parmesão ralado
manteiga e açúcar para untar

Calda
½ xícara de água
1 xícara de açúcar
½ xícara de mel

1. Coloque o coco ralado e o leite numa tigela e deixe hidratar por 15 minutos.

2. No copo do liquidificador, junte os ovos, a essência de baunilha e a manteiga e bata em velocidade alta por 2 minutos. Desligue e adicione o açúcar e o queijo ralado. Bata novamente e desligue. Acrescente o coco hidratado e torne a bater por mais 1 minuto.

3. Coloque a mistura do liquidificador numa fôrma redonda, untada e polvilhada com açúcar. Cubra-a com papel-alumínio.

4. Leve ao banho-maria em forno preaquecido a 180 °C por cerca de 40 minutos (coloque a fôrma no assoalho do forno).

5. Enquanto isso, prepare a calda: misture a água e o açúcar numa panela média e ferva em fogo médio por 5 minutos sem mexer. Em seguida, acrescente o mel e deixe ferver por mais 10 minutos, até obter uma calda cor de caramelo e de consistência não muito rala.

6. Quando o quindão estiver cozido, retire do forno, espere amornar e desenforme-o em um prato redondo. Regue-o ligeiramente com a calda de mel e leve à geladeira por 2 horas antes de servir.

PUDIM DE PADARIA

TEMPO DE PREPARO: 1H20 | RENDIMENTO: 10 PORÇÕES

2 xícaras de leite
3 ovos
50 g de queijo parmesão ralado
50 g de coco ralado
3 xícaras de açúcar
2 xícaras de farinha de trigo

Calda
2 xícaras de açúcar
½ xícara de água

1. Prepare a calda: coloque o açúcar e a água numa panela, mexa e deixe ferver em fogo baixo até obter uma calda cor de caramelo (cerca de 10 minutos). Não mexa mais durante o cozimento. Em seguida, caramelize com a calda o fundo de uma fôrma redonda de furo no meio. Unte com manteiga as laterais da fôrma e reserve.

2. No copo do liquidificador, coloque o leite e os ovos e bata por 1 minuto em velocidade alta. Com o liquidificador ligado, adicione o queijo e o coco e bata por mais 2 minutos. Em seguida, aos poucos, acrescente o açúcar e a farinha e bata novamente até ficar homogêneo.

3. Despeje a mistura do liquidificador na fôrma caramelizada e leve para assar em banho-maria em forno preaquecido a 200 °C por 40 a 45 minutos.

4. Desenforme o pudim ainda quente sobre um prato redondo, deixe esfriar e leve para gelar.

SAGU COM VINHO

TEMPO DE PREPARO: 1 HORA | RENDIMENTO: 6 PORÇÕES

1 xícara de sagu
2 xícaras de vinho tinto seco
2 xícaras de açúcar

1. Coloque o sagu em um recipiente e cubra com água fria. Deixe de molho por 4 horas. Depois, escorra e reserve.

2. Em uma panela, leve ao fogo alto o vinho e o açúcar e deixe ferver. Então, adicione o sagu, misture bem e reduza o fogo para baixo. Deixe cozinhar por 15 minutos, mexendo de vez em quando, para o sagu não grudar no fundo da panela.

3. Quando as bolinhas ficarem macias e quase transparentes, desligue o fogo e transfira tudo para um pirex médio, ou para taças individuais. Deixe na geladeira até servir.

Dica: Se não quiser usar vinho, substitua-o pela mesma quantidade de suco de uva.

SAGU COM LARANJA

TEMPO DE PREPARO: 1 HORA | RENDIMENTO: 6 PORÇÕES

1 xícara de sagu
2 xícaras de suco de laranja
2 xícaras de açúcar

1. Em uma tigela funda, deixe o sagu de molho coberto de água fria por 4 horas. Depois, coe e coloque o sagu numa panela juntamente com o suco de laranja e o açúcar. Misture bem.

2. Cozinhe em fogo baixo por 15 minutos, mexendo de vez em quando para o sagu não grudar no fundo da panela. Quando o sagu ficar translúcido, retire do fogo e coloque-o numa tigela de vidro para esfriar. Sirva gelado.

PAVÊ COLORIDO

TEMPO DE PREPARO: 40 MINUTOS | RENDIMENTO: 8 PORÇÕES

3 xícaras de leite
3 gemas ligeiramente batidas
3 colheres (sopa) de amido de milho
1 lata de leite condensado
½ colher (chá) de essência de baunilha
½ lata de creme de leite
1 pacote de biscoito maisena
1 lata de pêssego em calda escorrido
200 g de cereja vermelha em calda
200 g de cereja verde em calda
chantili para enfeitar

1. Em uma panela grande, coloque o leite (reserve um pouco), a gema batida, o amido de milho previamente dissolvido no leite reservado e o leite condensado. Misture e deixe cozinhar em fogo médio até engrossar. Retire do fogo e agregue a baunilha e o creme de leite.

2. Em um refratário retangular, intercale em camadas seguindo esta ordem: o creme preparado, biscoitos, pêssego picado, creme, biscoitos, cerejas verdes, creme, pêssego, biscoitos, cerejas vermelhas e, por fim, o restante do creme. Decore com chantili e leve para gelar por 4 horas.

MOSAICO DE GELATINA

TEMPO DE PREPARO: 50 MINUTOS | RENDIMENTO: 10 PORÇÕES

3 pacotes de gelatina em pó sabores limão, morango e abacaxi
1 envelope de gelatina em pó sem sabor
4 colheres (sopa) de água
1 lata de leite condensado
1 lata de creme de leite sem soro

1. Prepare as gelatinas, separadamente, conforme as instruções da embalagem e leve à geladeira por 4 horas.

2. Em uma tigela, polvilhe a gelatina sem sabor sobre a água e deixe descansar por 5 minutos. Transfira para uma panela e leve ao fogo baixo, em banho-maria, para dissolver, sem deixar ferver.

3. No liquidificador, bata o leite condensado, o creme de leite e a gelatina sem sabor dissolvida até ficar homogêneo. Reserve.

4. Retire as gelatinas da geladeira, corte em cubos e distribua-os aleatoriamente em taças transparentes individuais (ou numa taça grande). Despeje o creme do liquidificador em cada taça para cobrir os cubos de gelatina. Deixe na geladeira para firmar e sirva.

Dica: Para obter uma consistência mais firme das gelatinas, ao prepará-las conforme as instruções, adicione ⅓ de envelope de gelatina em pó sem sabor a cada uma delas.

AMBROSIA

TEMPO DE PREPARO: 1 HORA | RENDIMENTO: 5 PORÇÕES

1 litro de leite
3 xícaras de açúcar
casca de limão a gosto
2 paus de canela
5 ovos ligeiramente batidos
1 colher (sopa) de suco de limão

1. Em uma panela grande, misture o leite e o açúcar. Adicione a casca de limão e o pau de canela e deixe ferver em fogo baixo, até reduzir um pouco e ficar com coloração amarela.

2. Junte o ovo batido e o suco de limão e cozinhe por mais 20 minutos, mexendo com um garfo de vez em quando. Retire a panela do fogo e transfira a ambrosia para uma tigela. Deixe esfriar para servir.

AMBROSIA DE COCO E MARACUJÁ

TEMPO DE PREPARO: 1 HORA | RENDIMENTO: 12 PORÇÕES

3 xícaras de leite
1 vidro de leite de coco
½ xícara de suco de maracujá concentrado
6 ovos ligeiramente batidos
3 xícaras de açúcar
canela em pó ou coco ralado para polvilhar

1. No copo do liquidificador, coloque o leite, o leite de coco, o suco de maracujá e os ovos e bata por 2 minutos em velocidade alta. A seguir, transfira a mistura para uma panela e adicione o açúcar. Leve ao fogo alto e cozinhe por 10 minutos, ou até começar a ferver.

2. Reduza o fogo para baixo e deixe ferver por mais 20 minutos (o leite tem de ficar totalmente talhado). Então, desligue o fogo e espere amornar. Transfira a ambrosia para uma tigela de vidro transparente e polvilhe a canela ou o coco ralado.

Dica: Esta ambrosia fica ainda mais saborosa se for servida com queijo branco.

DOCE DE LEITE DE CORTE

TEMPO DE PREPARO: 1 HORA | RENDIMENTO: CERCA DE 40 DOCINHOS

2 litros de leite
3 xícaras de açúcar

1. Coloque o leite para ferver numa panela funda e grossa, em fogo médio. Quando levantar fervura, adicione o açúcar, misture e deixe ferver novamente, mexendo de vez em quando com uma colher de pau, para que não transborde.

2. Então, reduza o fogo e cozinhe, mexendo sem parar, até a mistura ficar espessa e começar a desgrudar do fundo da panela. Desligue o fogo e mexa sem parar com a colher de pau, até sentir a massa pesada.

3. Unte a pia (de mármore ou granito) com margarina, despeje a massa e espalhe-a com uma espátula, deixando sua superfície uniforme. Deixe ficar bem morno e corte o doce em quadrados ou no formato que preferir. Quando esfriar totalmente, transfira os docinhos para potes com tampa.

SORVETE TRICOLOR

TEMPO DE PREPARO: 1H30 | RENDIMENTO: 10-12 PORÇÕES

1º creme
1 lata de leite condensado
1 lata de leite (use a lata de leite condensado vazia para medir)
3 gemas ligeiramente batidas

2º creme
4 colheres (sopa) de achocolatado
4 colheres (sopa) de açúcar
1 colher (sopa) de amido de milho
2 xícaras de leite
1 colher (sopa) de manteiga

3º creme
1 envelope de gelatina em pó sem sabor
4 colheres (sopa) de água
1 caixinha de creme de leite
1 lata de leite condensado
½ xícara de suco de limão
3 claras

raspas de casca de limão para decorar
12 suspiros pequenos para decorar

1. Faça o primeiro creme: em uma panela coloque o leite condensado, o leite e a gema levemente batida. Mexa e cozinhe em fogo médio até engrossar. Deixe esfriar.

2. Para preparar o segundo creme, junte numa panela o achocolatado, o açúcar, o amido de milho, o leite e a manteiga. Misture e cozinhe em fogo médio até engrossar. Deixe esfriar.

3. Faça o terceiro creme: hidrate a gelatina na água e dissolva-a em banho-maria. Depois, na vasilha da batedeira, bata o creme de leite, o leite condensado e o suco de limão até ficar homogêneo. Em seguida, incorpore as claras previamente batidas em neve.

4. Para montar o sorvete, em uma tigela transparente, alterne camadas dos três cremes preparados. Decore a superfície do sorvete com suspiros e raspa de limão. Leve para gelar por cerca de 10 horas.

PUDIM DE ABÓBORA COM IOGURTE

TEMPO DE PREPARO: 1H30 | RENDIMENTO: 8-10 PORÇÕES

350 g de abóbora sem casca e picada
½ xícara de água
½ xícara de açúcar
4 ovos
1 colher (sopa) de manteiga em temperatura ambiente
1 lata de leite condensado
1 pote de iogurte natural
2 colheres (sopa) rasas de farinha de trigo

Caramelo
1½ xícara de açúcar
½ xícara de água

1. Em uma panela, coloque a abóbora, a água e o açúcar. Cozinhe por 20 minutos em fogo alto, com a panela tampada. Desligue e deixe esfriar em uma peneira.

2. No copo do liquidificador, coloque os ovos e bata. Junte a manteiga, a abóbora já fria e o leite condensado. Bata por 2 minutos em velocidade alta. Adicione o iogurte e a farinha e bata novamente por mais 2 minutos. Coloque a mistura obtida numa fôrma redonda de furo no meio e caramelizada com a calda.

3. Cubra a fôrma com papel-alumínio e leve ao banho-maria em forno preaquecido a 180 °C por 40 minutos (coloque a fôrma no assoalho do forno). Desenforme morno sobre um prato redondo. Decore a gosto.

4. Para fazer a calda, em uma panela, misture o açúcar e a água e cozinhe por 10 minutos, em fogo médio, até obter uma calda cor de caramelo. Não mexa na calda durante o cozimento para não açucarar.

PANQUECA ROMEU E JULIETA

TEMPO DE PREPARO: 50 MINUTOS | RENDIMENTO: 12-15 UNIDADES

1 receita de panqueca doce (ver página 585)

Recheio

300 g de goiabada picada
4 colheres de sopa de água
300 g de queijo branco cortado em cubos pequenos

1. Prepare as panquecas conforme a receita. Reserve.

2. Faça o recheio: em uma panela média, leve ao fogo a goiabada e a água, mexendo sempre com uma colher de pau, até derreter.

3. Para rechear: coloque uma tira de goiabada derretida no meio da panqueca e, sobre a tira, uma porção de cubos de queijo (reserve parte da goiabada para decorar). Levante um lado da massa e dobre sobre o recheio, enfiando a borda debaixo dele. Enrole firmemente como rocambole e arrume as panquecas numa fôrma refratária untada. Decore a superfície delas com um pouco de goiabada e sirva.

BOM-BOCADO COM COBERTURA DE GOIABADA

TEMPO DE PREPARO: 1 HORA | RENDIMENTO: 20 PORÇÕES

2 xícaras de açúcar
6 ovos, claras e gemas separadas
200 g de margarina
1 vidro de leite de coco
100 g de coco seco ralado
4 colheres (sopa) de água
3 xícaras de farinha de trigo

Cobertura
300 g de goiabada
¼ de xícara de vinho branco suave

1. Na vasilha da batedeira, misture o açúcar, a gema e a margarina e bata por 2 minutos em velocidade alta.

2. Desligue e acrescente o leite de coco, o coco ralado (previamente hidratado na água) e a farinha. Misture com uma espátula e, em seguida, bata por 3 minutos mais, em velocidade alta, até obter um creme homogêneo.

3. Desligue a batedeira novamente e incorpore delicadamente as claras batidas em neve com uma espátula, misturando de baixo para cima.

4. Despeje a massa numa assadeira redonda de aro removível, untada e polvilhada. Leve para assar em forno preaquecido a 200 °C por 40 minutos.

5. Enquanto isso, faça a cobertura: em uma panela, derreta a goiabada e acrescente o vinho. Mexa para agregar os dois ingredientes. Conserve aquecido.

6. Quando retirar o bolo do forno, desenforme-o sobre um prato redondo e espalhe a cobertura reservada sobre o bolo ainda quente. Espere esfriar para servir.

Dica: Substitua o coco ralado por 100 g de queijo parmesão ralado.

GOIABADA CASCÃO

TEMPO DE PREPARO: 2H30 | RENDIMENTO: 20 PORÇÕES

2 kg de goiaba vermelha madura
1 kg de açúcar cristal

1. Lave bem as goiabas, elimine as pontas e divida-as em quatro. Retire a polpa com uma colher e reserve.

2. Coloque o açúcar numa panela grande (de preferência um tacho) e adicione as cascas de goiaba. Misture bem e leve ao fogo alto para o açúcar derreter.

3. No copo do liquidificador, junte a polpa da goiaba (com sementes) e água, o suficiente para liquefazer. Bata em velocidade alta até a polpa estar bem dissolvida. Em seguida, coe-a para a retirada das sementes.

4. Coloque a polpa coada na panela do cozimento das cascas, mexa bem e cozinhe por cerca de 2 horas, mexendo com uma colher de pau, de vez em quando, até começar a desgrudar do fundo da panela. Retire do fogo e espere 5 minutos para o próximo passo.

5. Então, forre com filme de PVC uma fôrma de aro removível, deixando sobras na superfície. Despeje a goiabada quente dentro, aperte-a com o dorso de uma colher e embrulhe. Deixe descansar por 3 horas, até esfriar. Sirva em pedaços.

FIGO RAMI

TEMPO DE PREPARO: 30 MINUTOS | RENDIMENTO: 8 PORÇÕES

24 figos maduros e firmes
3½ xícaras de açúcar cristal
1 pau de canela

1. Lave bem os figos e escorra-os. Faça um corte em cruz no centro dos figos com uma faca afiada. Acomode-os com o cabo para cima em uma panela grande forrada com um pouco de açúcar.

2. Em seguida, acrescente o pau de canela e cubra-os com o restante do açúcar. Tampe a panela e deixe de um dia para o outro (não destampe mais).

3. A seguir, leve ao fogo forte até levantar fervura. Reduza o fogo e cozinhe por aproximadamente 2 horas, até o figo ficar com aspecto rugoso e a calda, bem grossa. Deixe esfriar e coloque-os numa compoteira com a calda.

MERENGUE DE ABACAXI COM GANACHE DE CHOCOLATE

TEMPO DE PREPARO: 40 MINUTOS | RENDIMENTO: 8 PORÇÕES

Merengue

6 claras

¾ de xícara de açúcar

1 envelope de gelatina em pó sem sabor

1 lata de creme de leite sem soro

1 lata de abacaxi em calda picado

1. Na vasilha da batedeira, coloque as claras e bata até ficar em neve firme. Com a batedeira ligada, adicione o açúcar aos poucos. Continue batendo por cerca de 10 minutos.

2. Diminua a velocidade e adicione a gelatina hidratada com água e dissolvida em banho-maria. Deixe bater por 2 minutos e desligue a batedeira. Em seguida, junte o creme de leite e o abacaxi picado e misture bem com uma espátula.

Ganache

300 g de chocolate meio amargo ralado

1 lata de creme de leite sem soro

raspa de chocolate branco para decorar

3. Transfira o creme para uma fôrma redonda de fundo falso e leve ao freezer para endurecer. A seguir, desenforme o merengue em uma travessa redonda e cubra-o com o ganache. Decore com raspas de chocolate branco.

4. Para fazer o ganache, em banho-maria, derreta o chocolate mexendo ocasionalmente. Cuidado para não entrar vapor ou água. Assim que derreter completamente, retire do banho-maria e acrescente o creme de leite. Mexa vigorosamente por 5 minutos ou até ficar morno.

GELADO DE ABACAXI EM CAMADAS

TEMPO DE PREPARO: 30 MINUTOS | RENDIMENTO: 10 PORÇÕES

Primeira camada

1 lata de leite condensado
1 lata de leite (use a lata de leite condensado vazia para medir)
3 gemas ligeiramente batidas
1 lata de abacaxi em calda escorrido e picado

Segunda camada

2 xícaras de leite
1 colher (sopa) de manteiga
4 colheres (sopa) de açúcar
4 colheres (sopa) de achocolatado
1 colher (sopa) de amido de milho

chantili para decorar
fios de ovos e cereja em calda a gosto

1. Faça a primeira camada: junte o leite condensado, o leite e a gema batida numa panela média e leve ao fogo médio para cozinhar por 6 minutos, até obter um brigadeiro mole. Retire do fogo e coloque numa tigela para esfriar.

2. Para preparar a segunda camada, coloque o leite numa panela, mas reserve um pouco. Acrescente a manteiga, o açúcar, o achocolatado e o amido de milho dissolvido no leite reservado. Leve ao fogo e cozinhe por 6 minutos, sempre mexendo. Coloque o creme numa tigela e deixe esfriar.

3. Monte o prato: em uma tigela transparente funda, intercale a primeira camada de creme, o abacaxi picado, a segunda camada de creme e, por fim, o chantili. Decore a superfície com fios de ovos, cereja ou a gosto. Leve para gelar por 4 horas.

ABACAXI GRELHADO

TEMPO DE PREPARO: 20 MINUTOS | RENDIMENTO: 8 PORÇÕES

1 abacaxi pérola
1 colher (sopa) de manteiga
1 colher (chá) de gengibre ralado fino
1 colher (chá) de gergelim torrado

1. Descasque o abacaxi, acerte as extremidades e corte-o em rodelas com cerca de 1,5 cm de espessura. Reserve.

2. Unte uma frigideira antiaderente com manteiga e grelhe as rodelas de abacaxi por 1 minuto de cada lado.

3. Coloque em uma fôrma de servir, salpique o gengibre e o gergelim e sirva.

Dica: Se quiser, você pode substituir o gengibre e o gergelim por açúcar e canela.

BANANA FLAMBADA

TEMPO DE PREPARO: 40 MINUTOS | RENDIMENTO: 10 PORÇÕES

5 bananas-nanicas grandes
2 xícaras de açúcar
2 colheres (sopa) de água fervente
1 colher (sopa) de suco de limão
1 colher (sopa) de raspas de casca de limão
1 colher (chá) de canela em pó
3 colheres (sopa) de rum
1 caixinha de creme de leite

1. Descasque as bananas e corte-as ao meio no sentido do comprimento. Reserve.

2. Em uma frigideira grande, coloque o açúcar e leve ao fogo para derreter e caramelizar. Junte a água e misture.

3. Disponha as fatias de banana na calda, junte o suco de limão, as raspas de limão e a canela em pó. Cozinhe por 5 minutos ou até as bananas caramelizarem, virando-as na metade do cozimento.

4. Regue-as com o rum e flambe-as. Despeje o creme de leite e retire do fogo. Sirva em seguida.

DOCES E SOBREMESAS

BANANA COM LEITE CONDENSADO

TEMPO DE PREPARO: 20 MINUTOS | RENDIMENTO: 12 PORÇÕES

6 bananas-nanicas grandes
suco de 1 limão-siciliano
3 colheres (sopa) de manteiga
½ lata de leite condensado

1. Descasque as bananas, fatie-as ao meio no sentido do comprimento e regue com o suco de limão. Em seguida, aqueça a manteiga numa frigideira e frite as fatias de banana até dourar.

2. Transfira a banana para uma travessa e leve à geladeira para esfriar. A seguir, regue com o leite condensado e sirva.

DOCES E SOBREMESAS

BANANA ASSADA

TEMPO DE PREPARO: 20 MINUTOS | RENDIMENTO: 8 PORÇÕES

4 bananas-prata
suco de 1 limão-siciliano
1 colher (sopa) de canela em pó
3 colheres (sopa) de açúcar

1. Descasque as bananas e corte-as ao meio no sentido do comprimento. Respingue o suco de limão sobre as fatias e reserve.

2. Disponha as fatias de banana numa assadeira forrada com papel-manteiga e polvilhe-as com o açúcar e a canela. Leve para assar em forno preaquecido a 180 °C por 5 minutos, ou até que o açúcar derreta. Sirva em seguida.

PUDIM DE BANANA

TEMPO DE PREPARO: 1H10 | RENDIMENTO: 10 PORÇÕES

1 lata de leite condensado
2 latas de água (use a lata de leite condensado vazia para medir)
3 ovos
1 colher (sopa) de farinha de trigo
2 bananas-nanicas
suco de 1 limão

Calda
1 xícara de açúcar
½ xícara de água
suco de 1 limão

1. Para preparar a calda que vai caramelizar a fôrma, misture o açúcar e a água numa panela e leve para ferver, sem mexer. Adicione o suco de limão e deixe cozinhar em fogo baixo por cerca de 10 minutos, até a calda ficar cor de caramelo. Reserve.

2. No copo do liquidificador, junte o leite condensado, a água, os ovos e a farinha. Bata em velocidade alta por 3 minutos. Desligue e acrescente a banana picada e o suco de limão. Bata por mais 1 minuto.

3. Coloque a mistura do liquidificador numa fôrma para pudim, untada com a calda reservada. Leve para assar em banho-maria no forno preaquecido a 180 °C por 50 minutos ou até que um palito inserido no pudim saia limpo.

4. Quando o pudim amornar, desenforme-o numa travessa redonda e decore com rodelas de banana ligeiramente cozidas em açúcar.

SURPRESA DE BANANA

TEMPO DE PREPARO: 1H10 | RENDIMENTO: 8 PORÇÕES

Creme

2 xícaras de leite

4 colheres (sopa) de açúcar

4 gemas

4 colheres (sopa) rasas de amido de milho

gotas de essência de baunilha ou raspas de casca de limão

1 caixinha de creme de leite

Bananas caramelizadas

1½ xícara de açúcar

suco de meio limão

6 bananas-nanicas

Suspiro

3 claras

5 colheres (sopa) de açúcar

raspas de casca de 1 limão

1. Faça o creme: em uma panela, coloque o leite (reserve um pouco), o açúcar, a gema batida e o amido de milho previamente dissolvido no leite reservado. Misture e cozinhe em fogo médio por 6 minutos, até engrossar. Sem parar de mexer, retire do fogo e adicione a essência de baunilha e o creme de leite. Reserve.

2. Para caramelizar a banana, em uma frigideira, em fogo baixo, junte o açúcar e o suco de limão e mexa até obter uma calda cor de caramelo.

3. Retire do fogo e coloque as bananas previamente fatiadas no sentido do comprimento. Acrescente um pouco de água e cozinhe por alguns minutos. Reserve.

4. Para a cobertura de suspiro: bata as claras em neve na batedeira e acrescente o açúcar e as raspas de limão, continuando a bater até obter uma mistura lisa e brilhante.

5. Para montar, em uma tigela refratária média, coloque o creme e, por cima, as bananas caramelizadas. Ponha o suspiro em um saco de confeitar com bico pitanga e cubra toda a superfície com ele.

6. Leve ao forno na temperatura mínima, preaquecido, e deixe assar até o suspiro ficar corado (cerca de 5 minutos). Retire do forno e sirva quente, sozinha ou acompanhada de sorvete de creme.

DOCE DE BANANA COM MERENGUE

TEMPO DE PREPARO: 30 MINUTOS | RENDIMENTO: 10 PORÇÕES

Doce
8 bananas-nanicas picadas
suco de 1 limão-siciliano
2 xícaras de açúcar
1 pau de canela

Merengue
3 claras
6 colheres (sopa) de açúcar
raspas de casca de limão a gosto
½ colher (chá) de cremor de tártaro

Creme
2 xícaras de leite
4 colheres (sopa) de açúcar
1 colher (sopa) de manteiga
3 gemas
5 gotas de essência de baunilha
3 colheres (sopa) de amido de milho

1. Faça o doce: em uma panela, coloque a banana picada, o suco de limão, o açúcar e o pau de canela. Leve ao fogo e cozinhe por 12 minutos em fogo baixo, mexendo sempre. Retire e reserve.

2. Prepare o merengue: coloque as claras na vasilha da batedeira e bata em velocidade alta por 3 minutos, até começar a formar picos. Adicione aos poucos o açúcar, as raspas de limão e o cremor de tártaro e bata por mais 2 minutos. Reserve.

3. Faça o creme: em uma panela, junte o leite (reserve um pouco), o açúcar, a manteiga, as gemas passadas pela peneira, a essência de baunilha e o amido de milho dissolvido no leite reservado. Cozinhe em fogo médio por 5 minutos, mexendo até engrossar. Retire do fogo e espalhe o creme obtido numa fôrma refratária redonda.

4. A seguir, espalhe o doce de banana reservado e sobre ele o merengue, com a ajuda de um saco de confeitar com bico pitanga. Leve ao forno preaquecido a 180 °C por 4 ou 5 minutos, apenas para dourar a superfície.

MANJAR BRANCO COM CALDA DE AMEIXA

TEMPO DE PREPARO: 50 MINUTOS | RENDIMENTO: 8 PORÇÕES

1 lata de leite condensado
3 latas de leite (use a lata de leite condensado vazia para medir)
4 colheres (sopa) de amido de milho
1 vidro de leite de coco
50 g de coco ralado

Calda
1 xícara de água
1½ xícara de açúcar
300 g de ameixa-preta sem caroço

1. Em uma panela média, junte o leite condensado e o leite (reserve um pouco) e misture bem com uma colher. Em seguida, dissolva o amido de milho no leite reservado e adicione-o à panela. Cozinhe em fogo médio, mexendo sem parar até engrossar.

2. Retire a panela do fogo e adicione o leite de coco e o coco ralado. Misture, leve de volta ao fogo baixo e deixe cozinhar por cerca de 10 minutos.

3. Em seguida, coloque a mistura numa fôrma de vidro pincelada com óleo e passada por água fria. Deixe o manjar na geladeira por 3 horas. Depois, desenforme-o em um prato redondo e regue-o com a calda.

4. Para fazer a calda, coloque a água, o açúcar e as ameixas numa panela e ferva em fogo baixo por aproximadamente 20 minutos.

CREME DE MARIA-MOLE COM CALDA DE CARAMELO

TEMPO DE PREPARO: 25 MINUTOS | RENDIMENTO: 8 PORÇÕES

2 xícaras de leite quente
1 pacote de pó para maria-mole
1 lata de leite condensado
1 lata de creme de leite sem soro

Calda
2 xícaras de açúcar
½ xícara de água

1. No copo de liquidificador, junte o leite quente e o pó para maria-mole. Bata por 2 minutos em velocidade alta. Desligue e adicione o leite condensado. Bata por mais 1 minuto. Desligue novamente e acrescente o creme de leite e torne a bater por 2 minutos. Reserve.

2. Faça a calda: junte o açúcar e a água numa panela e misture. Deixe ferver por 10 minutos, sem mexer.

3. Em seguida, caramelize uma taça grande com parte do caramelo e despeje a mistura do liquidificador. Despeje o restante do caramelo em fio sobre a superfície do creme e leve à geladeira por 4 horas.

Dica: Se quiser obter uma consistência de pudim, acrescente mais 1 pacote de pó para maria-mole à receita.

CREME GELADO DE COCO, AMÊNDOAS E ABACAXI

TEMPO DE PREPARO: 40 MINUTOS | RENDIMENTO: 8 PORÇÕES

1 pote de iogurte natural
½ vidro de leite de coco
3 xícaras de açúcar
1 xícara de creme de leite fresco
2 xícaras de coco fresco ralado
100 g de amêndoas torradas laminadas
1 envelope de gelatina incolor sem sabor
5 colheres (sopa) de água
1 lata de abacaxi em calda cortado em cubos
tiras de coco fresco para decorar

1. Em uma vasilha grande, coloque o iogurte, o leite de coco, o açúcar, o creme de leite fresco e o coco ralado. Misture a cada ingrediente adicionado. Agregue parte das amêndoas e a gelatina hidratada na água e dissolvida em banho-maria. Reserve.

2. Em uma taça grande ou em pequenas individuais, intercale camadas de creme e cubos de abacaxi e leve à geladeira por 4 horas. Depois de gelar, decore com tiras de coco e lâminas de amêndoa.

Dica: Para deixar este creme ainda mais saboroso, doure as tiras de coco. Para isso, coloque-as numa assadeira e leve ao forno preaquecido a 200 °C por alguns minutos.

FLÃ DE COCO COM CALDA DE FRAMBOESA

TEMPO DE PREPARO: 30 MINUTOS | RENDIMENTO: 8 PORÇÕES

1 vidro de leite de coco
2 vidros de leite (use o vidro de leite de coco vazio para medir)
1 lata de leite condensado
1 envelope de gelatina em pó sem sabor
4 colheres (sopa) de água

Calda
200 g de framboesa
1 xícara de água
1½ xícara de açúcar

1. Para fazer a calda, em uma panela média, junte as framboesas, a metade da água (reserve o restante) e o açúcar. Leve ao fogo baixo por cerca de 20 minutos (se necessário, utilize a água reservada durante o cozimento se o líquido secar muito).

2. No copo do liquidificador, coloque o leite de coco, o leite e o leite condensado. Bata por 2 minutos em velocidade alta e desligue. Adicione em seguida a gelatina hidratada com a água e dissolvida em banho-maria. Bata por mais 1 minuto.

3. Coloque a mistura do liquidificador numa fôrma própria para flã, untada com óleo e passada rapidamente pela água. Leve para a geladeira por cerca de 5 horas. Desenforme o flã em uma travessa redonda e decore com coco ralado. Regue com a calda de framboesa.

COCADA DE COLHER

TEMPO DE PREPARO: 40 MINUTOS | RENDIMENTO: 10 PORÇÕES

2 xícaras de açúcar
2 xícaras de água
3 cravos-da-índia
1 pau de canela
1 coco fresco ralado

1. Em uma panela, coloque o açúcar, a água, os cravos e o pau de canela. Misture bem. Leve a panela ao fogo baixo e deixe ferver até dar o ponto de fio.

2. Em seguida, adicione o coco ralado e cozinhe em fogo baixo por 15 minutos, mexendo sempre, ou até virar uma cocada mole. Retire do fogo e deixe esfriar. Coloque a cocada numa compoteira e conserve na geladeira.

BOM-BOCADO DE ASSADEIRA

TEMPO DE PREPARO: 50 MINUTOS | RENDIMENTO: 20 PORÇÕES

2 xícaras de leite
4 ovos
2 colheres (sopa) de fubá
2 colheres (sopa) de farinha de trigo
3 xícaras de açúcar
1 colher (sopa) de manteiga
300 g de coco ralado
4 colheres (sopa) de água
1 colher (sopa) de fermento químico em pó

1. No copo do liquidificador, junte o leite, os ovos, o fubá e a farinha. Bata por 2 minutos em velocidade alta. Adicione em seguida o açúcar e a manteiga e bata por mais 2 minutos para ficar bem homogêneo. Desligue.

2. Em uma vasilha funda, coloque a mistura do liquidificador e o coco ralado previamente hidratado na água. Mexa com uma colher. Incorpore o fermento.

3. Despeje a massa numa assadeira retangular média, untada e enfarinhada, e leve para assar em forno preaquecido a 200 °C por 40 minutos. Retire do forno e deixe esfriar. Corte o bom-bocado em quadrados e disponha-os numa travessa.

MUSSE MORENINHA

TEMPO DE PREPARO: 30 MINUTOS | RENDIMENTO: 8 PORÇÕES

3 claras
3 colheres (sopa) de açúcar
1 lata de creme de leite sem soro
1 lata de doce de leite
½ xícara de conhaque
1 envelope de gelatina em pó sem sabor
4 colheres (sopa) de água
1 xícara de coco ralado queimado

1. Na vasilha da batedeira, coloque as claras e bata em velocidade alta até começar a encorpar. Sempre batendo, adicione o açúcar, aos poucos, e bata até ficar bem firme. Reserve.

2. No copo do liquidificador, junte o creme de leite, o doce de leite e o conhaque e bata por 2 minutos em velocidade alta. Acrescente a gelatina previamente hidratada na água e dissolvida em banho-maria e bata por mais 1 minuto. Desligue o liquidificador e incorpore as claras em neve.

3. Transfira a musse para uma tigela funda transparente e distribua o coco queimado na superfície. Deixe na geladeira por 4 horas antes de servir.

Dica: Para obter um doce de leite bem rápido, coloque 1 lata de leite condensado na panela de pressão coberta com água e deixe por 40 minutos.

PUDIM PREGUIÇOSO

TEMPO DE PREPARO: 1H20 | RENDIMENTO: 8 PORÇÕES

2 xícaras de leite
1 xícara de açúcar
6 ovos
½ xícara de farinha de trigo
1 xícara de coco ralado

Calda
1½ xícara de açúcar
½ xícara de água

1. Faça a calda para caramelizar: coloque o açúcar e a água numa panela, mexa e deixe ferver em fogo baixo até obter uma calda cor de caramelo (cerca de 10 minutos). Não mexa mais durante o cozimento. Em seguida, caramelize com a calda uma fôrma própria para pudim (de furo no meio). Reserve.

2. No copo do liquidificador, junte o leite, o açúcar e os ovos. Bata em velocidade alta por 2 minutos. Desligue o liquidificador e acrescente a farinha e o coco ralado. Bata novamente por mais 2 minutos.

3. Coloque a mistura do liquidificador na fôrma caramelizada, cubra com papel-alumínio e leve ao banho-maria em forno preaquecido a 180 °C por 40 a 50 minutos.

4. Desenforme o pudim em um prato redondo quando estiver frio e leve-o em seguida para gelar por 2 horas.

FLÃ DE LARANJA COM CALDA DE CARAMELO

TEMPO DE PREPARO: 25 MINUTOS | RENDIMENTO: 8 PORÇÕES

1,5 litro de suco de laranja
1 xícara de açúcar
10 colheres (sopa) de amido de milho
gotas de essência de laranja

Calda
2 xícaras de açúcar
½ xícara de água
½ colher (chá) de essência de baunilha

rodelas de laranja para decorar

1. Em uma panela grande, junte o suco de laranja (reserve um pouco), o açúcar, o amido de milho diluído no suco de laranja reservado e algumas gotas da essência. Misture bem e leve ao fogo alto, mexendo até engrossar (cerca de 5 minutos). Deixe cozinhar por mais alguns minutos em fogo baixo.

2. Transfira o creme para uma fôrma própria para flã, untada com óleo e passada pela água. Leve para gelar por 4 horas. Depois, desenforme o flã e regue-o com a calda. Decore com as rodelas de laranja (sem as sementes).

3. Para fazer a calda, em uma panela, misture o açúcar e a água. Ferva por cerca de 10 minutos sem mexer, até obter uma calda cor de caramelo. Junte a essência de baunilha e retire do fogo.

PUDIM DE LARANJA

TEMPO DE PREPARO: 30 MINUTOS | RENDIMENTO: 8 PORÇÕES

1 litro de suco de laranja natural
1½ xícara de açúcar
4 colheres (sopa) de amido de milho
calda de sua preferência

1. Em uma panela grande, misture o suco de laranja (reserve um pouco) e o açúcar. Adicione o amido de milho dissolvido no suco reservado, misture bem e cozinhe em fogo médio por cerca de 5 minutos, até engrossar. Diminua o fogo e deixe cozinhar por mais 5 minutos.

2. Transfira a mistura para uma fôrma de pudim pincelada com um fio de óleo e molhada em seguida. Deixe o pudim na geladeira de um dia para o outro. Na hora de servir, desenforme-o e regue com uma calda de sua preferência.

DOCE DE CASCA DE LARANJA

TEMPO DE PREPARO: 7 HORAS | RENDIMENTO: 40 PORÇÕES

10 laranjas de casca grossa
1,5 litro de água
500 g de açúcar
1 pau de canela

1. Rale superficialmente a casca das laranjas. A seguir, corte-as em quatro, descarte os gomos e retire com cuidado a pele branca que recobre a parte interna da casca. Deixe as cascas de molho por cerca de 3 dias, trocando várias vezes de água.

2. Depois, em uma panela funda, coloque a água, o açúcar e o pau de canela. Ferva por cerca de 20 minutos, até obter uma calda rala. Adicione a laranja e cozinhe em fogo baixo por aproximadamente 5 horas.

Dica: Para a laranja ficar com um aspecto brilhante, na hora do preparo, cozinhe por 1 hora, desligue o fogo e espere 30 minutos para voltar a cozinhar. Repita esse procedimento durante todo o tempo de cozimento das cascas.

CREME DE LIMÃO

TEMPO DE PREPARO: 15 MINUTOS | RENDIMENTO: 6 PORÇÕES

1 lata de leite condensado
4 colheres (sopa) de suco de limão
1 lata de creme de leite
1 colher (chá) de raspas de casca de limão
1 pacote de biscoito maisena sabor chocolate triturado

1. No liquidificador, bata o leite condensado e o suco de limão até engrossar. Desligue e misture o creme de leite e as raspas de limão com uma colher.

2. Em uma tigela média funda, intercale camadas do creme e do biscoito triturado, terminando em biscoito. Leve à geladeira por 3 horas antes de servir.

SORVETE DE LIMÃO COM IOGURTE

TEMPO DE PREPARO: 25 MINUTOS | RENDIMENTO: 6-8 PORÇÕES

1 lata de leite condensado
1 pote de iogurte natural
suco de 1 limão-siciliano
4 claras
2 colheres (sopa) de açúcar
raspas de casca de limão para decorar

1. No copo do liquidificador, junte o leite condensado e o iogurte. Bata por 2 minutos em velocidade alta. Em seguida, adicione o suco de limão e bata por mais alguns segundos. Transfira a mistura do liquidificador para uma vasilha funda e reserve.

2. Bata as claras em neve com o açúcar e incorpore à mistura de limão reservada.

3. Transfira o creme para uma tigela de vidro e leve ao freezer por 4 a 5 horas, até endurecer. Na hora de servir, decore o sorvete com a raspa de limão.

CREPE COM CREME DE LIMÃO

TEMPO DE PREPARO: 45 MINUTOS | RENDIMENTO: 12-15 UNIDADES

1 receita de crepe doce (ver página 585)

Recheio
1 copo de requeijão
1 lata de leite condensado
suco de 2 limões
1 colher (chá) de raspas de casca de limão
½ colher (chá) de essência de baunilha

Cobertura
8 morangos grandes picados
açúcar para polvilhar

1. Prepare os crepes conforme a receita. Reserve.

2. Na tigela pequena da batedeira, coloque o requeijão e, acrescentando o leite condensado aos poucos, bata até obter um creme liso. Desligue a batedeira e acrescente o suco e as raspas de limão e a essência de baunilha e misture bem. Deixe o creme na geladeira por 1 hora.

3. Para montar: espalhe uma camada fina de creme de limão por cima de cada crepe. Junte dois crepes e enrole-os, juntos, como rocambole. Coloque cada crepe montado em um prato de sobremesa e, por cima dele, uma porção de morango picado, previamente polvilhada com açúcar.

MUSSE DE MANGA

TEMPO DE PREPARO: 30 MINUTOS | RENDIMENTO: 6 PORÇÕES

Musse

1 pote de iogurte natural
2 mangas Haden grandes
1 envelope de gelatina em pó sem sabor
4 colheres (sopa) de água
4 claras
4 colheres (sopa) de açúcar

Calda

1 manga Haden grande e madura
½ xícara de água
½ xícara de açúcar

1. No copo do liquidificador, junte o iogurte, a manga e a gelatina previamente hidratada com a água e dissolvida em banho-maria. Bata por 3 minutos em velocidade alta. Reserve.

2. Bata as claras na vasilha da batedeira em velocidade alta até começar a encorpar. Sempre batendo, adicione o açúcar, aos poucos, e bata até ficar bem firme. Desligue a batedeira e agregue o creme do liquidificador.

3. Transfira a musse para uma fôrma untada com óleo e umedecida com água. Leve à geladeira por 4 horas, até ficar firme. Na hora de servir, desenforme-a em um prato redondo, regando com a calda preparada.

4. Para fazer a calda, no copo do liquidificador, junte a manga, a água e o açúcar. Bata em velocidade alta por 2 minutos até ficar homogêneo. Coloque a mistura numa panela e leve ao fogo médio, até levantar fervura e engrossar levemente (cerca de 3 minutos). Deixe esfriar para empregar.

FLÃ DE MANGA COM CALDA DE MARACUJÁ

TEMPO DE PREPARO: 30 MINUTOS | RENDIMENTO: 8 PORÇÕES

2 mangas grandes picadas
1 lata de creme de leite
1 envelope de gelatina em pó sem sabor
4 colheres (sopa) de água
4 claras
4 colheres (sopa) de açúcar

Calda
3 polpas de maracujá
½ xícara de água
½ xícara de açúcar

1. No copo do liquidificador, coloque a manga e o creme de leite. Bata por 2 minutos em velocidade alta. Desligue e junte a gelatina hidratada com a água e dissolvida em banho--maria. Bata novamente por mais 1 minuto.

2. Coloque a mistura do liquidificador numa tigela funda e incorpore delicadamente as claras batidas em neve com o açúcar.

3. Despeje o creme obtido numa fôrma própria para flã, untada com óleo e umedecida com água. Leve para gelar por 2 horas no freezer ou de um dia para o outro na geladeira. Na hora de servir, desenforme o flã numa travessa redonda e regue-o com a calda de maracujá.

4. Para fazer a calda, em uma panela média, junte a polpa de maracujá, a água e o açúcar. Misture bem, tampe a panela e deixe ferver por cerca de 10 minutos em fogo médio. Espere ficar morna para usar.

QUINDÃO DE MARACUJÁ

TEMPO DE PREPARO: 1 HORA | RENDIMENTO: 20 UNIDADES

1 xícara de suco de maracujá concentrado
3 colheres (sopa) de manteiga em temperatura ambiente
2 ovos
6 gemas
1 xícara de amido de milho
1 xícara de coco ralado

Calda
2 xícaras de açúcar
1 xícara de água

1 xícara de polpa de maracujá para decorar

1. Em uma panela, misture o açúcar e a água e deixe ferver por 7 minutos, até obter o ponto de fio. Não mexa a calda durante o cozimento para não açucarar. Reserve.

2. No copo do liquidificador, coloque o suco de maracujá, a manteiga, os ovos e as gemas passadas pela peneira. Bata por 2 minutos em velocidade alta. Desligue, acrescente o amido de milho e bata novamente por mais 1 minuto.

3. Transfira o conteúdo do liquidificador para uma vasilha média e agregue metade da calda e o coco ralado. Despeje a mistura numa fôrma redonda de furo no meio, untada com manteiga, polvilhada com açúcar cristal e regada com o restante da calda.

4. Cubra a fôrma com papel-alumínio e leve ao banho-maria em forno preaquecido a 180 °C por 40 minutos.

5. Desenforme o quindão ainda morno em um prato redondo e despeje sobre ele a polpa de maracujá. Leve para gelar.

PANQUECA DE CREME COM CALDA DE MARACUJÁ

TEMPO DE PREPARO: 1 HORA | RENDIMENTO: 12-15 UNIDADES

1 receita de panqueca doce (ver página 585)

Calda
2 xícaras de açúcar
4 xícaras de suco concentrado de maracujá

Recheio
2½ xícaras de creme de leite fresco
½ xícara de açúcar

1. Prepare as panquecas conforme a receita. Reserve.

2. Faça a calda: junte o açúcar e o suco de maracujá e leve ao fogo médio. Cozinhe por 10 minutos ou até obter uma calda grossa, mexendo sem parar. Reserve.

3. Faça o recheio: bata o creme de leite com o açúcar na batedeira por 2 minutos. Adicione um pouco da calda de maracujá e bata até virar um creme. Deixe esfriar.

4. Espalhe um pouco de creme em cada panqueca e dobre-a duas vezes, formando um triângulo. Ajeite as panquecas numa travessa e regue-as com a calda quente de maracujá. Sirva em seguida.

PUDIM DE MILHO-VERDE

TEMPO DE PREPARO: 1H20 | RENDIMENTO: 8 PORÇÕES

Pudim

3 espigas de milho
2 xícaras de leite
1 lata de leite condensado
1 vidro pequeno de leite de coco
4 ovos
1 colher (sopa) de farinha de trigo

Caramelo

2 xícaras de açúcar
½ xícara de água

1. Raspe o milho das espigas com uma faca. Em seguida, bata o milho no liquidificador com 1 xícara de leite por 3 minutos. Retire do liquidificador e passe pela peneira.

2. Volte o líquido coado ao liquidificador e acrescente o restante do leite, o leite condensado, o leite de coco, os ovos e a farinha de trigo. Bata por 3 minutos em velocidade alta, até ficar bem homogêneo. Reserve.

3. Coloque o açúcar e a água numa panela, mexa e deixe ferver em fogo baixo até obter uma calda cor de caramelo (cerca de 10 minutos). Não mexa mais durante o cozimento. Em seguida, caramelize com a calda uma fôrma redonda de furo no meio e despeje a massa.

4. Cubra a fôrma com papel-alumínio e leve ao banho-maria em forno preaquecido a 180 °C por 45 minutos. Desenforme o pudim em um prato redondo quando estiver frio e deixe-o na geladeira por 3 horas antes de servir.

PAMONHA TRADICIONAL

TEMPO DE PREPARO: 1H10 | RENDIMENTO: 4 PORÇÕES

5 espigas de milho grandes
1 colher (sopa) de manteiga
1 xícara de açúcar
½ xícara de leite

1. Reserve a palha que envolve as espigas de milho e separe os grãos, usando uma faca bem afiada para cortar o milho bem rente ao sabugo com cuidado.

2. Coloque o milho no copo do liquidificador e bata em velocidade alta por 4 minutos, até obter um creme. Reserve.

3. Aqueça o leite numa panela e junte o açúcar e a manteiga. Quando a manteiga derreter, desligue o fogo e deixe esfriar.

4. Enquanto isso, escolha as palhas maiores, dobre-as e costure as laterais, fazendo saquinhos. Reserve.

5. Assim que o leite estiver frio, adicione o milho do liquidificador e misture muito bem com uma colher.

6. Para embalar a pamonha, pegue a palha do milho, dobre para fazer um copinho e coloque a massa dentro. Feche com outra palha. Dobre e amarre bem com uma linha grossa. Trance para não soltar a palha e dê um nó bem apertado.

7. Coloque os pacotinhos numa panela com água fervente e cozinhe por 45 minutos em fogo alto, até que a pamonha esteja firme e a palha, amarelada. Sirva quente ou fria.

PAMONHA DE FORNO

TEMPO DE PREPARO: 1 HORA | RENDIMENTO: 16 PORÇÕES

2 latas de milho escorrido
1 vidro de leite de coco
4 ovos
4 colheres (sopa) de farinha de trigo
2 xícaras de açúcar
1 colher (sopa) de manteiga em temperatura ambiente
1 colher (sopa) de queijo parmesão ralado
1 colher (sopa) de fermento químico em pó
canela em pó para polvilhar

1. Junte todos os ingredientes no liquidificador, exceto o fermento e a canela, e bata por 4 minutos em velocidade alta, até ficar homogêneo. Desligue, acrescente o fermento e bata por alguns segundos, apenas para misturar.

2. Despeje a mistura numa assadeira retangular média, untada e enfarinhada, e leve para assar em forno preaquecido a 200 °C por 50 minutos, ou até a consistência da pamonha ficar firme, porém cremosa. Retire do forno e polvilhe a canela quando ficar morna.

CURAU DE MILHO VERDE

TEMPO DE PREPARO: 20 MINUTOS | RENDIMENTO: 6 PORÇÕES

4 espigas de milho
2 xícaras de leite
1 xícara de açúcar
½ colher (chá) de sal
canela em pó para polvilhar

1. Raspe o milho das espigas com uma faca. Em seguida, bata no liquidificador com o leite por 3 minutos. Coe a mistura e coloque-a numa panela.

2. Junte o açúcar e o sal, misture e leve ao fogo médio, mexendo sempre, até obter um creme.

3. Retire do fogo, espere esfriar e coloque numa tigela funda. Polvilhe a canela e leve à geladeira.

SORVETE DE MILHO

TEMPO DE PREPARO: 15 MINUTOS | RENDIMENTO: 8-10 PORÇÕES

1 lata de milho verde escorrido
1 lata de leite condensado
1 lata de leite (use a lata de leite condensado vazia para medir)
1 lata de creme de leite
1 colher (chá) de essência de baunilha

1. No copo do liquidificador, bata o milho, o leite condensado e o leite por 2 minutos em velocidade alta.

2. Desligue, adicione o creme de leite e a baunilha. Bata novamente até ficar homogêneo.

3. Coloque o creme em fôrma própria para sorvete e leve ao freezer por 24 horas.

DELÍCIA DE MORANGO E CHANTILI

TEMPO DE PREPARO: 25 MINUTOS | RENDIMENTO: 6 PORÇÕES

400 g de morango limpo
100 g de açúcar
2 colheres (chá) de vinagre balsâmico
2 xícaras de creme de leite fresco

1. Coloque os morangos em um prato (reserve 6) e polvilhe o açúcar sobre eles. Amasse-os ligeiramente com um garfo, regue com o vinagre balsâmico, misture e deixe descansar por 10 minutos.

2. Na batedeira, bata o creme de leite em velocidade alta até virar chantili.

3. Coloque o chantili numa vasilha e misture o morango macerado. Distribua essa mistura em 6 taças, coloque um morango inteiro sobre cada uma delas e deixe na geladeira por cerca 1 hora antes de servir.

CHARLOTE DE MORANGO

TEMPO DE PREPARO: 40 MINUTOS | RENDIMENTO: 8 PORÇÕES

½ pacote de biscoito maisena
2 colheres (sopa) de manteiga derretida
200 g de biscoito champanhe
400 g de ricota esfarelada
1 lata de leite condensado
1 lata de creme de leite sem soro
1 colher (sopa) de suco de limão
1 colher (chá) de raspas de casca de limão
1 envelope de gelatina incolor sem sabor
4 colheres (sopa) de água
1½ xícara de morango picado

geleia de morango para a cobertura
8 morangos cortados ao meio para decorar

1. Triture os biscoitos maisena no liquidificador e coloque numa vasilha pequena. Acrescente a manteiga e misture bem, até obter uma farofa úmida. Forre com ela uma fôrma pequena de fundo removível. Leve ao forno preaquecido a 150 °C por 7 minutos.

2. Em seguida, corte os biscoitos champanhe ao meio e coloque-os na lateral da fôrma fazendo um cercadinho. Reserve.

3. No copo do liquidificador, junte a ricota, o leite condensado, o creme de leite, o suco e as raspas de limão e a gelatina hidratada na água e dissolvida em banho-maria. Bata por 2 minutos em velocidade média. Desligue e misture o morango picado. Leve à geladeira por 5 minutos.

4. Depois, despeje o conteúdo do liquidificador na fôrma montada e decore a superfície do creme com geleia e morango partido. Deixe a charlote na geladeira por 4 horas antes de servir.

MERENGUE DE MORANGO

TEMPO DE PREPARO: 50 MINUTOS | RENDIMENTO: 8 PORÇÕES

Suspiro
4 claras
1½ xícara de açúcar
1 colher (chá) de fermento químico em pó
1 colher (chá) de essência de baunilha

Creme
2 xícaras de creme de leite
3 colheres (sopa) de açúcar

2 caixas de morango

1. Na vasilha da batedeira, bata as claras em neve firme. A seguir, adicione o açúcar, aos poucos, o fermento e a essência de baunilha. Continue batendo até obter um glacê. Coloque a mistura batida em um saco de confeiteiro com bico liso. Reserve.

2. Forre uma fôrma redonda de 24 cm de diâmetro com papel-manteiga e unte-o ligeiramente com manteiga. Com o saco de confeitar, forme 1 disco de glacê sobre o papel, começando pelo centro, sempre em círculo, até preencher toda a fôrma.

3. Leve ao forno preaquecido a 200 °C até dourar (mantenha a porta do forno entreaberta). Repita o procedimento para fazer 3 discos de suspiro. Reserve.

4. Coloque o creme de leite na vasilha da batedeira e bata em velocidade alta até começar a encorpar. Sem desligar a batedeira, adicione o açúcar e bata até o creme ficar firme. Reserve.

5. Em uma base de vidro, intercale camadas de disco de suspiro, chantili, morango e chantili. Termine com chantili e morango. Deixe na geladeira por 2 horas antes de servir.

CREPE DE MORANGO

TEMPO DE PREPARO: 50 MINUTOS | RENDIMENTO: 12-15 PORÇÕES

1 receita de crepe doce (ver página 585)

Recheio

2 xícaras de morango bem picado
3 colheres (sopa) de doce de leite

Calda

1 lata de leite condensado
½ xícara de chocolate amargo picado
1 colher (sopa) de café solúvel
⅓ de xícara de água
2 colheres (sopa) de conhaque

1. Prepare os crepes conforme a receita. Reserve.

2. Faça o recheio: misture o morango com o doce de leite e reserve.

3. Prepare a calda: em uma panela, coloque o leite condensado, o chocolate e o café. Junte a água e cozinhe em banho-maria por 20 minutos ou até engrossar, mexendo sempre. Retire do fogo e misture o conhaque.

4. Monte os crepes: coloque uma fina camada de recheio na metade de cada crepe, dobre-o ao meio, formando uma meia-lua. Arrume os crepes numa travessa e cubra-os com a calda fria.

PUDIM DE DOCE DE ABÓBORA

TEMPO DE PREPARO: 1H10 | RENDIMENTO: 8 PORÇÕES

1 pote de iogurte natural
1 lata de leite condensado
4 ovos
350 g de doce de abóbora com coco (ver página 641)
1 colher (sopa) de manteiga
2 colheres (sopa) de farinha de trigo

Caramelo
2 xícaras de açúcar
½ xícara de água

1 xícara de coco fresco ralado para decorar
paus de canela para decorar

1. Coloque o açúcar e a água numa panela, mexa e deixe ferver em fogo baixo até obter uma calda cor de caramelo (cerca de 10 minutos). Não mexa mais durante o cozimento. Em seguida, caramelize uma fôrma para pudim e reserve.

2. No copo do liquidificador, junte o iogurte, o leite condensado e os ovos. Bata em velocidade alta por 2 minutos. Desligue e acrescente o doce de abóbora, a manteiga e a farinha. Bata novamente por mais 2 minutos.

3. A seguir, despeje a mistura do liquidificador na fôrma caramelizada, cubra-a com papel-alumínio e leve ao banho-maria para assar em forno preaquecido a 180 °C por 45 minutos (coloque a fôrma no assoalho do forno).

4. Desenforme o pudim ainda morno em um prato redondo e decore com coco ralado e paus de canela.

DOCE DE ABÓBORA CRISTALIZADO

TEMPO DE PREPARO: 30 MINUTOS | RENDIMENTO: 10 PORÇÕES

3 colheres (sopa) de cal virgem
2 litros de água, mais 1 xícara
2 kg de abóbora sem casca e cortada em cubos
1,5 kg de açúcar
6 cravos-da-índia
2 paus de canela
açúcar cristal

1. Em uma vasilha plástica, dissolva a cal em 2 litros de água, coloque a abóbora dentro e deixe de molho durante 2 horas.

2. Passado esse tempo, escorra e lave bem a abóbora em água corrente.

3. Leve ao fogo o açúcar, a água restante, os cravos e os paus de canela e deixe ferver até que o açúcar esteja dissolvido. Junte os pedaços de abóbora e cozinhe em fogo brando por 30 minutos. Adicione mais água se necessário.

4. Retire do fogo e espere esfriar. Escorra os pedaços de abóbora em uma peneira, passe-os em açúcar cristal e deixe secar ao sol. Sirva.

DOCE DE ABÓBORA COM COCO

TEMPO DE PREPARO: 1H10 | RENDIMENTO: 8 PORÇÕES

1 kg de abóbora sem casca e cortada em cubos
3 xícaras de açúcar
2 pauzinhos de canela
6 cravos-da-índia
½ xícara de coco seco ralado

1. Numa panela grande, coloque a abóbora, o açúcar, a canela e os cravos. Leve ao fogo médio, mexendo sempre, até a abóbora começar a soltar água e umedecer o açúcar. A partir daí, reduza o fogo e cozinhe por 40 minutos, mexendo de vez em quando.

2. Quando a abóbora tiver desmanchado e a calda tiver engrossado um pouco, junte o coco e deixe mais 10 minutos em fogo baixo. Espere esfriar e transfira para um pote com tampa. Conserve na geladeira.

DOCE DE MAMÃO VERDE RALADO

TEMPO DE PREPARO: 30 MINUTOS | RENDIMENTO: 8 PORÇÕES

2 kg de mamão verde
1 kg de açúcar
1½ litro de água fria
3 paus de canela
6 cravos-da-índia

1. Risque a casca do mamão com a ponta de uma faca e deixe-o no escorredor por 1 hora para que o leite saia. Depois, corte o mamão em pedaços grandes, retire as sementes e rale-o no lado grosso do ralador.

2. Em uma tigela funda, deixe o mamão ralado coberto de água por 10 horas, trocando a água 3 vezes, no mínimo. Depois, escorra bem (use um escorredor e aperte a massa suavemente para sair todo o líquido). Reserve.

3. Em uma panela, em fogo baixo, prepare uma calda com o açúcar e a água, até adquirir ponto de calda de pudim. Acrescente o doce de mamão e os paus de canela e cozinhe, mexendo sempre, até o ponto desejado.

4. Retire o doce do fogo e misture os cravos. Deixe esfriar e leve à geladeira. Sirva gelado.

TORTA HOLANDESA

TEMPO DE PREPARO: 50 MINUTOS | RENDIMENTO: 10 PORÇÕES

1 xícara de manteiga
1 xícara de açúcar
5 gotas de essência de baunilha
4 gemas
3 latas de creme de leite
200 g de biscoito maisena
100 g de chocolate amargo
100 g de chocolate ao leite
200 g de biscoito doce redondo coberto com chocolate

1. Na tigela da batedeira, em velocidade alta, bata a manteiga com o açúcar, a baunilha e as gemas. Desligue a batedeira e adicione 2 latas de creme de leite sem soro e misture. Reserve.

2. Forre uma fôrma de aro removível com o biscoito maisena e despeje o creme reservado. Leve ao freezer por 1 hora.

3. Derreta os dois tipos de chocolate em banho-maria e misture o creme de leite com soro. Retire a massa do freezer, cubra com creme de chocolate e volte ao freezer. Depois de congelado, desenforme e decore a torta com os biscoitos cobertos de chocolate.

TORTA XADREZ DE GOIABA

TEMPO DE PREPARO: 1 HORA | RENDIMENTO: 10 PORÇÕES

300 g de goiabada
2 tabletes de fermento biológico fresco
uma pitada de sal
½ xícara de leite morno
2 colheres (sopa) de açúcar
2 ovos
250 g de gordura vegetal
1 kg de farinha de trigo
gema para pincelar

1. Coloque a goiabada numa panela e derreta em fogo baixo até ficar cremosa. Reserve.

2. Coloque o fermento esfarelado e o sal em um recipiente e misture até dissolver. Junte o leite morno e mexa até obter um líquido. Acrescente o açúcar, os ovos e a gordura vegetal e mexa.

3. Adicione a farinha aos poucos e mexa até obter uma massa que não grude nos dedos. Sove-a sobre uma superfície enfarinhada até ficar homogênea.

4. Forre uma assadeira de fundo falso com a massa e aplique o recheio. Cubra com tiras da massa, fazendo um xadrez.

5. Pincele com gema e leve para assar em forno preaquecido a 180 °C por 30 minutos. Desenforme fria.

TORTA DE MAÇÃ

TEMPO DE PREPARO: 55 MINUTOS | RENDIMENTO: 10 PORÇÕES

Massa

200 g de biscoito doce
2 colheres (sopa) cheias de manteiga

Recheio

9 maçãs sem casca
9 colheres (sopa) de açúcar
5 colheres (chá) de canela em pó
1 lata de leite condensado
4 gemas ligeiramente batidas
1 lata de creme de leite

1. Prepare o recheio: rale as maçãs sem a casca e coloque-as numa panela. Adicione o açúcar e a canela e, em fogo médio, cozinhe por cerca de 20 minutos, mexendo com uma colher de pau, até que seque.

2. Em outra panela, misture o leite condensado com a gema batida e leve ao fogo alto, mexendo até engrossar, por cerca de 5 minutos. Desligue o fogo e misture o creme de leite. Reserve.

3. Faça a massa: triture a bolacha no processador ou no liquidificador e coloque-a numa tigela. Adicione a manteiga e misture com uma colher até obter uma massa úmida.

4. Espalhe essa mistura numa assadeira redonda de aro removível, apertando bem com o auxílio de uma colher. Leve para assar em forno preaquecido a 180 °C por 5 minutos. Retire a massa do forno e deixe esfriar.

5. Então, espalhe o recheio de maçã sobre ela e, por cima, a mistura de leite condensado e ovos. Decore a gosto.

TORTA FLORESTA NEGRA

TEMPO DE PREPARO: 55 MINUTOS | RENDIMENTO: 8 PORÇÕES

Massa

4 ovos, claras e gemas separadas
4 colheres (sopa) de açúcar
4 colheres (sopa) de farinha de trigo
3 colheres (sopa) de chocolate em pó
3 colheres (sopa) de rum
1 colher (chá) de fermento químico em pó

Recheio e cobertura

500 g de creme de leite fresco
3 colheres (sopa) de açúcar
300 g de cereja em calda escorrida
raspas de chocolate para decorar
açúcar de confeiteiro para polvilhar

1. Faça a massa: coloque as claras na vasilha da batedeira e bata até ficar em neve. Com a batedeira ligada, adicione as gemas, uma a uma, e o açúcar, aos poucos. Desligue a batedeira e incorpore a farinha, o chocolate em pó e o rum. Acrescente o fermento e misture delicadamente.

2. Despeje a massa numa assadeira redonda de aro removível, untada e enfarinhada. Leve ao forno preaquecido a 200 °C por 15 minutos. Espere a massa esfriar ligeiramente e corte-a ao meio na horizontal. Reserve.

3. Prepare o recheio: coloque o creme de leite na vasilha da batedeira e bata em velocidade alta por 1 minuto. Com a batedeira ligada adicione o açúcar e bata por mais 4 minutos até obter o chantili. Desligue a batedeira, reserve um pouco do chantili obtido, e misture o restante com a cereja picada.

4. Espalhe o chantili com cereja numa das partes de massa e cubra com a outra metade. Cubra a torta com o chantili reservado e decore-a com raspas de chocolate. Para finalizar, polvilhe açúcar de confeiteiro.

TORTA DE LIMÃO

TEMPO DE PREPARO: 55 MINUTOS | RENDIMENTO: 8 PORÇÕES

Massa

3 xícaras de farinha de trigo
1 colher (sopa) de fermento químico em pó
1 ovo
½ xícara de manteiga
1½ xícara de açúcar

Creme

2 gemas
1 colher (sopa) de manteiga
1 colher (sopa) de farinha de trigo
1 lata de leite condensado
1 lata de leite (use a lata de leite condensado vazia para medir)
1 lata de creme de leite sem soro
suco de 3 limões

1. Para fazer o creme, junte a gema, a manteiga, a farinha de trigo, o leite condensado e o leite numa panela e cozinhe em fogo baixo, mexendo até engrossar. Desligue o fogo e misture delicadamente o creme de leite e o suco de limão. Reserve.

2. Para fazer a massa, misture todos os ingredientes com as mãos até obter uma farofa.

3. Para montar a torta, unte uma fôrma de aro removível com margarina e cubra o fundo com metade da farofa. Espalhe o creme e cubra-o com o restante da farofa.

4. Asse por aproximadamente 30 minutos em forno preaquecido a 180 °C. Desenforme fria.

TORTA DE BEM-CASADO

TEMPO DE PREPARO: 1 HORA | RENDIMENTO: 8 PORÇÕES

Massa

6 ovos, claras e gemas separadas
6 colheres (sopa) de açúcar
1 colher (sopa) de essência de baunilha
uma pitada de sal
6 colheres (sopa) de farinha de trigo
1 colher (sopa) de fermento químico em pó

Recheio

2 latas de leite condensado cozido ou de doce de leite
1½ colher (sopa) de licor de chocolate

Calda

1 litro de água
2½ xícaras de açúcar
raspas de casca de laranja a gosto
5 cravos-da-índia
3 paus de canela partidos

açúcar de confeiteiro para polvilhar

1. Para fazer a massa, bata as claras em neve na batedeira e adicione as gemas, uma a uma. Sempre batendo, junte o açúcar até obter uma mistura homogênea.

2. Com a batedeira desligada, acrescente a essência de baunilha, o sal, a farinha de trigo e o fermento. Misture com movimentos leves, de baixo para cima, para manter a massa aerada.

3. Coloque a massa numa fôrma forrada com papel-manteiga, untada e enfarinhada, e leve para assar em forno preaquecido a 180 °C por cerca de 20 minutos. Em seguida, retire da assadeira e remova o papel-manteiga da base da massa. Reserve.

4. Para fazer a calda, misture todos os ingredientes e deixe ferver por 10 minutos. Coe e reserve.

5. Faça o recheio: misture o doce de leite com o licor de chocolate. Reserve.

6. Para montar a torta, corte o pão de ló ao meio na horizontal e regue a calda sobre as duas partes de massa. Em seguida, espalhe o doce de leite sobre uma das partes e cubra com a outra. Decore a torta, polvilhando açúcar de confeiteiro por cima.

BOLOS E RECHEIOS

BOLO DE LARANJA COM CALDA

TEMPO DE PREPARO: 50 MINUTOS | RENDIMENTO: 8-10 FATIAS

1 xícara de óleo de milho
1 xícara de iogurte natural
4 ovos
2 xícaras de farinha de trigo
2 xícaras de açúcar
uma pitada de sal
½ colher (sopa) de raspas de laranja
1 colher (chá) de essência de laranja
1 colher (sopa) de fermento químico em pó

Calda
1 xícara de suco de laranja natural
2 xícaras de açúcar

1. Coloque o óleo, o iogurte e os ovos no copo do liquidificador e bata até obter um creme. Reserve.

2. Na vasilha da batedeira, junte a farinha e o açúcar (peneirados previamente) e o sal. Misture com uma colher. Adicione a raspa de laranja e o creme reservado. Misture novamente. Acrescente a essência de laranja e bata por 3 minutos em velocidade alta. Desligue e adicione o fermento, misturando com uma colher.

3. Coloque a massa numa fôrma redonda de furo no meio untada e enfarinhada. Leve para assar em forno preaquecido a 150 °C por 10 minutos. Em seguida, aumente a temperatura e deixe por mais 15 minutos. Depois, desenforme o bolo e regue-o com a calda de laranja.

4. Para fazer a calda, coloque o suco de laranja e o açúcar numa panela e deixe ferver por aproximadamente 10 minutos em fogo médio.

Dica: Se desejar, acrescente tiras de laranja cristalizada na calda.

BOLO SALADA DE FRUTAS

TEMPO DE PREPARO: 50 MINUTOS | RENDIMENTO: 8-10 FATIAS

2 xícaras de açúcar
½ xícara de açúcar mascavo
2 ovos
uma pitada de sal
1 lata de salada de frutas em calda
1 xícara de nozes picadas
2 xícaras de farinha de trigo
1 colher (sopa) de fermento químico em pó

Calda
1 xícara de leite
1 xícara de açúcar
50 g de manteiga em temperatura ambiente
½ colher (chá) de essência de baunilha

1. Em uma tigela grande, coloque os dois tipos de açúcar, os ovos e o sal. Bata com uma colher até obter um creme.

2. Acrescente a salada de frutas escorrida e as nozes picadas. Misture bem para agregar. Incorpore aos poucos a farinha e o fermento, até ficar homogêneo.

3. Coloque a massa numa fôrma redonda de furo no meio, untada e enfarinhada.

4. Leve para assar em forno preaquecido a 180 °C por 35 a 40 minutos. Depois, retire o bolo do forno e desenforme-o frio em um prato redondo. Quando esfriar completamente, regue-o com a calda.

5. Para fazer a calda, misture o leite, o açúcar e a manteiga numa panela e leve ao fogo baixo. Deixe cozinhar por cerca de 10 minutos, desligue e misture a essência de baunilha.

BOLO DE CHOCOLATE COM AMÊNDOAS

2 xícaras de açúcar
3 colheres (sopa) de manteiga
4 ovos, claras e gemas separadas
1 xícara de leite
2 xícaras de farinha de trigo
½ xícara de amêndoas moídas
1 colher (sopa) de fermento químico em pó
½ xícara de chocolate em pó

Recheio

1 xícara de amêndoas moídas
1 lata de doce de leite

Cobertura

1 lata de creme de leite
200 g de chocolate meio amargo ralado

1. Na vasilha da batedeira, coloque o açúcar, a manteiga e as gemas e bata para se agregarem. Desligue, junte o leite e a farinha e bata por mais 2 minutos. Desligue novamente e adicione as amêndoas moídas. Acrescente o fermento e as claras previamente batidas em neve. Mexa delicadamente com uma colher, de baixo para cima.

2. Despeje metade da massa preparada numa assadeira retangular média, untada e enfarinhada. Reserve.

3. Em seguida, adicione o chocolate em pó no restante da massa na batedeira e misture bem para ficar homogênea. Despeje essa massa em outra assadeira de igual tamanho, também untada e enfarinhada.

4. Leve os dois bolos para assar em forno preaquecido a 200 °C por 15 a 20 minutos. Faça o teste do palito para ver se já estão assados. Retire-os do forno e deixe esfriar.

5. Enquanto isso, faça o recheio: misture bem o doce de leite com a amêndoa triturada até obter uma pasta homogênea. Reserve. Faça também a cobertura: em uma panela pequena, aqueça o creme de leite com o chocolate ralado. Mexa até que o chocolate derreta e fique um creme liso (não deixe o creme ferver, apenas amorne).

6. Agora, monte o bolo: corte as duas massas já frias em tiras com cerca de 2 dedos de largura. Intercale tiras claras e tiras escuras ao longo de uma travessa e passe uma camada do recheio reservado por cima. Repita o procedimento com o restante das tiras de massa e de recheio. Para finalizar, cubra a superfície do bolo com a cobertura reservada

BOLO DE IOGURTE E CHOCOLATE

TEMPO DE PREPARO: 50 MINUTOS | RENDIMENTO: 12-15 FATIAS

2 xícaras de açúcar
4 ovos, claras e gemas separadas
1 xícara de manteiga em temperatura ambiente
2 potes de iogurte natural
1 colher (chá) de essência de baunilha
3 xícaras de farinha de trigo
1 xícara de chocolate em pó
1 colher (sopa) de fermento químico em pó

Cobertura
2 xícaras de chocolate em pó
1 lata de creme de leite sem soro
½ xícara de suco de laranja

granulado colorido pra decorar

1. Na vasilha da batedeira, misture o açúcar, as gemas e a manteiga e bata em velocidade alta por 2 minutos, até virar um creme esponjoso. Desligue a batedeira e misture o iogurte, a essência de baunilha, a farinha e o chocolate em pó peneirado junto. Bata por 3 minutos até obter uma massa homogênea. Desligue a batedeira.

2. Adicione em seguida as claras batidas em neve e o fermento e misture-os delicadamente com uma espátula.

3. Coloque a massa numa fôrma redonda de furo no meio, untada e enfarinhada.

4. Leve para assar em forno preaquecido a 150 °C por 20 minutos. Em seguida, aumente a temperatura para 180 °C e deixe assar até ficar dourado.

5. Desenforme o bolo morno sobre uma travessa redonda e, quando esfriar, espalhe a cobertura sobre ele. Decore com granulado colorido.

6. Para fazer a cobertura: em um recipiente, dissolva o chocolate em pó no creme de leite e misture, aos poucos, o suco de laranja.

BOLO MUSSE DE CHOCOLATE

TEMPO DE PREPARO: 1H20 | RENDIMENTO: 15 FATIAS

Massa

1½ xícara de açúcar
3 colheres (sopa) de manteiga
3 ovos, claras e gemas separadas
1 xícara de leite
2 xícaras de farinha de trigo
1 xícara de chocolate em pó
1 colher (sopa) de fermento químico em pó

Musse

1 lata de creme de leite sem soro
1 xícara de chocolate em pó
3 claras
3 colheres (sopa) de açúcar

Cobertura

2 xícaras de leite
1 xícara de açúcar
1 xícara de chocolate em pó
2 colheres (sopa) de manteiga

1. Na vasilha da batedeira, coloque o açúcar, a manteiga e as gemas e misture com uma colher. Adicione o leite, a farinha e o chocolate peneirados juntos. Misture e, em seguida, bata em velocidade alta por 3 minutos, até ficar homogêneo.

2. Desligue a batedeira e acrescente as claras batidas em neve e o fermento. Misture delicadamente com uma colher, de baixo para cima.

3. Despeje a massa numa fôrma redonda, untada e enfarinhada. Leve para assar em forno preaquecido a 200 °C por 20 minutos. Retire do forno e deixe esfriar.

4. Depois, corte o bolo ao meio e coloque o recheio de musse. Recoloque a parte retirada e espalhe a cobertura por todo o bolo. Decore com as raspas de chocolate ou chocolate granulado.

5. Para fazer a musse, coloque o creme de leite e o chocolate numa panela. Aqueça por aproximadamente 2 minutos (não deixe ferver), desligue o fogo e misture. Em seguida, adicione as claras previamente batidas em neve com o açúcar. Misture novamente e leve à geladeira por 3 horas.

6. Para fazer a cobertura: em uma panela, junte o leite, o açúcar, o chocolate e a manteiga. Ferva, mexendo sempre, até obter uma calda grossa.

BOLO BRIGADEIRO COM CALDA DE RUM

TEMPO DE PREPARO: 1H10 | RENDIMENTO: 12-15 FATIAS

Massa

6 ovos
1 xícara de açúcar
½ xícara de manteiga ou margarina
½ xícara de leite
1½ xícara de farinha de trigo
1 xícara de chocolate em pó
1 colher (sopa) de fermento químico em pó

1 receita de recheio de chocolate (ver página 726)

Calda

2 colheres (sopa) de rum
1 colher (sopa) de açúcar
1¼ xícara de leite

Cobertura

1 caixinha de creme de leite
200 g de chocolate meio amargo
chocolate granulado para polvilhar

1. Coloque os ovos na vasilha da batedeira e bata em velocidade média, até obter uma esponja. Junte o açúcar, aos poucos, a manteiga e o leite e continue batendo. Em seguida, adicione a farinha, o chocolate e o fermento peneirados e previamente misturados. Bata em velocidade alta por 3 minutos.

2. Coloque a massa numa assadeira redonda de fundo removível (de 24 cm), untada e enfarinhada. Leve ao forno preaquecido a 180 °C por 20 a 25 minutos. Retire do forno e deixe esfriar.

3. Enquanto isso, prepare a calda: misture o rum, o açúcar e o leite numa panela média e deixe ferver, até formar uma calda. Deixe esfriar.

4. Corte o bolo ao meio no sentido da largura e regue ambas as partes com a calda de rum (ou outra de sua preferência). Empregue o recheio de chocolate. Recoloque a parte do bolo retirada e espalhe a cobertura sobre ele. Polvilhe o chocolate granulado por cima e pelas laterais.

5. Para fazer a cobertura, em uma panela, junte o creme de leite e o chocolate picado. Aqueça até derreter o chocolate, misturando delicadamente.

BOLO PAVÊ

TEMPO DE PREPARO: 50 MINUTOS | RENDIMENTO: 12-15 FATIAS

2 bolos prontos sabor laranja
1 lata de pêssego em calda

Creme

1 lata de leite condensado
2 colheres (sopa) de amido de milho
1 lata de leite (use a lata de leite condensado vazia para medir)
2 gemas ligeiramente batidas
1 colher (sopa) de açúcar de baunilha

Cobertura

300 g de chocolate branco picado
½ lata de creme de leite sem soro
2 claras
4 colheres (sopa) de açúcar
1 colher (sopa) de gelatina em pó sem sabor

1. Faça o creme: em uma panela, coloque o leite condensado, o amido de milho previamente diluído no leite e a gema batida. Cozinhe em fogo médio, mexendo sempre, até engrossar. Desligue e misture o açúcar de baunilha (ou algumas gotas de essência de baunilha). Reserve.

2. Prepare a cobertura: derreta o chocolate em banho-maria. Junte o creme de leite, as claras previamente batidas em neve, o açúcar e a gelatina. Misture bem e leve para gelar.

3. Pique o pêssego em calda e reserve o caldo.

4. Para montar o bolo, coloque um aro removível sobre um prato redondo. Dentro dele, disponha uma camada de fatias de bolo pronto e regue com a calda de pêssego. Distribua uma camada de creme, pêssego picado por cima e cubra tudo com uma nova camada de fatias de bolo. Regue a superfície com um pouco mais de calda de pêssego. Para finalizar, espalhe a cobertura de chocolate branco no topo do bolo. Decore a gosto.

BOLO INGLÊS

TEMPO DE PREPARO: 50 MINUTOS | RENDIMENTO: 10 FATIAS

1½ xícara de açúcar
150 g de manteiga ou margarina
3 ovos
½ colher (chá) de sal
1 colher (chá) de raspas de casca de limão
2 xícaras de farinha de trigo
1 colher (sopa) de essência de rum
½ colher (sopa) de fermento químico em pó
1 xícara de frutas cristalizadas

1. Coloque o açúcar e a manteiga na vasilha da batedeira e bata até obter um creme esbranquiçado. Com a batedeira ligada, acrescente os ovos, um a um, e o sal. Bata até obter um creme homogêneo.

2. Em seguida, adicione a raspa de limão, a farinha (reserve um pouco) e o rum e deixe bater por 3 minutos em velocidade alta. Junte então o fermento misturado com a farinha reservada e bata alguns segundos, apenas para misturar.

3. Desligue e adicione as frutas cristalizadas passadas previamente pela farinha de trigo. Misture delicadamente.

4. Coloque a massa numa assadeira própria para bolo inglês, untada e enfarinhada. Leve ao forno preaquecido a 150 °C por 15 a 20 minutos e depois a 180 °C por mais 10 minutos. Espere esfriar um pouco antes de cortar.

BOLO DE BANANA DE LIQUIDIFICADOR

TEMPO DE PREPARO: 1 HORA | RENDIMENTO: 10-12 FATIAS

Massa

½ xícara de óleo
4 ovos
4 bananas-nanicas picadas
1½ xícara de açúcar
2 xícaras de farinha de trigo
1 colher (chá) de canela em pó
1 colher (sopa) de fermento químico em pó

Cobertura

6 bananas-nanicas pequenas
1½ xícara de açúcar
¾ de xícara de água
canela para polvilhar

manteiga para untar
farinha de trigo para polvilhar

1. No copo do liquidificador, coloque o óleo, os ovos e a banana. Bata por 2 minutos e desligue. Adicione o açúcar e deixe bater por alguns instantes, até ficar homogêneo. Reserve.

2. Em uma vasilha grande, junte a farinha, a canela e o fermento. Adicione a mistura do liquidificador e misture bem.

3. Despeje a massa numa fôrma redonda de furo no meio, untada e enfarinhada. Leve para assar em forno preaquecido a 180 °C por 25 a 30 minutos. Desenforme morno sobre um prato redondo grande. Na hora de servir, disponha as bananas carameladas em volta do bolo.

4. Para fazer as bananas carameladas, coloque o açúcar numa frigideira e deixe derreter em fogo baixo. Adicione um pouco de água e ferva por alguns minutos. Em seguida, coloque as bananas e um pouco mais de água e cozinhe até amolecer as bananas. Para finalizar, polvilhe a canela.

BOLO DE BANANA TRADICIONAL

TEMPO DE PREPARO: 50 MINUTOS | RENDIMENTO: 12-15 FATIAS

Cobertura

1½ xícara de açúcar
5 a 6 bananas-nanicas

Massa

2 xícaras de açúcar
4 ovos, claras e gemas separadas
4 colheres (sopa) de manteiga em temperatura ambiente
1 xícara de leite
2 xícaras de farinha de trigo
1 xícara de fécula de batata
1 colher (sopa) de fermento químico em pó

1. Primeiro, caramelize uma fôrma redonda com o açúcar. Depois, forre o fundo da fôrma com as bananas previamente cortadas ao meio no sentido do comprimento. Reserve.

2. Para fazer a massa, na tigela da batedeira, junte o açúcar, as gemas e a manteiga. Bata em velocidade alta por 3 minutos, até virar um creme esponjoso. Desligue a batedeira e misture o leite, a farinha de trigo e a fécula de batata. Bata por mais 3 minutos.

3. Desligue e acrescente as claras batidas em neve e o fermento. Misture com uma colher para incorporar.

4. Coloque a massa na fôrma preparada e leve para assar em forno preaquecido a 150 °C por 15 minutos. Em seguida, aumente a temperatura para 180 °C e deixe assar por mais 15 minutos ou até dourar. Desenforme o bolo ainda quente em um prato redondo.

Dica: Substitua a banana por rodelas de abacaxi ou de maçã. A fécula de batata pode ser substituída pela mesma quantidade de amido de milho peneirado.

BOLO TRÊS CAMADAS

TEMPO DE PREPARO: 1H30 | RENDIMENTO: 15-18 FATIAS

8 ovos, claras e gemas separadas
1½ xícara de açúcar
1 xícara de fécula de batata
1 xícara de farinha de trigo
½ colher (sopa) de fermento químico em pó
1 receita de recheio de abacaxi (ver página 727)
1 receita de recheio de damasco (ver página 728)
1 receita de recheio de ameixa (ver página 728)
1 receita de cobertura de chantili (ver página 729)

1. Coloque as claras na vasilha da batedeira e bata até ficar em ponto de neve. Sempre batendo, adicione as gemas, uma a uma, e o açúcar, aos poucos, até virar um creme liso e homogêneo.

2. Com a batedeira desligada, incorpore a fécula de batata e a farinha previamente peneiradas juntas. Adicione o fermento e misture delicadamente.

3. Coloque a massa obtida numa fôrma untada e enfarinhada e leve ao forno preaquecido a 180 °C por 15 a 20 minutos. Retire o bolo do forno, deixe arrefecer e corte-o em três partes, no sentido da largura.

4. Coloque uma parte de bolo em um prato redondo, regue com uma calda de sua preferência e espalhe o recheio de abacaxi sobre ela. Coloque uma segunda parte por cima, regue com a calda e espalhe o recheio de damasco, no centro, e o de ameixa ao redor. Ponha a terceira parte de bolo por cima e cubra com chantili.

BOLO MUSSE DE MARACUJÁ

TEMPO DE PREPARO: 50 MINUTOS | RENDIMENTO: 12-15 FATIAS

Musse

1 lata de leite condensado
1 lata de suco de maracujá concentrado (use a lata de leite condensado vazia para medir)
1 lata de creme de leite sem soro
1 envelope de gelatina em pó sem sabor
4 colheres (sopa) de água

Massa

4 ovos
1 xícara de suco de maracujá
1 xícara de farinha de trigo
1 xícara de amido de milho
1 xícara de açúcar
1 colher (sopa) de fermento químico em pó

1 receita de cobertura de marshmallow (ver página 729)
sementes de maracujá para decorar

1. Faça primeiro a musse: no copo do liquidificador, junte o suco de maracujá e o leite condensado e bata por 1 minuto em velocidade alta. Adicione o creme de leite e deixe bater mais um pouco. Reserve.

2. Hidrate a gelatina com a água e dissolva-a em banho-maria. Em seguida, adicione-a no liquidificador e bata por 2 minutos. Coloque a mistura numa tigela e deixe-a no freezer para ficar firme.

3. Para fazer o bolo, bata os ovos e o suco de maracujá no liquidificador até ficar homogêneo. Reserve.

4. Em uma vasilha, peneire a farinha, o amido de milho, o açúcar e o fermento. Acrescente a mistura do liquidificador e mexa com uma colher até obter uma massa homogênea.

5. Despeje a massa numa fôrma redonda (de 28 cm) e leve para assar em forno preaquecido a 180 °C por aproximadamente 20 minutos (faça o teste do palito para saber se o bolo já está assado). Retire o bolo do forno e deixe esfriar.

6. Corte o bolo ao meio no sentido da largura e recheie-o com a musse. Em seguida, cubra com chantili ou marshmallow. Decore o bolo com as sementes de maracujá e deixe-o na geladeira até a hora de servir.

BOLO BREVIDADE COM CALDA DE LARANJA

TEMPO DE PREPARO: 50 MINUTOS | RENDIMENTO: 12 FATIAS

Massa

10 colheres (sopa) de açúcar

15 colheres (sopa) de amido de milho

½ colher (chá) de fermento químico em pó

5 ovos

Calda

½ xícara de suco de laranja

½ xícara de açúcar

1 colher (chá) de amido de milho

gomos de laranja para decorar

1. Na vasilha da batedeira, peneire o açúcar e o amido de milho. Acrescente o fermento e misture bem. Adicione os ovos e bata por 5 minutos em velocidade média. Reserve.

2. Coloque a massa numa assadeira redonda de pudim, untada e enfarinhada. Leve para assar em forno preaquecido a 180 °C por 20 a 25 minutos.

3. Depois, retire o bolo do forno e deixe esfriar para desenformá-lo sobre um prato redondo. Em seguida, regue-o com a calda de laranja. Para finalizar, decore o bolo com gomos de laranja.

4. Para fazer a calda, em uma panela média, junte o suco de laranja (reservando um pouco), o açúcar e o amido de milho dissolvido no suco reservado. Ferva essa mistura por cerca de 4 minutos, até obter consistência de calda.

BOLO PUDIM CARAMELADO

TEMPO DE PREPARO: 1 HORA | RENDIMENTO: 8-10 FATIAS

Calda
2 xícaras de açúcar
½ xícara de água

Pudim
1 lata de leite condensado
1 lata de leite (use a lata de leite condensado vazia para medir)
2 colheres (sopa) de coco ralado
5 ovos

Bolo
4 ovos, claras e gemas separadas
1 xícara de açúcar
1 xícara de leite
2 xícaras de farinha de trigo
½ xícara de chocolate em pó
½ colher (sopa) de fermento químico em pó

1. Faça a calda para caramelizar a fôrma: em uma panela misture o açúcar e a água. Leve ao fogo médio e deixe ferver até obter uma calda cor de caramelo (aproximadamente 15 minutos). Em seguida, forre uma fôrma redonda de furo no meio com a calda e deixe esfriar.

2. No copo do liquidificador coloque o leite condensado, o leite, o coco e os ovos. Bata por 2 minutos em velocidade alta. Despeje a mistura na fôrma com o caramelo já frio. Deixe descansar por cerca de 30 minutos.

3. Faça a massa do bolo: na vasilha da batedeira coloque as claras e bata até ficar em neve firme. Com a batedeira ligada, adicione as gemas, o açúcar e o leite e deixe bater por 2 minutos, até ficar homogêneo. Desligue e incorpore a farinha, o chocolate e o fermento, e misture até obter uma massa uniforme.

4. Despeje a massa sobre o pudim e leve para assar em forno preaquecido a 180 °C por cerca de 40 minutos. Desenforme o bolo ainda quente sobre um prato redondo. Sirva frio.

BOLO PUDIM DE LARANJA

TEMPO DE PREPARO: 2 HORAS I RENDIMENTO: 12-15 FATIAS

Calda
2 xícaras de açúcar
½ xícara de água

Pudim
1 lata de leite condensado
3 ovos
1½ xícara de suco de laranja

Bolo
4 ovos, claras e gemas separadas
1 xícara de açúcar
1 xícara de suco de laranja
2 xícaras de farinha de trigo
1 colher (sopa) de fermento químico em pó
raspa de laranja a gosto

1. Faça a calda: em uma panela, dissolva o açúcar na água. Depois, leve ao fogo, sem mexer, até obter uma calda cor de caramelo. Em seguida, forre uma fôrma redonda (26 cm) com a calda. Reserve.

2. Faça o pudim: misture todos os ingredientes no liquidificador e bata até se mesclarem bem. Despeje a mistura na fôrma caramelizada e reserve.

3. Para fazer o bolo: na batedeira, bata as claras em ponto de neve firme. Em seguida, adicione as gemas, uma a uma, e acrescente o açúcar em colheradas. Bata por 2 minutos em velocidade média. Reduza a velocidade da batedeira e despeje o suco de laranja aos poucos. Quando estiver homogêneo, desligue o aparelho.

4. Acrescente a farinha, o fermento e a raspa de laranja. Mexa delicadamente. Despeje a massa sobre o pudim reservado.

5. Coloque a fôrma dentro de uma assadeira retangular com água. Leve para assar ao forno preaquecido a 180 °C por cerca de 1h30. Depois, espere esfriar para desenformar. Decore como desejar e sirva.

BOLO MARTA ROCHA

TEMPO DE PREPARO: 2 HORAS | RENDIMENTO: 12-15 FATIAS

Massa
7 ovos, claras e gemas separadas
1 xícara de açúcar
3 colheres (sopa) de chocolate em pó
1 xícara de farinha de trigo

Recheio
1 xícara de água
1½ xícara de leite
1 xícara de açúcar
6 gemas ligeiramente batidas
1 colher (sopa) de manteiga
2 colheres (sopa) de amido de milho
150 g de suspiro

Crocante de nozes
1 xícara de açúcar
1 xícara de nozes picadas

chantili para cobrir (ver página 729)
fios de ovos para decorar

1. Na batedeira, bata as claras em neve bem firmes e, sempre batendo, acrescente as gemas, uma a uma, e o açúcar aos poucos. Desligue a batedeira, adicione o chocolate (peneirado) e, por fim, a farinha. Misture delicadamente de baixo para cima. Coloque a massa numa assadeira redonda de aro removível, untada e enfarinhada. Leve para assar em forno preaquecido a 180 °C por 30 minutos (faça o teste do palito para checar se o bolo está assado). Deixe esfriar.

2. Prepare o creme de nozes: em uma panela coloque a água, o leite (reserve um pouco), o açúcar, a gema batida, a manteiga e o amido de milho dissolvido no leite reservado. Leve ao fogo e mexa até engrossar. Retire e reserve.

3. Faça o crocante de nozes: coloque o açúcar e as nozes picadas numa panela e cozinhe até queimar o açúcar e obter uma calda cor de caramelo. Unte uma superfície fria (a pedra da pia) com manteiga e espalhe a calda obtida. Espere esfriar e passe o rolo de macarrão por cima para triturar e obter o crocante.

4. Para montar, divida o bolo em três partes pela largura. Coloque uma das partes sobre um prato redondo, espalhe o creme e esfarele suspiro por cima. Cubra esse recheio com outra parte do bolo. Em seguida, espalhe o restante do creme e o crocante por cima. Coloque a terceira parte e cubra a superfície e as laterais do bolo montado com chantili. Decore com fios de ovos.

BOLO TOALHA FELPUDA

TEMPO DE PREPARO: 50 MINUTOS | RENDIMENTO: 24 FATIAS

Massa

2 xícaras de açúcar
4 ovos, claras e gemas separadas
100 g de manteiga em temperatura ambiente
½ xícara de leite
1 vidro de leite de coco
2 xícaras de farinha de trigo
1 colher (sopa) de fermento químico em pó

Cobertura

1 lata de leite condensado
½ xícara de leite
200 g de coco fresco ralado

1. Na vasilha da batedeira, coloque o açúcar peneirado, as gemas e a manteiga. Misture com uma colher. A seguir, bata em velocidade média por 3 minutos. Aos poucos, junte o leite e o leite de coco e continue batendo por mais alguns instantes.

2. Desligue a batedeira e acrescente a farinha peneirada. Torne a bater até obter um creme homogêneo. Desligue e incorpore as claras batidas em neve. Por fim, adicione o fermento e misture delicadamente.

3. Despeje a massa numa assadeira retangular grande, untada e enfarinhada. Leve para assar em forno preaquecido a 200 °C por 40 minutos.

4. Enquanto isso, misture o leite condensado e o leite. Quando retirar o bolo do forno, fure-o com um garfo ainda quente na própria assadeira, cubra-o com o leite condensado e o coco ralado. Espere esfriar, corte-o em quadrados e deixe na geladeira antes de servir.

BOLO DE MAÇÃ, ABACAXI E NOZES

TEMPO DE PREPARO: 50 MINUTOS | RENDIMENTO: 12-15 FATIAS

2 maçãs médias sem casca
suco de 1 limão
3 ovos, claras e gemas separadas
½ xícara de manteiga
1 xícara de creme de leite fresco
2½ xícaras de farinha de trigo
1 colher (sopa) de fermento químico em pó
2 xícaras de açúcar
1 xícara de nozes picadas
1 xícara de abacaxi em calda picado
açúcar de confeiteiro para decorar

1. Pique as maçãs e deixe de molho no suco de limão. Reserve.

2. Na vasilha da batedeira, coloque as gemas e a manteiga e bata até obter um creme esponjoso. Adicione o creme de leite e deixe batendo até virar um creme homogêneo. Reserve.

3. Em uma tigela grande, misture a farinha, o fermento, o açúcar (peneirados), as nozes picadas e o abacaxi picado. Adicione a maçã e o creme reservados e misture novamente. Em seguida, incorpore as claras previamente batidas em neve.

4. Despeje a massa numa fôrma redonda de furo no meio, untada e enfarinhada, ou numa fôrma para bolo inglês. Leve para assar em forno preaquecido a 180 °C por 40 minutos. Desenforme o bolo morno sobre um prato redondo e decore-o com açúcar de confeiteiro.

BOLO DE DAMASCO

TEMPO DE PREPARO: 50 MINUTOS | RENDIMENTO: 10-12 FATIAS

4 ovos, claras e gemas separadas
1 xícara de farinha de trigo
1 xícara de leite quente
1 xícara de açúcar
1 colher (sopa) de fermento químico em pó
1 receita de recheio de damasco (ver página 728)
chantili para cobrir
damasco picado para decorar

1. Para fazer a massa: na vasilha da batedeira, bata as claras até atingir o ponto de neve. Sempre batendo, adicione o açúcar aos poucos, as gemas e o leite quente. Continue batendo até obter um creme homogêneo. Desligue a batedeira.

2. Em seguida, acrescente a farinha e o fermento aos poucos e misture delicadamente. Coloque a massa numa fôrma redonda de aro removível (de 24 cm), untada e polvilhada. Asse o bolo em forno preaquecido a 150 °C por 30 a 35 minutos.

3. Desenforme o bolo e deixe esfriar. Depois, corte-o ao meio e empregue o recheio de damasco. Recoloque a parte retirada e cubra o bolo com chantili e damasco picado.

4. Para fazer o recheio de damascos: deixe os damascos de molho na água por 12 horas. Depois, no copo do liquidificador, junte o açúcar e o damasco com o líquido e bata por 2 minutos em velocidade alta. Em seguida, coloque a mistura numa panela e cozinhe em fogo baixo, mexendo sempre, até obter um creme denso.

5. Para fazer o chantili: despeje o creme de leite na batedeira e bata ligeiramente, elevando e abaixando o misturador até que comece a encorpar. Junte o açúcar e a baunilha e continue a bater em velocidade alta até obter o ponto de chantili.

BOLO DE BAGAÇO DE MILHO-VERDE

TEMPO DE PREPARO: 40 MINUTOS | RENDIMENTO: 16 FATIAS

- 1 xícara de açúcar
- 5 colheres (sopa) de manteiga em temperatura ambiente
- 2 ovos
- ½ xícara de leite
- 1 xícara de bagaço de milho
- 1½ xícara de farinha de trigo
- 50 g de queijo ou coco ralado
- 1 colher (sopa) de fermento químico em pó
- açúcar de confeiteiro ou coco ralado para decorar

1. Bata o açúcar e a manteiga na batedeira por 2 minutos em velocidade média. Sempre batendo, junte os ovos e, em seguida, o leite e o bagaço de milho. Aumente a velocidade para alta e adicione a farinha e o queijo ou coco ralado. Bata até ficar homogêneo. Desligue a batedeira e misture bem o fermento com uma colher.

2. Coloque a massa numa assadeira retangular média, untada e enfarinhada. Leve para assar em forno preaquecido a 200 °C por 20 minutos.

3. Retire o bolo do forno, espere amornar e polvilhe açúcar de confeiteiro ou coco ralado por cima.

BOLOS E RECHEIOS

BOLO DE LIMÃO COM COBERTURA

TEMPO DE PREPARO: 50 MINUTOS | RENDIMENTO: 12-15 FATIAS

Massa

2 xícaras de açúcar
5 ovos, claras e gemas separadas
3 colheres (sopa) de manteiga
1 xícara de suco de limão
1 colher (sopa) de raspas de casca de limão
3 xícaras de farinha de trigo
1 colher (chá) de essência de baunilha
1 colher (sopa) de fermento químico em pó

Cobertura

2 xícaras de açúcar de confeiteiro
5 colheres (sopa) de suco de limão
tiras finas de casca de limão para enfeitar

1. Coloque o açúcar, as gemas e a manteiga na vasilha da batedeira. Misture e bata em velocidade alta por 2 minutos, até virar um creme esponjoso. Desligue. Junte o suco de limão e bata novamente por alguns segundos. Adicione as raspas de limão e a farinha peneirada e deixe bater até virar uma massa homogênea. Desligue a batedeira.

2. Em seguida, acrescente as gotas de essência de baunilha e as claras batidas em neve, mexendo de baixo para cima com uma colher. Junte então o fermento e misture bem.

3. Despeje a massa obtida numa fôrma redonda (de 25 cm) de borda alta, untada e enfarinhada. Leve ao forno preaquecido a 180 °C por aproximadamente 25 minutos. Desenforme o bolo ainda morno sobre um prato redondo. Quando esfriar, cubra-o com o glacê e decore com as tiras de limão.

4. Para fazer o glacê, coloque o açúcar de confeiteiro numa tigela pequena. Pingue o suco de limão aos poucos, misturando, até obter o glacê.

BOLO DE LIMÃO RECHEADO

TEMPO DE PREPARO: 50 MINUTOS | RENDIMENTO: 12-15 FATIAS

Massa

5 ovos, claras e gemas separadas
1 xícara de suco de limão
2 xícaras de açúcar
3 xícaras de farinha de trigo
1 colher (sopa) de fermento químico em pó
1 colher (sopa) de raspas de casca de limão

Recheio

2 xícaras de leite
1 lata de leite condensado
1 colher (sopa) de raspas de casca de limão
3 gemas ligeiramente batidas

chantili para cobrir (ver página 729)

1. Prepare o recheio de limão: em uma panela média, misture o leite com o leite condensado e as raspas de limão. Deixe ferver e adicione a gema batida. Cozinhe em fogo baixo por 5 minutos, mexendo sempre. Deixe esfriar e reserve.

2. Para fazer a massa, bata as claras em neve na batedeira. Sempre batendo, junte as gemas, uma a uma, o suco de limão, o açúcar e a farinha de trigo. Desligue e acrescente o fermento e as raspas de limão, misturando delicadamente.

3. Coloque a massa numa fôrma redonda (de 25 cm) de borda alta, untada e enfarinhada, e leve para assar em forno preaquecido a 180 °C por 25 minutos. Desenforme o bolo morno e, quando esfriar, corte-o em três partes.

4. Coloque uma das partes do bolo em um prato redondo e cubra com metade do recheio frio. Coloque a segunda parte do bolo por cima e aplique o restante do recheio. Tampe este último recheio com a terceira parte do bolo. Cubra tudo com o chantili e decore com a raspa de limão.

Dica: Antes de aplicar o recheio, regue as partes do bolo com calda ou licor de sua preferência.

BOLO DE MEL

TEMPO DE PREPARO: 1 HORA | RENDIMENTO: 12-15 FATIAS

Massa

1 xícara de mel

3 colheres (sopa) de manteiga em temperatura ambiente

3 ovos

2 xícaras de farinha de trigo

1½ colher (sopa) de fermento químico em pó

Cobertura

2 colheres (sopa) de creme de leite

200 g de chocolate ao leite ralado

fios de ovos e cerejas em calda escorridas para decorar

1. Na vasilha da batedeira, junte o mel e a manteiga e bata por 2 minutos em velocidade média. Adicione os ovos, um a um, e bata por mais 1 minuto. Acrescente a farinha aos poucos e bata até obter um creme homogêneo. Desligue a batedeira e incorpore o fermento peneirado.

2. Despeje a massa numa fôrma redonda de furo no meio, untada e enfarinhada. Leve ao forno preaquecido a 180 °C por cerca de 20 minutos, até começar a dourar (faça o teste do palito para checar se o bolo está bem assado). Retire do forno e, quando ficar morno, desenforme-o em um prato redondo.

3. Com o bolo já frio, espalhe a cobertura de chocolate na superfície e nas laterais. Decore com fios de ovos e algumas cerejas em calda.

4. Para fazer a cobertura, aqueça o creme de leite numa tigela em banho-maria e derreta o chocolate picado, misturando-o até ficar homogêneo.

BOLO DE NOZES COM GLACÊ DE LIMÃO

TEMPO DE PREPARO: 1H10 | RENDIMENTO: 10-12 FATIAS

Massa

3 ovos
¾ de xícara de óleo
1 ½ xícara de leite
3 xícaras de farinha de trigo
1 ½ xícara de açúcar
1 colher (sopa) de fermento químico em pó
1 xícara de nozes moídas

Glacê

1¾ xícara de açúcar de confeiteiro
½ xícara de suco de limão

metades de nozes para decorar

1. Bata os ovos, o óleo e o leite na batedeira por 2 minutos. Reserve.

2. Na vasilha da batedeira, junte a farinha, o açúcar e o fermento peneirados. Acrescente a mistura de leite e ovo reservada e bata até obter uma massa homogênea. Junte as nozes e misture mais uma vez.

3. Despeje a massa numa fôrma para bolo inglês, untada e enfarinhada. Leve para assar em forno preaquecido a 180 °C por cerca de 50 minutos. Retire o bolo do forno e desenforme-o quando amornar. Depois, regue o bolo com o glacê frio e decore-o com as metades de nozes.

4. Para fazer o glacê, coloque o açúcar numa tigela pequena e misture o suco de limão aos poucos. Leve ao banho-maria até derreter o açúcar de confeiteiro, mexendo até virar um glacê (1 minuto).

Dica: Se desejar, acrescente também à massa ½ colher (chá) de cravo-da-índia em pó ou a mesma medida de canela em pó.

BOLO NÊGA MALUCA

TEMPO DE PREPARO: 1H10 | RENDIMENTO: 12-15 FATIAS

Massa
1 xícara de açúcar
½ xícara de manteiga
6 ovos, claras e gemas separadas
½ xícara de leite
1 xícara de chocolate em pó
1½ xícara de farinha de trigo
1 colher (sopa) de fermento químico em pó
1 receita de recheio de chocolate (ver página 726)

Cobertura
1 lata de creme de leite
200 g de chocolate meio amargo ralado

1. Na vasilha da batedeira, coloque o açúcar e a manteiga e bata em velocidade média até virar um creme esponjoso. Junte as gemas e o leite e bata por 3 minutos. Em seguida, adicione o chocolate em pó e a farinha e bata até obter uma massa lisa e brilhante.

2. Desligue a batedeira e incorpore delicadamente as claras batidas em neve e o fermento. Coloque a massa obtida numa assadeira redonda de borda alta, untada e enfarinhada.

3. Leve para assar em forno preaquecido a 180 °C por 25 minutos. Faça o teste do palito para checar se o bolo está bem assado. Retire-o do forno e deixe esfriar, já desenformado.

4. Para fazer o recheio de chocolate: em uma panela, junte o leite condensado, o chocolate em pó e a manteiga. Cozinhe, mexendo sem parar, até começar a desgrudar da panela (aproximadamente 5 minutos).

5. Faça a cobertura: em uma vasilha, coloque o creme de leite e o chocolate meio amargo. Aqueça em banho-maria por alguns minutos e mexa até derreter o chocolate.

6. Para montar o bolo, corte-o ao meio e empregue o recheio de chocolate. Recoloque a parte retirada e espalhe a cobertura por toda a superfície.

BOLO DE BANANA COM IOGURTE

TEMPO DE PREPARO: 50 MINUTOS | RENDIMENTO: 12-15 FATIAS

3 xícaras de açúcar
5 bananas
4 ovos, claras e gemas separadas
1 xícara de margarina
1 colher (chá) de essência de baunilha
2 potes de iogurte natural
3 xícaras de farinha de trigo
1 colher (sopa) de fermento químico em pó

1. Coloque 1 xícara de açúcar numa fôrma redonda de 26 cm de diâmetro e leve ao fogo até obter uma calda cor de caramelo. A seguir, corte as bananas em rodelas e disponha-as sobre a calda. Reserve.

2. Na vasilha da batedeira, bata o restante do açúcar, as gemas e a margarina até ficar misturado. Desligue a batedeira e acrescente a essência de baunilha, o iogurte e a farinha, misturando a cada ingrediente. Em seguida, bata em velocidade alta até ficar homogêneo. Acrescente as claras batidas em neve, mexa delicadamente e incorpore o fermento.

3. Despeje a massa na fôrma com a banana. Leve para assar em forno preaquecido a 200 °C por 20 minutos. Desenforme o bolo ainda quente sobre um prato redondo.

Dica: Substitua a banana por pedaços de abacaxi cozido ou em calda.

BOLO DE PRENDA

TEMPO DE PREPARO: 1 HORA | RENDIMENTO: 12-15 FATIAS

Massa

1 vidro de leite de coco
1 xícara de leite
4 ovos
2 xícaras de farinha de trigo
100 g de queijo parmesão ralado
100 g de coco ralado
2 colheres (sopa) de água
1 xícara de açúcar
1 colher (sopa) de fermento químico em pó

Glacê

1½ xícara de açúcar de confeiteiro
suco de limão

1. No copo do liquidificador, coloque o leite de coco, o leite e os ovos. Bata por 2 minutos e reserve. Na vasilha da batedeira, junte a farinha, o queijo, o coco ralado hidratado com a água, o açúcar e a mistura do liquidificador. Bata em velocidade alta por 3 minutos até ficar homogêneo. Desligue e misture o fermento.

2. Coloque a massa numa assadeira redonda (de 25 cm de diâmetro) de aro removível, untada e enfarinhada. Leve ao forno preaquecido a 180 °C e asse por 30 a 40 minutos. Retire o bolo do forno, desenforme-o e deixe esfriar.

3. Para fazer a cobertura, coloque o açúcar numa tigela, derrame suco de limão aos poucos e misture até obter um creme meio grosso. Espalhe esse creme por todo o bolo frio.

BOLO MORENINHO

TEMPO DE PREPARO: 1 HORA | RENDIMENTO: 12-15 FATIAS

Massa

1½ xícara de açúcar
½ xícara de manteiga em temperatura ambiente
3 ovos, claras e gemas separadas
1 xícara de café forte
2½ xícaras de farinha de trigo
1 colher (sopa) de fermento químico em pó

Recheio

1 lata de doce de leite
1 lata de creme de leite sem soro
½ colher (sopa) de café solúvel
1 xícara de amêndoas torradas e moídas

chantili para cobrir (ver página 729)

1. Na vasilha da batedeira, coloque o açúcar, a manteiga e as gemas e bata apenas para misturar. Em seguida, adicione o café e a farinha e bata em velocidade alta por 3 minutos. Desligue e acrescente as claras batidas em neve e o fermento. Misture delicadamente com uma colher, de baixo para cima.

2. Coloque a massa obtida numa assadeira retangular, untada e enfarinhada, e leve para assar em forno preaquecido a 180 °C por cerca de 20 minutos (faça o teste do palito para ver se o bolo está bem assado). Espere o bolo ficar morno e desenforme-o sobre um prato redondo. Deixe esfriar.

3. Enquanto isso, faça o recheio de amêndoa: em uma vasilha, coloque o doce de leite, o creme de leite, o café solúvel e as amêndoas. Misture para fazer uma pasta.

4. Quando o bolo estiver frio, corte-o em duas partes. Empregue o recheio numa das partes e recoloque a outra parte por cima do recheio. Cubra o bolo com chantili e decore a gosto.

Dica: Na massa do bolo, se quiser, utilize 2 colheres (sopa) de café solúvel em 1 xícara de água.

BOLO FORMIGUEIRO

TEMPO DE PREPARO: 50 MINUTOS | RENDIMENTO: 12-15 FATIAS

Massa

1½ xícara de açúcar
1 xícara de manteiga
3 ovos, claras e gemas separadas
1 xícara de leite
2½ xícaras de farinha de trigo
1 colher (sopa) de fermento químico em pó
4 colheres (sopa) de chocolate granulado

Calda

1 xícara de leite
¾ de xícara de chocolate em pó
¾ de xícara de açúcar
2 colheres (sopa) de manteiga em temperatura ambiente

1. Na vasilha da batedeira, coloque o açúcar, a manteiga e as gemas. Bata até obter um creme. Desligue e adicione o leite e a farinha. Bata por 2 minutos em velocidade alta. Desligue a batedeira e misture delicadamente o fermento e as claras previamente batidas em neve. Em seguida, incorpore o chocolate granulado.

2. Despeje a massa numa assadeira redonda de furo no meio, untada e enfarinhada. Leve para assar em forno preaquecido a 180 °C por 30 minutos. Desenforme o bolo ainda quente e regue-o em seguida com a calda de chocolate, também quente.

3. Para fazer a calda, em uma panela, junte o leite, o chocolate, o açúcar e a manteiga. Leve ao fogo e cozinhe de 5 a 6 minutos, sempre mexendo, até obter uma calda espessa.

BOLO RECHEADO COM PAÇOQUINHA

TEMPO DE PREPARO: 50 MINUTOS | RENDIMENTO: 8-10 FATIAS

Massa

6 ovos, claras e gemas separadas
8 colheres (sopa) de açúcar
1 colher (chá) de essência de baunilha
8 colheres (sopa) de fécula de batata
1 colher (chá) de fermento químico em pó

Recheio

1 lata de leite condensado
1 colher (sopa) de manteiga
10 paçoquinhas
1 lata de creme de leite sem soro
½ lata de pêssego em calda

marshmallow (ver página 729) para cobrir
raspas de chocolate branco para decorar

1. Coloque as claras na vasilha da batedeira e bata até ficar em neve firme. Com a batedeira ligada, agregue as gemas, uma a uma, o açúcar e a essência de baunilha. Desligue a batedeira e adicione a fécula e o fermento. Misture delicadamente com uma colher.

2. Despeje a massa numa assadeira redonda (de 26 cm de diâmetro) de aro removível, untada e enfarinhada. Leve para assar em forno preaquecido a 200 °C por 20 minutos (faça o teste do palito para checar se a massa está bem assada). Deixe o bolo amornar.

3. Enquanto isso, prepare o recheio: em uma panela, coloque o leite condensado, a manteiga e as paçoquinhas esfareladas. Cozinhe em fogo baixo até desgrudar da panela. Desligue e misture o creme de leite. Reserve.

4. Faça a calda: coloque no liquidificador o pêssego com a calda, bata por 1 minuto e reserve.

5. Com o bolo frio e desenformado sobre um prato redondo, corte-o ao meio e regue um das partes com a calda preparada. Distribua o recheio por cima e cubra com a outra parte do bolo Fure a superfície do bolo com um garfo e regue superficialmente com a calda. Para finalizar, espalhe marshmallow por cima e decore com raspas de chocolate.

BOLO DE ARROMBA

TEMPO DE PREPARO: 1 HORA | RENDIMENTO: 12-15 FATIAS

Massa

1 xícara de manteiga
2 xícaras de açúcar
4 ovos, claras e gemas separadas
2 potes de iogurte natural
1 xícara de chocolate em pó
3 xícaras de farinha de trigo
1 colher (sopa) de fermento químico em pó
1 colher (chá) de bicarbonato de sódio
1 colher (chá) de essência de baunilha

Cobertura

1 lata de creme de leite sem soro
½ xícara de suco de laranja ou leite
2 xícaras de chocolate em pó
½ xícara de açúcar

1. Coloque na vasilha da batedeira a manteiga, o açúcar e as gemas. Bata até obter um creme. Desligue e misture o iogurte, a farinha e o chocolate em pó. Bata em velocidade alta por 3 minutos até ficar homogêneo. Desligue a batedeira e adicione o fermento, o bicarbonato, as claras previamente batidas em neve e a essência de baunilha. Misture com uma colher.

2. Despeje a massa numa fôrma redonda de furo no meio, untada e enfarinhada. Leve para assar em forno preaquecido a 150 °C por 15 minutos. Em seguida, aumente para 180 °C e deixe assar até dourar. Depois, desenforme o bolo em um prato redondo e regue-o com a cobertura.

3. Para fazer a cobertura, em uma panela, coloque o creme de leite, o suco de laranja ou o leite, o chocolate em pó e o açúcar. Mexa até obter uma mistura homogênea.

BOLO DE ABACAXI COM CALDA

TEMPO DE PREPARO: 1 HORA | RENDIMENTO: 12-15 FATIAS

Massa

1½ xícara de açúcar
3 ovos, claras e gemas separadas
2 colheres (sopa) de manteiga
1 xícara de leite
2 xícaras de farinha de trigo
½ xícara de amido de milho
1 colher (sopa) de fermento químico em pó

Recheio

1 lata de leite condensado
2 latas de leite (use a lata de leite condensado vazia para medir)
3 gemas
2 colheres (sopa) de amido de milho
1 lata de abacaxi em calda

Cobertura

3 claras
6 colheres (sopa) de açúcar
1 envelope de gelatina em pó sem sabor
1 lata de creme de leite sem soro

1. Prepare o recheio: em uma panela, misture o leite condensado, o leite (reserve um pouco), as gemas e o amido de milho dissolvido no leite reservado. Cozinhe em fogo médio, mexendo sempre até engrossar. Retire do fogo e adicione o abacaxi escorrido e picado (reserve a calda para regar o bolo). Reserve.

2. Faça a massa: junte o açúcar, as gemas e a manteiga na tigela da batedeira e misture bem com uma espátula. Acrescente o leite, a farinha e o amido de milho e bata em velocidade alta por 3 minutos, até virar um creme homogêneo. Desligue e adicione as claras previamente batidas em neve e o fermento. Mexa delicadamente.

3. Despeje a massa numa fôrma redonda de aro removível (de 26 cm), untada e enfarinhada. Leve para assar em forno preaquecido a 180 °C por 30 minutos. Retire o bolo do forno e desenforme-o ainda morno.

4. Enquanto isso, prepare a cobertura: na vasilha da batedeira, bata as claras em neve firme. Sempre batendo, adicione 4 colheres (sopa) de açúcar e a gelatina, aos poucos, e bata por 3 minutos mais. Reserve o creme obtido.

5. Coloque o creme de leite e o açúcar restante numa tigela pequena e bata com a batedeira por 2 minutos até ficar homogêneo. Em seguida, misture com o creme reservado.

6. Corte o bolo já frio ao meio, pela largura. Umedeça as duas metades do bolo com a calda de abacaxi. Empregue o recheio em uma das partes e cubra com a outra parte. Para finalizar, espalhe a cobertura por todo o bolo e decore a gosto.

Dica: O bolo pode ser decorado com pedaços de abacaxi e fios de ovos.

BOLO RENDADO

TEMPO DE PREPARO: 1H40 | RENDIMENTO: 15 FATIAS

6 ovos, claras e gemas separadas
1½ xícara de açúcar
uma pitada de sal
200 g de fécula de batata
1 colher (chá) de fermento químico em pó
1 receita de recheio de damasco (ver página 728)
1 receita de recheio de ameixa (ver página 728)
1 receita de recheio de baba de moça (ver página 726)

1. Na vasilha da batedeira, bata as claras em velocidade alta, até ficar em neve firme. Com a batedeira ligada, adicione as gemas, uma a uma. Em seguida, diminua a velocidade e adicione o açúcar e o sal. Desligue a batedeira e acrescente a fécula de batata peneirada. Misture delicadamente e incorpore o fermento.

2. Despeje a massa numa assadeira redonda alta (de 26 cm), untada e enfarinhada. Leve para assar em forno preaquecido a 200 °C por 15 a 20 minutos. Retire o bolo do forno, desenforme-o morno sobre um prato redondo e deixe esfriar.

3. Depois, corte o bolo ao meio. Distribua o recheio de damasco, ao redor dele o recheio de ameixa e, por fim, o recheio de coco. Todos os recheios devem estar em círculo. Recoloque a parte de bolo retirada e cubra-o com uma toalhinha rendada de plástico. Polvilhe todo o bolo com o açúcar de confeiteiro e retire a toalhinha cuidadosamente.

BOLO COLCHÃO DE NOIVA

TEMPO DE PREPARO: 1H30 | RENDIMENTO: 15 FATIAS

2 xícaras de açúcar
4 ovos, claras e gemas separadas
6 colheres (sopa) de água
2 xícaras de farinha de trigo
1 colher (sopa) de fermento químico em pó

1 receita de recheio de baba de moça (ver página 726)
1 receita de recheio de ameixa (ver página 728)

chantili para cobrir (ver página 729)
coco ralado seco para decorar

1. Na vasilha da batedeira, coloque o açúcar, as gemas e a água. Bata por 2 minutos em velocidade média. Adicione a farinha aos poucos e bata até misturar bem. Desligue a batedeira e acrescente as claras batidas em neve e o fermento. Misture delicadamente de baixo para cima com uma espátula.

2. Despeje a massa numa assadeira retangular, untada e enfarinhada, e leve para assar em forno preaquecido a 180 °C por 20 a 25 minutos. Retire então o bolo do forno, desenforme-o ainda morno e espere esfriar.

3. Para fazer o recheio de ameixa: coloque as ameixas, a água e o açúcar numa panela e cozinhe por 10 minutos, mexendo sempre, até a ameixa começar a desfazer-se. Desligue o fogo e acrescente o doce de leite. Misture bem com uma colher até ficar homogêneo.

4. Depois, corte o bolo ao meio e empregue os dois recheios em uma das partes, um ao lado do outro. Recoloque a parte cortada por cima e espalhe o chantili por todo o bolo. Para finalizar, polvilhe o coco ralado e decore a gosto.

BOLO DO AMOR

TEMPO DE PREPARO: 50 MINUTOS | RENDIMENTO: 12-15 FATIAS

1 xícara de óleo
½ xícara de leite
1 colher (sopa) de essência de baunilha
4 ovos
2 xícaras de açúcar mascavo
2 xícaras de farinha de trigo
1 colher (sopa) de canela em pó
½ colher (chá) de cravo-da-índia em pó
100 g de uvas-passas claras sem sementes
1 colher (sopa) de fermento químico em pó
2 maçãs vermelhas sem casca e picadas
2 maçãs verdes sem casca e picadas

chantili para cobrir (ver página 729)

1. No copo do liquidificador, coloque o óleo, o leite, a essência de baunilha, os ovos e o açúcar mascavo. Bata por 2 minutos em velocidade alta e reserve.

2. Em um recipiente fundo, coloque a farinha, a canela, o cravo, as uvas-passas, o fermento, as maçãs picadas e a mistura do liquidificador. Misture bem com uma colher para agregar tudo.

3. Em seguida, coloque a massa numa assadeira redonda de aro removível, untada e polvilhada com farinha de trigo e açúcar mascavo. Leve para assar em forno preaquecido a 180 °C por 35 minutos. Desenforme o bolo frio e decore-o com chantili.

BOLO FLORESTA NEGRA

TEMPO DE PREPARO: 1H20 | RENDIMENTO: 15-18 FATIAS

Massa

100 g de manteiga
5 ovos, claras e gemas separadas
1½ xícara de açúcar
1 xícara de leite
1 xícara de chocolate em pó
3 xícaras de farinha de trigo
1 colher (sopa) de fermento químico em pó

Recheio

2 xícaras de creme de leite fresco
3 colheres (sopa) de açúcar
300 g de cereja em calda escorrida
100 g de suspiro esmigalhado

Calda

1 xícara de calda de cereja
4 colheres (sopa) de água
5 colheres (sopa) de açúcar

chantili para cobrir (ver página 729)
raspas de chocolate e cerejas em calda para decorar

1. Na vasilha da batedeira, coloque a manteiga, as gemas e o açúcar. Bata em velocidade alta por 2 minutos, ou até ficar uma mistura brilhante. Desligue e junte o leite, o chocolate e a farinha. Bata novamente por mais 2 minutos, até obter um creme homogêneo. Desligue a batedeira e acrescente as claras previamente batidas em neve e o fermento. Misture delicadamente com uma colher, de baixo para cima.

2. Despeje a massa numa fôrma redonda de aro removível, untada e enfarinhada. Leve para assar em forno preaquecido a 180 °C por 25 a 30 minutos. Retire do forno, desenforme-o morno e deixe esfriar.

3. Enquanto isso, faça o recheio: na vasilha da batedeira, coloque o creme de leite e bata em velocidade alta por aproximadamente 5 minutos, até começar a encorpar. Com a batedeira ligada, adicione o açúcar e deixe formar picos duros. Desligue e misture a cereja picada e o suspiro grosseiramente esfarelado. Reserve.

4. Faça também a calda: em uma vasilha pequena, junte a calda de cereja, a água e o açúcar. Misture bem e reserve.

5. Com o bolo já frio, corte-o em três partes e regue cada parte com a calda de cereja preparada. Distribua o recheio, recolocando as partes do bolo. Por fim, cubra todo o bolo com creme de chantili. No topo, decore com raspas de chocolate e algumas cerejas.

BOLO FLORESTA BRANCA

TEMPO DE PREPARO: 1H20 | RENDIMENTO: 15-18 FATIAS

Massa

4 ovos, claras e gemas separadas
4 colheres (sopa) de açúcar
4 colheres (sopa) de farinha de trigo
1 colher (chá) de fermento químico em pó
½ colher (chá) de essência de abacaxi
calda de sua preferência para regar

Recheio

1 receita de chantili (ver página 729)
300 g de cerejas picadas
100 g de suspiro

Cobertura

chantili a gosto
raspas de chocolate branco
cerejas em calda escorridas

1. Na vasilha da batedeira, coloque as claras e bata em velocidade alta até ficar em neve firme. Sempre batendo, adicione as gemas, uma a uma, e o açúcar. Desligue a batedeira e acrescente, aos poucos, a farinha de trigo peneirada, incorporando-a com uma espátula, com movimentos de baixo para cima. Junte o fermento e algumas gotas de essência de abacaxi e misture delicadamente.

2. Despeje a massa numa assadeira redonda de borda alta, untada e enfarinhada. Leve para assar em forno preaquecido a 200 °C por 10 a 15 minutos (faça o teste do palito para checar se a massa está assada). Desenforme o bolo quando estiver morno e deixe esfriar.

3. Faça o recheio: coloque o chantili numa vasilha e misture a cereja picada e o suspiro grosseiramente esfarelado.

4. Quando o bolo estiver frio, corte-o ao meio e regue as duas partes com a calda de sua preferência. Espalhe o recheio numa das partes e recoloque a outra por cima. Cubra o bolo com chantili e decore-o com o próprio chantili, usando um saco de confeiteiro com bico pitanga. Utilize as raspas de chocolate branco para finalizar a decoração.

BOLO DE REIS

TEMPO DE PREPARO: 55 MINUTOS | RENDIMENTO: 12-15 FATIAS

½ xícara de uvas-passas escuras sem sementes
½ xícara de uvas-passas claras sem sementes
½ xícara de conhaque
1½ xícara de açúcar
4 ovos, claras e gemas separadas
1½ xícara de margarina
2 xícaras de leite
2½ xícaras de farinha de trigo
uma pitada de sal
1 colher (sopa) de fermento químico em pó
1 xícara de frutas cristalizadas

1. Deixe as uvas-passas de molho no conhaque por 15 minutos.

2. Na vasilha da batedeira, misture o açúcar, as gemas e a margarina. Em seguida, bata em velocidade alta até obter um creme esponjoso. Desligue e misture o leite e a farinha. Bata novamente até ficar homogêneo. Desligue e adicione o fermento e as claras previamente batidas em neve com uma pitada de sal. Misture para incorporar.

3. Em seguida, acrescente as frutas cristalizadas e as uvas-passas escorridas. Misture delicadamente e despeje a massa numa fôrma redonda de furo no meio, untada e enfarinhada.

4. Leve para assar em forno preaquecido a 180 °C por 40 minutos. Desenforme frio e decore a gosto.

Dica: Antes de adicionar as frutas cristalizadas e as uvas-passas à massa, passe-as primeiro pela farinha de trigo para não afundarem.

BOLO PARA O DIA DOS PAIS

TEMPO DE PREPARO: 1H20 | RENDIMENTO: 15-18 FATIAS

100 g de manteiga
2 xícaras de açúcar
4 ovos, claras e gemas separadas
½ xícara de leite
1 vidro de leite de coco
2½ xícaras de farinha de trigo
1 colher (sopa) de fermento químico em pó
1 receita de recheio de abacaxi (ver página 727)
1 receita de recheio de damasco (ver página 728)
marshmallow para cobrir (ver página 729)
fios de ovos para decorar

1. Na vasilha da batedeira, coloque a manteiga, o açúcar e as gemas. Bata em velocidade alta até obter um creme esbranquiçado. Junte o leite e continue batendo. Desligue e adicione o leite de coco e a farinha. Bata novamente por 2 minutos. Desligue e acrescente as claras previamente batidas em neve e o fermento. Misture delicadamente, de baixo para cima.

2. Despeje a massa numa assadeira redonda grande, untada e enfarinhada. Leve para assar em forno preaquecido a 200 °C por 40 minutos. Desenforme o bolo quando estiver morno em um prato redondo e deixe esfriar.

3. Depois, corte o bolo em três partes. Distribua o recheio de abacaxi na primeira parte e recoloque uma das partes retiradas por cima. Em seguida, distribua o recheio de damasco e recoloque a terceira parte de bolo. Cubra o bolo com marshmallow e decore com fios de ovos.

BOLO PARA O DIA DAS MÃES

TEMPO DE PREPARO: 1 HORA | RENDIMENTO: 12-15 FATIAS

1¾ de xícara de açúcar
4 ovos, claras e gemas separadas
1 xícara de manteiga ou margarina
1 colher (chá) de raspas de limão
2 xícaras de farinha de trigo
½ colher (sopa) de fermento químico em pó
1 receita de recheio de ameixa (ver página 728)
1 receita de recheio de damasco (ver página 728)
chantili para cobrir (ver página 729)

raspas de chocolate branco e fios de ovos para decorar

1. Na vasilha da batedeira, coloque o açúcar, as gemas e a manteiga ou margarina. Bata em velocidade alta por 2 minutos, até obter um creme esponjoso. Em seguida, com a batedeira ligada, adicione a raspa de limão e a farinha, aos poucos, e bata até ficar homogêneo.

2. Agregue as claras batidas em neve e o fermento. Misture delicadamente. A seguir, despeje a massa numa assadeira redonda de aro removível, untada e enfarinhada.

3. Leve para assar em forno preaquecido a 180 °C por 25 a 30 minutos. Retire do forno e desenforme ainda morno sobre um prato redondo. Deixe esfriar.

4. Para fazer o recheio de damascos: deixe os damascos de molho na água por 12 horas. Depois, no copo do liquidificador, junte o açúcar e o damasco com o líquido e bata por 2 minutos em velocidade alta. Em seguida, coloque a mistura numa panela e cozinhe em fogo baixo, mexendo sempre, até obter um creme denso.

5. Depois, corte o bolo ao meio. Coloque no centro do bolo o recheio de damasco e ao redcr o recheio de ameixa. Recoloque a parte do bolo retirada, regue-a também com calda (opcional) e cubra tudo com o chantili. Decore com chocolate branco e fios de ovos.

Dica: Se desejar, regue o bolo com uma calda de sua preferência antes de empregar o recheio.

BOLO ESPECIAL DE NOZES

TEMPO DE PREPARO: 50 MINUTOS | RENDIMENTO: 12 FATIAS

6 colheres (sopa) de açúcar
6 ovos, claras e gemas separadas
1 xícara de fécula de batata
½ colher (chá) de fermento químico em pó
calda de fruta para umedecer o bolo
1 receita de recheio de nozes (ver página 727)
chantili para cobrir (ver página 729)

metades de nozes para decorar

1. Bata o açúcar e as gemas na batedeira por 2 minutos, até obter um creme esbranquiçado. Desligue, junte a fécula e misture com uma colher. Adicione as claras previamente batidas em neve e o fermento e mexa delicadamente de baixo para cima.

2. Despeje a massa numa assadeira redonda (de 25 cm), untada e enfarinhada. Leve para assar em forno preaquecido a 200 °C por 15 a 20 minutos. Desenforme o bolo morno em um prato redondo e deixe esfriar.

3. Então, divida o bolo já frio ao meio e regue-o com uma calda de fruta de sua preferência. Empregue o recheio numa das partes do bolo e recoloque a outra por cima. Cubra com chantili e decore com nozes partidas.

BOLO MÁRMORE FÁCIL

TEMPO DE PREPARO: 1 HORA | RENDIMENTO: 12-15 FATIAS

3 ovos
1½ xícara de açúcar
1 xícara de leite
1 xícara de óleo
2½ xícaras de farinha
2 colheres (chá) de fermento
½ xícara de chocolate em pó

1. Coloque no copo do liquidificador os ovos, o açúcar, o leite e o óleo. Bata em velocidade alta por 2 minutos. Desligue e adicione a farinha e o fermento. Bata novamente por mais 3 minutos, até ficar homogêneo.

2. Divida a massa em duas tigelas de tamanho médio. Junte o chocolate em pó a uma das tigelas e bata com um batedor de bolo até ficar bem misturado.

3. Em uma fôrma redonda de furo no meio, untada e enfarinhada, coloque alternadamente colheradas de massa escura e de massa branca.

4. Leve para assar em forno preaquecido a 180 °C por cerca de 40 minutos (faça o teste do palito para checar se a massa está bem assada). Deixe o bolo ficar morno e desenforme-o sobre um prato redondo.

BOLO ESPECIAL DA MAMÃE

TEMPO DE PREPARO: 1H10 | RENDIMENTO: 12-15 FATIAS

1 xícara de açúcar
200 g de manteiga
4 ovos, claras e gemas separadas
1 pacote de pó para pudim sabor chocolate
2 xícaras de farinha de trigo
2 colheres (sopa) de licor
1 colher (sopa) de fermento químico em pó
1 receita de recheio de nozes (ver página 727)
1 receita de recheio de baba de moça (ver página 726)
1 receita de cobertura de chantili ou marshmallow (ver página 729)

1. Na vasilha da batedeira, coloque o açúcar, a manteiga, as gemas e o pó de pudim de chocolate. Primeiro, misture com uma colher e, em seguida, bata em velocidade alta por 3 minutos. Desligue e acrescente a farinha e o licor. Bata novamente até obter um creme homogêneo. Desligue.

2. Em seguida, adicione as claras previamente batidas em neve e o fermento. Mexa delicadamente a cada ingrediente adicionado.

3. Despeje a massa numa assadeira redonda de aro removível, untada e enfarinhada. Leve ao forno preaquecido 180 °C por 35 minutos.

4. Desenforme o bolo morno sobre um prato redondo. Quando esfriar, corte-o em duas partes e distribua o recheio de baba de moça no centro e ao redor o recheio de nozes. Cubra o bolo com chantili ou com marshmallow.

BOLO DE MAÇÃ COM CALDA DE CHOCOLATE

TEMPO DE PREPARO: 1 HORA | RENDIMENTO: 8-10 FATIAS

Massa

2 xícaras de açúcar
100 g de manteiga
4 ovos, claras e gemas separadas
1 xícara de leite
2½ xícaras de farinha de trigo
1 colher (sopa) de fermento químico em pó
3 maçãs sem casca e fatiadas
canela para polvilhar

Calda de chocolate

2 colheres (sopa) de manteiga
¼ de xícara de leite
2 colheres (sopa) de chocolate em pó
5 colheres (sopa) de açúcar

1. Na vasilha da batedeira, coloque o açúcar, a manteiga e as gemas. Bata em velocidade alta por 2 minutos, até virar um creme. Desligue e misture o leite. Ligue a batedeira e acrescente, aos poucos, a farinha de trigo peneirada. Continue batendo até que a mistura fique homogênea. Desligue. Junte o fermento e as claras previamente batidas em neve. Misture delicadamente.

2. Em uma assadeira redonda, untada e enfarinhada, intercale em camadas parte da massa, metade das fatias de maçã, canela em pó, o restante da massa, o restante da maçã e da canela.

3. Leve para assar em forno preaquecido a 200 °C) por 25 minutos. Retire o bolo do forno e regue-o ainda quente com a calda de chocolate.

4. Para fazer a calda, derreta a manteiga numa panela pequena e misture o leite, o chocolate em pó e o açúcar. Deixe ferver, mexendo sempre até obter uma calda meio espessa.

BOLO DE MAÇÃ COM CALDA DE GROSELHA

TEMPO DE PREPARO: 50 MINUTOS | RENDIMENTO: 12-15 FATIAS

2 maçãs grandes sem casca
2 xícaras de açúcar
100 g de manteiga em temperatura ambiente
2 xícaras de açúcar
3 ovos, claras e gemas separadas
1 xícara de leite
3 xícaras de farinha de trigo
1 colher (sopa) de fermento químico em pó
1 xícara de xarope de groselha

1. Unte uma assadeira redonda de furo no meio. Em seguida, corte as maçãs em fatias bem fininhas, acomode-as no fundo e ao redor da assadeira untada e reserve.

2. Na batedeira, coloque o açúcar, a manteiga e as gemas. Misture com uma colher e, depois, bata em velocidade alta até obter um creme. Junte o leite e a farinha peneirada e bata até homogeneizar. Acrescente as claras previamente batidas em neve, mexa delicadamente e, por último, adicione o fermento, misturando tudo.

3. Em seguida, despeje de maneira uniforme o xarope de groselha na fôrma reservada. Coloque a massa com cuidado para não derrubar as fatias de maçã que estão nas laterais da fôrma. Leve o bolo para assar em forno preaquecido a 180 °C por 30 a 35 minutos. Desenforme o bolo morno sobre um prato redondo e deixe esfriar para servir.

BOLO DE MAÇÃ COM NOZES

TEMPO DE PREPARO: 50 MINUTOS | RENDIMENTO: 12-15 FATIAS

3 maçãs
1 limão
1 xícara de óleo
4 ovos
1½ xícara de açúcar
2½ xícaras de farinha de trigo
1 colher (sopa) de fermento químico em pó
½ xícara de uvas-passas claras sem sementes
½ xícara de nozes moídas
açúcar de confeiteiro e canela em pó para polvilhar

1. Lave as maçãs e descasque-as (reserve as cascas). Corte as maçãs em cubos e deixe de molho em uma vasilha com água e limão.

2. No copo do liquidificador, junte o óleo, os ovos e a casca de maçã reservada. Bata em velocidade alta. Quando ficar homogêneo, adicione o açúcar e bata por mais 2 minutos. Reserve.

3. Em uma tigela funda, misture a farinha e o fermento peneirados juntos, as uvas-passas, as nozes moídas e a maçã picada que estava de molho em água e limão, escorrida. Acrescente o líquido do liquidificador e mexa bem para agregar.

4. Despeje a massa numa assadeira redonda, untada e polvilhada com farinha. Leve para assar em forno preaquecido a 180 °C por 35 minutos. Retire o bolo do forno e polvilhe-o com uma mistura de açúcar de confeiteiro e canela.

BOLO DE FUBÁ

TEMPO DE PREPARO: 50 MINUTOS | RENDIMENTO: 12-15 FATIAS

4 ovos, claras e gemas separadas
2 xícaras de açúcar
1 xícara de óleo
1 xícara de iogurte natural
1 xícara de fubá
1 xícara de farinha de trigo
1 colher (sopa) de fermento químico em pó
açúcar e canela em pó para polvilhar

1. Na vasilha da batedeira, batas as claras em neve firme. Com a batedeira ligada, junte as gemas, uma a uma, e o açúcar aos poucos. Em seguida, junte o óleo e o iogurte e bata até obter um creme homogêneo.

2. Desligue a batedeira e acrescente o fubá e a farinha peneirados juntos, misturando delicadamente com uma colher. A seguir, incorpore o fermento também peneirado.

3. Despeje a massa numa assadeira redonda (de 26 cm), untada e enfarinhada. Leve ao forno preaquecido a 200 °C por 20 a 25 minutos (faça o teste do palito para checar se a massa está assada).

4. Desenforme o bolo ainda morno sobre um prato redondo e polvilhe-o com uma mistura de canela e açúcar.

BOLO DE FUBÁ E LARANJA

TEMPO DE PREPARO: 50 MINUTOS | RENDIMENTO: 8-10 FATIAS

2 xícaras de açúcar
200 g de margarina
4 ovos, claras e gemas separadas
½ vidro de leite de coco
1 xícara de leite
1 xícara de suco de laranja
2 xícaras de fubá
2 xícaras de farinha de trigo
1 colher (sopa) rasa de fermento químico em pó

1. Na vasilha da batedeira, coloque o açúcar, a margarina e as gemas. Bata por 3 minutos em velocidade alta. Desligue e misture o leite de coco, o leite e o suco de laranja.

2. Ligue novamente a batedeira, adicione o fubá e a farinha peneirados e bata por mais 2 minutos, até virar um creme homogêneo. Desligue em definitivo e incorpore as claras batidas em neve e o fermento.

3. Despeje a massa numa assadeira (de 26 cm), untada e enfarinhada. Leve ao forno preaquecido a 180 °C por 20 minutos, e a 200 °C por mais 10 minutos. Decore a gosto.

BOLO DE FUBÁ COM COBERTURA DE GOIABADA

TEMPO DE PREPARO: 1 HORA | RENDIMENTO: 12-15 FATIAS

1 xícara de leite
1 xícara de óleo
3 ovos, claras e gemas separadas
1 colher (sopa) de manteiga em temperatura ambiente
2 xícaras de açúcar
1 xícara de farinha de trigo
1 xícara de fubá
1 colher (sopa) de fermento químico em pó
1 colher (chá) de sementes de erva-doce
1 colher (chá) de raspas de casca de limão

Cobertura

200 g de goiabada cortada em cubinhos
½ xícara de água ou de vinho branco seco

1. No copo do liquidificador, coloque o leite, o óleo, as gemas e a manteiga. Bata em velocidade máxima por 2 minutos. Adicione o açúcar e bata por mais 1 minuto. Reserve.

2. Na vasilha da batedeira, junte a farinha, o fubá, o fermento (todos peneirados), a erva-doce, a raspa de limão e a mistura do liquidificador reservada. Bata por 3 minutos em velocidade alta e desligue. Em seguida, incorpore as claras previamente batidas em neve, misturando de baixo para cima.

3. Despeje a massa numa assadeira redonda alta (de 26 cm), untada e polvilhada com fubá. Leve ao forno preaquecido a 150 °C por 20 minutos e, depois, a 180 °C por mais 10 minutos.

4. Retire do forno e desenforme-o ainda morno sobre um prato redondo. Deixe esfriar e regue-o com a cobertura de goiabada derretida.

5. Para fazer a cobertura, em uma panela média, junte a goiabada cortada em cubos e a água ou o vinho. Leve ao forno médio e cozinhe até derreter a goiabada (aproximadamente 10 minutos).

BOLO DE FUBÁ COM FRUTAS SECAS

TEMPO DE PREPARO: 1 HORA | RENDIMENTO: 12-15 FATIAS

Massa

3 xícaras de açúcar
1 xícara de margarina em temperatura ambiente
4 ovos, claras e gemas separadas
1 vidro de leite de coco
2 xícaras de fubá
2 xícaras de farinha de trigo
1 colher (sopa) de fermento químico em pó
frutas cristalizadas picadas a gosto

Calda

1 xícara de suco de laranja natural
2 xícaras de açúcar de confeiteiro

1. Na vasilha da batedeira, junte o açúcar, a margarina e as gemas. Acrescente o leite de coco, misture com uma colher e bata em velocidade alta por 3 minutos. Aos poucos, adicione o fubá e a farinha peneirados juntos e bata por mais 3 minutos, até ficar homogêneo. Desligue a batedeira.

2. Em seguida, acrescente o fermento e as claras previamente batidas em neve e misture com uma colher, com movimentos de baixo para cima.

3. Despeje a massa numa assadeira redonda de furo no meio, untada e polvilhada com farinha. Distribua na massa as frutas cristalizadas passadas pela farinha de trigo.

4. Leve o bolo para assar em forno preaquecido a 180 °C por 40 minutos. Depois, desenforme-o ainda quente sobre um prato redondo e besunte-o com a calda de laranja.

5. Para fazer a calda, em uma tigela, coloque o suco de laranja e o açúcar de confeiteiro peneirado e misture bem até formar uma pasta.

BOLO RECHEADO COM BABA DE MOÇA

TEMPO DE PREPARO: 50 MINUTOS | RENDIMENTO: 12-15 FATIAS

Massa

6 ovos, claras e gemas separadas
6 colheres (sopa) de açúcar
6 colheres (sopa) de farinha de trigo
1 colher (sopa) de fermento químico em pó

Cobertura

1 xícara de açúcar
3 claras
200 g de coco fresco ralado

1 receita de recheio de baba de moça (ver página 726)

1. Na vasilha da batedeira, bata as claras em neve firme. Junte as gemas, uma a uma, e o açúcar e bata por 3 minutos mais. Desligue a batedeira e adicione aos poucos a farinha e o fermento químico em pó. Misture delicadamente, com movimento de baixo para cima.

2. Despeje a massa numa assadeira redonda de fundo falso (de 26 cm), untada e enfarinhada. Leve para assar em forno preaquecido a 180 °C por cerca de 20 minutos (faça o teste do palito para checar se a massa está bem assada). Retire o bolo do forno e desenforme-o morno sobre um prato redondo.

3. Quando o bolo estiver frio, corte-o ao meio e aplique o recheio de baba de moça numa das partes. Cubra o recheio com a outra parte da massa e espalhe a cobertura por toda a superfície. Decore com coco ralado.

4. Para fazer a cobertura, na vasilha da batedeira, bata as claras em neve firme. Adicione o açúcar, aos poucos, e bata até obter um glacê.

BOLO PRESTÍGIO

TEMPO DE PREPARO: 1H10 | RENDIMENTO: 12-15 FATIAS

Massa

1 xícara de açúcar
½ xícara de manteiga
5 ovos, claras e gemas separadas
½ xícara de leite
1½ xícara de farinha de trigo
1 xícara de chocolate em pó
1 colher (sopa) de fermento químico em pó

Cobertura

1 lata de leite condensado
6 colheres (sopa) de chocolate em pó
1 colher (sopa) de manteiga

Recheio

1 receita de beijinho (ver página 738)

1. Na vasilha da batedeira, coloque o açúcar, a manteiga e as gemas e bata por 1 minuto em velocidade média. Desligue e misture o leite. Em seguida, adicione a farinha e o chocolate peneirados. Bata em velocidade alta por 3 minutos, ou até obter um creme homogêneo. Desligue e incorpore as claras previamente batidas em neve. Acrescente o fermento e misture delicadamente, com movimentos de baixo para cima.

2. Despeje a massa numa assadeira redonda (de 25 cm), untada e polvilhada com farinha. Leve para assar em forno preaquecido a 200 °C por 20 a 25 minutos. Retire o bolo do forno, desenforme-o morno sobre um prato redondo e deixe esfriar.

3. A seguir, corte o bolo ao meio e empregue o recheio de beijinho numa das partes. Recoloque a parte de massa retirada por cima do recheio e espalhe a cobertura. Decore com pedaços de chocolate ou a gosto.

4. Para fazer a cobertura, junte, em uma panela, todos os ingredientes e cozinhe em fogo médio, mexendo sempre, até obter um brigadeiro meio mole.

BOLO GELADO DE COCO

TEMPO DE PREPARO: 1 HORA | RENDIMENTO: 12-15 FATIAS

Massa

100 g de manteiga
2 xícaras de açúcar
4 ovos, claras e gemas separadas
2½ xícaras de farinha de trigo
½ xícara de leite
1 vidro de leite de coco
1 colher (sopa) de fermento químico em pó

Calda

1 vidro de leite de coco
1 lata de leite condensado

Cobertura

100 g de coco fresco ralado

1. Na vasilha da batedeira, bata o açúcar, a manteiga e as gemas em velocidade baixa por 2 minutos. Aos poucos, junte a farinha, o leite e o leite de coco e bata em velocidade alta por 3 minutos, até obter um creme homogêneo. Desligue a batedeira e incorpore as claras batidas em neve e o fermento, com movimentos de baixo para cima.

2. Coloque a massa numa assadeira redonda, untada e polvilhada com farinha. Leve para assar em forno preaquecido a 200 °C por 30 a 35 minutos. A seguir, retire do forno e desenforme-o ainda morno sobre um prato redondo. Deixe esfriar.

3. Enquanto isso, faça a calda: em uma tigela, junte o leite de coco e o leite condensado e misture bem. Reserve.

4. Quando o bolo estiver frio, corte-o ao meio e umedeça com a calda de coco a parte do bolo que irá ficar por baixo. Recoloque a outra parte de massa por cima e faça furos na superfície com um garfo. Regue com a calda restante e polvilhe o coco ralado. Leve para gelar.

BOLO ROMEU E JULIETA ESPECIAL

TEMPO DE PREPARO: 1 HORA | RENDIMENTO: 12-15 FATIAS

Massa

2 xícaras de açúcar

7 colheres (sopa) de margarina em temperatura ambiente

4 ovos, claras e gemas separadas

½ xícara de leite

1 vidro de leite de coco

2½ xícaras de farinha de trigo

1 colher (sopa) de fermento químico em pó

Cobertura

400 g de goiabada derretida

½ xícara de vinho branco suave

200 g de queijo meia cura

1. Na vasilha da batedeira, junte o açúcar, a margarina e as gemas e misture com uma colher. Em seguida, bata em velocidade alta até virar um creme. Ainda com a batedeira ligada, adicione o leite e o leite de coco e, a seguir, a farinha de trigo peneirada, aos poucos.

2. Desligue a batedeira e acrescente as claras batidas em neve, misturando-as de baixo para cima. Adicione o fermento e misture.

3. Despeje a massa numa fôrma redonda grande, de aro removível, untada e enfarinhada. Asse em forno preaquecido a 150 °C por 15 minutos. Aumente para 180 °C e asse por mais 20 minutos, aproximadamente. Desenforme o bolo e deixe esfriar.

4. Enquanto isso, faça a cobertura: no copo do liquidificador, junte a goiabada derretida e o vinho. Bata por 2 minutos em velocidade alta. Depois, coloque essa mistura numa panela e cozinhe em fogo médio, mexendo sem parar, até virar um creme.

5. Com o bolo já frio, cubra-o com a goiabada ainda morna. Rale o meia cura no ralador grosso e polvilhe sobre o bolo. Sirva em seguida.

BOLO ROMEU E JULIETA

TEMPO DE PREPARO: 50 MINUTOS | RENDIMENTO: 8-10 FATIAS

2 xícaras de açúcar
1½ xícara de manteiga em temperatura ambiente
4 ovos
4 xícaras de farinha de trigo
1 xícara de leite
1 colher (sopa) de fermento químico em pó
1 lata de leite condensado
1 xícara de queijo parmesão ralado ou 100 g de coco ralado
200 g de goiabada cortada em pedaços finos

1. Coloque o açúcar e a manteiga na vasilha da batedeira e bata por 2 minutos em velocidade alta. Com a batedeira ligada, acrescente os ovos, um a um, a farinha e o leite. Bata até ficar homogêneo. Desligue, adicione o fermento e mexa.

2. Despeje a massa numa assadeira redonda, untada e polvilhada com farinha. Regue com o leite condensado, polvilhe o queijo parmesão ralado e distribua os pedaços de goiabada. Leve para assar em forno preaquecido a 200 °C por 45 a 50 minutos. Sirva o bolo frio na própria assadeira.

BOLO DE CENOURA COM COBERTURA DE CHOCOLATE

TEMPO DE PREPARO: 50 MINUTOS | RENDIMENTO: 12-15 FATIAS

Massa
1 xícara de óleo
4 ovos
4 cenouras médias picadas
2 xícaras de farinha de trigo
2 xícaras de açúcar
1 colher (sopa) de fermento químico em pó

Cobertura
5 colheres (sopa) de açúcar
2 colheres (sopa) de chocolate em pó
2 colheres (sopa) de manteiga
2 colheres (sopa) de leite

1. No copo do liquidificador, coloque o óleo, os ovos e a cenoura picada. Bata por 2 minutos em velocidade alta. Reserve.

2. Na vasilha da batedeira, coloque a farinha, o açúcar (ambos peneirados) e a mistura do liquidificador. Bata em velocidade alta por 3 minutos, até ficar homogêneo. Desligue e misture o fermento com uma colher.

3. Despeje a massa numa fôrma redonda, untada e polvilhada. Leve para assar em forno preaquecido a 180 °C por 35 a 40 minutos. Desenforme o bolo ainda morno e regue-o com a cobertura quente.

4. Para fazer a cobertura, em uma panela, junte o açúcar, o chocolate, a manteiga e o leite. Cozinhe por 5 minutos, ou até engrossar.

BOLO DE REFRIGERANTE

TEMPO DE PREPARO: 50 MINUTOS | RENDIMENTO: 12-15 FATIAS

Massa

1 xícara de açúcar
4 colheres (sopa) de manteiga
4 ovos, claras e gemas separadas
1½ xícara de refrigerante tipo cola
1 xícara de chocolate em pó
3 xícaras de farinha de trigo
½ xícara de nozes picadas
1 colher (sopa) de fermento químico em pó

Cobertura

10 colheres (sopa) de açúcar
5 colheres (sopa) de chocolate em pó
4 colheres (sopa) de manteiga
½ lata creme de leite

1. Na vasilha da batedeira, misture o açúcar, a manteiga e as gemas com uma colher. Em seguida, bata em velocidade alta por 2 minutos, até obter um creme esbranquiçado. Desligue a batedeira, adicione o refrigerante e mexa.

2. Acrescente o chocolate e a farinha peneirados juntos. Bata por 3 minutos em velocidade alta, até ficar homogêneo. Desligue e incorpore delicadamente as claras batidas em neve, as nozes picadas e o fermento. Misture a cada ingrediente adicionado.

3. Despeje a massa numa assadeira redonda, untada e enfarinhada. Leve para assar em forno preaquecido a 200 °C por 20 a 25 minutos. Retire o bolo do forno e desenforme-o ainda morno sobre um prato redondo. Quando o bolo esfriar, espalhe a cobertura de chocolate por cima. Decore a gosto.

4. Para fazer a cobertura, coloque, em uma panela, o açúcar, o chocolate e a manteiga. Cozinhe em fogo médio, mexendo sempre, até derreter a manteiga (cerca de 5 minutos). Retire a panela do fogo e misture o creme de leite, até obter um creme liso.

Dicas: Decore com fios de ovos, que sempre contrastam bem sobre chocolate. Se desejar, utilize a cobertura também para rechear o bolo

BOLO RAPIDINHO

TEMPO DE PREPARO: 40 MINUTOS | RENDIMENTO: 12-15 FATIAS

Massa

1 lata de leite condensado

4 ovos

½ xícara de manteiga derretida

2 xícaras de farinha de trigo

½ xícara de amido de milho

1 colher (sopa) de fermento químico em pó

Glacê

1 xícara de açúcar de confeiteiro

2 colheres (sopa) de suco de limão

1. Bata no liquidificador o leite condensado, os ovos e a manteiga por 2 minutos, em velocidade alta. Reserve.

2. Na vasilha da batedeira, peneire a farinha, o amido de milho e o fermento e junte a mistura do liquidificador. Bata por 4 minutos em velocidade alta.

3. Despeje a massa obtida numa assadeira redonda com furo no meio, untada e polvilhada com farinha. Leve para assar em forno preaquecido a 200 °C por 20 a 25 minutos.

4. Desenforme o bolo morno sobre um prato redondo e faça o glacê: peneire o açúcar de confeiteiro numa tigela pequena e misture o suco de limão rapidamente. Em seguida, espalhe o glacê sobre o bolo e espere que endureça para servir.

BOLO DE LEITE CONDENSADO

TEMPO DE PREPARO: 50 MINUTOS | RENDIMENTO: 12-15 FATIAS

4 ovos
1 lata de leite condensado
½ xícara de manteiga em temperatura ambiente
2 xícaras de farinha de trigo
1 colher (sopa) de fermento químico em pó

Cobertura

½ lata de leite condensado
50 g de coco seco em flocos

1. No copo do liquidificador, coloque os ovos, o leite condensado e a manteiga. Bata em velocidade alta por 2 minutos e reserve.

2. Na vasilha da batedeira, junte a farinha, o fermento e o líquido do liquidificador. Bata em velocidade alta por 3 minutos, até obter uma massa homogênea.

3. Despeje a massa obtida numa assadeira redonda com furo no meio, untada e polvilhada com farinha. Leve para assar em forno preaquecido a 200 °C por cerca de 20 minutos (faça o teste do palito para checar se a massa está bem assada).

4. Retire o bolo do forno e desenforme-o ainda morno sobre um prato redondo. Quando esfriar, regue-o com leite condensado e polvilhe o coco em flocos.

BOLO BOMBA DE MORANGO

TEMPO DE PREPARO: 1 HORA | RENDIMENTO: 12-15 FATIAS

1 xícara de água
5 colheres (sopa) de manteiga
uma pitada de sal
1 xícara de farinha de trigo peneirada
4 ovos
açúcar de confeiteiro para polvilhar
1 receita de chantili (ver página 729)
2 xícaras de morango picado

1. Em uma panela, coloque a água, a manteiga e o sal e deixe ferver. Acrescente então a farinha de uma só vez. Misture e cozinhe, mexendo sem parar, até desgrudar da panela. Coloque a mistura obtida na vasilha da batedeira e adicione os ovos, um a um, e bata em velocidade média por 3 minutos.

2. Depois de bater, despeje a massa em um saco de confeitar com bico grande perlê liso. Distribua a massa numa assadeira redonda, untada e enfarinhada de modo uniforme. Leve para assar em forno preaquecido a 200 °C por cerca de 20 minutos. Retire o bolo do forno e desenforme-o ainda morno sobre um prato redondo.

3. Enquanto isso, faça a cobertura: coloque metade do chantili numa tigela e misture o morango picado (reserve um pouco para decorar). Reserve na geladeira.

4. Quando o bolo já estiver frio, corte-o ao meio e coloque sobre uma das partes uma generosa camada da mistura de chantili e morango reservada. Recoloque a outra parte do bolo por cima do recheio e cubra-o com o restante do chantili restante. Decore com o morango picado.

BOLO PANETONE

TEMPO DE PREPARO: 50 MINUTOS | RENDIMENTO: 12-15 FATIAS

Massa

1½ xícara de açúcar
180 g de manteiga
4 gemas
raspas de casca de laranja ou de limão
1 colher (chá) de canela em pó
1 colher (sopa) de essência de panetone
2 colheres (sopa) de mel
1 xícara de leite
4 xícaras de farinha de trigo
2 colheres (sopa) de fermento químico em pó

Recheio

200 g de frutas cristalizadas
100 g de uvas-passas claras sem sementes
100 g de nozes picadas
100 g de cerejas em calda escorridas
açúcar de confeiteiro para polvilhar

1. Coloque na tigela da batedeira o açúcar, a manteiga e as gemas e bata em velocidade alta por 3 minutos. Desligue e adicione a raspas de laranja ou de limão, a canela, a essência de panetone, o mel, o leite e a farinha de trigo. Misture com uma colher e bata por 5 minutos (utilize um pouco mais de leite se a massa ficar muito seca). Desligue a batedeira e incorpore o fermento.

2. À parte, junte as frutas cristalizadas, a uvas--passas, as nozes picadas e as cerejas e misture bem. Em seguida, acrescente essa mistura à tigela da batedeira e mexa delicadamente para agregar.

3. Despeje a massa obtida em uma fôrma para bolo inglês (de 11 x 28 x 8 cm) ou própria para panetone, untada e enfarinhada. Leve para assar em forno preaquecido a 180 °C por aproximadamente 30 minutos. Após assar, desenforme e decore com açúcar de confeiteiro ou a gosto.

Dica: Se quiser, substitua as frutas cristalizadas por gotas de chocolate.

BOLO DE CHOCOLATE COM RECHEIO DE COCO

TEMPO DE PREPARO: 1H10 | RENDIMENTO: 12-15 FATIAS

Massa

3 ovos, claras e gemas separadas
2 xícaras de açúcar
3 colheres (sopa) de manteiga
1½ xícara de leite
3 xícaras de farinha de trigo
1 xícara de chocolate em pó
½ colher (sopa) de fermento químico em pó

Cobertura

1 lata de creme de leite
200 g de chocolate ao leite picado

1 receita de beijinho (ver página 738)

1. Na tigela da batedeira, coloque as gemas com o açúcar e a manteiga e bata em velocidade alta por 3 minutos. Adicione o leite, aos poucos, sempre batendo. Desligue a batedeira, acrescente a farinha e o chocolate, misture na massa e volte a bater por mais 3 minutos.

2. Desligue a batedeira e adicione as claras previamente batidas em neve. Mexa lentamente, de baixo para cima, até misturar bem. Em seguida, incorpore o fermento.

3. Despeje a massa numa fôrma redonda grande de fundo removível. Leve ao forno preaquecido a 150 °C durante 30 minutos. Depois, eleve a temperatura para 180 °C até terminar de assar (faça o teste do palito para checar se a massa está bem assada).

4. Desenforme o bolo morno sobre um prato redondo. Quando esfriar, corte-o ao meio e aplique o recheio de beijinho. Cubra com a outra metade e espalhe a cobertura. Uniformize com uma espátula.

5. Para fazer a cobertura, aqueça o creme de leite, sem ferver, e acrescente o chocolate picado. Mexa até derreter o chocolate por completo e virar uma ganache.

6. Coloque essa mistura sobre o bolo.

BOLO DE MARACUJÁ

TEMPO DE PREPARO: 50 MINUTOS | RENDIMENTO: 12-15 FATIAS

Massa

2 xícaras de açúcar
100 g de margarina
5 ovos, claras e gemas separadas
1 xícara de polpa de maracujá
2 xícaras de farinha de trigo
1 colher (sopa) de fermento químico em pó

Cobertura

1½ xícara de polpa de maracujá
1 xícara de açúcar

1. Na tigela da batedeira, junte o açúcar, a margarina e as gemas e bata por 3 minutos em velocidade alta. Desligue a batedeira e misture a polpa de maracujá. Acrescente a farinha e o fermento, peneirados, e misture bem. Em seguida, junte as claras batidas em neve e incorpore-as à massa.

2. Despeje a massa numa fôrma redonda de aro removível, untada e enfarinhada. Leve para assar em forno preaquecido a 180 °C por cerca de 40 minutos (antes de retirar o bolo do forno, faça o teste do palito para checar se a massa está bem assada). Depois, desenforme o bolo ainda quente em um prato redondo.

3. Prepare a cobertura: em uma panela pequena, misture a polpa de maracujá e o açúcar. Cozinhe em fogo médio, mexendo sem parar, até que a mistura comece a desprender-se do fundo da panela. Espalhe imediatamente essa mistura sobre o bolo ainda quente antes que ela endureça.

BOLO MÁRMORE

TEMPO DE PREPARO: 50 MINUTOS | RENDIMENTO: 12-15 FATIAS

4 colheres (sopa) de margarina em temperatura ambiente
2½ xícaras de açúcar
4 ovos, claras e gemas separadas
3½ xícaras de farinha de trigo
2 colheres (chá) de fermento químico em pó
½ colher (chá) de essência de baunilha
uma pitada de sal
3 colheres (sopa) de chocolate em pó

1. Na vasilha da batedeira, junte a margarina e 2 xícaras de açúcar e bata por 3 minutos em velocidade alta. Desligue a batedeira e adicione as gemas, uma a uma, alternando com a adição da farinha, aos poucos, misturando com uma colher, sem bater. Junte o fermento, a essência de baunilha e a pitada de sal e misture novamente. Em seguida, incorpore à massa as claras batidas em neve.

2. Separe a massa em duas partes, sendo uma maior que a outra. Despeje a parte menor numa tigela e acrescente o chocolate em pó e o restante do açúcar. Misture bem.

3. Em colheradas, despeje as duas massas numa fôrma redonda de aro no meio, untada e enfarinhada, alternando porção de massa clara e escura.

4. Asse em forno preaquecido a 180 °C por cerca de 40 minutos, ou até que, enfiando um palito no centro do bolo, ele saia seco. Desenforme o bolo ainda morno sobre um prato redondo e deixe esfriar para servir.

BOLO DE CAFÉ

TEMPO DE PREPARO: 1 HORA | RENDIMENTO: 12-15 FATIAS

1 xícara de café coado forte
1 ovo batido
1½ colher (sopa) de margarina derretida
2¼ xícaras de farinha de trigo
1 colher (sopa) de fermento químico em pó
½ xícara de açúcar de confeiteiro
½ xícara de nozes picadas
½ xícara de ameixas-pretas picadas

1. Misture o café, o ovo e a margarina numa tigela pequena e reserve.

2. Em uma tigela grande, junte a farinha, o fermento, o açúcar, a nozes e a ameixa. Mexa bem e acrescente em seguida a mistura de café e ovo reservada. Misture para agregar os ingredientes.

3. Despeje a massa numa fôrma de bolo inglês de 24 cm x 10 cm, untada e enfarinhada. Asse em forno preaquecido a 180 °C por cerca de 40 minutos. Desenforme o bolo morno sobre uma travessa e polvilhe o açúcar de confeiteiro.

BOLO DE LIMÃO

TEMPO DE PREPARO: 1 HORA | RENDIMENTO: 10-12 FATIAS

Massa

4 ovos
1 pote de iogurte natural
1 pote de óleo (use o pote de iogurte vazio para medir)
1 envelope de gelatina em pó sabor limão
2 xícaras de farinha de trigo
1 xícara de açúcar
1 colher (sopa) de fermento químico em pó
uma pitada de sal

Cobertura

½ xícara de açúcar
1 xícara de leite em pó
½ xícara de água fervente
½ colher (sopa) de margarina
suco de 1 limão-siciliano

1. No liquidificador, junte os ovos, o iogurte, o óleo e a gelatina e bata por 2 minutos em velocidade alta. Transfira a mistura para uma tigela grande e acrescente a farinha de trigo, o açúcar, o fermento e o sal. Mexa bem.

2. Despeje a massa numa fôrma para pudim untada e enfarinhada. Leve para assar em forno preaquecido a 180 °C por cerca de 30 minutos (faça o teste do palito para checar se a massa do bolo está bem assada). Retire do forno e desenforme-o ainda morno sobre um prato redondo. Deixe esfriar.

3. Para fazer a cobertura, junte no liquidificador o açúcar, o leite em pó, a água fervente e a margarina. Bata até obter um creme espesso. Em seguida, misture o suco de limão, mexa bem e derrame sobre o bolo frio. Se quiser, enfeite com raspas de casca de limão.

BOLO DE RICOTA

TEMPO DE PREPARO: 1 HORA | RENDIMENTO: 12-15 FATIAS

3 colheres (sopa) de margarina
6 colheres (sopa) de açúcar
3 ovos, claras e gemas separadas
500 g de ricota amassada
3 colheres (sopa) de farinha de trigo
1 colher (sopa) de fermento químico em pó
3 colheres (sopa) de amido de milho
2 colheres (sopa) de licor de cacau
1 xícara de uvas-passas escuras sem sementes
açúcar de confeiteiro para polvilhar

1. Em velocidade alta, bata a margarina e o açúcar na batedeira até virar um creme homogêneo. Junte os demais ingredientes, exceto as claras e as uvas-passas, e bata por mais 5 minutos.

2. Desligue a batedeira e adicione as uvas--passas, misturando bem. Em seguida, acrescente as claras batidas em neve, incorporando-as delicadamente na massa.

3. Despeje a massa numa fôrma com furo no meio, untada e enfarinhada. Leve para assar em forno preaquecido a 180 °C por cerca de 40 minutos. Desenforme o bolo ainda morno sobre um prato redondo e polvilhe ligeiramente açúcar de confeiteiro.

BOLO DE AMÊNDOA COM CREME DE BAUNILHA

TEMPO DE PREPARO: 1 HORA | RENDIMENTO: 12-15 FATIAS

Massa

2 xícaras de açúcar

3 colheres (sopa) de margarina em temperatura ambiente

3 ovos, claras e gemas separadas

[illegible] xícara de leite

[illegible] xícara de amêndoas bem picadas

3 xícaras de farinha de trigo

1 colher (sopa) de fermento químico em pó

Creme de baunilha

3 colheres (sopa) de açúcar

1¼ xícara de creme de leite

1 gema

1 colher (sopa) de amido de milho

½ colher (chá) de essência de baunilha

1. Na vasilha da batedeira, junte o açúcar e a margarina e bata por 1 minuto em velocidade alta. Junte as gemas, uma a uma, e bata até virar um creme claro. Acrescente o leite e continue batendo por mais 1 minuto. Desligue a batedeira e misture as amêndoas.

2. A seguir, peneire a farinha e o fermento e misture delicadamente até ficar homogêneo. Junte as claras batidas em neve e incorpore-as à massa.

3. Despeje a massa numa fôrma com furo no meio, untada e enfarinhada. Leve para assar em forno preaquecido a 180 °C por cerca de 30 minutos. Desenforme o bolo morno sobre um prato redondo e espere esfriar. Sirva o bolo cortado em fatias com o creme de baunilha frio por cima.

4. Para preparar o creme: misture todos os ingredientes numa panela pequena, exceto a baunilha. Mexendo sem parar, cozinhe em fogo médio por cerca de 10 minutos ou até que esteja suficientemente grosso para recobrir uma colher. Retire do fogo e misture a baunilha. Coloque o creme numa tigela e deixe na geladeira até a hora de servir.

BOLO DE ARARUTA

TEMPO DE PREPARO: 1 HORA | RENDIMENTO: 12-15 FATIAS

4 xícaras de açúcar
4 ovos grandes, claras e gemas separadas
250 g farinha de araruta
1 colher (sopa) de fermento químico em pó

1.Coloque o açúcar e as gemas na batedeira e bata por 3 minutos em velocidade alta, até obter uma consistência cremosa. Diminua a velocidade da batedeira e adicione a araruta aos poucos, continuando a bater até ficar homogêneo.

2. Desligue a batedeira e incorpore as claras batidas em neve e, depois, o fermento, mexendo delicadamente.

3. Despeje a massa numa fôrma redonda de furo no meio, untada e enfarinhada. Leve para assar em forno preaquecido a 200 °C por cerca de 40 minutos. Desenforme só depois de frio.

BOLO CREMOSO DE MANDIOCA

TEMPO DE PREPARO: 1H10 | RENDIMENTO: 20-24 FATIAS

4 ovos, claras e gemas separadas
2 xícaras de açúcar
4 colheres (sopa) de manteiga
1 xícara de coco ralado
2 xícaras de mandioca crua ralada
1 xícara de farinha de trigo
1 xícara de leite de coco
½ xícara de leite
1 colher (sopa) rasa de fermento químico em pó

1. Na vasilha da batedeira, junte as gemas, o açúcar e a manteiga e bata por 2 minutos, em velocidade alta. Em seguida, junte o coco e a mandioca ralada e continue batendo até ficar bem misturado.

2. Acrescente, alternadamente, a farinha e o leite de coco e bata por mais 3 minutos, até obter uma massa homogênea.

3. À parte, dissolva o fermento no leite e misture-o à massa com um batedor de bolo. Por último, incorpore delicadamente as claras batidas em neve.

4. Despeje a massa numa assadeira retangular média e leve para assar em forno preaquecido a 180 °C por cerca de 40 minutos (faça o teste do palito para checar se a massa está bem assada). Corte o bolo em quadrados e transfira-os para um prato de servir.

BOLO DE AMENDOIM

TEMPO DE PREPARO: 1 HORA | RENDIMENTO: 12-15 FATIAS

4 ovos, claras e gemas separadas
1½ xícara de açúcar
1 colher (sopa) de manteiga
1 xícara de amendoim torrado e moído
1 xícara de farinha de trigo
1 colher (chá) de fermento químico em pó

1. Na tigela da batedeira, junte as gemas, o açúcar e a manteiga e bata em velocidade alta por 2 minutos. Acrescente o amendoim e a farinha e bata por mais 3 minutos, até ficar um creme homogêneo.

2. Com a batedeira desligada, adicione o fermento e misture-o à massa. Em seguida, incorpore delicadamente as claras batidas em neve.

3. Despeje a massa numa fôrma redonda de furo no meio, untada e enfarinhada, e leve para assar em forno preaquecido a 180 °C por cerca de 30 minutos (faça o teste do palito para checar se a massa está bem assada). Desenforme o bolo morno e deixe esfriar.

BOLO AMANTEIGADO

TEMPO DE PREPARO: 50 MINUTOS | RENDIMENTO: 12-15 FATIAS

Massa
1½ xícara de açúcar
200 g de manteiga
4 ovos
2 xícaras de farinha de trigo
1 colher (chá) de essência de baunilha
1 colher (sopa) de fermento químico em pó

Cobertura
1 xícara de açúcar de confeiteiro
4 colheres (sopa) de leite de coco

1. Na tigela da batedeira, junte o açúcar e a manteiga e bata em velocidade alta por 2 minutos. Sempre batendo, junte os ovos, um a um, e bata por mais 3 minutos. Em seguida, acrescente a farinha aos poucos e bata até ficar uma massa homogênea.

2. Com a batedeira desligada, adicione a essência de baunilha e incorpore o fermento, misturando com uma colher.

3. Despeje a massa obtida numa fôrma redonda de furo no meio, untada e enfarinhada. Leve para assar em forno preaquecido a 180 °C por 40 minutos (faça o teste do palito para checar se a massa está bem assada).

4. Desenforme o bolo morno em um prato redondo e espere esfriar. Depois, cubra parcialmente o bolo com uma mistura de açúcar de confeiteiro e leite de coco.

BOLO FÁCIL

TEMPO DE PREPARO: 40 MINUTOS | RENDIMENTO: 12-15 FATIAS

1 xícara de margarina
2 xícaras de açúcar
4 ovos
3 xícaras de farinha de trigo
½ xícara de leite
1 colher (sopa) de fermento químico em pó

1. Na vasilha da batedeira, junte a margarina, o açúcar e os ovos. Bata em velocidade alta por 2 minutos. Alternadamente e sempre batendo, acrescente a farinha e o leite e bata por mais 3 minutos. Desligue a batedeira e misture o fermento com uma colher.

2. Despeje a massa numa fôrma redonda de furo no meio, untada e enfarinhada, e leve para assar em forno preaquecido a 180 °C por cerca de 30 minutos. Desenforme o bolo morno.

BOLO DE AVELÃ

TEMPO DE PREPARO: 1 HORA | RENDIMENTO: 12-15 FATIAS

6 ovos, claras e gemas separadas
3½ de xícaras de açúcar
4 colheres (sopa) cheias de farinha de trigo
1 colher (chá) de fermento químico em pó
250 g de avelãs picadas
açúcar de confeiteiro para polvilhar

1. Bata as gemas e o açúcar na batedeira em velocidade alta por 3 minutos, até obter um creme esponjoso e claro.

2. Desligue a batedeira e peneire a farinha e o fermento e adicione a avelã. Misture com uma colher para agregar os ingredientes. Em seguida, junte as claras batidas em neve e incorpore-as à massa, mexendo delicadamente de baixo para cima.

3. Despeje a massa numa fôrma de furo no meio, untada e polvilhada com farinha de rosca. Leve para assar em forno preaquecido a 180 °C por cerca de 40 minutos. Deixe esfriar, desenforme sobre um prato redondo e polvilhe o açúcar de confeiteiro com uma peneira fina.

BOLO DE ESPECIARIAS

TEMPO DE PREPARO: 1H30 | RENDIMENTO: 12-15 FATIAS

2½ xícaras de açúcar mascavo
1 xícara de manteiga
4 ovos, claras e gemas separadas
2 xícaras de farinha de trigo
½ xícara de farinha de araruta
1 xícara de leite
1 colher (sopa) de fermento químico em pó
uma pitada de cravo-da-índia em pó
uma pitada de noz-moscada ralada
1 colher (chá) de raspas de casca de limão
uma pitada de sal
1 xícara de uvas-passas sem sementes

1. Bata o açúcar, a manteiga e as gemas na batedeira, em velocidade alta, até ficar um creme esponjoso. Em seguida, adicione o restante dos ingredientes, exceto as claras e a uvas-passas, e deixe bater por 5 minutos, até obter uma massa homogênea. Desligue a batedeira.

2. Em seguida, acrescente as uvas-passas e as claras batidas em neve, e misture delicadamente.

3. Despeje a massa numa fôrma de furo no meio, untada e enfarinhada, e leve para assar em forno preaquecido a 180 °C por cerca de 50 minutos (faça o teste do palito para checar se a massa está bem assada). Depois, desenforme o bolo morno sobre um prato redondo e espere esfriar para servir.

BOLO NUTRITIVO DE LARANJA

TEMPO DE PREPARO: 1H10 | RENDIMENTO: 12-15 FATIAS

4 colheres (sopa) de margarina
1 gema
1 xícara de açúcar
2 xícaras de farinha de trigo
1 colher (sopa) de fermento químico em pó
1 xícara de iogurte natural
1 xícara de suco de laranja
1½ xícara de aveia em flocos
3 claras

1. Na tigela da batedeira, junte a margarina, a gema e o açúcar e bata por 3 minutos em velocidade alta. Sempre batendo, adicione aos poucos a farinha de trigo e o fermento. Acrescente o iogurte e o suco de laranja e bata por mais 5 minutos.

2. Desligue a batedeira e misture a aveia em flocos, reservando 3 colheres (sopa). Adicione as claras batidas em neve, misturando delicadamente.

3. Despeje a massa numa fôrma redonda de furo no meio, untada e enfarinhada. Polvilhe a aveia reservada e leve ao forno preaquecido a 180 °C por cerca de 40 minutos ou até que, ao enfiar um palito, ele saia limpo. Desenforme o bolo morno sobre um prato de servir.

BOLO DE BATATA-ROXA

TEMPO DE PREPARO: 50 MINUTOS | RENDIMENTO: 16-20 FATIAS

200 g de manteiga em temperatura ambiente
1 xícara de açúcar
2 colheres (sopa) de raspas de casca de limão
3 ovos, claras e gemas separadas
400 g de batata-roxa cozida e amassada
1½ xícara de farinha de trigo
1 xícara de coco ralado
1 vidro de leite de coco
1 vidro de leite (use o vidro de leite de coco vazio para medir)
1 colher (chá) de fermento químico em pó
açúcar e canela para polvilhar

1. Junte na tigela da batedeira a manteiga, o açúcar e a raspa de limão. Bata em velocidade alta por 3 minutos. Sem parar de bater, acrescente as gemas, uma a uma. Em seguida, adicione a batata-roxa, a farinha de trigo, o coco e os dois tipos de leite. Bata por mais 3 minutos, sempre em velocidade alta.

2. Desligue a batedeira e incorpore as claras batidas em neve e o fermento, misturando delicadamente com uma colher, de baixo para cima.

3. Despeje a massa numa assadeira retangular, untada e enfarinhada, e leve para assar em forno preaquecido a 180 °C por cerca de 40 minutos, ou até dourar. Retire o bolo do forno e polvilhe o açúcar e a canela. Corte em quadradinhos e sirva.

PÃO DE LÓ DE LARANJA

TEMPO DE PREPARO: 40 MINUTOS | RENDIMENTO: 12-15 FATIAS

6 ovos, claras e gemas separadas
2 xícaras de açúcar
1 xícara de suco de laranja
2½ xícaras de farinha de trigo
1 colher (sopa) de fermento químico em pó
geleia ou fatias de laranja para decorar
açúcar de confeiteiro para polvilhar

1. Na vasilha da batedeira, coloque as claras e bata em velocidade alta até ficar em neve. Com a batedeira ligada, adicione as gemas, uma a uma, o açúcar e o suco de laranja, aos poucos. Desligue e acrescente a farinha e o fermento peneirados juntos. Mexa delicadamente, com movimentos de baixo para cima.

2. Despeje a massa numa assadeira redonda de fundo falso, untada e polvilhada com farinha. Leve para assar em forno preaquecido a 180 °C por cerca de 20 minutos.

3. Desenforme o bolo morno sobre um prato redondo e deixe esfriar. Decore-o então com geleia ou fatias de laranja. Polvilhe o açúcar de confeiteiro.

ROCAMBOLE DE DOCE DE LEITE

TEMPO DE PREPARO: 50 MINUTOS | RENDIMENTO: 12-15 FATIAS

5 ovos
1 xícara de açúcar refinado
1 colher (chá) de açúcar de baunilha
1 xícara de farinha de trigo
½ xícara de fécula de batata
½ colher (chá) de fermento químico em pó
1 lata de doce de leite
açúcar de confeiteiro para polvilhar

1. Coloque os ovos na vasilha da batedeira e bata até dobrar de volume. Com a batedeira ligada, junte o açúcar refinado aos poucos. Em seguida, acrescente o açúcar de baunilha e bata por 10 minutos. Desligue.

2. Adicione a farinha e a fécula de batata (ambas peneiradas) e misture delicadamente com uma colher. Incorpore o fermento químico em pó.

3. Unte com manteiga o fundo de uma assadeira retangular grande e forre com papel-manteiga também untado. Em seguida, espalhe a massa na assadeira e leve para assar em forno preaquecido a 200 °C por 15 minutos. Retire do forno e deixe amornar.

4. Depois, desenforme o bolo sobre uma folha de papel-alumínio e apare as laterais da massa. Espalhe o doce de leite em todo o bolo e enrole-o com auxílio do papel-alumínio. Em seguida, descarte-o e decore o rocambole com açúcar de confeiteiro.

ROCAMBOLE COM CREME DE DAMASCO

TEMPO DE PREPARO: 1H10 | RENDIMENTO: 12-15 FATIAS

6 ovos, claras e gemas separadas
8 colheres (sopa) de açúcar
4 colheres (sopa) de fécula de batata
1 colher (sopa) de fermento químico em pó
1 receita de recheio de damasco (ver página 728)

1. Na vasilha da batedeira, bata as claras em neve firme. Acrescente as gemas, uma a uma, e o açúcar, aos poucos, sempre com a batedeira ligada. Deixe bater por 10 minutos. Desligue a batedeira e misture delicadamente a fécula de batata e o fermento.

2. Despeje a massa numa assadeira retangular grande, untada e polvilhada com farinha. Asse por 10 minutos em forno preaquecido a 150 °C. Depois desse tempo, aumente para 180 °C e deixe assar até que a massa comece a dourar. Retire do forno e espere amornar.

3. Desenforme o bolo sobre uma folha de papel-alumínio e apare as laterais da massa. Passe o rolo suavemente sobre a massa, apenas para alisá-la, e empregue o recheio de damasco. Enrole o bolo com papel-alumínio e descarte-o em seguida. Decore a gosto.

ROCAMBOLE FLORESTA NEGRA

TEMPO DE PREPARO: 1 HORA | RENDIMENTO: 12-15 FATIAS

Massa

8 ovos
8 colheres (sopa) de açúcar
6 colheres (sopa) de farinha de trigo
3 colheres (sopa) de chocolate em pó

Recheio

2 xícaras de chantili (ver página 729)
200 g de cereja em calda escorrida e picada

Cobertura

200 g de chocolate meio amargo ralado
1 lata de creme de leite sem soro

chantili, raspas de chocolate e cereja em calda escorrida para decorar

1. Coloque os ovos na vasilha da batedeira e bata em velocidade alta até dobrar de volume. Aos poucos, acrescente o açúcar e bata por mais 2 minutos. Desligue e agregue a farinha e o chocolate em pó peneirados juntos. Misture delicadamente com uma colher, com movimentos de baixo para cima.

2. Em seguida, despeje a massa numa assadeira retangular grande, forrada com papel--manteiga untado. Leve para assar em forno preaquecido a 200 °C por 10 a 15 minutos. Depois, espere esfriar e desenforme sobre uma folha de papel-alumínio.

3. Apare as bordas do bolo com uma faca, regue-o com um licor de sua preferência (opcional) e empregue o recheio de chantili e cereja. A seguir, enrole o bolo com auxílio do papel-alumínio, descartando-o em seguida. Cubra o bolo com a cobertura de chocolate e decore com raspas de chocolate, cerejas e chantili.

4. Para fazer o recheio, junte o chantili e a cereja picada numa tigela média e misture bem. Para fazer a cobertura, em fogo baixo, aqueça o creme de leite numa panela, desligue e adicione o chocolate ralado. Misture bem até obter um creme liso.

ROCAMBOLE COM CREME DE PAÇOCA

TEMPO DE PREPARO: 1 HORA | RENDIMENTO: 12-15 FATIAS

Massa

6 ovos, claras e gemas separadas
4 colheres (sopa) de água
4 colheres (sopa) de açúcar
4 colheres (sopa) de farinha de trigo
½ colher (sopa) de fermento químico em pó
açúcar de confeiteiro para polvilhar

Recheio

1 lata de leite condensado
1 colher (sopa) de manteiga
6 paçoquinhas
1 lata de creme de leite sem soro

1. Prepare o recheio: em uma panela, coloque o leite condensado, a manteiga e as paçoquinhas esfareladas. Leve ao fogo médio e cozinhe, mexendo sem parar, até desgrudar da panela. Desligue o fogo e acrescente o creme de leite. Misture com uma colher até agregar tudo. Coloque em um refratário e reserve.

2. Para fazer a massa, coloque as gemas e a água na vasilha da batedeira e bata por 3 minutos em velocidade alta. Com a batedeira ligada, adicione o açúcar e deixe bater até ficar homogêneo. Desligue a batedeira e acrescente a farinha, o fermento e as claras batidas em neve. Misture delicadamente a cada ingrediente adicionado.

3. Despeje a massa obtida numa fôrma retangular grande, untada e enfarinhada. Leve para assar em forno preaquecido a 180 °C por 15 minutos. Depois, desenforme o bolo sobre um pano úmido e polvilhado com açúcar. Apare as laterais da massa com uma faca.

4. Distribua o recheio frio sobre o bolo e enrole-o com auxílio do pano. Retire o pano úmido, coloque o rocambole sobre uma travessa e polvilhe o açúcar de confeiteiro.

RECHEIO DE CHOCOLATE

TEMPO DE PREPARO: 5 MINUTOS | RENDIMENTO: 8 PORÇÕES

1 lata de leite condensado
6 colheres (sopa) de chocolate em pó
1 colher (sopa) de manteiga

1. Em uma panela, junte o leite condensado, o chocolate em pó e a manteiga. Cozinhe, mexendo sem parar, até começar a desgrudar da panela (aproximadamente 5 minutos). Espere amornar antes de utilizar.

RECHEIO DE BABA DE MOÇA

TEMPO DE PREPARO: 10 MINUTOS | RENDIMENTO: 4 PORÇÕES

½ vidro de leite de coco
100 g de açúcar
1 colher (chá) de manteiga
3 gemas passadas pela peneira

1. Em uma panela, misture o leite de coco, o açúcar e a manteiga. Deixe ferver. Junte as gemas peneiradas e cozinhe por aproximadamente 5 minutos em fogo baixo, mexendo sempre.

RECHEIO DE NOZES

TEMPO DE PREPARO: 5 MINUTOS | RENDIMENTO: 10 PORÇÕES

1 lata de doce de leite
100 g de nozes moídas
1 cálice de licor a gosto

1. Em uma vasilha funda, junte o doce de leite, as nozes moídas e o licor. Misture bem com uma colher até ficar homogêneo.

RECHEIO DE ABACAXI

TEMPO DE PREPARO: 20 MINUTOS | RENDIMENTO: 12 PORÇÕES

1 abacaxi médio picado miúdo
2 xícaras de açúcar
½ xícara de água
5 cravos-da-índia
50 g de coco seco ralado

1. Em uma panela, misture o abacaxi, o açúcar, a água e os cravos.

2. Leve ao fogo médio e cozinhe por cerca de 10 minutos, mexendo sempre. Junte o coco ralado, misture e retire do fogo. A consistência do recheio deve ficar pastosa. Descarte os cravos quando esfriar.

RECHEIO DE AMEIXA

TEMPO DE PREPARO: 20 MINUTOS | RENDIMENTO: 10 PORÇÕES

250 g de ameixas-pretas sem caroço
1 xícara de água
1 xícara de açúcar
200 g de doce de leite

1. Coloque as ameixas, a água e o açúcar numa panela e cozinhe por 10 minutos, mexendo sempre, até a ameixa começar a desfazer-se.

2. Desligue o fogo e acrescente o doce de leite. Misture bem com uma colher até ficar homogêneo.

RECHEIO DE DAMASCO

TEMPO DE PREPARO: 15 MINUTOS | RENDIMENTO: 8 PORÇÕES

100 g de damasco
1 xícara de água
1 xícara de açúcar

1. Deixe os damascos de molho na água por 12 horas.

2. No copo do liquidificador, junte o açúcar e o damasco com o líquido e bata por 2 minutos em velocidade alta.

3. Em seguida, coloque a mistura numa panela e cozinhe em fogo baixo, mexendo sempre, até obter um creme denso.

CHANTILI

TEMPO DE PREPARO: 10 MINUTOS | RENDIMENTO: 10 PORÇÕES

2 xícaras de creme de leite fresco gelado
3 colheres (sopa) de açúcar
½ colher (chá) de essência de baunilha

1. Despeje o creme de leite na batedeira e bata na velocidade alta, elevando e abaixando o misturador até que comece a encorpar. Junte o açúcar e a baunilha e continue a bater em velocidade alta até obter o ponto de chantili.

MARSHMALLOW

TEMPO DE PREPARO: 20 MINUTOS | RENDIMENTO: 4 PORÇÕES

3 claras
1 xícara de açúcar
½ xícara de água

1. Coloque o açúcar e a água numa panela e deixe ferver, sem mexer, até atingir o ponto de fio (cerca de 10 minutos).

2. Em seguida, na vasilha da batedeira, bata as claras em ponto de neve. Com a batedeira ligada, vá adicionando a calda de açúcar ainda quente e bata até dobrar de volume.

BALAS E DOCINHOS

BRIGADEIRO RÁPIDO

TEMPO DE PREPARO: 15 MINUTOS | RENDIMENTO: 20 UNIDADES

1 lata de leite condensado
3 colheres (sopa) de chocolate em pó
1 colher (sopa) de margarina
½ colher (chá) de noz-moscada ralada
1 lata de creme de leite
raspas de chocolate para decorar

1. Em uma panela média, coloque o leite condensado, o chocolate em pó e a margarina. Misture bem e leve ao fogo baixo, sem parar de mexer até que dê o ponto de brigadeiro mole.

2. Retire do fogo, junte o creme de leite e a noz-moscada e misture até que os ingredientes estejam bem incorporados.

3. Distribua o brigadeiro em copinhos e enfeite com raspas de chocolate.

BRIGADEIRO DE PAÇOCA

TEMPO DE PREPARO: 30 MINUTOS | RENDIMENTO: 6 PORÇÕES

1 lata de leite condensado
1 colher (sopa) de manteiga
400 g de paçoca
1 lata de creme de leite sem soro

1. Coloque o leite condensado e a manteiga numa panela e leve ao fogo baixo, misturando sem parar, até dar ponto de brigadeiro mole.

2. Em seguida, acrescente a paçoca (reserve um pouco), misture bem e adicione o creme de leite. Misture novamente para ficar homogêneo.

3. Tire a panela do fogo e reparta o creme em tigelinhas individuais. Quando o creme esfriar, polvilhe um pouco de paçoca e sirva.

Dica: Para fazer paçoca, bata 3 xícaras de amendoim torrado e sem pele no liquidificador, apertando a tecla pulsar até triturar.

BRIGADEIRO BRANCO RECHEADO COM CEREJA

TEMPO DE PREPARO: 30 MINUTOS | RENDIMENTO: 30 UNIDADES

1 lata de leite condensado
1 gema levemente batida
1 colher (sopa) de manteiga
1 colher (sopa) de farinha de trigo
cereja em calda escorrida
chocolate branco granulado para enrolar

1. Em uma panela, coloque o leite condensado, a gema, a manteiga e a farinha de trigo. Leve ao fogo baixo e cozinhe por 10 minutos, mexendo sempre até desgrudar do fundo da panela.

2. Transfira a massa para um refratário untado com manteiga e leve à geladeira por 3 horas.

3. A seguir, unte as mãos com manteiga e enrole os brigadeiros, colocando no centro de cada um deles uma 1 cereja. Passe os doces pelo chocolate granulado e coloque-os em forminhas de papel forradas com papel-celofane.

Dica: Para fazer brigadeiro escuro, substitua a gema por 4 colheres (sopa) de chocolate em pó.

BRIGADEIRO DE NOZES

TEMPO DE PREPARO: 1 HORA | RENDIMENTO: 25-30 UNIDADES

1 lata de leite condensado
100 g de nozes moídas
6 colheres (sopa) de chocolate branco ralado
1 colher (sopa) de manteiga
50 g de nozes partidas
300 g de chocolate escuro para cobertura

1. Em uma panela, coloque o leite condensado, as nozes moídas e o chocolate branco ralado. Cozinhe em fogo baixo por 10 minutos, mexendo sempre, até desgrudar do fundo da panela. Transfira a mistura para um recipiente ligeiramente pincelado com manteiga e reserve na geladeira até firmar.

2. A seguir, unte as mãos com manteiga e enrole pequenas bolinhas de massa, colocando antes um pedaço de noz dentro de cada uma delas. Depois de enrolar, banhe-os no chocolate previamente derretido em banho-maria.

3. Acomode os brigadeiros em assadeiras forradas com papel-alumínio para que sequem. Decore os brigadeiros a gosto e coloque-os em forminhas de papel coloridas e forradas com papel-celofane.

BRIGADEIRO DE LARANJA

TEMPO DE PREPARO: 1 HORA | RENDIMENTO: 25-30 UNIDADES

1 lata de leite condensado
½ colher (sopa) de manteiga
6 colheres (sopa) de chocolate em pó
½ colher (sopa) de raspa de casca de laranja
½ colher (chá) de essência de laranja
2 colheres (sopa) de farinha de trigo peneirada
½ xícara de suco de laranja
300 g de chocolate escuro para banhar

1. Em uma panela, junte o leite condensado, a manteiga, o chocolate em pó, a raspa de laranja, a essência de laranja, a farinha e o suco de laranja. Misture bem e leve ao fogo baixo para cozinhar por 10 minutos, até desgrudar do fundo da panela. Deixe a massa esfriar.

2. Com as mãos ligeiramente untadas com manteiga, enrole bolinhas de massa e coloque-as sobre papel-alumínio. Em seguida, banhe-as no chocolate previamente derretido em banho-maria e coloque-as para secar sobre o mesmo papel-alumínio. Depois, acomode os brigadeiros em forminhas de papel laminado forradas com papel-celofane.

FALSO BRIGADEIRO

TEMPO DE PREPARO: 40 MINUTOS | RENDIMENTO: 25-30 UNIDADES

1 pacote de bolacha de chocolate
1 lata de leite condensado
1 colher (chá) de essência de baunilha
chocolate granulado para enrolar

1. Em um recipiente, coloque a bolacha previamente triturada no multiprocessador ou liquidificador. Acrescente o leite condensado e a essência de baunilha e misture com uma colher. Em seguida, sove com as mãos, até obter uma massa homogênea. Deixe na geladeira para endurecer um pouco.

2. Depois, unte as mãos com manteiga e molde porções de massa do tamanho de brigadeiro. Em seguida, passe as bolinhas pelo chocolate granulado e acomode-as em forminhas de papel laminado.

FALSO BRIGADEIRO BRANCO

TEMPO DE PREPARO: 40 MINUTOS | RENDIMENTO: 25-30 UNIDADES

3 colheres (sopa) de leite em pó
1 pacote de bolacha doce
1 lata de leite condensado
100 g de coco seco ralado

1. Em uma panela, misture o leite em pó com a bolacha previamente passada pelo liquidificador. Adicione o leite condensado aos poucos, mexendo com as mãos, até a massa ficar homogênea.

2. Deixe a massa na geladeira até ficar bem firme. Em seguida, unte as mãos com manteiga e enrole porções de massa do tamanho de brigadeiro.

3. Em seguida, passe as bolinhas pelo coco ralado e acondicione-as em forminhas de papel laminado.

TRUFA DE FESTA

TEMPO DE PREPARO: 50 MINUTOS | RENDIMENTO: 30 UNIDADES

1 lata de creme de leite sem soro
500 g de chocolate branco picado
200 g de amêndoas moídas
1 colher (chá) de essência de amêndoa
chocolate em pó para enrolar

1. Em uma panela, coloque o creme de leite e aqueça em fogo alto até começar a levantar bolhas. Desligue o fogo, acrescente o chocolate picado e misture até derretê-lo por completo.

2. Em seguida, coloque a amêndoa moída e a essência e mexa bem, até obter uma massa homogênea. Transfira a mistura para uma vasilha ligeiramente untada com manteiga e deixe amornar. Em seguida, cubra a vasilha com filme de PVC e leve à geladeira para resfriar.

3. Depois, com porções de massa, faça bolinhas do tamanho de brigadeiro e passe-as pelo chocolate em pó. Acondicione as trufas em forminhas de papel laminado.

PETIT GÂTEAU

TEMPO DE PREPARO: 40 MINUTOS | RENDIMENTO: 20-25 UNIDADES

250 g de manteiga
250 g de chocolate meio amargo ralado
5 ovos inteiros
5 gemas
1 xícara de farinha de trigo
1¼ xícara de açúcar
sorvete de creme para servir

1. Derreta a manteiga em banho-maria e junte o chocolate ralado. Misture até derretê-lo. Reserve.

2. Em um recipiente, coloque os ovos inteiros e as gemas. Bata com um batedor manual até espumar. Junte a farinha e o açúcar e misture para se agregarem. Em seguida, incorpore o creme de chocolate reservado e misture.

3. Encha de massa forminhas descartáveis de alumínio (de borda alta) ou forminhas próprias para petit gâteau, untadas e enfarinhadas.

4. Acomode as forminhas em assadeiras e leve para assar em forno preaquecido a 200 °C por 5 ou 6 minutos. Retire do forno e desenforme-as ainda quentes sobre os pratos de servir, acompanhados de bolas de sorvete de creme.

COCADINHA TRADICIONAL

TEMPO DE PREPARO: 40 MINUTOS | RENDIMENTO: 20-25 UNIDADES

4 xícaras de açúcar
2 xícaras de água
1 coco ralado grosso
margarina para untar

1. Misture o açúcar e a água numa panela e leve ao fogo médio por 15 minutos, deixando ferver até obter uma calda grossa (não mexa mais).

2. Adicione o coco ralado e cozinhe, mexendo sempre, até a cocada desgrudar da panela. Unte uma bancada, de preferência de mármore ou granito, com margarina e despeje o conteúdo da panela.

3. Nivele com um rolo de macarrão também untado. Deixe esfriar e corte em quadrados ou em losangos.

COCADINHA DA VOVÓ

TEMPO DE PREPARO: 45 MINUTOS | RENDIMENTO: 20-25 UNIDADES

1 lata de leite condensado
2 latas de açúcar (use a lata de leite condensado vazia para medir)
200 g de coco seco ralado

1. Em uma panela, coloque o leite condensado, o açúcar e o coco ralado. Leve ao fogo e cozinhe por 15 minutos, mexendo em parar, ou até a massa começar a desprender do fundo da panela.

2. Retire do fogo e bata com auxílio de uma espátula. Volte a cocada ao fogo por mais 2 minutos. Repita esse procedimento por duas vezes mais.

3. Depois, unte com manteiga uma bancada de granito e espalhe a cocada, passando o rolo levemente sobre ela para que fique uniforme. Deixe esfriar e, em seguida, corte-a em pedaços com uma faca afiada.

COCADA DE TABULEIRO

TEMPO DE PREPARO: 1 HORA | RENDIMENTO: 20-30 UNIDADES

2 latas de leite condensado
100 g de coco fresco ralado
1⅔ xícara de açúcar
margarina para untar

1. Em uma panela média, coloque o leite condensado e o coco ralado e misture bem.

2. Leve ao fogo baixo, até amornar. Acrescente o açúcar, aumente o fogo para médio e mexa até desgrudar da panela.

3. Unte uma fôrma grande com margarina e espalhe bem a cocada. Espere esfriar e corte em quadrados.

BEIJINHO

TEMPO DE PREPARO: 40 MINUTOS | RENDIMENTO: 20 UNIDADES

1 lata de leite condensado
200 g de coco ralado
2 colheres (sopa) de manteiga
coco ralado para enrolar
cravo-da-índia para decorar

1. Em uma panela, junte o leite condensado e o coco ralado e misture bem. Leve ao fogo médio, mexendo sempre.

2. Assim que começar a amornar, acrescente a manteiga e deixe cozinhar o tempo necessário para que o creme se desprenda do fundo da panela. Espere amornar.

3. Unte as mãos com manteiga e faça bolinhas do tamanho de um brigadeiro.

4. Coloque o coco ralado em um prato e role a bolinha até que esteja completamente coberta. Espete um cravo e coloque em forminhas de papel laminado para servir.

BEIJINHO DE TRAVESSA

TEMPO DE PREPARO: 40 MINUTOS | RENDIMENTO: 10-12 PORÇÕES

2 latas de leite condensado
4 colheres (sopa) de manteiga
1 vidro de leite de coco
3 xícaras de coco ralado
180 g de chocolate meio amargo picado
2 latas de creme de leite
cravos-da-índia para decorar

1. Em uma panela, em fogo médio, junte o leite condensado, a manteiga, o leite de coco e o coco ralado. Cozinhe, mexendo sem parar, até aparecer o fundo da panela. Então, tire do fogo e reserve.

2. Em uma fôrma refratária média, derreta o chocolate meio amargo no micro-ondas. Espere esfriar e junte o creme de leite.

3. Unte uma travessa média com manteiga e intercale camadas de creme de coco e chocolate, terminando em creme de coco.

4. Decore com os cravos-da-índia e leve à geladeira por 1 hora, no mínimo, antes de servir.

BEIJINHO DE ABACAXI

TEMPO DE PREPARO: 40 MINUTOS | RENDIMENTO: 25-30 UNIDADES

1 abacaxi grande picado sem o miolo
1 lata de leite condensado
100 g de coco ralado
4 gemas levemente batidas
2 colheres (sopa) de farinha de trigo
açúcar cristal para enrolar
cravos-da-índia para decorar

1. Triture o abacaxi no liquidificador, passe pela peneira e em seguida coe sobre um pano limpo. Reserve.

2. Em uma panela, misture o leite condensado, o coco, a gema batida e o abacaxi reservado. Leve ao fogo baixo e cozinhe por 5 minutos, mexendo sempre. Então, adicione a farinha e deixe no fogo por mais 3 minutos, ou até desgrudar da panela. Desligue e transfira a mistura para uma tigela. Deixe esfriar.

3. Unte as mãos com manteiga e enrole os beijinhos, passando-os pelo açúcar cristal. Coloque os doces em forminhas de papel laminado e espete um cravo no centro de cada um deles.

DOCINHO NEVADO

TEMPO DE PREPARO: 1 HORA | RENDIMENTO: 30 UNIDADES

1 lata de leite condensado
1 lata de leite em pó (use a lata de leite condensado vazia para medir)
1 vidro de leite de coco
coco ralado para decorar

1. Em uma tigela, coloque o leite condensado e o leite em pó. Misture bem, até que não haja mais grumos.

2. Junte o leite de coco e vá misturando devagar, mas firmemente, para obter uma massa firme.

3. Enrole os docinhos, passe no coco ralado, distribua-os em forminhas de papel e sirva.

Dica: Se quiser, você pode substituir o coco ralado por chocolate branco ralado.

SEGREDINHO

TEMPO DE PREPARO: 1 HORA | RENDIMENTO: 30 UNIDADES

2 xícaras de chocolate em pó
2 xícaras de leite em pó
1 lata de leite condensado
200 g de bananas-passas
açúcar de confeiteiro para enrolar

1. Em uma tigela grande, misture bem o chocolate e leite em pó. Em seguida, junte o leite condensado e mexa bem com uma colher, até formar uma massa compacta que não grude nas mãos (se necessário, acrescente mais um pouco de leite em pó). Deixe na geladeira por alguns minutos para firmar.

2. Enquanto isso, corte as bananas-passas em pedaços pequenos, de 1 cm cada.

3. Depois, unte as mãos com manteiga e faça bolinhas com a massa, colocando um pedacinho de banana-passa dentro de cada uma delas. Em seguida, passe os docinhos pelo açúcar de confeiteiro e acondicione-os em forminhas de papel laminado.

BALA DE COCO

TEMPO DE PREPARO: 2 HORAS | RENDIMENTO: 30 UNIDADES

Bala
1 lata de leite condensado
150 g de coco ralado sem açúcar
½ colher (sopa) de manteiga

Calda
1 xícara de açúcar
3 colheres (sopa) de vinagre de maçã

1. Em uma panela, junte o leite condensado, o coco e a manteiga e leve ao fogo baixo, mexendo sem parar, até que se desgrude do fundo da panela. Espere esfriar e enrole as balas.

2. Faça a calda: em outra panela, coloque o açúcar e o vinagre e deixe ferver até ficar ligeiramente dourado. Com um garfo, mergulhe as balas na calda e coloque para secar em uma fôrma ligeiramente untada, para que não grude.

3. Quando as balas esfriarem, embrulhe-as em papel-celofane e guarde-as em uma lata com tampa.

BALA BAIANA

TEMPO DE PREPARO: 1H20 | RENDIMENTO: 20-25 UNIDADES

Massa
500 g de açúcar
100 g de coco ralado
1 colher (sopa) de manteiga em temperatura ambiente
5 gemas passadas na peneira
1 xícara de leite

Caramelo
500 g de açúcar
1½ xícara de água
suco de limão

1. Em uma panela, coloque o açúcar, o coco, a manteiga, as gemas e o leite. Leve ao fogo alto e cozinhe por cerca de 20 minutos, sem parar de mexer, até desgrudar da panela. Em seguida, transfira a mistura para um refratário e deixe esfriar.

2. Unte as mãos com manteiga e modele as balas, sempre do mesmo tamanho, e espete um palito de dente em cada uma delas.

3. Passe as balas pela calda e coloque-as em uma assadeira untada com margarina ou forrada com papel-manteiga para secar. Depois, embrulhe-as em papel transparente.

4. Para fazer a calda, misture o açúcar e a água numa panela e cozinhe por cerca de 10 minutos. Junte o suco de limão e cozinhe por mais 10 minutos, sem mexer.

Dica: É importante não mexer a calda durante o cozimento até ela estar dourada.

MINIQUINDIM

TEMPO DE PREPARO: 1 HORA | RENDIMENTO: CERCA DE 30 UNIDADES

1 xícara de açúcar
100 g de coco ralado
1 colher (sopa) de manteiga
10 gemas passadas pela peneira
2 ovos inteiros

1. Em um recipiente, misture o açúcar e o coco ralado. Junte a manteiga, as gemas passadas pela peneira e os ovos inteiros. Mexa para agregar todos os ingredientes. Reserve.

2. Unte com manteiga e polvilhe açúcar em 30 forminhas para empada pequenas e distribua a massa reservada. Disponha as forminhas numa assadeira grande e, cuidadosamente, despeje água dentro da assadeira até atingir a metade da altura das forminhas.

3. Leve para assar em forno preaquecido a 180 °C por cerca de 30 minutos. Desenforme os miniquindins ainda mornos e acondicione-os em forminhas de papel laminado forrado com celofane.

Dicas: Utilize um pincel para untar as forminhas. Com essa mesma massa, você pode fazer um quindão, colando a mistura numa fôrma de furo no meio.

PÉ DE MOLEQUE

TEMPO DE PREPARO: 1 HORA | RENDIMENTO: 30-35 UNIDADES

1 lata de leite condensado
1 colher (sopa) de manteiga
1 xícara de açúcar
200 g de chocolate meio amargo ralado
1 xícara de amendoim torrado e grosseiramente triturado

1. Em uma panela, coloque o leite condensado, a manteiga, o açúcar e o chocolate ralado. Cozinhe em fogo baixo por 15 minutos ou até a massa se desprender do fundo da panela.

2. Retire do fogo e adicione o amendoim. Unte uma superfície lisa, de mármore ou granito, com manteiga, despeje a mistura e nivele com uma espátula ou um rolo de macarrão. Deixe esfriar e corte em losangos ou a gosto.

CAJUZINHO

TEMPO DE PREPARO: 35 MINUTOS | RENDIMENTO: CERCA DE 30 UNIDADES

1 lata de leite condensado
1 xícara de amendoim torrado e moído
1 colher (sopa) de chocolate em pó
1 colher (sopa) de manteiga
açúcar para enrolar
amendoim inteiros torrados sem casca para decorar

1. Em uma panela, junte o leite condensado, o amendoim moído, o chocolate em pó e a manteiga e leve ao fogo baixo para cozinhar por cerca de 10 minutos, mexendo sem parar, ou até a massa desgrudar do fundo da panela.

2. Coloque a mistura obtida em um prato untado com manteiga e deixe esfriar. Depois, unte as mãos com manteiga e modele os cajuzinhos, passando-os em seguida pelo açúcar. Decore cada doce com um amendoim e acondicione-os em forminhas de papel laminado.

BICHO DE PÉ

TEMPO DE PREPARO: 40 MINUTOS | RENDIMENTO: CERCA DE 30 UNIDADES

1 lata de leite condensado
1 colher (sopa) de manteiga em temperatura ambiente
1 envelope de gelatina vermelha em pó
açúcar cristal para enrolar

1. Em uma panela média, misture o leite condensado, a manteiga e a gelatina. Leve ao fogo alto e cozinhe por 4 minutos, sempre mexendo. A seguir, reduza o fogo para baixo e continue cozinhando até aparecer o fundo da panela. Desligue.

2. Transfira a massa obtida para um recipiente e deixe esfriar. Depois, enrole bolinhas na palma das mãos, untadas com manteiga, passando em seguida pelo açúcar cristal. Modele o bicho de pé achatando levemente as bolinhas na mão. Embrulhe os docinhos em papel-celofane ou em forminhas de papel laminado.

BICHO DE PÉ DE AMÊNDOA

TEMPO DE PREPARO: 40 MINUTOS | RENDIMENTO: 20-25 UNIDADES

1 lata de leite condensado
1 xícara de amêndoas trituradas
1 colher (sopa) de manteiga em temperatura ambiente
100 g de chocolate branco ralado
açúcar cristal para enrolar

1. Em uma panela média, misture o leite condensado, a amêndoa triturada, a manteiga e o chocolate ralado. Leve ao fogo alto e cozinhe por 10 minutos, mexendo sem parar, ou até aparecer o fundo da panela. Desligue.

2. Transfira a massa obtida para um recipiente e deixe esfriar. Depois, com as mãos untadas, enrole bolinhas de massa, achatando-as com a palma da mão para que fiquem no formato de bicho de pé. Em seguida, passe os docinhos pelo açúcar e acomode-os em forminhas de papel laminado.

LEITINHO

TEMPO DE PREPARO: 1 HORA | RENDIMENTO: CERCA DE 30 UNIDADES

3½ xícaras de leite em pó
2 xícaras de açúcar de confeiteiro
1 vidro de leite de coco
uvas-passas sem sementes para decorar

1. Em uma tigela funda, misture o leite em pó e o açúcar de confeiteiro. Adicione aos poucos o leite de coco até dar um ponto firme na massa (se ela ficar muito molenga, adicione um pouco mais de leite em pó). Deixe descansar por 30 minutos em lugar frio.

2. Depois, faça bolinhas de massa do tamanho de brigadeiro e coloque-as em forminhas de papel laminado. Decore cada docinho com uma uva-passa. Deixe na geladeira por 2 horas antes de servir.

CAMAFEU DE NOZES

TEMPO DE PREPARO: 1 HORA | RENDIMENTO: CERCA DE 30 UNIDADES

Massa

1 lata de leite condensado
200 g de nozes moídas

Fondant

3½ xícaras de açúcar de confeiteiro
¼ de xícara de leite
algumas gotas de limão
metades de nozes para decorar

1. Em uma panela, coloque o leite condensado e as nozes moídas. Leve ao fogo, mexendo sempre, até desgrudar do fundo da panela (cerca de 5 minutos). A seguir, transfira a mistura para um refratário e deixe esfriar por algumas horas.

2. Unte as mãos com manteiga, pegue uma porção da massa, modele uma bolinha e pressione-a levemente com a palma das mãos para achatá-la. Faça o mesmo com o restante da massa. Reserve.

3. Prepare a cobertura de fondant: em uma vasilha funda, coloque o açúcar de confeiteiro peneirado e, aos poucos, misture o leite até obter uma pasta. Leve ao fogo em banho-maria, pingue algumas gotas de limão e misture por alguns segundos.

4. Em seguida, banhe os camafeus no fondant quente e coloque uma metade de noz sobre cada um deles. Deixe secar e arrume os camafeus em forminhas de papel laminado.

Dica: Caso o fondant endureça, acrescente um pouco de leite e misture até voltar ao ponto.

OLHO DE SOGRA

TEMPO DE PREPARO: 1 HORA | RENDIMENTO: CERCA DE 30 UNIDADES

50 ameixas-pretas grandes sem caroço

Recheio
1 lata de leite condensado
1 colher (sopa) de manteiga
3 gemas
100 g de coco ralado

Caramelo
3 xícaras de açúcar
1½ xícara de água
1 colher (chá) de glucose de milho

1. Faça o recheio: em uma panela, junte o leite condensado, a manteiga, as gemas e o coco ralado. Sempre mexendo, cozinhe até a massa desgrudar do fundo da panela (mais ou menos 5 minutos). Transfira o recheio para um refratário e espere esfriar.

2. A seguir, unte ligeiramente as mãos com manteiga e enrole porções de recheio no formato de um pequeno croquete. Cuidadosamente, abra as ameixas e recheie cada uma delas com um croquetezinho.

3. Para fazer o caramelo, misture o açúcar e a água numa panela e ferva em fogo baixo por 12 minutos (não mexa mais), até obter uma calda cor de guaraná. Adicione a glucose, misture delicadamente e deixe no fogo por mais 2 minutos.

4. Espete as ameixas recheadas com palitos e banhe-as na calda de caramelo quente.

5. Deixe os docinhos secarem sobre uma assadeira untada com manteiga. Depois, descarte os palitos e acondicione os docinhos em forminhas brancas de papel.

Dica: Com essa mesma calda, você também pode caramelizar cerejas, figos ou damascos.

DOCINHO DE AMÊNDOA

TEMPO DE PREPARO: 1H10 | RENDIMENTO: CERCA DE 30 UNIDADES

Massa

1 lata de leite condensado

1½ lata de amêndoas trituradas (use a lata de leite condensado vazia para medir)

1 colher (sopa) de farinha de trigo

Fondant

500 g de açúcar de confeiteiro

¼ de xícara de leite

algumas gotas de limão

1. Em uma panela média, junte o leite condensado, as amêndoas e a farinha e misture bem. Leve ao fogo baixo e cozinhe até que a massa desprenda do fundo da panela.

2. Transfira a massa para uma tigela ligeiramente untada com margarina e deixe esfriar. Em seguida, faça bolinhas do tamanho de brigadeiro e reserve.

3. Prepare a cobertura de fondant: em uma vasilha funda, coloque o açúcar de confeiteiro peneirado e, aos poucos, misture o leite até obter uma pasta. Leve ao fogo em banho-maria, pingue o limão e mexa continuamente para derreter.

4. Espete palitos nos docinhos e, com o fondant ainda em banho-maria, banhe-os com cuidado para que não se rompam. Coloque-os sobre papel-alumínio até que fiquem bem secos. Depois, descarte os palitos e arrume os docinhos em forminhas de papel laminado.

TÂMARA CARAMELADA

TEMPO DE PREPARO: 1 HORA | RENDIMENTO: 50 UNIDADES

50 tâmaras sem caroço

Recheio
200 g açúcar
½ vidro leite de coco
9 gemas passadas na peneira
6 gotas de limão
1 colher (sopa) de farinha de trigo

Caramelo
3 xícaras de açúcar
1½ xícara de água
½ colher (chá) de cremor de tártaro

1. Faça o recheio: misture o açúcar e o leite de coco numa panela e leve ao fogo baixo para ferver, até ficar em ponto de fio. Retire do fogo e junte as gemas peneiradas e as gotas de limão.

2. Retorne a panela ao fogo e misture a farinha de trigo. Sempre mexendo, cozinhe até a massa desgrudar do fundo da panela. Espere esfriar e leve à geladeira por 1 hora.

3. Depois, retire a massa resfriada da geladeira e, com as mãos ligeiramente untadas de manteiga, molde bolinhas de massa e coloque-as dentro de cada tâmara. Reserve.

4. Prepare o caramelo: em uma panela, dissolva o açúcar na água e deixe ferver por 5 minutos, sem mexer. Em seguida, junte o cremor de tártaro e cozinhe por cerca de 10 minutos. Desligue o fogo.

5. Banhe as tâmaras recheadas no caramelo com auxílio de palitos de dente e acomode-as numa assadeira untada com manteiga para que sequem. Depois, descarte os palitos e acondicione-as em forminhas laminadas forradas com papel-celofane.

MEIA-LUA DE MARZIPÃ

TEMPO DE PREPARO: 1H10 | RENDIMENTO: CERCA DE 30 UNIDADES

80 g de chocolate meio amargo ralado
200 g de marzipã pronto
gotas de essência de hortelã
1 clara (se necessário)
150 g de chocolate branco em raspas

1. Coloque o chocolate meio amargo numa tigela pequena e leve ao banho-maria para derreter. Retire do fogo e adicione o marzipã aos poucos e a essência de hortelã. Misture bem até obter uma massa uniforme. Se a massa ficar muita seca, acrescente um pouco de clara, o suficiente para que seja modelada.

2. Com a massa, molde bolinhas do tamanho de brigadeiro, espete um palito em cada uma delas e leve à geladeira para adquirir uma consistência firme.

3. Depois, derreta o chocolate branco em banho-maria e mergulhe cada bolinha de marzipã no chocolate, cobrindo só a metade delas. Coloque os doces em uma folha de papel-alumínio e espere endurecer.

4. Então, retire os palitos e coloque os doces em forminhas de papel laminado, com o furinho do palito virado para baixo.

FOLHADINHO COM RECHEIO DE DAMASCO

TEMPO DE PREPARO: 40 MINUTOS | RENDIMENTO: 14-18 UNIDADES

Massa

250 g de farinha de trigo
1 colher (chá) de açúcar
1 colher (sopa) de manteiga
1 ovo levemente batido
1 colher (sopa) de vinagre
½ xícara de água

Pasta para folhar

2 colheres (sopa) de queijo parmesão ralado
150 g de margarina
2 colheres (sopa) de farinha de trigo

Recheio

1 receita de recheio de damasco (ver página 728)
2 gemas para pincelar a massa

1. Para fazer a massa, em um recipiente fundo, misture com as mãos a farinha, o açúcar, a manteiga, o ovo batido e o vinagre. Sempre mexendo, adicione a água, aos poucos, até obter uma massa que não grude nos dedos (se necessário, adicione mais um pouco de farinha).

2. Sove a massa sobre uma bancada enfarinhada até ficar homogênea e macia. Forme uma bola com a massa e deixe-a descansar coberta com um pano.

3. Enquanto isso, coloque em um recipiente o queijo parmesão ralado, a margarina e a farinha. Misture com as mãos até obter uma pasta homogênea.

4. Em seguida, sobre a bancada enfarinhada, estenda a massa com as mãos, passe a pasta sobre ela e dobre-a. Leve à geladeira por 30 minutos.

5. Depois, abra a massa com um rolo, deixando-a bem fina. Modele círculos de massa com um cortador redondo do tamanho desejado e coloque o recheio de damasco sobre cada um. Pincele as bordas do círculo com clara e una as extremidades, apertando-as com os dedos.

6. Coloque os folhadinhos em assadeiras, pincele-os com gema e leve para assar em forno preaquecido a 250 °C por 15 minutos. Espere esfriar para desenformar.

DAMASCO COM RECHEIO DE AVELÃ

TEMPO DE PREPARO: 1 HORA | RENDIMENTO: CERCA DE 30 UNIDADES

15 damascos grandes

Recheio

100 g de avelãs torradas sem pele e moídas
½ xícara de açúcar de confeiteiro
4 colheres (chá) de licor de laranja
1 clara

Cobertura

120 g de chocolate meio amargo em raspas

1. Divida cada damasco ao meio (fazendo rodelas). Coloque as metades de damasco numa tigela funda e cubra-as com água fervente. Deixe de molho por 4 minutos, escorra e espalhe-as sobre papel-toalha para que sequem bem. Reserve.

2. Faça o recheio: em uma tigela funda, junte as avelãs moídas com o açúcar e o licor de laranja. Misture a clara aos poucos, em quantidade suficiente para obter uma massa úmida.

3. Faça rolinhos com o recheio, do mesmo comprimento dos damascos. Coloque um rolinho de recheio sobre cada metade de damasco e dobre-o. Pressione de leve com o dedo, deixando uma parte do recheio à mostra, e deixe descansar por 1 hora na geladeira.

4. Passado esse tempo, derreta o chocolate em banho-maria, mexendo sem parar até ficar liso. Mergulhe as duas extremidades de cada damasco no chocolate e coloque sobre uma folha de papel-manteiga para endurecer. Depois, acondicione os damascos em forminhas de papel laminado forrado com celofane.

Dica: Para obter avelã sem pele moída, depois de assá-las em forno médio por 10 minutos, deixe-as envoltas num pano de prato por 5 minutos e posteriormente esfregue o pano de prato para que a pele saia. Triture as avelãs no liquidificador até ficarem bem moídas.

COPINHOS DE MORANGO

TEMPO DE PREPARO: 30 MINUTOS | RENDIMENTO: 10 UNIDADES

1 receita de suspiro (ver página 770)
200 g de morangos limpos e picados miúdo
1 lata de creme de leite sem soro gelado
folhas de hortelã para decorar

1. Triture o suspiro grosseiramente com as mãos e coloque-o em ⅓ de altura de cada copinho.

2. Em seguida, coloque a mesma quantidade de morango.

3. Bata o creme de leite à mão, apenas para que ele amoleça um pouco e complete o copinho com ele.

4. Decore cada copinho com uma folha de hortelã e sirva em seguida.

BRIGADEIRO DE CHOCOLATE E CAFÉ

TEMPO DE PREPARO: 30 MINUTOS | RENDIMENTO: CERCA DE 40 UNIDADES

2 latas de leite condensado
6 colheres (sopa) de chocolate em pó
2 latas de creme de leite sem soro
1 colher (sopa) de café solúvel
chocolate granulado para cobrir
cerejas em calda para decorar

1. Em uma panela, misture o leite condensado com o chocolate. Leve ao fogo médio e cozinhe por cerca de 15 minutos, até desprender do fundo da panela. Retire do fogo e junte o creme de leite e o café, misturando vigorosamente. Deixe amornar.

2. Unte as mãos com manteiga e enrole bolinhas do tamanho de um brigadeiro. Passe pelo chocolate granulado e decore com 1 cereja em calda. Deixe na geladeira por 1 hora para firmar antes de servir.

DOCE DE MARACUJÁ EM COPINHO

TEMPO DE PREPARO: 50 MINUTOS | RENDIMENTO: CERCA DE 40 UNIDADES

Musse

2 latas de leite condensado
2 latas de suco de maracujá concentrado (use a lata de leite condensado vazia para medir)
2 latas de creme de leite sem soro
1 envelope de gelatina em pó sem sabor

Calda

2 colheres (sopa) de amido de milho
2 xícaras de água
2 xícaras de polpa de maracujá com as sementes
1 xícara de açúcar

1. No copo do liquidificador, junte o leite condensado, o suco de maracujá e o creme de leite e bata por 3 minutos em velocidade alta. Desligue e reserve.

2. Hidrate a gelatina conforme as instruções do fabricante e adicione ao creme do liquidificador. Bata novamente por mais 2 minutos para misturar bem.

3. Em seguida, distribua a musse em copinhos plásticos transparentes com capacidade para 10 ml, atingindo até ¾ da sua capacidade. Disponha os copinhos numa assadeira grande e leve à geladeira para firmar.

4. Enquanto isso, faça a calda: em uma panela, dilua o amido de milho na água e misture a polpa de maracujá e o açúcar. Leve ao fogo médio e cozinhe, mexendo sem parar, até obter um creme encorpado e brilhante. Deixe esfriar.

5. Depois, retire os copinhos da geladeira e complete-os com a calda preparada. Sirva acompanhado de colherinhas decoradas.

COPINHO DE MORANGO COM CHOCOLATE

TEMPO DE PREPARO: 1 HORA | RENDIMENTO: CERCA DE 30 UNIDADES

Base

3 xícaras de morangos picados
1 colher (sopa) de açúcar

Creme

2 latas de leite condensado
1 xícara de leite
1 colher (sopa) de manteiga

Cobertura

400 g de chocolate ao leite picado
1 lata de creme de leite sem soro
250 g de morango

1. Comece pela base. Coloque o morango picado numa tigela e polvilhe o açúcar. Misture bem e deixe o morango soltar líquido. Depois, transfira para uma peneira e deixe escorrer.

2. Para fazer o creme, numa panela, misture o leite condensado, o leite e a manteiga. Cozinhe em fogo baixo por 10 minutos, mexendo até começar a se desprender do fundo da panela e ficar com uma consistência cremosa. Espere esfriar.

3. Então, ponha uma camada de morango picado no fundo de copinhos plásticos transparentes com capacidade para 10 ml e sobre ela uma porção de creme, até a metade da capacidade dos copinhos. Disponha-os numa assadeira grande e leve à geladeira para firmar.

4. Faça a cobertura: derreta o chocolate em banho-maria e misture o creme de leite, até ficar homogêneo. Deixe esfriar.

5. Retire a assadeira da geladeira e preencha os copinhos com a ganache de chocolate preparada e leve à geladeira por 3 horas. Momentos antes de servir, decore o doce com 1 morango inteiro.

DOCINHO DE GOIABA

TEMPO DE PREPARO: 1 HORA | RENDIMENTO: CERCA DE 20 UNIDADES

6 goiabas maduras
1 lata de leite condensado
1 colher (sopa) de margarina
açúcar cristalizado para enrolar

1. Descasque as goiabas e corte-as em quatro partes. Elimine as sementes e coloque os pedaços no liquidificador. Bata até obter uma pasta.

2. Em uma panela, junte o leite condensado, a margarina e a goiaba triturada e leve ao fogo baixo, mexendo sem parar, até que a massa comece a se desprender do fundo. Retire a panela do fogo, despeje a massa numa vasilha e deixe esfriar completamente.

3. Com porções de massa, faça bolinhas do tamanho de um brigadeiro e passe-as ligeiramente no açúcar cristalizado. Acondicione os doces em forminhas de papel laminado.

MAÇÃ DO AMOR

TEMPO DE PREPARO: 30 MINUTOS | RENDIMENTO: 6 UNIDADES

6 maçãs
2 xícaras de açúcar
½ xícara de glucose de milho
½ xícara de água
4 gotas de corante vermelho

1. Lave as maçãs e enxugue-as bem. Introduza um palito de sorvete no lugar do cabinho e reserve.

2. Em uma panela pequena, misture o açúcar, a glucose de milho e a água. Leve ao fogo médio e deixe ferver por cerca de 10 minutos sem mexer.

3. A seguir, junte as gotas de corante, cozinhe por 1 minuto e desligue. Passe as maçãs pela calda e coloque-as sobre uma assadeira untada com manteiga. Deixe secar.

UVA ENCAPADA COM NOZES

TEMPO DE PREPARO: 40 MINUTOS | RENDIMENTO: 20 UNIDADES

20 uvas grandes sem sementes
1 lata de leite condensado
2 colheres (sopa) de manteiga
½ xícara de nozes moídas
açúcar de confeiteiro para polvilhar

1. Lave as uvas e seque-as bem. Em uma panela, cozinhe o leite condensado e a manteiga em fogo baixo, sem parar de mexer, até a mistura desprender do fundo da panela. Desligue o fogo e misture as nozes moídas até a mistura ficar homogênea.

2. Despeje a massa em um refratário e deixe esfriar. Com as mãos ligeiramente untadas com margarina, abra uma pequena porção de massa na palma da mão, coloque 1 uva e envolva-a, modelando no formato de brigadeiro. Repita o procedimento com o restante da massa e das uvas.

3. Em seguida, passe as bolinhas no açúcar de confeiteiro e acondicione-as em forminhas de papel laminado forradas com celofane. Mantenha o doce na geladeira e retire-o 1 hora antes de servir.

Dica: Se quiser, substitua a uva por morango.

ROMEU E JULIETA DE COPINHO

TEMPO DE PREPARO: 2H40 | RENDIMENTO: 20-25 UNIDADES

1 envelope de gelatina em pó sem sabor
1 xícara de queijo de minas
1 copo de requeijão cremoso
1 lata de leite condensado
1 lata de creme de leite
2 xícaras de goiabada cremosa
¼ de xícara de suco de goiaba

1. Prepare a gelatina de acordo com as instruções da embalagem. Espere amornar e despeje-a no liquidificador, com o queijo de minas, o requeijão, o leite condensado e o creme de leite e bata até obter uma mistura homogênea. Despeje metade do creme em copinhos e leve à geladeira por 2 horas.

2. Em uma panela, em fogo baixo, cozinhe ½ xícara de goiabada cremosa com o suco de goiaba por 5 minutos. Espere esfriar. Reserve.

3. Retire os copinhos da geladeira, coloque o restante da goiabada cremosa e do creme de queijo e, por cima, a calda de goiaba. Leve à geladeira e sirva depois de 1 hora.

STRUDEL

TEMPO DE PREPARO: 1 HORA | RENDIMENTO: 8 UNIDADES

Massa

3 xícaras de farinha de trigo
150 g de margarina em temperatura ambiente
¾ de xícara de água gelada
canela em pó e açúcar para polvilhar

gema para pincelar

Recheio

5 maçãs cortadas em cubos
suco de ½ limão
2 xícaras de açúcar
½ xícara de uvas-passas sem sementes
½ xícara de nozes picadas
½ colher (sopa) de farinha de rosca

1. Faça o recheio: coloque a maçã, o suco de limão e o açúcar numa panela e cozinhe em fogo baixo por 20 minutos, até ficar transparente. Acrescente as uvas-passas e desligue o fogo. Junte as nozes e a farinha de rosca e misture bem. Reserve.

2. Para preparar a massa, em uma tigela média, junte a farinha (reserve um pouco), a margarina e a água, aos poucos. Mexa com as mãos até obter uma massa que não grude nos dedos (se necessário, utilize a farinha reservada). Em seguida, sove-a em uma superfície enfarinhada até ficar lisa e macia. Deixe descansar por 15 minutos na geladeira.

3. A seguir, abra a massa com o rolo, deixando-a bem fina. Acerte as laterais e corte-a em quatro quadrados iguais (com cerca de 18 cm cada). Em seguida, corte cada quadrado em outras quatro partes (com cerca de 9 cm cada), perfazendo um total de 16 quadradinhos.

4. Empregue o recheio de maçã sobre metade desses quadrados de massa e polvilhe a canela em pó. Feche cada um com outro pedaço de massa e pressione suas laterais com a ponta de um garfo.

5. Coloque os strudels em assadeiras untadas e enfarinhadas e pincele-os com a gema.

6. Leve para assar em forno preaquecido a 180 °C por 30 minutos, ou até começarem a dourar. Retire do fogo e, quando amornar, polvilhe a canela e o açúcar.

Dica: Se quiser, sirva os strudels cobertos com chantili.

BOMBA DE CREME

TEMPO DE PREPARO: 1H10 | RENDIMENTO: 25 UNIDADES

Massa

1 xícara de água
uma pitada de sal
5 colheres (sopa) de manteiga
1 xícara de farinha de trigo
3 ovos

Creme

2 xícaras de leite
½ xícara de açúcar
1 colher (sopa) de manteiga
3 colheres (sopa) de amido de milho
3 gemas
½ colher (sopa) de raspas de casca de limão

Cobertura

chocolate meio amargo ou chantili

1. Faça o creme: em uma panela, junte o leite (reserve um pouco), o açúcar e a manteiga. Deixe cozinhar por alguns minutos e adicione o amido de milho e as gemas previamente misturadas ao leite reservado. Mexa sem parar e, quando começar a engrossar, agregue as raspas de limão. Desligue e deixe esfriar.

2. Para preparar a massa, junte a água, o sal e a manteiga numa panela e deixe ferver por alguns segundos até a manteiga derreter. Em seguida, adicione a farinha e cozinhe, sem parar de mexer, em fogo médio, até que fique homogêneo e a massa se solte do fundo da panela. Retire do fogo e espere esfriar.

3. Depois de frio, coloque a massa na vasilha da batedeira e, em velocidade alta, bata, acrescentando os ovos, um a um, até obter uma massa lisa, homogênea e brilhante.

4. Em assadeiras forradas com papel-manteiga e untadas, coloque porções de massa, em forma de bolinhas ou no formato de um dedo (mantendo espaço entre elas). Você também pode assar a massa em forminhas próprias para bombas, untadas e enfarinhadas, usando um saco de confeitar com bico pitanga.

5. Leve para assar em forno preaquecido a 180 °C por 20 minutos, ou até ficarem douradas. Deixe esfriar.

6. Para rechear, corte as bombas ao meio e empregue o recheio de creme. Cubra-as com chocolate previamente derretido em banho-maria ou com chantili.

Dica: Para fazer bomba de chocolate, derreta 200 g de chocolate em banho-maria e, em seguida, junte 1 lata de creme de leite sem soro. Recheie as bombas com o creme de chocolate frio.

CANUDINHO RECHEADO COM COCO

TEMPO DE PREPARO: 1 HORA | RENDIMENTO: 35 UNIDADES

Massa

2 xícaras de farinha de trigo
2 colheres (sopa) de aguardente
3 colheres (sopa) de óleo
½ xícara de água
1 colher (chá) de sal

Recheio

2 xícaras de açúcar
1 xícara de água
3 xícaras de coco fresco ralado
1 lata de leite condensado

1. Prepare o recheio: leve uma panela ao fogo com o açúcar e a água, misture e deixe ferver por 15 minutos, até obter uma calda espessa, com a consistência de mel. Junte o coco e o leite condensado e cozinhe por mais uns 15 minutos, para encorpar. Retire do fogo e reserve.

2. Prepare a massa: em uma tigela funda, coloque a farinha, a aguardente, o óleo, a água e o sal misturados e mexa com as mãos. A seguir, sove em uma bancada enfarinhada até a massa ficar lisa e macia. Deixe descansar por 15 minutos.

3. Abra porções da massa bem finas com um rolo e corte-as em tiras compridas (de 3 cm de largura). Enrole as tiras em canudos de metal, deixando um espaço livre na borda, para facilitar a retirada da massa. Em seguida, prenda a ponta de cada canudinho firmemente (utilize um pouco de água para grudar a ponta).

4. Frite a massa em óleo bem quente e coloque-os, em seguida, para escorrer em papel-toalha. Quando os canudinhos esfriarem, preencha-os com o recheio.

Dica: Você também pode rechear os canudinhos com doce de leite.

CAROLINAS RECHEADAS COM DOCE DE LEITE

TEMPO DE PREPARO: 1 HORA | RENDIMENTO: 18-20 UNIDADES

Massa

1 xícara de água
5 colheres (sopa) de manteiga
uma pitada de sal
1 xícara de farinha de trigo
3 ovos

Recheio e cobertura

1 lata de doce de leite
120 g de chocolate ao leite

1. Em uma panela, coloque a água, a manteiga e o sal. Deixe ferver por alguns minutos e, em seguida, adicione a farinha de uma só vez e cozinhe por 2 minutos, sem parar de mexer para não empelotar. Quando desgrudar da panela, tire do fogo e transfira a mistura para a batedeira.

2. Bata em velocidade alta, acrescentando os ovos, um a um, até a massa ficar homogênea e pegajosa. Coloque a massa obtida em um saco de confeitar com bico perlê e modele as carolinas (pequenas bolinhas) sobre assadeiras untadas e enfarinhadas.

3. Leve para assar em forno preaquecido a 200 °C por 25 a 30 minutos.

4. Quando as carolinas estiverem frias, corte--as ao meio com uma tesoura e recheie-as com doce de leite usando o bico de confeiteiro. Em seguida, passe chocolate derretido por cima e deixe esfriar.

Dica: Substitua o recheio de doce de leite por geleia de morango, brigadeiro ou sorvete.

MINISSONHO DE IOGURTE

TEMPO DE PREPARO: 35 MINUTOS | RENDIMENTO: 30-35 UNIDADES

2 xícaras de farinha de trigo
1½ xícara de açúcar
uma pitada de sal
2 ovos levemente batidos
1 pote de iogurte natural
½ colher (sopa) de fermento químico em pó
1 colher (sopa) de canela em pó

1. Em uma vasilha grande, misture a farinha, ½ xícara de açúcar, o sal, o ovo batido e o iogurte. Em seguida, bata com uma colher ou um batedor até a massa ficar com textura grudenta. Adicione o fermento químico em pó e misture para agregar.

2. A seguir, modele os minissonhos com auxílio de duas colheres de sobremesa e frite-os, aos poucos, em óleo não muito quente, em fogo baixo.

3. Ponha os minissonhos fritos para escorrer em papel-toalha. Em seguida, polvilhe-os com uma mistura do açúcar restante e a canela.

SONHO DIFERENTE

TEMPO DE PREPARO: 40 MINUTOS | RENDIMENTO: 12 UNIDADES

Massa

3 tabletes de fermento biológico fresco
½ colher (chá) de sal
1 xícara de leite morno
½ lata de leite condensado
4 colheres (sopa) de manteiga
3 gemas
5 xícaras de farinha de trigo

Recheio

8 bananas-nanicas picadas
2½ xícaras de açúcar cristal
1 xícara de suco de laranja

açúcar de confeiteiro para polvilhar
canela em pó para polvilhar

1. Faça o recheio: em uma panela, misture a banana picada, o açúcar e o suco de laranja. Cozinhe em fogo baixo por cerca de 20 minutos com a panela tampada. Reserve.

2. Para preparar a massa, coloque o fermento esfarelado e o sal numa vasilha e misture até obter um líquido. Adicione o leite morno e reserve.

3. Em outro recipiente, junte o leite condensado, a manteiga e as gemas. Misture com uma espátula. Em seguida, agregue o fermento reservado.

4. Em uma tigela grande, coloque a farinha e a mistura de leite e gema. Mexa com as mãos, até obter uma massa que não grude nos dedos (se necessário, adicione um pouco mais de farinha).

5. A seguir, sove a massa sobre uma bancada enfarinhada, até ficar compacta, porém macia Deixe descansar por 15 minutos.

6. Abra porções de massa com o rolo e coloque o recheio de banana. Feche e forme uma bola pequena. Acomode os sonhos em assadeiras enfarinhadas, mantendo distância entre eles, e deixe dobrar de volume.

7. Depois, frite os sonhos em óleo quente, mas não fervente. Escorra em papel-toalha e polvilhe-os com uma mistura de canela e açúcar.

SONHOS DE PADARIA

RECEITA PALMIRINHA PREFERIDA

TEMPO DE PREPARO: 1 HORA | RENDIMENTO: 20 UNIDADES

Massa

3 tabletes de fermento biológico fresco
½ colher (chá) de sal
1 xícara de leite morno
3 colheres (sopa) de açúcar
3 ovos
2 colheres (sopa) de manteiga
6 xícaras de farinha de trigo

Recheio

1 lata de leite condensado
1 lata de leite (use a lata de leite condensado vazia para medir)
2 colheres (sopa) de amido de milho
3 gemas
1 colher (chá) de essência de baunilha

açúcar e canela em pó para polvilhar

1. Coloque, numa tigela, o fermento e o sal e misture até virar um líquido. Acrescente o leite morno, o açúcar e os ovos. Em seguida, mexa para que os ingredientes se misturem.

2. Adicione a manteiga e vá acrescentando a farinha, aos poucos. Depois, mexa até obter uma massa que não grude nos dedos (coloque mais farinha, se necessário).

3. A seguir, sove a massa em uma superfície enfarinhada até ficar compacta, porém macia. Deixe descansar por cerca de 20 minutos.

4. Feito isso, abra a massa com um rolo. Modele os sonhos com um cortador redondo e acomode-os em assadeiras enfarinhadas, mantendo distância entre eles. Deixe descansar por cerca de 20 minutos, para que dobrem de volume.

5. Depois, frite os sonhos e coloque-os para escorrer em papel-toalha. Deixe esfriar para depois rechear.

6. Enquanto isso, prepare o recheio: em uma panela, misture o leite condensado, o leite (reserve um pouco) e o amido de milho dissolvido no leite reservado e as gemas. Cozinhe em fogo baixo por cerca de 5 minutos até engrossar. Desligue e adicione a essência de baunilha. Deixe esfriar.

7. Abra os sonhos ao meio com uma tesoura e recheie-os. Para finalizar, polvilhe uma mistura de açúcar e canela.

FORMINHA VIENENSE

TEMPO DE PREPARO: 40 MINUTOS | RENDIMENTO: 30-35 UNIDADES

Massa

6 ovos, claras e gemas separadas
1½ xícara de açúcar
1½ xícara de farinha de trigo
1 colher (chá) de fermento químico em pó

Creme

2 xícaras de leite
4 colheres (sopa) de açúcar
2 gemas
3 colheres (sopa) de farinha de trigo
1 colher (chá) de açúcar de baunilha
açúcar de confeiteiro para polvilhar

1. Para fazer a massa, coloque na vasilha da batedeira as gemas e o açúcar e bata em velocidade alta por 2 minutos, até obter um creme esbranquiçado. Aos poucos, junte a farinha e bata por mais 2 minutos. Desligue a batedeira e incorpore delicadamente as claras batidas em neve e, em seguida, o fermento.

2. Coloque porções de massa em forminhas de empada untadas e enfarinhadas até atingir ¾ da sua capacidade.

3. Acomode-as em assadeiras e leve para assar em forno preaquecido a 200 °C por 15 a 20 minutos. Deixe esfriar.

4. Enquanto isso, faça o creme: em uma panela, coloque leite (reserve um pouco), o açúcar, as gemas e a farinha dissolvida no leite reservado. Leve ao fogo baixo e cozinhe, mexendo sempre, até engrossar e ficar com a consistência de mingau. Espere amornar.

5. Faça um orifício no centro de cada bolinho com uma faca de ponta e coloque o creme usando um saco de confeitar com bico perlê. Polvilhe o açúcar de confeiteiro e sirva.

Dica: Se não encontrar açúcar de baunilha pronto, faça o seu: basta deixar uma fava de baunilha dentro de um pote com açúcar por uma semana. Mantenha bem fechado para a fava perfumar e dar sabor ao açúcar.

BOLINHO DE CHUVA

TEMPO DE PREPARO: 40 MINUTOS | RENDIMENTO: 30 UNIDADES

3 xícaras de farinha de trigo
2 colheres (sopa) de açúcar
uma pitada de sal
1 colher (sopa) de fermento químico em pó
2 colheres (sopa) de manteiga
raspas da casca de 1 limão
1 xícara de leite
1 ovo

açúcar e canela para polvilhar

1. Em uma tigela grande, junte a farinha, o açúcar, o sal, o fermento, a manteiga e as raspas de limão. Misture bem. Junte o ovo e o leite, aos poucos, mexendo sempre com uma colher de pau. Deixe a massa descansar por 15 minutos.

2. Depois, pegue colheradas da massa e frite em óleo quente. Escorra os bolinhos em papel-toalha e, em seguida, polvilhe-os com açúcar e canela.

Dica: Para variar esta receita tradicional, acrescente à massa 2 bananas-nanicas cortadas em rodelas ou pequenos pedaços de goiabada. Sirva, então, com mel.

DELÍCIAS AO MEL

TEMPO DE PREPARO: 50 MINUTOS | RENDIMENTO: 35-40 UNIDADES

Massa

2 xícaras de farinha de trigo
½ xícara de amido de milho
¾ de xícara de açúcar
1 colher (chá) de raspas de casca de limão
½ colher (sopa) de fermento químico em pó
2 colheres (sopa) de manteiga em temperatura ambiente
3 ovos levemente batidos
1 xícara de leite

Calda

2 xícaras de açúcar
1 xícara de água
1 xícara de mel
1 pedaço de casca de laranja
1 pedaço de casca de limão
1 pau de canela

1. Prepare a calda: em uma panela média, misture o açúcar, a água, o mel, as cascas cítricas e o pau de canela. Leve ao fogo baixo e cozinhe por cerca de 10 minutos, sem mexer, até obter uma calda ligeiramente espessa. Deixe esfriar.

2. Faça a massa: em uma tigela funda, misture primeiro os ingredientes secos. Em seguida, adicione o restante dos ingredientes, seguindo a ordem, misturando-os com as mãos a cada adição, até obter uma massa que não grude nos dedos (se necessário, utilize um pouco mais de farinha).

3. Enrole pequenas bolas de massa na palma da mão (do tamanho de uma noz) e frite-as em óleo bem quente.

4. Escorra os bolinhos fritos em papel-toalha e disponha-os em um recipiente fundo. Quando esfriar, regue-os com a calda.

FOFURA DE BELÉM

TEMPO DE PREPARO: 1H10 | RENDIMENTO 12-15 UNIDADES

Massa

4 ovos
1 xícara de açúcar
1½ xícara de farinha de trigo
½ colher (chá) de fermento químico em pó
1 colher (sopa) de raspa de limão

Doce de gema

1 vidro de leite de coco
200 g de açúcar de confeiteiro
1 colher (chá) de suco de limão
9 gemas passadas pela peneira

açúcar de confeiteiro para polvilhar

1. Para fazer a massa, coloque os ovos na vasilha da batedeira e bata por 3 minutos em velocidade alta. Com a batedeira ligada, junte o açúcar, aos poucos. Desligue a batedeira e adicione a farinha e o fermento peneirados e as raspas de limão. Mexa delicadamente com uma colher de pau até a massa ficar homogênea.

2. Distribua a massa em forminhas próprias para bolinho (tipo bebezinho ou muffin), untadas e enfarinhadas. Acomode-as sobre assadeiras e leve para assar em forno preaquecido a 200 °C por 15 a 20 minutos. Deixe os bolinhos esfriarem e desenforme.

3. Corte uma tampinha em cima de cada bolinho (se preferir corte o bolinho ao meio), reserve-as, e recheie com o doce de ovos frio. Em seguida, cubra o recheio com as tampas reservadas. Polvilhe açúcar de confeiteiro e sirva.

4. Para fazer o doce de ovos, misture o leite de coco e o açúcar de confeiteiro numa panela. Deixe ferver em fogo baixo por cerca de 5 minutos (em ponto de fio). Retire do fogo e acrescente o suco de limão e a gema peneirada. Leve ao fogo novamente e mexa sem parar, até engrossar.

TOUCINHOS DO CÉU

TEMPO DE PREPARO: 1 HORA | RENDIMENTO: 30-35 UNIDADES

4 xícaras de açúcar
1 xícara de água
1 colher (sopa) de manteiga
1 coco ralado
1 lata de creme de leite gelado sem soro
3 gemas passadas pela peneira
2 ovos passados pela peneira
5 colheres (sopa) de amido de milho
½ colher (chá) de raspas de casca de limão
½ colher (chá) de essência de baunilha
canela em pó a gosto

1. Em uma panela média, misture 500 g de açúcar (reserve o restante para polvilhar) e a água. Ferva por 10 a 15 minutos sem mexer, até obter uma calda grossa. Reserve.

2. Coloque a manteiga e o coco numa tigela e despeje a calda reservada por cima. Mexa devagar até ficar homogêneo. Deixe esfriar totalmente.

3. Depois, junte à tigela o restante dos ingredientes, um por vez, misturando delicadamente a cada adição (não bata a massa).

4. Divida a massa em forminhas untadas com manteiga e polvilhadas com açúcar cristal.

5. Leve para assar em banho-maria em forno preaquecido a 200 °C por cerca de 30 minutos. Desenforme os doces quando já estiverem mornos e passe-os no açúcar cristal reservado.

BOLINHO DE CHUVA ASSADO

TEMPO DE PREPARO: 50 MINUTOS | RENDIMENTO: 30 UNIDADES

1 ovo
1 colher (sopa) de açúcar
½ lata de leite condensado
½ lata de creme de leite
2 xícaras de farinha de trigo
1 colher (sopa) de fermento químico em pó
uma pitada de cardamomo em pó
uma pitada de canela em pó

açúcar e canela em pó para polvilhar

1. Misture em uma tigela o ovo e o açúcar. Junte o leite condensado e o creme de leite e mexa bem, até incorporar tudo. Reserve.

2. Em uma tigela média, misture a farinha de trigo, o fermento, o cardamomo e a canela. Junte aos poucos a mistura reservada.

3. Unte as mãos com manteiga e enrole porções de massa, formando uma bolinha.

4. Coloque as bolinhas em uma assadeira untada e enfarinhada, deixando espaço entre uma e outra.

5. Leve para a assar em forno preaquecido a 180 °C por 15 a 20 minutos, ou até dourar.

6. Tire do forno, polvilhe canela misturada com açúcar nos bolinhos e sirva a seguir.

BEM-CASADO

TEMPO DE PREPARO: 1 HORA | RENDIMENTO: 16 UNIDADES

2 xícaras de farinha de trigo
1 xícara de amido de milho
1 xícara de açúcar
1½ xícara de margarina
1 colher (chá) de açúcar de baunilha
2 gemas batidas
1 lata de doce de leite
açúcar de confeiteiro para enfeitar

1. Em uma tigela grande, junte a farinha, o amido de milho, o açúcar, a margarina, o açúcar de baunilha e a gema batida. Misture com as mãos até começar a desprender dos dedos (se necessário, acrescente um pouco mais de farinha). Em seguida, sove a massa sobre uma bancada enfarinhada até que fique lisa.

2. Abra porções da massa com um rolo e modele círculos usando um cortador de 5 cm de diâmetro (ou um copo com boca dessa dimensão).

3. Coloque os círculos de massa em assadeiras, untadas e enfarinhadas, e leve para assar em forno preaquecido a 180 °C por 20 minutos. Retire do forno e deixe esfriar.

4. Recheie uma bolachinha com o doce de leite, cubra com outra e passe o doce pelo açúcar de confeiteiro. Embrulhe em papel de seda ou celofane e decore a gosto com fitas e flores secas.

Dica: Para incrementar o sabor, acrescente raspas de casca de limão ou de laranja à massa.

SUSPIRO

TEMPO DE PREPARO: 1H30 I RENDIMENTO: 30 UNIDADES

2 xícaras de clara
6 xícaras de açúcar
2 colheres (sopa) de suco de limão

1. Em uma tigela, misture a clara e o açúcar até que os dois ingredientes estejam bem incorporados.

2. Transfira a mistura para a vasilha da batedeira, junte o limão e bata por 15 minutos, ou até obter consistência firme.

3. Unte uma fôrma grande e coloque colheradas de massa.

4. Leve para assar em forno preaquecido a 120 °C por 30 minutos, ou até que os suspiros estejam corados e firmes. Se o forno não chegar a uma temperatura tão baixa, deixe a porta meio aberta enquanto assa os suspiros.

Dica: Se quiser, acrescente raspas de casca de limão para dar um sabor mais forte.

CASADINHO

TEMPO DE PREPARO: 1H10 I RENDIMENTO: CERCA DE 30 UNIDADES

3 gemas passadas pela peneira
2 latas de leite condensado
200 g de castanhas-do-pará moídas
3 colheres (sopa) rasas de açúcar
1 colher (sopa) de chocolate em pó
açúcar de confeiteiro para enrolar

cereja em calda para decorar

1. Em uma panela média, coloque a gema, o leite condensado, a castanha e o açúcar refinado. Misture bem e leve para cozinhar em fogo médio, mexendo até que a mistura se desprenda do fundo da panela.

2. Divida a massa em duas tigelas. Em uma delas, misture o chocolate em pó até ficar homogêneo. Deixa as duas massas esfriarem.

3. Então, molde bolinhas claras e escuras e junte-as para que fiquem unidas, mas mantendo suas formas.

4. Passe os docinhos pelo açúcar de confeiteiro e enfeite o local onde elas foram unidas com uma cereja (previamente escorrida). Acondicione em forminhas de papel laminado forrado com celofane.

BOLINHA DE CRISTAL

TEMPO DE PREPARO: 1H10 | RENDIMENTO: CERCA DE 30 UNIDADES

3½ xícaras de açúcar peneirado
2½ xícaras de água
3 colheres (sopa) de amêndoas moídas
6 gemas passadas na peneira
2 colheres (chá) de amido de milho

Calda
3 xícaras de açúcar
2 xícaras de água
2 colheres (sopa) de vinagre de maçã

1. Em uma panela, misture o açúcar na água e cozinhe em fogo médio, até obter uma calda lisa e grossa (não mexa mais). Adicione então as amêndoas, misture e deixe levantar fervura. Retire a panela do fogo e incorpore a gema.

2. Leve a panela de volta ao fogo e deixe cozinhar em fogo médio, mexendo sem parar, até a massa começar a se desprender do fundo. Adicione então o amido de milho diluído em um pouco de água fria. Misture bem e deixe esfriar.

3. Com a massa, molde bolinhas no formato de brigadeiro, espete um palito em cada uma delas e leve-as ao freezer para endurecer um pouco. Reserve.

4. Faça a calda da cobertura: em uma panela, misture o açúcar, a água e o vinagre e leve para ferver por cerca 10 minutos, ou até o líquido ficar com a cor de guaraná. Não mexa no líquido durante o cozimento.

5. Retire os docinhos da geladeira e, segurando pelo palito, mergulhe-os rapidamente na calda. Coloque-os em seguida em uma superfície untada com margarina para que sequem, retirando os palitos antes. Embale os doces em forminhas laminadas forradas com papel-celofane.

QUEIJADINHA RÁPIDA

TEMPO DE PREPARO: 50 MINUTOS | RENDIMENTO: 20-25 UNIDADES

4 ovos
1 lata de leite condensado
4 colheres (sopa) de queijo meia cura ralado
3 xícaras de coco fresco ralado

1. Junte os ovos e o leite condensado no liquidificador e bata por 2 minutos em velocidade alta. Junte o queijo e o coco e bata por 2 minutos mais. Deixe a massa descansar por aproximadamente 15 minutos.

2. Coloque forminhas de papel dentro de fôrmas de empada e despeje a massa dentro delas. Acomode-as em assadeiras e leve para assar em forno preaquecido a 200 °C por cerca de 20 minutos, ou até dourar.

QUEIJADINHA DE PRAIA

TEMPO DE PREPARO: 1 HORA | RENDIMENTO: 40-45 UNIDADES

1 xícara de açúcar
1 xícara de farinha de trigo
50 g de queijo parmesão ralado
350 g de coco ralado
6 colheres (sopa) de manteiga ou margarina
5 ovos levemente batidos
1 xícara de leite

1. Em uma tigela, misture o açúcar, a farinha, o queijo e o coco ralado. Adicione a manteiga previamente derretida em banho-maria e mexa. Acrescente o ovo batido e o leite, aos poucos, até obter uma consistência líquida. Se necessário, acrescente mais leite até dar o ponto.

2. Coloque forminhas de papel dentro de fôrmas de empada e divida a massa entre elas. Acomode-as em assadeiras.

3. Leve para assar em forno preaquecido a 180 °C por 30 a 40 minutos, ou até que ao enfiar um palito em uma das queijadinhas ele saia limpo.

QUEIJADINHA ESPECIAL

TEMPO DE PREPARO: 1H10 | RENDIMENTO: 30-35 UNIDADES

1 xícara de leite de coco
200 g de coco fresco ralado
4 ovos
2 xícaras de leite condensado
2 colheres (sopa) de manteiga
4 colheres (sopa) de queijo meia cura ralado
3 colheres (sopa) de farinha de trigo peneirada
1 colher (chá) de fermento químico em pó

1. Misture em uma tigela o leite de coco e o coco ralado. Deixe descansar por 30 minutos.

2. Na tigela da batedeira, junte ovos, o leite condensado e a manteiga e bata por 3 minutos, até que fique homogêneo. Desligue a batedeira e acrescente a mistura de coco reservada, o queijo, a farinha e o fermento. Misture bem com uma colher e reserve.

3. Coloque forminhas de papel dentro de forminhas de empada. Despeje a mistura reservada até um pouco mais da metade da forminha.

4. Leve para assar em forno preaquecido a 200 °C por cerca de 30 minutos, ou até que ao enfiar um palito em uma das queijadinhas ele saia limpo.

QUEIJADINHA DE CENOURA

TEMPO DE PREPARO: 1 HORA | RENDIMENTO: 16-20 UNIDADES

1 lata de leite condensado
2 gemas levemente batidas
2 xícaras de cenoura crua ralada
2 colheres (sopa) de queijo parmesão ralado

1. Junte o leite condensado e as gemas numa tigela e mexa bem. Em seguida, adicione a cenoura e o queijo ralado e misture até obter uma massa homogênea.

2. Coloque forminhas de papel laminado dentro de forminhas para empada. Despeje a massa dentro delas e coloque-as em assadeira com água quente.

3. Leve para assar em banho-maria em forno preaquecido a 180 °C por cerca de 50 minutos ou até que doure. Retire do forno e deixe esfriar.

BISCOITOS

SEQUILHO

TEMPO DE PREPARO: 40 MINUTOS | RENDIMENTO: CERCA DE 30 UNIDADES

1 xícara de açúcar
1 xícara de araruta
1 xícara de farinha de trigo
½ colher (chá) de fermento químico em pó
½ xícara de manteiga em temperatura ambiente
1 xícara de leite

1. Junte todos os ingredientes secos numa tigela funda e misture.

2. A seguir, junte a manteiga e o leite e misture com as mãos até que a massa não grude mais nos dedos (se necessário, junte um pouco mais de farinha). Trabalhe a massa até ficar compacta, porém macia.

3. Abra a massa com um rolo de macarrão sobre uma bancada enfarinhada, deixando-a com uma espessura de 0,5 cm. Em seguida, corte pequenos pedaços de massa e arrume-os em assadeiras untadas e enfarinhadas, deixando pequenos espaços entre eles.

4. Leve para assar em forno preaquecido a 180 °C por 15 minutos, ou até começar a dourar na base. Tire os sequilhos do forno e deixe esfriar. Conserve-os em latas fechadas.

BISCOITINHO COLORIDO

TEMPO DE PREPARO: 40 MINUTOS | RENDIMENTO: CERCA DE 30 UNIDADES

2 xícaras de farinha de trigo
1 xícara de açúcar
1 xícara de amido de milho
uma pitada de sal
1 xícara de manteiga em temperatura ambiente
raspas de casca de laranja ou limão
2 gemas levemente batidas
2 claras para pincelar
açúcar cristal de várias cores para decorar
confeitos coloridos para decorar

1. Em um recipiente fundo, junte a farinha, o açúcar, o amido de milho e o sal e misture.

2. Acrescente a manteiga, as raspas de laranja ou limão e a gema batida. Misture com as mãos até a massa desgrudar dos dedos (se necessário, adicione um pouco mais de farinha).

3. Sobre uma superfície polvilhada com farinha, sove bem a massa. Deixe descansar por 15 minutos.

4. Depois, abra a massa com o rolo e modele os biscoitos, usando um cortador no formato desejado (coração, flor, estrela, meia-lua etc.). Pincele com a clara e polvilhe o açúcar cristal e os confeitos.

5. Acomode os biscoitos em assadeiras sem untar, deixando espaço entre eles. Leve para assar em forno preaquecido a 200 °C por 15 minutos ou até começar a dourar na base. Tire os biscoitos do forno e deixe esfriar.

BISCOITINHO DE CAFÉ

TEMPO DE PREPARO: 40 MINUTOS | RENDIMENTO: CERCA DE 30 UNIDADES

1 xícara de farinha de trigo
1½ xícara de açúcar de confeiteiro
½ xícara de amido de milho
1 colher (sopa) de café solúvel
uma pitada de sal
1 xícara de manteiga em temperatura ambiente
½ colher (chá) de essência de baunilha

1. Em uma vasilha, peneire a farinha de trigo, o açúcar e o amido de milho. Adicione o café solúvel e o sal, misture e reserve.

2. Em uma tigela funda, junte a manteiga e a baunilha. Mexa até que a mistura fique bem cremosa.

3. Em seguida, acrescente aos poucos a mistura de ingredientes secos, amassando até obter uma massa compacta, porém macia. Cubra e leve à geladeira por 1 hora.

4. Depois, faça pequenas bolinhas com a massa e coloque-as sobre assadeiras (não precisa untar), deixando pequenos espaços entre elas. Usando um garfo previamente mergulhado em água fria, achate ligeiramente cada bolinha.

5. Leve para assar em forno preaquecido a 180 °C por 20 minutos, ou até começar a dourar na base. Retire do forno e deixe esfriar por 15 minutos antes de retirar os biscoitos da assadeira.

BISCOITINHO DE LIMÃO

TEMPO DE PREPARO: 30 MINUTOS | RENDIMENTO: 30 UNIDADES

1½ xícara de farinha de trigo
1 xícara de amido de milho
1 xícara de açúcar
1 colher (chá) de fermento químico em pó
½ xícara de manteiga em temperatura ambiente
1 ovo
suco de 2 limões
1 colher (sopa) de raspas de casca de limão

1. Em uma tigela funda, coloque a farinha de trigo, o amido de milho, o açúcar e o fermento e misture até que os ingredientes estejam bem incorporados. Adicione a manteiga, o ovo, o suco e a casca de limão. Mexa bem até obter uma massa uniforme.

2. Coloque colheradas da massa em assadeiras untadas e enfarinhadas, deixando espaço entre elas. Usando um garfo mergulhado em água fria, achate um pouco cada montinho de massa.

3. Leve para assar em forno preaquecido a 180 °C por 10 minutos, ou até começar a dourar na base. Retire os biscoitos do forno e deixe esfriar.

BOLACHINHA DE NOZES E CHOCOLATE

TEMPO DE PREPARO: 45 MINUTOS | RENDIMENTO: CERCA DE 40 UNIDADES

2½ xícaras de farinha de trigo
1 xícara de açúcar
½ xícara de açúcar mascavo
uma pitada de sal
1 xícara de manteiga
1 ovo ligeiramente batido
1 colher (chá) de essência de rum
1 colher (chá) de bicarbonato de sódio
1 xícara de gotas de chocolate
1 xícara de nozes picadas

1. Em um recipiente fundo, junte a farinha, o açúcar, o açúcar mascavo e o sal e misture.

2. Adicione a manteiga, o ovo e a essência de rum e mexa com as mãos. Acrescente o bicarbonato e trabalhe a massa até ficar homogênea e macia. Junte o chocolate e as nozes picadas e envolva-os na massa.

3. Faça bolinhas de massa, pressione-as levemente sobre a palma da mão. Arrume-as em assadeiras untadas e enfarinhadas.

4. Leve para assar em forno preaquecido a 180 °C por 25 minutos ou até começar a dourar na base. Retire as bolachas do forno e deixe esfriar.

BELISCÃO

TEMPO DE PREPARO: 50 MINUTOS | RENDIMENTO: CERCA DE 50 UNIDADES

3 xícaras de farinha de trigo
2 colheres (sopa) de açúcar
uma pitada de sal
1 colher (chá) de fermento químico em pó
1 colher (sopa) de manteiga em temperatura ambiente
3 ovos levemente batidos
400 g de goiabada cascão

1. Em um recipiente, misture a farinha, o açúcar, o sal e o fermento. Junte a manteiga e o ovo batido e mexa com as mãos até obter uma massa que não grude nos dedos (se necessário, adicione um pouco de farinha de trigo).

2. Sove a massa em uma bancada enfarinhada até que fique lisa e macia. Deixe descansar por aproximadamente 10 minutos. A seguir, abra porções da massa com o rolo e modele pedaços de massa com a ajuda de um cortador redondo (ou use um copo de boca larga).

3. Coloque um pedaço de goiabada no centro de cada rodela de massa. Pincele as bordas com clara e una as pontas no centro, formando um enroladinho. Coloque os biscoitinhos em assadeiras untadas e enfarinhadas.

4. Leve para assar em forno preaquecido a 180 °C por 20 minutos, ou até começar a dourar.

Dica: Para dar mais sabor à massa, adicione raspas de casca de limão.

CROSTOLI

TEMPO DE PREPARO: 1 HORA | RENDIMENTO: CERCA DE 40 UNIDADES

1 kg de farinha de trigo
2 colheres (sopa) de açúcar
1 colher (chá) de fermento químico em pó
uma pitada de sal
8 ovos
2 colheres (sopa) de manteiga
½ xícara de aguardente
óleo para fritar
açúcar e canela para polvilhar

1. Em uma tigela funda, misture a farinha, o açúcar, o fermento e o sal. Em seguida, junte o ovo batido, a manteiga e a aguardente e misture com uma colher. Amasse com as mãos até começar a desgrudar dos dedos.

2. Depois, sove bem a massa sobre uma superfície enfarinhada, até ficar compacta, mas macia. Cubra a massa com filme de PVC e leve-a à geladeira por 30 minutos.

3. Estenda a massa com rolo, deixando-a fina, e corte-a em tiras de aproximadamente 3 cm de largura e 10 cm de comprimento. Com uma faca de ponta fina, faça um corte no centro da massa e passe uma das pontas por dentro do talho e puxe as extremidades para formar um nó.

4. Depois, frite os crostolis em óleo quente (não fervente) e deixe escorrer em papel-toalha. Junte o açúcar e a canela em um prato fundo e passe os crostolis nessa mistura. Sirva em seguida.

Dica: No Brasil, estes biscoitinhos são conhecidos popularmente como cueca rasgada, cueca virada ou orelha de gato.

ROSQUINHA DE LARANJA

TEMPO DE PREPARO: 40 MINUTOS | RENDIMENTO: CERCA DE 40 UNIDADES

¾ de xícara de manteiga em temperatura ambiente
1½ xícara de açúcar
½ colher (chá) de sal
2 ovos
4 colheres (sopa) de creme de leite fresco
½ colher (chá) de essência de laranja
3 colheres (sopa) de raspas de casca de laranja
1 xícara de amido de milho
4 xícaras de farinha de trigo
1 colher (chá) de fermento químico em pó
2 gemas levemente batidas

1. Coloque numa tigela grande a manteiga, o açúcar, o sal, os ovos, o creme de leite, a essência e a casca de laranja. Misture bem com uma colher e reserve.

2. À parte, misture o amido de milho, a farinha de trigo e o fermento. Junte essa mistura ao conteúdo da tigela, aos poucos, e amasse bem até ficar compacta, porém macia. Cubra a massa com filme de PVC e conserve na geladeira por 30 minutos.

3. Depois, faça pequenas rosquinhas com a massa e coloque-as em assadeiras untadas e enfarinhadas, deixando espaço entre elas. Pincele as rosquinhas com a gema batida.

4. Leve para assar em forno preaquecido a 180 °C por 15 minutos, ou até começar a dourar. Tire do forno e deixe esfriar.

BISCOITO DE FÉCULA

TEMPO DE PREPARO: 40 MINUTOS | RENDIMENTO: CERCA DE 30 UNIDADES

250 g de fécula de batata
2 xícaras de farinha de trigo
¾ de xícara de açúcar
1 xícara de manteiga em temperatura ambiente

1. Em uma vasilha grande, junte a fécula, a farinha de trigo, o açúcar e a manteiga. Misture com as mãos até obter uma massa que não grude nos dedos (se necessário, adicione um pouco mais de farinha de trigo). Em seguida, amasse até deixá-la uniforme.

2. Faça cordões de massa e corte-os em pedaços, como se fossem nhoques. Coloque os montinhos de massa em assadeiras untadas e enfarinhas, deixando espaço entre eles. Usando um garfo mergulhado em água fria, achate ligeiramente cada um deles.

3. Asse em forno preaquecido a 180 °C por 5 minutos, ou até começar a dourar. Retire os biscoitos do forno, deixe esfriar e guarde em recipiente com tampa.

BISCOITINHO DE NATA

TEMPO DE PREPARO: 40 MINUTOS | RENDIMENTO: CERCA DE 30 UNIDADES

3⅓ xícaras de amido de milho
6 colheres (sopa) de açúcar
1 colher (chá) de fermento
½ colher (chá) de sal
1 xícara de nata
2 gemas
1 colher (sopa) de manteiga em temperatura ambiente

1. Junte todos os ingredientes secos numa tigela grande e misture bem. Em seguida, adicione a nata, as gemas e a manteiga e misture com uma colher. Depois, mexa com as mãos até obter uma massa homogênea.

2. Coloque a massa em um saco de confeitar e faça pequenas bolinhas sobre assadeiras untadas e enfarinhadas, deixando espaço entre elas para que cresçam.

3. Leve para assar em forno preaquecido a 180 °C até que os biscoitos fiquem ligeiramente dourados. Retire do forno, deixe esfriar e guarde numa lata bem tampada.

BISCOITINHO DE LEITE CONDENSADO

TEMPO DE PREPARO: 40 MINUTOS | RENDIMENTO: CERCA DE 30 UNIDADES

⅔ de xícara de açúcar
uma pitada de sal
3⅓ xícaras de amido de milho
½ colher (sopa) de fermento químico em pó
raspas de casca de limão a gosto
1 xícara de nata
1 ovo levemente batido
1 xícara de leite condensado

1. Misture todos os ingredientes secos numa tigela funda (reserve um pouco do amido de milho). Adicione a nata, o ovo batido e o leite condensado e misture com uma colher.

2. Em seguida, amasse com as mãos até que a massa não grude mais nos dedos e fique firme (se necessário, acrescente um pouco mais de amido de milho).

3. Faça cordões de massa, corte-os em pedaços como se fossem nhoques e coloque-os em assadeiras (sem untar), deixando espaço para crescerem. Usando um garfo molhado, achate ligeiramente cada pedaço de massa.

4. Leve para assar em forno preaquecido a 180 °C por 20 minutos, ou até que os biscoitos fiquem ligeiramente corados. Retire do forno, deixe esfriar e guarde numa lata bem tampada.

BISCOITO DE CASTANHA

TEMPO DE PREPARO: 45 MINUTOS | RENDIMENTO: CERCA DE 30 UNIDADES

5 colheres (sopa) de açúcar
1¼ xícara de manteiga
1½ xícara de castanha de caju torrada e moída
uma pitada de sal
3 colheres (sopa) de vinho branco seco
2 xícaras de farinha de trigo
açúcar cristal para polvilhar

1. Na tigela da batedeira, junte o açúcar e a manteiga e bata até que vire um creme esbranquiçado.

2. Desligue a batedeira e acrescente a castanha, o sal, o vinho e a farinha de trigo. Misture com as mãos e, em seguida, amasse até que a massa não grude nos dedos (se necessário, adicione um pouco mais de farinha de trigo). Faça uma bola com a massa, cubra-a com filme de PVC e conserve na geladeira por 2 horas.

3. Depois, pegue porções de massa e molde biscoitos no formato de sua preferência. Coloque-os numa assadeira sem untar, deixando espaço para crescerem.

4. Leve para assar em forno preaquecido a 180 °C por 10 minutos ou até que fiquem ligeiramente dourados. Retire a assadeira do forno e passe os biscoitos ainda quentes pelo açúcar cristal. Espere esfriar e guarde-os em um pote com tampa.

BISCOITO DE IOGURTE

TEMPO DE PREPARO: 50 MINUTOS | RENDIMENTO: CERCA DE 30 UNIDADES

1 xícara de açúcar
2 colheres (sopa) de manteiga em temperatura ambiente
1 pote de iogurte natural
uma pitada de sal
1 ovo
1 colher (chá) de essência de baunilha
2½ xícaras de farinha de trigo
½ xícara de amido de milho
½ colher (chá) de fermento químico em pó

1. Na tigela da batedeira, junte o açúcar e a manteiga e bata por 3 minutos em velocidade média. Adicione o iogurte, o sal, o ovo e a essência de baunilha e bata até virar um creme bem liso. Acrescente a farinha peneirada junto com o amido de milho e o fermento e bata até obter um creme homogêneo.

2. Pingue colheradas de massa em assadeiras untadas e enfarinhas, mantendo distância entre elas, para que cresçam durante o cozimento.

3. Leve para assar em forno preaquecido a 180 °C por 10 minutos, ou até começar a dourar na base. Espere esfriar para desenformar.

BISCOITO VIENENSE

TEMPO DE PREPARO: 1H20 | RENDIMENTO: CERCA DE 20 UNIDADES

60 g de manteiga
3 colheres (sopa) de açúcar
½ colher (sopa) de creme de leite
2 gemas
½ colher (chá) de essência de baunilha
1 xícara de farinha de trigo
1 colher (chá) de fermento químico em pó
100 g de chocolate ao leite em pedaços

1. Na tigela da batedeira, bata a manteiga com o açúcar em velocidade alta, até que vire um creme esbranquiçado. Junte o creme de leite, as gemas e a essência de baunilha e bata por mais 2 minutos. Desligue a batedeira, acrescente a farinha peneirada junto com o fermento e misture bem com uma colher.

2. Coloque porções de massa dentro de um saco de confeiteiro com bico de 1 cm em forma de estrela e forme tiras de 6-8 cm sobre assadeiras untadas e enfarinhas. Mantenha distância entre elas, para que cresçam durante o cozimento.

3. Leve para assar em forno preaquecido a 180 °C por 15 minutos, ou até começar a dourar. Deixe os biscoitos esfriarem e mergulhe uma das pontas no chocolate previamente derretido em banho-maria. Coloque os biscoitos sobre uma grade de metal para que o chocolate endureça. Guarde em recipiente com tampa.

BISCOITO DE COCO

TEMPO DE PREPARO: 50 MINUTOS | RENDIMENTO: CERCA DE 20 UNIDADES

1⅓ xícara de amido de milho
5 colheres (sopa) de farinha de trigo
5 colheres (sopa) de açúcar
1 colher (chá) de raspas de casca de limão
1 xícara de manteiga em temperatura ambiente
3 colheres (sopa) de coco seco ralado

1. Em uma vasilha funda, coloque o amido de milho, a farinha, o açúcar, a raspa de limão e a manteiga. Misture a cada ingrediente adicionado. A seguir, trabalhe a massa sobre superfície enfarinhada.

2. Faça cordões de massa, corte-os em pedaços, como se fossem nhoques, e disponha-os em assadeiras untadas e enfarinhas, deixando espaço entre eles. Usando um garfo mergulhado em água fria, achate ligeiramente cada um deles.

3. Leve para assar em forno preaquecido a 180 °C por 20 minutos, ou até começar a dourar na base. Espere esfriar para desenformar. Guarde numa lata bem tampada.

BISCOITO AMANTEIGADO DE GOIABADA

TEMPO DE PREPARO: 40 MINUTOS | RENDIMENTO: CERCA DE 30 UNIDADES

2 xícaras de farinha de trigo
½ xícara de açúcar
1 xícara de manteiga
200 g de goiabada cortada em cubos

1. Em um recipiente, junte a farinha, o açúcar e a manteiga. Mexa com as mãos até obter uma massa compacta, mas macia.

2. Em seguida, modele pequenas bolinhas na palma da mão e coloque-as espalhadas em assadeiras untadas e enfarinhadas.

3. Com auxílio do cabo de uma colher de pau, pressione o centro de cada bolinha de massa (fazendo uma pequena cova) e coloque um pedaço de goiabada dentro dele.

4. Leve para assar em forno preaquecido a 180 °C por 15 a 20 minutos, ou até começar a dourar na base. Espere esfriar para desenformar.

FILHÓS

TEMPO DE PREPARO: 1 HORA | RENDIMENTO: CERCA DE 30 UNIDADES

4½ xícaras de farinha de trigo
3 colheres (sopa) de gordura vegetal ou banha
2 ovos levemente batidos
4 colheres (sopa) de chá de sementes de erva-doce
½ xícara de suco de laranja
1 colher (sopa) de azeite
3 colheres (sopa) de aguardente
óleo para fritar
açúcar e canela para polvilhar

1. Em uma vasilha funda, coloque a farinha (reserve um pouco), a gordura vegetal, o ovo batido, o chá, o suco de laranja, o azeite e a aguardente. Misture primeiro com uma colher e, em seguida, com as mãos, até a massa não mais grudar nos dedos (se necessário, utilize a farinha reservada).

2. Sove a massa sobre superfície polvilhada com farinha até ela ficar lisa e macia. Deixe descansar por 20 minutos, coberta com um pano.

3. Depois, abra porções da massa com um rolo, deixando-as bem finas, sempre polvilhando farinha. Corte pequenos retângulos de massa (ou no formato que preferir).

4. Frite-os em óleo quente e coloque sobre papel-toalha para escorrer. Depois de fritos, polvilhe-os com açúcar e canela.

Dica: Sirva os filhoses também recobertos com mel.

AMANTEIGADO

TEMPO DE PREPARO: 1 HORA | RENDIMENTO: CERCA DE 30 UNIDADES

4 xícaras de farinha de trigo
250 g de gordura vegetal ou banha
1½ xícara de açúcar
1 colher (chá) de raspa de casca de limão
goiabada, geleia ou doce de leite para decorar

1. Em uma vasilha grande, junte a farinha (reserve um pouco), a gordura vegetal ou banha, o açúcar e a raspa de limão. Mexa com as mãos até que a massa não grude mais nos dedos (se necessário, adicione a farinha reservada).

2. A seguir, sove a massa sobre uma superfície enfarinhada até ficar compacta, porém macia. Faça bolinhas, achate-as um pouco na palma das mãos. Distribua-as em assadeiras sem untar.

3. Pressione o centro de cada mantecal, fazendo uma espécie de cova e recheie-os com um pedacinho de goiabada ou com 1 colherinha de geleia ou de doce de leite.

4. Leve para assar em forno preaquecido a 200-250 °C por 15 a 20 minutos, ou até começar a dourar na base. Espere esfriar para desenformar. Guarde em recipiente com tampa.

MEIA-LUA DE MEL

TEMPO DE PREPARO: 1H20 | RENDIMENTO: CERCA DE 20 UNIDADES

3 xícaras de farinha de trigo
⅔ de xícaras de açúcar
uma pitada de sal
250 g manteiga
1 xícara de mel
1 xícara de açúcar de confeiteiro

1. Em uma vasilha grande, junte a farinha (reserve um pouco), o açúcar, o sal e a manteiga. Misture com as mãos até a massa soltar dos dedos (se necessário, adicione a farinha reservada). A seguir, sove a massa sobre uma superfície enfarinhada, até ficar homogênea e macia.

2. Abra a massa com o rolo e com um cortador no formato de meia-lua modele os biscoitos. Acomode-os em assadeiras untadas e enfarinhadas.

3. Leve para assar em forno preaquecido a 180 °C por 20 minutos, ou até começar a dourar na base. Retire do forno e deixe esfriar.

4. A seguir, passe mel em um dos lados da meia-lua e grude-as, de duas em duas, para que fiquem duplas. Passe os biscoitos pelo açúcar de confeiteiro e sirva.

PALMIER

TEMPO DE PREPARO: 1H20 | RENDIMENTO: CERCA DE 20 UNIDADES

2 xícaras de farinha de trigo
1 colher (sopa) de manteiga
½ colher (sopa) de açúcar
1 gema
½ xícara de água gelada
150 g de margarina
açúcar cristal para polvilhar

1. Em uma tigela, coloque a farinha, a manteiga, o açúcar e a gema. Misture com as mãos e vá acrescentando a água aos poucos, até a massa ficar consistente. Coloque a massa sobre uma bancada enfarinhada e sove-a até ficar lisa e macia.

2. Estenda a massa com o rolo e besunte-a com a margarina. Polvilhe a farinha de trigo e dobre a massa (como envelope). Coloque-a em um saco plástico ou em filme de PVC e leve à geladeira por 1 hora.

3. Depois, estenda a massa delicadamente com o rolo (para não vazar a margarina). Enrole as extremidades até se unirem no centro da massa e corte-a em fatias com cerca de 2 cm de espessura. Passe o rolo de leve sobre as fatias para achatá-las um pouco.

4. Coloque os palmiers em assadeiras sem untar e polvilhe-os com açúcar cristal. Leve para assar em forno preaquecido a 200 °C por 30 minutos. Espere esfriar e guarde em potes com tampa.

ROSQUINHA TRANÇADA

TEMPO DE PREPARO: 1H10 | RENDIMENTO: CERCA DE 20 UNIDADES

3 tabletes de fermento biológico fresco
1 colher (chá) de sal
½ xícara de água morna
4 xícaras de farinha de trigo
⅔ de xícaras de açúcar
100 g de margarina em temperatura ambiente
1 colher (chá) de açúcar de baunilha
2 ovos levemente batidos
1 colher (chá) de essência de laranja

gema para pincelar
açúcar granulado para polvilhar

1. Esfarele o fermento numa tigelinha e junte o sal. Misture até obter um líquido. Acrescente a água morna, mexa e reserve.

2. Em uma tigela grande, coloque a farinha (reserve um pouco), o açúcar, a margarina, o açúcar de baunilha, o ovo batido, a essência de laranja e o fermento reservado. Primeiro, misture com uma colher de pau e, depois, com as mãos, até obter uma massa que não grude nos dedos (se necessário, utilize a farinha reservada).

3. Em seguida, sove a massa sobre uma superfície enfarinhada, até ficar homogênea e macia. Deixe descansar por 15 minutos coberta com um pano.

4. Após descansar, pegue porções da massa e faça um cordão de espessura fina com cerca de 16 cm de comprimento. Una as pontas e torça (para trançar). Una novamente as pontas, modelando as rosquinhas.

5. Disponha as rosquinhas em assadeiras, untadas e enfarinhadas. Pincele-as com a gema e polvilhe-as com açúcar granulado. Deixe crescer em lugar abafado.

6. Depois, leve as rosquinhas para assar em forno preaquecido a 150 °C por 20 minutos e, em seguida, a 180 °C, até que fiquem douradas.

ROSQUINHA DE SANTO ANTÔNIO

TEMPO DE PREPARO: 1H10 I RENDIMENTO: CERCA DE 30 UNIDADES

2 tabletes de fermento biológico fresco
½ colher (sopa) de açúcar
1 xícara de leite morno
4 xícaras de farinha de trigo
½ xícara de fécula de batata
½ xícara de açúcar
uma pitada de sal
80 g de manteiga
2 ovos levemente batidos
óleo para fritar
açúcar e canela para polvilhar

1. Em uma tigela pequena, junte o fermento esfarelado e a ½ colher (sopa) de açúcar e misture até obter um líquido. Acrescente o leite morno, mexa e reserve.

2. Em uma tigela funda, peneire a farinha, a fécula de batata e o açúcar. Adicione o sal, a manteiga, o ovo batido e o fermento reservado. Misture com uma colher de pau e em seguida com as mãos, até obter uma massa que não grude nos dedos (se necessário, adicione um pouco mais de farinha de trigo).

3. Sove a massa sobre uma superfície enfarinhada até ficar lisa e macia. Deixe descansar por 15 minutos, coberta com um pano.

4. Depois, modele as rosquinhas fazendo um cordão com porções da massa e unindo as pontas. Acomode-as em assadeiras untadas e enfarinhadas, deixando espaço entre elas. Deixe que dobrem de volume.

5. Aqueça óleo abundante em uma panela e frite as rosquinhas em fogo médio. Escorra as rosquinhas fritas em papel-toalha e polvilhe-as depois com açúcar e canela.

Dica: Para fazer rosquinhas assadas, depois de colocá-las nas assadeiras, leve para assar em forno preaquecido a 150 °C por 15 minutos e, em seguida, por mais 15 minutos a 180 °C. Espere esfriar e guarde em potes com tampa.

ROSQUINHA NATALINA

TEMPO DE PREPARO: 1 HORA | RENDIMENTO: CERCA DE 20 UNIDADES

3 tabletes de fermento biológico fresco
1 colher (chá) de sal
½ xícara de água morna
4 xícaras de farinha de trigo
⅔ de xícara de açúcar
100 g de manteiga
2 ovos
½ colher (chá) de essência de panetone
1 colher (chá) de raspas de casca de limão
gema para pincelar

1. Esfarele o fermento numa tigelinha e adicione o sal. Misture até obter um líquido. Junte a água e mexa. Reserve.

2. Em uma vasilha, coloque a farinha, o açúcar, a manteiga, os ovos, o fermento reservado, a essência de panetone e a raspa de limão. Misture com uma colher de pau e depois com as mãos, até obter uma massa que não grude nos dedos (se necessário, adicione um pouco mais de farinha).

3. Sove a massa sobre uma superfície enfarinhada, até que fique compacta, mas macia. Pegue porções da massa e faça um cordão como para nhoque. Dobre-o ao meio e trance-o. A seguir, una as pontas formando um círculo.

4. Coloque as rosquinhas em assadeiras untadas e enfarinhadas, deixando espaço para que cresçam até dobrar de volume. Em seguida, pincele-as com gema e polvilhe-as com açúcar cristal.

5. Leve-as para assar em forno preaquecido a 180 °C por 25 minutos. Espere esfriar e guarde em potes com tampa.

SEQUILHO DE COCO

TEMPO DE PREPARO: 55 MINUTOS | RENDIMENTO: CERCA DE 30 UNIDADES

400 g de amido de milho
7 colheres (sopa) de açúcar
uma pitada de sal
1 ovo
2 colheres (sopa) de manteiga
1 xícara de leite de coco

1. Em uma tigela funda, misture o amido de milho, o açúcar e o sal. Em seguida, acrescente o ovo, a manteiga e o leite de coco. Misture com as mãos até obter uma massa que não grude nos dedos (se necessário, adicione um pouco mais de amido de milho).

2. Modele os sequilhos na palma da mão, marque a superfície pressionando com um garfo e acomode-os em assadeiras untadas e enfarinhadas.

3. Leve para assar em forno preaquecido a 200 °C por 20 minutos, ou até começar a dourar na base. Tire os sequilhos do forno e deixe esfriar para desenformar.

Dica: Se quiser rechear os sequilhos com goiabada, faça pequenas bolinhas de massa como se estivesse enrolando brigadeiro, pressione o centro da bola com a ponta do indicador para fazer um buraco e coloque o recheio.

BISCOITINHO CAIPIRA

TEMPO DE PREPARO: 40 MINUTOS | RENDIMENTO: CERCA DE 30 UNIDADES

2 colheres (sopa) de manteiga em temperatura ambiente
1 xícara de açúcar
1 xícara de fubá
2 xícaras de araruta
1 colher (chá) de fermento químico em pó
2 ovos
uma pitada de sal

1. Em uma vasilha funda, amasse a manteiga no açúcar com um garfo. Junte o fubá, a araruta, o fermento e os ovos, um a um, e a pitada de sal. Trabalhe com as mãos até obter uma massa homogênea (se necessário, adicione um pouco mais de araruta).

2. Faça os biscoitos no formato que preferir e coloque-os numa assadeira untada e enfarinhada, deixando pequenos espaços entre eles.

3. Leve para assar, em forno preaquecido a 180 °C por 20 minutos, ou até ficarem ligeiramente dourados.

BISCOITINHO DE CERVEJA

TEMPO DE PREPARO: 40 MINUTOS I RENDIMENTO: CERCA DE 30 BISCOITOS

4 xícaras de farinha de trigo
250 g de manteiga
½ xícara de cerveja
açúcar cristal

1. Junte os ingredientes numa tigela funda e misture com uma colher. Em seguida, mexa com as mãos até obter uma massa firme, porém macia.

2. Faça cordões de massa e corte-os em pedaços, como se fossem nhoques.

3. Passe os biscoitos pelo açúcar cristal e coloque-os em assadeiras untadas e enfarinhadas, deixando espaço entre eles. Usando um garfo mergulhado em água fria, achate ligeiramente cada um deles.

4. Leve para assar em forno preaquecido a 180 °C por 20 minutos, ou até ficarem ligeiramente dourados.

COOKIE

TEMPO DE PREPARO: 50 MINUTOS I RENDIMENTO: CERCA DE 30 BISCOITOS

1½ xícara de açúcar
1 xícara de amido de milho
1 xícara de farinha de soja
1½ xícara de farinha de trigo
1 colher (chá) de fermento químico em pó
200 g de margarina em temperatura ambiente
2 gemas
½ xícara de ameixa preta picada
100 g de chocolate meio amargo picado

1. Em um recipiente, misture o açúcar, o amido de milho, a farinha de soja e a farinha de trigo, tudo peneirado. Adicione o fermento e misture-o. Em seguida, incorpore a margarina.

2. Acrescente as gemas e mexa com as mãos até obter uma massa que não grude nos dedos (se necessário, utilize um pouco mais de farinha de trigo). Junte as ameixas e o chocolate picado e envolva-os na massa.

3. Sobre uma bancada enfarinhada, abra a massa com um rolo. Modele os cookies usando um cortador redondo e coloque-os em assadeiras untadas e enfarinhadas.

4. Leve para assar em forno preaquecido a 180 °C por 20 minutos, até ficar ligeiramente dourado. Espere esfriar para guardar em potes com tampa.

Dica: Os cookies duram 30 dias guardados em um recipiente de vidro.

ALFAJOR

TEMPO DE PREPARO: 50 MINUTOS | RENDIMENTO: CERCA DE 20 UNIDADES

Massa

3 xícaras de amido de milho
1 xícara de açúcar
½ xícara de margarina
1 ovo
1 gema
½ colher (chá) de essência de baunilha

Recheio e cobertura

400 g de doce de leite
400 g de chocolate meio amargo ou ao leite

1. Em um recipiente fundo, coloque o amido de milho, o açúcar, a margarina, o ovo, a gema e a baunilha. Misture com as mãos até obter uma massa que não grude nos dedos (se necessário, adicione um pouco mais de amido de milho).

2. A seguir, sove a massa sobre uma bancada enfarinhada até ficar lisa e macia. Deixe-a descansar por 10 minutos coberta com um pano.

3. Depois disso, abra-a com um rolo e modele rodelas de massa com a ajuda de um cortador redondo. Disponha as rodelas de massa numa assadeira grande untada e enfarinhada.

4. Leve para assar em forno preaquecido a 200 °C por 15 minutos. Retire do forno e deixe esfriar.

5. Depois, espalhe doce de leite sobre uma rodela e cubra-a com outra, fazendo um sanduíche. Faça isso até terminar a massa. A seguir, banhe os alfajores com o chocolate derretido em banho-maria, colocando-os para secar sobre papel-alumínio.

DONUT

TEMPO DE PREPARO: 50 MINUTOS | RENDIMENTO: CERCA DE 15 UNIDADES

Massa

2 tabletes de fermento biológico fresco
½ colher (chá) de sal
1 xícara de leite
4 xícaras de farinha de trigo
½ xícara de fécula de batata
½ xícara de açúcar
2 ovos levemente batidos
80 g de manteiga em temperatura ambiente

Creme

1 xícara de água
½ xícara de leite
1 xícara de açúcar
5 colheres (sopa) de amido de milho
5 gemas
½ colher (sopa) de essência de baunilha

Cobertura

300 g de chocolate ao leite picado
chocolate granulado para polvilhar

1. Em uma tigela pequena, esfarele o fermento e junte o sal. Misture até obter um líquido. Reserve.

2. Em uma tigela funda, junte o leite, a farinha (reserve um pouco), a fécula de batata, o açúcar, o ovo batido, a manteiga e o fermento reservado. Misture com as mãos até obter uma massa que não grude nos dedos (se necessário, utilize a farinha reservada).

3. A seguir, sove a massa sobre superfície enfarinhada até ficar compacta, porém macia, e deixe-a crescer por 1 hora. Depois, sobre uma bancada enfarinhada, abra porções da massa com um rolo, deixando-a com uma espessura de 1 cm.

4. Modele rodelas de massa com um cortador redondo e use uma taça de licor para fazer o buraco no meio de cada donut. Acomode as rodelas numa assadeira grande, untada e enfarinhada, e deixe crescer por mais 15 minutos.

5. Enquanto isso, prepare o creme: em uma panela, junte a água, o leite (reserve um pouco), o açúcar e o amido de milho dissolvida no leite reservado. Leve ao fogo baixo e cozinhe até o creme engrossar (mexa continuamente para não empelotar).

6. Retire do fogo, junte a gema batida e misture para agregar. Retorne ao fogo e cozinhe por 3 a 4 minutos. Desligue e misture a baunilha. Deixe esfriar.

7. A seguir, frite a massa em óleo quente e coloque-a para escorrer sobre papel-toalha. Deixe esfriar. Depois, corte os donuts ao meio e empregue o recheio. Na sequência, banhe somente a superfície dos donuts com o chocolate derretido em banho-maria e polvilhe-os com o granulado. Leve à geladeira por 3 minutos para firmar o chocolate e sirva.

Dica: Recheie os donuts também com doce de leite ou brigadeiro.

GELEIAS E COMPOTAS

GELEIA DE MORANGO

TEMPO DE PREPARO: 50 MINUTOS | RENDIMENTO: CERCA DE 500 g

1 kg de morango maduro e limpo
3 xícaras de açúcar
1 envelope de gelatina em pó sabor morango
1 colher (sopa) de limão-siciliano

1. Corte os morangos ao meio e coloque-os numa panela com o açúcar. Cozinhe por aproximadamente 10 minutos. Retire do fogo e deixe esfriar.

2. A seguir, coloque a mistura no liquidificador, junte a gelatina (sem hidratar) e o limão e bata até ficar homogêneo. Desligue.

3. Volte a mistura do liquidificador à panela e cozinhe por mais 20 minutos em fogo baixo, mexendo sempre. Desligue.

4. Transfira a geleia ainda quente para potes esterilizados (ver dica) e coloque um disco de papel-manteiga sobre a geleia, para selar bem. Feche o pote com tampa de rosquear ou com um pedaço de celofane preso com um elástico. Conserve em geladeira.

Dica: Para esterilizar os potes, lave-os com água quente e sabão e enxague-os com mais água quente. Forre uma das prateleiras do forno com um pano limpo e arrume os potes, sem tampa, deitados um ao lado do outro. Aqueça a 110 °C por 20-30 minutos, pouco antes de utilizá-los. Eles devem estar quentes na hora em que forem enchidos.

GELEIA DE MANGA

TEMPO DE PREPARO: 40 MINUTOS | RENDIMENTO: CERCA DE 600 g

1,5 kg de manga sem fibra (haden ou palmer)
3 xícaras de açúcar demerara
1 pau de canela
suco de 1 limão

1. Descasque as mangas e pique-as no copo do liquidificador. Bata por 1 minuto em velocidade alta até ficar um creme.

2. Coloque a manga batida numa panela grande com o restante dos ingredientes, misture e leve ao fogo médio por cerca de 20 minutos, mexendo de vez em quando, até ficar na consistência de geleia. Descarte o pau de canela.

3. Transfira a geleia ainda quente para potes esterilizados (ver dica acima) e coloque um disco de papel-manteiga sobre a geleia, para selar bem. Feche o pote com tampa de rosquear ou com um pedaço de celofane preso com um elástico. Conserve em geladeira.

GELEIA DE FIGO

TEMPO DE PREPARO: 40 MINUTOS | RENDIMENTO: CERCA DE 500 g

1 kg de figo
2 xícaras de açúcar
1 maçã ácida ralada

1. Pique os figos grosseiramente e coloque numa panela. Junte o açúcar e a maçã ralada e misture.

2. Leve ao fogo baixo e cozinhe, mexendo de vez em quando, até obter consistência de geleia.

3. Transfira a geleia ainda quente para potes esterilizados (ver dica na página 796) e coloque um disco de papel-manteiga sobre a geleia, para selar bem. Feche o pote com tampa de rosquear ou com um pedaço de celofane preso com um elástico. Conserve em geladeira.

GELEIA DE NECTARINA

TEMPO DE PREPARO: 1 HORA | RENDIMENTO: CERCA DE 700 g

1,5 kg de nectarina sem o caroço
4 xícaras de açúcar
suco de 1 limão

1. Retire a pele que recobre as frutas, corte-as ao meio e retire o caroço.

2. Pique a nectarina numa panela e misture o açúcar e o suco de limão. Leve ao fogo baixo e deixe cozinhar, mexendo sempre com uma colher de pau, até a nectarina ficar bem macia.

3. Transfira a mistura para o liquidificador e bata por alguns segundos, até ficar homogêneo. Retorne a mistura à panela e deixe apurar, até obter ponto de geleia.

4. Transfira a geleia ainda quente para potes esterilizados (ver dica na página 796) e coloque um disco de papel-manteiga sobre a geleia, para selar bem. Feche o pote com tampa de rosquear ou com um pedaço de celofane preso com um elástico. Conserve em geladeira.

GELEIA DE TOMATE

TEMPO DE PREPARO: 50 MINUTOS | RENDIMENTO: CERCA DE 600 g

8 tomates frescos
4 xícaras de açúcar
6 cravos-da-índia
suco de ½ limão

1. Bata no liquidificador os tomates com casca e semente até virar um suco. Passe a mistura pela peneira diretamente sobre uma panela média. Leve ao fogo baixo e deixe ferver.

2. Acrescente aos poucos o açúcar, os cravos e o suco de limão e cozinhe, mexendo de vez em quando, até que a mistura fique com consistência de geleia.

3. Transfira a geleia ainda quente para potes esterilizados (ver dica na página 796) e coloque um disco de papel-manteiga sobre a geleia, para selar bem. Feche o pote com tampa de rosquear ou com um pedaço de celofane preso com um elástico. Conserve em geladeira.

GELEIA DE MAÇÃ

TEMPO DE PREPARO: 50 MINUTOS | RENDIMENTO: CERCA DE 70 g

1,5 kg de maçã vermelha
2½ xícaras de açúcar

1. Descasque as maçãs, tire as sementes e corte-as em pedaços pequenos. Em seguida, coloque a maçã numa panela com ½ xícara de açúcar e leve ao fogo baixo para cozinhar até que fique macia.

2. Coloque a maçã cozida no liquidificador com a calda que se formou na panela e bata por 1 minuto, até virar um purê.

3. Na panela anteriormente utilizada, junte a maçã triturada e o restante do açúcar e cozinhe, mexendo de vez em quando, até que o açúcar se dissolva e a mistura adquira consistência de geleia.

4. Transfira a geleia ainda quente para potes esterilizados (ver dica na página 796) e coloque um disco de papel-manteiga sobre a geleia, para selar bem. Feche o pote com tampa de rosquear ou com um pedaço de celofane preso com um elástico. Conserve em geladeira.

GELEIA DE BANANA

TEMPO DE PREPARO: 30 MINUTOS | RENDIMENTO: CERCA DE 1 kg

2 kg de banana-nanica
4½ xícaras de açúcar
6 colheres (sopa) de suco de limão

1. Corte as bananas em pedaços pequenos e coloque numa panela. Junte o açúcar e o suco de limão e misture bem.

2. Leve a panela ao fogo baixo e cozinhe, mexendo sempre, até que a banana desmanche e tome uma cor avermelhada.

3. Transfira a geleia ainda quente para potes esterilizados (ver dica na página 796) e coloque um disco de papel-manteiga sobre a geleia, para selar bem. Feche o pote com tampa de rosquear ou com um pedaço de celofane preso com um elástico. Conserve em geladeira.

Dica: Para saber se a geleia está pronta, coloque uma colherada do doce em um pires e deixe esfriar. Se não escorrer, está no ponto.

GELEIA DE JABUTICABA

TEMPO DE PREPARO: 50 MINUTOS | RENDIMENTO: CERCA DE 1 kg

2 kg de jabuticaba
1 kg de açúcar cristal
2 colheres (sopa) de suco de limão

1. Coloque as frutas numa tigela grande e amasse com as mãos, mantendo cascas e caroços. Transfira tudo para uma panela e cozinhe em fogo baixo por cerca de 10 minutos, mexendo com uma colher de pau, até virar uma pasta bastante líquida.

2. Retire do fogo e passe numa peneira grossa para separar as cascas e os caroços do caldo.

3. Retorne o caldo para a panela, misture o açúcar e o suco de limão e leve para ferver em fogo baixo. Quando começar a engrossar ela já está no ponto.

4. Transfira a geleia ainda quente para potes esterilizados (ver dica na página 796) e coloque um disco de papel-manteiga sobre a geleia, para selar bem. Feche o pote com tampa de rosquear ou com um pedaço de celofane preso com um elástico. Conserve em geladeira.

GELEIA DE PÊSSEGO

TEMPO DE PREPARO: 1 HORA I RENDIMENTO: CERCA DE 1 kg

2 kg de pêssego
1 kg de açúcar
suco de 1 limão

1. Descasque os pêssegos, corte-os ao meio e retire os caroços. Coloque os pedaços de pêssego numa panela, adicione o açúcar e leve ao fogo baixo até levantar fervura, mexendo sem parar, e o açúcar dissolver.

2. Em seguida, aumente o fogo, misture o suco de limão e deixe cozinhar durante 30 minutos. Quando a mistura estiver no ponto de geleia, desligue o fogo.

3. Transfira a geleia ainda quente para potes esterilizados (ver dica na página 796) e coloque um disco de papel-manteiga sobre a geleia, para selar bem. Feche o pote com tampa de rosquear ou com um pedaço de celofane preso com um elástico. Conserve em geladeira.

GELEIA DE CARAMBOLA

TEMPO DE PREPARO: 40 MINUTOS I RENDIMENTO: CERCA DE 1 kg

2 kg carambola madura
1 kg de açúcar
2 paus de canela pequenos

1. Lave bem as carambolas, corte-as em rodelas e coloque numa panela grande. Junte o açúcar e leve para cozinhar em fogo baixo, mexendo de vez em quando, até a carambola ficar meio transparente e a calda, cor de caramelo.

2. Coloque tudo no copo do liquidificador (reserve um pouco de calda) e bata em velocidade alta por 2 minutos. Em seguida, coe a mistura numa peneira com a ajuda de uma colher.

3. Retorne o doce já coado à panela e misture a calda reservada. Veja a consistência do doce e, se achar necessário, volte ao fogo para ajustar o ponto da geleia.

4. Transfira a geleia ainda quente para potes esterilizados (ver dica na página 796) e coloque um disco de papel-manteiga sobre a geleia, para selar bem. Feche o pote com tampa de rosquear ou com um pedaço de celofane preso com um elástico. Conserve em geladeira.

GELEIA DE CENOURA

TEMPO DE PREPARO: 1 HORA | RENDIMENTO: CERCA DE 500 g

4 cenouras grandes
2 maçãs verdes
4 xícaras de açúcar
suco de 1 limão

1. Descasque e rale as cenouras e as maçãs. Ponha tudo numa panela e junte o açúcar e o limão. Misture bem.

2. Em seguida, coloque a panela em fogo alto por 5 minutos até o açúcar se dissolver. Então, reduza o fogo para médio e deixe cozinhar, retirando sempre a espuma que se formar na superfície. Mexa de vez em quando com uma colher de pau.

3. Quando a mistura estiver com uma consistência mais sólida, abaixe o fogo e cozinhe por mais 5 minutos.

4. Transfira a geleia ainda quente para potes esterilizados (ver dica na página 796) e coloque um disco de papel-manteiga sobre a geleia, para selar bem. Feche o pote com tampa de rosquear ou com um pedaço de celofane preso com um elástico. Conserve em geladeira.

GELEIA DE DAMASCO

TEMPO DE PREPARO: 1 HORA | RENDIMENTO: CERCA DE 500 g

1 kg de damasco seco
2½ xícaras de açúcar cristal
suco de 1 limão

1. Coloque os damascos de molho na água de um dia para o outro.

2. Depois, corte os damascos em pedaços e coloque-os no copo do liquidificador com os demais ingredientes. Bata por 2 minutos para o damasco ficar triturado.

3. Leve a mistura ao fogo alto e cozinhe, mexendo sempre. Quando levantar fervura, reduza o fogo e deixe apurar por cerca de 20 minutos, mexendo continuamente, até atingir o ponto desejado.

4. Transfira a geleia ainda quente para potes esterilizados (ver dica na página 796) e coloque um disco de papel-manteiga sobre a geleia, para selar bem. Feche o pote com tampa de rosquear ou com um pedaço de celofane preso com um elástico. Conserve em geladeira.

Dica: Se quiser obter uma geleia mais lisa, adicione um pouquinho de água na hora do cozimento.

GELEIA DE ACEROLA

TEMPO DE PREPARO: 1 HORA | RENDIMENTO: CERCA DE 500 g

4 xícaras de suco de acerola batido e coado
3 xícaras de açúcar cristal
suco de 1 limão

1. Em uma panela, misture o suco de acerola e o açúcar e leve para ferver em fogo alto. A seguir, reduza o fogo para o mínimo, misture o suco de limão e cozinhe por cerca de 40 minutos, mexendo sempre com uma colher de pau, até obter o ponto de geleia.

2. Desligue o fogo e mexa a geleia vigorosamente com a colher.

3. Transfira a geleia ainda quente para potes esterilizados (ver dica na página 796) e coloque um disco de papel-manteiga sobre a geleia, para selar bem. Feche o pote com tampa de rosquear ou com um pedaço de celofane preso com um elástico. Conserve em geladeira.

GELEIA DE PERA

TEMPO DE PREPARO: 40 MINUTOS | RENDIMENTO: CERCA DE 1 Kg

2 kg de pera
4½ xícaras de açúcar cristal
4 cravos-da-índia
suco de 1 limão-siciliano

1. Descasque as peras, corte-as ao meio e retire as sementes e o miolo. Em seguida, pique bem miudinho e coloque numa panela. Junte o açúcar, misture e leve ao fogo por 5 minutos, até o açúcar dissolver. A seguir, acrescente os cravos e o suco de limão e misture.

2. Em fogo baixo, cozinhe por cerca de 30 minutos, mexendo sempre, ou até obter o ponto desejado. Descarte os cravos.

3. Transfira a geleia ainda quente para potes esterilizados (ver dica na página 796) e coloque um disco de papel-manteiga sobre a geleia, para selar bem. Feche o pote com tampa de rosquear ou com um pedaço de celofane preso com um elástico. Conserve em geladeira.

GELEIA DE UVA PRETA

TEMPO DE PREPARO: 1 HORA | RENDIMENTO: CERCA DE 1 kg

2 kg de uva preta
açúcar conforme proporção descrita no preparo
suco de 1 limão-siciliano

1. Lave bem os cachos de uva e retire os cabinhos. Coloque as bagas numa panela sem água e leve ao fogo baixo, amassando levemente.

2. Quando começar a ferver, cozinhe por cerca de 10 minutos, mexendo sem parar. Em seguida, passe a uva e o caldo por uma peneira dentro de uma vasilha de vidro. Meça o líquido obtido e calcule 2 xícaras de açúcar para 4 xícaras de caldo.

3. Coloque essa mistura na panela onde a uva foi cozida e leve ao fogo alto, mexendo sempre, até o açúcar dissolver.

4. A seguir, junte o limão e cozinhe em fogo baixo por cerca de 30 minutos, misturando continuamente, até apurar.

5. Transfira a geleia ainda quente para potes esterilizados (ver dica na página 796) e coloque um disco de papel-manteiga sobre a geleia, para selar bem. Feche o pote com tampa de rosquear ou com um pedaço de celofane preso com um elástico. Conserve em geladeira.

GELEIA DE ABACAXI

TEMPO DE PREPARO: 50 MINUTOS | RENDIMENTO: CERCA DE 500 g

1 abacaxi maduro
5 xícaras de água
1 xícara de açúcar refinado
açúcar cristal conforme proporção descrita no preparo
3 colheres (sopa) suco de limão

1. Descasque o abacaxi, corte a polpa em pedaços pequenos e coloque numa panela. Junte a água e deixe levantar fervura.

2. A seguir, adicione o açúcar refinado e deixe ferver em fogo alto até o abacaxi ficar cozido. Espere esfriar e passe tudo por uma peneira fina, espremendo com uma colher.

3. Meça o suco obtido e calcule que, para 1 xícara de caldo você deve misturar ½ xícara de açúcar cristal. Coloque então essa mistura na mesma panela do cozimento do abacaxi, acrescente o suco de limão e deixe ferver, mexendo de vez em quando, até obter o ponto de geleia.

4. Transfira a geleia ainda quente para potes esterilizados (ver dica na página 796) e coloque um disco de papel-manteiga sobre a geleia, para selar bem. Feche o pote com tampa de rosquear ou com um pedaço de celofane preso com um elástico. Conserve em geladeira.

GELEIA DE GOIABA

TEMPO DE PREPARO: 1 HORA | RENDIMENTO: CERCA DE 600 g

1,5 kg de goiaba vermelha
1 xícara de água
1 xícara de açúcar
1 colher (sopa) de gelatina em pó sabor morango

1. Corte as goiabas ao meio, retire a polpa bem rente à casca e coloque numa panela. Misture a água e o açúcar e leve para cozinhar em fogo baixo por 30 minutos. Quando amornar, passe a mistura por uma peneira e recoloque-a novamente na panela.

2. Adicione o restante do açúcar e a gelatina em pó e cozinhe, mexendo sempre, até obter o ponto de geleia.

3. Transfira a geleia ainda quente para potes esterilizados (ver dica na página 796) e coloque um disco de papel-manteiga sobre a geleia, para selar bem. Feche o pote com tampa de rosquear ou com um pedaço de celofane preso com um elástico. Conserve em geladeira.

GELEIA DE MARACUJÁ

TEMPO DE PREPARO: 50 MINUTOS | RENDIMENTO: CERCA DE 600 g

8 maracujás grandes
água conforme proporção descrita no preparo
5 xícaras de açúcar
2 colheres (sopa) de suco de limão

1. Coloque a polpa do maracujá no copo do liquidificador (reserve ½ xícara de polpa). Meça a quantidade da polpa do liquidificador e acrescente a mesma quantidade de água. Bata por alguns segundos apenas para misturar, sem quebrar muito as sementes.

2. A seguir, passe a polpa batida por uma peneira e coloque-a numa panela junto com o açúcar e o suco de limão. Misture e leve ao fogo alto até ferver. Então, reduza o fogo para o mínimo e, mexendo de vez em quando, deixe apurar até obter o ponto de geleia.

3. Desligue o fogo e acrescente a polpa de maracujá reservada. Misture bem.

4. Transfira a geleia ainda quente para potes esterilizados (ver dica na página 796) e coloque um disco de papel-manteiga sobre a geleia, para selar bem. Feche o pote com tampa de rosquear ou com um pedaço de celofane preso com um elástico. Conserve em geladeira.

GELEIA DE LARANJA E AMEIXA

TEMPO DE PREPARO: 50 MINUTOS | RENDIMENTO: CERCA DE 300 g

250 g de ameixa-preta sem caroço
6 laranjas grandes
4 xícaras de açúcar

1. Afervente ligeiramente as ameixas, escorra--as e pique-as bem. Reserve.

2. Descasque as laranjas rente ao miolo, eliminando a parte branca. A seguir, corte-as em quatro partes, retire as sementes e pique miúdo.

3. Em uma panela, misture a ameixa, a laranja e o açúcar e cozinhe em fogo baixo por cerca de 20 minutos, mexendo sempre, até apurar e obter o ponto de geleia.

4. Quando amornar, empregue o mixer dentro da própria panela para deixar a geleia mais lisa ou bata tudo no liquidificador por alguns segundos.

5. Transfira a geleia ainda quente para potes esterilizados (ver dica na página 796) e coloque um disco de papel-manteiga sobre a geleia, para selar bem. Feche o pote com tampa de rosquear ou com um pedaço de celofane preso com um elástico. Conserve em geladeira.

GELEIA DE FRUTAS VERMELHAS

TEMPO DE PREPARO: 50 MINUTOS | RENDIMENTO: CERCA DE 600 g

3 xícaras de morangos picados
2 xícaras de amoras
1 xícara de framboesas
1 xícara de mirtilos
3 xícaras de açúcar
1 colher (sopa) de suco de limão-siciliano

1. Coloque as frutas vermelhas numa panela e misture o açúcar e o suco de limão. Deixe descansar por 30 minutos.

2. Em seguida, leve a panela ao fogo baixo e cozinhe, mexendo vagarosamente com uma colher de pau para desmanchar as frutas. Deixe no cozimento até o caldo reduzir e obter uma geleia brilhante.

3. Transfira a geleia ainda quente para potes esterilizados (ver dica na página 796) e coloque um disco de papel-manteiga sobre a geleia, para selar bem. Feche o pote com tampa de rosquear ou com um pedaço de celofane preso com um elástico. Conserve em geladeira.

GELEIA DE FRAMBOESA

TEMPO DE PREPARO: 40 MINUTOS | RENDIMENTO: CERCA DE 500 g

1 kg de framboesas
3 xícaras de açúcar cristal
1 colher (sopa) de suco de limão-siciliano

1. Em uma panela, coloque as framboesas e cubra com o açúcar. Misture e leve ao fogo baixo, mexendo e amassando as frutas com um garfo, até estarem desfeitas.

2. Adicione o suco de limão e continue a cozinhar, mexendo sempre com uma colher de pau, até que apareça o fundo da panela.

3. Transfira a geleia ainda quente para potes esterilizados (ver dica na página 796) e coloque um disco de papel-manteiga sobre a geleia, para selar bem. Feche o pote com tampa de rosquear ou com um pedaço de celofane preso com um elástico. Conserve em geladeira.

GELEIA DE AMORA COM VINHO DO PORTO

TEMPO DE PREPARO: 40 MINUTOS | RENDIMENTO: CERCA DE 500 g

1 kg de amoras frescas ou congeladas
3 xícaras de açúcar cristal
½ xícara de vinho do Porto
1 colher (sopa) de raspas de casca de laranja

1. Em uma panela, junte as amoras e o açúcar. Leve para cozinhar em fogo baixo, amassando as amoras delicadamente com um garfo, até que fiquem desfeitas.

2. A seguir, misture delicadamente o vinho do Porto e as raspas de laranja. Continue a cozinhar, mexendo sempre, até que comece a aparecer o fundo da panela.

3. Transfira a geleia ainda quente para potes esterilizados (ver dica na página 796) e coloque um disco de papel-manteiga sobre a geleia, para selar bem. Feche o pote com tampa de rosquear ou com um pedaço de celofane preso com um elástico. Conserve em geladeira.

GELEIA DE KIWI

TEMPO DE PREPARO: 40 MINUTOS | RENDIMENTO: CERCA DE 800 g

24 kiwis
2 maçãs verdes
3 xícaras de açúcar
1 colher (sopa) de suco de limão-siciliano

1. Descasque os kiwis e pique-os bem miúdo. Reserve.

2. Descasque e rale a maçã em uma panela. Em seguida, junte o kiwi picado e o açúcar. Misture com uma colher de pau e leve ao fogo médio até o açúcar derreter.

3. Então, reduza o fogo para o mínimo e cozinhe por cerca de 20 minutos, mexendo sem parar e amassando o kiwi com a colher. Quando a mistura começar a se desprender do fundo da panela, desligue o fogo.

4. Transfira a geleia ainda quente para potes esterilizados (ver dica na página 796) e coloque um disco de papel-manteiga sobre a geleia, para selar bem. Feche o pote com tampa de rosquear ou com um pedaço de celofane preso com um elástico. Conserve em geladeira.

GELEIA DE CAQUI

TEMPO DE PREPARO: 40 MINUTOS | RENDIMENTO: CERCA DE 800 g

2 kg de caqui bem maduro
1 kg de açúcar
casca de ½ limão
1 xícara de água

1. Lave os caquis delicadamente e retire a pele fina que os recobre. Em seguida, passe-os por uma peneira e reserve.

2. Em uma panela em fogo baixo, dissolva o açúcar na água e acrescente a casca de limão. Deixe ferver por 10 minutos.

3. Retire a casca de limão da calda e junte o purê de caqui reservado. Sempre mexendo, cozinhe por cerca de 10 minutos, até obter o ponto de geleia.

4. Transfira a geleia ainda quente para potes esterilizados (ver dica na página 796) e coloque um disco de papel-manteiga sobre a geleia, para selar bem. Feche o pote com tampa de rosquear ou com um pedaço de celofane preso com um elástico. Conserve em geladeira.

Dica: O caqui tem de estar realmente maduro, para facilitar na hora de passá-lo pela peneira.

GELEIA DE TANGERINA

TEMPO DE PREPARO: 30 MINUTOS | RENDIMENTO: CERCA DE 600 g

1 litro de suco de tangerina
1 kg de açúcar
½ xícara de suco de limão

1. Em uma panela, misture o suco de tangerina e o açúcar.

2. Leve ao fogo alto para o açúcar derreter. Em seguida, junte o suco de limão, reduza o fogo para o mínimo e cozinhe por cerca de 20 minutos, mexendo sem parar, até atingir o ponto de geleia.

3. Transfira a geleia ainda quente para potes esterilizados (ver dica na página 796) e coloque um disco de papel-manteiga sobre a geleia, para selar bem. Feche o pote com tampa de rosquear ou com um pedaço de celofane preso com um elástico. Conserve em geladeira.

COMPOTA DE UVA

TEMPO DE PREPARO: 30 MINUTOS | RENDIMENTO: 10 PORÇÕES

1 xícara de água
1 kg de uvas sem sementes
suco de 3 laranjas-lima
3½ xícaras de açúcar

1. Coloque a água, as uvas e o suco de laranja numa panela de pressão e leve ao fogo alto por 10 minutos contados depois que pegar pressão. Passado esse tempo, desligue o fogo e espere a pressão sair totalmente para abrir a panela.

2. Adicione o açúcar, deixe cozinhar por 5 minutos sem tampar a panela, ou até o açúcar ficar bem dissolvido.

3. Retire a compota do fogo e transfira o doce para uma compoteira ou um pote esterilizado (ver dica na página 796).

COMPOTA DE FRUTAS VERMELHAS

TEMPO DE PREPARO: 40 MINUTOS | RENDIMENTO: 10 PORÇÕES

1 kg de frutas vermelhas, como morango, framboesa, amora
2 paus de canela
2 anises-estrelados
2 xícaras de açúcar
½ xícara de água
½ xícara de vinho tinto suave
4 colheres (sopa) de licor de cassis

1. Coloque as frutas numa panela e junte a canela e os anises-estrelados. Adicione o açúcar, a água e o vinho. Cozinhe lentamente, mexendo com cuidado até o açúcar dissolver e as frutas ficarem macias.

2. Retire o doce do fogo e deixe repousar por 15 minutos. Em seguida, aromatize com o licor.

COMPOTA DE LARANJA-LIMA

TEMPO DE PREPARO: 30 MINUTOS | RENDIMENTO: 10 PORÇÕES

12 laranjas-lima lavadas e secas
3 xícaras de açúcar
2 xícaras de água
2 xícaras de suco de laranja
cravos-da-índia a gosto

1. Rale superficialmente a casca das laranjas em um ralador fino de maneira uniforme. A seguir, corte as laranjas em quatro sem separar as partes. Retire a polpa e deixe as cascas imersas em água por 5 dias. Troque essa água duas vezes ao dia.

2. Depois desse período, coloque a laranja numa panela grande, cubra com água e deixe ferver por 10 minutos. Então, escorra e reserve.

3. Prepare a calda: em uma panela, coloque o açúcar, a água, o suco de laranja e os cravos. Deixe ferver em fogo médio por cerca de 10 minutos, sem mexer, até começar a engrossar.

4. Junte as cascas à calda e cozinhe até começarem a ficar macias. Retire o doce do fogo e coloque-o numa compoteira ou em potes de vidro previamente esterilizados (ver dica na página 796).

COMPOTA DE MAMÃO MADURO

TEMPO DE PREPARO: 30 MINUTOS | RENDIMENTO: 10 PORÇÕES

1½ xícara de água
2 xícaras de açúcar
8 cravos-da-índia
½ colher (chá) de cardamomo
1 colher (sopa) de casca de limão ralada fino
1,5 kg de mamão maduro
suco de 1 limão-siciliano

1. Em uma panela grande, coloque a água, o açúcar, os cravos, o cardamomo e a casca de limão. Cozinhe em fogo baixo, por cerca de 10 minutos, para fazer uma calda rala (não mexa mais na calda durante o cozimento).

2. Descasque o mamão e retire as sementes. A seguir, corte-o em pedaços pequenos, junte à calda e cozinhe por 5 minutos.

3. Retire o mamão da calda com uma escumadeira e coloque-o numa compoteira. Reserve.

4. Junte o suco de limão à calda que ficou na panela e deixe-a em fogo baixo até engrossá-la bem. Assim que estiver em ponto de melado, despeje sobre os pedaços de mamão. Sirva o doce depois de frio.

COMPOTA DE ABACAXI

TEMPO DE PREPARO: 50 MINUTOS | RENDIMENTO: 10 PORÇÕES

1 abacaxi médio
3 xícaras de açúcar
6 cravos-da-índia
1 pau de canela
1½ xícara de água

1. Descasque e corte o abacaxi em fatias com 1 cm de espessura, retirando o miolo.

2. Em uma panela larga, disponha o abacaxi em camadas, alternando cada camada com açúcar. Deixe o abacaxi macerar por 1 hora. Adicione os cravos e a canela.

3. Em seguida, despeje a água, tampe a panela e cozinhe por 40 minutos em fogo baixo, sem mexer. Retire do fogo, deixe esfriar e coloque o abacaxi numa compoteira com a calda.

COMPOTA DE BATATA-DOCE

TEMPO DE PREPARO: 30 MINUTOS | RENDIMENTO: 10 PORÇÕES

1,5 kg de batata-doce de tamanho médio
3⅓ xícaras de açúcar
2½ xícaras de água
6 cravos-da-índia
1 colher (chá) de canela em pó

1. Cozinhe as batatas na panela de pressão por 5 minutos, ou até elas ficarem relativamente macias. Desligue o fogo, deixe sair a pressão e retire as batatas da panela. Quando esfriar, descasque-as e corte-as em rodelas de cerca de 2 cm de espessura. Reserve.

2. Em uma panela, dissolva o açúcar na água. Junte os cravos e deixe ferver por 10 minutos em fogo baixo, sem mexer no cozimento.

3. Depois, acrescente delicadamente as rodelas de batata à calda, tampe a panela e deixe no fogo por 5 minutos, para a batata pegar gosto. Desligue o fogo e espere amornar. Usando a escumadeira, transfira as rodelas de batata sem a calda para uma vasilha de vidro com tampa. Reserve.

4. Leve a panela com a calda ao fogo baixo, misture a canela em pó e deixe ferver por 5 minutos ou até engrossar. Em seguida, despeje a calda quente sobre a batata e deixe esfriar para servir.

COMPOTA DE CAJU

TEMPO DE PREPARO: 50 MINUTOS | RENDIMENTO: 10 PORÇÕES

10 cajus maduros sem a castanha
3 colheres (sopa) de suco de limão
4 xícaras de açúcar
1 litro de água
6 cravos-da-índia

1. Descasque os cajus, fure-os superficialmente e coloque-os numa tigela cobertos com água misturada com o suco de limão. Deixe descansar por 1 hora. Depois, coe os cajus e reserve.

2. Em uma panela, dissolva o açúcar na água, acrescente os cravos e leve ao fogo alto, mexendo com uma colher de pau até começar a ferver. Então, reduza o fogo e pare de mexer. Cozinhe até obter uma calda rala.

3. Sempre em fogo baixo, coloque os cajus na calda e cozinhe por cerca de 20 minutos, ou até que fiquem macios.

4. Retire os cajus da panela com uma escumadeira e coloque-os em uma compoteira, deixando a calda na panela.

5. Em seguida, leve a calda ao fogo forte, até que fique reduzida à metade e fique em ponto de fio grosso. Despeje-a então sobre os cajus.

COMPOTA DE MAÇÃ

TEMPO DE PREPARO: 50 MINUTOS | RENDIMENTO: 10 PORÇÕES

10 maçãs médias
1 kg de açúcar
1 colher (chá) de canela em pó
1 pau de canela
¾ de xícara de água

1. Descasque as maçãs, corte-as pela metade e elimine as sementes.

2. Coloque a maçã numa panela juntamente com o açúcar, a canela em pó, o pau de canela e a água. Leve ao fogo alto e, quando começar a ferver, reduza para o mínimo e deixe cozinhar lentamente por cerca de 1 hora.

3. Retire a panela do fogo, descarte o pau de canela e espere amornar. A seguir, triture a maçã com o mixer. Retorne a panela ao fogo e cozinhe até o doce atingir o ponto desejado.

4. Espere a compota esfriar para acondicioná-la numa compoteira ou em um pote de vidro com tampa.

COMPOTA DE MANGA

TEMPO DE PREPARO: 30 MINUTOS | RENDIMENTO: 10 PORÇÕES

5 mangas grandes
suco de 1 limão
3½ xícaras de açúcar
2½ xícaras de água

1. Descasque as mangas e corte-as em pedaços grandes. Regue com o suco de limão e reserve.

2. Em uma panela, coloque o açúcar e a água e misture até dissolver. Leve ao fogo alto e cozinhe, sem mexer, por cerca de 10 minutos, ou até a calda ficar em ponto de mel.

3. De pouco em pouco, coloque os pedaços de manga na calda por 2 ou 3 minutos. À medida que forem cozinhando, retire-os com uma escumadeira e coloque-os em uma compoteira.

4. Deixe a calda que ficou na panela engrossar e despeje-a sobre a manga. Espere esfriar e leve à geladeira.

COMPOTA DE JABUTICABA

TEMPO DE PREPARO: 30 MINUTOS | RENDIMENTO: 10 PORÇÕES

1,5 kg de jabuticaba
3 xícaras de água
4 xícaras de açúcar
3 cravos-da-índia
2 paus de canela
3 ou 4 bagas de cardamomo

1. Lave e esprema as jabuticabas, separando a casca da polpa. Em seguida, coloque as cascas numa panela com a água e leve ao fogo médio para ferver por 30 minutos. Depois, ponha as cascas da fruta em um escorredor e lave-as em água corrente, até que a água saia sem cor.

2. Em uma panela, dissolva o açúcar na água que ferveu a casca da jabuticaba (se for pouca água, adicione mais 1 xícara) e cozinhe por cerca de 10 minutos, sem mexer, para obter uma calda rala. Junte os cravos, a canela e o cardamomo e cozinhe por mais 2 minutos. Adicione as cascas de jabuticaba e cozinhe, mexendo de vez em quando, até que elas fiquem bem macias e a calda, espessa.

3. Transfira o doce para uma compoteira, espere esfriar e conserve na geladeira.

COMPOTA DE CARAMBOLA

TEMPO DE PREPARO: 30 MINUTOS | RENDIMENTO: 10 PORÇÕES

12 carambolas maduras e firmes
4 xícaras de açúcar
1½ xícara de água

1. Corte as carambolas em rodelas não muito finas.

2. Em uma panela média, faça uma calda em ponto de fio grosso com o açúcar e a água.

3. Coloque as rodelas de carambola na calda e cozinhe por cerca de 10 minutos.

4. Deixe o doce esfriar e transfira-o para uma compoteira com a calda. Conserve na geladeira.

COMPOTA DE MELÃO

TEMPO DE PREPARO: 50 MINUTOS | RENDIMENTO: 10 PORÇÕES

1 melão grande
1 colher (sopa) de raspas de casca de limão
1 colher (sopa) de raspas de casca de laranja
suco de 1 limão
suco de 1 laranja
2 paus de canela
4 cravos-da-índia
1½ xícara de açúcar

1. Descasque o melão, retire as sementes e corte-o em pedaços médios.

2. Em uma panela, ponha o melão, as raspas e o suco de limão e de laranja, o pau de canela, os cravos e o açúcar.

3. Cozinhe em fogo baixo por cerca de 30 minutos, mexendo de vez em quando, até o melão ficar com aspecto translúcido. Espere o doce esfriar e coloque numa compoteira. Sirva frio.

COMPOTA DE TANGERINA PONKAN

TEMPO DE PREPARO: 30 MINUTOS | RENDIMENTO: 6 PORÇÕES

8 tangerinas ponkan
2 xícaras de açúcar
1½ xícara de água
2 paus de canela pequenos
½ xícara de suco de limão-siciliano

1. Separe os gomos das tangerinas e retire a pele, sem desmanchar os gomos. Reserve.

2. Em uma panela, dissolva o açúcar na água. Adicione os paus de canela e leve ao fogo baixo por 10 minutos, sem mexer. Em seguida, descarte a canela e misture o suco de limão.

3. Acrescente a tangerina e cozinhe por 3 minutos, virando os gomos delicadamente na calda. Desligue o fogo e deixe esfriar. Transfira o doce com a calda para uma compoteira. Conserve na geladeira.

COMPOTA DE LIMÃO-SICILIANO

TEMPO DE PREPARO: 30 MINUTOS | RENDIMENTO: 8 PORÇÕES

1 kg de limão-siciliano lavado
suco de 3 limões
200 g de mel
1 kg de açúcar
2 xícaras de água
1 pau de canela
1 gengibre ralado grosso

1. Corte os limões em gomos finos e coloque-os em uma tigela. Reserve.

2. Em uma panela, junte o suco de limão, o mel, o açúcar e a água e leve ao fogo para ferver. Assim que o açúcar estiver bem dissolvido, despeje a calda quente sobre o limão. Cubra a tigela com filme de PVC e deixe macerar na geladeira por 24 horas.

3. Passado esse período, devolva o conteúdo à panela, coloque a canela e deixe cozinhar por 10 minutos. Desligue o fogo e adicione o gengibre. Tampe a panela e espere amornar.

4. Coloque a compota em vidros previamente esterilizados e feche-os bem.

COMPOTA DE PERA COM GROSELHA

TEMPO DE PREPARO: 40 MINUTOS | RENDIMENTO: 10 PORÇÕES

10 peras pequenas maduras e firmes
¼ de xícara de suco de limão
3 xícaras de água
2 xícaras de açúcar
¼ de xícara de groselha
6 cravos-da-índia

1. Descasque as peras, mas conserve o cabinho. Logo em seguida, regue-as com o suco de limão. Reserve.

2. Em uma panela larga, misture a água, o açúcar e a groselha e deixe ferver em fogo alto por 3 minutos. Em seguida, coloque as peras escorridas e cozinhe em fogo baixo, até a pera ficar bem macia.

3. Retire a panela do fogo e deixe amornar. Coloque as peras sem a calda em uma compoteira e reserve.

4. Volte a panela com calda ao fogo baixo, junte os cravos e deixe ferver, sem mexer, até ficar bem grossa. Então, despeje-a sobre as peras e espere esfriar para servir.

COMPOTA DE FIGO VERDE

TEMPO DE PREPARO: 45 MINUTOS | RENDIMENTO: 8 PORÇÕES

1 kg de figo verde
2 xícaras de açúcar
1 xícara de água
4 rodelas de limão sem casca

1. Lave bem os figos em água corrente e reserve.

2. Em uma panela, misture o açúcar com a água e leve ao fogo baixo por 10 minutos. Junte os figos e as rodelas de limão e cozinhe por cerca de 20 minutos ou até que fiquem transparentes.

3. Retire a panela do fogo e deixe esfriar. Depois, usando uma escumadeira, arrume os figos numa compoteira e despeje a calda. Conserve o doce na geladeira.

COMPOTA DE AMEIXA-AMARELA

TEMPO DE PREPARO: 1 HORA | RENDIMENTO: 10 PORÇÕES

10 ameixas-amarelas maduras
suco de 1 limão
4 xícaras de água
1 kg de açúcar

1. Descasque as ameixas delicadamente com uma faca bem afiada. Em seguida, deixe-as de molho numa tigela com água e suco de limão por 30 minutos.

2. Enquanto isso, dissolva o açúcar na água numa panela e faça uma calda bem rala (não mexa na calda durante o cozimento).

3. Coloque as ameixas na calda e deixe ferver por cerca de 5 minutos, até ficarem macias. Retire as frutas da panela com uma escumadeira e coloque-as numa compoteira.

4. Deixe a calda na panela em fogo baixo, até ficar ligeiramente espessa, e despeje-a sobre as ameixas. Sirva a compota em temperatura ambiente.

Dica: Caso as ameixas não estejam muito maduras, deixe-as por mais tempo no cozimento.

COMPOTA DE LARANJA-AZEDA

TEMPO DE PREPARO: 3 HORAS | RENDIMENTO: 10 PORÇÕES

10 laranjas-azedas
1 kg de açúcar
1,5 litro de água
8 cravos-da-índia

1. Rale superficialmente a casca das laranjas (use um ralador para noz-moscada) e corte-as em quatro gomos sem separar as partes. Retire a polpa e deixe a casca imersa em água por uma semana na geladeira, trocando de água duas vezes ao dia.

2. Depois desse período, escorra as cascas, coloque-as em um caldeirão com água fervente e escalde-as por 2 minutos. Escorra em seguida.

3. Coloque as cascas novamente no caldeirão, cubra com a água e junte ¾ do açúcar. Leve para cozinhar em fogo baixo por cerca de 1h30, acrescentando em seguida o açúcar restante e os cravos. Deixe no fogo por mais 1 hora, até a fruta ficar brilhante e transparente (se a calda estiver muito reduzida, junte um pouco mais de água).

4. Espere a compota esfriar e acondicione-a com a calda em vidros previamente esterilizados. Conserve na geladeira.

COMPOTA DE GOIABA

TEMPO DE PREPARO: 50 MINUTOS | RENDIMENTO: 8 PORÇÕES

1,5 kg de goiaba madura e firme
4 xícaras de açúcar
2 xícaras de água
1 pau de canela

1. Descasque as goiabas e corte-as ao meio, retirando toda semente. Reserve.

2. Em uma panela, dissolva o açúcar na água e acrescente o pau de canela. Leve ao fogo médio até obter uma calda rala. Junte a goiaba, reduza o fogo e deixe cozinhar por cerca de 20 minutos, ou até ficarem macias (sem desmanchar). Retire do fogo e deixe esfriar.

3. Depois, transfira a goiaba para uma compoteira com a ajuda de uma escumadeira e despeje a calda por cima. Conserve na geladeira.

COMPOTA DE BANANA

TEMPO DE PREPARO: 30 MINUTOS | RENDIMENTO: 8 PORÇÕES

14 bananas-prata maduras
4 xícaras de açúcar
1 xícara de água
suco de 1 limão

1. Descasque as bananas, retire os fiapos e corte-as em rodelas de cerca de 3 cm de espessura. Reserve.

2. Coloque o açúcar e a água numa panela e leve ao fogo médio para fazer uma calda rala. Em seguida, adicione as rodelas de banana e, quando ferver, junte o suco do limão.

3. Deixe cozinhar em fogo baixo até que a calda fique mais espessa e a banana ligeiramente avermelhada (se a calda engrossar antes de a banana ficar no ponto, junte mais água). Não mexa para não desmanchar a banana.

4. Espere a compota esfriar. Com uma escumadeira, transfira a banana para uma compoteira ou para vidros previamente esterilizados e aquecidos. Em seguida, despeje a calda do cozimento sobre a banana. Conserve na geladeira.

COMPOTA DE MELANCIA

TEMPO DE PREPARO: 40 MINUTOS | RENDIMENTO: 6 PORÇÕES

6 xícaras de casca de melancia (somente a polpa branca)
3 xícaras de açúcar cristal
1 xícara de água
3 anises-estrelados

1. Após consumir a parte vermelha da melancia, descarte a parte verde e corte a polpa branca em cubinhos até obter a quantidade necessária.

2. Em uma panela, dissolva o açúcar na água e leve ao fogo baixo até obter uma calda rala. Adicione os anises-estrelados e deixe ferver por mais 3 minutos.

3. A seguir, adicione os cubinhos de polpa e cozinhe em fogo baixo por cerca de 10 minutos, mexendo de vez em quando, até a calda apurar e os cubinhos de polpa ficarem macios. Deixe o doce amornar e coloque-o numa compoteira. Mantenha sob refrigeração.

MOLHOS

MOLHO DE TOMATE BÁSICO

TEMPO DE PREPARO: 50 MINUTOS | RENDIMENTO: 500 g DE MACARRÃO

1,5 kg de tomate italiano maduro
3 colheres (sopa) de azeite
1 cebola média picada fino
3 dentes de alho amassados
1 talo de salsão bem picado
½ cenoura pequena bem picada
½ colher (sopa) de colorau
1 maço de salsinha amarrado
1 colher (chá) de orégano
sal e pimenta-do-reino a gosto
uma pitada de açúcar

1. Afervente os tomates por 2 minutos, espere amornar e retire a pele. Em seguida, corte-os em cubos pequenos. Reserve.

2. Aqueça o azeite numa panela grande e refogue a cebola e o alho por 2 minutos. Em seguida, junte o salsão, a cenoura e o colorau e cozinhe por alguns minutos.

3. Acrescente então o tomate picado e o maço de salsinha. Tampe a panela e deixe ferver por aproximadamente 1 hora em fogo baixo, mexendo de vez em quando. Se estiver secando demais, acrescente um pouquinho de água.

4. Adicione o orégano, o sal, a pimenta e o açúcar, misture e desligue o fogo. Tire os talos de salsinha do molho. Está pronto para usar.

MOLHO BRANCO BÁSICO

TEMPO DE PREPARO: 25 MINUTOS | RENDIMENTO: 500 g DE MACARRÃO

1 colher (sopa) de manteiga
1 cebola pequena ralada
1 caixinha de creme de leite
sal a gosto
½ colher (chá) de pimenta-do-reino branca
1 colher (sopa) de amido de milho
2 xícaras de leite
1 xícara de queijo parmesão ralado

1. Aqueça a manteiga numa panela e refogue a cebola até ela ficar transparente. Acrescente o creme de leite, o sal e a pimenta. Misture e deixe cozinhar por 1 minuto em fogo baixo.

2. À parte, dissolva bem o amido de milho no leite e despeje na panela. Deixe no fogo, mexendo sem parar, até o creme aquecer e começar a encorpar.

3. Então, desligue o fogo e adicione o queijo parmesão ralado, mexendo bem para não grudar no fundo da panela. Coloque o molho em seguida sobre a massa de sua preferência.

MOLHO DE MOSTARDA

TEMPO DE PREPARO: 15 MINUTOS | RENDIMENTO: 1 XÍCARA

1 xícara de manteiga
4 colheres (sopa) de mostarda
4 colheres (chá) de farinha de trigo
½ xícara de água
sal e pimenta-do-reino a gosto

1. Em uma tigela de vidro, junte a manteiga e a mostarda. Leve ao banho-maria e deixe a manteiga derreter, mexendo, até virar um creme.

2. Adicione a farinha de trigo dissolvida na água, tempere com o sal e a pimenta, mexa novamente e retire do fogo. Sirva a seguir sobre carnes e peixes.

MOLHO DE RAIZ-FORTE

TEMPO DE PREPARO: 50 MINUTOS | RENDIMENTO: 1 XÍCARA

1 pote de iogurte natural
2 colheres (sopa) de raiz-forte em pasta
2 colheres (chá) de mostarda
2 colheres (sopa) de suco de limão-siciliano
sal e pimenta-do-reino a gosto
2 colheres (chá) de açúcar

1. Em uma tigela funda, misture bem o iogurte, a raiz-forte, a mostarda e o suco de limão. Tempere com o sal e a pimenta e adicione o açúcar. Coloque o molho em um recipiente de vidro com tampa e conserve na geladeira. Use em carnes e salmão grelhados.

MOLHO VERDE DE MAIONESE

TEMPO DE PREPARO: 15 MINUTOS | RENDIMENTO: 1½ XÍCARA

1 xícara de maionese
¼ de xícara de salsinha picada
¼ de xícara de agrião picado
¼ de xícara de cebolinha picada
8 folhas de hortelã
1 colher (chá) de estragão seco
sal e pimenta-do-reino branca a gosto

1. Junte no copo do liquidificador a maionese, a salsinha, o agrião, a cebolinha, a hortelã e o estragão. Bata em velocidade alta até obter um creme liso. Tempere com o sal e a pimenta a gosto, batendo por mais 1 minuto.

2. Transfira o molho para uma tigela e conserve na geladeira. Sirva frio sobre filé de peixe grelhado.

MOLHO DE COALHADA COM PEPINO

TEMPO DE PREPARO: 20 MINUTOS | RENDIMENTO: 2 XÍCARAS

1 pepino médio
⅓ de xícara de azeite
6 dentes de alho
1 pote de coalhada
1 xícara de salsinha picada
sal e pimenta-do-reino a gosto

1. Descasque o pepino e corte-o ao meio no sentido do comprimento. Com a ajuda de uma colher, retire as sementes. Em seguida, rale o pepino na parte grossa do ralador, coloque-o sobre um pano e esprema bem. Reserve.

2. No copo do liquidificador, coloque o azeite e o alho. Bata por 1 minuto em velocidade baixa, até obter uma pasta. Junte a coalhada e bata por mais 1 minuto, até obter um creme. Despeje a mistura em uma tigela funda.

3. A seguir, adicione o pepino ralado, a salsinha, o sal e a pimenta. Misture com um garfo até ficar homogêneo. Guarde o molho sempre na geladeira. Sirva com peixe grelhado.

MOLHO DE MAÇÃ

TEMPO DE PREPARO: 25 MINUTOS | RENDIMENTO: 2 XÍCARAS

4 maçãs verdes sem casca cortadas em cubos
1 xícara de água
½ xícara de suco de laranja
½ colher (sopa) de açúcar
1 colher (sopa) de manteiga
½ colher (chá) de canela em pó

1. Coloque os cubos de maçã numa panela, junte o suco de laranja e leve ao fogo baixo para cozinhar por cerca de 10 minutos. Depois, escorra a maçã e bata-a no liquidificador até ficar homogêneo.

2. Despeje a maçã triturada na panela e leve novamente ao fogo baixo. Acrescente o restante dos ingredientes e cozinhe, mexendo sempre, até começar a borbulhar. Sirva morno ou frio com carne de porco assada ou com aves.

MOLHO MADEIRA

TEMPO DE PREPARO: 10 MINUTOS | RENDIMENTO: 2 XÍCARAS

2 colheres (sopa) de manteiga
5 colheres (sopa) de farinha de trigo
¼ de xícara de vinho Madeira
2 xícaras de caldo de carne
uma pitada de sal
1 colher (chá) de mostarda

1. Em uma panela, derreta a manteiga em fogo alto, junte a farinha e mexa bem até que fique dourada.

2. Aos poucos, acrescente o vinho, o caldo de carne, o sal e a mostarda, mexendo sem parar até começar a engrossar. Em seguida, tire do fogo e sirva acompanhando carnes.

Dica: O vinho Madeira pode ser substituído por Marsala ou mesmo por conhaque.

MOLHO ESPECIAL DE QUEIJO

TEMPO DE PREPARO: 50 MINUTOS | RENDIMENTO: 2 XÍCARAS

1 copo de requeijão
1 xícara de creme de leite
½ copo de requeijão cremoso
1 colher (chá) de curry
1 colher (sopa) de conhaque
sal e pimenta-do-reino a gosto

1. Em uma tigela, misture bem o requeijão, o creme de leite e o requeijão cremoso. Acrescente o curry e o conhaque e misture novamente. Tempere com sal e pimenta. Conserve na geladeira e sirva sobre carnes ou frango grelhados.

MOLHO MORNAY

TEMPO DE PREPARO: 25 MINUTOS | RENDIMENTO: 2 XÍCARAS

2 colheres (sopa) de manteiga em temperatura ambiente
2 colheres (sopa) de farinha de trigo
1 xícara de caldo de galinha
1 xícara de creme de leite
1 gema
½ xícara de queijo prato ralado
¼ de xícara de queijo parmesão ralado

1. Derreta a manteiga numa panela, adicione a farinha de trigo e mexa até obter um creme liso. Acrescente o caldo de galinha e o creme de leite, aos poucos. Cozinhe, sempre mexendo, até que fique um creme grosso e liso. Desligue o fogo.

2. À parte, bata a gema com um garfo. Junte um pouco do molho quente e misture até que tudo esteja bem incorporado. Despeje essa mistura no molho e mexa bem para evitar que se formem grumos.

3. Volte a panela ao fogo, adicione os dois tipos de queijo e cozinhe em fogo médio, mexendo constantemente, até que fique liso. Sirva quente sobre frango assado, peixes cozidos e ovos pochês.

MOLHO DE MARACUJÁ

TEMPO DE PREPARO: 15 MINUTOS | RENDIMENTO: 2 XÍCARAS

1 xícara de polpa de maracujá
1 colher (chá) de açúcar
suco de ½ limão-siciliano
sal a gosto
½ colher (chá) de pimenta-do-reino branca
⅓ de xícara de azeite

1. Passe a polpa por uma peneira para separar as sementes. Junte 2 colheres (sopa) de sementes ao suco recolhido e coloque tudo numa vasilha pequena.

2. Adicione o açúcar, o suco de limão, o sal e a pimenta à vasilha e misture até o açúcar ficar bem dissolvido. Adicione o azeite e mexa vigorosamente. Sirva sobre peixes e frutos do mar, especialmente lula, e carne branca assada ou grelhada.

MOLHO AGRIDOCE

TEMPO DE PREPARO: 20 MINUTOS | RENDIMENTO: 2 XÍCARAS

1 colher (sopa) de amido de milho
¾ de xícara de suco de laranja
⅓ de xícara de ketchup
⅓ de xícara de vinagre
½ xícara de açúcar cristal
½ colher (chá) de sal

1. Dissolva o amido de milho no suco de laranja e coloque numa panela. Junte o restante dos ingredientes e misture bem.

2. Leve a panela ao fogo baixo e cozinhe, mexendo constantemente, até o molho engrossar. Sirva acompanhando lombo assado, nuggets, salmão e camarões grelhados.

MOLHO DE BERINJELA

TEMPO DE PREPARO: 50 MINUTOS | RENDIMENTO: 2 XÍCARAS

3 berinjelas médias
sal
500 g de tomate
1 maço pequeno de manjericão
2 dentes de alho
4 colheres (sopa) de óleo
8 filés de anchova
1 colher (chá) de pimenta-do-reino

1. Corte as berinjelas com a casca em pedaços pequenos e coloque-os em um escorredor de macarrão. Polvilhe sal e deixe descansar por cerca de 30 minutos para eliminar o amargor do legume.

2. Enquanto isso, bata o tomate no liquidificador e passe-o pela peneira. Reserve. À parte, pique o manjericão junto com o alho. Reserve.

3. Passado o tempo da berinjela, aqueça o óleo numa panela grande e adicione os filés de anchova, amassando-os com um garfo. Em seguida, acrescente a berinjela e deixe dourar em fogo alto. Junte então o tomate e a mistura de manjericão e alho. Tempere com o sal e a pimenta.

4. Tampe a panela e deixe cozinhar em fogo baixo por cerca de 10 minutos, mexendo de vez em quando para evitar que os vegetais grudem no fundo da panela.

MOLHO À PUTANESCA

TEMPO DE PREPARO: 50 MINUTOS | RENDIMENTO: 2 XÍCARAS

½ xícara de azeite
2 dentes de alho amassados
4 filés de anchova em conserva picados
50 g de azeitonas pretas picadas
½ xícara de alcaparras escorridas
500 g de tomate sem pele e sem sementes picado
½ pimenta dedo-de-moça picada sem sementes
sal e pimenta-do-reino a gosto
½ xícara de salsinha picada

1. Aqueça o azeite numa frigideira grande e frite o alho até ele ficar dourado. Acrescente a anchova e amasse com um garfo até obter uma pasta. Junte as azeitonas e as alcaparras. Mexa bem.

2. A seguir, adicione o tomate e a pimenta dedo-de-moça e tempere com sal e pimenta-do-reino. Deixe cozinhar em fogo baixo por cerca de 20 minutos, ou até o molho engrossar um pouco. Então, desligue o fogo e misture a salsinha picada. Sirva de preferência com espaguete cozido al dente.

MOLHO À BOLONHESA

TEMPO DE PREPARO: 50 MINUTOS | RENDIMENTO: 2 XÍCARAS

2 colheres (sopa) de azeite
1 cebola média picada
2 dentes de alho picados
500 g de carne moída
2 latas de purê de tomate
1 lata de massa de tomate
2 colheres (chá) de açúcar
2 colheres (chá) de orégano
1 folha de louro
sal e pimenta-do-reino a gosto

1. Aqueça o azeite numa panela e refogue ligeiramente a cebola e o alho. Em seguida, adicione a carne moída e cozinhe em fogo médio, virando a carne algumas vezes até ficar dourada.

2. A seguir, acrescente o restante dos ingredientes e misture bem. Reduza o fogo, tampe a panela e deixe cozinhar por 40 minutos, mexendo de vez em quando.

MOLHO PESTO

TEMPO DE PREPARO: 50 MINUTOS | RENDIMENTO: 2 XÍCARAS

⅓ de xícara de azeite
100 g de queijo parmesão ou pecorino ralado
3 dentes de alho
1 xícara de folhas de manjericão fresco
sal a gosto
3 colheres (sopa) de pignoli

1. Coloque todos os ingredientes no copo do liquidificador e bata por 3 minutos em velocidade média, até ficar bem homogêneo. Coloque o molho em um pote hermeticamente fechado e guarde na geladeira até o momento de usar.

Dica: Se quiser, você pode substituir os pignoli por nozes ou castanha de caju.

MOLHO DE CAMARÃO

TEMPO DE PREPARO: 50 MINUTOS | RENDIMENTO: 2 XÍCARAS

1 colher (sopa) de azeite
2 dentes de alho amassados
3 xícaras de molho de tomate
2 colheres (sopa) de salsinha picada
1 colher (chá) de açúcar
orégano a gosto
sal e pimenta-do-reino a gosto
500 g de camarão-de-sete-barbas limpo

1. Aqueça o azeite numa panela e doure ligeiramente o alho. Acrescente o molho de tomate, a salsinha, o açúcar e o orégano. Tempere com sal e pimenta, mexa bem e deixe no fogo alto até levantar fervura.

2. Em seguida, reduza o fogo para mínimo, tampe a panela e deixe cozinhar por cerca de 30 minutos, acrescentando o camarão nos 10 minutos finais de cozimento. Mexa de vez em quando com uma colher de pau.

MOLHO DE NOZES

TEMPO DE PREPARO: 10 MINUTOS | RENDIMENTO: 2 XÍCARAS

½ xícara de manteiga
1 xícara de nozes grosseiramente picadas
1 xícara de leite
3 colheres (sopa) de salsinha picada
sal a gosto

1. Aqueça a manteiga numa panela e adicione a noz picada. Frite em fogo baixo, mexendo de vez em quando, até que fique dourada.

2. Em seguida, adicione o leite e a salsinha picada. Misture e tempere com sal. Deixe no fogo até aquecer bem e utilize em seguida sobre a massa.

MOLHO AROMATIZADO

TEMPO DE PREPARO: 50 MINUTOS | RENDIMENTO: 2 XÍCARAS

½ xícara de azeite
3 dentes de alho picados
1 cebola picada miúdo
1 colher (sopa) de alecrim fresco picado
1 colher (sopa) de sálvia fresca picada
½ xícara de salsinha picada
1 colher (chá) de orégano
500 g de tomate sem pele e sem sementes picado
sal e pimenta-do-reino a gosto
2 xícaras de creme de leite

1. Aqueça o azeite numa panela e doure o alho e a cebola. Acrescente o alecrim, a sálvia, a salsinha e o orégano, mexa bem e refogue em fogo baixo por alguns minutos.

2. Bata o tomate no liquidificador e despeje na panela. Tempere com sal e pimenta, tampe e deixe cozinhar por mais 20 minutos, mexendo de vez em quando.

3. Depois, junte o creme de leite, misture bem e cozinhe por alguns minutos até engrossar. Empregue o molho ainda quente sobre a massa de sua preferência.

MOLHO DE ESPINAFRE

TEMPO DE PREPARO: 50 MINUTOS | RENDIMENTO: 2 XÍCARAS

1 maço de espinafre cozido bem escorrido e picado
sal a gosto
¼ de xícara de manteiga
1 xícara de ricota esfarelada
¼ de xícara de queijo parmesão ralado
½ xícara de leite
½ colher (chá) de noz-moscada ralada

1. Cozinhe o espinafre em água salgada, escorra-o bem e pique.

2. Em uma panela grande, misture o espinafre picado e a manteiga. A seguir, tempere com sal e cozinhe em fogo médio por 10 minutos, mexendo de vez em quando com uma colher de pau.

3. Reduza o fogo e acrescente o restante dos ingredientes. Mexa com a colher por alguns minutos, até levantar fervura. Então, desligue o fogo e misture o molho quente no macarrão de sua preferência.

MAIONESE

TEMPO DE PREPARO: 20 MINUTOS | RENDIMENTO: 2 XÍCARAS

4 gemas passadas pela peneira
½ colher (chá) de açúcar
sal a gosto
1½ xícara de azeite
2 colheres (chá) de mostarda
3 colheres (sopa) de suco de limão

1. Na vasilha pequena da batedeira, junte a gema, o açúcar e o sal e bata durante 2 minutos em velocidade média. Com a batedeira ligada, acrescente ½ xícara de azeite em fio e bata até obter um creme espesso.

2. A seguir, sempre batendo, junte a mostarda e o suco de limão. Adicione, ainda em fio, o azeite restante. Bata até que a mistura fique lisa e cremosa. Conserve a maionese na geladeira até a hora de servir. Use como ingrediente para salada de batata, de beterraba ou de couve-flor.

KETCHUP

TEMPO DE PREPARO: 1H30 | RENDIMENTO: 2 VIDROS PEQUENOS

2 kg de tomate médio
sal a gosto
2 xícaras de vinagre
⅓ de xícara de pimenta-do-reino moída
1 colher (sopa) de canela em pó
1 colher (chá) de cravo em pó
1 colher (sopa) de pimenta calabresa
1 xícara de açúcar

1. Corte os tomates em cubos, coloque-os numa panela grande e tempere com o sal. Em fogo médio, cozinhe o tomate em seu próprio líquido até que fique macio.

2. Depois, passe por uma peneira fina para coar as sementes e separar as cascas. Descarte.

3. A seguir, na mesma panela utilizada, ferva o líquido obtido em fogo baixo até obter uma consistência espessa. Acrescente o vinagre previamente misturado com as especiarias e o açúcar e deixe ferver por 1 hora em fogo baixo.

4. Retire do fogo e guarde o ketchup em vidros esterilizados.

MOLHO VINAGRETE

TEMPO DE PREPARO: 20 MINUTOS | RENDIMENTO: 2 XÍCARAS

½ pimentão vermelho picado
3 colheres (sopa) de salsinha picada
½ xícara de vinagre
1 colher (chá) de açúcar
¾ de xícara de azeite
sal e pimenta-do-reino a gosto

1. Em uma tigela funda, junte o pimentão, a salsinha, o vinagre e o açúcar. Adicione o azeite aos poucos, batendo com um garfo. Tempere com sal e pimenta-do-reino, misture bem e leve à geladeira.

2. Na hora de servir, bata novamente por alguns segundos. Sirva frio sobre legumes frescos ou cozidos.

MOLHO PARA SALADAS DE FOLHAS

TEMPO DE PREPARO: 25 MINUTOS | RENDIMENTO: 2 XÍCARAS

1 xícara de azeite
½ xícara de suco de limão
½ xícara de suco de laranja
1 colher (sopa) de mostarda
1 colher (sopa) de molho inglês
3 colheres (sopa) de maionese
sal e pimenta-do-reino a gosto

1. Em uma tigela funda, junte o azeite, o suco de limão, o suco de laranja e a mostarda e misture bem.

2. Adicione o molho inglês e a maionese. Misture bem e tempere com o sal e a pimenta. Transfira o molho para uma molheira e deixe na geladeira até a hora de usar. Misture o molho antes de levar à mesa.

MOLHO ESPECIAL COM ALCAPARRAS

TEMPO DE PREPARO: 20 MINUTOS | RENDIMENTO: 2 XÍCARAS

⅓ de xícara de picles picados
1 colher (sopa) de alcaparras escorridas
1½ xícara de maionese
1 colher (chá) de mostarda
2 colheres (sopa) de salsinha picada

1. Em uma tigela, junte os picles e as alcaparras. Em seguida, adicione a maionese, a mostarda e a salsinha. Misture bem e leve à geladeira. Sirva frio sobre legumes cozidos ou camarão.

MOLHO DE CREME AZEDO

TEMPO DE PREPARO: 25 MINUTOS | RENDIMENTO: 2 XÍCARAS

1 xícara de creme de leite
2 colheres (sopa) de vinagre
suco de ½ limão
100 g de cream cheese
1 colher (sopa) de cebola picada miúdo
sal e pimenta-do-reino a gosto
1 colher (sopa) de salsinha picada

1. Coloque no liquidificador o creme de leite, o vinagre, o suco de limão e o cream cheese. Bata por alguns segundos até obter um creme homogêneo.

2. Em uma panela pequena, aqueça a mistura do liquidificador em fogo baixo e adicione a cebola. Tempere com o sal e a pimenta-do-reino e, mexendo de vez em quando, deixe aquecer novamente, sem ferver.

3. Desligue o fogo, acrescente a salsinha e misture bem. Sirva sobre legumes frescos ou cozidos.

MOLHO DE IOGURTE COM ERVAS FRESCAS

TEMPO DE PREPARO: 25 MINUTOS | RENDIMENTO: 2 XÍCARAS

1½ xícara de iogurte natural
1 xícara de cheiro-verde picado
½ xícara de hortelã picada
½ xícara de manjerona picada
1 colher (chá) de mostarda
4 colheres (sopa) de azeite
1 colher (sopa) de alho picado
2 colheres (sopa) de cebola picada
1 colher (sopa) de queijo parmesão ralado
1 colher (chá) de pimenta-do-reino branca
sal a gosto

1. No copo do liquidificador, junte o iogurte, o cheiro-verde, a hortelã, a manjerona e a mostarda e bata por alguns segundos.

2. Acrescente o restante dos ingredientes e bata até que a mistura fique homogênea. Passe o molho para uma tigela, tampe e guarde na geladeira. Sirva sobre legumes cozidos ou com salada de folhas frescas.

MOLHO DE MAIONESE COM ALCAPARRAS

TEMPO DE PREPARO: 15 MINUTOS | RENDIMENTO: 2 XÍCARAS

1½ xícara de maionese
2 colheres (sopa) de salsinha picada
2 colheres (sopa) de ketchup picante
2 colheres (sopa) de alcaparras
3 colheres (sopa) de leite
1 colher (sopa) de mostarda
1 dente de alho amassado

1. Junte todos os ingredientes no liquidificador e bata até que se tornem uma mistura bem cremosa.

2. Transfira a mistura para uma tigela, cubra e conserve na geladeira. Sirva o molho bem frio sobre a salada de sua preferência.

MOLHO DE SALADA À FRANCESA

TEMPO DE PREPARO: 20 MINUTOS | RENDIMENTO: 1½ XÍCARA

1 xícara de óleo de girassol
¼ de xícara de vinagre de vinho branco
2 colheres (sopa) de ketchup picante
1 colher (sopa) de mostarda
1 colher (chá) de páprica
1 dente de alho espremido
sal a gosto
½ colher (chá) de pimenta-do-reino
1 colher (chá) de açúcar

1. Em uma tigela, coloque o óleo, o vinagre e o ketchup e mexa bem. Acrescente a mostarda, a páprica e o alho. Bata bem com um garfo.

2. Tempere com o sal, a pimenta e o açúcar. Cubra e guarde na geladeira. No momento de levar à mesa, bata ligeiramente o molho com uma colher. Sirva sobre legumes cozidos ou salada de folhas frescas.

MOLHO DE ABACATE

TEMPO DE PREPARO: 10 MINUTOS | RENDIMENTO: 2 XÍCARAS

1 abacate médio maduro
2 colheres (sopa) de suco de limão
1 pote de iogurte grego natural
½ colher (chá) de páprica picante
uma pitada de alho em pó
algumas gotas de molho de pimenta
sal a gosto

1. Coloque a polpa do abacate em pedaços no copo do liquidificador. Junte o suco de limão e o iogurte e bata em velocidade alta por 2 minutos.

2. Sempre batendo, adicione a páprica, o alho, o molho de pimenta e o sal. Bata até ficar homogêneo.

3. Transfira a mistura para uma molheira e sirva a seguir com salada de alface ou de legumes. Acompanha também pratos de carne bovina.

MOLHO MEDITERRÂNEO

TEMPO DE PREPARO: 10 MINUTOS | RENDIMENTO: 1 XÍCARA

4 colheres (sopa) de vinagre balsâmico
3 colheres (sopa) de mel
1 colher (sopa) de mostarda
5 colheres (sopa) de azeite

1. Junte todos os ingredientes numa tigela pequena e funda e bata com um garfo até ficar tudo bem incorporado.

2. Transfira o molho para uma molheira e sirva em temperatura ambiente sobre salada de folhas ou de legumes frescos.

MOLHO DE PARMESÃO

TEMPO DE PREPARO: 50 MINUTOS | RENDIMENTO: ½ XÍCARA

3 gemas cozidas
¼ de xícara de azeite
1 colher (sopa) de queijo parmesão ralado
1 colher (chá) de páprica doce
1 colher (chá) de mostarda
1 colher (chá) de vinagre
algumas gotas de molho inglês
sal a gosto
½ colher (chá) de pimenta-do-reino branca

1. Em uma tigela, coloque as gemas e o azeite. Amasse bem com um garfo. Junte o queijo parmesão e a páprica e mexa para incorporar.

2. Em seguida, misture a mostarda, o vinagre e o molho inglês. Tempere com o sal e a pimenta. Mexa bem, tampe e conserve na geladeira. Sirva para acompanhar verduras e legumes.

CONSERVAS E CHUTNEYS

MINIPEPINO EM CONSERVA

TEMPO DE PREPARO: 20 MINUTOS | RENDIMENTO: 2 VIDROS MÉDIOS

1 kg de minipepino
2 xícaras de vinagre de vinho branco
4 colheres (sopa) de sal
2 xícaras de água
2 xícaras de vinagre de arroz
¾ de xícara de açúcar
2 dentes de alho picados miúdo
2 folhas de louro
1 colher (chá) de mostarda em grãos

1. Lave os minipepinos e coloque-os numa panela cobertos por água. Adicione o vinagre de vinho branco e 3 colheres (sopa) de sal e ferva por 2 minutos. Em seguida, escorra e ajeite-os em vidros de boca larga previamente esterilizados. Reserve.

2. Junte o restante dos ingredientes numa panela e aqueça até levantar fervura. Retire do fogo e despeje tudo sobre os minipepinos. Depois, espere esfriar, tampe e deixe curtir por 15 dias na geladeira.

CONSERVA DE RABANETE

TEMPO DE PREPARO: 10 MINUTOS | RENDIMENTO: 1 VIDRO MÉDIO

1 maço de rabanete
2 xícaras de vinagre de maçã
1 colher (chá) de sal
1 colher (chá) de pimenta-do-reino
1 folha de louro

1. Lave e corte os rabanetes em quatro partes. Arrume em um vidro previamente esterilizado e reserve.

2. À parte, ferva o vinagre com o sal, a pimenta e o louro por 1 minuto. Em seguida, despeje-o sobre os rabanetes que estão no vidro, cobrindo-os inteiramente com o líquido. Depois, espere esfriar, tampe e leve à geladeira.

CONSERVA DE ABOBRINHA

TEMPO DE PREPARO: 40 MINUTOS | RENDIMENTO: 1 VIDRO MÉDIO

1 xícara de uvas-passas claras sem sementes
1 xícara de vinho branco seco
5 abobrinhas
sal a gosto
½ xícara de azeite
4 dentes de alho amassados
2 colheres (sopa) de orégano
¾ de xícara de azeitonas sem caroço

1. Deixe as uvas-passas de molho no vinho por 30 minutos. Enquanto isso, corte a abobrinha com casca em rodelas finas e tempere com o sal.

2. Aqueça o azeite numa frigideira e frite a abobrinha até dourar. Escorra e reserve. Na mesma frigideira, frite o alho, escorra e reserve. Na sequência, escorra as uvas-passas e frite ligeiramente na mesma frigideira.

3. Em um vidro de boca larga previamente esterilizado, monte uma camada de abobrinha, uma de alho e uma de uvas-passas, polvilhe o orégano e distribua as azeitonas entre as camadas. Repita o procedimento até terminar toda a abobrinha. Regue com um pouco mais de azeite e tampe. Conserve na geladeira.

PIMENTÃO EM CONSERVA

TEMPO DE PREPARO: 40 MINUTOS | RENDIMENTO: 1 VIDRO

12 pimentões pequenos (verde, amarelo e vermelho)
3 dentes de alho picados
1 cebola grande picada
1 pimenta dedo-de-moça sem sementes picada
½ xícara de azeite
3 colheres (sopa) de vinagre de maçã
½ colher (chá) de açúcar
sal a gosto
1 colher (chá) de cominho em pó

1. Corte os pimentões em quatro partes no sentido do comprimento, retire as sementes e a parte branca e coloque numa tigela funda.

2. Em uma vasilha pequena, junte o restante dos ingredientes e misture bem. Em seguida, despeje o conteúdo na tigela do pimentão e misture ligeiramente. Cubra e leve à geladeira até o dia seguinte.

3. Depois, retire o pimentão da geladeira, verifique o tempero e passe tudo para um vidro de boca larga previamente esterilizado. Tampe e mantenha na geladeira até a hora de servir.

BERINJELA PICANTE EM CONSERVA

TEMPO DE PREPARO: 50 MINUTOS | RENDIMENTO: CERCA DE 500 g

1 kg de berinjelas pequenas
1 xícara de sal
1 xícara de vinagre de vinho branco
1 colher (sopa) de orégano
3 dentes de alho
2 folhas de louro
1 xícara de azeite
1 colher (chá) de pimenta calabresa
1 pimentão vermelho sem pele e sem sementes

1. Descasque as berinjelas, corte-as em tiras com cerca de 0,5 cm de espessura e coloque-as numa peneira funda. Salpique sal e misture bem. Coloque um peso sobre elas e deixe descansar por 2 horas para sair todo o líquido.

2. A seguir, esprema e lave as tiras de berinjela em água corrente para retirar o excesso de sal. Esprema muito bem para retirar o máximo de líquido possível.

3. Coloque novamente a berinjela numa tigela e adicione o vinagre. Deixe descansar por mais 2 ou 3 horas. Esprema novamente e tempere com o orégano, o alho, o louro, o azeite e a pimenta.

4. Corte o pimentão em tiras finas e junte-o à berinjela. Coloque tudo em um vidro previamente esterilizado, tampe bem e deixe descansar por 12 horas na geladeira antes de servir.

MIX DE PIMENTAS

TEMPO DE PREPARO: 50 MINUTOS | RENDIMENTO: 1 VIDRO

2½ xícaras de azeite
4 dentes de alho amassados
2 folhas de louro
15 pimentas-malagueta
15 pimentas dedo-de-moça
1 xícara de pimenta-de-bode
1 xícara de pimenta-biquinho

1. Aqueça o azeite numa panela e doure o alho. Adicione o louro e retire do fogo. Deixe o azeite ficar morno.

2. Usando luvas, retire a semente, a veia e o talo das pimentas, exceto a da biquinho.

3. A seguir, em vidros médios previamente esterilizados, alterne camadas de pimenta e despeje o azeite com o alho até cobri-las totalmente (se necessário, complete com mais azeite). Guarde a conserva na geladeira ou em temperatura ambiente por até 6 meses, sempre tampada.

MOZARELA DE BÚFALA EM CONSERVA

TEMPO DE PREPARO: 50 MINUTOS | RENDIMENTO: 1 VIDRO GRANDE

500 g de bolotas de queijo mozarela de búfala
2 ramos de tomilho fresco
2 ramos de alecrim fresco
1 folha de louro
10 grãos de pimenta-do-reino branca
1 colher (sopa) de raspa de casca de limão
6 dentes de alho fatiados fino
uma pitada de sal
¼ de xícara de aguardente
suco de 2 limões-sicilianos
2 xícaras de azeite

1. Arrume as bolinhas de mozarela em vidros previamente esterilizados e secos. Reserve.

2. Em uma tigela média, junte o tomilho, o alecrim, o louro, a pimenta, a raspa de limão e o alho. A seguir salpique sal e adicione a aguardente e o suco de limão. Misture bem e despeje sobre as bolinhas de mozarela.

3. Para finalizar, cubra com o azeite, tampe e leve à geladeira por 2 dias antes de consumir.

BETERRABA EM CONSERVA

TEMPO DE PREPARO: 45 MINUTOS | RENDIMENTO: 1 VIDRO GRANDE

1 kg de beterraba pequena
sal a gosto
2 xícaras de vinagre de vinho branco
1 colher (chá) de gengibre em pó
½ colher (chá) de pimenta-de-caiena em pó
4 grãos de pimenta-do-reino preta

1. Ferva as beterrabas numa panela com água salgada até ficarem macias. Deixe que esfriem dentro da água do cozimento. Enquanto isso, à parte, ferva o vinagre e as especiarias. Deixe esfriar também.

2. Quando as beterrabas estiverem bem mornas, descasque-as e coloque-as em um vidro de boca larga previamente esterilizado.

3. Em seguida, despeje o vinagre temperado sobre elas, até cobri-las completamente (se não ficarem cobertas, complete com um pouco mais de vinagre sem tempero). Feche os vidros hermeticamente e mantenha-os sob refrigeração.

Dica: Ao manusear beterrabas, use luvas e avental. Assim suas mãos e suas roupas não ficarão manchadas.

CONSERVA DE SARDINHA NO AZEITE

TEMPO DE PREPARO: 1 HORA | RENDIMENTO: 10 PORÇÕES

1 kg de sardinha limpa
1 colher (chá) de sal
5 ramos de alecrim
4 pimentas dedo-de-moça
1 colher (sopa) de grãos de pimenta-do-reino
1 colher (sopa) de pimenta-do-reino branca moída grosseiramente
2½ xícaras de azeite

1. Coloque as sardinhas em um cesto de aço inoxidável e tempere-as com o sal. Cubra o cesto com filme plástico e deixe descansar por 15 minutos.

2. Em seguida, encaixe o cesto numa panela com água fervente. Acrescente 2 ramos de alecrim e a pimenta dedo-de-moça sobre elas, tampe e leve ao fogo por 15 minutos, ou até as sardinhas ficarem levemente cozidas. Retire do fogo e deixe esfriar.

3. Com a ajuda de uma escumadeira, disponha as sardinhas em um vidro previamente esterilizado, acrescente os grãos de pimenta-do-reino, a pimenta-do-reino branca e os ramos de alecrim restantes. Despeje o azeite e tampe o vidro. Leve à geladeira e consuma em até duas semanas.

CEBOLINHA EM CONSERVA

TEMPO DE PREPARO: 1 HORA | RENDIMENTO: 1 VIDRO GRANDE

20 cebolinhas
2 colheres (sopa) de sal
1 xícara de açúcar
4 cravos-da-índia
2 xícaras de água
3 xícaras de vinagre de vinho branco ou de maçã

1. Descasque as cebolinhas e coloque-as numa tigela funda. Cubra-as com água, adicione o sal e deixe de molho da noite para o dia.

2. Passado esse tempo, escorra a água e coloque as cebolinhas numa panela. Cubra com água e leve para cozinhar em fogo alto por cerca de 20 minutos ou até que fiquem transparentes. Retire do fogo, escorra e reserve.

3. Em uma panela de aço inoxidável, misture o açúcar, os cravos-da-índia e a água. Leve ao fogo e deixe cozinhar em fogo baixo, sem mexer, até obter uma calda cor de guaraná. Adicione então o vinagre e cozinhe por mais 5 minutos, mexendo de vez em quando. Acerte o sal e retire do fogo.

4. Quando as cebolinhas esfriarem, coloque-as em um vidro esterilizado e seco, despejando a calda reservada. Tampe e deixe curtir por 24 horas antes de consumir. Mantenha sob refrigeração.

MANJERICÃO NO AZEITE

TEMPO DE PREPARO: 10 MINUTOS | RENDIMENTO: 1 VIDRO PEQUENO

3 xícaras de folhas de manjericão
sal a gosto
1 xícara de azeite

1. Lave e seque as folhas de manjericão. Em seguida, disponha camadas de folhas de manjericão em um vidro previamente esterilizado e seco, polvilhando sal sobre elas.

2. Depois, despeje o azeite e feche hermeticamente o vidro. Mantenha em local fresco e escuro por 30 dias antes de usar.

Dica: Tempere saladas e carnes com essa conserva.

MINIALCACHOFRA NO AZEITE

TEMPO DE PREPARO: 40 MINUTOS | RENDIMENTO: 10 PORÇÕES

1 xícara de suco de limão
20 minialcachofras
1 xícara de vinho branco seco
3 cravos-da-índia
4 folhas de louro
2 colheres (chá) de grãos de pimenta-do-reino
4 fatias finas de limão-siciliano
1 xícara de azeite
sal a gosto
ervas secas a gosto
2 colheres (sopa) de vinagre de maçã

1. Despeje o suco de limão em uma tigela pequena. Desfolhe as alcachofras até atingir as folhas tenras, corte as pontas e vá umedecendo cada uma delas no suco de limão.

2. Coloque as alcachofras numa panela grande. Despeje o vinho e adicione os cravos-da-índia, as folhas de louro, metade da pimenta e as fatias de limão. Leve a panela ao fogo médio e deixe ferver por cerca de 10 minutos, para que a alcachofra cozinhe, mas fique firme. Escorra, cubra com um pano e deixe descansar por 1 hora.

3. Disponha as alcachofras numa fôrma refratária, regue-as com o azeite e polvilhe o sal. Deixe descansar de um dia para o outro.

4. Depois, acondicione as alcachofras em um vidro previamente esterilizado e junte a pimenta restante, as ervas e o vinagre. Se necessário, complete com mais azeite.

BATATINHA ITALIANA

TEMPO DE PREPARO: 40 MINUTOS | RENDIMENTO: 1 VIDRO GRANDE

1 kg de batata bolinha com casca
1½ xícara de vinagre de vinho branco
uma pitada de sal
1 cebola grande picada
4 dentes de alho amassados
2 pimentas vermelhas sem sementes picadas
1 colher (chá) de pimenta-do-reino
½ xícara de salsinha picada
½ colher (sopa) de orégano
1 xícara de azeite

1. Lave bem as batatas em água corrente e coloque-as numa panela com água salgada. Adicione ½ xícara de vinagre e deixe cozinhar até que fiquem macias, porém firmes.

2. Escorra as batatas, fure-as delicadamente com um garfo e disponha-as em um vidro de boca larga previamente esterilizado.

3. A seguir, acrescente o restante dos ingredientes, tampe o vidro e sacuda-o com delicadeza para que os ingredientes se misturem. Deixe descansar em temperatura ambiente por 4 horas. Mantenha sob refrigeração.

CONSERVA DE BERINJELA FRIA

TEMPO DE PREPARO: 45 MINUTOS | RENDIMENTO: 1 VIDRO GRANDE

3 kg de berinjela com casca cortada em cubos
1,5 litro de vinagre
1 colher (chá) de pimenta-do-reino
2 colheres (chá) de páprica doce
sal a gosto
1 colher (chá) de açúcar
azeite a gosto

1. Corte a berinjela com a casca em cubos de tamanho regulares e coloque-os numa panela funda. Cubra com água e um pouquinho de vinagre e leve ao fogo para cozinhar até que fiquem macios. Tire do fogo, escorra a água e deixe secar num escorredor, se possível perto do calor ou sob o sol, cobertos com um pano.

2. A seguir, em um vidro previamente esterilizado e seco, junte a berinjela, a pimenta e a páprica. Adicione o restante do vinagre, o sal, o açúcar e azeite suficiente para que todos os cubos de berinjela fiquem submersos.

3. Tampe o vidro e deixe curtir por 3 horas em temperatura ambiente. Depois, mantenha sob refrigeração.

COUVE-FLOR EM CONSERVA

TEMPO DE PREPARO: 35 MINUTOS | RENDIMENTO: 1 VIDRO GRANDE

1 couve-flor nova
sal a gosto
2 xícaras de vinagre de vinho branco
1 colher (chá) de grãos de pimenta-do-reino
4 folhas de louro
grãos de mostarda a gosto

1. Separe a couve-flor em pequenos floretes e cozinhe-os em água com sal o tempo necessário que para fiquem tenros, porém firmes. Imediatamente, leve a couve-flor para o escorredor e passe-a por um jato de água corrente. Deixe os buquês escorrerem bem e coloque-os em um vidro grande de boca larga previamente esterilizado e seco.

2. À parte, aqueça o vinagre e misture a pimenta, o louro e a mostarda. Despeje sobre a couve-flor, cobrindo-a totalmente de líquido. Tampe o vidro e deixe em local fresco e escuro por pelo menos 5 dias antes de consumir. Depois, conserve na geladeira.

CONSERVA DE COGUMELO

TEMPO DE PREPARO: 20 MINUTOS | RENDIMENTO: 500 g

500 g de cogumelos paris frescos sem manchas e sem odor
1 xícara de água filtrada
2 colheres (sopa) de vinagre de vinho branco ou de maçã
1 colher (chá) de sal

1. Lave bem os cogumelos e coloque-os numa panela com a água, o vinagre e o sal. Ferva-os por cerca de 10 minutos em fogo baixo.

2. Guarde-os em um vidro previamente esterilizado com o líquido do cozimento. Conserve na geladeira por até 8 dias.

PURÊ DE TOMATE

TEMPO DE PREPARO: 1H40 | RENDIMENTO: 6 VIDROS MÉDIOS

4 kg de tomate sem pele e sem sementes
1½ xícara de vinagre de vinho branco ou de maçã
1 xícara de açúcar
3 colheres (sopa) de sal

1. Divida o tomate em quatro partes, bata-o no liquidificador em velocidade alta, até ficar homogêneo.

2. Junte todo tomate batido numa panela funda. Adicione o vinagre, o açúcar e o sal e misture bem. Tampe a panela e ferva por cerca 10 minutos em fogo alto.

3. A seguir, reduza o fogo e deixe cozinhar por cerca de 1 hora, destampando a panela nos 20 minutos finais de cozimento para o líquido reduzir. Distribua o purê em vidros previamente esterilizados e conserve na geladeira.

Dica: Outra forma para armazenar o purê (e que dura mais tempo) é congelá-lo em fôrmas de cubos de gelo. Em seguida, transfira os cubos de purê congelado para sacos plásticos, guardando-os no freezer. Além de ocupar menos espaço, permite descongelar apenas a quantidade que será usada.

PASTA DE PIMENTA-DOCE

TEMPO DE PREPARO: 45 MINUTOS | RENDIMENTO: 1 VIDRO PEQUENO

500 g de pimenta-doce
1 pimenta dedo-de-moça
½ xícara de água
½ xícara de vinagre
3 colheres (sopa) de óleo
1 cebola pequena
3 dentes de alho
1 colher (sopa) de açúcar
sal a gosto

1. Coloque as pimentas inteiras numa panela e adicione a água. Tampe e cozinhe por cerca de 20 minutos, até secar a água.

2. Depois, no copo do liquidificador, junte a pimenta cozida e o restante dos ingredientes e bata em velocidade alta por 3 minutos.

3. Passe a mistura por uma peneira, transfira para uma panela e deixe no fogo até ferver. Coloque o molho em um vidro pequeno e guarde na geladeira.

Dica: Este é um excelente molho para acompanhar salmão grelhado.

MOLHO DE PIMENTA DEDO-DE-MOÇA

TEMPO DE PREPARO: 20 MINUTOS | RENDIMENTO: 1 VIDRO MÉDIO

10 pimentas dedo-de-moça sem sementes
2 xícaras de vinagre de maçã
½ xícara de azeite
1 lata de extrato de tomate
1 colher (sopa) de sal
1 cebola média picada
4 dentes de alho
1 colher (chá) de louro em pó
1 colher (sopa) de orégano seco
½ xícara de cheiro-verde picado

1. No copo liquidificador, junte as pimentas, o vinagre, o azeite e o extrato de tomate. Bata em velocidade alta por 2 minutos, ou até que as pimentas fiquem bem trituradas.

2. Em seguida, acrescente o restante dos ingredientes e bata por mais 2 minutos. Transfira o molho para um vidro esterilizado e seco e guarde na geladeira por até 15 dias.

MASSA DE TOMATE

TEMPO DE PREPARO: 50 MINUTOS | RENDIMENTO: CERCA DE 500 g

500 g de tomate maduro e firme
3 cebolas picadas
3 dentes de alho amassados
1 folha de louro
2 colheres (sopa) de cheiro-verde picado
sal a gosto
azeite para regar

1. Corte os tomates ao meio e retire as sementes. Em seguida, pique-os e coloque-os numa panela junto com o restante dos ingredientes, exceto o azeite. Leve ao fogo baixo e cozinhe por 20 minutos, mexendo de vez em quando.

2. Ainda quente, passe a mistura pela peneira e retorne a panela ao fogo para cozinhar por mais 30 minutos, até obter uma pasta densa. Retire do fogo, deixe esfriar e guarde-a em vidros esterilizados, cobrindo com um pouco de azeite. Conserve em geladeira.

ALHO FRITO

TEMPO DE PREPARO: 50 MINUTOS | RENDIMENTO: 1 VIDRO GRANDE

20 cabeças de alho
3 xícaras de óleo

1. Deixe os dentes de alho de molho numa tigela com água por 30 minutos. Depois, seque-os e descasque-os. Triture o alho no liquidificador, aos poucos, usando a tecla pulsar, para que fique em pedacinhos e não vire uma pasta.

2. Em fogo alto, aqueça o óleo numa panela de pressão e frite o alho triturado, sempre mexendo para que não queime. Quando estiver dourado, retire-o da fritura com uma escumadeira e coloque-o em um escorredor.

3. Depois, coloque o alho sobre papel-toalha para secar e, quando estiver frio, acondicione-o em vidros previamente esterilizados.

CHUTNEY DE MAÇÃ

TEMPO DE PREPARO: 50 MINUTOS | RENDIMENTO: 2 VIDROS MÉDIOS

16 maçãs verdes sem casca e sem sementes
1 cebola grande cortada em quartos
3 pedaços de gengibre fresco sem casca (3 cm cada)
1 xícara de vinagre de vinho branco
¾ de xícara de açúcar
½ xícara de açúcar mascavo
½ colher (chá) de canela em pó
½ colher (chá) de pimenta-do-reino branca
½ colher (chá) de cardamomo em pó
uma pitada de noz-moscada em pó

1. Misture todos os ingredientes numa panela grande e leve ao fogo alto até levantar fervura. Em seguida, tampe a panela, reduza o fogo para o mínimo e cozinhe por cerca de 30 minutos, mexendo algumas vezes, até a maçã ficar macia (se o líquido secar muito, acrescente um pouco de água para manter os ingredientes úmidos).

2. Então, desligue o fogo e retire a cebola e o gengibre da panela. Quando o chutney esfriar, guarde-o em vidros previamente esterilizados e secos e mantenha-os na geladeira até a hora de servir.

Dica: Este chutney é ótimo para acompanhar pratos de carnes, frango ou sanduíches.

CHUTNEY DE TOMATE

TEMPO DE PREPARO: 50 MINUTOS | RENDIMENTO: 2 VIDROS MÉDIOS

1 colher (sopa) de óleo
1 pimenta-malagueta sem sementes picada
1 colher (chá) de gengibre ralado
3 cravos-da-índia
1 colher (chá) de sementes de erva-doce
uma pitada de louro em pó
1 pau de canela
8 tomates sem pele e sem sementes picados
sal a gosto
2 colheres (sopa) de açúcar mascavo

1. Aqueça o óleo numa panela e adicione a pimenta, o gengibre, os cravos, a erva-doce, o louro e a canela. Logo em seguida, adicione o tomate picado e o sal. Cozinhe em fogo baixo por 20 minutos, mexendo de vez em quando (se o molho começar a grudar no fundo da panela, acrescente um pouco mais de água).

2. Adicione o açúcar e cozinhe por mais 10 minutos, mexendo de vez em quando e amassando o tomate com um garfo. A seguir, desligue o fogo e retire os cravos e a canela da panela. Acondicione o chutney em vidros previamente esterilizados e secos, deixe esfriar, tampe e conserve na geladeira.

Dica: Este chutney é excelente para acompanhar grelhados e assados.

CHUTNEY DE ABACAXI

TEMPO DE PREPARO: 1H20 | RENDIMENTO: 2 VIDROS MÉDIOS

1 colher (sopa) de manteiga
1 cebola pequena picada miúdo
1 dente de alho amassado
1 pimenta dedo-de-moça sem sementes e bem picada
1 colher (chá) de gengibre ralado
suco de 1 limão-siciliano
1 pimentão vermelho pequeno, limpo e picado
2 maçãs sem casca cortadas em cubinhos
1 abacaxi grande cortado em cubinhos
1 xícara de açúcar mascavo
½ xícara de uvas-passas claras sem sementes
uma pitada de sal

1. Derreta a manteiga numa panela grande e refogue a cebola e o alho por 3 minutos em fogo alto. Misture a pimenta, o gengibre e o suco de limão e, em seguida, junte o pimentão, a maçã, o abacaxi e o açúcar mascavo. Mexa com uma colher de pau e cozinhe por 5 minutos, ainda em fogo alto.

2. Reduza então o fogo, acrescente as uvas-passas e o sal, tampe parcialmente a panela e deixe cozinhar por cerca de 40 minutos, mexendo de vez em quando, até que todo o líquido tenha evaporado.

3. Retire o chutney do fogo e deixe esfriar. Distribua-o em vidros previamente esterilizados e secos e deixe descansar por 3 dias na geladeira antes de servir.

Dica: Especial para acompanhar assados, com lombo ou tender.

CHUTNEY DE PAPAIA

TEMPO DE PREPARO: 1H20 | RENDIMENTO: 1 VIDRO MÉDIO

4 xícaras de papaia em cubinhos
1½ xícara de uvas-passas claras sem sementes
1¼ de xícara de cebola ralada
2 xícaras de maçã sem casca picada
1 xícara de açúcar mascavo
2 colheres (sopa) de pimentão verde picado
1 colher (sopa) de gengibre ralado
1 colher (chá) de canela em pó
2 dentes de alho amassados
1 colher (chá) de sal
¾ de xícara de vinagre de vinho branco
3 colheres (sopa) de suco de limão
½ xícara de água
½ xícara de amêndoas torradas picadas

1. Misture todos os ingredientes numa panela, exceto as amêndoas, tampe e leve ao fogo alto até começar a ferver.

2. Em seguida, reduza o fogo para mínimo e cozinhe por 30 minutos, mexendo de vez em quando com uma colher de pau.

3. Acrescente então as amêndoas e cozinhe por mais 30 minutos, mexendo vez ou outra e amassando ligeiramente as frutas com um garfo.

4. Depois, retire o chutney do fogo e deixe esfriar. Então, coloque-o em um vidro previamente esterilizado e seco antes de guardar na geladeira.

Dica: Este chutney é um ótimo acompanhamento para carnes assadas, peixe ou frango grelhado.

CHUTNEY DE MANGA

TEMPO DE PREPARO: 50 MINUTOS | RENDIMENTO: 2 VIDROS

250 g de gengibre fresco sem casca
500 g de açúcar mascavo
1 colher (sopa) de limão
2 xícaras de vinagre de vinho branco ou de maçã
2 colheres (chá) de pimenta-malagueta seca
1 colher (sopa) de sal
6 mangas maduras e firmes cortadas em cubinhos

1. Triture metade do gengibre em um pilão. Em seguida, adicione metade do açúcar e o suco de limão e amasse com o gengibre. Ponha a mistura obtida numa panela.

2. À parte, pique finamente a outra metade de gengibre e coloque-o na panela com o restante dos ingredientes, exceto a manga. Leve para cozinhar em fogo médio por 15 minutos.

3. Então, acrescente a manga e cozinhe em fogo baixo por mais 30 minutos, sem ferver, até adquirir uma consistência pastosa.

4. Retire a mistura do fogo e deixe esfriar. Coloque o chutney em vidros previamente esterilizados e feche-os hermeticamente. Espere 2 dias para servir.

Dica: Este chutney pode ser levado à mesa como acompanhamento para peixes, aves e carnes. Além de acompanhamento, você pode usá-lo como base para um molho de salada diferente.

ANOTAÇÕES

AGRADECIMENTOS

Agradeço primeiramente a Deus e a Nossa Senhora Aparecida, que me guiaram até aqui.

Agradeço também à minha família, em especial minhas filhas, pois foram elas que me deram forças para nunca desistir dos meus sonhos.

Agradeço à Editora Alaúde, que confiou no meu trabalho e me ajudou na realização de mais este sonho.

Agradeço enfim às minhas amiguinhas e aos meus amiguinhos, por todo o carinho e a lealdade que recebo todos os dias. Preparei este livro para cada um de vocês com uma imensa gratidão no coração. Muito obrigada mesmo!

ÍNDICE DE SALGADOS

ÍNDICE DE DOCES

C

ÍNDICE POR INGREDIENTE

ÍNDICE POR INGREDIENTE

ÍNDICE POR INGREDIENTE

ÍNDICE POR INGREDIENTE

ÍNDICE POR INGREDIENTE

ROBALO

ROSBIFE

RÚCULA

RUM

SAGU

SALAME

SALMÃO

SALSÃO

SALSICHA

SALSINHA

SÁLVIA

SARDINHA EM CONSERVA

SARDINHA FRESCA

SELETA DE LEGUMES

SHIITAKE

SIRI

ÍNDICE POR INGREDIENTE

Compartilhe a sua opinião
sobre este livro usando a hashtag
#OGrandeLivroDaPalmirinha
nas nossas redes sociais:

/EditoraAlaude
/EditoraAlaude
/AlaudeEditora